面向21世纪课程教材
全国高等学校法学专业核心课程教材 | 配套参考用书

学习式 分类教学法规

民事诉讼法

（第四版）

元照法律研究室　编

图书在版编目(CIP)数据

民事诉讼法 / 元照法律研究室编. —4 版. —北京：北京大学出版社，2016.8
（学习式分类教学法规）
ISBN 978-7-301-27387-6

Ⅰ.①民… Ⅱ.①元… Ⅲ.①民事诉讼法—中国—高等学校—教学参考资料 Ⅳ.①D925.1

中国版本图书馆 CIP 数据核字(2016)第 188452 号

书　　　名	民事诉讼法（第四版）
	MINSHI SUSONGFA (DISIBAN)
著作责任者	元照法律研究室　编
丛 书 策 划	陆建华
责 任 编 辑	陈　康　田　鹤
标 准 书 号	ISBN 978-7-301-27387-6
出 版 发 行	北京大学出版社
地　　　址	北京市海淀区成府路 205 号　100871
网　　　址	http://www.pup.cn　http://www.yandayuanzhao.com
电 子 信 箱	yandayuanzhao@163.com
新 浪 微 博	@北京大学出版社　@北大出版社燕大元照法律图书
电　　　话	邮购部 62752015　发行部 62750672　编辑部 62117788
印 刷 者	北京虎彩文化传播有限公司
经 销 者	新华书店
	890 毫米×1240 毫米　A5　11.625 印张　595 千字
	2007 年 2 月第 1 版　2008 年 8 月第 2 版
	2015 年 5 月第 3 版
	2016 年 8 月第 4 版　2019 年 9 月第 3 次印刷
定　　　价	29.00 元

未经许可，不得以任何方式复制或抄袭本书之部分或全部内容。
版权所有，侵权必究
举报电话：010-62752024　电子信箱：fd@pup.pku.edu.cn
图书如有印装质量问题，请与出版部联系，电话：010-62756370

总目录

General Contents

修订说明	*1*
编写说明	*3*
凡例	*5*
目录	*7*
各种规范性文件全称与简称对照表	*347*
法条主旨索引	*351*

修订说明

本套学习式分类教学法规丛书第一版发行后,以其科学的体例安排、透彻的讲解等优点为法学专业学生提供了一条将教材和法条结合起来学习的良好途径,有效地衔接了本科教育和司法考试,受到了读者的广泛欢迎。也因此,第二版成为"面向21世纪课程教材、全国高等学校法学专业核心课程教材配套参考用书"。

此次《民事诉讼法》第四版主要进行了如下修订:

1. 法律、司法解释和相关司法改革文件的更新与增补。新增如下多部重要法律文件,并对相关内容进行了相应修订(以时间为序)。

《司法鉴定程序通则》(2016.5.1施行)

《关于人民法院案件案号的若干规定》(2016.1.1施行)

《人民法院审理人民检察院提起公益诉讼案件试点工作实施办法》(2016.3.1施行)

《最高人民法院关于对人民法院终结执行行为提出执行异议期限问题的批复》(2016.2.15施行)

《人民检察院提起公益诉讼试点工作实施办法》(2015.12.24施行)

《最高人民检察院关于完善人民检察院司法责任制的若干意见》(2015.9.25公布)

《最高人民法院关于完善人民法院司法责任制的若干意见》(2015.9.21公布)

《关于依法保障律师执业权利的规定》(2015.9.16公布)

《最高人民法院关于审理民间借贷案件适用法律若干问题的规定》(2015.9.1施行)

《人民法院落实〈司法机关内部人员过问案件的记录和责任追究规定〉的实施办法》(2015.8.20实施)

《人民法院落实〈领导干部干预司法活动、插手具体案件处理的记录、通报和责任追究规定〉的实施办法》(2015.8.20实施)

《最高人民法院关于审理拒不执行判决、裁定刑事案件适用法律若干问题的解释》(2015.7.22施行)

《最高人民法院关于限制被执行人高消费及有关消费的若干规定》(2015.7.22施行)

《最高人民法院关于对上海市高级人民法院等就涉及中国国际经济贸易仲裁委员会及其原分会等仲裁机构所作仲裁裁决司法审查案件请示问题的批复》(2015.7.17施行)

《最高人民法院关于认可和执行台湾地区法院民事判决的规定》(2015.7.1

施行)

《最高人民法院关于认可和执行台湾地区仲裁裁决的规定》(2015.7.1施行)

《人民陪审员制度改革试点工作实施办法》(2015.5.20公布)

《检察机关提起公益诉讼改革试点方案》(2015.7.2施行)

《最高人民法院关于人民法院办理执行异议和复议案件若干问题的规定》(2015.5.5施行)

《最高人民法院关于调整高级人民法院和中级人民法院管辖第一审民商事案件标准的通知》(2015.5.1施行)

《最高人民法院关于人民法院登记立案若干问题的规定》(2015.5.1施行)

《最高人民法院关于民事审判监督程序严格依法适用指令再审和发回重审若干问题的规定》(2015.3.5施行)

《最高人民法院关于执行案件立案、结案若干问题的意见》(2015.1.1施行)

2."司考真题"的增加。2015年的司法考试系《最高人民法院关于适用〈中华人民共和国民事诉讼法〉的解释》实施后的第一次,题目内容具有全新性。

3.对第三版的一些疵误及其他细节上的问题进行了修改或调整。

4.增加二维码内容增补功能。由"法合实验室"(www.LawSum.com)提供技术支持,在本书修订换版之前,读者可通过手机扫二维码的方式获取相关增补内容。

本书第四版的修订工作由中国政法大学诉讼法学研究院讲师胡思博、中国社会科学院研究生院袁淼英负责,使用资料、搜集法律文件的截止时间为2016年4月。

元照法律研究室

2016年4月

编写说明

在法学本科阶段的学习过程中，法律法规类书籍是不可或缺的。

目前市面上流行的按传统模式编排的法律法规汇编类书籍种类虽然繁多，但只是简单地收录相关法律法规、司法解释，仅具查询功能。

面对各部门法纵横交错的法律体系、浩如烟海的法律法规、层出不穷的司法解释，此类法律法规汇编书籍对读者理清重点、辨析相关法条之间的联系与冲突的需求则无能为力。

为了满足读者更进一步的学习需求，我们尝试着在兼顾法律法规汇编查询功能的同时，将大学本科阶段几门核心课程主要部门法的法律条文和与之相关的法律法规、司法解释及法学概念进行整合，并明晰了法律条文背后的法理。

在多位作者的齐心合力之下，一套运用法条间的关联，建立"法条群"，并以"知识要点"的方式对重点法条进行剖析，帮助读者全面掌握法学知识的"学习式"分类法律法规汇编终于面世。

较一般的法律法规汇编类书籍而言，本书具有如下特点：

(1) 体例编排新颖、实用；
(2) 栏目设置科学、妥当；
(3) 法律法规收录精当、及时。

综上所述，本书不限于追求内容的全与新，更多的是追求其品质的卓越。

建议读者在对各学科展开学习时，要充分利用本书主要法典中法律条文下的"相关法条"和"要点精解"等项目（具体请参阅凡例），从多元的角度整体理解和具体掌握法律问题。

这也是本书定义为"学习式分类教学法规"之原因所在。

民事诉讼法（第四版）分册收录了《中华人民共和国民事诉讼法》和与之相关的法律法规、司法解释等规范性文件共 46 个。

全书正文分为两大部分，第一部分为民事诉讼法学的主要法规《中华人民共和国民事诉讼法》；第二部分为"与《民事诉讼法》相关的各种规范性文件"，并对相关的各种规范性文件按照民事诉讼法学科体系进行了整理，使读者在学习民事诉讼法教材的同时，可以很明确地找到该部分所涉及的相应的司法解释。

本书编者本着对著作和读者负责之态度，尽最大能力保证了该书的质量。

但恐仍有疵误之处，敬请广大读者批评指正，以利来年修订。

元照法律研究室
2016.4

凡　例

一、本丛书收录之法规

本丛书主要针对法学学生的使用需求，参照北京大学出版社、高等教育出版社出版的"全国高等学校法学专业核心课程教材"，依学科收录了宪法、行政法与行政诉讼法、刑法、刑事诉讼法、民法、商法、经济法和民事诉讼法相关的规范性文件。

二、本丛书体例

(一) 分册

本丛书根据"全国高等学校法学专业核心课程教材"的学科设置而分册，以便配套学习。

(二) 沿革

立法及历次修法沿革，附列于法规名称之后，便于读者了解各法之演变。

(三) 导读

将各主要法规的特征、地位等相关信息，列于其正文之前，使读者能够有所了解。

(四) 法条主旨

在各主要法律条文中标明法条主旨，并列于"【　】"中，以便读者迅速领会该法条所表述的核心内容。

(五) 重点法条

从司法考试的角度，在重要的法律、法规条文前加"★"号，以示强调。

(六) 相关法条

在法条之后，将与其相关联的其他法条以"◆相关法条"的形式予以列明，便于读者对某一法律原则、规则的整体掌握。

(七) 要点精解

在"◆相关法条"之后，以"◆要点精解"的形式，对法条所包括的法学基本原理和规则，根据司法考试的要求进行了讲解，以便加深读者对法条的理解。

(八) 司考真题

考虑到目前本科教育与司法考试有一定程度脱节的现状，针对一些主要法条，以"◆司考真题"的形式列出了其在历年司法考试中的考查情况，以便读者对司考题的风格有所掌握。

(九) 各种规范性文件全称与简称对照表

将本册书中所收录的法律、法规、司法解释等规范性文件的全称、简称对应列出，并附带标明了其施行或修订的时间及在正文中所处的页码。

(十) 法条主旨索引

为了方便读者对"法条主旨"进行查询，我们将其按音序进行了排列，并附于文后。

目 录

第一部分 民事诉讼法

- 中华人民共和国民事诉讼法（2012.8.31修正）/ 001
  - 第一编 总则 / 002
    - 第一章 任务、适用范围和基本原则 / 002
    - 第二章 管辖 / 004
    - 第三章 审判组织 / 012
    - 第四章 回避 / 016
    - 第五章 诉讼参加人 / 017
    - 第六章 证据 / 035
    - 第七章 期间、送达 / 047
    - 第八章 调解 / 051
    - 第九章 保全和先予执行 / 053
    - 第十章 对妨害民事诉讼的强制措施 / 057
    - 第十一章 诉讼费用 / 061
  - 第二编 审判程序 / 062
    - 第十二章 第一审普通程序 / 062
    - 第十三章 简易程序 / 079
    - 第十四章 第二审程序 / 083
    - 第十五章 特别程序 / 088
    - 第十六章 审判监督程序 / 094
    - 第十七章 督促程序 / 113
    - 第十八章 公示催告程序 / 115
  - 第三编 执行程序 / 117
    - 第十九章 一般规定 / 117
    - 第二十章 执行的申请和移送 / 129
    - 第二十一章 执行措施 / 135
    - 第二十二章 执行中止和终结 / 142
  - 第四编 涉外民事诉讼程序的特别规定 / 146
    - 第二十三章 一般原则 / 146
    - 第二十四章 管辖 / 148
    - 第二十五章 送达、期间 / 148

第二十六章　仲裁／150
第二十七章　司法协助／151

第二部分　与《民事诉讼法》相关的各种规范性文件

一、综合规范性文件／159

- 最高人民法院关于适用《中华人民共和国民事诉讼法》的解释（2015.2.4 施行）／159

二、专项规范性文件／207

（一）管辖／207

- 最高人民法院关于调整高级人民法院和中级人民法院管辖第一审民商事案件标准的通知（2015.5.1 施行）／207
- 最高人民法院关于巡回法庭审理案件若干问题的规定（2015.2.1 施行）／208

（二）诉讼参加者／210

- 最高人民检察院关于完善人民检察院司法责任制的若干意见（2015.9.25 公布）／210
- 最高人民法院关于完善人民法院司法责任制的若干意见（2015.9.21 公布）／215
- 关于依法保障律师执业权利的规定（2015.9.16 公布）／220
- 人民法院落实《司法机关内部人员过问案件的记录和责任追究规定》的实施办法（2015.8.20 实施）／226
- 人民法院落实《领导干部干预司法活动、插手具体案件处理的记录、通报和责任追究规定》的实施办法（2015.8.20 实施）／229
- 最高人民法院、司法部关于印发《人民陪审员制度改革试点工作实施办法》的通知（2015.5.20 公布）／231

（三）立案／236

- 关于人民法院案件案号的若干规定（2016.1.1 施行）／236
- 最高人民法院关于人民法院登记立案若干问题的规定（2015.5.1 施行）／238

（四）公益诉讼／240

- 人民法院审理人民检察院提起公益诉讼案件试点工作实施办法（2016.3.1 施行）／240

- 人民检察院提起公益诉讼试点工作实施办法(2015.12.24 施行)／242
- 检察机关提起公益诉讼改革试点方案(2015.7.2 施行)／247
- 最高人民法院关于审理环境民事公益诉讼案件适用法律若干问题的解释(2015.1.7 施行)／249

(五)一审程序／252

- 最高人民法院关于严格执行案件审理期限制度的若干规定(2000.9.28 施行)／252

(六)小额诉讼／255

- 最高人民法院关于海事法院可否适用小额诉讼程序问题的批复(2013.6.26 施行)／255

(七)证据／256

- 最高人民法院关于民事诉讼证据的若干规定(2002.4.1 施行)／256
- 司法鉴定程序通则(2016.5.1 施行)／264
- 最高人民法院关于审理民间借贷案件适用法律若干问题的规定(2015.9.1 施行)／268
- 中华人民共和国侵权责任法(2010.7.1 施行)／272

(八)调解／279

- 中华人民共和国人民调解法(2011.1.1 施行)／279

(九)再审／281

- 最高人民法院关于适用《中华人民共和国民事诉讼法》审判监督程序若干问题的解释(2008.12.1 施行)／281
- 最高人民法院关于民事审判监督程序严格依法适用指令再审和发回重审若干问题的规定(2015.3.15 施行)／285

(十)法律文书／287

- 最高人民法院关于人民法院在互联网公布裁判文书的规定(2014.1.1 施行)／287

(十一)检察监督／288

- 人民检察院民事诉讼监督规则(试行)(2013.11.18 施行)／288

(十二) 执行 / 301

- 最高人民法院关于适用《中华人民共和国民事诉讼法》执行程序若干问题的解释（2009.1.1 施行）/ 301
- 最高人民法院关于对人民法院终结执行行为提出执行异议期限问题的批复（2016.2.15 施行）/ 305
- 最高人民法院关于审理拒不执行判决、裁定刑事案件适用法律若干问题的解释（2015.7.22 施行）/ 305
- 最高人民法院关于限制被执行人高消费及有关消费的若干规定（2015.7.22 施行）/ 307
- 最高人民法院关于人民法院办理执行异议和复议案件若干问题的规定（2015.5.5 施行）/ 308
- 最高人民法院关于执行案件立案、结案若干问题的意见（2015.1.1 施行）/ 313
- 最高人民法院关于刑事裁判涉财产部分执行的若干规定（2014.11.6 施行）/ 318
- 最高人民法院关于执行程序中计算迟延履行期间的债务利息适用法律若干问题的解释（2014.8.1 施行）/ 320
- 最高人民法院关于网络查询、冻结被执行人存款的规定（2013.9.2 施行）/ 321

(十三) 涉外及涉港澳台 / 323

- 最高人民法院关于认可和执行台湾地区法院民事判决的规定（2015.7.1 施行）/ 323
- 最高人民法院关于认可和执行台湾地区仲裁裁决的规定（2015.7.1 施行）/ 325

(十四) 法律效力 / 328

- 最高人民法院关于修改后的民事诉讼法施行时未结案件适用法律若干问题的规定（2013.1.1 施行）/ 328

(十五) 仲裁 / 329

- 中华人民共和国仲裁法（1995.9.1 施行）/ 329
- 最高人民法院关于适用《中华人民共和国仲裁法》若干问题的解释（2006.9.8 施行）/ 335
- 最高人民法院关于对上海市高级人民法院等就涉及中国国际经济贸易仲裁委员会及其原分会等仲裁机构所作仲裁裁决司法审查案件请示问题的批复（2015.7.17 施行）/ 337
- 最高人民法院关于审理涉及农村土地承包经营纠纷调解仲裁案件适用法律若干问题的解释（2014.1.24 施行）/ 339

- 最高人民法院关于人事争议申请仲裁的时效期间如何计算的批复(2013.9.22 施行) / 340

(十六)公证 / 341

- 中华人民共和国公证法(2015.4.24 修正) / 341
- 最高人民法院关于审理涉及公证活动相关民事案件的若干规定(2014.6.6 施行) / 345

第一部分 民事诉讼法

中华人民共和国民事诉讼法

1. 1991年4月9日第七届全国人民代表大会第四次会议通过
2. 1991年4月9日中华人民共和国主席令第44号公布
3. 自1991年4月9日起施行
4. 2007年10月28日第十届全国人民代表大会常务委员会第三十次会议第一次修正
5. 2012年8月31日第十一届全国人民代表大会常务委员会第二十八次会议第二次修正

导 读

民事诉讼法是国家的基本部门法之一,民事诉讼法学则是我国法学体系中的重要学科。其内容丰富,涉及面广,实用性强,在社会生活中发挥着重要作用。

民事诉讼制度所涉及的知识点多,技术性规范多,强制性规范多,内容不易把握。在具有很强可操作性的同时也兼备较强的理论性。考点多集中于:当事人(原告、被告、第三人)、管辖(地域管辖、协议管辖、专属管辖),证据(证据的种类和分类、证据收集、调查和保全及质证),一审程序(起诉条件、撤诉、缺席判决、延期审理、诉讼中止与终结、反诉与本诉的合并、简易程序的适用范围与特点、可以上诉的裁定等),二审与再审程序(上诉条件、方式、审查范围、再审提起条件与审判程序)及执行程序(执行管辖、执行异议、执行担保)。

民事诉讼法学是应用性非常强的学科,因此,在学习方法上,首先,应注意程序法与实体法相结合。民事诉讼法与民事实体法有着十分密切的关系。程序法是法律生命形式和内部生命的表现,因为实体法只有通过审判,其固有的强制力属性才能表现在人们面前。人民法院按照民事程序法的规定审理民事案件,并作出公正的裁判,才能保证民事实体权利义务的实现。在民事实体法中,往往含有民事程序法的规范。例如:《民法通则》《继承法》以及《合同法》中有关诉讼时效的条款;《婚姻法》规定,人民法院审理离婚案件应当进行调解。这些规定都属于民事实体法中规定的民事程序规范。因此,必须把民事诉讼法和民事实体法结合起来进行学习研究,才能比较全面地掌握民事诉讼法的内容。其次,应注意理论与立法相结合。民事诉讼法的一个重要特点是强制性规范多,技术性规范多。与实体法相比,民事诉讼法的一些技术性规范无法通过理论或基本原则直接加以推导,如各种期间的规定等。这就要求我们在掌握基本理论的基础上,熟悉民事诉讼法律、法规以及司法解释的具体规定。再次,应注意理论与实践相结合。作为解决民事纠纷的法律规范,民事诉讼法的实践性很强。从法院的角度看,是行使审判权、审理民事案件所必须遵循的"操作规程";从当事人的角度看,是进行民事诉讼必须遵守的行为准则。作为一名合格的律师,更要求能够熟练理解与把握民事诉讼的运作规律与行为规范。

因此在学习本门课程时,应注重将法理、法律规定运用到实际案例中,提高发现问题、分析问题和解决问题的能力。

目 录

第一编 总则
 第一章 任务、适用范围和基本原则
 第二章 管辖
  第一节 级别管辖
  第二节 地域管辖
  第三节 移送管辖和指定管辖
 第三章 审判组织
 第四章 回避
 第五章 诉讼参加人
  第一节 当事人
  第二节 诉讼代理人
 第六章 证据
 第七章 期间、送达
  第一节 期间
  第二节 送达
 第八章 调解
 第九章 保全和先予执行
 第十章 对妨害民事诉讼的强制措施
 第十一章 诉讼费用
第二编 审判程序
 第十二章 第一审普通程序
  第一节 起诉和受理
  第二节 审理前的准备
  第三节 开庭审理
  第四节 诉讼中止和终结
  第五节 判决和裁定
 第十三章 简易程序
 第十四章 第二审程序
 第十五章 特别程序
  第一节 一般规定
  第二节 选民资格案件
  第三节 宣告失踪、宣告死亡案件
  第四节 认定公民无民事行为能力、限制民事行为能力案件
  第五节 认定财产无主案件
  第六节 确认调解协议案件
  第七节 实现担保物权案件
 第十六章 审判监督程序
 第十七章 督促程序
 第十八章 公示催告程序
第三编 执行程序
 第十九章 一般规定
 第二十章 执行的申请和移送
 第二十一章 执行措施
 第二十二章 执行中止和终结
第四编 涉外民事诉讼程序的特别规定
 第二十三章 一般原则
 第二十四章 管辖
 第二十五章 送达、期间
 第二十六章 仲裁
 第二十七章 司法协助

第一编 总 则

第一章 任务、适用范围和基本原则

第一条【立法依据】中华人民共和国民事诉讼法以宪法为根据,结合我国民事审判工作的经验和实际情况制定。

第二条【立法目的】中华人民共和国民事诉讼法的任务,是保护当事人行使诉讼权利,保证人民法院查明事实,分清是非,正确适用法律,及时审理民事案件,确认民事权利义务关系,制裁民事违法行为,保护当事人的合法权益,教育公民自觉遵守法律,维护社会秩序、经济秩序,保障社会主义建设事业顺利进行。

★**第三条**【适用范围】人民法院受理公民之间、法人之间、其他组织之间以及他们相互之间因财产关系和人身关系提起的民事诉讼,适用本法的规定。

◆ **要点精解**

1. 民事诉讼的特点包括：(1)诉讼对象的特定性，其所解决的争议是有关民事权利义务的争议；(2)当事人处分权利的自由性；(3)双方当事人在诉讼对抗上的特殊性；(4)民事诉讼程序的严格规范性与正当性；(5)纠纷解决的强制性、最终性与权威性。

2. 诉：

(1)诉的种类：包括给付之诉、确认之诉、形成之诉。

(2)诉的要素：包括当事人、诉讼标的、事实理由。

3. 民事诉讼法律关系的要素：(1)民事诉讼法律关系的主体；(2)民事诉讼法律关系的内容；(3)民事诉讼法律关系的客体。

第四条 【空间效力】凡在中华人民共和国领域内进行民事诉讼，必须遵守本法。

★**第五条** 【同等与对等原则】外国人、无国籍人、外国企业和组织在人民法院起诉、应诉，同中华人民共和国公民、法人和其他组织有同等的诉讼权利义务。

外国法院对中华人民共和国公民、法人和其他组织的民事诉讼权利加以限制的，中华人民共和国人民法院对该国公民、企业和组织的民事诉讼权利，实行对等原则。

◆ **要点精解**

同等、对等原则表明我国《民事诉讼法》给予在人民法院起诉、应诉的外国人、无国籍人、外国企业和组织与我国公民、法人和其他组织同样的待遇，这既是维护国家主权的需要，也是保护我国公民、法人和其他组织合法权益的需要。

第六条 【独立审判原则】民事案件的审判权由人民法院行使。

人民法院依照法律规定对民事案件独立进行审判，不受行政机关、社会团体和个人的干涉。

第七条 【审理依据原则】人民法院审理民事案件，必须以事实为根据，以法律为准绳。

第八条 【平等原则】民事诉讼当事人有平等的诉讼权利。人民法院审理民事案件，应当保障和便利当事人行使诉讼权利，对当事人在适用法律上一律平等。

◆ **要点精解**

平等原则包含以下几方面内容：(1)双方当事人的诉讼地位完全平等；(2)双方当事人拥有同等地行使诉讼权利的手段；(3)对当事人在适用法律上一律平等。

★**第九条** 【法院调解】人民法院审理民事案件，应当根据自愿和合法的原则进行调解；调解不成的，应当及时判决。

◆ **要点精解**

关于调解原则，应注意调解必须以自愿、合法为前提。当事人一方或双方不愿意调解的或调解无效的，应当及时判决，不应久调不决。合法既包括程序合法也包括实体内容合法。

第十条 【审判制度】人民法院审理民事案件，依照法律规定实行合议、回避、公开审判和两审终审制度。

第十一条 【民族语言文字原则】各民族公民都有用本民族语言、文字进行民事诉讼的权利。

在少数民族聚居或者多民族共同居住的地区，人民法院应当用当地民族通用的语言、文字进行审理和发布法律文书。

人民法院应当对不通晓当地民族通用的语言、文字的诉讼参与人提供翻译。

★**第十二条** 【辩论原则】人民法院审理民事案件时，当事人有权进行辩论。

◆ **要点精解**

辩论原则的内涵包括：(1)辩论权的行使贯穿于诉讼的整个过程；(2)辩论的内容既可以是程序方面的问题，也可以是实体方面的问题；(3)辩论的形式既可以是口头形式，也可以是书面形式。

★**第十三条** 【诚实信用原则】民事诉讼应当遵循诚实信用原则。

【处分权】当事人有权在法律规定的范围内处分自己的民事权利和诉讼权利。

第十四条 【检察监督原则】人民检察院有权对民事诉讼活动实行法律监督。

◆要点精解

人民检察院法律监督的范围：整个民事诉讼活动，既包括审判程序，也包括执行程序。

★**第十五条** 【支持起诉原则】机关、社会团体、企业事业单位对损害国家、集体或者个人民事权益的行为，可以支持受损害的单位或者个人向人民法院起诉。

◆相关法条
◇消费者权益保护法

第三十七条第七项 消费者协会履行下列公益性职责：

（七）就损害消费者合法权益的行为，支持受损害的消费者提起诉讼或者依照本法提起诉讼。

★**第十六条** 【变通规定】民族自治地方的人民代表大会根据宪法和本法的原则，结合当地民族的具体情况，可以制定变通或者补充的规定。自治区的规定，报全国人民代表大会常务委员会批准。自治州、自治县的规定，报省或者自治区的人民代表大会常务委员会批准，并报全国人民代表大会常务委员会备案。

第二章 管　辖

第一节 级别管辖

第十七条 【基层法院管辖】基层人民法院管辖第一审民事案件，但本法另有规定的除外。

◆相关法条
◇民诉解释

第三十七条 案件受理后，受诉人民法院的管辖权不受当事人住所地、经常居住地变更的影响。

第三十八条 有管辖权的人民法院受理案件后，不得以行政区域变更为由，将案件移送给变更后有管辖权的人民法院。判决后的上诉案件和依审判监督程序提审的案件，由原审人民法院的上级人民法院进行审判；上级人民法院指令再审、发回重审的案件，由原审人民法院再审或者重审。

第三十九条第一款 人民法院对管辖异议审查后确定有管辖权的，不因当事人提起反诉、增加或者变更诉讼请求等改变管辖，但违反级别管辖、专属管辖规定的除外。

◆要点精解

管辖恒定，是指确定案件的管辖权，以起诉时为标准，起诉时对案件享有管辖权的法院，不因确定管辖的事实在诉讼过程中发生变化而影响其管辖权。

★**第十八条** 【中级法院管辖】中级人民法院管辖下列第一审民事案件：

（一）重大涉外案件；

（二）在本辖区有重大影响的案件；

（三）最高人民法院确定由中级人民法院管辖的案件。

◆相关法条
◇民诉解释

第一条 民事诉讼法第十八条第一项规定的重大涉外案件，包括争议标的额大的案件、案情复杂的案件，或者一方当事人人数众多等具有重大影响的案件。

第二条 专利纠纷案件由知识产权法院、最高人民法院确定的中级人民法院和基层人民法院管辖。

海事、海商案件由海事法院管辖。

◇一审管辖标准通知

一、当事人住所地均在受理法院所处省级行政辖区的第一审民商事案件

北京、上海、江苏、浙江、广东高级人民法院，管辖诉讼标的额5亿元以上一审民商事案

件,所辖中级人民法院管辖诉讼标的额1亿元以上一审民商事案件。

天津、河北、山西、内蒙古、辽宁、安徽、福建、山东、河南、湖北、湖南、广西、海南、四川、重庆高级人民法院,管辖诉讼标的额3亿元以上一审民商事案件,所辖中级人民法院管辖诉讼标的额3000万元以上一审民商事案件。

吉林、黑龙江、江西、云南、陕西、新疆高级人民法院和新疆生产建设兵团分院,管辖诉讼标的额2亿元以上一审民商事案件,所辖中级人民法院管辖诉讼标的额1000万元以上一审民商事案件。

贵州、西藏、甘肃、青海、宁夏高级人民法院,管辖诉讼标的额1亿元以上一审民商事案件,所辖中级人民法院管辖诉讼标的额500万元以上一审民商事案件。

二、当事人一方住所地不在受理法院所处省级行政辖区的第一审民商事案件

北京、上海、江苏、浙江、广东高级人民法院,管辖诉讼标的额3亿元以上一审民商事案件,所辖中级人民法院管辖诉讼标的额5000万元以上一审民商事案件。

天津、河北、山西、内蒙古、辽宁、安徽、福建、山东、河南、湖北、湖南、广西、海南、四川、重庆高级人民法院,管辖诉讼标的额1亿元以上一审民商事案件,所辖中级人民法院管辖诉讼标的额2000万元以上一审民商事案件。

吉林、黑龙江、江西、云南、陕西、新疆高级人民法院和新疆生产建设兵团分院,管辖诉讼标的额5000万元以上一审民商事案件,所辖中级人民法院管辖诉讼标的额1000万元以上一审民商事案件。

贵州、西藏、甘肃、青海、宁夏高级人民法院,管辖诉讼标的额2000万元以上一审民商事案件,所辖中级人民法院管辖诉讼标的额500万元以上一审民商事案件。

三、解放军军事法院管辖诉讼标的额1亿元以上一审民商事案件,大单位军事法院管辖诉讼标的额2000万元以上一审民商事案件。

四、婚姻、继承、家庭、物业服务、人身损害赔偿、名誉权、交通事故、劳动争议等案件,以及群体性纠纷案件,一般由基层人民法院管辖。

五、对重大疑难、新类型和在适用法律上有普遍意义的案件,可以依照民事诉讼法第三十八条的规定,由上级人民法院自行决定由其审理,或者根据下级人民法院报请决定由其审理。

六、本通知调整的级别管辖标准不涉及知识产权案件、海事海商案件和涉外涉港澳台民商事案件。

◆ **司考真题**
◇2015年卷3第77题(多项)
根据《民事诉讼法》相关司法解释,下列哪些法院对专利纠纷案件享有管辖权?
A. 知识产权法院
B. 所有的中级法院
C. 最高法院确定的中级法院
D. 最高法院确定的基层法院
答案:ACD

第十九条 【高级法院管辖】高级人民法院管辖在本辖区有重大影响的第一审民事案件。

第二十条 【最高法院管辖】最高人民法院管辖下列第一审民事案件:
(一)在全国有重大影响的案件;
(二)认为应当由本院审理的案件。

◆ **相关法条**
◇巡回法庭规定

为依法及时公正审理跨行政区域重大行政和民商事等案件,推动审判工作重心下移、就地解决纠纷、方便当事人诉讼,根据《中华人民共和国人民法院组织法》《中华人民共和国行政诉讼法》《中华人民共和国民事诉讼法》《中华人民共和国刑事诉讼法》等法律以及有关司法解释,结合最高人民法院审判工作实际,就最高人民法院巡回法庭(简称巡回法庭)审理案件等问题规定如下:

第一条 最高人民法院设立巡回法庭,受

理巡回区内相关案件。第一巡回法庭设在广东省深圳市，巡回区为广东、广西、海南三省区。第二巡回法庭设在辽宁省沈阳市，巡回区为辽宁、吉林、黑龙江三省。

最高人民法院根据有关规定和审判工作需要，可以增设巡回法庭，并调整巡回法庭的巡回区和案件受理范围。

第二条　巡回法庭是最高人民法院派出的常设审判机构。巡回法庭作出的判决、裁定和决定，是最高人民法院的判决、裁定和决定。

第三条　巡回法庭审理或者办理巡回区内应当由最高人民法院受理的以下案件：

（一）全国范围内重大、复杂的第一审行政案件；

（二）在全国有重大影响的第一审民商事案件；

（三）不服高级人民法院作出的第一审行政或者民商事判决、裁定提起上诉的案件；

（四）对高级人民法院作出的已经发生法律效力的行政或者民商事判决、裁定、调解书申请再审的案件；

（五）刑事申诉案件；

（六）依法定职权提起再审的案件；

（七）不服高级人民法院作出的罚款、拘留决定申请复议的案件；

（八）高级人民法院因管辖权问题报请最高人民法院裁定或者决定的案件；

（九）高级人民法院报请批准延长审限的案件；

（十）涉港澳台民商事案件和司法协助案件；

（十一）最高人民法院认为应当由巡回法庭审理或者办理的其他案件。

巡回法庭依法办理巡回区内向最高人民法院提出的来信来访事项。

第四条　知识产权、涉外商事、海事海商、死刑复核、国家赔偿、执行案件和最高人民检察院抗诉的案件暂由最高人民法院本部审理或者办理。

第五条　巡回法庭设立诉讼服务中心，接受并登记属于巡回法庭受案范围的案件材料，为当事人提供诉讼服务。对于依照本规定应当由最高人民法院本部受理案件的材料，当事人要求巡回法庭转交的，巡回法庭应当转交。

巡回法庭对于符合立案条件的案件，应当在最高人民法院办案信息平台统一编号立案。

第六条　当事人不服巡回区内高级人民法院作出的第一审行政或者民商事判决、裁定提起上诉的，上诉状应当通过原审人民法院向巡回法庭提出。当事人直接向巡回法庭上诉的，巡回法庭应当在五日内将上诉状移交原审人民法院。原审人民法院收到上诉状、答辩状，应当在五日内连同全部案卷和证据，报送巡回法庭。

第七条　当事人对巡回区内高级人民法院作出的已经发生法律效力的判决、裁定申请再审或者申诉的，应当向巡回法庭提交再审申请书、申诉书等材料。

第八条　最高人民法院认为巡回法庭受理的案件对统一法律适用有重大指导意义的，可以决定由本部审理。

巡回法庭对于已经受理的案件，认为对统一法律适用有重大指导意义的，可以报请最高人民法院本部审理。

第九条　巡回法庭根据审判工作需要，可以在巡回区内巡回审理案件、接待来访。

第十条　巡回法庭按照让审理者裁判、由裁判者负责原则，实行主审法官、合议庭办案责任制。巡回法庭主审法官由最高人民法院从办案能力突出、审判经验丰富的审判人员中选派。巡回法庭的合议庭由主审法官组成。

第十一条　巡回法庭庭长、副庭长应当参加合议庭审理案件。合议庭审理案件时，由承办案件的主审法官担任审判长。庭长或者副庭长参加合议庭审理案件时，自己担任审判长。巡回法庭作出的判决、裁定，经合议庭成员签署后，由审判长签发。

第十二条　巡回法庭受理的案件，统一纳入最高人民法院审判信息综合管理平台进行管理，立案信息、审判流程、裁判文书面向当事人和社会依法公开。

第十三条 巡回法庭设廉政监察员,负责巡回法庭的日常廉政监督工作。

最高人民法院监察局通过受理举报投诉、查处违纪案件、开展司法巡查和事务督察等方式,对巡回法庭及其工作人员进行廉政监督。

◆ **司考真题**
◇ 2015年卷3第77题(多项)
根据《民事诉讼法》相关司法解释,下列哪些法院对专利纠纷案件享有管辖权?
A. 知识产权法院
B. 所有的中级法院
C. 最高法院确定的中级法院
D. 最高法院确定的基层法院
答案:ACD

第二节 地域管辖

★**第二十一条 【一般地域管辖中"原告就被告"】**对公民提起的民事诉讼,由被告住所地人民法院管辖;被告住所地与经常居住地不一致的,由经常居住地人民法院管辖。

对法人或者其他组织提起的民事诉讼,由被告住所地人民法院管辖。

同一诉讼的几个被告住所地、经常居住地在两个以上人民法院辖区的,各该人民法院都有管辖权。

◆ **相关法条**
◇ 民诉解释

第三条 公民的住所地是指公民的户籍所在地,法人或者其他组织的住所地是指法人或者其他组织的主要办事机构所在地。

法人或者其他组织的主要办事机构所在地不能确定的,法人或者其他组织的注册地或者登记地为住所地。

第四条 公民的经常居住地是指公民离开住所地至起诉时已连续居住一年以上的地方,但公民住院就医的地方除外。

第五条 对没有办事机构的个人合伙、合伙型联营体提起的诉讼,由被告注册登记地人民法院管辖。没有注册登记,几个被告又不在同一辖区的,被告住所地的人民法院都有管辖权。

第六条 被告被注销户籍的,依照民事诉讼法第二十二条规定确定管辖;原告、被告均被注销户籍的,由被告居住地人民法院管辖。

第七条 当事人的户籍迁出后尚未落户,有经常居住地的,由该地人民法院管辖;没有经常居住地的,由其原户籍所在地人民法院管辖。

第十条 不服指定监护或者变更监护关系的案件,可以由被监护人住所地人民法院管辖。

第十二条 夫妻一方离开住所地超过一年,另一方起诉离婚的案件,可以由原告住所地人民法院管辖。

夫妻双方离开住所地超过一年,一方起诉离婚的案件,由被告经常居住地人民法院管辖;没有经常居住地的,由原告起诉时被告居住地人民法院管辖。

第十三条 在国内结婚并定居国外的华侨,如定居国法院以离婚诉讼须由婚姻缔结地法院管辖为由不予受理,当事人向人民法院提出离婚诉讼的,由婚姻缔结地或者一方在国内的最后居住地人民法院管辖。

第十四条 在国外结婚并定居国外的华侨,如定居国法院以离婚诉讼须由国籍所属国法院管辖为由不予受理,当事人向人民法院提出离婚诉讼的,由一方原住所地或者在国内的最后居住地人民法院管辖。

第十五条 中国公民一方居住在国外,一方居住在国内,不论哪一方向人民法院提起离婚诉讼,国内一方住所地人民法院都有权管辖。国外一方在居住国法院起诉,国内一方向人民法院起诉的,受诉人民法院有权管辖。

第十六条 中国公民双方在国外但未定居,一方向人民法院起诉离婚的,应由原告或者被告原住所地人民法院管辖。

第十七条 已经离婚的中国公民,双方均定居国外,仅就国内财产分割提起诉讼的,由主要财产所在地人民法院管辖。

★**第二十二条** 【一般地域管辖中"被告就原告"】下列民事诉讼，由原告住所地人民法院管辖；原告住所地与经常居住地不一致的，由原告经常居住地人民法院管辖：

（一）对不在中华人民共和国领域内居住的人提起的有关身份关系的诉讼；

（二）对下落不明或者宣告失踪的人提起的有关身份关系的诉讼；

（三）对被采取强制性教育措施的人提起的诉讼；

（四）对被监禁的人提起的诉讼。

◆相关法条

◇民诉解释

第八条　双方当事人都被监禁或者被采取强制性教育措施的，由被告原住所地人民法院管辖。被告被监禁或者被采取强制性教育措施一年以上的，由被告被监禁地或者被采取强制性教育措施地人民法院管辖。

第九条　追索赡养费、抚育费、扶养费案件的几个被告住所地不在同一辖区的，可以由原告住所地人民法院管辖。

第十二条第一款　夫妻一方离开住所地超过一年，另一方起诉离婚的案件，可以由原告住所地人民法院管辖。

★**第二十三条** 【合同纠纷管辖】因合同纠纷提起的诉讼，由被告住所地或者合同履行地人民法院管辖。

◆相关法条

◇民诉解释

第十八条　合同约定履行地点的，以约定的履行地点为合同履行地。

合同对履行地点没有约定或者约定不明确，争议标的为给付货币的，接收货币一方所在地为合同履行地；交付不动产的，不动产所在地为合同履行地；其他标的，履行义务一方所在地为合同履行地。即时结清的合同，交易行为地为合同履行地。

合同没有实际履行，当事人双方住所地都不在合同约定的履行地的，由被告住所地人民法院管辖。

第十九条　财产租赁合同、融资租赁合同以租赁物使用地为合同履行地。合同对履行地有约定的，从其约定。

第二十条　以信息网络方式订立的买卖合同，通过信息网络交付标的的，以买受人住所地为合同履行地；通过其他方式交付标的的，收货地为合同履行地。合同对履行地有约定的，从其约定。

◇民间借贷案件规定

第三条　借贷双方就合同履行地未约定或者约定不明确，事后未达成补充协议，按照合同有关条款或者交易习惯仍不能确定的，以接受货币一方所在地为合同履行地。

★**第二十四条** 【保险合同纠纷管辖】因保险合同纠纷提起的诉讼，由被告住所地或者保险标的物所在地人民法院管辖。

◆相关法条

◇民诉解释

第二十一条　因财产保险合同纠纷提起的诉讼，如果保险标的物是运输工具或者运输中的货物，可以由运输工具登记注册地、运输目的地、保险事故发生地人民法院管辖。

因人身保险合同纠纷提起的诉讼，可以由被保险人住所地人民法院管辖。

★**第二十五条** 【票据纠纷管辖】因票据纠纷提起的诉讼，由票据支付地或者被告住所地人民法院管辖。

◆相关法条

◇民诉解释

第四百五十七条　人民法院依照民事诉讼法第二百二十一条规定终结公示催告程序后，公示催告申请人或者申报人向人民法院提起诉讼，因票据权利纠纷提起的，由票据支付地或者被告住所地人民法院管辖；因非票据权利纠纷提起的，由被告住所地人民法院管辖。

★**第二十六条** 【公司纠纷管辖】因公司设立、确认股东资格、分配利润、解散等纠纷提起的诉讼,由公司住所地人民法院管辖。

◆ **相关法条**

◇ 民诉解释

第二十二条　因股东名册记载、请求变更公司登记、股东知情权、公司决议、公司合并、公司分立、公司减资、公司增资等纠纷提起的诉讼,依照民事诉讼法第二十六条规定确定管辖。

★**第二十七条　【运输合同纠纷管辖】**因铁路、公路、水上、航空运输和联合运输合同纠纷提起的诉讼,由运输始发地、目的地或者被告住所地人民法院管辖。

★**第二十八条　【侵权行为管辖】**因侵权行为提起的诉讼,由侵权行为地或者被告住所地人民法院管辖。

◆ **相关法条**

◇ 民诉解释

第二十四条　民事诉讼法第二十八条规定的侵权行为地,包括侵权行为实施地、侵权结果发生地。

第二十五条　信息网络侵权行为实施地包括实施被诉侵权行为的计算机等信息设备所在地,侵权结果发生地包括被侵权人住所地。

第二十六条　因产品、服务质量不合格造成他人财产、人身损害提起的诉讼,产品制造地、产品销售地、服务提供地、侵权行为地和被告住所地人民法院都有管辖权。

★**第二十九条　【交通事故请求损害赔偿纠纷管辖】**因铁路、公路、水上和航空事故请求损害赔偿提起的诉讼,由事故发生地或者车辆、船舶最先到达地、航空器最先降落地或者被告住所地人民法院管辖。

★**第三十条　【海损事故请求损害赔偿纠纷管辖】**因船舶碰撞或者其他海事损害事故请求损害赔偿提起的诉讼,由碰撞发生地、碰撞船舶最先到达地、加害船舶被扣留地或者被告住所地人民法院管辖。

★**第三十一条　【海难救助费用纠纷管辖】**因海难救助费用提起的诉讼,由救助地或者被救助船舶最先到达地人民法院管辖。

★**第三十二条　【共同海损纠纷管辖】**因共同海损提起的诉讼,由船舶最先到达地、共同海损理算地或者航程终止地的人民法院管辖。

★**第三十三条　【专属管辖】**下列案件,由本条规定的人民法院专属管辖:

(一)因不动产纠纷提起的诉讼,由不动产所在地人民法院管辖;

(二)因港口作业中发生纠纷提起的诉讼,由港口所在地人民法院管辖;

(三)因继承遗产纠纷提起的诉讼,由被继承人死亡时住所地或者主要遗产所在地人民法院管辖。

◆ **相关法条**

◇ 民诉解释

第二十八条　民事诉讼法第三十三条第一项规定的不动产纠纷是指因不动产的权利确认、分割、相邻关系等引起的物权纠纷。

农村土地承包经营合同纠纷、房屋租赁合同纠纷、建设工程施工合同纠纷、政策性房屋买卖合同纠纷,按照不动产纠纷确定管辖。

不动产已登记的,以不动产登记簿记载的所在地为不动产所在地;不动产未登记的,以不动产实际所在地为不动产所在地。

第十一条　双方当事人均为军人或者军队单位的民事案件由军事法院管辖。

◆ **要点精析**

1. 专属管辖是指排他性管辖,既排除了任何外国法院对诉讼的管辖权,又排除了诉讼当事人以协议方式选择国内的其他法院管辖。

2. 将本条与本法266条对照,专属管辖案件可以分为国内专属管辖案件和涉外专属管辖案件。

3.《海事诉讼特别程序法》第7条第(1)项对《民事诉讼法》第33条第(2)项作了更为明确的规范。港口作业纠纷由港口所在地法院管辖,该法院是指港口所在地的海事法院,而非普通法院。

4. 注意《海事诉讼特别程序法》第7条第(3)项对海洋勘探开发合同纠纷管辖的规定。

★**第三十四条**【协议管辖】合同或者其他财产权益纠纷的当事人可以书面协议选择被告住所地、合同履行地、合同签订地、原告住所地、标的物所在地等与争议有实际联系的地点的人民法院管辖,但不得违反本法对级别管辖和专属管辖的规定。

◆**相关法条**

◇民诉解释

第二十九条 民事诉讼法第三十四条规定的书面协议,包括书面合同中的协议管辖条款或者诉讼前以书面形式达成的选择管辖的协议。

第三十条 根据管辖协议,起诉时能够确定管辖法院的,从其约定;不能确定的,依照民事诉讼法的相关规定确定管辖。

管辖协议约定两个以上与争议有实际联系的地点的人民法院管辖,原告可以向其中一个人民法院起诉。

第三十一条 经营者使用格式条款与消费者订立管辖协议,未采取合理方式提请消费者注意,消费者主张管辖协议无效的,人民法院应予支持。

第三十二条 管辖协议约定由一方当事人住所地人民法院管辖,协议签订后当事人住所地变更的,由签订管辖协议时的住所地人民法院管辖,但当事人另有约定的除外。

第三十三条 合同转让的,合同的管辖协议对合同受让人有效,但转让时受让人不知道有管辖协议,或者转让协议另有约定且原合同相对人同意的除外。

第三十四条 当事人因同居或者在解除婚姻、收养关系后发生财产争议,约定管辖的,可以适用民事诉讼法第三十四条规定确定管辖。

◆**要点精解**

1. 协议管辖实际上是赋予当事人选择地域管辖的权利,但又不同于选择管辖。首先,选择管辖是以共同管辖的存在为前提和基础的,协议管辖则是在共同管辖之外选择管辖法院;其次,选择管辖是原告单方面的行为,无需取得被告的同意,而协议管辖则是双方当事人共同的行为,以双方的合意为基础。

2.(1)协议管辖的适用范围:合同纠纷和其他财产权益纠纷的一审案件。(2)协议管辖的形式:只能采取书面形式。(3)协议管辖的法院:修改后的民诉法将协议管辖的范围扩展至与争议有实际联系的人民法院,属于不完全列举,不限于被告住所地、合同履行地、合同签订地、原告住所地、标的物所在地。(4)协议管辖的限制:不得违反级别管辖和专属管辖的限制。

★**第三十五条**【选择管辖】两个以上人民法院都有管辖权的诉讼,原告可以向其中一个人民法院起诉;原告向两个以上有管辖权的人民法院起诉的,由最先立案的人民法院管辖。

◆**相关法条**

◇民诉解释

第三十六条 两个以上人民法院都有管辖权的诉讼,先立案的人民法院不得将案件移送给另一个有管辖权的人民法院。人民法院在立案前发现其他有管辖权的人民法院已先立案的,不得重复立案;立案后发现其他有管辖权的人民法院已先立案的,裁定将案件移送给先立案的人民法院。

◆**要点精解**

1. 共同管辖与选择管辖是一个问题的两个方面,共同管辖的存在是当事人选择管辖的前提,但法律规定共同管辖和选择管辖的实质在于把管辖选择权赋予当事人。对共同管辖的诉讼,原告只能作单一的选择,原告在向某一法院提起诉讼后,选择权便因行使而消灭,管辖也因选择而确定。

2.原告向两个以上有管辖权的人民法院

起诉的,由最先立案的人民法院管辖。

3. 注意三大诉讼法在同一问题上有不同的规定:《刑事诉讼法》是由最初受理的法院管辖,《行政诉讼法》是由最先收到起诉状的法院管辖。

第三节 移送管辖和指定管辖

★**第三十六条 【移送管辖】**人民法院发现受理的案件不属于本院管辖的,应当移送有管辖权的人民法院,受移送的人民法院应当受理。受移送的人民法院认为受移送的案件依照规定不属于本院管辖的,应当报请上级人民法院指定管辖,不得再自行移送。

◆ 相关法条
◇ 民诉解释

第三十五条 当事人在答辩期间届满后未应诉答辩,人民法院在一审开庭前,发现案件不属于本院管辖的,应当裁定移送有管辖权的人民法院。

第三十六条 两个以上人民法院都有管辖权的诉讼,先立案的人民法院不得将案件移送给另一个有管辖权的人民法院。人民法院在立案前发现其他有管辖权的人民法院已先立案的,不得重复立案;立案后发现其他有管辖权的人民法院已先立案的,裁定将案件移送给先立案的人民法院。

◆ 要点精解

1. 移送管辖是为人民法院受理案件发现错误时提供的一种纠错办法,它只是案件的移送,而不是管辖权的移送。移送管辖通常发生在同级人民法院之间,用来纠正地域管辖的错误,但有时也发生在上下级人民法院之间。

2. 移送管辖必须同时具备三个条件:(1)人民法院已经受理案件;(2)移送的人民法院对案件无管辖权;(3)受移送的人民法院对案件有管辖权。

3. 不得移送的三种情形:(1)受移送的法院即使认为本院对移送来的案件并无管辖权,也不得再自行将案件移送到其他法院,而只能

报请上级法院指定管辖;(2)管辖权恒定原则,即有管辖权的法院受理案件后,其管辖权不受行政区域变更、当事人住所地或居所地变更的影响,不得以这些变更为理由移送管辖;(3)两个以上法院对案件都有管辖权时,应当由先立案的法院具体行使管辖权,先立案的法院不得将案件移送至另一有管辖权的法院。

★**第三十七条 【指定管辖】**有管辖权的人民法院由于特殊原因,不能行使管辖权的,由上级人民法院指定管辖。

人民法院之间因管辖权发生争议,由争议双方协商解决;协商解决不了的,报请它们的共同上级人民法院指定管辖。

◆ 相关法条
◇ 民诉解释

第四十条 依照民事诉讼法第三十七条第二款规定,发生管辖权争议的两个人民法院因协商不成报请它们的共同上级人民法院指定管辖时,双方为同属一个地、市辖区的基层人民法院的,由该地、市的中级人民法院及时指定管辖;同属一个省、自治区、直辖市的两个人民法院的,由该省、自治区、直辖市的高级人民法院及时指定管辖;双方为跨省、自治区、直辖市的人民法院,高级人民法院协商不成的,由最高人民法院及时指定管辖。

依照前款规定报请上级人民法院指定管辖时,应当逐级进行。

第四十一条 人民法院依照民事诉讼法第三十七条第二款规定指定管辖的,应当作出裁定。

对报请上级人民法院指定管辖的案件,下级人民法院应当中止审理。指定管辖裁定作出前,下级人民法院对案件作出判决、裁定的,上级人民法院应当在裁定指定管辖的同时,一并撤销下级人民法院的判决、裁定。

★**第三十八条 【管辖转移】**上级人民法院有权审理下级人民法院管辖的第一审民事案件;确有必要将本院管辖的第一审民事案件交下级人民法院审理的,应当报请其上级人民法

院批准。

下级人民法院对它所管辖的第一审民事案件，认为需要由上级人民法院审理的，可以报请上级人民法院审理。

◆相关法条

◇民诉解释

第四十二条 下列第一审民事案件，人民法院依照民事诉讼法第三十八条第一款规定，可以在开庭前交下级人民法院审理：

（一）破产程序中有关债务人的诉讼案件；

（二）当事人人数众多且不方便诉讼的案件；

（三）最高人民法院确定的其他类型案件。

人民法院交下级人民法院审理前，应当报请其上级人民法院批准。上级人民法院批准后，人民法院应当裁定将案件交下级人民法院审理。

◆要点精解

1. 管辖权转移包括两种情况：向上转移和向下转移。（1）向上转移包括上级法院对下级法院案件的提级审理和下级法院将自己管辖的案件报请上级法院并经过上级法院同意。（2）向下转移应满足的条件：一是案件确有必要交由下级法院审理；二是经过上级法院的批准。

2. 管辖权转移与移送管辖的区别：（1）性质不同。前者是管辖权的移位；后者只是案件的移送。（2）作用不同。前者是为了使级别管辖有一定弹性，以更好地适应复杂的案件情况；后者是为了纠正移送法院受理案件的错误，尤其是地域管辖上的错误。（3）程序不同。前者包括上级法院单方决定的转移和下级法院报请并经上级法院同意而进行的转移；后者仅表现为单方移送行为。

第三章 审判组织

★**第三十九条** 【一审审判组织】人民法院审理第一审民事案件，由审判员、陪审员共同组成合议庭或者由审判员组成合议庭。合议庭的成员人数，必须是单数。

适用简易程序审理的民事案件，由审判员一人独任审理。

陪审员在执行陪审职务时，与审判员有同等的权利义务。

◆相关法条

◇人民陪审员改革试点办法

第一条 公民担任人民陪审员，应当具备下列条件：

（一）拥护中华人民共和国宪法；

（二）具有选举权和被选举权；

（三）年满二十八周岁；

（四）品行良好、公道正派；

（五）身体健康。

担任人民陪审员，一般应当具有高中以上文化学历，但农村地区和贫困偏远地区德高望重者不受此限。

第二条 人民陪审员依法享有参加审判活动、独立发表意见、获得履职保障等权利。

人民陪审员应当忠实履行陪审义务，保守国家秘密和审判工作秘密，秉公判断，不得徇私枉法。

第三条 下列人员不能担任人民陪审员：

（一）人民代表大会常务委员会组成人员，人民法院、人民检察院、公安机关、国家安全机关、司法行政机关的工作人员；

（二）执业律师、基层法律服务工作者等从事法律服务工作的人员；

（三）因其他原因不适宜担任人民陪审员的人员。

第四条 下列人员不得担任人民陪审员：

（一）因犯罪受过刑事处罚的；

（二）被开除公职的；

（三）被人民法院纳入失信被执行人名单的；

（四）因受惩戒被免除人民陪审员职务的。

第五条 基层人民法院根据本辖区案件数量和陪审工作实际，确定不低于本院法官员额数3倍的人民陪审员名额,陪审案件数量较多的法院也可以将人民陪审员名额设定为本院法官员额数的5倍以上。中级人民法院根据陪审案件数量等实际情况,合理确定本院人民陪审员名额。

试点期间,尚未开展法官员额制改革的,法官员额数暂按中央政法专项编制的39%计算。

试点工作开始前已经选任的人民陪审员,应当计入人民陪审员名额。

第六条 人民法院每五年从符合条件的选民或者常住居民名单中,随机抽选本院法官员额数5倍以上的人员作为人民陪审员候选人,建立人民陪审员候选人信息库。

当地选民名单是指人民法院辖区同级人大常委会选举时确认的选民名单。当地常住居民名单是指人民法院辖区同级户口登记机关登记的常住人口名单。直辖市中级人民法院可以参考案件管辖范围确定相对应的当地选民和常住人口范围。

第七条 人民法院会同同级司法行政机关对人民陪审员候选人进行资格审查,征求候选人意见。必要时,人民法院可以会同同级司法行政机关以适当方式听取公民所在单位、户籍所在地或者经常居住地的基层组织的意见。

第八条 人民法院会同同级司法行政机关,从通过资格审查的候选人名单中以随机抽选的方式确定人民陪审员人选,由院长提请人民代表大会常务委员会任命。人民法院应当将任命决定通知人民陪审员本人,将任命名单抄送同级司法行政机关,并逐级报高级人民法院备案,同时向社会公告。相关司法行政机关应当将任命名单逐级报省级司法行政机关备案。

第九条 人民法院应当建立人民陪审员信息库,制作人民陪审员名册,并抄送同级司法行政机关。

人民法院可以根据人民陪审员专业背景情况,结合本院审理案件的主要类型,建立专业人民陪审员信息库。

第十条 人民陪审员选任工作每五年进行一次。因人民陪审员退出等原因导致人民陪审员人数低于人民法院法官员额数3倍的,或者因审判工作实际需要的,可以适当增补人民陪审员。增补程序参照选任程序进行。

第十一条 经选任为人民陪审员的应当进行集中公开宣誓。

第十二条 人民法院受理的第一审案件,除法律规定由法官独任审理或者由法官组成合议庭审理的以外,均可以适用人民陪审制审理。

有下列情形之一的第一审案件,原则上应当由人民陪审员和法官共同组成合议庭审理:

(一)涉及群体利益、社会公共利益、人民群众广泛关注或者其他社会影响较大的刑事、行政、民事案件。

(二)可能判处十年以上有期徒刑、无期徒刑的刑事案件;

(三)涉及征地拆迁、环境保护、食品药品安全的重大案件。

前款所列案件中,因涉及个人隐私、商业秘密或者其他原因,当事人申请不适用人民陪审制审理的,人民法院可以决定不适用人民陪审制审理。

第十三条 第一审刑事案件被告人、民事案件当事人和行政案件原告有权申请人民陪审员参加合议庭审判。人民法院接到申请后,经审查决定适用人民陪审制审理案件的,应当组成有人民陪审员参加的合议庭进行审判。

第十四条 人民法院应当结合本辖区实际情况,合理确定人民陪审员每人每年参与审理案件的数量上限,并向社会公告。

第十五条 适用人民陪审制审理第一审重大刑事、行政、民事案件的,人民陪审员在合议庭中的人数原则上应当在2人以上。

第十六条 参与合议庭审理案件的人民陪审员,应当在开庭前通过随机抽选的方式确定。

人民法院可以根据案件审理需要,从人民陪审员名册中随机抽选一定数量的候补人民陪审员，并确定递补顺序。

第十七条　当事人有权申请人民陪审员回避。人民陪审员的回避，参照有关法官回避的规定执行。

人民陪审员回避事由经审查成立的，人民法院应当及时从候补人员中确定递补人选。

第十八条　人民法院应当在开庭前，将相关权利和义务告知人民陪审员，并为其阅卷提供便利条件。

第十九条　在庭审过程中，人民陪审员有权依法参加案件调查和案件调解工作。经审判长同意，人民陪审员可以在休庭时组织双方当事人进行调解。

第二十条　适用人民陪审制审理案件的，庭审完毕后，审判长应当及时组织合议庭评议案件。当即评议确有困难的，应当将推迟评议的理由记录在卷。

第二十一条　合议庭评议时，审判长应当提请人民陪审员围绕案件事实认定问题发表意见，并对与事实认定有关的证据资格、证据规则、诉讼程序等问题及注意事项进行必要的说明，但不得妨碍人民陪审员对案件事实的独立判断。

第二十二条　人民陪审员应当全程参与合议庭评议，并就案件事实认定问题独立发表意见并进行表决。人民陪审员可以对案件的法律适用问题发表意见，但不参与表决。

第二十三条　合议庭评议案件前，审判长应当归纳并介绍需要通过评议讨论决定的案件事实问题，必要时可以书面形式列出案件事实问题清单。

合议庭评议案件时，一般先由人民陪审员发表意见。

人民陪审员和法官共同对案件事实认定负责，如果意见分歧，应当按多数人意见对案件事实作出认定，但是少数人意见应当写入笔录。如果法官与人民陪审员多数意见存在重大分歧，且认为人民陪审员多数意见对事实的认定违反了证据规则，可能导致适用法律错误或者造成错案的，可以将案件提交院长决定是

否由审判委员会讨论。提交审判委员会讨论决定的案件，审判委员会的决定理由应当在裁判文书中写明。

第二十四条　人民陪审员应当认真阅读评议笔录，确认无误后签名。人民陪审员应当审核裁判文书文稿中的事实认定结论部分并签名。

第二十五条　人民陪审员参与合议庭审理案件的，应当作为合议庭成员在裁判文书上署名。

第二十六条　人民陪审员有下列情形之一，经所在法院会同同级司法行政机关查证属实的，应当由法院院长提请同级人民代表大会常务委员会免除其人民陪审员职务：

（一）因年龄、疾病、职业、生活等原因难以履行陪审职责，向人民法院申请辞去人民陪审员职务的；

（二）被依法剥夺选举权和被选举权的；

（三）因犯罪受到刑事处罚、被开除公职或者被纳入失信被执行人名单的；

（四）担任本办法第三条所列职务的；

（五）其他不宜担任人民陪审员的情形。

人民陪审员被免除职务的，人民法院应当将免职决定通知被免职者本人，将免职名单抄送同级司法行政机关，并逐级报高级人民法院备案，同时向社会公告。相关司法行政机关应当将免职名单逐级报省级司法行政机关备案。

第二十七条　人民陪审员有下列情形之一，经所在法院会同同级司法行政机关查证属实的，除按程序免除其人民陪审员职务外，可以采取在辖区范围内公开通报、纳入个人诚信系统不良记录等措施进行惩戒；构成犯罪的，依法移送有关部门追究刑事责任：

（一）在人民陪审员资格审查中提供虚假材料的；

（二）一年内拒绝履行陪审职责达三次的；

（三）泄露国家秘密和审判工作秘密的；

（四）利用陪审职务便利索取或者收受贿赂的；

（五）充当诉讼掮客，为当事人介绍律师和

评估、鉴定等中介机构的；

（六）滥用职权、徇私舞弊的；

（七）有其他损害陪审公信或司法公正行为的。

第二十八条　人民陪审员的选任、培训、考核和奖惩等日常管理工作，由人民法院会同同级司法行政机关负责。

人民法院和同级司法行政机关应当根据试点期间的履职要求，改进人民陪审员培训形式和重点内容。具体培训制度由相关高级人民法院会同省级司法行政机关另行制定。

人民法院应当会同同级司法行政机关完善配套机制，搭建技术平台，为完善人民陪审员的信息管理、随机抽选、均衡参审和意见反馈系统提供技术支持。

第二十九条　人民陪审员制度实施所需经费列入人民法院、司法行政机关业务费预算予以保障。

人民陪审员因参加培训或者审判活动，被其所在单位解雇、减少工资或薪酬待遇的，由人民法院会同司法行政机关向其所在单位或者其所在单位的上级主管部门提出纠正意见。

人民法院和司法行政机关不得向社会公开人民陪审员的住所及其他个人信息。人民陪审员人身、财产安全受到威胁时，可以请求人民法院或者司法行政机关采取适当保护措施。

对破坏人民陪审员制度的行为，构成犯罪的，依法移送有关部门追究刑事责任。

第三十条　港澳台居民担任人民陪审员的选任条件和程序另行规定。

第三十一条　试点法院会同同级司法行政机关，根据《人民陪审员制度改革试点方案》和本办法，结合工作实际，制定具体工作方案和相关制度规定。具体工作方案由相关高级人民法院、省级司法行政机关统一汇总后于2015年5月30日前报最高人民法院、司法部备案。

试点法院会同同级司法行政机关，在制定实施方案、修订现有规范、做好机制衔接的前提下，从2015年5月全面开始试点，试点时间两年。2016年4月前，试点法院、司法行政机关应当将中期报告逐级层报最高人民法院、司法部。

第三十二条　本办法仅适用于北京、河北、黑龙江、江苏、福建、山东、河南、广西、重庆、陕西等10个省（自治区、直辖市）的试点法院（具体名单附后）。

第三十三条　本办法由最高人民法院、司法部负责解释。

第三十四条　本办法应当报全国人民代表大会常务委员会备案，自发布之日起实施；之前有关人民陪审员制度的规定与本办法不一致的，按照本办法执行。

★第四十条　【二审、重审、再审审判组织】 人民法院审理第二审民事案件，由审判员组成合议庭。合议庭的成员人数，必须是单数。

发回重审的案件，原审人民法院应当按照第一审程序另行组成合议庭。

审理再审案件，原来是第一审的，按照第一审程序另行组成合议庭；原来是第二审的或者是上级人民法院提审的，按照第二审程序另行组成合议庭。

◆相关法条
◇民诉解释

第三十八条　有管辖权的人民法院受理案件后，不得以行政区域变更为由，将案件移送给变更后有管辖权的人民法院。判决后的上诉案件和依审判监督程序提审的案件，由原审人民法院的上级人民法院进行审判；上级人民法院指令再审、发回重审的案件，由原审人民法院再审或者重审。

◆要点精解

1. 简易程序只能在一审中适用，二审的审判组织必须是合议庭。重审、再审必须另组合议庭。合议庭的成员人数为单数。

2. 人民陪审员在合议庭组成中的地位：(1) 一审中不是必须要有人民陪审员参加，也不能全部都是人民陪审员组成；(2) 二审中合议庭不能有人民陪审员。

第四十一条 【审判长】合议庭的审判长由院长或者庭长指定审判员一人担任；院长或者庭长参加审判的，由院长或者庭长担任。

★**第四十二条** 【评议】合议庭评议案件，实行少数服从多数的原则。评议应当制作笔录，由合议庭成员签名。评议中的不同意见，必须如实记入笔录。

◆ 要点精解

合议庭的评议及制作笔录规则：(1)少数服从多数，而非服从审判长；(2)笔录的签名人是全体合议庭成员；(3)评议的不同意见应记入笔录而非裁判文书。

第四十三条 【审判人员的义务】审判人员应当依法秉公办案。

审判人员不得接受当事人及其诉讼代理人请客送礼。

审判人员有贪污受贿，徇私舞弊，枉法裁判行为的，应当追究法律责任；构成犯罪的，依法追究刑事责任。

第四章 回 避

★**第四十四条** 【回避情形】审判人员有下列情形之一的，应当自行回避，当事人有权用口头或者书面方式申请他们回避：

(一)是本案当事人或者当事人、诉讼代理人近亲属的；

(二)与本案有利害关系的；

(三)与本案当事人、诉讼代理人有其他关系，可能影响对案件公正审理的。

审判人员接受当事人、诉讼代理人请客送礼，或者违反规定会见当事人、诉讼代理人的，当事人有权要求他们回避。

审判人员有前款规定的行为的，应当依法追究法律责任。

前三款规定，适用于书记员、翻译人员、鉴定人、勘验人。

◆ 相关法条
◇ 民诉解释

第四十三条 审判人员有下列情形之一的，应当自行回避，当事人有权申请其回避：

(一)是本案当事人或者当事人近亲属的；

(二)本人或者其近亲属与本案有利害关系的；

(三)担任过本案的证人、鉴定人、辩护人、诉讼代理人、翻译人员的；

(四)是本案诉讼代理人近亲属的；

(五)本人或者其近亲属持有本案非上市公司当事人的股份或者股权的；

(六)与本案当事人或者诉讼代理人有其他利害关系，可能影响公正审理的。

第四十四条 审判人员有下列情形之一的，当事人有权申请其回避：

(一)接受本案当事人及其受托人宴请，或者参加由其支付费用的活动的；

(二)索取、接受本案当事人及其受托人财物或者其他利益的；

(三)违反规定会见本案当事人、诉讼代理人的；

(四)为本案当事人推荐、介绍诉讼代理人，或者为律师、其他人员介绍代理本案的；

(五)向本案当事人及其受托人借用款物的；

(六)有其他不正当行为，可能影响公正审理的。

第四十五条 在一个审判程序中参与过本案审判工作的审判人员，不得再参与该案其他程序的审判。

发回重审的案件，在一审法院作出裁判后又进入第二审程序的，原第二审程序中合议庭组成人员不受前款规定的限制。

第四十八条 民事诉讼法第四十四条所称的审判人员，包括参与本案审理的人民法院院长、副院长、审判委员会委员、庭长、副庭长、审判员、助理审判员和人民陪审员。

第四十九条 书记员和执行员适用审判人员回避的有关规定。

★**第四十五条** 【回避申请】当事人提出回避申请,应当说明理由,在案件开始审理时提出;回避事由在案件开始审理后知道的,也可以在法庭辩论终结前提出。

被申请回避的人员在人民法院作出是否回避的决定前,应当暂停参与本案的工作,但案件需要采取紧急措施的除外。

◆ 相关法条
◇ 民诉解释

第四十七条 人民法院应当依法告知当事人对合议庭组成人员、独任审判员和书记员等人员有申请回避的权利。

★**第四十六条** 【回避决定】院长担任审判长时的回避,由审判委员会决定;审判人员的回避,由院长决定;其他人员的回避,由审判长决定。

◆ 相关法条
◇ 民诉解释

第四十六条 审判人员有应当回避的情形,没有自行回避,当事人也没有申请其回避的,由院长或者审判委员会决定其回避。

★**第四十七条** 【回避后果】人民法院对当事人提出的回避申请,应当在申请提出的三日内,以口头或者书面形式作出决定。申请人对决定不服的,可以在接到决定时申请复议一次。复议期间,被申请回避的人员,不停止参与本案的工作。人民法院对复议申请,应当在三日内作出复议决定,并通知复议申请人。

◆ 司考真题

◇ 2015年卷3第36题(单项)

某区法院审理原告许某与被告某饭店食物中毒纠纷一案。审前,法院书面告知许某合议庭由审判员甲、乙和人民陪审员丙组成时,许某未提出回避申请。开庭后,许某始知人民陪审员丙与被告法定代表人是亲兄弟,遂提出回避申请。关于本案的回避,下列哪一说法是正确的?

A. 许某可在知道丙与被告法定代表人是亲兄弟时提出回避申请

B. 法院对回避申请作出决定前,丙不停止参与本案审理

C. 应由审判长决定丙是否应回避

D. 法院作出回避决定后,许某可对此提出上诉

答案:A

第五章 诉讼参加人

第一节 当事人

★**第四十八条** 【当事人范围】公民、法人和其他组织可以作为民事诉讼的当事人。

法人由其法定代表人进行诉讼。其他组织由其主要负责人进行诉讼。

◆ 相关法条
◇ 民诉解释

第五十条 法人的法定代表人以依法登记的为准,但法律另有规定的除外。依法不需要办理登记的法人,以其正职负责人为法定代表人;没有正职负责人的,以其主持工作的副职负责人为法定代表人。

法定代表人已经变更,但未完成登记,变更后的法定代表人要求代表法人参加诉讼的,人民法院可以准许。

其他组织,以其主要负责人为代表人。

第五十一条 在诉讼中,法人的法定代表人变更的,由新的法定代表人继续进行诉讼,并应向人民法院提交新的法定代表人身份证明书。原法定代表人进行的诉讼行为有效。

前款规定,适用于其他组织参加的诉讼。

第五十二条 民事诉讼法第四十八条规定的其他组织是指合法成立、有一定的组织机构和财产,但又不具备法人资格的组织,包括:

(一)依法登记领取营业执照的个人独资企业;

(二)依法登记领取营业执照的合伙企业;

(三)依法登记领取我国营业执照的中外合作经营企业、外资企业;

（四）依法成立的社会团体的分支机构、代表机构；

（五）依法设立并领取营业执照的法人的分支机构；

（六）依法设立并领取营业执照的商业银行、政策性银行和非银行金融机构的分支机构；

（七）经依法登记领取营业执照的乡镇企业、街道企业；

（八）其他符合本条规定条件的组织。

第五十三条　法人非依法设立的分支机构，或者虽依法设立，但没有领取营业执照的分支机构，以设立该分支机构的法人为当事人。

第五十五条　在诉讼中，一方当事人死亡，需要等待继承人表明是否参加诉讼的，裁定中止诉讼。人民法院应当及时通知继承人作为当事人承担诉讼，被继承人已经进行的诉讼行为对承担诉讼的继承人有效。

第五十六条　法人或者其他组织的工作人员执行工作任务造成他人损害的，该法人或者其他组织为当事人。

第五十七条　提供劳务一方因劳务造成他人损害，受害人提起诉讼的，以接受劳务一方为被告。

第六十一条　当事人之间的纠纷经人民调解委员会调解达成协议后，一方当事人不履行调解协议，另一方当事人向人民法院提起诉讼的，应以对方当事人为被告。

第六十二条　下列情形，以行为人为当事人：

（一）法人或者其他组织应登记而未登记，行为人即以该法人或者其他组织名义进行民事活动的；

（二）行为人没有代理权、超越代理权或者代理权终止后以被代理人名义进行民事活动的，但相对人有理由相信行为人有代理权的除外；

（三）法人或者其他组织依法终止后，行为人仍以其名义进行民事活动的。

第六十四条　企业法人解散的，依法清算并注销前，以该企业法人为当事人；未依法清算即被注销的，以该企业法人的股东、发起人或者出资人为当事人。

第六十八条　村民委员会或者村民小组与他人发生民事纠纷的，村民委员会或者有独立财产的村民小组为当事人。

第六十九条　对侵害死者遗体、遗骨以及姓名、肖像、名誉、荣誉、隐私等行为提起诉讼的，死者的近亲属为当事人。

第二百四十九条　在诉讼中，争议的民事权利义务转移的，不影响当事人的诉讼主体资格和诉讼地位。人民法院作出的发生法律效力的判决、裁定对受让人具有拘束力。

受让人申请以无独立请求权的第三人身份参加诉讼的，人民法院可予准许。受让人申请替代当事人承担诉讼的，人民法院可以根据案件的具体情况决定是否准许；不予准许的，可以追加其为无独立请求权的第三人。

第二百五十条　依照本解释第二百四十九条规定，人民法院准许受让人替代当事人承担诉讼的，裁定变更当事人。

变更当事人后，诉讼程序以受让人为当事人继续进行，原当事人应当退出诉讼。原当事人已经完成的诉讼行为对受让人具有拘束力。

◆要点精解

1. 诉讼法上的当事人概念与实体法上的当事人概念有所不同，前者不是看是否在客观上享有实体权利，而是看其在形式上是否向法院提起诉讼或被提起诉讼。

2. 当事人的称谓在诉讼各阶段有所不同：(1)在普通程序和简单程序中，称为原告和被告；(2)在二审程序中，称为上诉人和被上诉人；(3)在执行程序中，被称为申请人和被申请人。

★第四十九条　【诉讼权利和义务】当事人有权委托代理人，提出回避申请，收集、提供证据，进行辩论，请求调解，提起上诉，申请执行。

当事人可以查阅本案有关材料，并可以复

制本案有关材料和法律文书。查阅、复制本案有关材料的范围和办法由最高人民法院规定。

当事人必须依法行使诉讼权利,遵守诉讼秩序,履行发生法律效力的判决书、裁定书和调解书。

★**第五十条 【和解】**双方当事人可以自行和解。

◆**相关法条**
◇民诉解释

第一百四十八条 当事人自行和解或者调解达成协议后,请求人民法院按照和解协议或者调解协议的内容制作判决书的,人民法院不予准许。

无民事行为能力人的离婚案件,由其法定代理人进行诉讼。法定代理人与对方达成协议要求发给判决书的,可根据协议内容制作判决书。

★**第五十一条 【放弃、变更、承认、反驳诉讼请求及反诉】**原告可以放弃或者变更诉讼请求。被告可以承认或者反驳诉讼请求,有权提起反诉。

◆**相关法条**
◇民诉解释

第二百二十一条 基于同一事实发生的纠纷,当事人分别向同一人民法院起诉的,人民法院可以合并审理。

第二百三十二条 在案件受理后,法庭辩论结束前,原告增加诉讼请求,被告提出反诉,第三人提出与本案有关的诉讼请求,可以合并审理的,人民法院应当合并审理。

第二百三十三条 反诉的当事人应当限于本诉的当事人的范围。

反诉与本诉的诉讼请求基于相同法律关系、诉讼请求之间具有因果关系,或者反诉与本诉的诉讼请求基于相同事实的,人民法院应当合并审理。

反诉应由其他人民法院专属管辖,或者与本诉的诉讼标的及诉讼请求所依据的事实、理由无关联的,裁定不予受理,告知另行起诉。

第二百五十一条 二审裁定撤销一审判决发回重审的案件,当事人申请变更、增加诉讼请求或者提出反诉,第三人提出与本案有关的诉讼请求的,依照民事诉讼法第一百四十条规定处理。

第二百五十二条 再审裁定撤销原判决、裁定发回重审的案件,当事人申请变更、增加诉讼请求或者提出反诉,符合下列情形之一的,人民法院应当准许:

(一)原审未合法传唤缺席判决,影响当事人行使诉讼权利的;

(二)追加新的诉讼当事人的;

(三)诉讼标的物灭失或者发生变化致使原诉讼请求无法实现的;

(四)当事人申请变更、增加的诉讼请求或者提出的反诉,无法通过另诉解决的。

◆**司考真题**
◇2015年卷3第82题(多项)

章俊诉李泳借款纠纷案在某县法院适用简易程序审理。县法院判决后,章俊上诉,二审法院以事实不清为由发回重审。县法院征得当事人同意后,适用简易程序重审此案。在答辩期间,李泳提出管辖权异议,县法院不予审查。案件开庭前,章俊增加了诉讼请求,李泳提出反诉,县法院受理了章俊提出的增加诉讼请求,但以重审不可提出反诉为由拒绝受理李泳的反诉。关于本案,该县法院的下列哪些做法是正确的?

A.征得当事人同意后,适用简易程序重审此案

B.对李泳提出的管辖权异议不予审查

C.受理章俊提出的增加诉讼请求

D.拒绝受理李泳的反诉

答案:BC

★**第五十二条 【共同诉讼】**当事人一方或者双方为二人以上,其诉讼标的是共同的,或者诉讼标的是同一种类、人民法院认为可以合并审理并经当事人同意的,为共同诉讼。

共同诉讼的一方当事人对诉讼标的有共同权利义务的,其中一人的诉讼行为经其他共同诉讼人承认,对其他共同诉讼人发生效力;对诉讼标的没有共同权利义务的,其中一人的诉讼行为对其他共同诉讼人不发生效力。

◆相关法条
◇民诉解释

第五十四条 以挂靠形式从事民事活动,当事人请求由挂靠人和被挂靠人依法承担民事责任的,该挂靠人和被挂靠人为共同诉讼人。

第五十八条 在劳务派遣期间,被派遣的工作人员因执行工作任务造成他人损害的,以接受劳务派遣的用工单位为当事人。当事人主张劳务派遣单位承担责任的,该劳务派遣单位为共同被告。

第五十九条 在诉讼中,个体工商户以营业执照上登记的经营者为当事人。有字号的,以营业执照上登记的字号为当事人,但应同时注明该字号经营者的基本信息。

营业执照上登记的经营者与实际经营者不一致的,以登记的经营者和实际经营者为共同诉讼人。

第六十条 在诉讼中,未依法登记领取营业执照的个人合伙的全体合伙人为共同诉讼人。个人合伙有依法核准登记的字号的,应在法律文书中注明登记的字号。全体合伙人可以推选代表人;被推选的代表人,应由全体合伙人出具推选书。

第六十三条 企业法人合并的,因合并前的民事活动发生的纠纷,以合并后的企业为当事人;企业法人分立的,因分立前的民事活动发生的纠纷,以分立后的企业为共同诉讼人。

第六十五条 借用业务介绍信、合同专用章、盖章的空白合同书或者银行账户的,出借单位和借用人为共同诉讼人。

第六十六条 因保证合同纠纷提起的诉讼,债权人向保证人和被保证人一并主张权利的,人民法院应当将保证人和被保证人列为共同被告。保证合同约定为一般保证,债权人仅起诉保证人的,人民法院应当通知被保证人作为共同被告参加诉讼;债权人仅起诉被保证人的,可以只列被保证人为被告。

第六十七条 无民事行为能力人、限制民事行为能力人造成他人损害的,无民事行为能力人、限制民事行为能力人和其监护人为共同被告。

第七十条 在继承遗产的诉讼中,部分继承人起诉的,人民法院应通知其他继承人作为共同原告参加诉讼;被通知的继承人不愿意参加诉讼又未明确表示放弃实体权利的,人民法院仍应将其列为共同原告。

第七十一条 原告起诉被代理人和代理人,要求承担连带责任的,被代理人和代理人为共同被告。

第七十二条 共有财产权受到他人侵害,部分共有权人起诉的,其他共有权人为共同诉讼人。

第七十三条 必须共同进行诉讼的当事人没有参加诉讼的,人民法院应当依照民事诉讼法第一百三十二条的规定,通知其参加;当事人也可以向人民法院申请追加。人民法院对当事人提出的申请,应当进行审查,申请理由不成立的,裁定驳回;申请理由成立的,书面通知被追加的当事人参加诉讼。

第七十四条 人民法院追加共同诉讼的当事人时,应当通知其他当事人。应当追加的原告,已明确表示放弃实体权利的,可不予追加;既不愿意参加诉讼,又不放弃实体权利的,仍应追加为共同原告,其不参加诉讼,不影响人民法院对案件的审理和依法作出判决。

第二百二十一条 基于同一事实发生的纠纷,当事人分别向同一人民法院起诉的,人民法院可以合并审理。

◇民间借贷案件规定

第四条 保证人为借款人提供连带责任保证,出借人仅起诉借款人的,人民法院可以不追加保证人为共同被告;出借人仅起诉保证人的,人民法院可以追加借款人为共同被告。

保证人为借款人提供一般保证,出借人仅起诉保证人的,人民法院应当追加借款人为共同被告;出借人仅起诉借款人的,人民法院可以不追加保证人为共同被告。

第二十三条 企业法定代表人或负责人以企业名义与出借人签订民间借贷合同,出借人、企业或者其股东能够证明所借款项用于企业法定代表人或负责人个人使用,出借人请求将企业法定代表人或负责人列为共同被告或者第三人的,人民法院应予准许。

企业法定代表人或负责人以个人名义与出借人签订民间借贷合同,所借款项用于企业生产经营,出借人请求企业与个人共同承担责任的,人民法院应予支持。

◆ **要点精解**

1. 必要共同诉讼:
(1)必要共同诉讼的特征:①当事人一方或双方为两人以上;②诉讼标的具有同一性;③共同诉讼人必须共同参加诉讼;④共同诉讼人行为具有一致性;⑤法院必须合并审理、合并判决。
(2)必要共同诉讼的类型:①权利义务共同型必要共同诉讼;②原因共同型必要共同诉讼。

2. 普通共同诉讼:
(1)普通共同诉讼的特征:①诉讼标的是同一种类;②各共同诉讼人与对方当事人之间一定存在两个以上的诉讼请求;③可分之诉。
(2)普通共同诉讼的构成要件:①有两个以上属于同一种类的诉讼标的;②同属于一个法院管辖,适用同一诉讼程序;③符合合并审理的目的;④法院认为可以合并审理,当事人也同意合并审理。

◆ **司考真题**

◇ 2015年卷3第39题(单项)

徐某开设打印设计中心并以自己名义登记领取了个体工商户营业执照,该中心未起字号。不久,徐某应征入伍,将该中心转让给同学李某经营,未办理工商变更登记。后该中心承接广告公司业务,款项已收却未能按期交货,遭广告公司起诉。下列哪一选项是本案的适格被告?

A. 李某
B. 李某和徐某
C. 李某和该中心
D. 李某、徐某和该中心
答案:B

★ **第五十三条** 【人数确定的代表人诉讼】当事人一方人数众多的共同诉讼,可以由当事人推选代表人进行诉讼。代表人的诉讼行为对其所代表的当事人发生效力,但代表人变更、放弃诉讼请求或者承认对方当事人的诉讼请求,进行和解,必须经被代表的当事人同意。

◆ **相关法条**

◇ 民诉解释

第七十五条 民事诉讼法第五十三条、第五十四条和第一百九十九条规定的人数众多,一般指十人以上。

第七十六条 依照民事诉讼法第五十三条规定,当事人一方人数众多在起诉时确定的,可以由全体当事人推选共同的代表人,也可以由部分当事人推选自己的代表人;推选不出代表人的当事人,在必要的共同诉讼中可以自己参加诉讼,在普通的共同诉讼中可以另行起诉。

第七十八条 民事诉讼法第五十三条和第五十四条规定的代表人为二至五人,每位代表人可以委托一至二人作为诉讼代理人。

★ **第五十四条** 【人数不确定的代表人诉讼】诉讼标的是同一种类、当事人一方人数众多在起诉时人数尚未确定的,人民法院可以发出公告,说明案件情况和诉讼请求,通知权利人在一定期间向人民法院登记。

向人民法院登记的权利人可以推选代表人进行诉讼;推选不出代表人的,人民法院可以与参加登记的权利人商定代表人。

代表人的诉讼行为对其所代表的当事人发生效力,但代表人变更、放弃诉讼请求或者承认对方当事人的诉讼请求,进行和解,必须经被代表的当事人同意。

人民法院作出的判决、裁定,对参加登记的全体权利人发生效力。未参加登记的权利人在诉讼时效期间提起诉讼的,适用该判决、裁定。

◆相关法条

◇民诉解释

第七十七条　根据民事诉讼法第五十四条规定,当事人一方人数众多在起诉时不确定的,由当事人推选代表人。当事人推选不出的,可以由人民法院提出人选与当事人协商;协商不成的,也可以由人民法院在起诉的当事人中指定代表人。

第七十九条　依照民事诉讼法第五十四条规定受理的案件,人民法院可以发出公告,通知权利人向人民法院登记。公告期间根据案件的具体情况确定,但不得少于三十日。

第八十条　根据民事诉讼法第五十四条规定向人民法院登记的权利人,应当证明其与对方当事人的法律关系和所受到的损害。证明不了的,不予登记,权利人可以另行起诉。人民法院的裁判在登记的范围内执行。未参加登记的权利人提起诉讼,人民法院认定其请求成立的,裁定适用人民法院已作出的判决、裁定。

★第五十五条　【公益诉讼】对污染环境、侵害众多消费者合法权益等损害社会公共利益的行为,法律规定的机关和有关组织可以向人民法院提起诉讼。

◆相关法条

◇民诉解释

第二百八十四条　环境保护法、消费者权益保护法等法律规定的机关和有关组织对污染环境、侵害众多消费者合法权益等损害社会公共利益的行为,根据民事诉讼法第五十五条规定提起公益诉讼,符合下列条件的,人民法院应当受理:

(一)有明确的被告;

(二)有具体的诉讼请求;

(三)有社会公共利益受到损害的初步证据;

(四)属于人民法院受理民事诉讼的范围和受诉人民法院管辖。

第二百八十五条　公益诉讼案件由侵权行为地或者被告住所地中级人民法院管辖,但法律、司法解释另有规定的除外。

因污染海洋环境提起的公益诉讼,由污染发生地、损害结果地或者采取预防污染措施地海事法院管辖。

对同一侵权行为分别向两个以上人民法院提起公益诉讼的,由最先立案的人民法院管辖,必要时由它们的共同上级人民法院指定管辖。

第二百八十六条　人民法院受理公益诉讼案件后,应当在十日内书面告知相关行政主管部门。

第二百八十七条　人民法院受理公益诉讼案件后,依法可以提起诉讼的其他机关和有关组织,可以在开庭前向人民法院申请参加诉讼。人民法院准许参加诉讼的,列为共同原告。

第二百八十八条　人民法院受理公益诉讼案件,不影响同一侵权行为的受害人根据民事诉讼法第一百一十九条规定提起诉讼。

第二百八十九条　对公益诉讼案件,当事人可以和解,人民法院可以调解。

当事人达成和解或者调解协议后,人民法院应当将和解或者调解协议进行公告。公告期间不得少于三十日。

公告期满后,人民法院经审查,和解或者调解协议不违反社会公共利益的,应当出具调解书;和解或者调解协议违反社会公共利益的,不予出具调解书,继续对案件进行审理并依法作出裁判。

第二百九十条　公益诉讼案件的原告在法庭辩论终结后申请撤诉的,人民法院不予准许。

第二百九十一条　公益诉讼案件的裁判发生法律效力后,其他依法具有原告资格的机关和有关组织就同一侵权行为另行提起公益诉讼的,人民法院裁定不予受理,但法律、司法解释另有规定的除外。

◇消费者权益保护法

第四十七条 对侵害众多消费者合法权益的行为,中国消费者协会以及在省、自治区、直辖市设立的消费者协会,可以向人民法院提起诉讼。

◇环境保护法

第五十八条 对污染环境、破坏生态,损害社会公共利益的行为,符合下列条件的社会组织可以向人民法院提起诉讼:

(一)依法在设区的市级以上人民政府民政部门登记;

(二)专门从事环境保护公益活动连续五年以上且无违法记录。

符合前款规定的社会组织向人民法院提起诉讼,人民法院应当依法受理。

提起诉讼的社会组织不得通过诉讼牟取经济利益。

◇环境公益诉讼解释

第一条 法律规定的机关和有关组织依据民事诉讼法第五十五条、环境保护法第五十八条等法律的规定,对已经损害社会公共利益或者具有损害社会公共利益重大风险的污染环境、破坏生态的行为提起诉讼,符合民事诉讼法第一百一十九条第二项、第三项、第四项规定的,人民法院应予受理。

第二条 依照法律、法规的规定,在设区的市级以上人民政府民政部门登记的社会团体、民办非企业单位以及基金会等,可以认定为环境保护法第五十八条规定的社会组织。

第三条 设区的市、自治州、盟、地区、不设区的地级市,直辖市的区以上人民政府民政部门,可以认定为环境保护法第五十八条规定的"设区的市级以上人民政府民政部门"。

第四条 社会组织章程确定的宗旨和主要业务范围是维护社会公共利益,且从事环境保护公益活动的,可以认定为环境保护法第五十八条规定的"专门从事环境保护公益活动"。

社会组织提起的诉讼所涉及的社会公共利益,应与其宗旨和业务范围具有关联性。

第五条 社会组织在提起诉讼前五年内未因从事业务活动违反法律、法规的规定受过行政、刑事处罚的,可以认定为环境保护法第五十八条规定的"无违法记录"。

第六条 第一审环境民事公益诉讼案件由污染环境、破坏生态行为发生地、损害结果地或者被告住所地的中级以上人民法院管辖。

中级人民法院认为确有必要的,可以在报请高级人民法院批准后,裁定将本院管辖的第一审环境民事公益诉讼案件交由基层人民法院审理。

同一原告或者不同原告对同一污染环境、破坏生态行为分别向两个以上有管辖权的人民法院提起环境民事公益诉讼的,由最先立案的人民法院管辖,必要时由共同上级人民法院指定管辖。

第七条 经最高人民法院批准,高级人民法院可以根据本辖区环境和生态保护的实际情况,在辖区内确定部分中级人民法院受理第一审环境民事公益诉讼案件。

中级人民法院管辖环境民事公益诉讼案件的区域由高级人民法院确定。

第八条 提起环境民事公益诉讼应当提交下列材料:

(一)符合民事诉讼法第一百二十一条规定的起诉状,并按照被告人数提出副本;

(二)被告的行为已经损害社会公共利益或者具有损害社会公共利益重大风险的初步证明材料;

(三)社会组织提起诉讼的,应当提交社会组织登记证书、章程、起诉前连续五年的年度工作报告书或者年检报告书,以及由其法定代表人或者负责人签字并加盖公章的无违法记录的声明。

第九条 人民法院认为原告提出的诉讼请求不足以保护社会公共利益的,可以向其释明变更或者增加停止侵害、恢复原状等诉讼请求。

第十条　人民法院受理环境民事公益诉讼后,应当在立案之日起五日内将起诉状副本发送被告,并公告案件受理情况。

有权提起诉讼的其他机关和社会组织在公告之日起三十日内申请参加诉讼,经审查符合法定条件的,人民法院应当将其列为共同原告;逾期申请的,不予准许。

公民、法人和其他组织以人身、财产受到损害为由申请参加诉讼的,告知其另行起诉。

第十一条　检察机关、负有环境保护监督管理职责的部门及其他机关、社会组织、企业事业单位依据民事诉讼法第十五条的规定,可以通过提供法律咨询、提交书面意见、协助调查取证等方式支持社会组织依法提起环境民事公益诉讼。

第十二条　人民法院受理环境民事公益诉讼后,应当在十日内告知对被告行为负有环境保护监督管理职责的部门。

第十三条　原告请求被告提供其排放的主要污染物名称、排放方式、排放浓度和总量、超标排放情况以及防治污染设施的建设和运行情况等环境信息,法律、法规、规章规定被告应当持有或者有证据证明被告持有而拒不提供,如果原告主张相关事实不利于被告的,人民法院可以推定该主张成立。

第十四条　对于审理环境民事公益诉讼案件需要的证据,人民法院认为必要的,应当调查收集。

对于应当由原告承担举证责任且为维护社会公共利益所必要的专门性问题,人民法院可以委托具备资格的鉴定人进行鉴定。

第十五条　当事人申请通知有专门知识的人出庭,就鉴定人作出的鉴定意见或者就因果关系、生态环境修复方式、生态环境修复费用以及生态环境受到损害至恢复原状期间服务功能的损失等专门性问题提出意见的,人民法院可以准许。

前款规定的专家意见经质证,可以作为认定事实的根据。

第十六条　原告在诉讼过程中承认对己方不利的事实和认可的证据,人民法院认为损害社会公共利益的,应当不予确认。

第十七条　环境民事公益诉讼案件审理过程中,被告以反诉方式提出诉讼请求的,人民法院不予受理。

第十八条　对污染环境、破坏生态,已经损害社会公共利益或者具有损害社会公共利益重大风险的行为,原告可以请求被告承担停止侵害、排除妨碍、消除危险、恢复原状、赔偿损失、赔礼道歉等民事责任。

第十九条　原告为防止生态环境损害的发生和扩大,请求被告停止侵害、排除妨碍、消除危险的,人民法院可以依法予以支持。

原告为停止侵害、排除妨碍、消除危险采取合理预防、处置措施而发生的费用,请求被告承担的,人民法院可以依法予以支持。

第二十条　原告请求恢复原状的,人民法院可以依法判决被告将生态环境修复到损害发生之前的状态和功能。无法完全修复的,可以准许采用替代性修复方式。

人民法院可以在判决被告修复生态环境的同时,确定被告不履行修复义务时应承担的生态环境修复费用;也可以直接判决被告承担生态环境修复费用。

生态环境修复费用包括制定、实施修复方案的费用和监测、监管等费用。

第二十一条　原告请求被告赔偿生态环境受到损害至恢复原状期间服务功能损失的,人民法院可以依法予以支持。

第二十二条　原告请求被告承担检验、鉴定费用,合理的律师费以及为诉讼支出的其他合理费用的,人民法院可以依法予以支持。

第二十三条　生态环境修复费用难以确定或者确定具体数额所需鉴定费用明显过高的,人民法院可以结合污染环境、破坏生态的范围和程度、生态环境的稀缺性、生态环境恢复的难易程度、防治污染设备的运行成本、被告因侵害行为所获得的利益以及过错程度等因素,并可以参考负有环境保护监督管理职责的部门的意见、专家意见等,予以合理确定。

第二十四条　人民法院判决被告承担的生态环境修复费用、生态环境受到损害至恢复原状期间服务功能损失等款项，应当用于修复被损害的生态环境。

其他环境民事公益诉讼中败诉原告所需承担的调查取证、专家咨询、检验、鉴定等必要费用，可以酌情从上述款项中支付。

第二十五条　环境民事公益诉讼当事人达成调解协议或者自行达成和解协议后，人民法院应当将协议内容公告，公告期间不少于三十日。

公告期满后，人民法院审查认为调解协议或者和解协议的内容不损害社会公共利益的，应当出具调解书。当事人以达成和解协议为由申请撤诉的，不予准许。

调解书应当写明诉讼请求、案件的基本事实和协议内容，并应当公开。

第二十六条　负有环境保护监督管理职责的部门依法履行监管职责而使原告诉讼请求全部实现，原告申请撤诉的，人民法院应予准许。

第二十七条　法庭辩论终结后，原告申请撤诉的，人民法院不予准许，但本解释第二十六条规定的情形除外。

第二十八条　环境民事公益诉讼案件的裁判生效后，有权提起诉讼的其他机关和社会组织就同一污染环境、破坏生态行为另行起诉，有下列情形之一的，人民法院应予受理：

（一）前案原告的起诉被裁定驳回的；

（二）前案原告申请撤诉被裁定准许的，但本解释第二十六条规定的情形除外。

环境民事公益诉讼案件的裁判生效后，有证据证明存在前案审理时未发现的损害，有权提起诉讼的机关和社会组织另行起诉的，人民法院应予受理。

第二十九条　法律规定的机关和社会组织提起环境民事公益诉讼的，不影响因同一污染环境、破坏生态行为受到人身、财产损害的公民、法人和其他组织依据民事诉讼法第一百一十九条的规定提起诉讼。

第三十条　已为环境民事公益诉讼生效裁判认定的事实，因同一污染环境、破坏生态行为依据民事诉讼法第一百一十九条规定提起诉讼的原告、被告均无需举证证明，但原告对该事实有异议并有相反证据足以推翻的除外。

对于环境民事公益诉讼生效裁判就被告是否存在法律规定的不承担责任或者减轻责任的情形、行为与损害之间是否存在因果关系、被告承担责任的大小等所作的认定，因同一污染环境、破坏生态行为依据民事诉讼法第一百一十九条规定提起诉讼的原告主张适用的，人民法院应予支持，但被告有相反证据足以推翻的除外。被告主张直接适用对其有利的认定的，人民法院不予支持，被告仍应举证证明。

第三十一条　被告因污染环境、破坏生态在环境民事公益诉讼和其他民事诉讼中均承担责任，其财产不足以履行全部义务的，应当先履行其他民事诉讼生效裁判所确定的义务，但法律另有规定的除外。

第三十二条　发生法律效力的环境民事公益诉讼案件的裁判，需要采取强制执行措施的，应当移送执行。

第三十三条　原告交纳诉讼费用确有困难，依法申请缓交的，人民法院应予准许。

败诉或者部分败诉的原告申请减交或者免交诉讼费用的，人民法院应当依照《诉讼费用交纳办法》的规定，视原告的经济状况和案件的审理情况决定是否准许。

第三十四条　社会组织有通过诉讼违法收受财物等牟取经济利益行为的，人民法院可以根据情节轻重依法收缴其非法所得、予以罚款；涉嫌犯罪的，依法移送有关机关处理。

社会组织通过诉讼牟取经济利益的，人民法院应当向登记管理机关或者有关机关发送司法建议，由其依法处理。

第三十五条　本解释施行前最高人民法院发布的司法解释和规范性文件，与本解释不一致的，以本解释为准。

◇法院审理检察院提起公益诉讼办法

第一条 人民检察院认为被告有污染环境、破坏生态、在食品药品安全领域侵害众多消费者合法权益等损害社会公共利益的行为，在没有适格主体提起诉讼或者适格主体不提起诉讼的情况下，向人民法院提起民事公益诉讼，符合民事诉讼法第一百一十九条第二项、第三项、第四项规定的，人民法院应当登记立案。

第二条 人民检察院提起民事公益诉讼应当提交下列材料：

（一）符合民事诉讼法第一百二十一条规定的起诉状，并按照被告人数提出副本；

（二）污染环境、破坏生态、在食品药品安全领域侵害众多消费者合法权益等损害社会公共利益行为的初步证明材料；

（三）人民检察院已经履行督促或者支持法律规定的机关或有关组织提起民事公益诉讼的诉前程序的证明材料。

第三条 人民检察院提起民事公益诉讼，可以提出要求被告停止侵害、排除妨碍、消除危险、恢复原状、赔偿损失、赔礼道歉等诉讼请求。

第四条 人民检察院以公益诉讼人身份提起民事公益诉讼，诉讼权利义务参照民事诉讼法关于原告诉讼权利义务的规定。民事公益诉讼的被告是被诉实施损害社会公共利益行为的公民、法人或者其他组织。

第五条 人民检察院提起的第一审民事公益诉讼案件由侵害行为发生地、损害结果地或者被告住所地的中级人民法院管辖，但法律、司法解释另有规定的除外。

第六条 人民法院审理人民检察院提起的民事公益诉讼案件，被告提出反诉请求的，不予受理。

第七条 人民法院审理人民检察院提起的第一审民事公益诉讼案件，原则上适用人民陪审制。

当事人申请不适用人民陪审制审理的，人民法院经审查可以决定不适用人民陪审制审理。

第八条 人民检察院与被告达成和解协议或者调解协议后，人民法院应当将协议内容公告，公告期间不少于三十日。

公告期满后，人民法院审查认为和解协议或者调解协议内容不损害社会公共利益的，应当出具调解书。

第九条 人民检察院在法庭辩论终结前申请撤诉，或者在法庭辩论终结后，人民检察院的诉讼请求全部实现，申请撤诉的，应予准许。

第十条 对于人民法院作出的民事公益诉讼判决、裁定，当事人依法提起上诉，人民检察院依法提起抗诉或者其他当事人依法申请再审且符合民事诉讼法第二百条规定的，分别按照民事诉讼法规定的第二审程序、审判监督程序审理。

第二十条 人民法院审理人民检察院提起的公益诉讼案件，应当依法公开进行。人民法院可以邀请人大代表、政协委员等旁听庭审，并可以通过庭审直播录播等方式满足公众和媒体了解庭审实况的需要。裁判文书应当按照有关规定在互联网上公开发布。

第二十一条 人民法院审理人民检察院提起的公益诉讼案件，认为应当提出司法建议的，按照《最高人民法院关于加强司法建议工作的意见》办理。

第二十二条 人民法院审理人民检察院提起的公益诉讼案件，人民检察院免交《诉讼费用交纳办法》第六条规定的诉讼费用。

第二十三条 人民法院审理人民检察院提起的公益诉讼案件，本办法没有规定的，适用《中华人民共和国民事诉讼法》《中华人民共和国行政诉讼法》及相关司法解释的规定。

第二十四条 本办法适用于北京、内蒙古、吉林、江苏、安徽、福建、山东、湖北、广东、贵州、云南、陕西、甘肃等十三个省、自治区、直辖市。

第二十五条 本办法自2016年3月1日起施行。

◇检察院提起公益诉讼办法

第一章 提起民事公益诉讼

第一条 人民检察院履行职责中发现污染环境、食品药品安全领域侵害众多消费者合法权益等损害社会公共利益的行为,在没有适格主体或者适格主体不提起诉讼的情况下,可以向人民法院提起民事公益诉讼。

人民检察院履行职责包括履行职务犯罪侦查、批准或者决定逮捕、审查起诉、控告检察、诉讼监督等职责。

第二条 人民检察院提起民事公益诉讼的案件,一般由侵权行为地、损害结果地或者被告住所地的市(分、州)人民检察院管辖。

有管辖权的人民检察院由于特殊原因,不能行使管辖权的,应当由上级人民检察院指定本区域其他试点地区人民检察院管辖。

上级人民检察院认为确有必要,可以办理下级人民检察院管辖的案件。下级人民检察院认为需要由上级人民检察院办理的,可以报请上级人民检察院办理。

有管辖权的人民检察院认为有必要将本院管辖的民事公益诉讼案件交下级人民检察院办理的,应当报请其上一级人民检察院批准。

第三条 人民检察院提起民事公益诉讼案件的办理,由民事行政检察部门负责。

第四条 人民检察院各业务部门在履行职责中,发现可能属于民事公益诉讼案件范围的案件线索,应当将有关材料移送民事行政检察部门。

第五条 经审查认为污染环境、食品药品安全领域侵害众多消费者合法权益等行为可能损害社会公共利益的,应当报请检察长批准决定立案,并到案件管理部门登记。

人民检察院决定立案的民事公益诉讼案件,应当制作《立案决定书》。

第六条 人民检察院可以采取以下方式调查核实污染环境、侵害众多消费者合法权益等违法行为、损害后果涉及的相关证据及有关情况:

(一)调阅、复制有关行政执法卷宗材料;

(二)询问违法行为人、证人等;

(三)收集书证、物证、视听资料等证据;

(四)咨询专业人员、相关部门或者行业协会等对专门问题的意见;

(五)委托鉴定、评估、审计;

(六)勘验物证、现场;

(七)其他必要的调查方式。

调查核实不得采取限制人身自由以及查封、扣押、冻结财产等强制性措施。

人民检察院调查核实有关情况,行政机关及其他有关单位和个人应当配合。

第七条 民事行政检察部门在办理民事公益诉讼案件过程中,发现国家工作人员涉嫌贪污贿赂、渎职侵权等职务犯罪线索的,应当及时移送职务犯罪侦查部门;发现其他刑事犯罪线索的,应当及时移送侦查监督部门。

第八条 人民检察院提起民事公益诉讼案件审查终结,承办人应当制作审查终结报告。审查终结报告应当全面、客观、公正地叙述案件事实,依据法律规定提出处理建议。

第九条 办理民事公益诉讼案件应当经集体讨论。参加集体讨论的人员应当对案件事实、适用法律、处理建议等发表明确的意见并说明理由。集体讨论意见应当在全面、客观地归纳讨论意见的基础上形成。

集体讨论形成的处理意见,由民事行政检察部门负责人提出审核意见后报检察长批准。检察长认为必要的,可以提请检察委员会讨论决定。

第十条 人民检察院对审查终结的民事公益诉讼案件,应当区分情况作出下列决定:

(一)终结审查;

(二)依法督促或者支持法律规定的机关和有关组织提起民事公益诉讼;

(三)提起民事公益诉讼。

第十一条 人民检察院办理民事公益诉讼案件,拟作出第十条第一项、第二项决定的,应当自决定立案之日起三个月内办理终结;拟作出第十条第三项决定的,应当自决定立案之日起六个月内办理终结。有特殊情况需要延长的,报经检察长批准。

第十二条　有下列情形之一的,人民检察院应当终结审查:

(一)经审查不存在损害社会公共利益需要追究民事法律责任情形的;

(二)损害社会公共利益的情形在依法督促或者支持法律规定的机关和有关组织提起民事公益诉讼之前已经消除且社会公共利益已经获得有效救济的;

(三)其他应当终结审查的情形。

终结审查的,应当制作《终结审查决定书》。

第十三条　人民检察院在提起民事公益诉讼之前,应当履行以下诉前程序:

(一)依法督促法律规定的机关提起民事公益诉讼;

(二)建议辖区内符合法律规定条件的有关组织提起民事公益诉讼。有关组织提出需要人民检察院支持起诉的,可以依照相关法律规定支持其提起民事公益诉讼。

法律规定的机关和有关组织应当在收到督促起诉意见书或者检察建议书后一个月内依法办理,并将办理情况及时书面回复人民检察院。

第十四条　经过诉前程序,法律规定的机关和有关组织没有提起民事公益诉讼,或者没有适格主体提起诉讼,社会公共利益仍处于受侵害状态的,人民检察院可以提起民事公益诉讼。

第十五条　人民检察院以公益诉讼人身份提起民事公益诉讼。民事公益诉讼的被告是实施损害社会公共利益行为的公民、法人或者其他组织。

第十六条　人民检察院可以向人民法院提出要求被告停止侵害、排除妨碍、消除危险、恢复原状、赔偿损失、赔礼道歉等诉讼请求。

第十七条　人民检察院提起民事公益诉讼应当提交下列材料:

(一)民事公益诉讼起诉书;

(二)被告的行为已经损害社会公共利益的初步证明材料。

第十八条　人民检察院提起民事公益诉讼,被告没有反诉权。

第十九条　人民检察院提起民事公益诉讼,对提出的诉讼请求所依据的事实或者反驳对方意见所依据的事实,以及履行诉前程序的事实,应当提供证据加以证明,法律另有规定的除外。

第二十条　对于可能因被告一方的行为或者其他原因,使判决难以执行或者造成与社会公共利益相关的其他损害情形,人民检察院可以向人民法院建议对被告财产进行保全、责令其作出一定行为或者禁止其作出一定行为。

根据人民检察院建议,人民法院采取保全措施的,人民检察院无需提供担保。

第二十一条　人民法院开庭审理人民检察院提起的民事公益诉讼案件,人民检察院应当派员出席法庭。

第二十二条　检察人员出席法庭的任务是:

(一)宣读民事公益诉讼起诉书;

(二)对人民检察院调查核实的证据予以出示和说明,对相关证据进行质证;

(三)参加法庭调查,进行辩论并发表出庭意见;

(四)依法从事其他诉讼活动。

检察人员发现庭审活动违法的,应当待休庭或者庭审结束之后,以人民检察院的名义提出检察建议。

第二十三条　民事公益诉讼案件,人民检察院可以与被告和解,人民法院可以调解。和解协议、调解协议不得损害社会公共利益。

第二十四条　在民事公益诉讼审理过程中,人民检察院诉讼请求全部实现的,可以撤回起诉。

第二十五条　地方各级人民检察院认为同级人民法院未生效的第一审判决、裁定确有错误,应当向上一级人民法院提出抗诉。

第二十六条　地方各级人民检察院对同

级人民法院未生效的第一审判决、裁定的抗诉，应当通过原审人民法院提出抗诉书，并且将抗诉书抄送上一级人民检察院。

上级人民检察认为抗诉不当的，可以向同级人民法院撤回抗诉，并且通知下级人民检察院。

第二十七条 对人民检察院提出抗诉的二审案件或者人民法院决定开庭审理的上诉案件，同级人民检察院应当派员出席第二审法庭。

第三章 其他规定

第五十三条 地方各级人民检察院拟决定向人民法院提起公益诉讼的，应当层报最高人民检察院审查批准。

人民检察院审查批准公益诉讼案件，应当自收到案件请示之日起一个月内办理终结。有特殊情况需要延长的，报经检察长批准。

第五十四条 省级人民检察院向最高人民检察院报送审批的材料包括：

（一）公益诉讼案件层报审批表；

（二）省级人民检察院请示；

（三）省级人民检察院民事行政检察部门案件审查终结报告和集体讨论记录；

（四）公益诉讼起诉书；

（五）案件证据目录和主要证据材料。

第五十五条 提起公益诉讼，人民检察院免缴诉讼费。

第五十六条 本办法未规定的，分别适用民事诉讼法、行政诉讼法以及相关司法解释的规定。

第四章 附则

第五十七条 本办法仅适用于北京、内蒙古、吉林、江苏、安徽、福建、山东、湖北、广东、贵州、云南、陕西、甘肃等省、自治区、直辖市。

第五十八条 本办法自发布之日起施行。本院之前发布的司法解释和规范性文件，与本办法规定不一致的，适用本办法。

◇检察机关提起公益诉讼试点改革方案

二、主要内容

（一）提起民事公益诉讼

1. 试点案件范围。检察机关在履行职责中发现污染环境、食品药品安全领域侵害众多消费者合法权益等损害社会公共利益的行为，在没有适格主体或者适格主体不提起诉讼的情况下，可以向人民法院提起民事公益诉讼。

2. 诉讼参加人。检察机关以公益诉讼人身份提起民事公益诉讼。民事公益诉讼的被告是实施损害社会公共利益行为的公民、法人或者其他组织。检察机关提起民事公益诉讼，被告没有反诉权。

3. 诉前程序。检察机关在提起民事公益诉讼之前，应当依法督促或者支持法律规定的机关或有关组织提起民事公益诉讼。法律规定的机关或者有关组织应当在收到督促或者支持起诉意见书后一个月内依法办理，并将办理情况及时书面回复检察机关。

4. 提起诉讼。经过诉前程序，法律规定的机关和有关组织没有提起民事公益诉讼，社会公共利益仍处于受侵害状态的，检察机关可以提起民事公益诉讼。检察机关提起民事公益诉讼，应当有明确的被告、具体的诉讼请求、社会公共利益受到损害的初步证据，并应当制作公益诉讼起诉书。

5. 诉讼请求。检察机关可以向人民法院提出要求被告停止侵害、排除妨碍、消除危险、恢复原状、赔偿损失、赔礼道歉等诉讼请求。

（三）其他事项

1. 试点期间，地方人民检察院拟决定向人民法院提起公益诉讼的，应当先行层报最高人民检察院审查批准。

2. 提起公益诉讼，检察机关免缴诉讼费。

3. 提起公益诉讼，试点方案没有规定的，适用民事诉讼法、行政诉讼法及相关司法解释的规定。

三、方案实施

（一）立法机关授权。提请全国人大常委会2015年6月授权，自2015年7月起开展改革试点，试点期限为两年。

（二）积极开展试点。2015年7月，根据全国人大常委会的授权和改革试点方案，制定出台试点实施办法，并选择北京、内蒙古、吉林、江苏、安徽、福建、山东、湖北、广东、贵州、云南、陕西、甘肃13个省、自治区、直辖市开展试点。

（三）推动相关法律修改完善。及时总结试点经验和成效，积极推动相关法律的修改完善。

四、工作要求

一要坚持统筹谋划。加强顶层设计，确立检察机关提起公益诉讼的基本制度和规范，统筹规划具体时间表和路线图。按照可复制、可推广的要求，鼓励试点地区发挥首创精神，推动制度创新。

二要积极稳妥推进。探索建立检察机关提起公益诉讼制度，既要积极推动，加强对试点工作的指导和督促；又要稳妥慎重，严格程序，努力确保法律效果和社会效果的统一。要逐步形成成熟的经验，再推动立法完善。

三要加强协调配合。各试点单位要加强请示报告和沟通协调，积极争取地方党委、人大、政府和有关部门的支持，建立与人民法院的协调配合机制，共同推进改革试点工作稳步开展。

四要注重宣传引导。既要及时宣传改革试点的好经验、好做法和取得的成效；又要把握宣传策略，严格宣传纪律，正确引导社会预期，为改革试点营造良好的舆论环境。

◆ **司考真题**
◇ 2015年卷3第35题（单项）

某品牌手机生产商在手机出厂前预装众多程序，大幅侵占标明内存，某省消费者保护协会以侵害消费者知情权为由提起公益诉讼，法院受理了该案。下列哪一说法是正确的？

A. 本案应当由侵权行为地或者被告住所地中级法院管辖

B. 本案原告没有撤诉权

C. 本案当事人不可以和解，法院也不可以调解

D. 因该案已受理，购买该品牌手机的消费者甲若以前述理由诉请赔偿，法院不予受理

答案：A

★**第五十六条** 【**有独立请求权的第三人**】对当事人双方的诉讼标的，第三人认为有独立请求权的，有权提起诉讼。

【**无独立请求权的第三人**】对当事人双方的诉讼标的，第三人虽然没有独立请求权，但案件处理结果同他有法律上的利害关系的，可以申请参加诉讼，或者由人民法院通知他参加诉讼。人民法院判决承担民事责任的第三人，有当事人的诉讼权利义务。

【**第三人撤销之诉**】前两款规定的第三人，因不能归责于本人的事由未参加诉讼，但有证据证明发生法律效力的判决、裁定、调解书的部分或者全部内容错误，损害其民事权益的，可以自知道或者应当知道其民事权益受到损害之日起六个月内，向作出该判决、裁定、调解书的人民法院提起诉讼。人民法院经审理，诉讼请求成立的，应当改变或者撤销原判决、裁定、调解书；诉讼请求不成立的，驳回诉讼请求。

◆ **相关法条**
◇ 民诉解释

第八十一条 根据民事诉讼法第五十六条的规定，有独立请求权的第三人有权向人民法院提出诉讼请求和事实、理由，成为当事人；无独立请求权的第三人，可以申请或者由人民法院通知参加诉讼。

第一审程序中未参加诉讼的第三人，申请参加第二审程序的，人民法院可以准许。

第八十二条 在一审诉讼中，无独立请求权的第三人无权提出管辖异议，无权放弃、变更诉讼请求或者申请撤诉，被判决承担民事责任的，有权提起上诉。

第一百五十条 人民法院调解民事案件，需由无独立请求权的第三人承担责任的，应当经其同意。该第三人在调解书送达前反悔的，人民法院应当及时裁判。

第二百二十二条 原告在起诉状中直接列写第三人的，视为其申请人民法院追加该第

三人参加诉讼。是否通知第三人参加诉讼，由人民法院审查决定。

第三百一十九条　必要共同诉讼人的一人或者部分人提起上诉的，按下列情形分别处理：

（一）上诉仅对与对方当事人之间权利义务分担有意见，不涉及其他共同诉讼人利益的，对方当事人为被上诉人，未上诉的同一方当事人依原审诉讼地位列明；

（二）上诉仅对共同诉讼人之间权利义务分担有意见，不涉及对方当事人利益的，未上诉的同一方当事人为被上诉人，对方当事人依原审诉讼地位列明；

（三）上诉对双方当事人之间以及共同诉讼人之间权利义务承担有意见，未提起上诉的其他当事人均为被上诉人。

第三百二十七条　必须参加诉讼的当事人或者有独立请求权的第三人，在第一审程序中未参加诉讼，第二审人民法院可以根据当事人自愿的原则予以调解；调解不成，发回重审。

第二百四十九条　在诉讼中，争议的民事权利义务转移的，不影响当事人的诉讼主体资格和诉讼地位。人民法院作出的发生法律效力的判决、裁定对受让人具有拘束力。

受让人申请以无独立请求权的第三人身份参加诉讼的，人民法院可予准许。受让人申请替代当事人承担诉讼的，人民法院可以根据案件的具体情况决定是否准许；不予准许的，可以追加其为无独立请求权的第三人。

第二百九十二条　第三人对已经发生法律效力的判决、裁定、调解书提起撤销之诉的，应当自知道或者应当知道其民事权益受到损害之日起六个月内，向作出生效判决、裁定、调解书的人民法院提出，并应当提供存在下列情形的证据材料：

（一）因不能归责于本人的事由未参加诉讼；

（二）发生法律效力的判决、裁定、调解书的全部或者部分内容错误；

（三）发生法律效力的判决、裁定、调解书内容错误损害其民事权益。

第二百九十三条　人民法院应当在收到起诉状和证据材料之日起五日内送交对方当事人，对方当事人可以自收到起诉状之日起十日内提出书面意见。

人民法院应当对第三人提交的起诉状、证据材料以及对方当事人的书面意见进行审查。必要时，可以询问双方当事人。

经审查，符合起诉条件的，人民法院应当在收到起诉状之日起三十日内立案。不符合起诉条件的，应当在收到起诉状之日起三十日内裁定不予受理。

第二百九十四条　人民法院对第三人撤销之诉案件，应当组成合议庭开庭审理。

第二百九十五条　民事诉讼法第五十六条第三款规定的因不能归责于本人的事由未参加诉讼，是指没有被列为生效判决、裁定、调解书当事人，且无过错或者无明显过错的情形。包括：

（一）不知道诉讼而未参加的；

（二）申请参加未获准许的；

（三）知道诉讼，但因客观原因无法参加的；

（四）因其他不能归责于本人的事由未参加诉讼的。

第二百九十六条　民事诉讼法第五十六条第三款规定的判决、裁定、调解书的部分或者全部内容，是指判决、裁定的主文，调解书中处理当事人民事权利义务的结果。

第二百九十七条　对下列情形提起第三人撤销之诉的，人民法院不予受理：

（一）适用特别程序、督促程序、公示催告程序、破产程序等非诉程序处理的案件；

（二）婚姻无效、撤销或者解除婚姻关系等判决、裁定、调解书中涉及身份关系的内容；

（三）民事诉讼法第五十四条规定的未参加登记的权利人对代表人诉讼案件的生效裁判；

（四）民事诉讼法第五十五条规定的损害

社会公共利益行为的受害人对公益诉讼案件的生效裁判。

第二百九十八条 第三人提起撤销之诉，人民法院应当将该第三人列为原告，生效判决、裁定、调解书的当事人列为被告，但生效判决、裁定、调解书中没有承担责任的无独立请求权的第三人列为第三人。

第二百九十九条 受理第三人撤销之诉案件后，原告提供相应担保，请求中止执行的，人民法院可以准许。

第三百条 对第三人撤销或者部分撤销发生法律效力的判决、裁定、调解书内容的请求，人民法院经审理，按下列情形分别处理：

（一）请求成立且确认其民事权利的主张全部或部分成立的，改变原判决、裁定、调解书内容的错误部分；

（二）请求成立，但确认其全部或部分民事权利的主张不成立，或者未提出确认其民事权利请求的，撤销原判决、裁定、调解书内容的错误部分；

（三）请求不成立的，驳回诉讼请求。

对前款规定裁判不服的，当事人可以上诉。

原判决、裁定、调解书的内容未改变或者未撤销的部分继续有效。

第三百零一条 第三人撤销之诉案件审理期间，人民法院对生效判决、裁定、调解书裁定再审的，受理第三人撤销之诉的人民法院应当裁定将第三人的诉讼请求并入再审程序。但有证据证明原审当事人之间恶意串通损害第三人合法权益的，人民法院应当先行审理第三人撤销之诉案件，裁定中止再审诉讼。

第三百零二条 第三人诉讼请求并入再审程序审理的，按照下列情形分别处理：

（一）按照第一审程序审理的，人民法院应当对第三人的诉讼请求一并审理，所作的判决可以上诉；

（二）按照第二审程序审理的，人民法院可以调解，调解达不成协议的，应当裁定撤销原判决、裁定、调解书，发回一审法院重审，重审时应当列明第三人。

第三百零三条 第三人提起撤销之诉后，未中止生效判决、裁定、调解书执行的，执行法院对第三人依照民事诉讼法第二百二十七条规定提出的执行异议，应予审查。第三人不服驳回执行异议裁定，申请对原判决、裁定、调解书再审的，人民法院不予受理。

案外人对人民法院驳回其执行异议裁定不服，认为原判决、裁定、调解书内容错误损害其合法权益的，应当根据民事诉讼法第二百二十七条规定申请再审，提起第三人撤销之诉的，人民法院不予受理。

◆ 要点精解

1. 民事诉讼中的第三人可以分为有独立请求权的第三人和无独立请求权的第三人两种类型。

2. 有独立请求权第三人在诉讼中的地位相当于原告，即以本诉的原告和被告作为被告的两面诉讼结构，不论是原告胜诉还是被告胜诉，都将损害其民事权益。

3. 有独立请求权第三人与必要共同诉讼人的区别：（1）争议的诉讼标的不同，前者的诉讼标的与本诉讼标的不一致，后者争议的诉讼标的是同一的；（2）争议的对象不一致，前者同本诉双方都有争议，后者只能同一方当事人发生争议；（3）参加诉讼的方式不同，前者是可分之诉，后者是不可分之诉；（4）诉讼地位不同，前者只能处于原告地位，后者可处于原告或被告地位；（5）诉讼行为的效力不同，前者的诉讼行为不受本诉任何一方当事人牵制，后者其中一人的诉讼行为，只有经全体承认，才对全体发生效力。

4. 人民法院判决承担民事责任的无独立请求权第三人，此时才享有当事人的诉讼地位，可以上诉。

◆ 司考真题

◇2015年卷3第38题（单项）

赵某与刘某将共有商铺出租给陈某。刘某瞒着赵某，与陈某签订房屋买卖合同，将商铺转让给陈某,后因该合同履行发生纠纷,刘某将陈某诉至法院。赵某得知后,坚决不同意刘某将商铺让与陈某。关于本案相关人的诉讼地位,下列哪一说法是正确的?

A. 法院应依职权追加赵某为共同原告
B. 赵某应以刘某侵权起诉,陈某为无独立请求权第三人
C. 赵某应作为无独立请求权第三人
D. 赵某应作为有独立请求权第三人
答案:D

第二节 诉讼代理人

第五十七条 【法定代理人】无诉讼行为能力人由他的监护人作为法定代理人代为诉讼。法定代理人之间互相推诿代理责任的,由人民法院指定其中一人代为诉讼。

◆ 相关法条
◇ 民诉解释

第八十三条 在诉讼中,无民事行为能力人、限制民事行为能力人的监护人是他的法定代理人。事先没有确定监护人的,可以由有监护资格的人协商确定;协商不成的,由人民法院在他们之中指定诉讼中的法定代理人。当事人没有民法通则第十六条第一款、第二款或者第十七条第一款规定的监护人的,可以指定该法第十六条第四款或者第十七条第三款规定的有关组织担任诉讼中的法定代理人。

◆ 要点精解

诉讼代理人的特点:(1)有诉讼行为能力;(2)以被代理人的名义,并且为了维护被代理人的利益进行诉讼活动;(3)在代理权限范围内实施诉讼行为;(4)诉讼代理的法律后果由被代理人承担;(5)同一诉讼代理人在同一案件中只能代理一方当事人,不能在担任一方当事人的诉讼代理人的同时又是该诉讼的对方当事人的诉讼代理人。

★**第五十八条 【委托代理人】**当事人、法定代理人可以委托一至二人作为诉讼代理人。下列人员可以被委托为诉讼代理人:
(一)律师、基层法律服务工作者;
(二)当事人的近亲属或者工作人员;
(三)当事人所在社区、单位以及有关社会团体推荐的公民。

◆ 相关法条
◇ 民诉解释

第八十四条 无民事行为能力人、限制民事行为能力人以及其他依法不能作为诉讼代理人的,当事人不得委托其作为诉讼代理人。

第八十五条 根据民事诉讼法第五十八条第二款第二项规定,与当事人有夫妻、直系血亲、三代以内旁系血亲、近姻亲关系以及其他有抚养、赡养关系的亲属,可以当事人近亲属的名义作为诉讼代理人。

第八十六条 根据民事诉讼法第五十八条第二款第二项规定,与当事人有合法劳动人事关系的职工,可以当事人工作人员的名义作为诉讼代理人。

第八十七条 根据民事诉讼法第五十八条第二款第三项规定,有关社会团体推荐公民担任诉讼代理人的,应当符合下列条件:
(一)社会团体属于依法登记设立或者依法免予登记设立的非营利性法人组织;
(二)被代理人属于该社会团体的成员,或者当事人一方住所地位于该社会团体的活动地域;
(三)代理事务属于该社会团体章程载明的业务范围;
(四)被推荐的公民是该社会团体的负责人或者与该社会团体有合法劳动人事关系的工作人员。

专利代理人经中华全国专利代理人协会推荐,可以在专利纠纷案件中担任诉讼代理人。

★**第五十九条 【授权委托书】**委托他人代为诉讼,必须向人民法院提交由委托人签名或者盖章的授权委托书。

授权委托书必须记明委托事项和权限。诉讼代理人代为承认、放弃、变更诉讼请求,进

行和解,提起反诉或者上诉,必须有委托人的特别授权。

侨居在国外的中华人民共和国公民从国外寄交或者托交的授权委托书,必须经中华人民共和国驻该国的使领馆证明;没有使领馆的,由与中华人民共和国有外交关系的第三国驻该国的使领馆证明,再转由中华人民共和国驻第三国使领馆证明,或者由当地的爱国华侨团体证明。

◆ **相关法条**
◇民诉解释

第八十八条 诉讼代理人除根据民事诉讼法第五十九条规定提交授权委托书外,还应当按照下列规定向人民法院提交相关材料:

(一)律师应当提交律师执业证、律师事务所证明材料;

(二)基层法律服务工作者应当提交法律服务工作者执业证、基层法律服务所出具的介绍信以及当事人一方位于本辖区内的证明材料;

(三)当事人的近亲属应当提交身份证件和与委托人有近亲属关系的证明材料;

(四)当事人的工作人员应当提交身份证件和与当事人有合法劳动人事关系的证明材料;

(五)当事人所在社区、单位推荐的公民应当提交身份证件、推荐材料和当事人属于该社区、单位的证明材料;

(六)有关社会团体推荐的公民应当提交身份证件和符合本解释第八十七条规定条件的证明材料。

第八十九条 当事人向人民法院提交的授权委托书,应当在开庭审理前送交人民法院。授权委托书仅写"全权代理"而无具体授权的,诉讼代理人无权代为承认、放弃、变更诉讼请求,进行和解,提出反诉或者提起上诉。

适用简易程序审理的案件,双方当事人同时到庭并径行开庭审理的,可以当场口头委托诉讼代理人,由人民法院记入笔录。

◆ **司考真题**
◇2015年卷3第78题(多项)

律师作为委托诉讼代理人参加诉讼,应向法院提交下列哪些材料?

A.律师所在的律师事务所与当事人签订的协议书
B.当事人的授权委托书
C.律师的执业证
D.律师事务所的证明

答案:BCD

★**第六十条** 【代理权的变更和解除】诉讼代理人的权限如果变更或者解除,当事人应当书面告知人民法院,并由人民法院通知对方当事人。

★**第六十一条** 【代理人的权利】代理诉讼的律师和其他诉讼代理人有权调查收集证据,可以查阅本案有关材料。查阅本案有关材料的范围和办法由最高人民法院规定。

★**第六十二条** 【离婚诉讼的代理】离婚案件有诉讼代理人的,本人除不能表达意思的以外,仍应出庭;确因特殊情况无法出庭的,必须向人民法院提交书面意见。

◆ **要点精解**

1.委托诉讼代理人与法定诉讼代理人的区别:(1)前者的权限基于委托人的授权而产生,后者则是基于法律的直接规定而享有;(2)前者的权限除法律有特别规定外,一般由委托人自己决定,后者则是法律明文规定;(3)前者需要代理人和被代理人均有诉讼行为能力,后者的被代理人只能是无诉讼行为能力人。

2.代理权限。当事人民事诉讼中的权利大体可分为两大类:(1)纯程序性质的或实体权利关系不那么密切的诉讼权利,如申请回避、提出管辖权异议、申请复议、陈述案情、提供证据、质证和辩论等;(2)实体权利或与实体权利紧密相关的诉讼权利,如承认、变更、放弃诉讼请求,进行和解,提起反诉或者上诉等。

第六章 证 据

★**第六十三条 【证据种类】**证据包括：
(一)当事人的陈述；
(二)书证；
(三)物证；
(四)视听资料；
(五)电子数据；
(六)证人证言；
(七)鉴定意见；
(八)勘验笔录。
证据必须查证属实，才能作为认定事实的根据。

◆ 相关法条
◇ 民诉解释
第一百一十六条 视听资料包括录音资料和影像资料。
电子数据是指通过电子邮件、电子数据交换、网上聊天记录、博客、微博客、手机短信、电子签名、域名等形成或者存储在电子介质中的信息。
存储在电子介质中的录音资料和影像资料，适用电子数据的规定。

◆ 要点精解
1. 民事诉讼证据的构成要件：(1)客观性；(2)关联性；(3)合法性。
2. 民事诉讼证据的种类：
(1)当事人陈述是指当事人在诉讼中就与本案有关的事实，尤其是作为诉讼请求根据或反驳诉讼请求根据的事实，向法院所作的陈述；
(2)书证是指以文字、符号、图形等所记载的内容或表达的思想证明案件事实的证据；
(3)物证是指以其形状、质量、规格、受损坏的程度等证明案件事实的物品；
(4)视听资料是指利用录音、录像、电子计算机储存的资料和数据来证明案件事实的证据；

(5)电子数据是指以电子形式存在的、作为证据使用的材料及其派生物，是借助电子技术和电子设备而形成的证据；
(6)证人证言是指证人就案件事实向法院所作的陈述；
(7)鉴定意见是指鉴定人运用专业知识、专门技术对案件中的专门性问题进行分析、鉴别、判断后作出的意见；
(8)勘验笔录是指审判人员在诉讼过程中对与争议有关的现场、物品进行查验、测量、拍照后制作的笔录，是通过勘查、检验等方法形成的证据。
3. 民事诉讼证据在理论上的分类：
(1)本证和反证：本证，指对待证事实负有证明责任的一方当事人提出的、用于证明待证事实的证据；反证，指对待证事实不负证明责任的一方当事人，为证明该事实不存在或不真实而提供的证据。
(2)直接证据与间接证据：直接证据，指与待证的案件事实具有直接联系，能够单独证明案件事实的证据；间接证据，指与待证的案件事实之间具有间接联系，不能单独证明案件事实，需要与其他证据结合起来才能证明案件事实的证据。
(3)原始证据与传来证据：原始证据，指直接来源于原始出处的证据，即证据本身直接源于案件的事实；传来证据，指由原始证据衍生出来的证据，是经过复制、转述等中间环节而形成的证据。

◆ 司考真题
◇ 2015年卷3第40题(单项)
下列哪一情形可以产生自认的法律后果？
A. 被告在答辩状中对原告主张的事实予以承认
B. 被告在诉讼调解过程中对原告主张的事实予以承认，但该调解最终未能成功
C. 被告认可其与原告存在收养关系
D. 被告承认原告主张的事实，但该事实与法院查明的事实不符

答案：A

★第六十四条　【举证责任】当事人对自己提出的主张，有责任提供证据。

当事人及其诉讼代理人因客观原因不能自行收集的证据，或者人民法院认为审理案件需要的证据，人民法院应当调查收集。

人民法院应当按照法定程序，全面、客观地审查核实证据。

◆ 相关法条
◇ 民诉解释

第九十条　当事人对自己提出的诉讼请求所依据的事实或者反驳对方诉讼请求所依据的事实，应当提供证据加以证明，但法律另有规定的除外。

在作出判决前，当事人未能提供证据或者证据不足以证明其事实主张的，由负有举证证明责任的当事人承担不利的后果。

第九十一条　人民法院应当依照下列原则确定举证证明责任的承担，但法律另有规定的除外：

（一）主张法律关系存在的当事人，应当对产生该法律关系的基本事实承担举证证明责任；

（二）主张法律关系变更、消灭或者权利受到妨害的当事人，应当对该法律关系变更、消灭或者权利受到妨害的基本事实承担举证证明责任。

第九十四条　民事诉讼法第六十四条第二款规定的当事人及其诉讼代理人因客观原因不能自行收集的证据包括：

（一）证据由国家有关部门保存，当事人及其诉讼代理人无权查阅调取的；

（二）涉及国家秘密、商业秘密或者个人隐私的；

（三）当事人及其诉讼代理人因客观原因不能自行收集的其他证据。

当事人及其诉讼代理人因客观原因不能自行收集的证据，可以在举证期限届满前书面申请人民法院调查收集。

第九十五条　当事人申请调查收集的证据，与待证事实无关联、对证明待证事实无意义或者其他无调查收集必要的，人民法院不予准许。

第九十六条　民事诉讼法第六十四条第二款规定的人民法院认为审理案件需要的证据包括：

（一）涉及可能损害国家利益、社会公共利益的；

（二）涉及身份关系的；

（三）涉及民事诉讼法第五十五条规定诉讼的；

（四）当事人有恶意串通损害他人合法权益可能的；

（五）涉及依职权追加当事人、中止诉讼、终结诉讼、回避等程序性事项的。

除前款规定外，人民法院调查收集证据，应当依照当事人的申请进行。

◇ 侵权责任法

第六十六条　因污染环境发生纠纷，污染者应当就法律规定的不承担责任或者减轻责任的情形及其行为与损害之间不存在因果关系承担举证责任。

第七十条　民用核设施发生核事故造成他人损害的，民用核设施的经营者应当承担侵权责任，但能够证明损害是因战争等情形或者受害人故意造成的，不承担责任。

第七十一条　民用航空器造成他人损害的，民用航空器的经营者应当承担侵权责任，但能够证明损害是因受害人故意造成的，不承担责任。

第七十二条　占有或者使用易燃、易爆、剧毒、放射性等高度危险物造成他人损害的，占有人或者使用人应当承担侵权责任，但能够证明损害是因受害人故意或者不可抗力造成的，不承担责任。被侵权人对损害的发生有重大过失的，可以减轻占有人或者使用人的责任。

第七十三条　从事高空、高压、地下挖掘活动或者使用高速轨道运输工具造成他人损害的，经营者应当承担侵权责任，但能够证明损害是因受害人故意或者不可抗力造成的,不承担责任。被侵权人对损害的发生有过失的,可以减轻经营者的责任。

第七十八条　饲养的动物造成他人损害的,动物饲养人或者管理人应当承担侵权责任,但能够证明损害是因被侵权人故意或者重大过失造成的,可以不承担或者减轻责任。

第八十五条　建筑物、构筑物或者其他设施及其搁置物、悬挂物发生脱落、坠落造成他人损害,所有人、管理人或者使用人不能证明自己没有过错的,应当承担侵权责任。所有人、管理人或者使用人赔偿后,有其他责任人的,有权向其他责任人追偿。

第八十七条　从建筑物中抛掷物品或者从建筑物上坠落的物品造成他人损害,难以确定具体侵权人的,除能够证明自己不是侵权人的外,由可能加害的建筑物使用人给予补偿。

第八十八条　堆放物倒塌造成他人损害,堆放人不能证明自己没有过错的,应当承担侵权责任。

◇民间借贷案件规定

第十五条　原告以借据、收据、欠条等债权凭证为依据提起民间借贷诉讼,被告依据基础法律关系提出抗辩或者反诉,并提供证据证明债权纠纷非民间借贷行为引起的,人民法院应当依据查明的案件事实,按照基础法律关系审理。

当事人通过调解、和解或者清算达成的债权债务协议,不适用前款规定。

第十六条　原告仅依据借据、收据、欠条等债权凭证提起民间借贷诉讼,被告抗辩已经偿还借款,被告应当对其主张提供证据证明。被告提供相应证据证明其主张后,原告仍应就借贷关系的成立承担举证证明责任。

被告抗辩借贷行为尚未实际发生并能作出合理说明,人民法院应当结合借贷金额、款项交付、当事人的经济能力、当地或者当事人之间的交易方式、交易习惯、当事人财产变动情况以及证人证言等事实和因素,综合判断查证借贷事实是否发生。

第十七条　原告仅依据金融机构的转账凭证提起民间借贷诉讼,被告抗辩转账系偿还双方之前借款或其他债务,被告应当对其主张提供证据证明。被告提供相应证据证明其主张后,原告仍应就借贷关系的成立承担举证证明责任。

第十八条　根据《关于适用〈中华人民共和国民事诉讼法〉的解释》第一百七十四条第二款之规定,负有举证证明责任的原告无正当理由拒不到庭,经审查现有证据无法确认借贷行为、借贷金额、支付方式等案件主要事实,人民法院对其主张的事实不予认定。

★第六十五条　【举证期限】当事人对自己提出的主张应当及时提供证据。

人民法院根据当事人的主张和案件审理情况,确定当事人应当提供的证据及其期限。当事人在该期限内提供证据确有困难的,可以向人民法院申请延长期限,人民法院根据当事人的申请适当延长。当事人逾期提供证据的,人民法院应当责令其说明理由;拒不说明理由或者理由不成立的,人民法院根据不同情形可以不予采纳该证据,或者采纳该证据但予以训诫、罚款。

◆相关法条

◇民诉解释

第九十九条　人民法院应当在审理前的准备阶段确定当事人的举证期限。举证期限可以由当事人协商,并经人民法院准许。

人民法院确定举证期限,第一审普通程序案件不得少于十五日,当事人提供新的证据的第二审案件不得少于十日。

举证期限届满后,当事人对已经提供的证据,申请提供反驳证据或者对证据来源、形式等方面的瑕疵进行补正的,人民法院可以酌情再次确定举证期限,该期限不受前款规定的限制。

第一百条　当事人申请延长举证期限的,应当在举证期限届满前向人民法院提出书面申请。

申请理由成立的,人民法院应当准许,适当延长举证期限,并通知其他当事人。延长的举证期限适用于其他当事人。

申请理由不成立的,人民法院不予准许,并通知申请人。

第一百零一条 当事人逾期提供证据的,人民法院应当责令其说明理由,必要时可以要求其提供相应的证据。

当事人因客观原因逾期提供证据,或者对方当事人对逾期提供证据未提出异议的,视为未逾期。

第一百零二条 当事人因故意或者重大过失逾期提供的证据,人民法院不予采纳。但该证据与案件基本事实有关的,人民法院应当采纳,并依照民事诉讼法第六十五条、第一百一十五条第一款的规定予以训诫、罚款。

当事人非因故意或者重大过失逾期提供的证据,人民法院应当采纳,并对当事人予以训诫。

当事人一方要求另一方赔偿因逾期提供证据致使其增加的交通、住宿、就餐、误工、证人出庭作证等必要费用的,人民法院可予支持。

第二百三十一条 当事人在法庭上提出新的证据的,人民法院应当依照民事诉讼法第六十五条第二款规定和本解释相关规定处理。

第四百一十一条 当事人提交新的证据致使再审改判,因再审申请人或者申请检察监督当事人的过错未能在原程序中及时举证,被申请人等当事人请求补偿其增加的交通、住宿、就餐、误工等必要费用的,人民法院应予支持。

★**第六十六条** 【法院收取证据材料】人民法院收到当事人提交的证据材料,应当出具收据,写明证据名称、页数、份数、原件或者复印件以及收到时间等,并由经办人员签名或者盖章。

★**第六十七条** 【人民法院调查取证】人民法院有权向有关单位和个人调查取证,有关单位和个人不得拒绝。

人民法院对有关单位和个人提出的证明文件,应当辨别真伪,审查确定其效力。

◆**相关法条**
◇**民诉解释**

第九十四条 民事诉讼法第六十四条第二款规定的当事人及其诉讼代理人因客观原因不能自行收集的证据包括:

(一)证据由国家有关部门保存,当事人及其诉讼代理人无权查阅调取的;

(二)涉及国家秘密、商业秘密或者个人隐私的;

(三)当事人及其诉讼代理人因客观原因不能自行收集的其他证据。

当事人及其诉讼代理人因客观原因不能自行收集的证据,可以在举证期限届满前书面申请人民法院调查收集。

第九十五条 当事人申请调查收集的证据,与待证事实无关联、对证明待证事实无意义或者其他无调查收集必要的,人民法院不予准许。

第九十六条 民事诉讼法第六十四条第二款规定的人民法院认为审理案件需要的证据包括:

(一)涉及可能损害国家利益、社会公共利益的;

(二)涉及身份关系的;

(三)涉及民事诉讼法第五十五条规定诉讼的;

(四)当事人有恶意串通损害他人合法权益可能的;

(五)涉及依职权追加当事人、中止诉讼、终结诉讼、回避等程序性事项的。

除前款规定外,人民法院调查收集证据,应当依照当事人的申请进行。

第九十七条 人民法院调查收集证据,应当由两人以上共同进行。调查材料要由调查人、被调查人、记录人签名、捺印或者盖章。

★**第六十八条** 【审查证据】证据应当在法

庭上出示，并由当事人互相质证。对涉及国家秘密、商业秘密和个人隐私的证据应当保密，需要在法庭出示的，不得在公开开庭时出示。

◆相关法条
◇民诉解释

第二百二十条　民事诉讼法第六十八条、第一百三十四条、第一百五十六条规定的商业秘密，是指生产工艺、配方、贸易联系、购销渠道等当事人不愿公开的技术秘密、商业情报及信息。

第一百零三条　证据应当在法庭上出示，由当事人互相质证。未经当事人质证的证据，不得作为认定案件事实的根据。

当事人在审理前的准备阶段认可的证据，经审判人员在庭审中说明后，视为质证过的证据。

涉及国家秘密、商业秘密、个人隐私或者法律规定应当保密的证据，不得公开质证。

第一百零四条　人民法院应当组织当事人围绕证据的真实性、合法性以及与待证事实的关联性进行质证，并针对证据有无证明力和证明力大小进行说明和辩论。

能够反映案件真实情况、与待证事实相关联、来源和形式符合法律规定的证据，应当作为认定案件事实的根据。

第一百零五条　人民法院应当按照法定程序，全面、客观地审核证据，依照法律规定，运用逻辑推理和日常生活经验法则，对证据有无证明力和证明力大小进行判断，并公开判断的理由和结果。

第一百零六条　对以严重侵害他人合法权益、违反法律禁止性规定或者严重违背公序良俗的方法形成或者获取的证据，不得作为认定案件事实的根据。

第一百零七条　在诉讼中，当事人为达成调解协议或者和解协议作出妥协而认可的事实，不得在后续的诉讼中作为对其不利的根据，但法律另有规定或者当事人均同意的除外。

第一百零八条　对负有举证证明责任的当事人提供的证据，人民法院经审查并结合相关事实，确信待证事实的存在具有高度可能性的，应当认定该事实存在。

对一方当事人为反驳负有举证证明责任的当事人所主张事实而提供的证据，人民法院经审查并结合相关事实，认为待证事实真伪不明的，应当认定该事实不存在。

法律对于待证事实所应达到的证明标准另有规定的，从其规定。

第一百零九条　当事人对欺诈、胁迫、恶意串通事实的证明，以及对口头遗嘱或者赠与事实的证明，人民法院确信该待证事实存在的可能性能够排除合理怀疑的，应当认定该事实存在。

第一百一十条　人民法院认为有必要的，可以要求当事人本人到庭，就案件有关事实接受询问。在询问当事人之前，可以要求其签署保证书。

保证书应当载明据实陈述、如有虚假陈述愿意接受处罚等内容。当事人应当在保证书上签名或者捺印。

负有举证证明责任的当事人拒绝到庭、拒绝接受询问或者拒绝签署保证书，待证事实又欠缺其他证据证明的，人民法院对其主张的事实不予认定。

第一百一十二条　书证在对方当事人控制之下的，承担举证证明责任的当事人可以在举证期限届满前书面申请人民法院责令对方当事人提交。

申请理由成立的，人民法院应当责令对方当事人提交，因提交书证所产生的费用，由申请人负担。对方当事人无正当理由拒不提交的，人民法院可以认定申请人所主张的书证内容为真实。

第一百一十三条　持有书证的当事人以妨碍对方当事人使用为目的，毁灭有关书证或者实施其他致使书证不能使用行为的，人民法院可以依照民事诉讼法第一百一十一条规定，对其处以罚款、拘留。

第一百一十四条　国家机关或者其他依法具有社会管理职能的组织,在其职权范围内制作的文书所记载的事项推定为真实,但有相反证据足以推翻的除外。必要时,人民法院可以要求制作文书的机关或者组织对文书的真实性予以说明。

★**第六十九条　【公证证据的免证效力】**经过法定程序公证证明的法律事实和文书,人民法院应当作为认定事实的根据,但有相反证据足以推翻公证证明的除外。

◆**相关法条**
◇**民诉解释**

第九十三条　下列事实,当事人无须举证证明:

（一）自然规律以及定理、定律;
（二）众所周知的事实;
（三）根据法律规定推定的事实;
（四）根据已知的事实和日常生活经验法则推定出的另一事实;
（五）已为人民法院发生法律效力的裁判所确认的事实;
（六）已为仲裁机构生效裁决所确认的事实;
（七）已为有效公证文书所证明的事实。

前款第二项至第四项规定的事实,当事人有相反证据足以反驳的除外;第五项至第七项规定的事实,当事人有相反证据足以推翻的除外。

◇**公证法**

第三十六条　经公证的民事法律行为、有法律意义的事实和文书,应当作为认定事实的根据,但有相反证据足以推翻该项公证的除外。

第四十条　当事人、公证事项的利害关系人对公证书的内容有争议的,可以就该争议向人民法院提起民事诉讼。

第四十三条　公证机构及其公证员因过错给当事人、公证事项的利害关系人造成损失的,由公证机构承担相应的赔偿责任;公证机构赔偿后,可以向有故意或者重大过失的公证员追偿。

当事人、公证事项的利害关系人与公证机构因赔偿发生争议的,可以向人民法院提起民事诉讼。

◇**审理涉及公证活动相关民事案件规定**

第一条　当事人、公证事项的利害关系人依照公证法第四十三条规定向人民法院起诉请求民事赔偿的,应当以公证机构为被告,人民法院应作为侵权责任纠纷案件受理。

第二条　当事人、公证事项的利害关系人起诉请求变更、撤销公证书或者确认公证书无效的,人民法院不予受理,告知其依照公证法第三十九条规定可以向出具公证书的公证机构提出复查。

第三条　当事人、公证事项的利害关系人对公证书所公证的民事权利义务有争议的,可以依照公证法第四十条规定就该争议向人民法院提起民事诉讼。

当事人、公证事项的利害关系人对具有强制执行效力的公证债权文书的民事权利义务有争议直接向人民法院提起民事诉讼的,人民法院依法不予受理。但是,公证债权文书被人民法院裁定不予执行的除外。

第四条　当事人、公证事项的利害关系人提供证据证明公证机构及其公证员在公证活动中具有下列情形之一的,人民法院应当认定公证机构有过错:

（一）为不真实、不合法的事项出具公证书的;
（二）毁损、篡改公证书或者公证档案的;
（三）泄露在执业活动中知悉的商业秘密或者个人隐私的;
（四）违反公证程序、办证规则以及国务院司法行政部门制定的行业规范出具公证书的;
（五）公证机构在公证过程中未尽到充分的审查、核实义务,致使公证书错误或者不真实的;
（六）对存在错误的公证书,经当事人、公证事项的利害关系人申请仍不予纠正或者补正的;

（七）其他违反法律、法规、国务院司法行政部门强制性规定的情形。

第五条 当事人提供虚假证明材料申请公证致使公证书错误造成他人损失的，当事人应当承担赔偿责任。公证机构依法尽到审查、核实义务的，不承担赔偿责任；未依法尽到审查、核实义务的，应当承担与其过错相应的补充赔偿责任；明知公证证明的材料虚假或者与当事人恶意串通的，承担连带赔偿责任。

第六条 当事人、公证事项的利害关系人明知公证机构所出具的公证书不真实、不合法而仍然使用造成自己损失，请求公证机构承担赔偿责任的，人民法院不予支持。

第七条 本规定施行后，涉及公证活动的民事案件尚未终审的，适用本规定；本规定施行前已经终审，当事人申请再审或者按照审判监督程序决定再审的，不适用本规定。

第七十条 【原始证据】书证应当提交原件。物证应当提交原物。提交原件或者原物确有困难的，可以提交复制品、照片、副本、节录本。

提交外文书证，必须附有中文译本。

◆相关法条

◇民诉解释

第一百一十一条 民事诉讼法第七十条规定的提交书证原件确有困难，包括下列情形：

（一）书证原件遗失、灭失或者毁损的；

（二）原件在对方当事人控制之下，经合法通知提交而拒不提交的；

（三）原件在他人控制之下，而其有权不提交的；

（四）原件因篇幅或者体积过大而不便提交的；

（五）承担举证证明责任的当事人通过申请人民法院调查收集或者其他方式无法获得书证原件的。

前款规定情形，人民法院应当结合其他证据和案件具体情况，审查判断书证复制品能否作为认定案件事实的根据。

★**第七十一条** 【视听资料】人民法院对视听资料，应当辨别真伪，并结合本案的其他证据，审查确定能否作为认定事实的根据。

◆相关法条

◇民诉解释

第一百一十六条 视听资料包括录音资料和影像资料。

电子数据是指通过电子邮件、电子数据交换、网上聊天记录、博客、微博客、手机短信、电子签名、域名等形成或者存储在电子介质中的信息。

存储在电子介质中的录音资料和影像资料，适用电子数据的规定。

第七十二条 【证人资格】凡是知道案件情况的单位和个人，都有义务出庭作证。有关单位的负责人应当支持证人作证。

不能正确表达意思的人，不能作证。

◆相关法条

◇民诉解释

第一百一十五条 单位向人民法院提出的证明材料，应当由单位负责人及制作证明材料的人员签名或者盖章，并加盖单位印章。人民法院就单位出具的证明材料，可以向单位及制作证明材料的人员进行调查核实。必要时，可以要求制作证明材料的人员出庭作证。

单位及制作证明材料的人员拒绝人民法院调查核实，或者制作证明材料的人员无正当理由拒绝出庭作证的，该证明材料不得作为认定案件事实的根据。

第一百一十七条 当事人申请证人出庭作证的，应当在举证期限届满前提出。

符合本解释第九十六条第一款规定情形的，人民法院可以依职权通知证人出庭作证。

未经人民法院通知，证人不得出庭作证，但双方当事人同意并经人民法院准许的除外。

第一百一十九条 人民法院在证人出庭作证前应当告知其如实作证的义务以及作伪

证的法律后果,并责令其签署保证书,但无民事行为能力人和限制民事行为能力人除外。

证人签署保证书适用本解释关于当事人签署保证书的规定。

第一百二十条　证人拒绝签署保证书的,不得作证,并自行承担相关费用。

◆ 司考真题

◇2015年卷3第79题(多项)

张志军与邻居王昌因琐事发生争吵并相互殴打,之后,张志军诉至法院要求王昌赔偿医药费等损失共计3 000元。在举证期限届满前,张志军向法院申请事发时在场的方强(26岁)、路芳(30岁)、蒋勇(13岁)出庭作证,法院准其请求。开庭时,法院要求上列证人签署保证书,方强签署了保证书,路芳拒签保证书,蒋勇未签署保证书。法院因此允许方强、蒋勇出庭作证,未允许路芳出庭作证。张志军在开庭时向法院提供了路芳的书面证言,法院对该证言不同意组织质证。关于本案,法院的下列哪些做法是合法的?

A. 批准张志军要求事发时在场人员出庭作证的申请

B. 允许蒋勇出庭作证

C. 不允许路芳出庭作证

D. 对路芳的证言不同意组织质证

答案:ABCD

第七十三条　【证人不出庭情形】经人民法院通知,证人应当出庭作证。有下列情形之一的,经人民法院许可,可以通过书面证言、视听传输技术或者视听资料等方式作证:

(一)因健康原因不能出庭的;

(二)因路途遥远,交通不便不能出庭的;

(三)因自然灾害等不可抗力不能出庭的;

(四)其他有正当理由不能出庭的。

第七十四条　【证人费用的负担】证人因履行出庭作证义务而支出的交通、住宿、就餐等必要费用以及误工损失,由败诉一方当事人负担。当事人申请证人作证的,由该当事人先行垫付;当事人没有申请,人民法院通知证人作证的,由人民法院先行垫付。

◆ 相关法条

◇民诉解释

第一百一十八条　民事诉讼法第七十四条规定的证人因履行出庭作证义务而支出的交通、住宿、就餐等必要费用,按照机关事业单位工作人员差旅费用和补贴标准计算;误工损失按照国家上年度职工日平均工资标准计算。

人民法院准许证人出庭作证申请的,应当通知申请人预缴证人出庭作证费用。

◆ 要点精解

1. 证人资格:(1)了解案情的单位和个人;(2)能够正确表达自己的意思。

2. 证人的权利和义务:

(1)证人的权利:①补充、更正权;②获得保护权;③损失补偿权;④有使用本民族语言文字提供证词的权利。

(2)证人的义务:①出庭义务;②如实陈述的义务;③保守国家机密的义务。

3. 证人可以不出庭作证的情形有以下几种:(1)因健康原因不能出庭的;(2)因路途遥远,交通不便不能出庭的;(3)因自然灾害等不可抗力不能出庭的;(4)其他正当理由不能出庭的。

4. 证人出庭的相关费用承担主体:(1)由申请证人的当事人或者人民法院先行垫付;(2)最终由败诉方负担。

5. 证人作证的几个注意事项:

(1)聋哑人可以作证;

(2)证人作证时,只能陈述事实,不得使用猜测、推断或者评论性的语言;

(3)证人不得旁听法庭审理;询问证人时,其他证人不得在场;

(4)证人在人民法院组织双方当事人交换证据时出席陈述证言的,可视为出庭作证。

第七十五条　【当事人陈述】人民法院对当事人的陈述,应当结合本案的其他证据,审查确定能否作为认定事实的根据。

当事人拒绝陈述的,不影响人民法院根据

证据认定案件事实。

◆**相关法条**
◇**民诉解释**

第九十二条 一方当事人在法庭审理中,或者在起诉状、答辩状、代理词等书面材料中,对于己不利的事实明确表示承认的,另一方当事人无需举证证明。

对于涉及身份关系、国家利益、社会公共利益等应当由人民法院依职权调查的事实,不适用前款自认的规定。

自认的事实与查明的事实不符,人民法院不予确认。

第七十六条 【鉴定人的确定】当事人可以就查明事实的专门性问题向人民法院申请鉴定。当事人申请鉴定的,由双方当事人协商确定具备资格的鉴定人;协商不成的,由人民法院指定。

当事人未申请鉴定,人民法院对专门性问题认为需要鉴定的,应当委托具备资格的鉴定人进行鉴定。

◆**相关法条**
◇**民诉解释**

第一百二十一条 当事人申请鉴定,可以在举证期限届满前提出。申请鉴定的事项与待证事实无关联,或者对证明待证事实无意义的,人民法院不予准许。

人民法院准许当事人鉴定申请的,应当组织双方当事人协商确定具备相应资格的鉴定人。当事人协商不成的,由人民法院指定。

符合依职权调查收集证据条件的,人民法院应当依职权委托鉴定,在询问当事人的意见后,指定具备相应资格的鉴定人。

◇**鉴定通则**

第十一条 司法鉴定机构应当统一受理办案机关的司法鉴定委托。

第十二条 委托人委托鉴定的,应当向司法鉴定机构提供真实、完整、充分的鉴定材料,并对鉴定材料的真实性、合法性负责。司法鉴定机构应当核对并记录鉴定材料的名称、种类、数量、性状、保存状况、收到时间等。

诉讼当事人对鉴定材料有异议的,应当向委托人提出。

本通则所称鉴定材料包括生物检材和非生物检材、比对样本材料以及其他与鉴定事项有关的鉴定资料。

第十三条 司法鉴定机构应当自收到委托之日起七个工作日内作出是否受理的决定。对于复杂、疑难或者特殊鉴定事项的委托,司法鉴定机构可以与委托人协商决定受理的时间。

第十四条 司法鉴定机构应当对委托鉴定事项、鉴定材料等进行审查。对属于本机构司法鉴定业务范围,鉴定用途合法,提供的鉴定材料能够满足鉴定需要的,应当受理。

对于鉴定材料不完整、不充分,不能满足鉴定需要的,司法鉴定机构可以要求委托人补充;经补充后能够满足鉴定需要的,应当受理。

第十五条 具有下列情形之一的鉴定委托,司法鉴定机构不得受理:

(一)委托鉴定事项超出本机构司法鉴定业务范围的;

(二)发现鉴定材料不真实、不完整、不充分或者取得方式不合法的;

(三)鉴定用途不合法或者违背社会公德的;

(四)鉴定要求不符合司法鉴定执业规则或者相关鉴定技术规范的;

(五)鉴定要求超出本机构技术条件或者鉴定能力的;

(六)委托人就同一鉴定事项同时委托其他司法鉴定机构进行鉴定的;

(七)其他不符合法律、法规、规章规定的情形。

第十六条 司法鉴定机构决定受理鉴定委托的,应当与委托人签订司法鉴定委托书。司法鉴定委托书应当载明委托人名称、司法鉴定机构名称、委托鉴定事项、是否属于重新鉴定、鉴定用途、与鉴定有关的基本案情、鉴定材料的提供和退还、鉴定风险,以及双方商定的鉴定时限、鉴定费用及收取方式、双方权利义务等其他需要载明的事项。

第十七条 司法鉴定机构决定不予受理鉴定委托的,应当向委托人说明理由,退还鉴定材料。

第七十七条 【鉴定人的权利】鉴定人有权了解进行鉴定所需要的案件材料,必要时可以询问当事人、证人。

鉴定人应当提出书面鉴定意见,在鉴定书上签名或者盖章。

◇鉴定通则

第十八条 司法鉴定机构受理鉴定委托后,应当指定本机构具有该鉴定事项执业资格的司法鉴定人进行鉴定。

委托人有特殊要求的,经双方协商一致,也可以从本机构中选择符合条件的司法鉴定人进行鉴定。

委托人不得要求或者暗示司法鉴定机构、司法鉴定人按其意图或者特定目的提供鉴定意见。

第十九条 司法鉴定机构对同一鉴定事项,应当指定或者选择二名司法鉴定人进行鉴定;对复杂、疑难或者特殊鉴定事项,可以指定或者选择多名司法鉴定人进行鉴定。

第二十条 司法鉴定人本人或者其近亲属与诉讼当事人、鉴定事项涉及的案件有利害关系,可能影响其独立、客观、公正进行鉴定的,应当回避。

司法鉴定人曾经参加过同一鉴定事项鉴定的,或者曾经作为专家提供过咨询意见的,或者曾被聘请为有专门知识的人参与过同一鉴定事项法庭质证的,应当回避。

第二十一条 司法鉴定人自行提出回避的,由其所属的司法鉴定机构决定;委托人要求司法鉴定人回避的,应当向该司法鉴定人所属的司法鉴定机构提出,由司法鉴定机构决定。

委托人对司法鉴定机构作出的司法鉴定人是否回避的决定有异议的,可以撤销鉴定委托。

第二十二条 司法鉴定机构应当建立鉴定材料管理制度,严格监控鉴定材料的接收、保管、使用和退还。

司法鉴定机构和司法鉴定人在鉴定过程中应当严格依照技术规范保管和使用鉴定材料,因严重不负责任造成鉴定材料损毁、遗失的,应当依法承担责任。

第二十三条 司法鉴定人进行鉴定,应当依下列顺序遵守和采用该专业领域的技术标准、技术规范和技术方法:

(一)国家标准;

(二)行业标准和技术规范;

(三)该专业领域多数专家认可的技术方法。

第二十四条 司法鉴定人有权了解进行鉴定所需要的案件材料,可以查阅、复制相关资料,必要时可以询问诉讼当事人、证人。

经委托人同意,司法鉴定机构可以派员到现场提取鉴定材料。现场提取鉴定材料应当由不少于二名司法鉴定机构的工作人员进行,其中至少一名应为该鉴定事项的司法鉴定人。现场提取鉴定材料时,应当有委托人指派或者委托的人员在场见证并在提取记录上签名。

第二十五条 鉴定过程中,需要对无民事行为能力人或者限制民事行为能力人进行身体检查的,应当通知其监护人或者近亲属到场见证;必要时,可以通知委托人到场见证。

对被鉴定人进行法医精神病鉴定的,应当通知委托人或者被鉴定人的近亲属或者监护人到场见证。

对需要进行尸体解剖的,应当通知委托人或者死者的近亲属或者监护人到场见证。

到场见证人员应当在鉴定记录上签名。见证人员未到场的,司法鉴定人不得开展相关鉴定活动,延误时间不计入鉴定时限。

第二十六条 鉴定过程中,需要对被鉴定人身体进行法医临床检查的,应当采取必要措施保护其隐私。

第二十七条 司法鉴定人应当对鉴定过

程进行实时记录并签名。记录可以采取笔记、录音、录像、拍照等方式。记录应当载明主要的鉴定方法和过程，检查、检验、检测结果，以及仪器设备使用情况等。记录的内容应当真实、客观、准确、完整、清晰，记录的文本资料、音像资料等应当存入鉴定档案。

第二十八条 司法鉴定机构应当自司法鉴定委托书生效之日起三十个工作日内完成鉴定。

鉴定事项涉及复杂、疑难、特殊技术问题或者鉴定过程需要较长时间的，经本机构负责人批准，完成鉴定的时限可以延长，延长时限一般不得超过三十个工作日。鉴定时限延长的，应当及时告知委托人。

司法鉴定机构与委托人对鉴定时限另有约定的，从其约定。

在鉴定过程中补充或者重新提取鉴定材料所需的时间，不计入鉴定时限。

第二十九条 司法鉴定机构在鉴定过程中，有下列情形之一的，可以终止鉴定：

（一）发现有本通则第十五条第二项至第七项规定情形的；

（二）鉴定材料发生耗损，委托人不能补充提供的；

（三）委托人拒不履行司法鉴定委托书规定的义务、被鉴定人拒不配合或者鉴定活动受到严重干扰，致使鉴定无法继续进行的；

（四）委托人主动撤销鉴定委托，或者委托人、诉讼当事人拒绝支付鉴定费用的；

（五）因不可抗力致使鉴定无法继续进行的；

（六）其他需要终止鉴定的情形。

终止鉴定的，司法鉴定机构应当书面通知委托人，说明理由并退还鉴定材料。

第三十条 有下列情形之一的，司法鉴定机构可以根据委托人的要求进行补充鉴定：

（一）原委托鉴定事项有遗漏的；

（二）委托人就原委托鉴定事项提供新的鉴定材料的；

（三）其他需要补充鉴定的情形。

补充鉴定是原委托鉴定的组成部分，应当由原司法鉴定人进行。

第三十一条 有下列情形之一的，司法鉴定机构可以接受办案机关委托进行重新鉴定：

（一）原司法鉴定人不具有从事委托鉴定事项执业资格的；

（二）原司法鉴定机构超出登记的业务范围组织鉴定的；

（三）原司法鉴定人应当回避没有回避的；

（四）办案机关认为需要重新鉴定的；

（五）法律规定的其他情形。

第三十二条 重新鉴定应当委托原司法鉴定机构以外的其他司法鉴定机构进行；因特殊原因，委托人也可以委托原司法鉴定机构进行，但原司法鉴定机构应当指定原司法鉴定人以外的其他符合条件的司法鉴定人进行。

接受重新鉴定委托的司法鉴定机构的资质条件应当不低于原司法鉴定机构，进行重新鉴定的司法鉴定人中应当至少有一名具有相关专业高级专业技术职称。

第三十三条 鉴定过程中，涉及复杂、疑难、特殊技术问题的，可以向本机构以外的相关专业领域的专家进行咨询，但最终的鉴定意见应当由本机构的司法鉴定人出具。

专家提供咨询意见应当签名，并存入鉴定档案。

第三十四条 对于涉及重大案件或者特别复杂、疑难、特殊技术问题或者多个鉴定类别的鉴定事项，办案机关可以委托司法鉴定行业协会组织协调多个司法鉴定机构进行鉴定。

第三十五条 司法鉴定人完成鉴定后，司法鉴定机构应当指定具有相应资质的人员对鉴定程序和鉴定意见进行复核；对于涉及复杂、疑难、特殊技术问题或者重新鉴定的鉴定事项，可以组织三名以上的专家进行复核。

复核人员完成复核后，应当提出复核意见并签名，存入鉴定档案。

第三十六条 司法鉴定机构和司法鉴定人应当按照统一规定的文本格式制作司法鉴定意见书。

第三十七条　司法鉴定意见书应当由司法鉴定人签名。多人参加的鉴定，对鉴定意见有不同意见的，应当注明。

第三十八条　司法鉴定意见书应当加盖司法鉴定机构的司法鉴定专用章。

第三十九条　司法鉴定意见书应当一式四份，三份交委托人收执，一份由司法鉴定机构存档。司法鉴定机构应当按照有关规定或者与委托人约定的方式，向委托人发送司法鉴定意见书。

第四十条　委托人对鉴定过程、鉴定意见提出询问的，司法鉴定机构和司法鉴定人应当给予解释或者说明。

第四十一条　司法鉴定意见书出具后，发现有下列情形之一的，司法鉴定机构可以进行补正：

（一）图像、谱图、表格不清晰的；

（二）签名、盖章或者编号不符合制作要求的；

（三）文字表达有瑕疵或者错别字，但不影响司法鉴定意见的。

补正应当在原司法鉴定意见书上进行，由至少一名司法鉴定人在补正处签名。必要时，可以出具补正书。

对司法鉴定意见书进行补正，不得改变司法鉴定意见的原意。

第四十二条　司法鉴定机构应当按照规定将司法鉴定意见书以及有关资料整理立卷、归档保管。

第七十八条　【鉴定人的义务】 当事人对鉴定意见有异议或者人民法院认为鉴定人有必要出庭的，鉴定人应当出庭作证。经人民法院通知，鉴定人拒不出庭作证的，鉴定意见不得作为认定事实的根据；支付鉴定费用的当事人可以要求返还鉴定费用。

◆要点精解

1. 鉴定人的确定方式：（1）当事人协商确定；（2）协商不成的，由法院指定。

2. 鉴定人应当出庭作证的情形：（1）当事人对鉴定意见有异议；（2）法院认为有必要。

3. 鉴定人应当出庭无正当理由拒不出庭的法律后果：（1）鉴定意见不得作为认定事实的根据；（2）支付鉴定费用的当事人可以要求返还鉴定费用。

◇鉴定通则

第四十三条　经人民法院依法通知，司法鉴定人应当出庭作证，回答与鉴定事项有关的问题。

第四十四条　司法鉴定机构接到出庭通知后，应当及时与人民法院确认司法鉴定人出庭的时间、地点、人数、费用、要求等。

第四十五条　司法鉴定机构应当支持司法鉴定人出庭作证，为司法鉴定人依法出庭提供必要条件。

第四十六条　司法鉴定人出庭作证，应当举止文明，遵守法庭纪律。

第七十九条　【专家辅助人】 当事人可以申请人民法院通知有专门知识的人出庭，就鉴定人作出的鉴定意见或者专业问题提出意见。

◆相关法条

◇民诉解释

第一百二十二条　当事人可以依照民事诉讼法第七十九条的规定，在举证期限届满前申请一至二名具有专门知识的人出庭，代表当事人对鉴定意见进行质证，或者对案件事实所涉及的专业问题提出意见。

具有专门知识的人在法庭上就专业问题提出的意见，视为当事人的陈述。

人民法院准许当事人申请的，相关费用由提出申请的当事人负担。

第一百二十三条　人民法院可以对出庭的具有专门知识的人进行询问。经法庭准许，当事人可以对出庭的具有专门知识的人进行询问，当事人各自申请的具有专门知识的人可以就案件中的有关问题进行对质。

具有专门知识的人不得参与专业问题之外的法庭审理活动。

第八十条　【勘验】 勘验物证或者现场，勘验人必须出示人民法院的证件,并邀请当地基层组织或者当事人所在单位派人参加。当事人或者当事人的成年家属应当到场,拒不到场的,不影响勘验的进行。

有关单位和个人根据人民法院的通知,有义务保护现场,协助勘验工作。

勘验人应当将勘验情况和结果制作笔录,由勘验人、当事人和被邀参加人签名或者盖章。

◆相关法条
◇民诉解释

第一百二十四条　人民法院认为有必要的,可以根据当事人的申请或者依职权对物证或者现场进行勘验。勘验时应当保护他人的隐私和尊严。

人民法院可以要求鉴定人参与勘验。必要时,可以要求鉴定人在勘验中进行鉴定。

★**第八十一条**　【证据保全】在证据可能灭失或者以后难以取得的情况下,当事人可以在诉讼过程中向人民法院申请保全证据,人民法院也可以主动采取保全措施。

因情况紧急,在证据可能灭失或者以后难以取得的情况下,利害关系人可以在提起诉讼或者申请仲裁前向证据所在地、被申请人住所地或者对案件有管辖权的人民法院申请保全证据。

证据保全的其他程序,参照适用本法第九章保全的有关规定。

◆相关法条
◇民诉解释

第九十八条　当事人根据民事诉讼法第八十一条第一款规定申请证据保全的,可以在举证期限届满前书面提出。

证据保全可能对他人造成损失的,人民法院应当责令申请人提供相应的担保。

◆要点精解

1.证据保全的类型:(1)诉讼中证据保全;(2)诉前证据保全。

2.诉讼中证据保全:(1)适用的情形是在诉讼中证据可能灭失或者以后难以取得;(2)方式为当事人申请或者法院主动采取措施。

3.诉前证据保全:(1)起诉前或申请仲裁前,因情况紧急,证据可能灭失或者以后难以取得;(2)必须由利害关系人申请;(3)申请的法院为证据所在地、被申请人住所地或者对案件有管辖权的人民法院。

第七章　期间、送达

第一节　期　间

第八十二条　【期间的种类和计算】期间包括法定期间和人民法院指定的期间。

期间以时、日、月、年计算。期间开始的时和日,不计算在期间内。

期间届满的最后一日是节假日的,以节假日后的第一日为期间届满的日期。

期间不包括在途时间,诉讼文书在期满前交邮的,不算过期。

◆相关法条
◇民诉解释

第一百二十五条　依照民事诉讼法第八十二条第二款规定,民事诉讼中以时起算的期间从次时起算;以日、月、年计算的期间从次日起算。

第一百二十六条　民事诉讼法第一百二十三条规定的立案期限,因起诉状内容欠缺通知原告补正的,从补正后交人民法院的次日起算。由上级人民法院转交下级人民法院立案的案件,从受诉人民法院收到起诉状的次日起算。

第一百二十七条　民事诉讼法第五十六条第三款、第二百零五条以及本解释第三百七十四条、第三百八十四条、第四百零一条、第四百二十二条、第四百二十三条规定的六个月,民事诉讼法第二百二十三条规定的一年,为不变期间,不适用诉讼时效中止、中断、延长规定。

第一百二十八条 再审案件按照第一审程序或者第二审程序审理的，适用民事诉讼法第一百四十九条、第一百七十六条规定的审限。审限自再审立案的次日起算。

第一百二十九条 对申请再审案件，人民法院应当自受理之日起三个月内审查完毕，但公告期间、当事人和解期间等不计入审查期限。有特殊情况需要延长的，由本院院长批准。

◆ 要点精解

1. 期间的种类：

（1）法定期间，是指由法律明确规定的诉讼期间。

（2）指定期间，是指法律明确授权人民法院根据审理案件的具体情况和实际需要，依职权决定当事人或其他诉讼参与人实施或完成某种诉讼行为的期间。

（3）约定期间，是指根据法律或司法解释所确立的约定机制，由各方当事人协商一致，并经受诉法院认可的诉讼期间。

2. 期间的计算：

（1）期间开始的时和日，不计算在期间内；

（2）期间届满的最后一日是节假日的，以节假日后的第一日为期间届满的日期；

（3）期间不包括在途时间，诉讼文书在期满前交邮的，不算过期。

第八十三条 【期间的顺延】当事人因不可抗拒的事由或者其他正当理由耽误期限的，在障碍消除后的十日内，可以申请顺延期限，是否准许，由人民法院决定。

◆ 司考真题

◇2015年卷3第41题（单项）

张兄与张弟因遗产纠纷诉至法院，一审判决张兄胜诉。张弟不服，却在赴法院提交上诉状的路上被撞昏迷，待其经抢救苏醒时已超过上诉期限一天。对此，下列哪一说法是正确的？

A. 法律上没有途径可对张弟上诉权予以补救

B. 因意外事故耽误上诉期限，法院应依职权决定顺延期限

C. 张弟可在清醒后10日内，申请顺延期限，是否准许，由法院决定

D. 上诉期限为法定期间，张弟提出顺延期限，法院不应准许

答案：C

第二节 送 达

★第八十四条 【送达回证】送达诉讼文书必须有送达回证，由受送达人在送达回证上记明收到日期，签名或者盖章。

受送达人在送达回证上的签收日期为送达日期。

◆ 相关法条

◇民诉解释

第一百三十七条 当事人在提起上诉、申请再审、申请执行时未书面变更送达地址的，其在第一审程序中确认的送达地址可以作为第二审程序、审判监督程序、执行程序的送达地址。

第一百四十一条 人民法院在定期宣判时，当事人拒不签收判决书、裁定书的，应视为送达，并在宣判笔录中记明。

★第八十五条 【直接送达】送达诉讼文书，应当直接送交受送达人。受送达人是公民的，本人不在交他的同住成年家属签收；受送达人是法人或者其他组织的，应当由法人的法定代表人、其他组织的主要负责人或者该法人、组织负责收件的人签收；受送达人有诉讼代理人的，可以送交其代理人签收；受送达人已向人民法院指定代收人的，送交代收人签收。

受送达人的同住成年家属，法人或者其他组织的负责收件的人，诉讼代理人或者代收人在送达回证上签收的日期为送达日期。

◆ 相关法条

◇民诉解释

第一百三十条第一款 向法人或者其他组织送达诉讼文书，应当由法人的法定代表人、该组织的主要负责人或者办公室、收发室、

值班室等负责收件的人签收或者盖章,拒绝签收或者盖章的,适用留置送达。

第一百三十一条 人民法院直接送达诉讼文书的,可以通知当事人到人民法院领取。当事人到达人民法院,拒绝签署送达回证的,视为送达。审判人员、书记员应当在送达回证上注明送达情况并签名。

人民法院可以在当事人住所地以外向当事人直接送达诉讼文书。当事人拒绝签署送达回证的,采用拍照、录像等方式记录送达过程即视为送达。审判人员、书记员应当在送达回证上注明送达情况并签名。

第一百三十二条 受送达人有诉讼代理人的,人民法院既可以向受送达人送达,也可以向其诉讼代理人送达。受送达人指定诉讼代理人为代收人的,向诉讼代理人送达时,适用留置送达。

★**第八十六条** 【留置送达】受送达人或者他的同住成年家属拒绝接收诉讼文书的,送达人可以邀请有关基层组织或者所在单位的代表到场,说明情况,在送达回证上记明拒收事由和日期,由送达人、见证人签名或者盖章,把诉讼文书留在受送达人的住所;也可以把诉讼文书留在受送达人的住所,并采用拍照、录像等方式记录送达过程,即视为送达。

◆ 相关法条
◇ 民诉解释

第一百三十条 向法人或者其他组织送达诉讼文书,应当由法人的法定代表人、该组织的主要负责人或者办公室、收发室、值班室等负责收件的人签收或者盖章,拒绝签收或者盖章的,适用留置送达。

民事诉讼法第八十六条规定的有关基层组织和所在单位的代表,可以是受送达人住所地的居民委员会、村民委员会的工作人员以及受送达人所在单位的工作人员。

第一百三十二条 受送达人有诉讼代理人的,人民法院既可以向受送达人送达,也可以向其诉讼代理人送达。受送达人指定诉讼

代理人为代收人的,向诉讼代理人送达时,适用留置送达。

第一百三十三条 调解书应当直接送达当事人本人,不适用留置送达。当事人本人因故不能签收的,可由其指定的代收人签收。

第四百三十一条 向债务人本人送达支付令,债务人拒绝接收的,人民法院可以留置送达。

◇ 审限规定

第十条第二款 人民法院判决书宣判、裁定书宣告或者调解书送达有下列情形之一的,结案时间遵守以下规定:

(一)留置送达的,以裁判文书留在受送达人的住所日为结案时间;

(二)公告送达的,以公告刊登之日为结案时间;

(三)邮寄送达的,以交邮日期为结案时间;

(四)通过有关单位转交送达的,以送达回证上当事人签收的日期为结案时间。

第八十七条 【电子送达】经受送达人同意,人民法院可以采用传真、电子邮件等能够确认其收悉的方式送达诉讼文书,但判决书、裁定书、调解书除外。

采用前款方式送达的,以传真、电子邮件等到达受送达人特定系统的日期为送达日期。

◆ 相关法条
◇ 民诉解释

第一百三十五条 电子送达可以采用传真、电子邮件、移动通信等即时收悉的特定系统作为送达媒介。

民事诉讼法第八十七条第二款规定的到达受送达人特定系统的日期,为人民法院对应系统显示发送成功的日期,但受送达人证明到达其特定系统的日期与人民法院对应系统显示发送成功的日期不一致的,以受送达人证明到达其特定系统的日期为准。

第一百三十六条 受送达人同意采用电子方式送达的,应当在送达地址确认书中予以

确认。

◆ **司考真题**
◇ 2015年卷3第83题(多项)

郑飞诉万雷侵权纠纷一案,虽不属于事实清楚、权利义务关系明确、争议不大的案件,但双方当事人约定适用简易程序进行审理,法院同意并以电子邮件的方式向双方当事人通知了开庭时间(双方当事人均未回复)。开庭时被告万雷无正当理由不到庭,法院作出了缺席判决。送达判决书时法院通过各种方式均未联系上万雷,遂采取了公告送达方式送达了判决书。对此,法院下列的哪些行为是违法的?

A. 同意双方当事人的约定,适用简易程序对案件进行审理
B. 以电子邮件的方式向双方当事人通知开庭时间
C. 作出缺席判决
D. 采取公告方式送达判决书

答案:CD

第八十八条 【委托和邮寄送达】直接送达诉讼文书有困难的,可以委托其他人民法院代为送达,或者邮寄送达。邮寄送达的,以回执上注明的收件日期为送达日期。

◆ **相关法条**
◇ 民诉解释

第一百三十四条 依照民事诉讼法第八十八条规定,委托其他人民法院代为送达的,委托法院应当出具委托函,并附需要送达的诉讼文书和送达回证,以受送达人在送达回证上签收的日期为送达日期。

委托送达的,受委托人民法院应当自收到委托函及相关诉讼文书之日起十日内代为送达。

◇ 审限规定

第十条第二款 人民法院判决书宣判、裁定书宣告或者调解书送达有下列情形之一的,结案时间遵守以下规定:

(一)留置送达的,以裁判文书留在受送达人的住所日为结案时间;

(二)公告送达的,以公告刊登之日为结案时间;

(三)邮寄送达的,以交邮日期为结案时间;

(四)通过有关单位转交送达的,以送达回证上当事人签收的日期为结案时间。

第八十九条 【转交送达之一】受送达人是军人的,通过其所在部队团以上单位的政治机关转交。

第九十条 【转交送达之二】受送达人被监禁的,通过其所在监所转交。

受送达人被采取强制性教育措施的,通过其所在强制性教育机构转交。

第九十一条 【转交送达的期间】代为转交的机关、单位收到诉讼文书后,必须立即交受送达人签收,以在送达回证上的签收日期,为送达日期。

◆ **相关法条**
◇ 审限规定

第十条第二款 人民法院判决书宣判、裁定书宣告或者调解书送达有下列情形之一的,结案时间遵守以下规定:

(一)留置送达的,以裁判文书留在受送达人的住所日为结案时间;

(二)公告送达的,以公告刊登之日为结案时间;

(三)邮寄送达的,以交邮日期为结案时间;

(四)通过有关单位转交送达的,以送达回证上当事人签收的日期为结案时间。

第九十二条 【公告送达】受送达人下落不明,或者用本节规定的其他方式无法送达的,公告送达。自发出公告之日起,经过六十日,即视为送达。

公告送达,应当在案卷中记明原因和经过。

◆ **相关法条**
◇ 民诉解释

第一百三十八条 公告送达可以在法院

的公告栏和受送达人住所地张贴公告,也可以在报纸、信息网络等媒体上刊登公告,发出公告日期以最后张贴或者刊登的日期为准。对公告送达方式有特殊要求的,应当按要求的方式进行。公告期满,即视为送达。

人民法院在受送达人住所地张贴公告的,应当采取拍照、录像等方式记录张贴过程。

第一百三十九条 公告送达应当说明公告送达的原因;公告送达起诉状或者上诉状副本的,应当说明起诉或者上诉要点,受送达人答辩期限及逾期不答辩的法律后果;公告送达传票,应当说明出庭的时间和地点及逾期不出庭的法律后果;公告送达判决书、裁定书的,应当说明裁判主要内容,当事人有权上诉的,还应当说明上诉权利、上诉期限和上诉的人民法院。

第一百四十条 适用简易程序的案件,不适用公告送达。

◇审限规定

第十条第二款 人民法院判决书宣判、裁定书宣告或者调解书送达有下列情形之一的,结案时间遵守以下规定:

(一)留置送达的,以裁判文书留在受送达人的住所日为结案时间;

(二)公告送达的,以公告刊登之日为结案时间;

(三)邮寄送达的,以交邮日期为结案时间;

(四)通过有关单位转交送达的,以送达回证上当事人签收的日期为结案时间。

◆司考真题

◇2015年卷3第83题(多项)

郑飞诉万雷侵权纠纷一案,虽不属于事实清楚、权利义务关系明确、争议不大的案件,但双方当事人约定适用简易程序进行审理,法院同意并以电子邮件的方式向双方当事人通知了开庭时间(双方当事人均未回复)。开庭时被告万雷无正当理由不到庭,法院作出了缺席判决。送达判决书时法院通过各种方式均未联系上万雷,遂采取了公告送达方式送达了判决书。对此,法院下列的哪些行为是违法的?

A.同意双方当事人的约定,适用简易程序对案件进行审理

B.以电子邮件的方式向双方当事人通知开庭时间

C.作出缺席判决

D.采取公告方式送达判决书

答案:CD

第八章 调 解

★**第九十三条 【调解的原则】**人民法院审理民事案件,根据当事人自愿的原则,在事实清楚的基础上,分清是非,进行调解。

◆相关法条

◇民诉解释

第一百四十二条 人民法院受理案件后,经审查,认为法律关系明确、事实清楚,在征得当事人双方同意后,可以径行调解。

第一百四十三条 适用特别程序、督促程序、公示催告程序的案件,婚姻等身份关系确认案件以及其他根据案件性质不能进行调解的案件,不得调解。

第一百四十五条第二款 人民法院审理离婚案件,应当进行调解,但不应久调不决。

◆要点精解

1.调解是法院对民事案件行使审判权和当事人对自己的民事诉讼权利和民事权利行使处分权的结合。

2.调解的特征:(1)是在法院审判人员的主持下依法进行的;(2)法院调解贯穿于民事审判程序的全过程;(3)法院调解是人民法院行使审判权的方式之一。

★**第九十四条 【调解程序】**人民法院进行调解,可以由审判员一人主持,也可以由合议庭主持,并尽可能就地进行。

人民法院进行调解,可以用简便方式通知当事人、证人到庭。

◆ 相关法条
◇民诉解释

第一百四十六条 人民法院审理民事案件,调解过程不公开,但当事人同意公开的除外。

调解协议内容不公开,但为保护国家利益、社会公共利益、他人合法权益,人民法院认为确有必要公开的除外。

主持调解以及参与调解的人员,对调解过程以及调解过程中获悉的国家秘密、商业秘密、个人隐私和其他不宜公开的信息,应当保守秘密,但为保护国家利益、社会公共利益、他人合法权益的除外。

第一百四十七条 人民法院调解案件时,当事人不能出庭的,经其特别授权,可由其委托代理人参加调解,达成的调解协议,可由委托代理人签名。

离婚案件当事人确因特殊情况无法出庭参加调解的,除本人不能表达意志的以外,应当出具书面意见。

第九十五条 【协助调解】 人民法院进行调解,可以邀请有关单位和个人协助。被邀请的单位和个人,应当协助人民法院进行调解。

◆ 相关法条
◇民诉解释

第一百五十条 人民法院调解民事案件,需由无独立请求权的第三人承担责任的,应当经其同意。该第三人在调解书送达前反悔的,人民法院应当及时裁判。

★**第九十六条 【调解协议】** 调解达成协议,必须双方自愿,不得强迫。调解协议的内容不得违反法律规定。

◆ 要点精解

1. 调解的原则:
(1)自愿原则:包括程序上的自愿和实体上的自愿。(第93条)
(2)事实清楚、是非分明原则。
(3)合法原则:包括程序上的合法和实体上的合法。(第96条)

2. 调解可以由合议庭主持,也可以由独任审判员主持进行(第94条)。

★**第九十七条 【调解书】** 调解达成协议,人民法院应当制作调解书。调解书应当写明诉讼请求、案件的事实和调解结果。

调解书由审判人员、书记员署名,加盖人民法院印章,送达双方当事人。

调解书经双方当事人签收后,即具有法律效力。

◆ 相关法条
◇民诉解释

第一百四十八条 当事人自行和解或者调解达成协议后,请求人民法院按照和解协议或者调解协议的内容制作判决书的,人民法院不予准许。

无民事行为能力人的离婚案件,由其法定代理人进行诉讼。法定代理人与对方达成协议要求发给判决书的,可根据协议内容制作判决书。

第一百四十九条 调解书需经当事人签收后才发生法律效力的,应当以最后收到调解书的当事人签收的日期为调解书生效日期。

第一百三十三条 调解书应当直接送达当事人本人,不适用留置送达。当事人本人因故不能签收的,可由其指定的代收人签收。

★**第九十八条 【不需要制作调解书的案件】** 下列案件调解达成协议,人民法院可以不制作调解书:

(一)调解和好的离婚案件;
(二)调解维持收养关系的案件;
(三)能够即时履行的案件;
(四)其他不需要制作调解书的案件。

对不需要制作调解书的协议,应当记入笔录,由双方当事人、审判人员、书记员签名或者盖章后,即具有法律效力。

◆ 相关法条
◇民诉解释

第一百五十一条 根据民事诉讼法第九

十八条第一款第四项规定,当事人各方同意在调解协议上签名或者盖章后即发生法律效力的,经人民法院审查确认后,应当记入笔录或者将调解协议附卷,并由当事人、审判人员、书记员签名或者盖章后即具有法律效力。

前款规定情形,当事人请求制作调解书的,人民法院审查确认后可以制作调解书送交当事人。当事人拒收调解书的,不影响调解协议的效力。

◆ 司考真题
◇ 2015年卷3第42题(单项)
关于法院制作的调解书,下列哪一说法是正确的?
A. 经法院调解,老李和小李维持收养关系,可不制作调解书
B. 某夫妻解除婚姻关系的调解书生效后,一方以违反自愿为由可申请再审
C. 检察院对调解书的监督方式只能是提出检察建议
D. 执行过程中,达成和解协议的,法院可根据当事人的要求制作成调解书
答案:A

★ **第九十九条** 【调解未成功】调解未达成协议或者调解书送达前一方反悔的,人民法院应当及时判决。

◆ 相关法条
◇ 民诉解释
第一百四十五条第一款 人民法院审理民事案件,应当根据自愿、合法的原则进行调解。当事人一方或者双方坚持不愿调解的,应当及时裁判。

第九章 保全和先予执行

★ **第一百条** 【诉中保全】人民法院对于可能因当事人一方的行为或者其他原因,使判决难以执行或者造成当事人其他损害的案件,根据对方当事人的申请,可以裁定对其财产进行保全、责令其作出一定行为或者禁止其作出一定行为;当事人没有提出申请的,人民法院在必要时也可以裁定采取保全措施。

人民法院采取保全措施,可以责令申请人提供担保,申请人不提供担保的,裁定驳回申请。

人民法院接受申请后,对情况紧急的,必须在四十八小时内作出裁定;裁定采取保全措施的,应当立即开始执行。

◆ 相关法条
◇ 民诉解释
第一百五十二条第一款 人民法院依照民事诉讼法第一百条、第一百零一条规定,在采取诉前保全、诉讼保全措施时,责令利害关系人或者当事人提供担保的,应当书面通知。

第一百五十二条第三款 在诉讼中,人民法院依申请或者依职权采取保全措施的,应根据案件的具体情况,决定当事人是否应当提供担保以及担保的数额。

第一百六十四条 对申请保全人或者他人提供的担保财产,人民法院应当依法办理查封、扣押、冻结等手续。

第一百六十七条 财产保全的被保全人提供其他等值担保财产且有利于执行的,人民法院可以裁定变更保全标的物为被保全人提供的担保财产。

◇ 公证法
第十一条 根据自然人、法人或者其他组织的申请,公证机构办理下列公证事项:
(一)合同;
(二)继承;
(三)委托、声明、赠与、遗嘱;
(四)财产分割;
(五)招标投标、拍卖;
(六)婚姻状况、亲属关系、收养关系;
(七)出生、生存、死亡、身份、经历、学历、学位、职务、职称、有无违法犯罪记录;
(八)公司章程;
(九)保全证据;
(十)文书上的签名、印鉴、日期,文书的副

本、影印本与原本相符;

（十一）自然人、法人或者其他组织自愿申请办理的其他公证事项。

法律、行政法规规定应当公证的事项，有关自然人、法人或者其他组织应当向公证机构申请办理公证。

★**第一百零一条** 【诉前保全】利害关系人因情况紧急，不立即申请保全将会使其合法权益受到难以弥补的损害的，可以在提起诉讼或者申请仲裁前向被保全财产所在地、被申请人住所地或者对案件有管辖权的人民法院申请采取保全措施。申请人应当提供担保，不提供担保的，裁定驳回申请。

人民法院接受申请后，必须在四十八小时内作出裁定;裁定采取保全措施的，应当立即开始执行。

申请人在人民法院采取保全措施后三十日内不依法提起诉讼或者申请仲裁的，人民法院应当解除保全。

◆**相关法条**
◇**民诉解释**

第一百五十二条第一款 人民法院依照民事诉讼法第一百条、第一百零一条规定，在采取诉前保全、诉讼保全措施时，责令利害关系人或者当事人提供担保的，应当书面通知。

第一百五十二条第二款 利害关系人申请诉前保全的，应当提供担保。申请诉前财产保全的，应当提供相当于请求保全数额的担保;情况特殊的，人民法院可以酌情处理。申请诉前行为保全的，担保的数额由人民法院根据案件的具体情况决定。

第一百六十四条 对申请保全人或者他人提供的担保财产，人民法院应当依法办理查封、扣押、冻结等手续。

第一百六十七条 财产保全的被保全人提供其他等值担保财产且有利于执行的，人民法院可以裁定变更保全标的物为被保全人提供的担保财产。

第一百六十条 当事人向采取诉前保全措施以外的其他有管辖权的人民法院起诉的，采取诉前保全措施的人民法院应当将保全手续移送受理案件的人民法院。诉前保全的裁定视为受移送人民法院作出的裁定。

◆**司考真题**
◇2015年卷3第81题（多项）

甲公司生产的"晴天牌"空气清新器销量占据市场第一，乙公司见状，将自己生产的同类型产品注册成"清天牌"，并全面仿照甲公司产品，使消费者难以区分。为此，甲公司欲起诉乙公司侵权，同时拟申请诉前禁令，禁止乙公司销售该产品。关于诉前保全，下列哪些选项是正确的？

A. 甲公司可向有管辖权的法院申请采取保全措施，并应当提供担保

B. 甲公司可向被申请人住所地法院申请采取保全措施，法院受理后，须在48小时内作出裁定

C. 甲公司可向有管辖权的法院申请采取保全措施，并应当在30天内起诉

D. 甲公司如未在规定期限内起诉，保全措施自动解除

答案：ABC

第一百零二条 【保全请求的范围】保全限于请求的范围，或者与本案有关的财物。

第一百零三条 【保全措施】财产保全采取查封、扣押、冻结或者法律规定的其他方法。人民法院保全财产后，应当立即通知被保全财产的人。

财产已被查封、冻结的，不得重复查封、冻结。

◆**相关法条**
◇**民诉解释**

第一百五十三条 人民法院对季节性商品、鲜活、易腐烂变质以及其他不宜长期保存的物品采取保全措施时，可以责令当事人及时处理，由人民法院保存价款;必要时，人民法院可予以变卖，保存价款。

第一百五十四条　人民法院在财产保全中采取查封、扣押、冻结财产措施时,应当妥善保管被查封、扣押、冻结的财产。不宜由人民法院保管的,人民法院可以指定被保全人负责保管;不宜由被保全人保管的,可以委托他人或者申请保全人保管。

查封、扣押、冻结担保物权人占有的担保财产,一般由担保物权人保管;由人民法院保管的,质权、留置权不因采取保全措施而消灭。

第一百五十五条　由人民法院指定被保全人保管的财产,如果继续使用对该财产的价值无重大影响,可以允许被保全人继续使用;由人民法院保管或者委托他人、申请保全人保管的财产,人民法院和其他保管人不得使用。

第一百五十六条　人民法院采取财产保全的方法和措施,依照执行程序相关规定办理。

第一百五十七条　人民法院对抵押物、质押物、留置物可以采取财产保全措施,但不影响抵押人、质权人、留置权人的优先受偿权。

第一百五十八条　人民法院对债务人到期应得的收益,可以采取财产保全措施,限制其支取,通知有关单位协助执行。

第一百五十九条　债务人的财产不能满足保全请求,但对他人有到期债权的,人民法院可以依债权人的申请裁定该他人不得对本案债务人清偿。该他人要求偿付的,由人民法院提存财物或者价款。

第一百六十一条　对当事人不服一审判决提起上诉的案件,在第二审人民法院接到报送的案件之前,当事人有转移、隐匿、出卖或者毁损财产等行为,必须采取保全措施的,由第一审人民法院依当事人申请或者依职权采取。第一审人民法院的保全裁定,应当及时报送第二审人民法院。

第一百六十二条　第二审人民法院裁定对第一审人民法院采取的保全措施予以续保或者采取新的保全措施的,可以自行实施,也可以委托第一审人民法院实施。

再审人民法院裁定对原保全措施予以续保或者采取新的保全措施的,可以自行实施,也可以委托原审人民法院或者执行法院实施。

第一百六十三条　法律文书生效后,进入执行程序前,债权人因对方当事人转移财产等紧急情况,不申请保全将可能导致生效法律文书不能执行或者难以执行的,可以向执行法院申请采取保全措施。债权人在法律文书指定的履行期间届满后五日内不申请执行的,人民法院应当解除保全。

第一百六十四条　对申请保全人或者他人提供的担保财产,人民法院应当依法办理查封、扣押、冻结等手续。

◆ 司考真题
◇ 2015年卷3第80题(多项)

李根诉刘江借款纠纷一案在法院审理,李根申请财产保全,要求法院扣押刘江向某小额贷款公司贷款时质押给该公司的两块名表。法院批准了该申请,并在没有征得该公司同意的情况下采取保全措施。对此,下列哪些选项是错误的?

A. 一般情况下,某小额贷款公司保管的两块名表应交由法院保管

B. 某小额贷款公司因法院采取保全措施而丧失了对两块名表的质权

C. 某小额贷款公司因法院采取保全措施而丧失了对两块名表的优先受偿权

D. 法院可以不经某小额贷款公司同意对其保管的两块名表采取保全措施

答案:ABC

第一百零四条　【解除保全】财产纠纷案件,被申请人提供担保的,人民法院应当裁定解除保全。

◆ 相关法条
◇ 民诉解释

第一百六十五条　人民法院裁定采取保全措施后,除作出保全裁定的人民法院自行解除或者其上级人民法院决定解除外,在保全期限内,任何单位不得解除保全措施。

第一百六十六条　裁定采取保全措施后,

有下列情形之一的,人民法院应当作出解除保全裁定:

(一)保全错误的;

(二)申请人撤回保全申请的;

(三)申请人的起诉或者诉讼请求被生效裁判驳回的;

(四)人民法院认为应当解除保全的其他情形。

解除以登记方式实施的保全措施的,应当向登记机关发出协助执行通知书。

第一百六十八条 保全裁定未经人民法院依法撤销或者解除,进入执行程序后,自动转为执行中的查封、扣押、冻结措施,期限连续计算,执行法院无需重新制作裁定书,但查封、扣押、冻结期限届满的除外。

★**第一百零五条** 【保全错误的补救】申请有错误的,申请人应当赔偿被申请人因保全所遭受的损失。

◆**相关法条**

◇民诉解释

第二十七条 当事人申请诉前保全后没有在法定期间起诉或者申请仲裁,给被申请人、利害关系人造成损失引起的诉讼,由采取保全措施的人民法院管辖。

当事人申请诉前保全后在法定期间内起诉或者申请仲裁,被申请人、利害关系人因保全受到损失提起的诉讼,由受理起诉的人民法院或者采取保全措施的人民法院管辖。

◆**要点精解**

掌握财产保全错误的赔偿责任:(1)法院依职权主动作出的,国家负赔偿责任(《国家赔偿法》第38条);(2)当事人申请错误的,申请人负赔偿责任(第105条)。

★**第一百零六条** 【先予执行的范围】人民法院对下列案件,根据当事人的申请,可以裁定先予执行:

(一)追索赡养费、扶养费、抚育费、抚恤金、医疗费用的;

(二)追索劳动报酬的;

(三)因情况紧急需要先予执行的。

◆**相关法条**

◇民诉解释

第一百六十九条 民事诉讼法规定的先予执行,人民法院应当在受理案件后终审判决作出前采取。先予执行应当限于当事人诉讼请求的范围,并以当事人的生活、生产经营的急需为限。

第一百七十条 民事诉讼法第一百零六条第三项规定的情况紧急,包括:

(一)需要立即停止侵害、排除妨碍的;

(二)需要立即制止某项行为的;

(三)追索恢复生产、经营急需的保险理赔费的;

(四)需要立即返还社会保险金、社会救助资金的;

(五)不立即返还款项,将严重影响权利人生活和生产经营的。

◆**要点精解**

先予执行的适用条件:(1)当事人之间权利义务关系明确,不先予执行将严重影响申请人的生活或者生产经营的;(2)被申请人有履行能力。

★**第一百零七条** 【先予执行的条件和错误补救】人民法院裁定先予执行的,应当符合下列条件:

(一)当事人之间权利义务关系明确,不先予执行将严重影响申请人的生活或者生产经营的;

(二)被申请人有履行能力。

人民法院可以责令申请人提供担保,申请人不提供担保的,驳回申请。申请人败诉的,应当赔偿被申请人因先予执行遭受的财产损失。

◆**相关法条**

◇民诉解释

第一百七十三条 人民法院先予执行后,

根据发生法律效力的判决,申请人应当返还因先予执行所取得的利益的,适用民事诉讼法第二百三十三条的规定。

★第一百零八条 【对保全和先予执行裁定的复议】当事人对保全或者先予执行的裁定不服的,可以申请复议一次。复议期间不停止裁定的执行。

◆相关法条
◇民诉解释

第一百七十一条 当事人对保全或者先予执行裁定不服的,可以自收到裁定书之日起五日内向作出裁定的人民法院申请复议。人民法院应当在收到复议申请后十日内审查。裁定正确的,驳回当事人的申请;裁定不当的,变更或者撤销原裁定。

第一百七十二条 利害关系人对保全或者先予执行的裁定不服申请复议的,由作出裁定的人民法院依照民事诉讼法第一百零八条规定处理。

第十章 对妨害民事诉讼的强制措施

★第一百零九条 【拘传】人民法院对必须到庭的被告,经两次传票传唤,无正当理由拒不到庭的,可以拘传。

◆相关法条
◇民诉解释

第一百七十四条 民事诉讼法第一百零九条规定的必须到庭的被告,是指负有赡养、抚育、扶养义务和不到庭就无法查清案情的被告。

人民法院对必须到庭才能查清案件基本事实的原告,经两次传票传唤,无正当理由拒不到庭的,可以拘传。

第一百七十五条 拘传必须用拘传票,并直接送达被拘传人;在拘传前,应当向被拘传人说明拒不到庭的后果,经批评教育仍拒不到庭的,可以拘传其到庭。

第四百八十四条 对必须接受调查询问的被执行人、被执行人的法定代表人、负责人或者实际控制人,经依法传唤无正当理由拒不到场的,人民法院可以拘传其到场。

人民法院应当及时对被拘传人进行调查询问,调查询问的时间不得超过八小时;情况复杂,依法可能采取拘留措施的,调查询问的时间不得超过二十四小时。

人民法院在本辖区以外采取拘传措施时,可以将被拘传人拘传到当地人民法院,当地人民法院应予协助。

第四百八十五条 人民法院有权查询被执行人的身份信息与财产信息,掌握相关信息的单位和个人必须按照协助执行通知书办理。

第一百一十条 【强制措施的运用情形之一】诉讼参与人和其他人应当遵守法庭规则。

人民法院对违反法庭规则的人,可以予以训诫,责令退出法庭或者予以罚款、拘留。

人民法院对哄闹、冲击法庭,侮辱、诽谤、威胁、殴打审判人员,严重扰乱法庭秩序的人,依法追究刑事责任;情节较轻的,予以罚款、拘留。

◆相关法条
◇民诉解释

第一百七十七条 训诫、责令退出法庭由合议庭或者独任审判员决定。训诫的内容、被责令退出法庭者的违法事实应当记入庭审笔录。

第一百七十六条 诉讼参与人或者其他人有下列行为之一的,人民法院可以适用民事诉讼法第一百一十条规定处理:

(一)未经准许进行录音、录像、摄影的;

(二)未经准许以移动通信等方式现场传播审判活动的;

(三)其他扰乱法庭秩序,妨害审判活动进行的。

有前款规定情形的,人民法院可以暂扣诉讼参与人或者其他人进行录音、录像、摄影、传播审判活动的器材,并责令其删除有关内容;拒不删除的,人民法院可以采取必要手段强制删除。

第一百一十一条 【强制措施的运用情形之二】诉讼参与人或者其他人有下列行为之一的,人民法院可以根据情节轻重予以罚款、拘留;构成犯罪的,依法追究刑事责任:

(一)伪造、毁灭重要证据,妨碍人民法院审理案件的;

(二)以暴力、威胁、贿买方法阻止证人作证或者指使、贿买、胁迫他人作伪证的;

(三)隐藏、转移、变卖、毁损已被查封、扣押的财产,或者已被清点并责令其保管的财产,转移已被冻结的财产的;

(四)对司法工作人员、诉讼参加人、证人、翻译人员、鉴定人、勘验人、协助执行的人,进行侮辱、诽谤、诬陷、殴打或者打击报复的;

(五)以暴力、威胁或者其他方法阻碍司法工作人员执行职务的;

(六)拒不履行人民法院已经发生法律效力的判决、裁定的。

人民法院对有前款规定的行为之一的单位,可以对其主要负责人或者直接责任人员予以罚款、拘留;构成犯罪的,依法追究刑事责任。

◆相关法条
◇民诉解释

第一百八十七条 民事诉讼法第一百一十一条第一款第五项规定的以暴力、威胁或者其他方法阻碍司法工作人员执行职务的行为,包括:

(一)在人民法院哄闹、滞留,不听从司法工作人员劝阻的;

(二)故意毁损、抢夺人民法院法律文书、查封标志的;

(三)哄闹、冲击执行公务现场,围困、扣押执行或者协助执行公务人员的;

(四)毁损、抢夺、扣留案件材料、执行公务车辆、其他执行公务器械、执行公务人员服装和执行公务证件的;

(五)以暴力、威胁或者其他方法阻碍司法工作人员查询、查封、扣押、冻结、划拨、拍卖、变卖财产的;

(六)以暴力、威胁或者其他方法阻碍司法工作人员执行职务的其他行为。

第一百八十八条 民事诉讼法第一百一十一条第一款第六项规定的拒不履行人民法院已经发生法律效力的判决、裁定的行为,包括:

(一)在法律文书发生法律效力后隐藏、转移、变卖、毁损财产或者无偿转让财产,以明显不合理的价格交易财产,放弃到期债权、无偿为他人提供担保等,致使人民法院无法执行的;

(二)隐藏、转移、毁损或者未经人民法院允许处分已向人民法院提供担保的财产的;

(三)违反人民法院限制高消费令进行消费的;

(四)有履行能力而拒不按照人民法院执行通知履行生效法律文书确定的义务的;

(五)有义务协助执行的个人接到人民法院协助执行通知书后,拒不协助执行的。

第一百八十九条 诉讼参与人或者其他人有下列行为之一的,人民法院可以适用民事诉讼法第一百一十一条的规定处理:

(一)冒充他人提起诉讼或者参加诉讼的;

(二)证人签署保证书后作虚假证言,妨碍人民法院审理案件的;

(三)伪造、隐藏、毁灭或者拒绝交出有关被执行人履行能力的重要证据,妨碍人民法院查明被执行人财产状况的;

(四)擅自解冻已被人民法院冻结的财产的;

(五)接到人民法院协助执行通知书后,给当事人通风报信,协助其转移、隐匿财产的。

第五百零五条 被执行人不履行法律文书指定的行为,且该项行为只能由被执行人完成的,人民法院可以依照民事诉讼法第一百一十一条第一款第六项规定处理。

被执行人在人民法院确定的履行期间内仍不履行的,人民法院可以依照民事诉讼法第一百一十一条第一款第六项规定再次处理。

第五百二十一条 在执行终结六个月内,

被执行人或者其他人对已执行的标的有妨害行为的,人民法院可以依申请排除妨害,并可以依照民事诉讼法第一百一十一条规定进行处罚。因妨害行为给执行债权人或者其他人造成损失的,受害人可以另行起诉。

第一百一十二条 【强制措施的运用情形之三:虚假诉讼】当事人之间恶意串通,企图通过诉讼、调解等方式侵害他人合法权益的,人民法院应当驳回其请求,并根据情节轻重予以罚款、拘留;构成犯罪的,依法追究刑事责任。

◆ **相关法条**
◇ **民诉解释**

第一百四十四条 人民法院审理民事案件,发现当事人之间恶意串通,企图通过和解、调解方式侵害他人合法权益的,应当依照民事诉讼法第一百一十二条的规定处理。

第一百九十条 民事诉讼法第一百一十二条规定的他人合法权益,包括案外人的合法权益、国家利益、社会公共利益。

第三人根据民事诉讼法第五十六条第三款规定提起撤销之诉,经审查,原案当事人之间恶意串通进行虚假诉讼的,适用民事诉讼法第一百一十二条规定处理。

第一百九十一条 单位有民事诉讼法第一百一十二条或者第一百一十三条规定行为的,人民法院应当对该单位进行罚款,并可以对其主要负责人或者直接责任人员予以罚款、拘留;构成犯罪的,依法追究刑事责任。

◇ **民间借贷案件规定**

第十九条 人民法院审理民间借贷纠纷案件时发现有下列情形,应当严格审查借贷发生的原因、时间、地点、款项来源、交付方式、款项流向以及借贷双方的关系、经济状况等事实,综合判断是否属于虚假民事诉讼:

（一）出借人明显不具备出借能力;
（二）出借人起诉所依据的事实和理由明显不符合常理;
（三）出借人不能提交债权凭证或者提交的债权凭证存在伪造的可能;
（四）当事人双方在一定期间内多次参加民间借贷诉讼;
（五）当事人一方或者双方无正当理由拒不到庭参加诉讼,委托代理人对借贷事实陈述不清或者陈述前后矛盾;
（六）当事人双方对借贷事实的发生没有任何争议或者诉辩明显不符合常理;
（七）借款人的配偶或合伙人、案外人的其他债权人提出有事实依据的异议;
（八）当事人在其他纠纷中存在低价转让财产的情形;
（九）当事人不正当放弃权利;
（十）其他可能存在虚假民间借贷诉讼的情形。

第二十条 经查明属于虚假民间借贷诉讼,原告申请撤诉的,人民法院不予准许,并应当根据民事诉讼法第一百一十二条之规定,判决驳回其请求。

诉讼参与人或者其他人恶意制造、参与虚假诉讼,人民法院应当依照民事诉讼法第一百一十一条、第一百一十二条和第一百一十三条之规定,依法予以罚款、拘留;构成犯罪的,应当移送有管辖权的司法机关追究刑事责任。

单位恶意制造、参与虚假诉讼的,人民法院应当对该单位进行罚款,并可以对其主要负责人或者直接责任人员予以罚款、拘留;构成犯罪的,应当移送有管辖权的司法机关追究刑事责任。

第一百一十三条 【强制措施的运用情形之四:逃避执行】被执行人与他人恶意串通,通过诉讼、仲裁、调解等方式逃避履行法律文书确定的义务的,人民法院应当根据情节轻重予以罚款、拘留;构成犯罪的,依法追究刑事责任。

◆ **相关法条**
◇ **民诉解释**

第一百九十一条 单位有民事诉讼法第一百一十二条或者第一百一十三条规定行为的,人民法院应当对该单位进行罚款,并可以对其主要负责人或者直接责任人员予以罚款、拘留；构成犯罪的，依法追究刑事责任。

第一百一十四条　【强制措施的运用情形之五】有义务协助调查、执行的单位有下列行为之一的，人民法院除责令其履行协助义务外，并可以予以罚款：

（一）有关单位拒绝或者妨碍人民法院调查取证的；

（二）有关单位接到人民法院协助执行通知书后，拒不协助查询、扣押、冻结、划拨、变价财产的；

（三）有关单位接到人民法院协助执行通知书后，拒不协助扣留被执行人的收入、办理有关财产权证照转移手续、转交有关票证、证照或者其他财产的；

（四）其他拒绝协助执行的。

人民法院对有前款规定的行为之一的单位，可以对其主要负责人或者直接责任人员予以罚款；对仍不履行协助义务的，可以予以拘留；并可以向监察机关或者有关机关提出予以纪律处分的司法建议。

◆ 相关法条
◇ 民诉解释

第一百九十二条　有关单位接到人民法院协助执行通知书后，有下列行为之一的，人民法院可以适用民事诉讼法第一百一十四条规定处理：

（一）允许被执行人高消费的；

（二）允许被执行人出境的；

（三）拒不停止办理有关财产权证照转移手续、权属变更登记、规划审批等手续的；

（四）以需要内部请示、内部审批，有内部规定等为由拖延办理的。

◆ 要点精解

本条是对单位及其主要负责人或者直接责任人员不协助调查、执行的强制措施的规定。注意本条第1款第(2)项较之前有所修改。

第一百一十五条　【罚款、拘留】对个人的罚款金额，为人民币十万元以下。对单位的罚款金额，为人民币五万元以上一百万元以下。

拘留的期限，为十五日以下。

被拘留的人，由人民法院交公安机关看管。在拘留期间，被拘留人承认并改正错误的，人民法院可以决定提前解除拘留。

◆ 相关法条
◇ 民诉解释

第一百七十八条　人民法院依照民事诉讼法第一百一十条至第一百一十四条的规定采取拘留措施的，应经院长批准，作出拘留决定书，由司法警察将被拘留人送交当地公安机关看管。

第一百七十九条　被拘留人不在本辖区的，作出拘留决定的人民法院应当派员到被拘留人所在地的人民法院，请该院协助执行，受委托的人民法院应当及时派员协助执行。被拘留人申请复议或者在拘留期间承认并改正错误，需要提前解除拘留的，受委托人民法院应当向委托人民法院转达或者提出建议，由委托人民法院审查决定。

第一百八十条　人民法院对被拘留人采取拘留措施后，应当在二十四小时内通知其家属；确实无法按时通知或者通知不到的，应当记录在案。

第一百八十一条　因哄闹、冲击法庭，用暴力、威胁等方法抗拒执行公务等紧急情况，必须立即采取拘留措施的，可在拘留后，立即报告院长补办批准手续。院长认为拘留不当的，应当解除拘留。

第一百八十二条　被拘留人在拘留期间认错悔改的，可以责令其具结悔过，提前解除拘留。提前解除拘留，应报经院长批准，并作出提前解除拘留决定书，交负责看管的公安机关执行。

第一百八十三条　民事诉讼法第一百一十条至第一百一十三条规定的罚款、拘留可以单独适用，也可以合并适用。

第一百八十四条　对同一妨害民事诉讼行为的罚款、拘留不得连续适用。发生新的妨害民事诉讼行为的,人民法院可以重新予以罚款、拘留。

第一百九十三条 人民法院对个人或者单位采取罚款措施时,应当根据其实施妨害民事诉讼行为的性质、情节、后果,当地的经济发展水平,以及诉讼标的额等因素,在民事诉讼法第一百一十五条第一款规定的限额内确定相应的罚款金额。

◆要点精解

为了保证诉讼活动的顺利进行,树立司法权威,罚款数额比修法前有所提高:对个人的罚款金额,为人民币10万元以下;对单位的罚款金额,为人民币5万元以上100万元以下。

★**第一百一十六条**【强制措施的批准与救济】拘传、罚款、拘留必须经院长批准。

拘传应当发拘传票。

罚款、拘留应当用决定书。对决定不服的,可以向上一级人民法院申请复议一次。复议期间不停止执行。

◆相关法条
◇民诉解释

第一百八十五条 被罚款、拘留的人不服罚款、拘留决定申请复议的,应当自收到决定书之日起三日内提出。上级人民法院应当在收到复议申请后五日内作出决定,并将复议结果通知下级人民法院和当事人。

第一百八十六条 上级人民法院复议时认为强制措施不当的,应当制作决定书,撤销或者变更下级人民法院作出的拘留、罚款决定。情况紧急的,可以在口头通知后三日内发出决定书。

◇审限规定

第二条第七款 对罚款、拘留民事决定不服申请复议的,审理期限为五日。

第一百一十七条【强制措施的决定】采取对妨害民事诉讼的强制措施必须由人民法院决定。任何单位和个人采取非法拘禁他人或者非法私自扣押他人财产追索债务的,应当

依法追究刑事责任,或者予以拘留、罚款。

第十一章 诉讼费用

第一百一十八条【诉讼费用】当事人进行民事诉讼,应当按照规定交纳案件受理费。财产案件除交纳案件受理费外,并按照规定交纳其他诉讼费用。

当事人交纳诉讼费用确有困难的,可以按照规定向人民法院申请缓交、减交或者免交。

收取诉讼费用的办法另行制定。

◆相关法条
◇民诉解释

第二百一十三条 原告应当预交而未预交案件受理费,人民法院应当通知其预交,通知后仍不预交或者申请减、缓、免未获批准而仍不预交的,裁定按撤诉处理。

第一百九十四条 依照民事诉讼法第五十四条审理的案件不预交案件受理费,结案后按照诉讼标的额由败诉方交纳。

第一百九十五条 支付令失效后转入诉讼程序的,债权人应当按照《诉讼费用交纳办法》补交案件受理费。

支付令被撤销后,债权人另行起诉的,按照《诉讼费用交纳办法》交纳诉讼费用。

第一百九十六条 人民法院改变原判决、裁定、调解结果的,应当在裁判文书中对原审诉讼费用的负担一并作出处理。

第一百九十七条 诉讼标的物是证券的,按照证券交易规则并根据当事人起诉之日前最后一个交易日的收盘价、当日的市场价或者其载明的金额计算诉讼标的的金额。

第一百九十八条 诉讼标的物是房屋、土地、林木、车辆、船舶、文物等特定物或者知识产权,起诉时价值难以确定的,人民法院应当向原告释明主张过高或者过低的诉讼风险,以原告主张的价值确定诉讼标的的金额。

第一百九十九条 适用简易程序审理的案件转为普通程序的,原告自接到人民法院交

纳诉讼费用通知之日起七日内补交案件受理费。

原告无正当理由未按期足额补交的，按撤诉处理，已经收取的诉讼费用退还一半。

第二百条 破产程序中有关债务人的民事诉讼案件，按照财产案件标准交纳诉讼费，但劳动争议案件除外。

第二百零一条 既有财产性诉讼请求，又有非财产性诉讼请求的，按照财产性诉讼请求的标准交纳诉讼费。

有多个财产性诉讼请求的，合并计算交纳诉讼费；诉讼请求中有多个非财产性诉讼请求的，按一件交纳诉讼费。

第二百零二条 原告、被告、第三人分别上诉的，按照上诉请求分别预交二审案件受理费。

同一方多人共同上诉的，只预交一份二审案件受理费；分别上诉的，按照上诉请求分别预交二审案件受理费。

第二百零三条 承担连带责任的当事人败诉的，应当共同负担诉讼费用。

第二百零四条 实现担保物权案件，人民法院裁定拍卖、变卖担保财产的，申请费由债务人、担保人负担；人民法院裁定驳回申请的，申请费由申请人负担。

申请人另行起诉的，其已经交纳的申请费可以从案件受理费中扣除。

第二百零五条 拍卖、变卖担保财产的裁定作出后，人民法院强制执行的，按照执行金额收取执行申请费。

第二百零六条 人民法院决定减半收取案件受理费的，只能减半一次。

第二百零七条 判决生效后，胜诉方预交但不应负担的诉讼费用，人民法院应当退还，由败诉方向人民法院交纳，但胜诉方自愿承担或者同意败诉方直接向其支付的除外。

当事人拒不交纳诉讼费用的，人民法院可以强制执行。

第二编 审判程序

第十二章 第一审普通程序

第一节 起诉和受理

★**第一百一十九条** 【起诉的实质要件】起诉必须符合下列条件：

（一）原告是与本案有直接利害关系的公民、法人和其他组织；

（二）有明确的被告；

（三）有具体的诉讼请求和事实、理由；

（四）属于人民法院受理民事诉讼的范围和受诉人民法院管辖。

◆**相关法条**
◇民诉解释

第二百零八条 人民法院接到当事人提交的民事起诉状时，对符合民事诉讼法第一百一十九条的规定，且不属于第一百二十四条规定情形的，应当登记立案；对当场不能判定是否符合起诉条件的，应当接收起诉材料，并出具注明收到日期的书面凭证。

需要补充必要相关材料的，人民法院应当及时告知当事人。在补齐相关材料后，应当在七日内决定是否立案。

立案后发现不符合起诉条件或者属于民事诉讼法第一百二十四条规定情形的，裁定驳回起诉。

第二百零九条 原告提供被告的姓名或者名称、住所等信息具体明确，足以使被告与他人相区别的，可以认定为有明确的被告。

起诉状列写被告信息不足以认定明确的被告的，人民法院可以告知原告补正。原告补正后仍不能确定明确的被告的，人民法院裁定不予受理。

第六十一条 当事人之间的纠纷经人民调解委员会调解达成协议后，一方当事人不履行调解协议，另一方当事人向人民法院提起诉讼的,应以对方当事人为被告。

第三百四十四条 失踪人的财产代管人经人民法院指定后,代管人申请变更代管的,比照民事诉讼法特别程序的有关规定进行审理。申请理由成立的,裁定撤销申请人的代管人身份,同时另行指定财产代管人;申请理由不成立的,裁定驳回申请。

失踪人的其他利害关系人申请变更代管的,人民法院应当告知其以原指定的代管人为被告起诉,并按普通程序进行审理。

第三百四十九条 在诉讼中,当事人的利害关系人提出该当事人患有精神病,要求宣告该当事人无民事行为能力或者限制民事行为能力的,应由利害关系人向人民法院提出申请,由受诉人民法院按照特别程序立案审理,原诉讼中止。

第三百五十条 认定财产无主案件,公告期间有人对财产提出请求的,人民法院应当裁定终结特别程序,告知申请人另行起诉,适用普通程序审理。

第四百五十三条 判决公告之日起,公示催告申请人有权依据判决向付款人请求付款。

付款人拒绝付款,申请人向人民法院起诉,符合民事诉讼法第一百一十九条规定的起诉条件的,人民法院应予受理。

第四百五十九条 依照民事诉讼法第二百二十三条的规定(利害关系人因正当理由不能在判决前向人民法院申报的,自知道或者应当知道判决公告之日起一年内,可以向作出判决的人民法院起诉。),利害关系人向人民法院起诉的,人民法院可按票据纠纷适用普通程序审理。

第四百九十四条 执行标的物为特定物的,应当执行原物。原物确已毁损或者灭失的,经双方当事人同意,可以折价赔偿。

双方当事人对折价赔偿不能协商一致的,人民法院应当终结执行程序。申请执行人可以另行起诉。

第五百二十一条 在执行终结六个月内,被执行人或者其他人对已执行的标的有妨害行为的,人民法院可以依申请排除妨害,并可以依照民事诉讼法第一百一十一条规定进行处罚。因妨害行为给执行债权人或者其他人造成损失的,受害人可以另行起诉。

第五百四十四条 当事人向中华人民共和国有管辖权的中级人民法院申请承认和执行外国法院作出的发生法律效力的判决、裁定的,如果该法院所在国与中华人民共和国没有缔结或者共同参加国际条约,也没有互惠关系的,裁定驳回申请。但当事人向人民法院申请承认外国法院作出的发生法律效力的离婚判决的除外。

承认和执行申请被裁定驳回的,当事人可以向人民法院起诉。

◇民间借贷案件规定

第二条 出借人向人民法院起诉时,应当提供借据、收据、欠条等债权凭证以及其他能够证明借贷法律关系存在的证据。

当事人持有的借据、收据、欠条等债权凭证没有载明债权人,持有债权凭证的当事人提起民间借贷诉讼的,人民法院应予受理。被告对原告的债权人资格提出有事实依据的抗辩,人民法院经审理认为原告不具有债权人资格的,裁定驳回起诉。

第二十四条第一款 当事人以签订买卖合同作为民间借贷合同的担保,借款到期后借款人不能还款,出借人请求履行买卖合同的,人民法院应当按照民间借贷法律关系审理,并向当事人释明变更诉讼请求。当事人拒绝变更的,人民法院裁定驳回起诉。

◇公证法

第四十条 当事人、公证事项的利害关系人对公证书的内容有争议的,可以就该争议向人民法院提起民事诉讼。

第四十三条 公证机构及其公证员因过错给当事人、公证事项的利害关系人造成损失的,由公证机构承担相应的赔偿责任;公证机构赔偿后,可以向有故意或者重大过失的公证员追偿。

当事人、公证事项的利害关系人与公证机

构因赔偿发生争议的,可以向人民法院提起民事诉讼。

◇立案登记规定

第一条 人民法院对依法应该受理的一审民事起诉、行政起诉和刑事自诉,实行立案登记制。

第二条 对起诉、自诉,人民法院应当一律接收诉状,出具书面凭证并注明收到日期。

对符合法律规定的起诉、自诉,人民法院应当当场予以登记立案。

对不符合法律规定的起诉、自诉,人民法院应当予以释明。

第三条 人民法院应当提供诉状样本,为当事人书写诉状提供示范和指引。

当事人书写诉状确有困难的,可以口头提出,由人民法院记入笔录。符合法律规定的,予以登记立案。

第四条 民事起诉状应当记明以下事项:

(一)原告的姓名、性别、年龄、民族、职业、工作单位、住所、联系方式,法人或者其他组织的名称、住所和法定代表人或者主要负责人的姓名、职务、联系方式;

(二)被告的姓名、性别、工作单位、住所等信息,法人或者其他组织的名称、住所等信息;

(三)诉讼请求和所根据的事实与理由;

(四)证据和证据来源;

(五)有证人的,载明证人姓名和住所。

行政起诉状参照民事起诉状书写。

第五条 刑事自诉状应当记明以下事项:

(一)自诉人或者代为告诉人、被告人的姓名、性别、年龄、民族、文化程度、职业、工作单位、住址、联系方式;

(二)被告人实施犯罪的时间、地点、手段、情节和危害后果等;

(三)具体的诉讼请求;

(四)致送的人民法院和具状时间;

(五)证据的名称、来源等;

(六)有证人的,载明证人的姓名、住所、联系方式等。

第六条 当事人提出起诉、自诉的,应当提交以下材料:

(一)起诉人、自诉人是自然人的,提交身份证明复印件;起诉人、自诉人是法人或者其他组织的,提交营业执照或者组织机构代码证复印件、法定代表人或者主要负责人身份证明书;法人或者其他组织不能提供组织机构代码的,应当提供组织机构被注销的情况说明;

(二)委托起诉或者代为告诉的,应当提交授权委托书、代理人身份证明、代为告诉人身份证明等相关材料;

(三)具体明确的足以使被告或者被告人与他人相区别的姓名或者名称、住所等信息;

(四)起诉状原本和与被告或者被告人及其他当事人人数相符的副本;

(五)与诉请相关的证据或者证明材料。

第七条 当事人提交的诉状和材料不符合要求的,人民法院应当一次性书面告知在指定期限内补正。

当事人在指定期限内补正的,人民法院决定是否立案的期间,自收到补正材料之日起计算。

当事人在指定期限内没有补正的,退回诉状并记录在册;坚持起诉、自诉的,裁定或者决定不予受理、不予立案。

经补正仍不符合要求的,裁定或者决定不予受理、不予立案。

第八条 对当事人提出的起诉、自诉,人民法院当场不能判定是否符合法律规定的,应当作出以下处理:

(一)对民事、行政起诉,应当在收到起诉状之日起七日内决定是否立案;

(二)对刑事自诉,应当在收到自诉状次日起十五日内决定是否立案;

(三)对第三人撤销之诉,应当在收到起诉状之日起三十日内决定是否立案;

(四)对执行异议之诉,应当在收到起诉状之日起十五日内决定是否立案。

人民法院在法定期间内不能判定起诉、自诉是否符合法律规定的,应当先行立案。

第九条 人民法院对起诉、自诉不予受理

或者不予立案的,应当出具书面裁定或者决定,并载明理由。

第十条 人民法院对下列起诉、自诉不予登记立案:
(一)违法起诉或者不符合法律规定的;
(二)涉及危害国家主权和领土完整的;
(三)危害国家安全的;
(四)破坏国家统一和民族团结的;
(五)破坏国家宗教政策的;
(六)所诉事项不属于人民法院主管的。

第十一条 登记立案后,当事人未在法定期限内交纳诉讼费的,按撤诉处理,但符合法律规定的缓、减、免交诉讼费条件的除外。

第十二条 登记立案后,人民法院立案庭应当及时将案件移送审判庭审理。

第十三条 对立案工作中存在的不接收诉状、接收诉状后不出具书面凭证,不一次性告知当事人补正诉状内容,以及有案不立、拖延立案、干扰立案、既不立案又不作出裁定或者决定等违法违纪情形,当事人可以向受诉人民法院或者上级人民法院投诉。

人民法院应当在受理投诉之日起十五日内,查明事实,并将情况反馈当事人。发现违法违纪行为的,依法依纪追究相关人员责任;构成犯罪的,依法追究刑事责任。

第十四条 为方便当事人行使诉权,人民法院提供网上立案、预约立案、巡回立案等诉讼服务。

第十五条 人民法院推动多元化纠纷解决机制建设,尊重当事人选择人民调解、行政调解、行业调解、仲裁等多种方式维护权益,化解纠纷。

第十六条 人民法院依法维护登记立案秩序,推进诉讼诚信建设。对干扰立案秩序、虚假诉讼的,根据民事诉讼法、行政诉讼法有关规定予以罚款、拘留;构成犯罪的,依法追究刑事责任。

第十七条 本规定的"起诉",是指当事人提起民事、行政诉讼;"自诉",是指当事人提起刑事自诉。

第十八条 强制执行和国家赔偿申请登记立案工作,按照本规定执行。

上诉、申请再审、刑事申诉、执行复议和国家赔偿申诉案件立案工作,不适用本规定。

第十九条 人民法庭登记立案工作,按照本规定执行。

第二十条 本规定自2015年5月1日起施行。以前有关立案的规定与本规定不一致的,按照本规定执行。

◆ 司考真题
◇2015年卷3第48题(单项)
张丽因与王旭感情不和,长期分居,向法院起诉要求离婚。法院向王旭送达应诉通知书,发现王旭已于张丽起诉前因意外事故死亡。关于本案,法院应作出下列哪一裁判?
A. 诉讼终结的裁定
B. 驳回起诉的裁定
C. 不予受理的裁定
D. 驳回诉讼请求的判决
答案:B

第一百二十条 【起诉的形式要件】起诉应当向人民法院递交起诉状,并按照被告人数提出副本。

书写起诉状确有困难的,可以口头起诉,由人民法院记入笔录,并告知对方当事人。

第一百二十一条 【起诉状】起诉状应当记明下列事项:
(一)原告的姓名、性别、年龄、民族、职业、工作单位、住所、联系方式,法人或者其他组织的名称、住所和法定代表人或者主要负责人的姓名、职务、联系方式;
(二)被告的姓名、性别、工作单位、住所等信息,法人或者其他组织的名称、住所等信息;
(三)诉讼请求和所根据的事实与理由;
(四)证据和证据来源,证人姓名和住所。

◆ 相关法条
◇民诉解释
第二百零九条 原告提供被告的姓名或

者名称、住所等信息具体明确，足以使被告与他人相区别的，可以认定为有明确的被告。

起诉状列写被告信息不足以认定明确的被告的，人民法院可以告知原告补正。原告补正后仍不能确定明确的被告的，人民法院裁定不予受理。

第二百一十条　原告在起诉状中有谩骂和人身攻击之辞的，人民法院应当告知其修改后提起诉讼。

第二百二十二条　原告在起诉状中直接列写第三人的，视为其申请人民法院追加该第三人参加诉讼。是否通知第三人参加诉讼，由人民法院审查决定。

第一百二十二条　【先行调解】当事人起诉到人民法院的民事纠纷，适宜调解的，先行调解，但当事人拒绝调解的除外。

第一百二十三条　【起诉的审查期限】人民法院应当保障当事人依照法律规定享有的起诉权利。对符合本法第一百一十九条的起诉，必须受理。符合起诉条件的，应当在七日内立案，并通知当事人；不符合起诉条件的，应当在七日内作出裁定书，不予受理；原告对裁定不服的，可以提起上诉。

★第一百二十四条　【起诉审查的特殊情形】人民法院对下列起诉，分别情形，予以处理：

（一）依照行政诉讼法的规定，属于行政诉讼受案范围的，告知原告提起行政诉讼；

（二）依照法律规定，双方当事人达成书面仲裁协议申请仲裁、不得向人民法院起诉的，告知原告向仲裁机构申请仲裁；

（三）依照法律规定，应当由其他机关处理的争议，告知原告向有关机关申请解决；

（四）对不属于本院管辖的案件，告知原告向有管辖权的人民法院起诉；

（五）对判决、裁定、调解书已经发生法律效力的案件，当事人又起诉的，告知原告申请再审，但人民法院准许撤诉的裁定除外；

（六）依照法律规定，在一定期限内不得起诉的案件，在不得起诉的期限内起诉的，不予受理；

（七）判决不准离婚和调解和好的离婚案件，判决、调解维持收养关系的案件，没有新情况、新理由，原告在六个月内又起诉的，不予受理。

◆**相关法条**
◇**民诉解释**

第二百一十一条　对本院没有管辖权的案件，告知原告向有管辖权的人民法院起诉；原告坚持起诉的，裁定不予受理；立案后发现本院没有管辖权的，应当将案件移送有管辖权的人民法院。

第二百一十二条　裁定不予受理、驳回起诉的案件，原告再次起诉，符合起诉条件且不属于民事诉讼法第一百二十四条规定情形的，人民法院应予受理。

第二百一十三条　原告应当预交而未预交案件受理费，人民法院应当通知其预交，通知后仍不预交或者申请减、缓、免未获批准而仍不预交的，裁定按撤诉处理。

第二百一十四条　原告撤诉或者人民法院按撤诉处理后，原告以同一诉讼请求再次起诉的，人民法院应予受理。

原告撤诉或者按撤诉处理的离婚案件，没有新情况、新理由，六个月内又起诉的，比照民事诉讼法第一百二十四条第七项的规定不予受理。

第二百一十五条　依照民事诉讼法第一百二十四条第二项的规定，当事人在书面合同中订有仲裁条款，或者在发生纠纷后达成书面仲裁协议，一方向人民法院起诉的，人民法院应当告知原告向仲裁机构申请仲裁，其坚持起诉的，裁定不予受理，但仲裁条款或者仲裁协议不成立、无效、失效、内容不明确无法执行的除外。

第二百一十六条　在人民法院首次开庭前，被告以有书面仲裁协议为由对受理民事案件提出异议的，人民法院应当进行审查。

经审查符合下列情形之一的,人民法院应当裁定驳回起诉:

(一)仲裁机构或者人民法院已经确认仲裁协议有效的;

(二)当事人没有在仲裁庭首次开庭前对仲裁协议的效力提出异议的;

(三)仲裁协议符合仲裁法第十六条规定且不具有仲裁法第十七条规定情形的。

第二百一十七条 夫妻一方下落不明,另一方诉至人民法院,只要求离婚,不申请宣告下落不明人失踪或者死亡的案件,人民法院应当受理,对下落不明人公告送达诉讼文书。

第二百一十八条 赡养费、扶养费、抚育费案件,裁判发生法律效力后,因新情况、新理由,一方当事人再行起诉要求增加或者减少费用的,人民法院应作为新案受理。

第二百一十九条 当事人超过诉讼时效期间起诉的,人民法院应予受理。受理后对方当事人提出诉讼时效抗辩,人民法院经审理认为抗辩事由成立的,判决驳回原告的诉讼请求。

第二百四十七条 当事人就已经提起诉讼的事项在诉讼过程中或者裁判生效后再次起诉,同时符合下列条件的,构成重复起诉:

(一)后诉与前诉的当事人相同;

(二)后诉与前诉的诉讼标的相同;

(三)后诉与前诉的诉讼请求相同,或者后诉的诉讼请求实质上否定前诉裁判结果。

当事人重复起诉的,裁定不予受理;已经受理的,裁定驳回起诉,但法律、司法解释另有规定的除外。

第二百四十八条 裁判发生法律效力后,发生新的事实,当事人再次提起诉讼的,人民法院应当依法受理。

◇ **案号规定**

第一条 本规定所称的案号是指用于区分各级法院办理案件的类型和次序的简要标识,由中文汉字、阿拉伯数字及括号组成。

第二条 案号的基本要素为收案年度、法院代字、类型代字、案件编号。

收案年度是收案的公历自然年,用阿拉伯数字表示。

法院代字是案件承办法院的简化标识,用中文汉字、阿拉伯数字表示。

类型代字是案件类型的简称,用中文汉字表示。

案件编号是收案的次序号,用阿拉伯数字表示。

第三条 案号各基本要素的编排规格为:"("+收案年度+")"+法院代字+类型代字+案件编号+"号"。

每个案件编定的案号均应具有唯一性。

第四条 最高人民法院的法院代字为"最高法"。

各省、自治区、直辖市高级人民法院的法院代字与其所在省、自治区、直辖市行政区划简称一致,但第三款规定情形除外。

内蒙古自治区高级人民法院、中国人民解放军军事法院、新疆维吾尔自治区高级人民法院生产建设兵团分院的法院代字分别为"内""军""兵"。

第五条 中级、基层法院的法院代字,分别由所属高院的法院代字与其数字代码组合而成。

中级、基层法院的数字代码,分别由两位、四位阿拉伯数字表示,并按下列规则确定:

(一)各省、自治区按地级市、地区、自治州、盟等地级行政区划设置的中级法院和按县、自治县、县级市、旗、自治旗、市辖区、林区、特区等县级行政区划设置的基层法院,数字代码分别与其相应行政区划代码(即三层六位层次码)的中间两位、后四位数字一致;

(二)直辖市、中国人民解放军军事法院、新疆维吾尔自治区高级人民法院生产建设兵团分院所辖的中级法院,数字代码均按01—20确定;

(三)省、自治区、直辖市高级人民法院所辖的铁路、海事、知识产权、油田、林业、农垦专门中级法院,各省、自治区高级人民法院所辖的跨行政区划中级法院以及为省(自治区)直辖县级行政区划人民法院对应设立的中级法院，数字代码分别按71、72、73、74、75—80、81—85、87—95以及96—99确定；

（四）中国人民解放军军事法院和新疆维吾尔自治区高级人民法院生产建设兵团分院所辖的基层法院，以及在同一高院辖区内铁路、油田、林业、农垦专门中级法院所辖的铁路、油田、林业、农垦基层法院，数字代码的前两位与其中院数字代码一致，后两位按01—40确定；

（五）均级市未设县级行政区划单位时，该市中级法院所辖基层法院的数字代码，前两位与该中院数字代码一致，后两位按71—80确定；

（六）在同一高院辖区内无铁路专门中院的铁路基层法院，其数字代码前两位为86，后两位按01—20确定；

（七）非林业、农垦专门中院所辖的林业、农垦基层法院及为非行政区划建制的开发区、新区、园区、库区、矿区等特别设立的基层法院，数字代码的前两位与其所属中院数字代码一致，后两位在91—99范围内确定。

前款第（二）项至第（七）项所列中级、基层法院，分别同属一个高院、中院的，综合设立先后、建制等因素编制数字代码顺序。

第六条 确定中级、基层法院的所属各省、自治区、直辖市高院，以人、财、物统一管理为标准。

本规定第五条第二款第（七）项所列基层法院的所属中院是指在同一高院辖区内主要承担该基层法院案件二审职权的中级法院。

第七条 确定案件的类型代字，应结合案件所涉事项的法律关系性质与适用程序的特点。

类型代字应简练、贴切反映该类型案件的核心特征，用3个以内中文汉字表示。

每一类型案件的类型代字均应具有唯一性。

第八条 案件合并审理或并用多个程序办理时，以必须先决的事项及所适用程序作为

确定类型代字的依据。

第九条 不同法院承办或同一法院承办不同类型代字的案件，其编号均应单独编制。

第十条 同一类型代字的案件编号，按照案件在同一收案年度内的收案顺序，以顺位自然数编排，但第二款规定情形除外。

刑事复核案件的编号以8位自然数为固定长度，由承办法院随机确定，且不得依序编制。

第十一条 案号的基本要素、规格及编制规则，由最高人民法院统一制定。

第十二条 各省、自治区、直辖市高级人民法院、中国人民解放军军事法院、新疆维吾尔自治区高级人民法院生产建设兵团分院及其所辖中级、基层法院的法院代字，由最高人民法院定期统一发布。

第十三条 行政区划发生变更但对应的中级、基层法院未作相应调整前，法院代字按原行政区划代码编制。

中级、基层法院因其原适用的第五条第二款所列规则情形发生变化的，法院代字按变化后情形应适用的编码规则编制。

第十四条 案件类型的具体划分及其代字，由最高人民法院另行制定标准。

第十五条 法律、行政法规的制定、修改、废止致使案件类型发生变化的，最高人民法院应及时调整案件类型及其代字标准。

最高人民法院制定、修改、废止司法解释或规范性文件将导致案件类型发生变化的，应同步调整案件类型及其代字标准。

第十六条 具体案件的案号编制，由各级法院的立案或承担相应职责的部门负责。

第十七条 本规定自2016年1月1日起施行。

最高人民法院以前涉及案号的其他规定与本规定不一致的，以本规定为准。

本规定施行前已经编制案号但尚未办结的案件，其案号不因本规定的施行而变更。

第二节 审理前的准备

第一百二十五条 【送达诉讼文书】人民

法院应当在立案之日起五日内将起诉状副本发送被告，被告应当在收到之日起十五日内提出答辩状。答辩状应当记明被告的姓名、性别、年龄、民族、职业、工作单位、住所、联系方式；法人或者其他组织的名称、住所和法定代表人或者主要负责人的姓名、职务、联系方式。人民法院应当在收到答辩状之日起五日内将答辩状副本发送原告。

被告不提出答辩状的，不影响人民法院审理。

第一百二十六条【告知权利义务】人民法院对决定受理的案件，应当在受理案件通知书和应诉通知书中向当事人告知有关的诉讼权利义务，或者口头告知。

★**第一百二十七条**【管辖权异议】人民法院受理案件后，当事人对管辖权有异议的，应当在提交答辩状期间提出。人民法院对当事人提出的异议，应当审查。异议成立的，裁定将案件移送有管辖权的人民法院；异议不成立的，裁定驳回。

当事人未提出管辖异议，并应诉答辩的，视为受诉人民法院有管辖权，但违反级别管辖和专属管辖规定的除外。

◆**相关法条**
◇民诉解释

第二百二十三条　当事人在提交答辩状期间提出管辖异议，又针对起诉状的内容进行答辩的，人民法院应当依照民事诉讼法第一百二十七条第一款的规定，对管辖异议进行审查。

当事人未提出管辖异议，就案件实体内容进行答辩、陈述或者反诉的，可以认定为民事诉讼法第一百二十七条第二款规定的应诉答辩。

第三十九条　人民法院对管辖异议审查后确定有管辖权的，不因当事人提起反诉、增加或者变更诉讼请求等改变管辖，但违反级别管辖、专属管辖规定的除外。

人民法院发回重审或者按第一审程序再审的案件，当事人提出管辖异议的，人民法院不予审查。

◆**要点精解**

1.（1）提出管辖异议的主体只能是案件当事人，通常为被告。有独立请求权的第三人和无独立请求权的第三人都无权提出管辖权异议。（2）提出管辖异议的时间：提交答辩状期间，注意特殊情形，如《合同法解释（一）》第30条。（3）对管辖权异议，法院应以裁定形式作出。（4）对该裁定不服的，可以上诉，而非申诉。（5）异议成立的，应当移送管辖。（6）当事人既可以对地域管辖提出异议，也可以对级别管辖提出异议。

2.注意法院对当事人提出的管辖权异议作出的裁定，是各种裁定中唯一可上诉但不得申请再审的裁定。

3.应诉管辖的成立条件：（1）人民法院已经受理案件。（2）当事人没有提出管辖异议，并应诉答辩。（3）不得违反级别管辖和专属管辖。

第一百二十八条【告知合议庭成员】合议庭组成人员确定后，应当在三日内告知当事人。

第一百二十九条【审核取证】审判人员必须认真审核诉讼材料，调查收集必要的证据。

第一百三十条【调查程序】人民法院派出人员进行调查时，应当向被调查人出示证件。

调查笔录经被调查人校阅后，由被调查人、调查人签名或者盖章。

第一百三十一条【委托调查】人民法院在必要时可以委托外地人民法院调查。

委托调查，必须提出明确的项目和要求。受委托人民法院可以主动补充调查。

受委托人民法院收到委托书后，应当在三十日内完成调查。因故不能完成的，应当在上述期限内函告委托人民法院。

第一百三十二条【追加当事人】必须共同进行诉讼的当事人没有参加诉讼的，人民法院应当通知其参加诉讼。

第一百三十三条 【庭前准备中的程序分流】人民法院对受理的案件,分别情形,予以处理:

(一)当事人没有争议,符合督促程序规定条件的,可以转入督促程序;

(二)开庭前可以调解的,采取调解方式及时解决纠纷;

(三)根据案件情况,确定适用简易程序或者普通程序;

(四)需要开庭审理的,通过要求当事人交换证据等方式,明确争议焦点。

◆相关法条
◇民诉解释

第二百二十四条 依照民事诉讼法第一百三十三条第四项规定,人民法院可以在答辩期届满后,通过组织证据交换、召集庭前会议等方式,作好审理前的准备。

第二百二十五条 根据案件具体情况,庭前会议可以包括下列内容:

(一)明确原告的诉讼请求和被告的答辩意见;

(二)审查处理当事人增加、变更诉讼请求的申请和提出的反诉,以及第三人提出的与本案有关的诉讼请求;

(三)根据当事人的申请决定调查收集证据,委托鉴定,要求当事人提供证据,进行勘验,进行证据保全;

(四)组织交换证据;

(五)归纳争议焦点;

(六)进行调解。

第二百二十六条 人民法院应当根据当事人的诉讼请求、答辩意见以及证据交换的情况,归纳争议焦点,并就归纳的争议焦点征求当事人的意见。

第二百二十九条 当事人在庭审中对其在审理前的准备阶段认可的事实和证据提出不同意见的,人民法院应当责令其说明理由。必要时,可以责令其提供相应证据。人民法院应当结合当事人的诉讼能力、证据和案件的具体情况进行审查。理由成立的,可以列入争议焦点进行审理。

第三百二十四条 开庭审理的上诉案件,第二审人民法院可以依照民事诉讼法第一百三十三条第四项规定进行审理前的准备。

第三节 开庭审理

★**第一百三十四条 【公开与不公开审理】**人民法院审理民事案件,除涉及国家秘密、个人隐私或者法律另有规定的以外,应当公开进行。

离婚案件,涉及商业秘密的案件,当事人申请不公开审理的,可以不公开审理。

◆相关法条
◇民诉解释

第二百二十条 民事诉讼法第六十八条、第一百三十四条、第一百五十六条规定的商业秘密,是指生产工艺、配方、贸易联系、购销渠道等当事人不愿公开的技术秘密、商业情报及信息。

◆要点精解

1.开庭审理的基本程序:(1)开庭准备;(2)法庭调查;(3)法庭辩论;(4)案件评议和宣告判决。

2.掌握不公开审理的两类情形(第134条):(1)涉及国家秘密、个人隐私及法律另有规定的三种情形,为法定的不公开审理。(2)离婚、涉及商业秘密的两种情形,当事人申请不公开审理的,可以(而非应当)不公开审理。

第一百三十五条 【巡回审理】人民法院审理民事案件,根据需要进行巡回审理,就地办案。

★**第一百三十六条 【开庭通知及公告】**人民法院审理民事案件,应当在开庭三日前通知当事人和其他诉讼参与人。公开审理的,应当公告当事人姓名、案由和开庭的时间、地点。

◆ **相关法条**

◇ **民诉解释**

第二百二十七条 人民法院适用普通程序审理案件,应当在开庭三日前用传票传唤当事人。对诉讼代理人、证人、鉴定人、勘验人、翻译人员应当用通知书通知其到庭。当事人或者其他诉讼参与人在外地的,应当留有必要的在途时间。

◆ **要点精解**

1. 开庭3日前通知有关诉讼参与人。
2. 公开审理的,应公告有关案件情况。

第一百三十七条 【开庭准备】 开庭审理前,书记员应当查明当事人和其他诉讼参与人是否到庭,宣布法庭纪律。

开庭审理时,由审判长核对当事人,宣布案由,宣布审判人员、书记员名单,告知当事人有关的诉讼权利义务,询问当事人是否提出回避申请。

第一百三十八条 【法庭调查】 法庭调查按照下列顺序进行:

(一)当事人陈述;
(二)告知证人的权利义务,证人作证,宣读未到庭的证人证言;
(三)出示书证、物证、视听资料和电子数据;
(四)宣读鉴定意见;
(五)宣读勘验笔录。

★**第一百三十九条 【当事人的庭审权利】** 当事人在法庭上可以提出新的证据。

当事人经法庭许可,可以向证人、鉴定人、勘验人发问。

当事人要求重新进行调查、鉴定或者勘验的,是否准许,由人民法院决定。

◆ **相关法条**

◇ **民诉解释**

第二百二十八条 法庭审理应当围绕当事人争议的事实、证据和法律适用等焦点问题进行。

第二百二十九条 当事人在庭审中对其在审理前的准备阶段认可的事实和证据提出不同意见的,人民法院应当责令其说明理由。必要时,可以责令其提供相应证据。人民法院应当结合当事人的诉讼能力、证据和案件的具体情况进行审查。理由成立的,可以列入争议焦点进行审理。

第二百三十一条 当事人在法庭上提出新的证据的,人民法院应当依照民事诉讼法第六十五条第二款规定和本解释相关规定处理。

★**第一百四十条 【诉的合并】** 原告增加诉讼请求,被告提出反诉,第三人提出与本案有关的诉讼请求,可以合并审理。

◆ **相关法条**

◇ **民诉解释**

第二百二十一条 基于同一事实发生的纠纷,当事人分别向同一人民法院起诉的,人民法院可以合并审理。

第二百三十二条 在案件受理后,法庭辩论结束前,原告增加诉讼请求,被告提出反诉,第三人提出与本案有关的诉讼请求,可以合并审理的,人民法院应当合并审理。

第二百三十三条 反诉的当事人应当限于本诉的当事人的范围。

反诉与本诉的诉讼请求基于相同法律关系、诉讼请求之间具有因果关系,或者反诉与本诉的诉讼请求基于相同事实的,人民法院应当合并审理。

反诉应由其他人民法院专属管辖,或者与本诉的诉讼标的及诉讼请求所依据的事实、理由无关联的,裁定不予受理,告知另行起诉。

第二百五十一条 二审裁定撤销一审判决发回重审的案件,当事人申请变更、增加诉讼请求或者提出反诉,第三人提出与本案有关的诉讼请求的,依照民事诉讼法第一百四十条规定处理。

第二百五十二条 再审裁定撤销原判决、裁定发回重审的案件,当事人申请变更、增加诉讼请求或者提出反诉,符合下列情形之一

的,人民法院应当准许:

(一)原审未合法传唤缺席判决,影响当事人行使诉讼权利的;

(二)追加新的诉讼当事人的;

(三)诉讼标的物灭失或者发生变化致使原诉讼请求无法实现的;

(四)当事人申请变更、增加的诉讼请求或者提出的反诉,无法通过另诉解决的。

◆司考真题

◇2015年卷3第82题(多项)

章俊诉李泳借款纠纷案在某县法院适用简易程序审理。县法院判决后,章俊上诉,二审法院以事实不清为由发回重审。县法院征得当事人同意后,适用简易程序重审此案。在答辩期间,李泳提出管辖权异议,县法院不予审查。案件开庭前,章俊增加了诉讼请求,李泳提出反诉,县法院受理了章俊提出的增加诉讼请求,但重审不可提出反诉为由拒绝受理李泳的反诉。关于本案,该县法院的下列哪些做法是正确的?

A. 征得当事人同意后,适用简易程序重审此案

B. 对李泳提出的管辖权异议不予审查

C. 受理章俊提出的增加诉讼请求

D. 拒绝受理李泳的反诉

答案:BC

第一百四十一条 【法庭辩论】法庭辩论按照下列顺序进行:

(一)原告及其诉讼代理人发言;

(二)被告及其诉讼代理人答辩;

(三)第三人及其诉讼代理人发言或者答辩;

(四)互相辩论。

法庭辩论终结,由审判长按照原告、被告、第三人的先后顺序征询各方最后意见。

◆相关法条

◇民诉解释

第二百三十条 人民法院根据案件具体情况并征得当事人同意,可以将法庭调查和法庭辩论合并进行。

第一百四十二条 【庭审调解】法庭辩论终结,应当依法作出判决。判决前能够调解的,还可以进行调解,调解不成的,应当及时判决。

★**第一百四十三条** 【消极撤诉】原告经传票传唤,无正当理由拒不到庭的,或者未经法庭许可中途退庭的,可以按撤诉处理;被告反诉的,可以缺席判决。

◆相关法条

◇民诉解释

第二百一十三条 原告应当预交而未预交案件受理费,人民法院应当通知其预交,通知后仍不预交或者申请减、缓、免未获批准而仍不预交的,裁定按撤诉处理。

第二百三十五条 无民事行为能力的当事人的法定代理人,经传票传唤无正当理由拒不到庭,属于原告方的,比照民事诉讼法第一百四十三条的规定,按撤诉处理;属于被告方的,比照民事诉讼法第一百四十四条的规定,缺席判决。必要时,人民法院可以拘传其到庭。

第二百三十六条 有独立请求权的第三人经人民法院传票传唤,无正当理由拒不到庭的,或者未经法庭许可中途退庭的,比照民事诉讼法第一百四十三条的规定,按撤诉处理。

第二百三十七条 有独立请求权的第三人参加诉讼后,原告申请撤诉,人民法院在准许原告撤诉后,有独立请求权的第三人作为另案原告,原案原告、被告作为另案被告,诉讼继续进行。

第二百三十八条 当事人申请撤诉或者依法可以按撤诉处理的案件,如果当事人有违反法律的行为需要依法处理的,人民法院可以不准许撤诉或者不按撤诉处理。

法庭辩论终结后原告申请撤诉,被告不同意的,人民法院可以不予准许。

第二百三十九条 人民法院准许本诉原告撤诉的,应当对反诉继续审理;被告申请撤回反诉的,人民法院应予准许。

第二百四十条 无独立请求权的第三人

经人民法院传票传唤，无正当理由拒不到庭，或者未经法庭许可中途退庭的，不影响案件的审理。

★第一百四十四条 【缺席判决】被告经传票传唤，无正当理由拒不到庭的，或者未经法庭许可中途退庭的，可以缺席判决。

◆相关法条
◇民诉解释

第二百四十一条 被告经传票传唤无正当理由拒不到庭，或者未经法庭许可中途退庭的，人民法院应当按期开庭或者继续开庭审理，对到庭的当事人诉讼请求、双方的诉辩理由以及已经提交的证据及其他诉讼材料进行审理后，可以依法缺席判决。

第二百四十条 无独立请求权的第三人经人民法院传票传唤，无正当理由拒不到庭，或者未经法庭许可中途退庭的，不影响案件的审理。

第二百三十四条 无民事行为能力人的离婚诉讼，当事人的法定代理人应当到庭；法定代理人不能到庭，人民法院应当在查清事实的基础上，依法作出判决。

◆要点精解

缺席判决的情形包括：

(1)原告不出庭或中途退庭，被告提出反诉的；

(2)被告经传票传唤，无正当理由拒不到庭，或未经法院许可中途退庭的；

(3)法院裁定不准撤诉，原告经传票传唤，无正当理由拒不到庭的；

(4)无民事行为能力的被告的法定代理人，经传票传唤无正当理由拒不到庭的；

(5)在借贷案件中，债权人起诉时，债务人下落不明，人民法院受理案件后公告传唤债务人应诉。公告期满债务人仍不应诉，借贷关系明确的，经审理后可缺席判决。在审理中债务人出走，下落不明，借贷关系明确的，可缺席判决。缺席判决与对席判决具有同等法律效力。

◆司考真题
◇2015年卷3第83题(多项)

郑飞诉万雷侵权纠纷一案，虽不属于事实清楚、权利义务关系明确、争议不大的案件，但双方当事人约定适用简易程序进行审理，法院同意并以电子邮件的方式向双方当事人通知了开庭时间(双方当事人均未回复)。开庭时被告万雷无正当理由不到庭，法院作出了缺席判决。送达判决书时法院通过各种方式均未联系上万雷，遂采取了公告送达方式送达了判决书。对此，法院下列的哪些行为是违法的？

A. 同意双方当事人的约定，适用简易程序对案件进行审理

B. 以电子邮件的方式向双方当事人通知开庭时间

C. 作出缺席判决

D. 采取公告方式送达判决书

答案：CD

★第一百四十五条 【积极撤诉】宣判前，原告申请撤诉的，是否准许，由人民法院裁定。

人民法院裁定不准许撤诉的，原告经传票传唤，无正当理由拒不到庭的，可以缺席判决。

◆相关法条
◇民诉解释

第二百一十四条 原告撤诉或者人民法院按撤诉处理后，原告以同一诉讼请求再次起诉的，人民法院应予受理。

原告撤诉或者按撤诉处理的离婚案件，没有新情况、新理由，六个月内又起诉的，比照民事诉讼法第一百二十四条第七项的规定不予受理。

第二百三十八条 当事人申请撤诉或者依法可以按撤诉处理的案件，如果当事人有违反法律的行为需要依法处理的，人民法院可以不准许撤诉或者不按撤诉处理。

法庭辩论终结后原告申请撤诉，被告不同意的，人民法院可以不予准许。

第二百三十九条 人民法院准许本诉原告撤诉的，应当对反诉继续审理；被告申请撤

回反诉的,人民法院应予准许。

第三百三十七条 在第二审程序中,当事人申请撤回上诉,人民法院经审查认为一审判决确有错误,或者当事人之间恶意串通损害国家利益、社会公共利益、他人合法权益的,不应准许。

第三百三十八条 在第二审程序中,原审原告申请撤回起诉,经其他当事人同意,且不损害国家利益、社会公共利益、他人合法权益的,人民法院可以准许。准许撤诉的,应当一并裁定撤销一审裁判。

原审原告在第二审程序中撤回起诉后重复起诉的,人民法院不予受理。

第三百三十九条 当事人在第二审程序中达成和解协议的,人民法院可以根据当事人的请求,对双方达成的和解协议进行审查并制作调解书送达当事人;因和解而申请撤诉,经审查符合撤诉条件的,人民法院应予准许。

第四百条 审查再审申请期间,再审申请人撤回再审申请的,是否准许,由人民法院裁定。

再审申请人经传票传唤,无正当理由拒不接受询问的,可以按撤回再审申请处理。

第四百零一条 人民法院准许撤回再审申请或者按撤回再审申请处理后,再审申请人再次申请再审的,不予受理,但有民事诉讼法第二百条第一项、第三项、第十二项、第十三项规定情形,自知道或者应当知道之日起六个月内提出的除外。

第四百一十条 一审原告在再审审理程序中申请撤回起诉,经其他当事人同意,且不损害国家利益、社会公共利益、他人合法权益的,人民法院可以准许。裁定准许撤诉的,应当一并撤销原判决。

一审原告在再审审理程序中撤回起诉后重复起诉的,人民法院不予受理。

◆要点精解

1. 申请撤诉的条件:(1)必须由原告以书面或口头方式向受诉人民法院提出内容明确的申请;(2)必须基于原告自己的意思表示;(3)原告申请撤诉的目的必须正当、合法;(4)原告撤诉的申请最迟在受诉人民法院宣告判决前提出。

2. 按撤诉处理的情形有:
(1)原告或上诉人未按期交纳诉讼费用;
(2)原告经传票传唤,无正当理由拒不到庭;
(3)原告未经法庭许可中途退庭;
(4)原告应预交而未预交案件受理费,人民法院通知其预交,通知后仍不交纳,或申请缓、减、免未获人民法院批准仍不交纳诉讼费用的;
(5)无民事行为能力的原告的法定代理人经法院传票传唤无正当理由拒不到庭的;
(6)有独立请求权的第三人经法院传票传唤无正当理由拒不到庭的,或未经法庭许可中途退庭的。

3. 撤诉是当事人行使处分权的表现,分为申请撤诉与按撤诉处理两种情况。撤诉的法律后果有三,不论是申请撤诉还是按撤诉处理,其后果相同。

★**第一百四十六条** 【延期审理】有下列情形之一的,可以延期开庭审理:
(一)必须到庭的当事人和其他诉讼参与人有正当理由没有到庭的;
(二)当事人临时提出回避申请的;
(三)需要通知新的证人到庭,调取新的证据,重新鉴定、勘验,或者需要补充调查的;
(四)其他应当延期的情形。

◆要点精解

领会延期审理适用的情形,针对开庭这一特殊环节,具有可预测性。可以延期审理,是一项授权性规范,鉴于民事案件本身的复杂性和开庭审理的差异性,是否可以延期审理,由人民法院决定。

★**第一百四十七条** 【法庭笔录】书记员应当将法庭审理的全部活动记入笔录,由审判人员和书记员签名。

第一部分 民事诉讼法

法庭笔录应当当庭宣读,也可以告知当事人和其他诉讼参与人当庭或者在五日内阅读。当事人和其他诉讼参与人认为对自己的陈述记录有遗漏或者差错的,有权申请补正。如果不予补正,应当将申请记录在案。

法庭笔录由当事人和其他诉讼参与人签名或者盖章。拒绝签名盖章的,记明情况附卷。

★**第一百四十八条**　【宣告判决】人民法院对公开审理或者不公开审理的案件,一律公开宣告判决。

当庭宣判的,应当在十日内发送判决书;定期宣判的,宣判后立即发给判决书。

宣告判决时,必须告知当事人上诉权利、上诉期限和上诉的法院。

宣告离婚判决,必须告知当事人在判决发生法律效力前不得另行结婚。

◆**相关法条**
◇民诉解释

第二百五十三条　当庭宣判的案件,除当事人当庭要求邮寄发送裁判文书的外,人民法院应当告知当事人或者诉讼代理人领取裁判文书的时间和地点以及逾期不领取的法律后果。上述情况,应当记入笔录。

第一百四十一条　人民法院在定期宣判时,当事人拒不签收判决书、裁定书,应视为送达,并在宣判笔录中记明。

★**第一百四十九条**　【审理期限】人民法院适用普通程序审理的案件,应当在立案之日起六个月内审结。有特殊情况需要延长的,由本院院长批准,可以延长六个月;还需要延长的,报请上级人民法院批准。

◆**相关法条**
◇民诉解释

第二百四十三条　民事诉讼法第一百四十九条规定的审限,是指从立案之日起至裁判宣告、调解书送达之日止的期间,但公告期间、鉴定期间、双方当事人和解期间、审理当事人提出的管辖异议以及处理人民法院之间的管

辖争议期间不应计算在内。
◇审限规定

第二条第一款　适用普通程序审理的第一审民事案件,期限为六个月;有特殊情况需要延长的,经本院院长批准,可以延长六个月,还需延长的,报请上一级人民法院批准,可以再延长三个月。

第九条　下列期间不计入审理、执行期限:
(一)刑事案件对被告人作精神病鉴定的期间;
(二)刑事案件因另行委托、指定辩护人,法院决定延期审理的,自案件宣布延期审理之日起至第十日止准备辩护的时间;
(三)公诉人发现案件需要补充侦查,提出延期审理建议后,合议庭同意延期审理的期间;
(四)刑事案件二审期间,检察院查阅案卷超过七日后的时间;
(五)因当事人、诉讼代理人、辩护人申请通知新的证人到庭、调取新的证据、申请重新鉴定或者勘验,法院决定延期审理一个月之内的期间;
(六)民事、行政案件公告、鉴定的期间;
(七)审理当事人提出的管辖权异议和处理法院之间的管辖争议的期间;
(八)民事、行政、执行案件由有关专业机构进行审计、评估、资产清理的期间;
(九)中止诉讼(审理)或执行至恢复诉讼(审理)或执行的期间;
(十)当事人达成执行和解或者提供执行担保后,执行法院决定暂缓执行的期间;
(十一)上级人民法院通知暂缓执行的期间;
(十二)执行中拍卖、变卖被查封、扣押财产的期间。

第四节　诉讼中止和终结

★**第一百五十条**　【诉讼中止】有下列情形之一的,中止诉讼:
(一)一方当事人死亡,需要等待继承人表明是否参加诉讼的;

（二）一方当事人丧失诉讼行为能力，尚未确定法定代理人的；

（三）作为一方当事人的法人或者其他组织终止，尚未确定权利义务承受人的；

（四）一方当事人因不可抗拒的事由，不能参加诉讼的；

（五）本案必须以另一案的审理结果为依据，而另一案尚未审结的；

（六）其他应当中止诉讼的情形。

中止诉讼的原因消除后，恢复诉讼。

◆ **相关法条**
◇ 民诉解释

第二百四十六条 裁定中止诉讼的原因消除，恢复诉讼程序时，不必撤销原裁定，从人民法院通知或者准许当事人双方继续进行诉讼时起，中止诉讼的裁定即失去效力。

◇ 民间借贷案件规定

第七条 民间借贷的基本案件事实必须以刑事案件审理结果为依据，而该刑事案件尚未审结的，人民法院应当裁定中止诉讼。

◆ **要点精解**

1.诉讼中止与延期审理的区别：(1)适用场合不同，前者可以发生于诉讼程序开始后直到判决作出前任何一阶段，后者只能适用于开庭审理阶段；(2)适用前提不同，前者主要源于诉讼外，后者大多产生于诉讼之中；(3)适用的法律文书不同，前者须用裁定书，后者用决定书；(4)适用效果不同，前者导致整个诉讼程序的中途搁置，后者只是对本案开庭审理期日进行了推延；(5)诉讼中止后，对何时恢复诉讼受诉法院无能为力，但延期审理则由法院根据延期事由加以斟酌确定；(6)是否完全适用诉讼期间的剔除制度不同。

◆ **司考真题**
◇ 2015年卷3第43题（单项）

甲县法院受理居住在乙县的成某诉居住在甲县的罗某借款纠纷案。诉讼过程中，成某出差归途所乘航班失踪，经全力寻找仍无成某生存的任何信息，主管方宣布机上乘客不可能生还，成妻遂向乙县法院申请宣告成某死亡。对此，下列哪一说法是正确的？

A.乙县法院应当将宣告死亡案移送至甲县法院审理

B.借款纠纷案与宣告死亡案应当合并审理

C.甲县法院应当裁定中止诉讼

D.甲县法院应当裁定终结诉讼

答案：C

★**第一百五十一条** 【诉讼终结】有下列情形之一的，终结诉讼：

（一）原告死亡，没有继承人，或者继承人放弃诉讼权利的；

（二）被告死亡，没有遗产，也没有应当承担义务的人的；

（三）离婚案件一方当事人死亡的；

（四）追索赡养费、扶养费、抚育费以及解除收养关系案件的一方当事人死亡的。

◆ **相关法条**
◇ 民诉解释

第三百二十二条 上诉案件的当事人死亡或者终止的，人民法院依法通知其权利义务承继者参加诉讼。

需要终结诉讼的，适用民事诉讼法第一百五十一条规定。

◆ **司考真题**
◇ 2015年卷3第48题（单项）

张丽因与王旭感情不和，长期分居，向法院起诉要求离婚。法院向王旭送达应诉通知书，发现王旭已于张丽起诉前因意外事故死亡。关于本案，法院应作出下列哪一裁判？

A.诉讼终结的裁定

B.驳回起诉的裁定

C.不予受理的裁定

D.驳回诉讼请求的判决

答案：B

第五节 判决和裁定

★**第一百五十二条** 【判决书】判决书应当

写明判决结果和作出该判决的理由。判决书内容包括：

（一）案由、诉讼请求、争议的事实和理由；

（二）判决认定的事实和理由、适用的法律和理由；

（三）判决结果和诉讼费用的负担；

（四）上诉期间和上诉的法院。

判决书由审判人员、书记员署名，加盖人民法院印章。

◆要点精解

本次民事诉讼法修改在判决书内容中增加了判决理由，不仅包括事实理由，而且要包括法律理由。

第一百五十三条 【先行判决】人民法院审理案件，其中一部分事实已经清楚，可以就该部分先行判决。

★**第一百五十四条 【裁定】**裁定适用于下列范围：

（一）不予受理；

（二）对管辖权有异议的；

（三）驳回起诉；

（四）保全和先予执行；

（五）准许或者不准许撤诉；

（六）中止或者终结诉讼；

（七）补正判决书中的笔误；

（八）中止或者终结执行；

（九）撤销或者不予执行仲裁裁决；

（十）不予执行公证机关赋予强制执行效力的债权文书；

（十一）其他需要裁定解决的事项。

对前款第一项至第三项裁定，可以上诉。

裁定书应当写明裁定结果和作出该裁定的理由。裁定书由审判人员、书记员署名，加盖人民法院印章。口头裁定的，记入笔录。

◆相关法条

◇民诉解释

第二百四十五条 民事诉讼法第一百五十四条第一款第七项规定的笔误是指法律文书误写、误算，诉讼费用漏写、误算和其他笔误。

◆要点精解

1. 判决的分类：(1) 给付判决、确认判决和形成判决；(2) 对席判决和缺席判决；(3) 原判决和补充判决；(4) 诉讼判决和非讼判决；(5) 全部判决和部分判决；(6) 终局判决和中间判决。

2. 可以上诉的三类裁定：不予受理、驳回起诉、管辖权异议。

3. 基层人民法院的派出法庭作出的裁决书，应加盖基层人民法院的印章；对其不服的，应向该基层法院所在地的中级人民法院上诉。

★**第一百五十五条 【生效裁判】**最高人民法院的判决、裁定，以及依法不准上诉或者超过上诉期没有上诉的判决、裁定，是发生法律效力的判决、裁定。

◆要点精解

生效裁决的种类共有四种：

1. 最高人民法院的裁决；

2. 超过上诉期没有上诉的一审裁决；

3. 二审裁决；

4. 依法不准上诉的裁定。

第一百五十六条 【公众查阅权】公众可以查阅发生法律效力的判决书、裁定书，但涉及国家秘密、商业秘密和个人隐私的内容除外。

◆相关法条

◇民诉解释

第二百二十条 民事诉讼法第六十八条、第一百三十四条、第一百五十六条规定的商业秘密，是指生产工艺、配方、贸易联系、购销渠道等当事人不愿公开的技术秘密、商业情报及信息。

第二百五十四条 公民、法人或者其他组织申请查阅发生法律效力的判决书、裁定书的，应当向作出该生效裁判的人民法院提出。申请应当以书面形式提出，并提供具体的案号或者当事人姓名、名称。

第二百五十五条 对于查阅判决书、裁定

书的申请,人民法院根据下列情形分别处理:

(一)判决书、裁定书已经通过信息网络向社会公开的,应当引导申请人自行查阅;

(二)判决书、裁定书未通过信息网络向社会公开,且申请符合要求的,应当及时提供便捷的查阅服务;

(三)判决书、裁定书尚未发生法律效力,或者已失去法律效力的,不提供查阅并告知申请人;

(四)发生法律效力的判决书、裁定书不是本院作出的,应当告知申请人向作出生效裁判的人民法院申请查阅;

(五)申请查阅的内容涉及国家秘密、商业秘密、个人隐私的,不予准许并告知申请人。

◇在互联网公布裁判文书规定

第一条 人民法院在互联网公布裁判文书,应当遵循依法、及时、规范、真实的原则。

第二条 最高人民法院在互联网设立中国裁判文书网,统一公布各级人民法院的生效裁判文书。

各级人民法院对其在中国裁判文书网公布的裁判文书质量负责。

第三条 各级人民法院应当指定专门机构负责互联网公布裁判文书的管理工作。该机构履行以下职责:

(一)组织、上传裁判文书;

(二)发现公布的裁判文书存在笔误或者技术处理不当等问题的,协调有关部门及时处理;

(三)其他相关的指导、监督和考评工作。

第四条 人民法院的生效裁判文书应当在互联网公布,但有下列情形之一的除外:

(一)涉及国家秘密、个人隐私的;

(二)涉及未成年人违法犯罪的;

(三)以调解方式结案的;

(四)其他不宜在互联网公布的。

第五条 人民法院应当在受理案件通知书、应诉通知书中告知当事人在互联网公布裁判文书的范围,并通过政务网站、电子触摸屏、诉讼指南等多种方式,向公众告知人民法院在互联网公布裁判文书的相关规定。

第六条 人民法院在互联网公布裁判文书时,应当保留当事人的姓名或者名称等真实信息,但必须采取符号替代方式对下列当事人及诉讼参与人的姓名进行匿名处理:

(一)婚姻家庭、继承纠纷案件中的当事人及其法定代理人;

(二)刑事案件中被害人及其法定代理人、证人、鉴定人;

(三)被判处三年有期徒刑以下刑罚以及免予刑事处罚,且不属于累犯或者惯犯的被告人。

第七条 人民法院在互联网公布裁判文书时,应当删除下列信息:

(一)自然人的家庭住址、通讯方式、身份证号码、银行账号、健康状况等个人信息;

(二)未成年人的相关信息;

(三)法人以及其他组织的银行账号;

(四)商业秘密;

(五)其他不宜公开的内容。

第八条 承办法官或者人民法院指定的专门人员应当在裁判文书生效后七日内按照本规定第六条、第七条的要求完成技术处理,并提交本院负责互联网公布裁判文书的专门机构在中国裁判文书网公布。

第九条 独任法官或者合议庭认为裁判文书具有本规定第四条第四项不宜在互联网公布情形的,应当提出书面意见及理由,由部门负责人审查后报主管副院长审定。

第十条 在互联网公布的裁判文书,除依照本规定的要求进行技术处理的以外,应当与送达当事人的裁判文书一致。

人民法院对送达当事人的裁判文书进行补正的,应当及时在互联网公布补正裁定。

第十一条 人民法院在互联网公布的裁判文书,除因网络传输故障导致与送达当事人的裁判文书不一致的以外,不得修改或者更换;确因法定理由或者其他特殊原因需要撤回的,应当由高级人民法院以上负责互联网公布裁判文书的专门机构审查决定,并在中国裁文书网办理撤回及登记备案手续。

第十二条　中国裁判文书网应当提供操作便捷的检索、查阅系统,方便公众检索、查阅裁判文书。

第十三条　最高人民法院负责监督和指导地方各级人民法院在互联网公布裁判文书的工作。

高级人民法院负责组织、指导、监督和检查辖区内各级人民法院在互联网公布裁判文书的工作。

第十四条　各高级人民法院在实施本规定的过程中,可以结合工作实际制定实施细则。中西部地区基层人民法院在互联网公布裁判文书的时间进度由高级人民法院决定,并报最高人民法院备案。

第十五条　本规定自2014年1月1日起实施。最高人民法院2010年11月8日制定的《关于人民法院在互联网公布裁判文书的规定》(法发〔2010〕48号)同时废止。最高人民法院以前发布的司法解释和规范性文件与本规定不一致的,以本规定为准。

第十三章　简易程序

★**第一百五十七条**　【适用范围】基层人民法院和它派出的法庭审理事实清楚、权利义务关系明确、争议不大的简单的民事案件,适用本章规定。

基层人民法院和它派出的法庭审理前款规定以外的民事案件,当事人双方也可以约定适用简易程序。

◆相关法条
◇民诉解释

第二百五十六条　民事诉讼法第一百五十七条规定的简单民事案件中的事实清楚,是指当事人对争议的事实陈述基本一致,并能提供相应的证据,无须人民法院调查收集证据即可查明事实;权利义务关系明确是指能明确区分谁是责任的承担者,谁是权利的享有者;争

议不大是指当事人对案件的是非、责任承担以及诉讼标的争执无原则分歧。

第二百五十七条　下列案件,不适用简易程序:

(一)起诉时被告下落不明的;
(二)发回重审的;
(三)当事人一方人数众多的;
(四)适用审判监督程序的;
(五)涉及国家利益、社会公共利益的;
(六)第三人起诉请求改变或者撤销生效判决、裁定、调解书的;
(七)其他不宜适用简易程序的案件。

第二百六十四条　当事人双方根据民事诉讼法第一百五十七条第二款规定约定适用简易程序的,应当在开庭前提出。口头提出的,记入笔录,由双方当事人签名或者捺印确认。

本解释第二百五十七条规定的案件,当事人约定适用简易程序的,人民法院不予准许。

◆要点精解

1.简易程序的适用范围:(1)事实清楚、权利义务关系明确、争议不大的简单的民事案件;(2)当事人双方也可以约定适用简易程序。

2.适用的法院:基层法院和派出法庭。

3.只能适用一审程序。

★**第一百五十八条**　【起诉方式】对简单的民事案件,原告可以口头起诉。

当事人双方可以同时到基层人民法院或者它派出的法庭,请求解决纠纷。基层人民法院或者它派出的法庭可以当即审理,也可以另定日期审理。

◆相关法条
◇民诉解释

第二百六十五条　原告口头起诉的,人民法院应当将当事人的姓名、性别、工作单位、住所、联系方式等基本信息,诉讼请求,事实及理由等准确记入笔录,由原告核对无误后签名或者捺印。对当事人提交的证据材料,应当出具收据。

第八十九条第二款　适用简易程序审理的案件，双方当事人同时到庭并径行开庭审理的，可以当场口头委托诉讼代理人，由人民法院记入笔录。

第一百五十九条　【审理方式】基层人民法院和它派出的法庭审理简单的民事案件，可以用简便方式传唤当事人和证人、送达诉讼文书、审理案件，但应当保障当事人陈述意见的权利。

◆ **相关法条**
◇ 民诉解释

第一百四十条　适用简易程序的案件，不适用公告送达。

第二百五十九条　当事人双方可就开庭方式向人民法院提出申请，由人民法院决定是否准许。经当事人双方同意，可以采用视听传输技术等方式开庭。

第二百六十一条第一款　适用简易程序审理案件，人民法院可以采取捎口信、电话、短信、传真、电子邮件等简便方式传唤双方当事人、通知证人和送达裁判文书以外的诉讼文书。

第二百六十一条第二款　以简便方式送达的开庭通知，未经当事人确认或者没有其他证据证明当事人已经收到的，人民法院不得缺席判决。

第二百六十六条　适用简易程序案件的举证期限由人民法院确定，也可以由当事人协商一致并经人民法院准许，但不得超过十五日。被告要求书面答辩的，人民法院可在征得其同意的基础上，合理确定答辩期间。

人民法院应当将举证期限和开庭日期告知双方当事人，并向当事人说明逾期举证以及拒不到庭的法律后果，由双方当事人在笔录和开庭传票的送达回证上签名或者捺印。

当事人双方均表示不需要举证期限、答辩期间的，人民法院可以立即开庭审理或者确定开庭日期。

第二百六十七条　适用简易程序审理案件，可以简便方式进行审理前的准备。

第二百六十八条　对没有委托律师、基层法律服务工作者代理诉讼的当事人，人民法院在庭审过程中可以对回避、自认、举证证明责任等相关内容向其作必要的解释或者说明，并在庭审过程中适当提示当事人正确行使诉讼权利、履行诉讼义务。

第一百六十条　【审判组织】简单的民事案件由审判员一人独任审理，并不受本法第一百三十六条、第一百三十八条、第一百四十一条规定的限制。

◆ **司考真题**
◇ 2015年卷3第83题（多项）

郑飞万雷侵权纠纷一案，虽不属于事实清楚、权利义务关系明确、争议不大的案件，但双方当事人约定适用简易程序进行审理，法院同意并以电子邮件的方式向双方当事人通知了开庭时间（双方当事人均未回复）。开庭时被告万雷无正当理由不到庭，法院作出了缺席判决。送达判决书时法院通过各种方式均未联系上万雷，遂采取了公告送达方式送达了判决书。对此，法院下列哪些行为是违法的？

A. 同意双方当事人的约定，适用简易程序对案件进行审理

B. 以电子邮件的方式向双方当事人通知开庭时间

C. 作出缺席判决

D. 采取公告方式送达判决书

答案：CD

◆ **相关法条**
◇ 民诉解释

第二百六十一条第三款　适用简易程序审理案件，由审判员独任审判，书记员担任记录。

第二百七十条　适用简易程序审理的案件，有下列情形之一的，人民法院在制作判决书、裁定书、调解书时，对认定事实或者裁判理由部分可以适当简化：

（一）当事人达成调解协议并需要制作民

事调解书的；

（二）一方当事人明确表示承认对方全部或者部分诉讼请求的；

（三）涉及商业秘密、个人隐私的案件，当事人一方要求简化裁判文书中的相关内容，人民法院认为理由正当的；

（四）当事人双方同意简化的。

第二百六十二条　人民法庭制作的判决书、裁定书、调解书，必须加盖基层人民法院印章，不得用人民法庭的印章代替基层人民法院的印章。

第二百六十三条　适用简易程序审理案件，卷宗中应当具备以下材料：

（一）起诉状或者口头起诉笔录；

（二）答辩状或者口头答辩笔录；

（三）当事人身份证明材料；

（四）委托他人代理诉讼的授权委托书或者口头委托笔录；

（五）证据；

（六）询问当事人笔录；

（七）审理（包括调解）笔录；

（八）判决书、裁定书、调解书或者调解协议；

（九）送达和宣判笔录；

（十）执行情况；

（十一）诉讼费收据；

（十二）适用民事诉讼法第一百六十二条规定审理的，有关程序适用的书面告知。

★**第一百六十一条　【审理期限】**人民法院适用简易程序审理案件，应当在立案之日起三个月内审结。

◆**相关法条**
◇民诉解释

第二百五十八条第一款　适用简易程序审理的案件，审理期限到期后，双方当事人同意继续适用简易程序的，由本院院长批准，可以延长审理期限。延长后的审理期限累计不得超过六个月。

◇审限规定

第二条第二款　适用简易程序审理的民事案件，限期为三个月。

◆**要点精解**

1. 特别注意简易程序是与普通程序并存的独立的第一审程序，并非普通程序的附属性程序或者辅助性程序。

2. 注意基层人民法院的派出法庭没有独立地位，制作的裁判文书须加盖基层人民法院印章，不得用人民法庭的印章代替。

第一百六十二条　【小额诉讼】基层人民法院和它派出的法庭审理符合本法第一百五十七条第一款规定的简单的民事案件，标的额为各省、自治区、直辖市上年度就业人员年平均工资百分之三十以下的，实行一审终审。

◆**相关法条**
◇民诉解释

第二百七十一条　人民法院审理小额诉讼案件，适用民事诉讼法第一百六十二条的规定，实行一审终审。

第二百七十二条　民事诉讼法第一百六十二条规定的各省、自治区、直辖市上年度就业人员年平均工资，是指已经公布的各省、自治区、直辖市上一年度就业人员年平均工资。在上一年度就业人员年平均工资公布前，以已经公布的最近年度就业人员年平均工资为准。

第二百七十三条　海事法院可以审理海事、海商小额诉讼案件。案件标的额应当以实际受理案件的海事法院或者其派出法庭所在的省、自治区、直辖市上年度就业人员年平均工资百分之三十为限。

第二百七十四条　下列金钱给付的案件，适用小额诉讼程序审理：

（一）买卖合同、借款合同、租赁合同纠纷；

（二）身份关系清楚，仅在给付的数额、时间、方式上存在争议的赡养费、抚育费、扶养费纠纷；

（三）责任明确，仅在给付的数额、时间、方式上存在争议的交通事故损害赔偿和其他人身损害赔偿纠纷；

（四）供用水、电、气、热力合同纠纷；

（五）银行卡纠纷；

（六）劳动关系清楚，仅在劳动报酬、工伤医疗费、经济补偿金或者赔偿金给付数额、时间、方式上存在争议的劳动合同纠纷；

（七）劳务关系清楚，仅在劳务报酬给付数额、时间、方式上存在争议的劳务合同纠纷；

（八）物业、电信等服务合同纠纷；

（九）其他金钱给付纠纷。

第二百七十五条　下列案件，不适用小额诉讼程序审理：

（一）人身关系、财产确权纠纷；

（二）涉外民事纠纷；

（三）知识产权纠纷；

（四）需要评估、鉴定或者对诉前评估、鉴定结果有异议的纠纷；

（五）其他不宜适用一审终审的纠纷。

第二百七十六条　人民法院受理小额诉讼案件，应当向当事人告知该类案件的审判组织、一审终审、审理期限、诉讼费用交纳标准等相关事项。

第二百七十七条　小额诉讼案件的举证期限由人民法院确定，也可以由当事人协商一致并经人民法院准许，但一般不超过七日。

被告要求书面答辩的，人民法院可以在征得其同意的基础上合理确定答辩期间，但最长不得超过十五日。

当事人到庭后表示不需要举证期限和答辩期间的，人民法院可立即开庭审理。

第二百七十八条　当事人对小额诉讼案件提出管辖异议的，人民法院应当作出裁定。裁定一经作出即生效。

第二百七十九条　人民法院受理小额诉讼案件后，发现起诉不符合民事诉讼法第一百一十九条规定的起诉条件的，裁定驳回起诉。裁定一经作出即生效。

第二百八十条　因当事人申请增加或者变更诉讼请求、提出反诉、追加当事人等，致使案件不符合小额诉讼案件条件的，应当适用简易程序的其他规定审理。

前款规定案件，应当适用普通程序审理的，裁定转为普通程序。

适用简易程序的其他规定或者普通程序审理前，双方当事人已确认的事实，可以不再进行举证、质证。

第二百八十一条　当事人对按照小额诉讼案件审理有异议的，应当在开庭前提出。人民法院经审查，异议成立的，适用简易程序的其他规定审理；异议不成立的，告知当事人，并记入笔录。

第二百八十二条　小额诉讼案件的裁判文书可以简化，主要记载当事人基本信息、诉讼请求、裁判主文等内容。

第二百八十三条　人民法院审理小额诉讼案件，本解释没有规定的，适用简易程序的其他规定。

第四百二十六条　对小额诉讼案件的判决、裁定，当事人以民事诉讼法第二百条规定的事由向原审人民法院申请再审的，人民法院应当受理。申请再审事由成立的，应当裁定再审，组成合议庭进行审理。作出的再审判决、裁定，当事人不得上诉。

当事人以不应按小额诉讼案件审理为由向原审人民法院申请再审的，人民法院应当受理。理由成立的，应当裁定再审，组成合议庭审理。作出的再审判决、裁定，当事人可以上诉。

◇**海事法院小额诉讼批复**

上海市高级人民法院：

你院《关于海事法院适用小额诉讼程序的请示》（沪高法〔2013〕5号）收悉。经研究，批复如下：

2012年修订的《中华人民共和国民事诉讼法》简易程序一章规定了小额诉讼程序，《中华人民共和国海事诉讼特别程序法》第九十八条规定海事法院可以适用简易程序。因此，海事法院可以适用小额诉讼程序审理简单的海事、海商案件。

适用小额诉讼程序的标的额应以实际受

理案件的海事法院或其派出法庭所在的省、自治区、直辖市上年度就业人员年平均工资百分之三十为限。

◆ **要点精解**

1. 小额诉讼适用的案件：第157条第1款规定的简单的民事案件且标的额为各省、自治区、直辖市上年度就业人员年平均工资30%以下。

2. 适用的法院：基层人民法院和它派出的法庭。

3. 小额诉讼程序实行一审终审。

◆ **司考真题**

◇ 2015年卷3第84题(多项)

根据《民事诉讼法》相关司法解释，下列哪些案件不适用小额诉讼程序？

A. 人身关系案件
B. 涉外民事案件
C. 海事案件
D. 发回重审的案件

答案：ABD

第一百六十三条 【简易程序转为普通程序】 人民法院在审理过程中，发现案件不宜适用简易程序的，裁定转为普通程序。

◆ **相关法条**

◇ 民诉解释

第二百五十八条第二款　人民法院发现案情复杂，需要转为普通程序审理的，应当在审理期限届满前作出裁定并将合议庭组成人员及相关事项书面通知双方当事人。

第二百五十八条第三款　案件转为普通程序审理的，审理期限自人民法院立案之日计算。

第二百六十九条　当事人就案件适用简易程序提出异议，人民法院经审查，异议成立的，裁定转为普通程序；异议不成立的，口头告知当事人，并记入笔录。

转为普通程序的，人民法院应当将合议庭组成人员及相关事项书面形式通知双方当事人。

转为普通程序前，双方当事人已确认的事实，可以不再进行举证、质证。

第二百六十条　已经按照普通程序审理的案件，在开庭后不得转为简易程序审理。

第十四章　第二审程序

★ **第一百六十四条 【上诉期限】** 当事人不服地方人民法院第一审判决的，有权在判决书送达之日起十五日内向上一级人民法院提起上诉。

当事人不服地方人民法院第一审裁定的，有权在裁定书送达之日起十日内向上一级人民法院提起上诉。

◆ **相关法条**

◇ 民诉解释

第二百四十四条　可以上诉的判决书、裁定书不能同时送达双方当事人的，上诉期从各自收到判决书、裁定书之日计算。

第三百一十七条　双方当事人和第三人都提起上诉的，均列为上诉人。人民法院可以依职权确定第二审程序中当事人的诉讼地位。

第三百一十八条　民事诉讼法第一百六十六条、第一百六十七条规定的对方当事人包括被上诉人和原审其他当事人。

第三百一十九条　必要共同诉讼人的一人或者部分人提起上诉的，按下列情形分别处理：

(一)上诉仅对与对方当事人之间权利义务分担有意见，不涉及其他共同诉讼人利益的，对方当事人为被上诉人，未上诉的同一方当事人依原审诉讼地位列明；

(二)上诉仅对共同诉讼人之间权利义务分担有意见，不涉及对方当事人利益的，未上诉的同一方当事人为被上诉人，对方当事人依原审诉讼地位列明；

(三)上诉对双方当事人之间以及共同诉讼人之间权利义务承担有意见的，未提起上诉的其他当事人均为被上诉人。

第三百二十一条　无民事行为能力人、限制民事行为能力人的法定代理人，可以代理当事人提起上诉。

第三百二十二条　上诉案件的当事人死亡或者终止的，人民法院依法通知其权利义务承继者参加诉讼。

需要终结诉讼的，适用民事诉讼法第一百五十一条规定。

第三百三十六条　在第二审程序中，作为当事人的法人或者其他组织分立的，人民法院可以直接将分立后的法人或者其他组织列为共同诉讼人；合并的，将合并后的法人或者其他组织列为当事人。

◆ 司考真题
◇2015年卷3第41题（单项）

张兄与张弟因遗产纠纷诉至法院，一审判决张兄胜诉。张弟不服，却在赴法院提交上诉状的路上被撞昏迷，待其经抢救苏醒时已超过上诉期限一天。对此，下列哪一说法是正确的？

A. 法律上没有途径可对张弟上诉权予以补救
B. 因意外事故耽误上诉期限，法院应依职权决定顺延期限
C. 张弟可在清醒后10日内，申请顺延期限，是否准许，由法院决定
D. 上诉期限为法定期间，张弟提出顺延期限，法院不应准许

答案：C

★**第一百六十五条**　【上诉状】上诉应当递交上诉状。上诉状的内容，应当包括当事人的姓名，法人的名称及其法定代表人的姓名或者其他组织的名称及其主要负责人的姓名；原审人民法院名称、案件的编号和案由；上诉的请求和理由。

◆ 相关法条
◇民诉解释

第三百二十条　一审宣判时或者判决书、裁定书送达时，当事人口头表示上诉的，人民法院应告知其必须在法定上诉期间内递交上诉状。未在法定上诉期间内递交上诉状的，视为未提起上诉。虽递交上诉状，但未在指定的期限内交纳上诉费的，按自动撤回上诉处理。

★**第一百六十六条**　【上诉对象】上诉状应当通过原审人民法院提出，并按照对方当事人或者代表人的人数提出副本。

当事人直接向第二审人民法院上诉的，第二审人民法院应当在五日内将上诉状移交原审人民法院。

◆ 要点精解

1. 提起上诉的条件：(1) 提起上诉的主体必须合格，包括一审中的原告、被告、共同诉讼人、有独立请求权的第三人和被判决承担民事责任的无独立请求权第三人；(2) 提起上诉的客体必须是依法允许上诉的裁判；(3) 必须在法定期限内上诉；(4) 必须提交上诉状。

2. 提起上诉的期间区分判决与裁定两种情况，分别为15天与10天。不同于刑事诉讼法的上诉期间（本法第164条）。

3. 提起上诉的两种渠道（本法第166条），注意上诉必须为书面上诉，法律不允许口头上诉。

第一百六十七条　【一审法院参与二审】原审人民法院收到上诉状，应当在五日内将上诉状副本送达对方当事人，对方当事人在收到之日起十五日内提出答辩状。人民法院应当在收到答辩状之日起五日内将副本送达上诉人。对方当事人不提出答辩状的，不影响人民法院审理。

原审人民法院收到上诉状、答辩状，应当在五日内连同全部案卷和证据，报送第二审人民法院。

◆ 相关法条
◇民诉解释

第二百四十二条　一审宣判后，原审人民法院发现判决有错误，当事人在上诉期内提出上诉的，原审人民法院可以提出原判决有错误的意见，报送第二审人民法院，由第二审人民

法院按照第二审程序进行审理;当事人不上诉的,按照审判监督程序处理。

★**第一百六十八条** 【二审审理范围】第二审人民法院应当对上诉请求的有关事实和适用法律进行审查。

◆相关法条
◇民诉解释
第三百二十三条 第二审人民法院应当围绕当事人的上诉请求进行审理。
当事人没有提出请求的,不予审理,但一审判决违反法律禁止性规定,或者损害国家利益、社会公共利益、他人合法权益的除外。

★**第一百六十九条** 【二审审理方式】第二审人民法院对上诉案件,应当组成合议庭,开庭审理。经过阅卷、调查和询问当事人,对没有提出新的事实、证据或者理由,合议庭认为不需要开庭审理的,可以不开庭审理。
第二审人民法院审理上诉案件,可以在本院进行,也可以到案件发生地或者原审人民法院所在地进行。

◆相关法条
◇民诉解释
第三百三十三条 第二审人民法院对下列上诉案件,依照民事诉讼法第一百六十九条规定可以不开庭审理:
(一)不服不予受理、管辖权异议和驳回起诉裁定的;
(二)当事人提出的上诉请求明显不能成立的;
(三)原判决、裁定认定事实清楚,但适用法律错误的;
(四)原判决严重违反法定程序,需要发回重审的。

★**第一百七十条** 【二审裁判】第二审人民法院对上诉案件,经过审理,按照下列情形,分别处理:
(一)原判决、裁定认定事实清楚,适用法律正确的,以判决、裁定方式驳回上诉,维持原判决、裁定;
(二)原判决、裁定认定事实错误或者适用法律错误的,以判决、裁定方式依法改判、撤销或者变更;
(三)原判决认定基本事实不清的,裁定撤销原判决,发回原审人民法院重审,或者查清事实后改判;
(四)原判决遗漏当事人或者违法缺席判决等严重违反法定程序的,裁定撤销原判决,发回原审人民法院重审。
原审人民法院对发回重审的案件作出判决后,当事人提起上诉的,第二审人民法院不得再次发回重审。

◆相关法条
◇民诉解释
第三十八条 有管辖权的人民法院受理案件后,不得以行政区域变更为由,将案件移送给变更后有管辖权的人民法院。判决后的上诉案件和依审判监督程序提审的案件,由原审人民法院的上级人民法院进行审判;上级人民法院指令再审、发回重审的案件,由原审人民法院再审或者重审。
第三百二十五条 下列情形,可以认定为民事诉讼法第一百七十条第一款第四项规定的严重违反法定程序:
(一)审判组织的组成不合法的;
(二)应当回避的审判人员未回避的;
(三)无诉讼行为能力人未经法定代理人代为诉讼的;
(四)违法剥夺当事人辩论权利的。
第三百二十六条 对当事人在第一审程序中已经提出的诉讼请求,原审人民法院未作审理、判决的,第二审人民法院可以根据当事人自愿的原则进行调解;调解不成的,发回重审。
第三百二十七条 必须参加诉讼的当事人或者有独立请求权的第三人,在第一审程序中未参加诉讼,第二审人民法院可以根据当事人自愿的原则予以调解;调解不成的,发回重审。

第三百二十八条 在第二审程序中,原审原告增加独立的诉讼请求或者原审被告提出反诉的,第二审人民法院可以根据当事人自愿的原则就新增加的诉讼请求或者反诉进行调解;调解不成,告知当事人另行起诉。

双方当事人同意由第二审人民法院一并审理的,第二审人民法院可以一并裁判。

第三百二十九条 一审判决不准离婚的案件,上诉后,第二审人民法院认为应当判决离婚的,可以根据当事人自愿的原则,与子女抚养、财产问题一并调解;调解不成,发回重审。

双方当事人同意由第二审人民法院一并审理的,第二审人民法院可以一并裁判。

第三百三十条 人民法院依照第二审程序审理案件,认为依法不应由人民法院受理的,可以由第二审人民法院直接裁定撤销原裁判,驳回起诉。

第三百三十一条 人民法院依照第二审程序审理案件,认为第一审人民法院受理案件违反专属管辖规定的,应当裁定撤销原裁判并移送有管辖权的人民法院。

第三百三十二条 第二审人民法院查明第一审人民法院作出的不予受理裁定有错误的,应当在撤销原裁定的同时,指令第一审人民法院立案受理;查明第一审人民法院作出的驳回起诉裁定有错误的,应当在撤销原裁定的同时,指令第一审人民法院审理。

第三百三十四条 原判决、裁定认定事实或者适用法律虽有瑕疵,但裁判结果正确的,第二审人民法院可以在判决、裁定中纠正瑕疵后,依照民事诉讼法第一百七十条第一款第一项规定予以维持。

第三百三十五条 民事诉讼法第一百七十条第一款第三项规定的基本事实,是指用以确定当事人主体资格、案件性质、民事权利义务等对原判决、裁定的结果有实质性影响的事实。

◆ 司考真题
◇ 2015年卷3第44题(单项)

齐远、张红是夫妻,因感情破裂诉至法院离婚,提出解除婚姻关系、子女抚养、住房分割等诉讼请求。一审判决准予离婚并对子女抚养问题作出判决。齐远不同意离婚提出上诉。二审中,张红增加诉讼请求,要求分割诉讼期间齐远继承其父的遗产。下列哪一说法是正确的?

A. 一审漏判的住房分割诉讼请求,二审可调解,调解不成,发回重审

B. 二审增加的遗产分割诉讼请求,二审可调解,调解不成,发回重审

C. 住房和遗产分割的两个诉讼请求,二审可合并调解,也可一并发回重审

D. 住房和遗产分割的两个诉讼请求,经当事人同意,二审法院可一并裁判

答案:A

★ 第一百七十一条 【对裁定的二审】第二审人民法院对不服第一审人民法院裁定的上诉案件的处理,一律使用裁定。

◆ 相关法条
◇ 民诉解释

第三百三十二条 第二审人民法院查明第一审人民法院作出的不予受理裁定有错误的,应当在撤销原裁定的同时,指令第一审人民法院立案受理;查明第一审人民法院作出的驳回起诉裁定有错误的,应当在撤销原裁定的同时,指令第一审人民法院审理。

第三百三十条 人民法院依照第二审程序审理案件,认为依法不应由人民法院受理的,可以由第二审人民法院直接裁定撤销原裁判,驳回起诉。

★ 第一百七十二条 【二审调解】第二审人民法院审理上诉案件,可以进行调解。调解达成协议,应当制作调解书,由审判人员、书记员署名,加盖人民法院印章。调解书送达后,原审人民法院的判决即视为撤销。

◆ **相关法条**
◇ 民诉解释

第三百三十九条 当事人在第二审程序中达成和解协议的,人民法院可以根据当事人的请求,对双方达成的和解协议进行审查并制作调解书送达当事人;因和解而申请撤诉,经审查符合撤诉条件的,人民法院应予准许。

★第一百七十三条 【撤回上诉】第二审人民法院判决宣告前,上诉人申请撤回上诉的,是否准许,由第二审人民法院裁定。

◆ **相关法条**
◇ 民诉解释

第三百三十七条 在第二审程序中,当事人申请撤回上诉,人民法院经审查认为一审判决确有错误,或者当事人之间恶意串通损害国家利益、社会公共利益、他人合法权益的,不应准许。

第三百三十八条 在第二审程序中,原审原告申请撤回起诉,经其他当事人同意,且不损害国家利益、社会公共利益、他人合法权益的,人民法院可以准许。准许撤诉的,应当一并裁定撤销一审裁判。

原审原告在第二审程序中撤回起诉后重复起诉的,人民法院不予受理。

第三百三十九条 当事人在第二审程序中达成和解协议的,人民法院可以根据当事人的请求,对双方达成的和解协议进行审查并制作调解书送达当事人;因和解而申请撤诉,经审查符合撤诉条件的,人民法院应予准许。

第一百七十四条 【二审参照一审程序】第二人民法院审理上诉案件,除依照本章规定外,适用第一审普通程序。

◆ **相关法条**
◇ 民诉解释

第二百五十一条 二审裁定撤销一审判决发回重审的案件,当事人申请变更、增加诉讼请求或者提出反诉,第三人提出与本案有关的诉讼请求的,依照民事诉讼法第一百四十条

规定处理。

第三百二十二条 上诉案件的当事人死亡或者终止的,人民法院依法通知其权利义务承继者参加诉讼。

需要终结诉讼的,适用民事诉讼法第一百五十一条规定。

第三百二十四条 开庭审理的上诉案件,第二审人民法院可以依照民事诉讼法第一百三十三条第四项规定进行审理前的准备。

◆ **司考真题**
◇ 2015年卷3第82题(多项)

章俊诉李泳借款纠纷案在某县法院适用简易程序审理。县法院判决后,章俊上诉,二审法院以事实不清为由发回重审。县法院征得当事人同意后,适用简易程序重审此案。在答辩期间,李泳提出管辖权异议,县法院不予审查。案件开庭前,章俊增加了诉讼请求,李泳提出反诉,县法院受理了章俊提出的增加诉讼请求,但以重审不可提出反诉为由拒绝受理李泳的反诉。关于本案,该县法院的下列哪些做法是正确的?

A. 征得当事人同意后,适用简易程序重审此案

B. 对李泳提出的管辖权异议不予审查

C. 受理章俊提出的增加诉讼请求

D. 拒绝受理李泳的反诉

答案:BC

★第一百七十五条 【二审裁判的效力】第二审人民法院的判决、裁定,是终审的判决、裁定。

◆ **相关法条**
◇ 民诉解释

第三百四十二条 当事人在第一审程序中实施的诉讼行为,在第二审程序中对该当事人仍具有拘束力。

当事人推翻其在第一审程序中实施的诉讼行为时,人民法院应当责令其说明理由。理由不成立的,不予支持。

第一百七十六条 【二审审限】人民法院

审理对判决的上诉案件,应当在第二审立案之日起三个月内审结。有特殊情况需要延长的,由本院院长批准。

人民法院审理对裁定的上诉案件,应当在第二审立案之日起三十日内作出终审裁定。

◆相关法条
◇民诉解释

第三百四十条 第二审人民法院宣告判决可以自行宣判,也可以委托原审人民法院或者当事人所在地人民法院代行宣判。

第三百四十一条 人民法院审理对裁定的上诉案件,应当在第二审立案之日起三十日内作出终审裁定。有特殊情况需要延长审限的,由本院院长批准。

◇审限规定

第二条第五款 审理对民事判决的上诉案件,审理期限为三个月;有特殊情况需要延长的,经本院院长批准,可以延长三个月。

第二条第六款 审理对民事裁定的上诉案件,审理期限为三十日。

第十五章 特别程序

第一节 一般规定

★**第一百七十七条** 【适用范围】人民法院审理选民资格案件、宣告失踪或者宣告死亡案件、认定公民无民事行为能力或者限制民事行为能力案件、认定财产无主案件、确认调解协议案件和实现担保物权案件,适用本章规定。本章没有规定的,适用本法和其他法律的有关规定。

◆要点精解

本次修改适用特别程序的案件增加了两类,包括确认调解协议案件和实现担保物权案件。

★**第一百七十八条** 【特别程序的审判组织】依照本章程序审理的案件,实行一审终审。选民资格案件或者重大、疑难的案件,由审判员组成合议庭审理;其他案件由审判员一人独任审理。

★**第一百七十九条** 【特别程序向诉讼程序转化】人民法院在依照本章程序审理案件的过程中,发现本案属于民事权益争议的,应当裁定终结特别程序,并告知利害关系人可以另行起诉。

★**第一百八十条** 【特别程序的审限】人民法院适用特别程序审理的案件,应当在立案之日起三十日内或者公告期满后三十日内审结。有特殊情况需要延长的,由本院院长批准。但审理选民资格的案件除外。

◆相关法条
◇审限规定

第二条第三款 适用特别程序审理的民事案件,期限为三十日;有特殊情况需要延长的,经本院院长批准,可以延长三十日,但审理选民资格案件必须在选举日前审结。

第二节 选民资格案件

第一百八十一条 【选民资格案件的起诉与管辖】公民不服选举委员会对选民资格的申诉所作的处理决定,可以在选举日的五日以前向选区所在地基层人民法院起诉。

◆要点精解

因选民资格问题提起诉讼,须符合以下条件:(1)起诉人必须是有民事诉讼行为能力的公民;(2)起诉前必须先向选举委员会申诉,对选举委员会处理决定不服,才能提起;(3)诉讼应当在选举日的5日前提出;(4)诉讼应当向选区所在地基层人民法院提出。

第一百八十二条 【选民资格案件的审限及判决】人民法院受理选民资格案件后,必须在选举日前审结。

审理时,起诉人、选举委员会的代表和有关公民必须参加。

人民法院的判决书,应当在选举日前送达选举委员会和起诉人,并通知有关公民。

第三节 宣告失踪、宣告死亡案件

第一百八十三条 【宣告失踪】公民下落不明满二年,利害关系人申请宣告其失踪的,向下落不明人住所地基层人民法院提出。

申请书应当写明失踪的事实、时间和请求,并附有公安机关或者其他有关机关关于该公民下落不明的书面证明。

◆相关法条
◇民诉解释

第三百四十三条 宣告失踪或者宣告死亡案件,人民法院可以根据申请人的请求,清理下落不明人的财产,并指定案件审理期间的财产管理人。公告期满后,人民法院判决宣告失踪的,应当同时依照民法通则第二十一条第一款的规定指定失踪人的财产代管人。

第三百四十四条 失踪人的财产代管人经人民法院指定后,代管人申请变更代管的,比照民事诉讼法特别程序的有关规定进行审理。申请理由成立的,裁定撤销申请人的代管人身份,同时另行指定财产代管人;申请理由不成立的,裁定驳回申请。

失踪人的其他利害关系人申请变更代管的,人民法院应当告知其以原指定的代管人为被告起诉,并按普通程序进行审理。

第三百四十六条 符合法律规定的多个利害关系人提出宣告失踪、宣告死亡申请的,列为共同申请人。

◆要点精解

宣告公民失踪的法律后果:(1)人民法院在判决宣告公民失踪的同时,应当为失踪人指定财产代管人(《民法通则》第21条第1款);(2)由财产代管人代失踪人实现债权、履行债务,支付税款;(3)失踪人的民事权利能力不消失,与失踪人人身有关的民事法律关系(婚姻、收养等)不发生变化。

第一百八十四条 【宣告死亡】公民下落不明满四年,或者因意外事故下落不明二年,或者因意外事故下落不明,经有关机关证明该公民不可能生存,利害关系人申请宣告其死亡的,向下落不明人住所地基层人民法院提出。

申请书应当写明下落不明的事实、时间和请求,并附有公安机关或者其他有关机关关于该公民下落不明的书面证明。

◆相关法条
◇民诉解释

第三百四十五条 人民法院判决宣告公民失踪后,利害关系人向人民法院申请宣告失踪人死亡,自失踪之日起满四年的,人民法院应当受理,宣告失踪的判决即是该公民失踪的证明,审理中仍应依照民事诉讼法第一百八十五条规定进行公告。

第三百四十六条 符合法律规定的多个利害关系人提出宣告失踪、宣告死亡申请的,列为共同申请人。

◆要点精解

宣告公民死亡的法律后果:与自然死亡的法律后果基本相同,原有的婚姻关系自然消灭,继承因宣告死亡而开始。

第一百八十五条 【宣告失踪与死亡案件的公告与判决】人民法院受理宣告失踪、宣告死亡案件后,应当发出寻找下落不明人的公告。宣告失踪的公告期间为三个月,宣告死亡的公告期间为一年。因意外事故下落不明,经有关机关证明该公民不可能生存的,宣告死亡的公告期间为三个月。

公告期间届满,人民法院应当根据被宣告失踪、宣告死亡的事实是否得到确认,作出宣告失踪、宣告死亡的判决或者驳回申请的判决。

◆相关法条
◇民诉解释

第三百四十七条 寻找下落不明人的公告应当记载下列内容:

(一)被申请人应当在规定期间内向受理法院申报其具体地址及其联系方式。否则,被申请人将被宣告失踪、宣告死亡;

（二）凡知悉被申请人生存现状的人，应当在公告期间内将其所知道情况向受理法院报告。

第三百四十八条　人民法院受理宣告失踪、宣告死亡案件后，作出判决前，申请人撤回申请的，人民法院应当裁定终结案件，但其他符合法律规定的利害关系人加入程序要求继续审理的除外。

第一百八十六条　【宣告失踪与死亡案件的判决撤销】被宣告失踪、宣告死亡的公民重新出现，经本人或者利害关系人申请，人民法院应当作出新判决，撤销原判决。

第四节　认定公民无民事行为能力、限制民事行为能力案件

★第一百八十七条　【认定公民行为能力案件的申请与管辖】申请认定公民无民事行为能力或者限制民事行为能力，由其近亲属或者其他利害关系人向该公民住所地基层人民法院提出。

申请书应当写明该公民无民事行为能力或者限制民事行为能力的事实和根据。

◆相关法条
◇民诉解释

第三百四十九条　在诉讼中，当事人的利害关系人提出该当事人患有精神病，要求宣告该当事人无民事行为能力或者限制民事行为能力的，应由利害关系人向人民法院提出申请，由受诉人民法院按照特别程序立案审理，原诉讼中止。

第一百八十八条　【认定公民行为能力案件的鉴定】人民法院受理申请后，必要时应当对被请求认定为无民事行为能力或者限制民事行为能力的公民进行鉴定。申请人已提供鉴定意见的，应当对鉴定意见进行审查。

第一百八十九条　【认定公民行为能力案件的代理与判决】人民法院审理认定公民无民事行为能力或者限制民事行为能力的案件，应当由该公民的近亲属为代理人，但申请人除外。近亲属互相推诿的，由人民法院指定其中一人为代理人。该公民健康情况许可的，还应当询问本人的意见。

人民法院经审理认定申请有事实根据的，判决该公民为无民事行为能力或者限制民事行为能力人；认定申请没有事实根据的，应当判决予以驳回。

◆相关法条
◇民诉解释

第三百五十二条　申请认定公民无民事行为能力或者限制民事行为能力的案件，被申请人没有近亲属的，人民法院可以指定其他亲属为代理人。被申请人没有亲属的，人民法院可以指定经被申请人所在单位或者住所地的居民委员会、村民委员会同意，且愿意担任代理人的关系密切的朋友为代理人。

没有前款规定的代理人的，由被申请人所在单位或者住所地的居民委员会、村民委员会或者民政部门担任代理人。

代理人可以是一人，也可以是同一顺序中的两人。

第一百九十条　【认定公民行为能力案件的判决撤销】人民法院根据被认定为无民事行为能力、限制民事行为能力人或者他的监护人的申请，证实该公民无民事行为能力或者限制民事行为能力的原因已经消除的，应当作出新判决，撤销原判决。

◆相关法条
◇民诉解释

第三百五十一条　被指定的监护人不服指定，应当自接到通知之日起三十日内向人民法院提出异议。经审理，认为指定并无不当的，裁定驳回异议；指定不当的，判决撤销指定，同时另行指定监护人。判决书应当送达异议人、原指定单位及判决指定的监护人。

第五节　认定财产无主案件

★第一百九十一条　【认定财产无主案件的

申请与管辖】申请认定财产无主，由公民、法人或者其他组织向财产所在地基层人民法院提出。

申请书应当写明财产的种类、数量以及要求认定财产无主的根据。

第一百九十二条 【认定财产无主案件的公告与判决】 人民法院受理申请后，经审查核实，应当发出财产认领公告。公告满一年无人认领的，判决认定财产无主，收归国家或者集体所有。

◆ 相关法条
◇ 民诉解释

第三百五十条 认定财产无主案件，公告期间有人对财产提出请求的，人民法院应当裁定终结特别程序，告知申请人另行起诉，适用普通程序审理。

第一百九十三条 【撤销判决】 判决认定财产无主后，原财产所有人或者继承人出现，在民法通则规定的诉讼时效期间可以对财产提出请求，人民法院审查属实后，应当作出新判决，撤销原判决。

◆ 要点精解

1. 认定财产无主案件的管辖法院（本法第191条）。

2. 公告期间为1年（本法第192条）。

3. 认定海上财产无主案件的管辖法院（《海事诉讼法》第9条）。

4. 公告期间有人提出财产请求的处理：(1) 裁定终结特别程序；(2) 告知申请人另行起诉，按普通程序审理。

第六节 确认调解协议案件

第一百九十四条 【人民调解协议程序的申请与管辖】 申请司法确认调解协议，由双方当事人依照人民调解法等法律，自调解协议生效之日起三十日内，共同向调解组织所在地基层人民法院提出。

◆ 相关法条
◇ 民诉解释

第六十一条 当事人之间的纠纷经人民调解委员会调解达成协议后，一方当事人不履行调解协议，另一方当事人向人民法院提起诉讼的，应以对方当事人为被告。

第三百五十三条 申请司法确认调解协议的，双方当事人应当本人或者由符合民事诉讼法第五十八条规定的代理人向调解组织所在地基层人民法院或者人民法庭提出申请。

第三百五十四条 两个以上调解组织参与调解的，各调解组织所在地基层人民法院均有管辖权。

双方当事人可以共同向其中一个调解组织所在地基层人民法院提出申请；双方当事人共同向两个以上调解组织所在地基层人民法院提出申请的，由最先立案的人民法院管辖。

第三百五十五条 当事人申请司法确认调解协议，可以采用书面形式或者口头形式。当事人口头申请的，人民法院应当记入笔录，并由当事人签名、捺印或者盖章。

第三百五十六条 当事人申请司法确认调解协议，应当向人民法院提交调解协议、调解组织主持调解的证明，以及与调解协议相关的财产权利证明等材料，并提供双方当事人的身份、住所、联系方式等基本信息。

当事人未提交上述材料的，人民法院应当要求当事人限期补交。

◇ 人民调解法

第三十二条 经人民调解委员会调解达成调解协议后，当事人之间就调解协议的履行或者调解协议的内容发生争议的，一方当事人可以向人民法院提起诉讼。

第三十三条 经人民调解委员会调解达成调解协议后，双方当事人认为有必要的，可以自调解协议生效之日起三十日内共同向人民法院申请司法确认，人民法院应当及时对调解协议进行审查，依法确认调解协议的效力。

人民法院依法确认调解协议有效，一方当事人拒绝履行或者未全部履行的，对方当事人可以向人民法院申请强制执行。

人民法院依法确认调解协议无效的,当事人可以通过人民调解方式变更原调解协议或者达成新的调解协议,也可以向人民法院提起诉讼。

第一百九十五条 【人民调解协议程序的受理与裁定】人民法院受理申请后,经审查,符合法律规定的,裁定调解协议有效,一方当事人拒绝履行或者未全部履行的,对方当事人可以向人民法院申请执行;不符合法律规定的,裁定驳回申请,当事人可以通过调解方式变更原调解协议或者达成新的调解协议,也可以向人民法院提起诉讼。

◆ 相关法条
◇ 民诉解释

第三百五十七条 当事人申请司法确认调解协议,有下列情形之一的,人民法院裁定不予受理:

(一)不属于人民法院受理范围的;
(二)不属于收到申请的人民法院管辖的;
(三)申请确认婚姻关系、亲子关系、收养关系等身份关系无效、有效或者解除的;
(四)涉及适用其他特别程序、公示催告程序、破产程序审理的;
(五)调解协议内容涉及物权、知识产权确权的。

人民法院受理申请后,发现有上述不予受理情形的,应当裁定驳回当事人的申请。

第三百五十八条 人民法院审查相关情况时,应当通知双方当事人共同到场对案件进行核实。

人民法院经审查,认为当事人的陈述或者提供的证明材料不充分、不完备或者有疑义的,可以要求当事人限期补充陈述或者补充证明材料。必要时,人民法院可以向调解组织核实有关情况。

第三百五十九条 确认调解协议的裁定作出前,当事人撤回申请的,人民法院可以裁定准许。

当事人无正当理由未在限期内补充陈述、补充证明材料或者拒不接受询问的,人民法院可以按撤回申请处理。

第三百六十条 经审查,调解协议有下列情形之一的,人民法院应当裁定驳回申请:

(一)违反法律强制性规定的;
(二)损害国家利益、社会公共利益、他人合法权益的;
(三)违背公序良俗的;
(四)违反自愿原则的;
(五)内容不明确的;
(六)其他不能进行司法确认的情形。

◆ 司考真题
◇ 2015年卷3第45题(单项)

李云将房屋出售给王亮,后因合同履行发生争议,经双方住所地人民调解委员会调解,双方达成调解协议,明确王亮付清房款后,房屋的所有权归属王亮。为确保调解协议的效力,双方约定向法院提出司法确认申请,李云随即长期出差在外。下列哪一说法是正确的?

A. 本案系不动产交易,应向房屋所在地法院提出司法确认申请
B. 李云长期出差在外,王亮向法院提出确认申请,法院可受理
C. 李云出差两个月后,双方向法院提出确认申请,法院可受理
D. 本案的调解协议内容涉及物权确权,法院不予受理

答案:D

第七节 实现担保物权案件

第一百九十六条 【实现担保物权程序的申请与管辖】申请实现担保物权,由担保物权人以及其他有权请求实现担保物权的人依照物权法等法律,向担保财产所在地或者担保物权登记地基层人民法院提出。

◆ 相关法条
◇ 民诉解释

第三百六十一条 民事诉讼法第一百九

十六条规定的担保物权人,包括抵押权人、质权人、留置权人;其他有权请求实现担保物权的人,包括抵押人、出质人、财产被留置的债务人或者所有权人等。

第三百六十二条 实现票据、仓单、提单等有权利凭证的权利质权案件,可以由权利凭证持有人住所地人民法院管辖;无权利凭证的权利质权,由出质登记地人民法院管辖。

第三百六十三条 实现担保物权案件属于海事法院等专门人民法院管辖的,由专门人民法院管辖。

第三百六十四条 同一债权的担保物有多个且所在地不同,申请人分别向有管辖权的人民法院申请实现担保物权的,人民法院应当依法受理。

第三百六十五条 依照物权法第一百七十六条的规定,被担保的债权既有物的担保又有人的担保,当事人对实现担保物权的顺序有约定,实现担保物权的申请违反该约定的,人民法院裁定不予受理;没有约定或者约定不明的,人民法院应当受理。

第三百六十六条 同一财产上设立多个担保物权,登记在先的担保物权尚未实现的,不影响后顺位的担保物权人向人民法院申请实现担保物权。

第三百六十七条 申请实现担保物权,应当提交下列材料:

(一)申请书。申请书应当记明申请人、被申请人的姓名或者名称、联系方式等基本信息,具体的请求和事实、理由;

(二)证明担保物权存在的材料,包括主合同、担保合同、抵押登记证明或者他项权利证书,权利质权的权利凭证或者质权出质登记证明等;

(三)证明实现担保物权条件成就的材料;

(四)担保财产现状的说明;

(五)人民法院认为需要提交的其他材料。

第一百九十七条 【实现担保物权程序的受理与裁定】人民法院受理申请后,经审查,符合法律规定的,裁定拍卖、变卖担保财产,当事人依据该裁定可以向人民法院申请执行;不符合法律规定的,裁定驳回申请,当事人可以向人民法院提起诉讼。

◆相关法条
◇民诉解释

第三百六十八条 人民法院受理申请后,应当在五日内向被申请人送达申请书副本、异议权利告知书等文书。

被申请人有异议的,应当在收到人民法院通知后的五日内向人民法院提出,同时说明理由并提供相应的证据材料。

第三百六十九条 实现担保物权案件可以由审判员一人独任审查。担保财产标的额超过基层人民法院管辖范围的,应当组成合议庭进行审查。

第三百七十条 人民法院审查实现担保物权案件,可以询问申请人、被申请人、利害关系人,必要时可以依职权调查相关事实。

第三百七十一条 人民法院应当就主合同的效力、期限、履行情况,担保物权是否有效设立、担保财产的范围、被担保的债权范围、被担保的债权是否已届清偿期等担保物权实现的条件,以及是否损害他人合法权益等内容进行审查。

被申请人或者利害关系人提出异议的,人民法院应当一并审查。

第三百七十二条 人民法院审查后,按下列情形分别处理:

(一)当事人对实现担保物权无实质性争议且实现担保物权条件成就的,裁定准许拍卖、变卖担保财产;

(二)当事人对实现担保物权有部分实质性争议的,可以就无争议部分裁定准许拍卖、变卖担保财产;

(三)当事人对实现担保物权有实质性争议的,裁定驳回申请,并告知申请人向人民法院提起诉讼。

第三百七十三条 人民法院受理申请后,

申请人对担保财产提出保全申请的,可以按照民事诉讼法关于诉讼保全的规定办理。

第三百七十四条 适用特别程序作出的判决、裁定,当事人、利害关系人认为有错误的,可以向作出该判决、裁定的人民法院提出异议。人民法院经审查,异议成立或者部分成立的,作出新的判决、裁定撤销或者改变原判决、裁定;异议不成立的,裁定驳回。

对人民法院作出的确认调解协议、准许实现担保物权的裁定,当事人有异议的,应当自收到裁定之日起十五日内提出;利害关系人有异议的,自知道或者应当知道其民事权益受到侵害之日起六个月内提出。

第十六章 审判监督程序

第一百九十八条【**法院依职权提起再审**】各级人民法院院长对本院已经发生法律效力的判决、裁定、调解书,发现确有错误,认为需要再审的,应当提交审判委员会讨论决定。

最高人民法院对地方各级人民法院已经发生法律效力的判决、裁定、调解书,上级人民法院对下级人民法院已经发生法律效力的判决、裁定、调解书,发现确有错误的,有权提审或者指令下级人民法院再审。

◆相关法条
◇民诉解释

第三十八条 有管辖权的人民法院受理案件后,不得以行政区域变更为由,将案件移送给变更后有管辖权的人民法院。判决后的上诉案件和依审判监督程序提审的案件,由原审人民法院的上级人民法院进行审判;上级人民法院指令再审、发回重审的案件,由原审人民法院再审或者重审。

★**第一百九十九条**【**申请再审的主体及管辖**】当事人对已经发生法律效力的判决、裁定,认为有错误的,可以向上一级人民法院申请再审;当事人一方人数众多或者当事人双方为公民的案件,也可以向原审人民法院申请再审。当事人申请再审的,不停止判决、裁定的执行。

◆相关法条
◇民诉解释

第七十五条 民事诉讼法第五十三条、第五十四条和第一百九十九条规定的人数众多,一般指十人以上。

第三百七十六条 民事诉讼法第一百九十九条规定的人数众多的一方当事人,包括公民、法人和其他组织。

民事诉讼法第一百九十九条规定的当事人双方为公民的案件,是指原告和被告均为公民的案件。

第三百七十七条 当事人申请再审,应当提交下列材料:

(一)再审申请书,并按照被申请人和原审其他当事人的人数提交副本;

(二)再审申请人是自然人的,应当提交身份证明;再审申请人是法人或者其他组织的,应当提交营业执照、组织机构代码证书、法定代表人或者主要负责人身份证明书。委托他人代为申请的,应当提交授权委托书和代理人身份证明;

(三)原审判决书、裁定书、调解书;

(四)反映案件基本事实的主要证据及其他材料。

前款第二项、第三项、第四项规定的材料可以是与原件核对无异的复印件。

第三百七十八条 再审申请书应当记明下列事项:

(一)再审申请人与被申请人及原审其他当事人的基本信息;

(二)原审人民法院的名称,原审裁判文书案号;

(三)具体的再审请求;

(四)申请再审的法定情形及具体事实、理由。

再审申请书应当明确申请再审的人民法院,并由再审申请人签名、捺印或者盖章。

第三百七十九条 当事人一方人数众多

或者当事人双方为公民的案件,当事人分别向原审人民法院和上一级人民法院申请再审且不能协商一致的,由原审人民法院受理。

第三百七十五条 当事人死亡或者终止的,其权利义务承继者可以根据民事诉讼法第一百九十九条、第二百零一条的规定申请再审。

判决、调解书生效后,当事人将判决、调解书确认的债权转让,债权受让人对该判决、调解书不服申请再审的,人民法院不予受理。

第二百四十二条 一审宣判后,原审人民法院发现判决有错误,当事人在上诉期内提出上诉的,原审人民法院可以提出原判决有错误的意见,报送第二审人民法院,由第二审人民法院按照第二审程序进行审理;当事人不上诉的,按照审判监督程序处理。

第四百二十二条 必须共同进行诉讼的当事人因不能归责于本人或者其诉讼代理人的事由未参加诉讼的,可以根据民事诉讼法第二百条第八项规定,自知道或者应当知道之日起六个月内申请再审,但符合本解释第四百二十三条规定情形的除外。

人民法院因前款规定的当事人申请而裁定再审,按照第一审程序再审的,应当追加其为当事人,作出新的判决、裁定;按照第二审程序再审,经调解不能达成协议的,应当撤销原判决、裁定,发回重审,重审时应追加其为当事人。

第四百二十三条 根据民事诉讼法第二百二十七条规定,案外人对驳回其执行异议的裁定不服,认为原判决、裁定、调解书内容错误损害其民事权益的,可以自执行异议裁定送达之日起六个月内,向作出原判决、裁定、调解书的人民法院申请再审。

第四百二十四条 根据民事诉讼法第二百二十七条规定,人民法院裁定再审后,案外人属于必要的共同诉讼当事人的,依照本解释第四百二十二条第二款规定处理。

案外人不是必要的共同诉讼当事人的,人民法院仅审理原判决、裁定、调解书对其民事权益造成损害的内容。经审理,再审请求成立的,撤销或者改变原判决、裁定、调解书;再审请求不成立的,维持原判决、裁定、调解书。

◆ **司考真题**
◇ **2015年卷3第46题(单项)**

周立诉孙华人身损害赔偿案,一审法院适用简易程序审理,电话通知双方当事人开庭,孙华无故未到庭,法院缺席判决孙华承担赔偿周立医疗费。判决书生效后,周立申请强制执行,执行程序开始,孙华向一审法院提出再审申请。法院裁定再审,未裁定中止原判决的执行。关于本案,下列哪一说法是正确的?

A. 法院电话通知当事人开庭是错误的

B. 孙华以法院未传票通知其开庭即缺席判决为由,提出再审申请是符合法律规定的

C. 孙华应向二审法院提出再审申请,而不可向原一审法院申请再审

D. 法院裁定再审,未裁定中止原判决的执行是错误的

答案:B

★ **第二百条** 【当事人申请再审的事由】当事人的申请符合下列情形之一的,人民法院应当再审:

(一)有新的证据,足以推翻原判决、裁定的;

(二)原判决、裁定认定的基本事实缺乏证据证明的;

(三)原判决、裁定认定事实的主要证据是伪造的;

(四)原判决、裁定认定事实的主要证据未经质证的;

(五)对审理案件需要的主要证据,当事人因客观原因不能自行收集,书面申请人民法院调查收集,人民法院未调查收集的;

(六)原判决、裁定适用法律确有错误的;

(七)审判组织的组成不合法或者依法应当回避的审判人员没有回避的;

(八)无诉讼行为能力人未经法定代理人代为诉讼或者应当参加诉讼的当事人,因不能

归责于本人或者其诉讼代理人的事由,未参加诉讼的;

(九)违反法律规定,剥夺当事人辩论权利的;

(十)未经传票传唤,缺席判决的;

(十一)原判决、裁定遗漏或者超出诉讼请求的;

(十二)据以作出原判决、裁定的法律文书被撤销或者变更的。

(十三)审判人员审理该案件时有贪污受贿,徇私舞弊,枉法裁判行为的。

◆ 相关法条
◇ 民诉解释

第三百八十七条 再审申请人提供的新的证据,能够证明原判决、裁定认定基本事实或者裁判结果错误的,应当认定为民事诉讼法第二百条第一项规定的情形。

对于符合前款规定的证据,人民法院应当责令再审申请人说明其逾期提供该证据的理由;拒不说明理由或者理由不成立的,依照民事诉讼法第六十五条第二款和本解释第一百零二条的规定处理。

第三百八十八条 再审申请人证明其提交的新的证据符合下列情形之一的,可以认定逾期提供证据的理由成立:

(一)在原审庭审结束前已经存在,因客观原因于庭审结束后才发现的;

(二)在原审庭审结束前已经发现,但因客观原因无法取得或者在规定的期限内不能提供的;

(三)在原审庭审结束后形成,无法据此另行提起诉讼的。

再审申请人提交的证据在原审中已经提供,原审人民法院未组织质证且未作为裁判根据的,视为逾期提供证据的理由成立,但原审人民法院依照民事诉讼法第六十五条规定不予采纳的除外。

第三百八十九条 当事人对原判决、裁定认定事实的主要证据在原审中拒绝发表质证意见或者质证中未对证据发表质证意见的,不属于民事诉讼法第二百条第四项规定的未经质证的情形。

第三百九十条 有下列情形之一,导致判决、裁定结果错误的,应当认定为民事诉讼法第二百条第六项规定的原判决、裁定适用法律确有错误:

(一)适用的法律与案件性质明显不符的;

(二)确定民事责任明显违背当事人约定或者法律规定的;

(三)适用已经失效或者尚未施行的法律的;

(四)违反法律溯及力规定的;

(五)违反法律适用规则的;

(六)明显违背立法原意的。

第四百二十二条 必须共同进行诉讼的当事人因不能归责于本人或者其诉讼代理人的事由未参加诉讼的,可以根据民事诉讼法第二百条第八项规定,自知道或者应当知道之日起六个月内申请再审,但符合本解释第四百二十三条规定情形的除外。

人民法院因前款规定的当事人申请而裁定再审,按照第一审程序再审的,应当追加其为当事人,作出新的判决、裁定;按照第二审程序再审,经调解不能达成协议的,应当撤销原判决、裁定,发回重审,重审时应追加其为当事人。

第四百二十三条 根据民事诉讼法第二百二十七条规定,案外人对驳回其执行异议的裁定不服,认为原判决、裁定、调解书内容错误损害其民事权益的,可以自执行异议裁定送达之日起六个月内,向作出原判决、裁定、调解书的人民法院申请再审。

第四百二十四条 根据民事诉讼法第二百二十七条规定,人民法院裁定再审后,案外人属于必要的共同诉讼当事人的,依照本解释第四百二十二条第二款规定处理。

案外人不是必要的共同诉讼当事人的,人民法院仅审理原判决、裁定、调解书对其民事权益造成损害的内容。经审理,再审请求成立的,撤销或者改变原判决、裁定、调解书;再审请求不成立的,维持原判决、裁定、调解书。

第三百九十一条 原审开庭过程中有下列情形之一的,应当认定为民事诉讼法第二百条第九项规定的剥夺当事人辩论权利:
(一)不允许当事人发表辩论意见的;
(二)应当开庭审理而未开庭审理的;
(三)违反法律规定送达起诉状副本或者上诉状副本,致使当事人无法行使辩论权利的;
(四)违法剥夺当事人辩论权利的其他情形。

第三百九十二条 民事诉讼法第二百条第十一项规定的诉讼请求,包括一审诉讼请求、二审上诉请求,但当事人未对一审判决、裁定遗漏或者超出诉讼请求提起上诉的除外。

第三百九十三条 民事诉讼法第二百条第十二项规定的法律文书包括:
(一)发生法律效力的判决书、裁定书、调解书;
(二)发生法律效力的仲裁裁决书;
(三)具有强制执行效力的公证债权文书。

第三百九十四条 民事诉讼法第二百条第十三项规定的审判人员审理该案件时有贪污受贿、徇私舞弊、枉法裁判行为,是指已经由生效刑事法律文书或者纪律处分决定所确认的行为。

◆ 司考真题
◇ 2015年卷3第46题(单项)
周立诉孙华人身损害赔偿案,一审法院适用简易程序审理,电话通知双方当事人开庭,孙华无故未到庭,法院缺席判决孙华承担赔偿周立医疗费。判决书生效后,周立申请强制执行,执行程序开始,孙华向一审法院提出再审申请。法院裁定再审,未裁定中止原判决的执行。关于本案,下列哪一说法是正确的?
A.法院电话通知当事人开庭是错误的
B.孙华以法院未传票通知其开庭即缺席判决为由,提出再审申请是符合法律规定的
C.孙华应向二审法院提出再审申请,而不可向原一审法院申请再审
D.法院裁定再审,未裁定中止原判决的执行是错误的
答案:B

★ 第二百零一条 【对调解书申请再审】当事人对已经发生法律效力的调解书,提出证据证明调解违反自愿原则或者调解协议的内容违反法律的,可以申请再审。经人民法院审查属实的,应当再审。

◆ 相关法条
◇ 民诉解释
第三百八十四条 当事人对已经发生法律效力的调解书申请再审,应当在调解书发生法律效力后六个月内提出。

第四百零九条 人民法院对调解书裁定再审后,按照下列情形分别处理:
(一)当事人提出的调解违反自愿原则的事由不成立,且调解书的内容不违反法律强制性规定的,裁定驳回再审申请;
(二)人民检察院抗诉或者再审检察建议所主张的损害国家利益、社会公共利益的理由不成立的,裁定终结再审程序。
前款规定情形,人民法院裁定中止执行的调解书需要继续执行的,自动恢复执行。

第二百零二条 【不得申请再审的案件】当事人对已经发生法律效力的解除婚姻关系的判决、调解书,不得申请再审。

◆ 相关法条
◇ 民诉解释
第三百八十条 适用特别程序、督促程序、公示催告程序、破产程序等非讼程序审理的案件,当事人不得申请再审。

第三百八十一条 当事人认为发生法律效力的不予受理、驳回起诉的裁定错误的,可以申请再审。

第三百八十二条 当事人就离婚案件中的财产分割问题申请再审,如涉及判决中已分

割的财产,人民法院应当依照民事诉讼法第二百条的规定进行审查,符合再审条件的,应当裁定再审;如涉及判决中未作处理的夫妻共同财产,应当告知当事人另行起诉。

第三百八十三条 当事人申请再审,有下列情形之一的,人民法院不予受理:

（一）再审申请被驳回后再次提出申请的；

（二）对再审判决、裁定提出申请的；

（三）在人民检察院对当事人的申请作出不予提出再审检察建议或者抗诉决定后又提出申请的。

前款第一项、第二项规定情形,人民法院应当告知当事人可以向人民检察院申请再审检察建议或者抗诉,但因人民检察院提出再审检察建议或者抗诉而再审作出的判决、裁定除外。

第四百零一条 人民法院准许撤回再审申请或者按撤回再审申请处理后,再审申请人再次申请再审的,不予受理,但有民事诉讼法第二百条第一项、第三项、第十二项、第十三项规定情形,自知道或者应当知道之日起六个月内提出的除外。

★**第二百零三条** 【申请再审的诉讼文书】当事人申请再审的,应当提交再审申请书等材料。人民法院应当自收到再审申请书之日起五日内将再审申请书副本发送对方当事人。对方当事人应当自收到再审申请书副本之日起十五日内提交书面意见;不提交书面意见的,不影响人民法院审查。人民法院可以要求申请人和对方当事人补充有关材料,询问有关事项。

◆**相关法条**

◇民诉解释

第三百八十五条 人民法院应当自收到符合条件的再审申请书等材料之日起五日内向再审申请人发送受理通知书,并向被申请人及原审其他当事人发送应诉通知书、再审申请书副本等材料。

第二百零四条 【对再审申请的审查和再审法院的管辖】人民法院应当自收到再审申请书之日起三个月内审查,符合本法规定的,裁定再审;不符合本法规定的,裁定驳回申请。有特殊情况需要延长的,由本院院长批准。

因当事人申请裁定再审的案件由中级人民法院以上的人民法院审理,但当事人依照本法第一百九十九条的规定选择向基层人民法院申请再审的除外。最高人民法院、高级人民法院裁定再审的案件,由本院再审或者交其他人民法院再审,也可以交原审人民法院再审。

◆**相关法条**

◇民诉解释

第三百八十六条 人民法院受理申请再审案件后,应当依照民事诉讼法第二百条、第二百零一条、第二百零四条等规定,对当事人主张的再审事由进行审查。

第三百九十五条 当事人主张的再审事由成立,且符合民事诉讼法和本解释规定的申请再审条件的,人民法院应当裁定再审。

当事人主张的再审事由不成立,或者当事人申请再审超过法定申请再审期限、超出法定再审事由范围等不符合民事诉讼法和本解释规定的申请再审条件的,人民法院应当裁定驳回再审申请。

第三百九十七条 人民法院根据审查案件的需要决定是否询问当事人。新的证据可能推翻原判决、裁定的,人民法院应当询问当事人。

第三百九十八条 审查再审申请期间,被申请人及原审其他当事人依法提出再审申请的,人民法院应当将其列为再审申请人,对其再审事由一并审查,审查期限重新计算。经审查,其中一方再审申请人主张的再审事由成立的,应当裁定再审。各方再审申请人主张的再审事由均不成立的,一并裁定驳回再审申请。

第三百九十九条 审查再审申请期间,再审申请人申请人民法院委托鉴定、勘验的,人民法院不予准许。

第四百条 审查再审申请期间,再审申请

人撤回再审申请的，是否准许，由人民法院裁定。

再审申请人经传票传唤，无正当理由拒不接受询问的，可以按撤回再审申请处理。

第四百零二条 再审申请审查期间，有下列情形之一的，裁定终结审查：

（一）再审申请人死亡或者终止，无权利义务承继者或者权利义务承继者声明放弃再审申请的；

（二）在给付之诉中，负有给付义务的被申请人死亡或者终止，无可供执行的财产，也没有应当承担义务的人的；

（三）当事人达成和解协议且已履行完毕的，但当事人在和解协议中声明不放弃申请再审权利的除外；

（四）他人未经授权以当事人名义申请再审的；

（五）原审或者上一级人民法院已经裁定再审的；

（六）有本解释第三百八十三条第一款规定情形的。

◇ 指令再审和发回重审规定

第一条 上级人民法院应当严格依照民事诉讼法第二百条等规定审查当事人的再审申请，符合法定条件的，裁定再审。不得因指令再审而降低再审启动标准，也不得因当事人反复申诉将依法不应当再审的案件指令下级人民法院再审。

第二条 因当事人申请裁定再审的案件一般应当由裁定再审的人民法院审理。有下列情形之一的，最高人民法院、高级人民法院可以指令原审人民法院再审：

（一）依据民事诉讼法第二百条第（四）项、第（五）项或者第（九）项裁定再审的；

（二）发生法律效力的判决、裁定、调解书是由第一审法院作出的；

（三）当事人一方人数众多或者当事人双方为公民的；

（四）经审判委员会讨论决定的其他情形。

人民检察院提出抗诉的案件，由接受抗诉的人民法院审理，具有民事诉讼法第二百条第（一）至第（五）项规定情形之一的，可以指令原审人民法院再审。

人民法院依据民事诉讼法第一百九十八条第二款裁定再审的，应当提审。

第三条 虽然符合本规定第二条可以指令再审的条件，但有下列情形之一的，应当提审：

（一）原判决、裁定系经原审人民法院再审审理后作出的；

（二）原判决、裁定系经原审人民法院审判委员会讨论作出的；

（三）原审审判人员在审理该案件时有贪污受贿，徇私舞弊，枉法裁判行为的；

（四）原审人民法院对该案无再审管辖权的；

（五）需要统一法律适用或裁量权行使标准的；

（六）其他不宜指令原审人民法院再审的情形。

第四条 人民法院按照第二审程序审理再审案件，发现原判决认定基本事实不清的，一般应当通过庭审认定事实后依法作出判决。但原审人民法院未对基本事实进行过审理的，可以裁定撤销原判决，发回重审。原判决认定事实错误的，上级人民法院不得以基本事实不清为由裁定发回重审。

第五条 人民法院按照第二审程序审理再审案件，发现第一审人民法院有下列严重违反法定程序情形之一的，可以依照民事诉讼法第一百七十条第一款第（四）项的规定，裁定撤销原判决，发回第一审人民法院重审：

（一）原判决遗漏必须参加诉讼的当事人的；

（二）无诉讼行为能力人未经法定代理人代为诉讼，或者应当参加诉讼的当事人，因不能归责于本人或者其诉讼代理人的事由，未参加诉讼的；

（三）未经合法传唤缺席判决，或者违反法律规定剥夺当事人辩论权利的；

（四）审判组织的组成不合法或者依法应当回避的审判人员没有回避的；

（五）原判决、裁定遗漏诉讼请求的。

第六条　上级人民法院裁定指令再审、发回重审的，应当在裁定书中阐明指令再审或者发回重审的具体理由。

第七条　再审案件应当围绕申请人的再审请求进行审理和裁判。对方当事人在再审庭审辩论终结前也提出再审请求的，应一并审理和裁判。当事人的再审请求超出原审诉讼请求的不予审理，构成另案诉讼的应告知当事人可以提起新的诉讼。

第八条　再审发回重审的案件，应当围绕当事人原诉讼请求进行审理。当事人申请变更、增加诉讼请求和提出反诉的，按照《最高人民法院关于适用〈中华人民共和国民事诉讼法〉的解释》第二百五十二条的规定审查决定是否准许。当事人变更其在原审中的诉讼主张、质证及辩论意见的，应说明理由并提交相应的证据，理由不成立或证据不充分的，人民法院不予支持。

★**第二百零五条**　【申请再审的期限】当事人申请再审，应当在判决、裁定发生法律效力后六个月内提出；有本法第二百条第一项、第三项、第十二项、第十三项规定情形的，自知道或者应当知道之日起六个月内提出。

◆**相关法条**
◇**民诉解释**

第三百八十四条　当事人对已经发生法律效力的调解书申请再审，应当在调解书发生法律效力后六个月内提出。

第四百零五条第二款　被申请人及原审其他当事人在庭审辩论结束前提出的再审请求，符合民事诉讼法第二百零五条规定的，人民法院应当一并审理。

第四百二十二条　必须共同进行诉讼的当事人因不能归责于本人或者其诉讼代理人的事由未参加诉讼的，可以根据民事诉讼法第二百条第八项规定，自知道或者应当知道之日起六个月内申请再审，但符合本解释第四百二十三条规定情形的除外。

人民法院因前款规定的当事人申请而裁定再审，按照第一审程序再审的，应当追加其为当事人，作出新的判决、裁定；按照第二审程序再审，经调解不能达成协议的，应当撤销原判决、裁定，发回重审，重审时应追加其为当事人。

第四百二十三条　根据民事诉讼法第二百二十七条规定，案外人对驳回其执行异议的裁定不服，认为原判决、裁定、调解书内容错误损害其民事权益的，可以自执行异议裁定送达之日起六个月内，向作出原判决、裁定、调解书的人民法院申请再审。

第二百零六条　【再审与执行的竞合】按照审判监督程序决定再审的案件，裁定中止原判决、裁定、调解书的执行，但追索赡养费、扶养费、抚育费、抚恤金、医疗费用、劳动报酬等案件，可以不中止执行。

◆**相关法条**
◇**民诉解释**

第三百九十六条　人民法院对已经发生法律效力的判决、裁定、调解书依法决定再审，依照民事诉讼法第二百零六条规定，需要中止执行的，应当在再审裁定中同时写明中止原判决、裁定、调解书的执行；情况紧急的，可以将中止执行裁定口头通知负责执行的人民法院，并在通知后十日内发出裁定书。

第四百零九条　人民法院对调解书裁定再审后，按照下列情形分别处理：

（一）当事人提出的调解违反自愿原则的事由不成立，且调解书的内容不违反法律强制性规定的，裁定驳回再审申请；

（二）人民检察院抗诉或者再审检察建议所主张的损害国家利益、社会公共利益的理由不成立的，裁定终结再审程序。

前款规定情形，人民法院裁定中止执行的调解书需要继续执行的，自动恢复执行。

◆司考真题
◇2015年卷3第46题(单项)

周立诉孙华人身损害赔偿案，一审法院适用简易程序审理，电话通知双方当事人开庭，孙华无故未到庭，法院缺席判决孙华承担赔偿周立医疗费。判决书生效后，周立申请强制执行，执行程序开始，孙华向一审法院提出再审申请。法院裁定再审，未裁定中止原判决的执行。关于本案，下列哪一说法是正确的？

A．法院电话通知当事人开庭是错误的
B．孙华以法院未传票通知其开庭即缺席判决为由，提出再审申请是符合法律规定的
C．孙华应向二审法院提出再审申请，而不可向原一审法院申请再审
D．法院裁定再审，未裁定中止原判决的执行是错误的

答案：B

★**第二百零七条 【再审审理程序】**人民法院按照审判监督程序再审的案件，发生法律效力的判决、裁定是由第一审法院作出的，按照第一审程序审理，所作的判决、裁定，当事人可以上诉；发生法律效力的判决、裁定是由第二审法院作出的，按照第二审程序审理，所作的判决、裁定，是发生法律效力的判决、裁定；上级人民法院按照审判监督程序提审的，按照第二审程序审理，所作的判决、裁定是发生法律效力的判决、裁定。

人民法院审理再审案件，应当另行组成合议庭。

◆相关法条
◇民诉解释

第四百零三条 人民法院审理再审案件应当组成合议庭开庭审理，但按照第二审程序审理，有特殊情况或者双方当事人已经通过其他方式充分表达意见，且书面同意不开庭审理的除外。

符合缺席判决条件的，可以缺席判决。

第四百零四条 人民法院开庭审理再审案件，应当按照下列情形分别进行：

（一）因当事人申请再审的，先由再审申请人陈述再审请求及理由，后由被申请人答辩、其他原审当事人发表意见；

（二）因抗诉再审的，先由抗诉机关宣读抗诉书，再由申请抗诉的当事人陈述，后由被申请人答辩、其他原审当事人发表意见；

（三）人民法院依职权再审，有申诉人的，先由申诉人陈述再审请求及理由，后由被申请人答辩、其他原审当事人发表意见；

（四）人民法院依职权再审，没有申诉人的，先由原审原告或者原审上诉人陈述，后由原审其他当事人发表意见。

对前款第一项至第三项规定的情形，人民法院应当要求当事人明确其再审请求。

第四百零五条 人民法院审理再审案件应当围绕再审请求进行。当事人的再审请求超出原审诉讼请求的，不予审理；符合另案诉讼条件的，告知当事人可以另行起诉。

被申请人及原审其他当事人在庭审辩论结束前提出的再审请求，符合民事诉讼法第二百零五条规定的，人民法院应当一并审理。

人民法院经再审，发现已经发生法律效力的判决、裁定损害国家利益、社会公共利益、他人合法权益的，应当一并审理。

第四百零六条 再审审理期间，有下列情形之一的，可以裁定终结再审程序：

（一）再审申请人在再审期间撤回再审请求，人民法院准许的；

（二）再审申请人经传票传唤，无正当理由拒不到庭，或者未经法庭许可中途退庭，按撤回再审请求处理的；

（三）人民检察院撤回抗诉的；

（四）有本解释第四百零二条第一项至第四项规定情形的。

因人民检察院提出抗诉裁定再审的案件，申请抗诉的当事人有前款规定的情形，且不损害国家利益、社会公共利益或者他人合法权益的，人民法院应当裁定终结再审程序。

再审程序终结后，人民法院裁定中止执行的原生效判决自动恢复执行。

第四百零七条 人民法院经再审审理认为,原判决、裁定认定事实清楚、适用法律正确的,应予维持;原判决、裁定认定事实、适用法律虽有瑕疵,但裁判结果正确的,应当在再审判决、裁定中纠正瑕疵后予以维持。

原判决、裁定认定事实、适用法律错误,导致裁判结果错误的,应当依法改判、撤销或者变更。

第四百零八条 按照第二审程序再审的案件,人民法院经审理认为不符合民事诉讼法规定的起诉条件或者符合民事诉讼法第一百二十四条规定不予受理情形的,应当裁定撤销一、二审判决,驳回起诉。

第四百零九条 人民法院对调解书裁定再审后,按照下列情形分别处理:

(一)当事人提出的调解违反自愿原则的事由不成立,且调解书的内容不违反法律强制性规定的,裁定驳回再审申请;

(二)人民检察院抗诉或者再审检察建议所主张的损害国家利益、社会公共利益的理由不成立的,裁定终结再审程序。

前款规定情形,人民法院裁定中止执行的调解书需要继续执行的,自动恢复执行。

第二百五十二条 再审裁定撤销原判决、裁定发回重审的案件,当事人申请变更、增加诉讼请求或者提出反诉,符合下列情形之一的,人民法院应当准许:

(一)原审未合法传唤缺席判决,影响当事人行使诉讼权利的;

(二)追加新的诉讼当事人的;

(三)诉讼标的物灭失或者发生变化致使原诉讼请求无法实现的;

(四)当事人申请变更、增加的诉讼请求或者提出的反诉,无法通过另诉解决的。

第四百一十条 一审原告在再审审理程序中申请撤回起诉,经其他当事人同意,且不损害国家利益、社会公共利益、他人合法权益的,人民法院可以准许。裁定准许撤诉的,应当一并撤销原判决。

一审原告在再审审理程序中撤回起诉后重复起诉的,人民法院不予受理。

第四百一十一条 当事人提交新的证据致使再审改判,因再审申请人或者申请检察监督当事人的过错未能在原审程序中及时举证,被申请人等当事人请求补偿其增加的交通、住宿、就餐、误工等必要费用的,人民法院应予支持。

第四百一十二条 部分当事人到庭并达成调解协议,其他当事人未作出书面表示的,人民法院应当在判决中对该事实作出表述;调解协议内容不违反法律规定,且不损害其他当事人合法权益的,可以在判决主文中予以确认。

第四百二十五条 本解释第三百四十条规定适用于审判监督程序。

第三百四十条 第二审人民法院宣告判决可以自行宣判,也可以委托原审人民法院或者当事人所在地人民法院代行宣判。

◇指令再审和发回重审规定

第八条 再审发回重审的案件,应当围绕当事人原诉讼请求进行审理。当事人申请变更、增加诉讼请求和提出反诉的,按照《最高人民法院关于适用〈中华人民共和国民事诉讼法〉的解释》第二百五十二条的规定审查决定是否准许。当事人变更其在原审中的诉讼主张、质证及辩论意见的,应说明理由并提交相应的证据,理由不成立或证据不充分的,人民法院不予支持。

◇审限规定

第四条第二款 裁定再审的民事、行政案件,根据再审适用的不同程序,分别执行第一审或第二审审理期限的规定。

★**第二百零八条 【检察院提起抗诉和检察建议】**最高人民检察院对各级人民法院已经发生法律效力的判决、裁定,上级人民检察院对下级人民法院已经发生法律效力的判决、裁定,发现有本法第二百条规定情形之一的,或者发现调解书损害国家利益、社会公共利益的,应当提出抗诉。

地方各级人民检察院对同级人民法院已

经发生法律效力的判决、裁定,发现有本法第二百条规定情形之一的,或者发现调解书损害国家利益、社会公共利益的,可以向同级人民法院提出检察建议,并报上级人民检察院备案;也可以提请上级人民检察院向同级人民法院提出抗诉。

各级人民检察院对审判监督程序以外的其他审判程序中审判人员的违法行为,有权向同级人民法院提出检察建议。

◆ **相关法条**
◇ **民诉解释**

第四百一十三条 人民检察院依法对损害国家利益、社会公共利益的发生法律效力的判决、裁定、调解书提出抗诉的,或者经人民检察院检察委员会讨论决定提出再审检察建议的,人民法院应予受理。

第四百一十四条 人民检察院对已经发生法律效力的判决以及不予受理、驳回起诉的裁定依法提出抗诉的,人民法院应予受理,但适用特别程序、督促程序、公示催告程序、破产程序以及解除婚姻关系的判决、裁定等不适用审判监督程序的判决、裁定除外。

第四百零九条 人民法院对调解书裁定再审后,按照下列情形分别处理:

(一)当事人提出的调解违反自愿原则的事由不成立,且调解书的内容不违反法律强制性规定的,裁定驳回再审申请;

(二)人民检察院抗诉或者再审检察建议所主张的损害国家利益、社会公共利益的理由不成立的,裁定终结再审程序。

前款规定情形,人民法院裁定中止执行的调解书需要继续执行的,自动恢复执行。

◇ **民事诉讼监督规则**

第七十六条 人民检察院发现人民法院已经发生法律效力的民事判决、裁定有《中华人民共和国民事诉讼法》第二百条规定情形之一的,依法向人民法院提出再审检察建议或者抗诉。

第七十七条 人民检察院发现民事调解书损害国家利益、社会公共利益的,依法向人民法院提出再审检察建议或者抗诉。

第七十八条 下列证据,应当认定为《中华人民共和国民事诉讼法》第二百条第一项规定的"新的证据":

(一)原审庭审结束前已客观存在但庭审结束后新发现的证据;

(二)原审庭审结束前已经发现,但因客观原因无法取得或者在规定的期限内不能提供的证据;

(三)原审庭审结束后原作出鉴定意见、勘验笔录者重新鉴定、勘验,推翻原意见的证据;

(四)当事人在原审中提供的,原审未予质证、认证,但足以推翻原判决、裁定的主要证据。

第七十九条 有下列情形之一的,应当认定为《中华人民共和国民事诉讼法》第二百条第二项规定的"认定的基本事实缺乏证据证明":

(一)认定的基本事实没有证据支持,或者认定的基本事实所依据的证据虚假、缺乏证明力的;

(二)认定的基本事实所依据的证据不合法的;

(三)对基本事实的认定违反逻辑推理或者日常生活法则的;

(四)认定的基本事实缺乏证据证明的其他情形。

第八十条 有下列情形之一的,应当认定为《中华人民共和国民事诉讼法》第二百条第六项规定的"适用法律确有错误":

(一)适用的法律与案件性质明显不符的;

(二)认定法律关系主体、性质或者法律行为效力错误的;

(三)确定民事责任明显违背当事人有效约定或者法律规定的;

(四)适用的法律已经失效或者尚未施行的;

(五)违反法律溯及力规定的;

(六)违反法律适用规则的;

(七)适用法律明显违背立法本意的;

(八)适用诉讼时效规定错误的;
(九)适用法律错误的其他情形。

第八十一条 有下列情形之一的,应当认定为《中华人民共和国民事诉讼法》第二百条第七项规定为"审判组织的组成不合法":
(一)应当组成合议庭审理的案件独任审判的;
(二)人民陪审员参与第二审案件审理的;
(三)再审、发回重审的案件没有另行组成合议庭的;
(四)审理案件的人员不具有审判资格的;
(五)审判组织或者人员不合法的其他情形。

第八十二条 有下列情形之一的,应当认定为《中华人民共和国民事诉讼法》第二百条第九项规定的"违反法律规定,剥夺当事人辩论权利":
(一)不允许或者严重限制当事人行使辩论权利的;
(二)应当开庭审理而未开庭审理的;
(三)违反法律规定送达起诉状副本或者上诉状副本,致使当事人无法行使辩论权利的;
(四)违法剥夺当事人辩论权利的其他情形。

第八十三条 地方各级人民检察院发现同级人民法院已经发生法律效力的民事判决、裁定有下列情形之一的,可以向同级人民法院提出再审检察建议:
(一)有新的证据,足以推翻原判决、裁定的;
(二)原判决、裁定认定的基本事实缺乏证据证明的;
(三)原判决、裁定认定事实的主要证据是伪造的;
(四)原判决、裁定认定事实的主要证据未经质证的;
(五)对审理案件需要的主要证据,当事人因客观原因不能自行收集,书面申请人民法院调查收集,人民法院未调查收集的;

(六)审判组织的组成不合法或者依法应当回避的审判人员没有回避的;
(七)无诉讼行为能力人未经法定代理人代为诉讼或者应当参加诉讼的当事人,因不能归责于本人或者其诉讼代理人的事由,未参加诉讼的;
(八)违反法律规定,剥夺当事人辩论权利的;
(九)未经传票传唤,缺席判决的;
(十)原判决、裁定遗漏或者超出诉讼请求的;
(十一)据以作出原判决、裁定的法律文书被撤销或者变更的。

第八十四条 符合本规则第八十三条规定的案件有下列情形之一的,地方各级人民检察院应当提请上一级人民检察院抗诉:
(一)判决、裁定是经同级人民法院再审后作出的;
(二)判决、裁定是经同级人民法院审判委员会讨论作出的;
(三)其他不适宜由同级人民法院再审纠正的。

第八十五条 地方各级人民检察院发现同级人民法院已经发生法律效力的民事判决、裁定具有下列情形之一的,应当提请上一级人民检察院抗诉:
(一)原判决、裁定适用法律确有错误的;
(二)审判人员在审理该案件时有贪污受贿、徇私舞弊、枉法裁判行为的。

第八十六条 地方各级人民检察院发现民事调解书损害国家利益、社会公共利益的,可以向同级人民法院提出再审检察建议,也可以提请上一级人民检察院抗诉。

第八十七条 对人民法院已经采纳再审检察建议进行再审的案件,提出再审检察建议的人民检察院一般不得再向上级人民检察院提请抗诉。

第八十八条 人民检察院提出再审检察建议,应当制作《再审检察建议书》,在决定提出再审检察建议之日起十五日内将《再审检察建议书》连同案件卷宗移送同级人民法院，并制作决定提出再审检察建议的《通知书》，发送当事人。

人民检察院提出再审检察建议，应当经本院检察委员会决定，并将《再审检察建议书》报上一级人民检察院备案。

第八十九条　人民检察院提请抗诉，应当制作《提请抗诉报告书》，在决定提请抗诉之日起十五日内将《提请抗诉报告书》连同案件卷宗报送上一级人民检察院，并制作决定提请抗诉的《通知书》，发送当事人。

第九十条　人民检察院认为当事人的监督申请不符合提出再审检察建议或者提请抗诉条件的，应当作出不支持监督申请的决定，并在决定之日起十五日内制作《不支持监督申请决定书》，发送当事人。

第九十一条　最高人民检察院对各级人民法院已经发生法律效力的民事判决、裁定、调解书，上级人民检察院对下级人民法院已经发生法律效力的民事判决、裁定、调解书，发现有《中华人民共和国民事诉讼法》第二百条、第二百零八条规定情形的，应当向同级人民法院提出抗诉。

第九十二条　人民检察院提出抗诉，应当制作《抗诉书》，在决定抗诉之日起十五日内将《抗诉书》连同案件卷宗移送同级人民法院，并制作决定抗诉的《通知书》，发送当事人。

第九十三条　人民检察院认为当事人的监督申请不符合抗诉条件的，应当作出不支持监督申请的决定，并在决定之日起十五日内制作《不支持监督申请决定书》，发送当事人。下级人民检察院提请抗诉的案件，上级人民检察院可以委托提请抗诉的人民检察将《不支持监督申请决定书》发送当事人。

第九十七条　《中华人民共和国民事诉讼法》第二百零八条第三款规定的审判程序包括：

（一）第一审普通程序；

（二）简易程序；

（三）第二审程序；

（四）特别程序；

（五）审判监督程序；

（六）督促程序；

（七）公示催告程序；

（八）海事诉讼特别程序；

（九）破产程序。

第九十八条　《中华人民共和国民事诉讼法》第二百零八条第三款的规定适用于法官、人民陪审员、书记员。

第九十九条　人民检察院发现同级人民法院民事审判程序中有下列情形之一的，应当向同级人民法院提出检察建议：

（一）判决、裁定确有错误，但不适用再审程序纠正的；

（二）调解违反自愿原则或者调解协议的内容违反法律的；

（三）符合法律规定的起诉和受理条件，应当立案而不立案的；

（四）审理案件适用审判程序错误的；

（五）保全和先予执行违反法律规定的；

（六）支付令违反法律规定的；

（七）诉讼中止或者诉讼终结违反法律规定的；

（八）违反法定审理期限的；

（九）对当事人采取罚款、拘留等妨害民事诉讼的强制措施违反法律规定的；

（十）违反法律规定送达的；

（十一）审判人员接受当事人及其委托代理人请客送礼或者违反规定会见当事人及其委托代理人的；

（十二）审判人员实施或者指使、支持、授意他人实施妨害民事诉讼行为，尚未构成犯罪的；

（十三）其他违反法律规定的情形。

第一百条　人民检察院依照本规则第九十九条提出检察建议的，应当制作《检察建议书》，在决定提出检察建议之日起十五日内将《检察建议书》连同案件卷宗移送同级人民法院，并制作决定提出检察建议的《通知书》，发送申请人。

第一百零一条　人民检察院认为当事人

申请监督的审判程序中审判人员违法行为不存在或者不构成的,应当作出不支持监督申请的决定,并在决定之日起十五日内制作《不支持监督申请决定书》,发送申请人。

◆ **司考真题**
◇2015年卷3第42题(单项)
关于法院制作的调解书,下列哪一说法是正确的?
A.经法院调解,老李和小李维持收养关系,可不制作调解书
B.某夫妻解除婚姻关系的调解书生效后,一方以违反自愿为由可申请再审
C.检察院对调解书的监督方式只能是提出检察建议
D.执行过程中,达成和解协议的,法院可根据当事人的要求制作成调解书
答案:A

第二百零九条 【当事人申请检察监督】
有下列情形之一的,当事人可以向人民检察院申请检察建议或者抗诉:
(一)人民法院驳回再审申请的;
(二)人民法院逾期未对再审申请作出裁定的;
(三)再审判决、裁定有明显错误的。
人民检察院对当事人的申请应当在三个月内进行审查,作出提出或者不予提出检察建议或者抗诉的决定。当事人不得再次向人民检察院申请检察建议或者抗诉。

◆ **相关法条**
◇民诉解释
第四百一十五条 人民检察院依照民事诉讼法第二百零九条第一款第三项规定对有明显错误的再审判决、裁定提出抗诉或者再审检察建议的,人民法院应予受理。
第四百一十六条 地方各级人民检察院依当事人的申请对生效判决、裁定向同级人民法院提出再审检察建议,符合下列条件的,应予受理:
(一)再审检察建议书和原审当事人申请书及相关证据材料已经提交;
(二)建议再审的对象为依照民事诉讼法和本解释规定可以进行再审的判决、裁定;
(三)再审检察建议书列明该判决、裁定有民事诉讼法第二百零八条第二款规定情形;
(四)符合民事诉讼法第二百零九条第一款第一项、第二项规定情形;
(五)再审检察建议经该人民检察院检察委员会讨论决定。
不符合前款规定的,人民法院可以建议人民检察院予以补正或者撤回;不予补正或者撤回的,应当函告人民检察院不予受理。
第四百一十七条 人民检察院依当事人的申请对生效判决、裁定提出抗诉,符合下列条件的,人民法院应当在三十日内裁定再审:
(一)抗诉书和原审当事人申请书及相关证据材料已经提交;
(二)抗诉对象为依照民事诉讼法和本解释规定可以进行再审的判决、裁定;
(三)抗诉书列明该判决、裁定有民事诉讼法第二百零八条第一款规定情形;
(四)符合民事诉讼法第二百零九条第一款第一项、第二项规定情形。
不符合前款规定的,人民法院可以建议人民检察院予以补正或者撤回;不予补正或者撤回的,人民法院可以裁定不予受理。
◇民事诉讼监督规则
第二十三条 民事诉讼监督案件的来源包括:
(一)当事人向人民检察院申请监督;
(二)当事人以外的公民、法人和其他组织向人民检察院控告、举报;
(三)人民检察院依职权发现。
第二十四条 有下列情形之一的,当事人可以向人民检察院申请监督:
(一)已经发生法律效力的民事判决、裁定、调解书符合《中华人民共和国民事诉讼法》第二百零九条第一款规定的;
(二)认为民事审判程序中审判人员存在违法行为的;

(三)认为民事执行活动存在违法情形的。

第二十五条 当事人向人民检察院申请监督,应当提交监督申请书、身份证明、相关法律文书及证据材料。提交证据材料的,应当附证据清单。

申请监督材料不齐备的,人民检察院应当要求申请人限期补齐,并明确告知应补齐的全部材料。申请人逾期未补齐的,视为撤回监督申请。

第二十六条 本规则第二十五条规定的监督申请书应当记明下列事项:

(一)申请人的姓名、性别、年龄、民族、职业、工作单位、住所、有效联系方式,法人或者其他组织的名称、住所和法定代表人或者主要负责人的姓名、职务、有效联系方式;

(二)其他当事人的姓名、性别、工作单位、住所、有效联系方式等信息,法人或者其他组织的名称、住所、负责人、有效联系方式等信息;

(三)申请监督请求和所依据的事实与理由。

申请人应当按照其他当事人的人数提交监督申请书副本。

第二十七条 本规则第二十五条规定的身份证明包括:

(一)自然人的居民身份证、军官证、士兵证、护照等能够证明本人身份的有效证件;

(二)法人或者其他组织的营业执照副本、组织机构代码证书和法定代表人或者主要负责人的身份证明等有效证照。

对当事人提交的身份证明,人民检察院经核对无误留存复印件。

第二十八条 本规则第二十五条规定的相关法律文书是指人民法院在该案件诉讼过程中作出的全部判决书、裁定书、决定书、调解书等法律文书。

第二十九条 当事人申请监督,可以依照《中华人民共和国民事诉讼法》的规定委托代理人。

第三十条 当事人申请监督符合下列条件的,人民检察院应当受理:

(一)符合本规则第二十四条的规定;

(二)申请人提供的材料符合本规则第二十五条至第二十八条的规定;

(三)本院具有管辖权;

(四)不具有本规则规定的不予受理情形。

第三十一条 当事人根据《中华人民共和国民事诉讼法》第二百零九条第一款的规定向人民检察院申请监督,有下列情形之一的,人民检察院不予受理:

(一)当事人未向人民法院申请再审或者申请再审超过法律规定的期限的;

(二)人民法院正在对民事再审申请进行审查的,但超过三个月未对再审申请作出裁定的除外;

(三)人民法院已经裁定再审且尚未审结的;

(四)判决、调解解除婚姻关系的,但对财产分割部分不服的除外;

(五)人民检察院已经审查终结作出决定的;

(六)民事判决、裁定、调解书是人民法院根据人民检察院的抗诉或者再审检察建议再审后作出的;

(七)其他不应受理的情形。

第三十二条 对人民法院作出的一审民事判决、裁定,当事人依法可以上诉但未提出上诉,而依照《中华人民共和国民事诉讼法》第二百零九条第一款第一项、第二项的规定向人民检察院申请监督的,人民检察院不予受理,但有下列情形之一的除外:

(一)据以作出原判决、裁定的法律文书被撤销或者变更的;

(二)审判人员有贪污受贿、徇私舞弊、枉法裁判等严重违法行为的;

(三)人民法院送达法律文书违反法律规定,影响当事人行使上诉权的;

(四)当事人因自然灾害等不可抗力无法行使上诉权的;

(五)当事人因人身自由被剥夺、限制,或者因严重疾病等客观原因不能行使上诉权的;

（六）有证据证明他人以暴力、胁迫、欺诈等方式阻止当事人行使上诉权的；

（七）因其他不可归责于当事人的原因没有提出上诉的。

第三十三条 当事人认为民事审判程序中审判人员存在违法行为或者民事执行活动存在违法情形，向人民检察院申请监督，有下列情形之一的，人民检察院不予受理：

（一）法律规定可以提出异议、申请复议或者提起诉讼，当事人没有提出异议、申请复议或者提起诉讼的，但有正当理由的除外；

（二）当事人提出异议或者申请复议后，人民法院已经受理并正在审查处理的，但超过法定期间未作出处理的除外；

（三）其他不应受理的情形。

第三十四条 当事人根据《中华人民共和国民事诉讼法》第二百零九条第一款的规定向人民检察院申请检察建议或者抗诉，由作出生效民事判决、裁定、调解书的人民法院所在地同级人民检察院控告检察部门受理。

当事人认为民事审判程序中审判人员存在违法行为或者民事执行活动存在违法情形，向人民检察院申请监督的，由审理、执行案件的人民法院所在地同级人民检察院控告检察部门受理。

第三十五条 人民法院裁定驳回再审申请或者逾期未对再审申请作出裁定，当事人向人民检察院申请监督的，由作出原生效民事判决、裁定、调解书的人民法院所在地同级人民检察院控告检察部门受理。

第三十六条 人民检察院控告检察部门对监督申请，应当根据以下情形作出处理：

（一）符合受理条件的，应当依照本规则规定作出受理决定；

（二）属于人民检察院受理案件范围但不属于本院管辖的，应当告知申请人向有管辖权的人民检察院申请监督；

（三）不属于人民检察院受理案件范围的，应当告知申请人向有关机关反映；

（四）不符合受理条件，且申请人不撤回监督申请的，可以决定不予受理。

应当由下级人民检察院受理的，上级人民检察院应当在七日内将监督申请书及相关材料移交下级人民检察院。

第三十七条 控告检察部门应当在决定受理之日起三日内制作《受理通知书》，发送申请人，并告知其权利义务。

需要通知其他当事人的，应当将《受理通知书》和监督申请书副本发送其他当事人，并告知其权利义务。其他当事人可以在收到监督申请书副本之日起十五日内提出书面意见，不提出意见的不影响人民检察院对案件的审查。

第三十八条 控告检察部门应当在决定受理之日起三日内将案件材料移送本院民事检察部门，同时将《受理通知书》抄送本院案件管理部门。

第三十九条 当事人以外的公民、法人和其他组织认为人民法院民事审判程序中审判人员存在违法行为或者民事执行活动存在违法情形的，可以向同级人民检察院控告、举报。控告、举报由人民检察院控告检察部门受理。

控告检察部门对收到的控告、举报，应当依据《人民检察院信访工作规定》、《人民检察院举报工作规定》等办理。

第四十条 控告检察部门可以依据《人民检察院信访工作规定》，向下级人民检察院交办涉及民事诉讼监督的信访案件。

第四十一条 具有下列情形之一的民事案件，人民检察院应当依职权进行监督：

（一）损害国家利益或者社会公共利益的；

（二）审判、执行人员有贪污受贿、徇私舞弊、枉法裁判等行为的；

（三）依照有关规定需要人民检察院跟进监督的。

第四十二条 下级人民检察院提请抗诉、提请其他监督等案件，由上一级人民检察院案件管理部门受理。

依职权发现的民事诉讼监督案件，民事检察部门应当到案件管理部门登记受理。

第四十三条 案件管理部门接收案件材料后,应当在三日内登记并将案件材料和案件登记表移送民事检察部门;案件材料不符合规定的,应当要求补齐。

案件管理部门登记受理后,需要通知当事人的,民事检察部门应当制作《受理通知书》,并在三日内发送当事人。

第四十四条 民事检察部门负责对受理后的民事诉讼监督案件进行审查。

第四十五条 上级人民检察院可以将受理的民事诉讼监督案件交由有管辖权的下级人民检察院办理。交办的案件应当制作《交办通知书》,并将有关材料移送下级人民检察院。下级人民检察院应当依法办理,不得将案件再行交办,作出决定前应当报上级人民检察院审核同意。

交办案件需要通知当事人的,应当制作《通知书》,并发送当事人。

第四十六条 上级人民检察院可以将案件转有管辖权的下级人民检察院办理。转办案件应当制作《转办通知书》,并将有关材料移送下级人民检察院。

转办案件需要通知当事人的,应当制作《通知书》,并发送当事人。

第四十七条 人民检察院审查民事诉讼监督案件,应当围绕申请人的申请监督请求以及发现的其他情形,对人民法院民事诉讼活动是否合法进行审查。其他当事人也申请监督的,应当将其列为申请人,对其申请监督请求一并审查。

第四十八条 申请人或者其他当事人对提出的主张,应当提供证据材料。人民检察院收到当事人提交的证据材料,应当出具收据。

第四十九条 人民检察院应当告知当事人有申请回避的权利,并告知办理案件的检察人员、书记员等的姓名、法律职务。

第五十条 人民检察院审查案件,应当听取当事人意见,必要时可以听证或者调查核实有关情况。

第五十一条 人民检察院审查案件,可以依照有关规定调阅人民法院的诉讼卷宗。

通过拷贝电子卷、查阅、复制、摘录等方式能够满足办案需要的,可以不调阅诉讼卷宗。

第五十二条 承办人审查终结后,应当制作审查终结报告。审查终结报告应当全面、客观、公正地叙述案件事实,依据法律提出处理建议。

承办人通过审查监督申请书等材料即可以认定案件事实的,可以直接制作审查终结报告,提出处理建议。

第五十三条 案件应当经集体讨论,参加集体讨论的人员应当对案件事实、适用法律、处理建议等发表明确意见并说明理由。集体讨论意见应当在全面、客观地归纳讨论意见的基础上形成。

集体讨论形成的处理意见,由民事检察部门负责人提出审核意见后报检察长批准。

检察长认为必要的,可以提请检察委员会讨论决定。

第五十四条 人民检察院对审查终结的案件,应当区分情况作出下列决定:

(一)提出再审检察建议;

(二)提请抗诉;

(三)提出抗诉;

(四)提出检察建议;

(五)终结审查;

(六)不支持监督申请。

控告检察部门受理的案件,民事检察部门应当将案件办理结果书面告知控告检察部门。

第五十五条 人民检察院在办理民事诉讼监督案件过程中,当事人有和解意愿的,可以建议当事人自行和解。

第五十六条 人民检察院受理当事人申请对人民法院已经发生法律效力的民事判决、裁定、调解书监督的案件,应当在三个月内审查终结并作出决定。

对民事审判程序中审判人员违法行为监督案件和对民事执行活动监督案件的审查期限,依照前款规定执行。

第七十四条 有下列情形之一的,人民检察院可以中止审查：

（一）申请监督的自然人死亡，需要等待继承人表明是否继续申请监督的；

（二）申请监督的法人或者其他组织终止，尚未确定权利义务承受人的；

（三）本案必须以另一案的处理结果为依据，而另一案尚未审结的；

（四）其他可以中止审查的情形。

中止审查的，应当制作《中止审查决定书》，并发送当事人。中止审查的原因消除后，应当恢复审查。

第七十五条　有下列情形之一的，人民检察院应当终结审查：

（一）人民法院已经裁定再审或者已经纠正违法行为的；

（二）申请人撤回监督申请或者当事人达成和解协议，且不损害国家利益、社会公共利益或者他人合法权益的；

（三）申请监督的自然人死亡，没有继承人或者继承人放弃申请，且没有发现其他应当监督的违法情形的；

（四）申请监督的法人或者其他组织终止，没有权利义务承受人或者权利义务承受人放弃申请，且没有发现其他应当监督的违法情形的；

（五）发现已经受理的案件不符合受理条件的；

（六）人民检察院依职权发现的案件，经审查不需要采取监督措施的；

（七）其他应当终结审查的情形。

终结审查的，应当制作《终结审查决定书》，需要通知当事人的，发送当事人。

第二百一十条【检察院的调查核实权】人民检察院因履行法律监督职责提出检察建议或者抗诉的需要，可以向当事人或者案外人调查核实有关情况。

◆相关法条
◇民诉解释

第四百二十一条　人民法院开庭审理抗诉案件，应当在开庭三日前通知人民检察院、当事人和其他诉讼参与人。同级人民检察院或者提出抗诉的人民检察院应当派员出庭。

人民检察院因履行法律监督职责向当事人或者案外人调查核实的情况，应当向法庭提交并予以说明，由双方当事人进行质证。

◇民事诉讼监督规则

第六十五条　人民检察院因履行法律监督职责提出检察建议或者抗诉的需要，有下列情形之一的，可以向当事人或者案外人调查核实有关情况：

（一）民事判决、裁定、调解书可能存在法律规定需要监督的情形，仅通过阅卷及审查现有材料难以认定的；

（二）民事审判程序中审判人员可能存在违法行为的；

（三）民事执行活动可能存在违法情形的；

（四）其他需要调查核实的情形。

第六十六条　人民检察院可以采取以下调查核实措施：

（一）查询、调取、复制相关证据材料；

（二）询问当事人或者案外人；

（三）咨询专业人员、相关部门或者行业协会等对专门问题的意见；

（四）委托鉴定、评估、审计；

（五）勘验物证、现场；

（六）查明案件事实所需要采取的其他措施。

人民检察院调查核实，不得采取限制人身自由和查封、扣押、冻结财产等强制性措施。

第六十七条　人民检察院可以就专门性问题书面或者口头咨询有关专业人员、相关部门或者行业协会的意见。口头咨询的，应当制作笔录，由接受咨询的专业人员签名或者盖章。拒绝签名盖章的，应当记明情况。

第六十八条　人民检察院对专门性问题认为需要鉴定、评估、审计的，可以委托具备资格的机构进行鉴定、评估、审计。

在诉讼过程中已经进行过鉴定、评估、审计的，一般不再委托鉴定、评估、审计。

第六十九条　人民检察院认为确有必要的，可以勘验物证或者现场。勘验人应当出示人民检察院的证件，并邀请当地基层组织或者当事人所在单位派人参加。当事人或者当事人的成年家属应当到场，拒不到场的，不影响勘验的进行。

勘验人应当将勘验情况和结果制作笔录，由勘验人、当事人和被邀参加人签名或者盖章。

第七十条　需要调查核实的，由承办人提出，部门负责人或者检察长批准。

第七十一条　人民检察院调查核实，应当由二人以上共同进行。

调查笔录经被调查人校阅后，由调查人、被调查人签名或者盖章。被调查人拒绝签名盖章的，应当记明情况。

第七十二条　人民检察院可以指令下级人民检察院或者委托外地人民检察院调查核实。

人民检察院指令调查或者委托调查的，应当发送《指令调查通知书》或者《委托调查函》，载明调查核实事项、证据线索及要求。受指令或者受委托人民检察院收到《指令调查通知书》或者《委托调查函》后，应当在十五日内完成调查核实工作并书面回复。因客观原因不能完成调查的，应当在上述期限内书面回复指令或者委托的人民检察院。

人民检察院到外地调查的，当地人民检察院应当配合。

第七十三条　人民检察院调查核实，有关单位和个人应当配合。拒绝或者妨碍人民检察院调查核实的，人民检察院可以向有关单位或者其上级主管部门提出检察建议，责令纠正；涉嫌犯罪的，依照规定移送有关机关处理。

第五十七条　人民检察院审查民事诉讼监督案件，认为确有必要的，可以组织有关当事人听证。

根据案件具体情况，可以邀请与案件没有利害关系的人大代表、政协委员、人民监督员、特约检察员、专家咨询委员、人民调解员或者当事人所在单位、居住地的居民委员会委员以及专家、学者等其他社会人士参加听证。

第五十八条　人民检察院组织听证，由承办该案件的检察人员主持，书记员负责记录。

听证应当在人民检察院专门听证场所内进行。

第五十九条　人民检察院组织听证，应当在听证三日前通知参加听证的当事人，并告知听证的时间、地点。

第六十条　参加听证的当事人和其他相关人员应当按时参加听证，当事人无正当理由缺席或者未经许可中途退席的，不影响听证程序的进行。

第六十一条　听证应当围绕民事诉讼监督案件中的事实认定和法律适用等问题进行。

对当事人提交的证据材料和人民检察院调查取得的证据，应当充分听取各方当事人的意见。

第六十二条　听证应当按照下列顺序进行：

（一）申请人陈述申请监督请求、事实和理由；

（二）其他当事人发表意见；

（三）申请人和其他当事人提交新证据的，应当出示并予以说明；

（四）出示人民检察院调查取得的证据；

（五）案件各方当事人陈述对听证中所出示证据的意见；

（六）申请人和其他当事人发表最后意见。

第六十三条　听证应当制作笔录，经当事人校阅后，由当事人签名或者盖章。拒绝签名盖章的，应当记明情况。

第六十四条　参加听证的人员应当服从听证主持人指挥。

对违反听证秩序的，人民检察院可以予以训诫，责令退出听证场所；对哄闹、冲击听证场所，侮辱、诽谤、威胁、殴打检察人员等严重扰乱听证秩序的，依法追究责任。

★**第二百一十一条**　【检察监督的法律效力

及再审法院】人民检察院提出抗诉的案件，接受抗诉的人民法院应当自收到抗诉书之日起三十日内作出再审的裁定；有本法第二百条第一项至第五项规定情形之一的，可以交下一级人民法院再审，但经该下一级人民法院再审的除外。

◆**相关法条**
◇**民诉解释**

第四百一十九条　人民法院收到再审检察建议后，应当组成合议庭，在三个月内进行审查，发现原判决、裁定、调解书确有错误，需要再审的，依照民事诉讼法第一百九十八条规定裁定再审，并通知当事人；经审查，决定不予再审的，应当书面回复人民检察院。

第四百二十条　人民法院审理因人民检察院抗诉或者检察建议裁定再审的案件，不受此前已经作出的驳回当事人再审申请裁定的影响。

第四百一十八条　当事人的再审申请被上级人民法院裁定驳回后，人民检察院对原判决、裁定、调解书提出抗诉，抗诉事由符合民事诉讼法第二百条第一项至第五项规定情形之一的，受理抗诉的人民法院可以交由下一级人民法院再审。

第四百零六条　再审审理期间，有下列情形之一的，可以裁定终结再审程序：

（一）再审申请人在再审期间撤回再审请求，人民法院准许的；

（二）再审申请人经传票传唤，无正当理由拒不到庭的，或者未经法庭许可中途退庭的，按撤回再审请求处理的；

（三）人民检察院撤回抗诉的；

（四）有本解释第四百零二条第一项至第四项规定情形的。

因人民检察院提出抗诉裁定再审的案件，申请抗诉的当事人有前款规定的情形，且不损害国家利益、社会公共利益或者他人合法权益的，人民法院应当裁定终结再审程序。

再审程序终结后，人民法院裁定中止执行的原生效判决自动恢复执行。

◆**要点精解**

人民检察院是法律监督机关，对人民法院生效的民事判决、裁定的抗诉必然引起再审程序的发生，这是与当事人申请再审的重要区别之一。因此，只要是人民检察院提出抗诉的案件，接受抗诉的人民法院必须在30日内作出再审的裁定。必须指出的是：此30日不是人民法院对人民检察院抗诉的审查期间，这也是抗诉与当事人申请再审的重要区别之一。下级人民法院已经再审过的案件，接受抗诉的人民法院不能交由其进行第二次再审。

第二百一十二条　【抗诉书】人民检察院决定对人民法院的判决、裁定、调解书提出抗诉的，应当制作抗诉书。

★**第二百一十三条**　【检察员出庭抗诉】人民检察院提出抗诉的案件，人民法院再审时，应当通知人民检察院派员出席法庭。

◆**相关法条**
◇**民诉解释**

第四百二十一条　人民法院开庭审理抗诉案件，应当在开庭三日前通知人民检察院、当事人和其他诉讼参与人。同级人民检察院或者提出抗诉的人民检察院应当派员出庭。

人民检察院因履行法律监督职责向当事人或者案外人调查核实的情况，应当向法庭提交并予以说明，由双方当事人进行质证。

◇**民事诉讼监督规则**

第九十四条　人民检察院提出抗诉的案件，人民法院再审时，人民检察院应当派员出席法庭。

第九十五条　受理抗诉的人民法院将抗诉案件交下级人民法院再审的，提出抗诉的人民检察院可以指令再审人民法院的同级人民检察院派员出庭。

第九十六条　检察人员出席再审法庭的任务是：

（一）宣读抗诉书；

（二）对依职权调查的证据予以出示和说明。

检察人员发现庭审活动违法的，应当待休庭或者庭审结束之后，以人民检察院的名义提出检察建议。

第十七章　督促程序

★**第二百一十四条**　【督促程序的申请】债权人请求债务人给付金钱、有价证券，符合下列条件的，可以向有管辖权的基层人民法院申请支付令：

（一）债权人与债务人没有其他债务纠纷的；

（二）支付令能够送达债务人的。

申请书应当写明请求给付金钱或者有价证券的数量和所根据的事实、证据。

◆**相关法条**
◇民诉解释

第二十三条　债权人申请支付令，适用民事诉讼法第二十一条规定，由债务人住所地基层人民法院管辖。

第四百二十七条　两个以上人民法院都有管辖权的，债权人可以向其中一个基层人民法院申请支付令。

债权人向两个以上有管辖权的基层人民法院申请支付令的，由最先立案的人民法院管辖。

第二百一十五条　【督促程序的受理】债权人提出申请后，人民法院应当在五日内通知债权人是否受理。

◆**相关法条**
◇民诉解释

第四百二十八条　人民法院收到债权人的支付令申请书后，认为申请书不符合要求的，可以通知债权人限期补正。人民法院应当自收到补正材料之日起五日内通知债权人是否受理。

第四百二十九条　债权人申请支付令，符合下列条件的，基层人民法院应当受理，并在收到支付令申请书后五日内通知债权人：

（一）请求给付金钱或者汇票、本票、支票、股票、债券、国库券、可转让的存款单等有价证券；

（二）请求给付的金钱或者有价证券已到期且数额确定，并写明了请求所根据的事实、证据；

（三）债权人没有对待给付义务；

（四）债务人在我国境内且未下落不明；

（五）支付令能够送达债务人；

（六）收到申请书的人民法院有管辖权；

（七）债权人未向人民法院申请诉前保全。

不符合前款规定的，人民法院应当在收到支付令申请书后五日内通知债权人不予受理。

基层人民法院受理申请支付令案件，不受债权金额的限制。

第四百三十条　人民法院受理申请后，由审判员一人进行审查。经审查，有下列情形之一的，裁定驳回申请：

（一）申请人不具备当事人资格的；

（二）给付金钱或者有价证券的证明文件没有约定逾期给付利息或者违约金、赔偿金，债权人坚持要求给付利息或者违约金、赔偿金的；

（三）要求给付的金钱或者有价证券属于违法所得的；

（四）要求给付的金钱或者有价证券尚未到期或者数额不确定的。

人民法院受理支付令申请后，发现不符合本解释规定的受理条件的，应当在受理之日起十五日内裁定驳回申请。

★**第二百一十六条**　【支付令】人民法院受理申请后，经审查债权人提供的事实、证据，对债权债务关系明确、合法的，应当在受理之日起十五日内向债务人发出支付令；申请不成立的，裁定予以驳回。

债务人应当自收到支付令之日起十五日内清偿债务，或者向人民法院提出书面异议。

债务人在前款规定的期间不提出异议又不履行支付令的,债权人可以向人民法院申请执行。

◆ **相关法条**
◇ 民诉解释

第四百三十一条　向债务人本人送达支付令,债务人拒绝接收的,人民法院可以留置送达。

◆ **司考真题**
◇ 2015年卷3第47题(单项)

甲向乙借款20万元,丙是甲的担保人,现已到偿还期限,经多次催讨未果,乙向法院申请支付令。法院受理并审查后,向甲送达支付令。甲在法定期间未提出异议,但以借款不成立为由向另一法院提起诉讼。关于本案,下列哪一说法是正确的?

A. 甲向另一法院提起诉讼,视为对支付令提出异议

B. 甲向另一法院提起诉讼,法院应裁定终结督促程序

C. 甲在法定期间未提出书面异议,不影响支付令效力

D. 法院发出的支付令,对丙具有拘束力

答案:C

★ **第二百一十七条**　【债务人异议】人民法院收到债务人提出的书面异议后,经审查,异议成立的,应当裁定终结督促程序,支付令自行失效。

支付令失效的,转入诉讼程序,但申请支付令的一方当事人不同意提起诉讼的除外。

◆ **相关法条**
◇ 民诉解释

第四百三十二条　有下列情形之一的,人民法院应当裁定终结督促程序,已发出支付令的,支付令自行失效:

(一)人民法院受理支付令申请后,债权人就同一债权债务关系又提起诉讼的;

(二)人民法院发出支付令之日起三十日内无法送达债务人的;

(三)债务人收到支付令前,债权人撤回申请的。

第四百三十三条　债务人在收到支付令后,未在法定期间提出书面异议,而向其他人民法院起诉的,不影响支付令的效力。

债务人超过法定期间提出异议的,视为未提出异议。

第四百三十四条　债权人基于同一债权债务关系,在同一支付令申请中向债务人提出多项支付请求,债务人仅就其中一项或者几项请求提出异议的,不影响其他各项请求的效力。

第四百三十五条　债权人基于同一债权债务关系,就可分之债向多个债务人提出请求,多个债务人中的一人或者几人提出异议的,不影响其他请求的效力。

第四百三十六条　对设有担保的债务的主债务人发出的支付令,对担保人没有拘束力。

债权人就担保关系单独提起诉讼的,支付令自人民法院受理案件之日起失效。

第四百三十七条　经形式审查,债务人提出的书面异议有下列情形之一的,应当认定异议成立,裁定终结督促程序,支付令自行失效:

(一)本解释规定的不予受理申请情形的;

(二)本解释规定的裁定驳回申请情形的;

(三)本解释规定的应当裁定终结督促程序情形的;

(四)人民法院对是否符合发出支付令条件产生合理怀疑的。

第四百三十八条　债务人对债务本身没有异议,只是提出缺乏清偿能力、延缓债务清偿期限、变更债务清偿方式等异议的,不影响支付令的效力。

人民法院经审查认为异议不成立的,裁定驳回。

债务人的口头异议无效。

第四百三十九条　人民法院作出终结督促程序或者驳回异议裁定前,债务人请求撤回异议的,应当裁定准许。

债务人对撤回异议反悔的,人民法院不予

支持。

第四百四十条　支付令失效后，申请支付令的一方当事人不同意提起诉讼的，应当自收到终结督促程序裁定之日起七日内向受理申请的人民法院提出。

申请支付令的一方当事人不同意提起诉讼的，不影响其向其他有管辖权的人民法院提起诉讼。

第四百四十一条　支付令失效后，申请支付令的一方当事人自收到终结督促程序裁定之日起七日内未向受理申请的人民法院表明不同意提起诉讼的，视为向受理申请的人民法院起诉。

债权人提出支付令申请的时间，即为向人民法院起诉的时间。

第四百四十二条　债权人向人民法院申请执行支付令的期间，适用民事诉讼法第二百三十九条的规定。

第四百四十三条　人民法院院长发现本院已经发生法律效力的支付令确有错误，认为需要撤销的，应当提交本院审判委员会讨论决定后，裁定撤销支付令，驳回债权人的申请。

◆要点精解

1. 修改后的民诉法将债务人异议由形式主义改为实质主义，人民法院应当审查异议成立后，才裁定终结督促程序，并非债务人提出异议即应当裁定终结督促程序。

2. 债务人异议不生效的注意事项：(1)债务人异议须采书面形式，口头异议不影响支付令效力；(2)债务人向其他法院起诉，不影响支付令效力；(3)债务人须对债务关系本身提出异议，对清偿能力、清偿期限、清偿方式等提出不同意见的，不影响支付令的效力；(4)债务人异议的效力仅限于其异议中所提及的债务范围，并不涵盖债权人申请支付令的全部债务范围，债务人未提及部分，支付令效力不受影响。

3. 支付令失效后直接转入诉讼程序，但是申请支付令一方不同意的除外。

第十八章　公示催告程序

★**第二百一十八条**　【公示催告程序的适用范围】按照规定可以背书转让的票据持有人，因票据被盗、遗失或者灭失，可以向票据支付地的基层人民法院申请公示催告。依照法律规定可以申请公示催告的其他事项，适用本章规定。

申请人应当向人民法院递交申请书，写明票面金额、发票人、持票人、背书人等票据主要内容和申请的理由、事实。

◆相关法条
◇民诉解释

第四百四十四条　民事诉讼法第二百一十八条规定的票据持有人，是指票据被盗、遗失或者灭失前的最后持有人。

第四百五十五条　公示催告申请人撤回申请，应在公示催告前提出；公示催告期间申请撤回的，人民法院可以径行裁定终结公示催告程序。

★**第二百一十九条**　【公示催告程序的受理及公告】人民法院决定受理申请，应当同时通知支付人停止支付，并在三日内发出公告，催促利害关系人申报权利。公示催告的期间，由人民法院根据情况决定，但不得少于六十日。

◆相关法条
◇民诉解释

第四百五十四条　适用公示催告程序审理案件，可由审判员一人独任审理；判决宣告票据无效的，应当组成合议庭审理。

第四百四十五条　人民法院收到公示催告的申请后，应当立即审查，并决定是否受理。经审查认为符合受理条件的，通知予以受理，并同时通知支付人停止支付；认为不符合受理条件的，七日内裁定驳回申请。

第四百四十六条　因票据丧失，申请公示催告的，人民法院应结合票据存根、丧失票据的复印件、出票人关于签发票据的证明、申请人合法取得票据的证明、银行挂失止付通知书、报案证明等证据,决定是否受理。

第四百四十七条 人民法院依照民事诉讼法第二百一十九条规定发出的受理申请的公告,应当写明下列内容:

(一)公示催告申请人的姓名或者名称;

(二)票据的种类、号码、票面金额、出票人、背书人、持票人、付款期限等事项以及其他可以申请公示催告的权利凭证的种类、号码、权利范围、权利人、义务人、行权日期等事项;

(三)申报权利的期间;

(四)在公示催告期间转让票据等权利凭证,利害关系人不申报的法律后果。

第四百四十八条 公告应当在有关报纸或者其他媒体上刊登,并于同日公布于人民法院公告栏内。人民法院所在地有证券交易所的,还应当同日在该交易所公布。

第四百四十九条 公告期间不得少于六十日,且公示催告期间届满不得早于票据付款日后十五日。

★**第二百二十条 【止付通知及效力】**支付人收到人民法院停止支付的通知,应当停止支付,至公示催告程序终结。

公示催告期间,转让票据权利的行为无效。

◆ 相关法条

◇ 民诉解释

第四百五十六条 人民法院依照民事诉讼法第二百二十条规定通知支付人停止支付,应当符合有关财产保全的规定。支付人收到停止支付通知后拒不止付的,除可依照民事诉讼法第一百一十一条、第一百一十四条规定采取强制措施外,在判决后,支付人仍应承担付款义务。

◆ 司考真题

◇2015 年卷 3 第 85 题(多项)

甲公司财务室被盗,遗失金额为 80 万元的汇票一张。甲公司向法院申请公示催告,法院受理后即通知支付人 A 银行停止支付,并发出公告,催促利害关系人申报权利。在公示催告期间,甲公司按原计划与材料供应商乙企业签订购货合同,将该汇票权利转让给乙企业作为付款。公告期满,无人申报,法院即组成合议庭作出判决,宣告该汇票无效。关于本案,下列哪些说法是正确的?

A. A 银行应当停止支付,直至公示催告程序终结

B. 甲公司将该汇票权利转让给乙企业的行为有效

C. 甲公司若未提出申请,法院可以作出宣告该汇票无效的判决

D. 法院若判决宣告汇票无效,应当组成合议庭

答案:AD

第二百二十一条 【公示催告期间申报权利】利害关系人应当在公示催告期间向人民法院申报。

人民法院收到利害关系人的申报后,应当裁定终结公示催告程序,并通知申请人和支付人。

申请人或者申报人可以向人民法院起诉。

◆ 相关法条

◇ 民诉解释

第四百五十条 在申报期届满后、判决作出之前,利害关系人申报权利的,应当适用民事诉讼法第二百二十一条第二款、第三款规定处理。

第四百五十一条 利害关系人申报权利,人民法院应当通知其向法院出示票据,并通知公示催告申请人在指定的期间查看该票据。公示催告申请人申请公示催告的票据与利害关系人出示的票据不一致的,应当裁定驳回利害关系人的申报。

第四百五十七条 人民法院依照民事诉讼法第二百二十一条规定终结公示催告程序后,公示催告申请人或者申报人向人民法院提起诉讼,因票据权利纠纷提起的,由票据支付地或者被告住所地人民法院管辖;因非票据权利纠纷提起的,由被告住所地人民法院管辖。

第四百五十八条 依照民事诉讼法第二百二十一条规定制作的终结公示催告程序的裁定书,由审判员、书记员署名,加盖人民法院印章。

第二百二十二条 【除权判决】没有人申报的,人民法院应当根据申请人的申请,作出判决,宣告票据无效。判决应当公告,并通知支付人。自判决公告之日起,申请人有权向支付人请求支付。

◆相关法条
◇民诉解释

第四百五十二条 在申报权利的期间无人申报权利,或者申报被驳回的,申请人应当自公示催告期间届满之日起一个月内申请作出判决。逾期不申请判决的,终结公示催告程序。

裁定终结公示催告程序的,应当通知申请人和支付人。

第四百五十三条 判决公告之日起,公示催告申请人有权依据判决向付款人请求付款。

付款人拒绝付款,申请人向人民法院起诉,符合民事诉讼法第一百一十九条规定的起诉条件的,人民法院应予受理。

第四百五十四条 适用公示催告程序审理案件,可由审判员一人独任审理;判决宣告票据无效的,应当组成合议庭审理。

★**第二百二十三条** 【撤销除权判决】利害关系人因正当理由不能在判决前向人民法院申报的,自知道或者应当知道判决公告之日起一年内,可以向作出判决的人民法院起诉。

◆相关法条
◇民诉解释

第四百五十九条 依照民事诉讼法第二百二十三条的规定,利害关系人向人民法院起诉的,人民法院可按票据纠纷适用普通程序审理。

第四百六十条 民事诉讼法第二百二十三条规定的正当理由,包括:

(一)因发生意外事件或者不可抗力致使利害关系人无法知道公告事实的;

(二)利害关系人因被限制人身自由而无法知道公告事实,或者虽然知道公告事实,但无法自己或者委托他人代为申报权利的;

(三)不属于法定申请公示催告情形的;

(四)未予公告或者未按法定方式公告的;

(五)其他导致利害关系人在判决作出前未能向人民法院申报权利的客观事由。

第四百六十一条 根据民事诉讼法第二百二十三条的规定,利害关系人请求人民法院撤销除权判决的,应当将申请人列为被告。

利害关系人仅诉请确认其为合法持票人的,人民法院应当在裁判文书中写明,确认利害关系人为票据权利人的判决作出后,除权判决即被撤销。

◆要点精解

1.公示催告程序的适用条件和管辖法院(本法第218条)。

2.受理公示催告申请的效力:通知支付人停止支付,并在3日内发出申报权利的公告,公告期不少于60日(本法第219条)。

3.特别注意本法第223条:1年为除斥期间。

4.除权判决的效力:(1)公示催告程序终结,任何人不得对除权判决提起上诉;(2)申请公示催告程序的票据作废,他人因占有票据而享有的票据权利被排除,申请人可基于除权判决重新享有失票上的权利,并以此要求支付人支付票面金额。

第三编 执行程序

第十九章 一般规定

★**第二百二十四条** 【执行依据和管辖】发生法律效力的民事判决、裁定,以及刑事判决、裁定中的财产部分,由第一审人民法院或者与第一审人民法院同级的被执行的财产所在地人民法院执行。

法律规定由人民法院执行的其他法律文书,由被执行人住所地或者被执行的财产所在地人民法院执行。

◆ **相关法条**
◇ **民诉解释**

第四百六十二条　发生法律效力的实现担保物权裁定、确认调解协议裁定、支付令,由作出裁定、支付令的人民法院或者与其同级的被执行财产所在地的人民法院执行。

认定财产无主的判决,由作出判决的人民法院将无主财产收归国家或者集体所有。

◇ **刑事裁判涉财产部分执行规定**

第一条　本规定所称刑事裁判涉财产部分的执行,是指发生法律效力的刑事裁判主文确定的下列事项的执行:

(一)罚金、没收财产;
(二)责令退赔;
(三)处置随案移送的赃款赃物;
(四)没收随案移送的供犯罪所用本人财物;
(五)其他应当由人民法院执行的相关事项。

刑事附带民事裁判的执行,适用民事执行的有关规定。

第二条　刑事裁判涉财产部分,由第一审人民法院执行。第一审人民法院可以委托财产所在地的同级人民法院执行。

第三条　人民法院办理刑事裁判涉财产部分执行案件的期限为六个月。有特殊情况需要延长的,经本院院长批准,可以延长。

第四条　人民法院刑事审判中可能判处被告人财产刑、责令退赔的,刑事审判部门应当依法对被告人的财产状况进行调查;发现可能隐匿、转移财产的,应当及时查封、扣押、冻结其相应财产。

第五条　刑事审判或者执行中,对于侦查机关已经采取的查封、扣押、冻结,人民法院应当在期限届满前及时续行查封、扣押、冻结。

人民法院续行查封、扣押、冻结的顺位与侦查机关查封、扣押、冻结的顺位相同。

对侦查机关查封、扣押、冻结的财产,人民法院执行中可以直接裁定处置,无需侦查机关出具解除手续,但裁定中应当指明侦查机关查封、扣押、冻结的事实。

第六条　刑事裁判涉财产部分的裁判内容,应当明确、具体。涉案财物或者被害人人数较多,不宜在判决主文中详细列明的,可以概括叙明并另附清单。

判处没收部分财产的,应当明确没收的具体财物或者金额。

判处追缴或者责令退赔的,应当明确追缴或者退赔的金额或财物的名称、数量等相关情况。

第七条　由人民法院执行机构负责执行的刑事裁判涉财产部分,刑事审判部门应当及时移送立案部门审查立案。

移送立案应当提交生效裁判文书及其附件和其他相关材料,并填写《移送执行表》。《移送执行表》应当载明以下内容:

(一)被执行人、被害人的基本信息;
(二)已查明的财产状况或者财产线索;
(三)随案移送的财产和已经处置财产的情况;
(四)查封、扣押、冻结财产的情况;
(五)移送执行的时间;
(六)其他需要说明的情况。

人民法院立案部门经审查,认为属于移送范围且移送材料齐全的,应当在七日内立案,并移送执行机构。

第八条　人民法院可以向刑罚执行机关、社区矫正机构等有关单位调查被执行人的财产状况,并可以根据不同情形要求有关单位协助采取查封、扣押、冻结、划拨等执行措施。

第九条　判处没收财产的,应当执行刑事裁判生效时被执行人合法所有的财产。

执行没收财产或罚金刑,应当参照被扶养人住所地政府公布的上年度当地居民最低生活费标准,保留被执行人及其所扶养家属的生活必需费用。

第十条 对赃款赃物及其收益,人民法院应当一并追缴。

被执行人将赃款赃物投资或者置业,对因此形成的财产及其收益,人民法院应予追缴。

被执行人将赃款赃物与其他合法财产共同投资或者置业,对因此形成的财产中与赃款赃物对应的份额及其收益,人民法院应予追缴。

对于被害人的损失,应当按照刑事裁判认定的实际损失予以发还或者赔偿。

第十一条 被执行人将刑事裁判认定为赃款赃物的涉案财物用于清偿债务、转让或者设置其他权利负担,具有下列情形之一的,人民法院应予追缴:

(一)第三人明知是涉案财物而接受的;

(二)第三人无偿或者以明显低于市场的价格取得涉案财物的;

(三)第三人通过非法债务清偿或者违法犯罪活动取得涉案财物的;

(四)第三人通过其他恶意方式取得涉案财物的。

第三人善意取得涉案财物的,执行程序中不予追缴。作为原所有人的被害人对该涉案财物主张权利的,人民法院应当告知其通过诉讼程序处理。

第十二条 被执行财产需要变价的,人民法院执行机构应当依法采取拍卖、变卖等变价措施。

涉案财物最后一次拍卖未能成交,需要上缴国库的,人民法院应当通知有关财政机关以该次拍卖保留价予以接收;有关财政机关要求继续变价的,可以进行无保留价拍卖。需要退赔被害人的,以该次拍卖保留价以物退赔;被害人不同意以物退赔的,可以进行无保留价拍卖。

第十三条 被执行人在执行中同时承担刑事责任、民事责任,其财产不足以支付的,按照下列顺序执行:

(一)人身损害赔偿中的医疗费用;

(二)退赔被害人的损失;

(三)其他民事债务;

(四)罚金;

(五)没收财产。

债权人对执行标的依法享有优先受偿权,其主张优先受偿的,人民法院应当在前款第(一)项规定的医疗费用受偿后,予以支持。

第十四条 执行过程中,当事人、利害关系人认为执行行为违反法律规定,或者案外人对执行标的主张足以阻止执行的实体权利,向执行法院提出书面异议的,执行法院应当依照民事诉讼法第二百二十五条的规定处理。

人民法院审查案外人异议、复议,应当公开听证。

第十五条 执行过程中,案外人或被害人认为刑事裁判中对涉案财物是否属于赃款赃物认定错误或者应予认定而未认定,向执行法院提出书面异议,可以通过裁定补正的,执行机构应当将异议材料移送刑事审判部门处理;无法通过裁定补正的,应当告知异议人通过审判监督程序处理。

第十六条 人民法院办理刑事裁判涉财产部分执行案件,刑法、刑事诉讼法及有关司法解释没有相应规定的,参照适用民事执行的有关规定。

第十七条 最高人民法院此前发布的司法解释与本规定不一致的,以本规定为准。

◇**拒不执行裁判刑事案件解释**

第一条 被执行人、协助执行义务人、担保人等负有执行义务的人对人民法院的判决、裁定有能力执行而拒不执行,情节严重的,应当依照刑法第三百一十三条的规定,以拒不执行判决、裁定罪处罚。

第二条 负有执行义务的人有能力执行而实施下列行为之一的,应当认定为全国人民代表大会常务委员会关于刑法第三百一十三条的解释中规定的"其他有能力执行而拒不执行,情节严重的情形":

(一)具有拒绝报告或者虚假报告财产情况、违反人民法院限制高消费及有关消费令等

拒不执行行为,经采取罚款或者拘留等强制措施后仍拒不执行的;

（二）伪造、毁灭有关被执行人履行能力的重要证据,以暴力、威胁、贿买方法阻止他人作证或者指使、贿买、胁迫他人作伪证,妨碍人民法院查明被执行人财产情况,致使判决、裁定无法执行的;

（三）拒不交付法律文书指定交付的财物、票证或者拒不迁出房屋、退出土地,致使判决、裁定无法执行的;

（四）与他人串通,通过虚假诉讼、虚假仲裁、虚假和解等方式妨害执行,致使判决、裁定无法执行的;

（五）以暴力、威胁方法阻碍执行人员进入执行现场或者聚众哄闹、冲击执行现场,致使执行工作无法进行的;

（六）对执行人员进行侮辱、围攻、扣押、殴打,致使执行工作无法进行的;

（七）毁损、抢夺执行案件材料、执行公务车辆和其他执行器械、执行人员服装以及执行公务证件,致使执行工作无法进行的;

（八）拒不执行法院判决、裁定,致使债权人遭受重大损失的。

第三条　申请执行人有证据证明同时具有下列情形,人民法院认为符合刑事诉讼法第二百零四条第三项规定的,以自诉案件立案审理:

（一）负有执行义务的人拒不执行判决、裁定,侵犯了申请执行人的人身、财产权利,应当依法追究刑事责任的;

（二）申请执行人曾经提出控告,而公安机关或者人民检察院对负有执行义务的人不予追究刑事责任的。

第四条　本解释第三条规定的自诉案件,依照刑事诉讼法第二百零六条的规定,自诉人在宣告判决前,可以同被告人自行和解或者撤回自诉。

第五条　拒不执行判决、裁定刑事案件,一般由执行法院所在地人民法院管辖。

第六条　拒不执行判决、裁定的被告人在一审宣告判决前,履行全部或部分执行义务的,可以酌情从宽处罚。

第七条　拒不执行支付赡养费、扶养费、抚育费、抚恤金、医疗费用、劳动报酬等判决、裁定的,可以酌情从重处罚。

第八条　本解释自发布之日起施行。此前发布的司法解释和规范性文件与本解释不一致的,以本解释为准。

第二百二十五条　【当事人、利害关系人引发的执行异议】当事人、利害关系人认为执行行为违反法律规定的,可以向负责执行的人民法院提出书面异议。当事人、利害关系人提出书面异议的,人民法院应当自收到书面异议之日起十五日内审查,理由成立的,裁定撤销或者改正;理由不成立的,裁定驳回。当事人、利害关系人对裁定不服的,可以自裁定送达之日起十日内向上一级人民法院申请复议。

◆相关法条

◇对终结执行行为提出执行异议期限的批复

湖北省高级人民法院:

你院《关于咸宁市广泰置业有限公司与咸宁市枫丹置业有限公司房地产开发经营合同纠纷案的请示》（鄂高法〔2015〕295号）收悉。经研究,批复如下:

当事人、利害关系人依照民事诉讼法第二百二十五条规定对终结执行行为提出异议的,应当自收到终结执行法律文书之日起六十日内提出;未收到法律文书的,应当自知道或者应当知道人民法院终结执行之日起六十日内提出。批复发布前终结执行的,自批复发布之日起六十日内提出。超出该期限提出执行异议的,人民法院不予受理。

此复。

◇执行异议和复议规定

第一条　异议人提出执行异议或者复议申请人申请复议,应当向人民法院提交申请书。申请书应当载明具体的异议或者复议请求、事实、理由等内容,并附下列材料:

（一）异议人或者复议申请人的身份证明；
（二）相关证据材料；
（三）送达地址和联系方式。

第二条　执行异议符合民事诉讼法第二百二十五条或者第二百二十七条规定条件的，人民法院应当在三日内立案，并在立案后三日内通知异议人和相关当事人。不符合受理条件的，裁定不予受理；立案后发现不符合受理条件的，裁定驳回申请。

执行异议申请材料不齐备的，人民法院应当一次性告知异议人在三日内补足，逾期未补足的，不予受理。

异议人对不予受理或者驳回申请裁定不服的，可以自裁定送达之日起十日内向上一级人民法院申请复议。上一级人民法院审查后认为符合受理条件的，应当裁定撤销原裁定，指令执行法院立案或者对执行异议进行审查。

第三条　执行法院收到执行异议后三日内既不立案又不作出不予受理裁定，或者受理后无正当理由超过法定期限不作出异议裁定的，异议人可以向上一级人民法院提出异议。上一级人民法院审查后认为理由成立的，应当指令执行法院在三日内立案或者在十五日内作出异议裁定。

第四条　执行案件被指定执行、提级执行、委托执行后，当事人、利害关系人对原执行法院的执行行为提出异议的，由提出异议时负责该案件执行的人民法院审查处理；受指定或者受委托的人民法院是原执行法院的下级人民法院的，仍由原执行法院审查处理。

执行案件被指定执行、提级执行、委托执行后，案外人对原执行法院的执行标的提出异议的，参照前款规定处理。

第五条　有下列情形之一的，当事人以外的公民、法人和其他组织，可以作为利害关系人提出执行行为异议：
（一）认为人民法院的执行行为违法，妨碍其轮候查封、扣押、冻结的债权受偿的；
（二）认为人民法院的拍卖措施违法，妨碍其参与公平竞价的；
（三）认为人民法院的拍卖、变卖或者以物抵债措施违法，侵害其对执行标的的优先购买权的；
（四）认为人民法院要求协助执行的事项超出其协助范围或者违反法律规定的；
（五）认为其他合法权益受到人民法院违法执行行为的侵害的。

第六条　当事人、利害关系人依照民事诉讼法第二百二十五条规定提出异议的，应当在执行程序终结之前提出，但对终结执行措施提出异议的除外。

案外人依照民事诉讼法第二百二十七条规定提出异议的，应当在异议指向的执行标的的执行终结之前提出；执行标的由当事人受让的，应当在执行程序终结之前提出。

第七条　当事人、利害关系人认为执行过程中或者执行保全、先予执行裁定过程中的下列行为违法提出异议的，人民法院应当依照民事诉讼法第二百二十五条规定进行审查：
（一）查封、扣押、冻结、拍卖、变卖、以物抵债、暂缓执行、中止执行、终结执行等执行措施；
（二）执行的期间、顺序等应当遵守的法定程序；
（三）人民法院作出的侵害当事人、利害关系人合法权益的其他行为。

被执行人以债权消灭、丧失强制执行效力等执行依据生效之后的实体事由提出排除执行异议的，人民法院应当参照民事诉讼法第二百二十五条规定进行审查。

除本规定第十九条规定的情形外，被执行人以执行依据生效之前的实体事由提出排除执行异议的，人民法院应当告知其依法申请再审或者通过其他程序解决。

第八条　案外人基于实体权利既对执行标的提出排除执行异议又作为利害关系人提出执行行为异议的，人民法院应当依照民事诉讼法第二百二十七条规定进行审查。

案外人既基于实体权利对执行标的提出排除执行异议又作为利害关系人提出与实体权利无关的执行行为异议的，人民法院应当分别依照民事诉讼法第二百二十七条和第二百二十五条规定进行审查。

第九条　被限制出境的人认为对其限制出境错误的，可以自收到限制出境决定之日起十日内向上一级人民法院申请复议。上一级人民法院应当自收到复议申请之日起十五日内作出决定。复议期间，不停止原决定的执行。

第十条　当事人不服驳回不予执行公证债权文书申请的裁定的，可以自收到裁定之日起十日内向上一级人民法院申请复议。上一级人民法院应当自收到复议申请之日起三十日内审查，理由成立的，裁定撤销原裁定，不予执行该公证债权文书；理由不成立的，裁定驳回复议申请。复议期间，不停止执行。

第十一条　人民法院审查执行异议或者复议案件，应当依法组成合议庭。

指令重新审查的执行异议案件，应当另行组成合议庭。

办理执行实施案件的人员不得参与相关执行异议和复议案件的审查。

第十二条　人民法院对执行异议和复议案件实行书面审查。案情复杂、争议较大的，应当进行听证。

第十三条　执行异议、复议案件审查期间，异议人、复议申请人申请撤回异议、复议申请的，是否准许由人民法院裁定。

第十四条　异议人或者复议申请人经合法传唤，无正当理由拒不参加听证，或者未经法庭许可中途退出听证，致使人民法院无法查清相关事实的，由其自行承担不利后果。

第十五条　当事人、利害关系人对同一执行行为有多个异议事由，但未在异议审查过程中一并提出，撤回异议或者被裁定驳回异议后，再次就该执行行为提出异议的，人民法院不予受理。

案外人撤回异议或者被裁定驳回异议后，再次就同一执行标的提出异议的，人民法院不予受理。

第十六条　人民法院依照民事诉讼法第二百二十五条规定作出裁定时，应当告知相关权利人申请复议的权利和期限。

人民法院依照民事诉讼法第二百二十七条规定作出裁定时，应当告知相关权利人提起执行异议之诉的权利和期限。

人民法院作出其他裁定和决定时，法律、司法解释规定了相关权利人申请复议的权利和期限的，应当进行告知。

第十七条　人民法院对执行行为异议，应当按照下列情形，分别处理：

（一）异议不成立的，裁定驳回异议；

（二）异议成立的，裁定撤销相关执行行为；

（三）异议部分成立的，裁定变更相关执行行为；

（四）异议成立或者部分成立，但执行行为无撤销、变更内容的，裁定异议成立或者相应部分异议成立。

第十八条　执行过程中，第三人因书面承诺自愿代被执行人偿还债务而被追加为被执行人后，无正当理由反悔并提出异议的，人民法院不予支持。

第十九条　当事人互负到期债务，被执行人请求抵销，请求抵销的债务符合下列情形的，除依照法律规定或者按照债务性质不得抵销的以外，人民法院应予支持：

（一）已经生效法律文书确定或者经申请执行人认可；

（二）与被执行人所负债务的标的物种类、品质相同。

第二十条　金钱债权执行中，符合下列情形之一，被执行人以执行标的系本人及所扶养家属维持生活必需的居住房屋为由提出异议的，人民法院不予支持：

（一）对被执行人有扶养义务的人名下有其他能够维持生活必需的居住房屋的；

（二）执行依据生效后，被执行人为逃避债务转让其名下其他房屋的；

（三）申请执行人按照当地廉租住房保障面积标准为被执行人及所扶养家属提供居住房屋，或者同意参照当地房屋租赁市场平均租金标准从该房屋的变价款中扣除五至八年租金的。

执行依据确定被执行人交付居住的房屋，自执行通知送达之日起，已经给予三个月的宽限期，被执行人以该房屋系本人及所扶养家属维持生活的必需品为由提出异议的，人民法院不予支持。

第二十一条 当事人、利害关系人提出异议请求撤销拍卖，符合下列情形之一的，人民法院应予支持：

（一）竞买人之间、竞买人与拍卖机构之间恶意串通，损害当事人或者其他竞买人利益的；

（二）买受人不具备法律规定的竞买资格的；

（三）违法限制竞买人参加竞买或者对不同的竞买人规定不同竞买条件的；

（四）未按照法律、司法解释的规定对拍卖标的物进行公告的；

（五）其他严重违反拍卖程序且损害当事人或者竞买人利益的情形。

当事人、利害关系人请求撤销变卖的，参照前款规定处理。

第二十二条 公证债权文书对主债务和担保债务同时赋予强制执行效力的，人民法院应予执行；仅对主债务赋予强制执行效力未涉及担保债务的，对担保债务的执行申请不予受理；仅对担保债务赋予强制执行效力未涉及主债务的，对主债务的执行申请不予受理。

人民法院受理担保债务的执行申请后，被执行人仅以担保合同不属于赋予强制执行效力的公证债权文书范围为由申请不予执行的，不予支持。

第二十三条 上一级人民法院对不服异议裁定的复议申请审查后，应当按照下列情形，分别处理：

（一）异议裁定认定事实清楚，适用法律正确，结果应予维持的，裁定驳回复议申请，维持异议裁定；

（二）异议裁定认定事实错误，或者适用法律错误，结果应予纠正的，裁定撤销或者变更异议裁定；

（三）异议裁定认定基本事实不清、证据不足的，裁定撤销异议裁定，发回作出裁定的人民法院重新审查，或者查清事实后作出相应裁定；

（四）异议裁定遗漏异议请求或者存在其他严重违反法定程序的情形，裁定撤销异议裁定，发回作出裁定的人民法院重新审查；

（五）异议裁定对应当适用民事诉讼法第二百二十七条规定审查处理的异议，错误适用民事诉讼法第二百二十五条规定审查处理的，裁定撤销异议裁定，发回作出裁定的人民法院重新作出裁定。

除依照本条第一款第三、四、五项发回重新审查或者重新作出裁定的情形外，裁定撤销或者变更异议裁定且执行行为可撤销、变更的，应当同时撤销或者变更该裁定维持的执行行为。

人民法院对发回重新审查的案件作出裁定后，当事人、利害关系人申请复议的，上一级人民法院复议后不得再次发回重新审查。

第二十七条 申请执行人对执行标的依法享有对抗案外人的担保物权等优先受偿权，人民法院对案外人提出的排除执行异议不予支持，但法律、司法解释另有规定的除外。

第二十八条 金钱债权执行中，买受人对登记在被执行人名下的不动产提出异议，符合下列情形且其权利能够排除执行的，人民法院应予支持：

（一）在人民法院查封之前已签订合法有效的书面买卖合同；

（二）在人民法院查封之前已合法占有该不动产；

（三）已支付全部价款，或者已按照合同约定支付部分价款且将剩余价款按照人民法院的要求交付执行；

（四）非因买受人自身原因未办理过户登记。

第二十九条 金钱债权执行中，买受人对

登记在被执行的房地产开发企业名下的商品房提出异议,符合下列情形且其权利能够排除执行的,人民法院应予支持:

(一)在人民法院查封之前已签订合法有效的书面买卖合同;

(二)所购商品房系用于居住且买受人名下无其他用于居住的房屋;

(三)已支付的价款超过合同约定总价款的百分之五十。

第三十条 金钱债权执行中,对被查封的办理了受让物权预告登记的不动产,受让人提出停止处分异议的,人民法院应予支持;符合物权登记条件,受让人提出排除执行异议的,应予支持。

第三十一条 承租人请求在租赁期内阻止向受让人移交占有被执行的不动产,在人民法院查封之前已签订合法有效的书面租赁合同并占有使用该不动产的,人民法院应予支持。

承租人与被执行人恶意串通,以明显不合理的低价承租被执行的不动产或者伪造交付租金证据的,对其提出的阻止移交占有的请求,人民法院不予支持。

第二百二十六条 【变更执行法院】人民法院自收到申请执行书之日起超过六个月未执行的,申请执行人可以向上一级人民法院申请执行。上一级人民法院经审查,可以责令原人民法院在一定期限内执行,也可以决定由本院执行或者指令其他人民法院执行。

第二百二十七条 【案外人引发的执行异议】执行过程中,案外人对执行标的提出书面异议的,人民法院应当自收到书面异议之日起十五日内审查,理由成立的,裁定中止对该标的的执行;理由不成立的,裁定驳回。案外人、当事人对裁定不服,认为原判决、裁定错误的,依照审判监督程序办理;与原判决、裁定无关的,可以自裁定送达之日起十五日内向人民法院提起诉讼。

◆**相关法条**
◇**民诉解释**

第四百六十四条 根据民事诉讼法第二百二十七条规定,案外人对执行标的提出异议的,应当在该执行标的的执行程序终结前提出。

第四百七十九条 在执行中,被执行人通过仲裁程序将人民法院查封、扣押、冻结的财产确权或者分割给案外人的,不影响人民法院执行程序的进行。

案外人不服的,可以根据民事诉讼法第二百二十七条规定提出异议。

第四百九十五条 他人持有法律文书指定交付的财物或者票证,人民法院依照民事诉讼法第二百四十九条第二款、第三款规定发出协助执行通知后,拒不转交的,可以强制执行,并可依照民事诉讼法第一百一十四条、第一百一十五条规定处理。

他人持有期间财物或者票证毁损、灭失的,参照本解释第四百九十四条规定处理。

他人主张合法持有财物或者票证的,可以根据民事诉讼法第二百二十七条规定提出执行异议。

第五百零一条 人民法院执行被执行人对他人的到期债权,可以作出冻结债权的裁定,并通知该他人向申请执行人履行。

该他人对到期债权有异议,申请执行人请求对异议部分强制执行的,人民法院不予支持。利害关系人对到期债权有异议的,人民法院应当按照民事诉讼法第二百二十七条规定处理。

对生效法律文书确定的到期债权,该他人予以否认的,人民法院不予支持。

第四百六十五条 案外人对执行标的提出的异议,经审查,按照下列情形分别处理:

(一)案外人对执行标的不享有足以排除强制执行的权益的,裁定驳回其异议;

(二)案外人对执行标的享有足以排除强制执行的权益的,裁定中止执行。

驳回案外人执行异议裁定送达案外人之日起十五日内,人民法院不得对执行标的的进行处分。

第三百零四条 根据民事诉讼法第二百二十七条规定,案外人、当事人对执行异议裁定不服,自裁定送达之日起十五日内向人民法院提起执行异议之诉的,由执行法院管辖。

第三百零五条 案外人提起执行异议之诉,除符合民事诉讼法第一百一十九条规定外,还应当具备下列条件:

(一)案外人的执行异议申请已经被人民法院裁定驳回;

(二)有明确的排除对执行标的执行的诉讼请求,且诉讼请求与原判决、裁定无关;

(三)自执行异议裁定送达之日起十五日内提起。

人民法院应当在收到起诉状之日起十五日内决定是否立案。

第三百零六条 申请执行人提起执行异议之诉,除符合民事诉讼法第一百一十九条规定外,还应当具备下列条件:

(一)依案外人执行异议申请,人民法院裁定中止执行;

(二)有明确的对执行标的继续执行的诉讼请求,且诉讼请求与原判决、裁定无关;

(三)自执行异议裁定送达之日起十五日内提起。

人民法院应当在收到起诉状之日起十五日内决定是否立案。

第三百零七条 案外人提起执行异议之诉的,以申请执行人为被告。被执行人反对案外人异议的,被执行人为共同被告;被执行人不反对案外人异议的,可以列被执行人为第三人。

第三百零八条 申请执行人提起执行异议之诉的,以案外人为被告。被执行人反对申请执行人主张的,以案外人和被执行人为共同被告;被执行人不反对申请执行人主张的,可以列被执行人为第三人。

第三百零九条 申请执行人对中止执行裁定未提起执行异议之诉的,被执行人提起执行异议之诉的,人民法院告知其另行起诉。

第三百一十条 人民法院审理执行异议之诉案件,适用普通程序。

第三百一十一条 案外人或者申请执行人提起执行异议之诉的,案外人应当就其对执行标的享有足以排除强制执行的民事权益承担举证证明责任。

第三百一十二条 对案外人提起的执行异议之诉,人民法院经审理,按照下列情形分别处理:

(一)案外人就执行标的享有足以排除强制执行的民事权益的,判决不得执行该执行标的;

(二)案外人就执行标的不享有足以排除强制执行的民事权益的,判决驳回诉讼请求。

案外人同时提出确认其权利的诉讼请求的,人民法院可以在判决中一并作出裁判。

第三百一十三条 对申请执行人提起的执行异议之诉,人民法院经审理,按照下列情形分别处理:

(一)案外人就执行标的不享有足以排除强制执行的民事权益的,判决准许执行该执行标的;

(二)案外人就执行标的享有足以排除强制执行的民事权益的,判决驳回诉讼请求。

第三百一十四条 对案外人执行异议之诉,人民法院判决不得对执行标的执行的,执行异议裁定失效。

对申请执行人执行异议之诉,人民法院判决准许对该执行标的的执行的,执行异议裁定失效,执行法院可以根据申请执行人的申请或者依职权恢复执行。

第三百一十五条 案外人执行异议之诉审理期间,人民法院不得对执行标的进行处分。申请执行人请求人民法院继续执行并提供相应担保的,人民法院可以准许。

被执行人与案外人恶意串通,通过执行异议、执行异议之诉妨害执行的,人民法院应当依照民事诉讼法第一百一十三条规定处理。申请执行人因此受到损害的,可以提起诉讼要求被执行人、案外人赔偿。

第三百一十六条　人民法院对执行标的裁定中止执行后,申请执行人在法律规定的期间内未提起执行异议之诉的,人民法院应当自起诉期限届满之日起七日内解除对该执行标的采取的执行措施。

第四百二十三条　根据民事诉讼法第二百二十七条规定,案外人对驳回其执行异议的裁定不服,认为原判决、裁定、调解书内容错误损害其民事权益的,可以自执行异议裁定送达之日起六个月内,向作出原判决、裁定、调解书的人民法院申请再审。

第四百二十四条　根据民事诉讼法第二百二十七条规定,人民法院裁定再审后,案外人属于必要的共同诉讼当事人的,依照本解释第四百二十二条第二款规定处理。

案外人不是必要的共同诉讼当事人的,人民法院仅审理原判决、裁定、调解书对其民事权益造成损害的内容。经审理,再审请求成立的,撤销或者改变原判决、裁定、调解书;再审请求不成立的,维持原判决、裁定、调解书。

第四百二十二条第二款　人民法院因前款规定的当事人申请而裁定再审,按照第一审程序再审的,应当追加其为当事人,作出新的判决、裁定;按照第二审程序再审,经调解不能达成协议的,应当撤销原判决、裁定,发回重审,重审时应追加其为当事人。

◇执行异议和复议规定

第一条　异议人提出执行异议或者申请人申请复议,应当向人民法院提交申请书。申请书应当载明具体的异议或者复议请求、事实、理由等内容,并附下列材料:

(一)异议人或者复议申请人的身份证明;

(二)相关证据材料;

(三)送达地址和联系方式。

第二条　执行异议符合民事诉讼法第二百二十五条或者第二百二十七条规定条件的,人民法院应当在三日内立案,并在立案后三日内通知异议人和相关当事人。不符合受理条件的,裁定不予受理;立案后发现不符合受理条件的,裁定驳回申请。

执行异议申请材料不齐备的,人民法院应当一次性告知异议人在三日内补足,逾期未补足的,不予受理。

异议人对不予受理或者驳回申请裁定不服的,可以自裁定送达之日起十日内向上一级人民法院申请复议。上一级人民法院审查后认为符合受理条件的,应当裁定撤销原裁定,指令执行法院立案或者对执行异议进行审查。

第三条　执行法院收到执行异议后三日内既不立案又不作出不予受理裁定,或者受理后无正当理由超过法定期限不作出异议裁定的,异议人可以向上一级人民法院提出异议。上一级人民法院审查后认为理由成立的,应当指令执行法院在三日内立案或者在十五日内作出异议裁定。

第八条　案外人基于实体权利既对执行标的提出排除执行异议又作为利害关系人提出执行行为异议的,人民法院应当依照民事诉讼法第二百二十七条规定进行审查。

案外人既基于实体权利对执行标的提出排除执行异议又作为利害关系人提出与实体权利无关的执行行为异议的,人民法院应当分别依照民事诉讼法第二百二十七条和第二百二十五条规定进行审查。

第十六条　人民法院依照民事诉讼法第二百二十五条规定作出裁定时,应当告知相关权利人申请复议的权利和期限。

人民法院依照民事诉讼法第二百二十七条规定作出裁定时,应当告知相关权利人提起执行异议之诉的权利和期限。

人民法院作出其他裁定和决定时,法律、司法解释规定了相关权利人申请复议的权利和期限的,应当进行告知。

第二十四条　对案外人提出的排除执行异议,人民法院应当审查下列内容:

(一)案外人是否系权利人;

(二)该权利的合法性与真实性;

(三)该权利能否排除执行。

第二十五条　对案外人的异议,人民法院应当按照下列标准判断其是否系权利人:

（一）已登记的不动产，按照不动产登记簿判断；未登记的建筑物、构筑物及其附属设施，按照土地使用权登记簿、建设工程规划许可、施工许可等相关证据判断；

（二）已登记的机动车、船舶、航空器等特定动产，按照相关管理部门的登记判断；未登记的特定动产和其他动产，按照实际占有情况判断；

（三）银行存款和存管在金融机构的有价证券，按照金融机构和登记结算机构登记的账户名称判断；有价证券由具备合法经营资质的托管机构名义持有的，按照该机构登记的实际投资人账户名称判断；

（四）股权按照工商行政管理机关的登记和企业信用信息公示系统公示的信息判断；

（五）其他财产和权利，有登记的，按照登记机构的登记判断；无登记的，按照合同等证明财产权属或者权利人的证据判断。

案外人依据另案生效法律文书提出排除执行异议，该法律文书认定的执行标的权利人与依照前款规定得出的判断不一致的，依照本规定第二十六条规定处理。

第二十六条　金钱债权执行中，案外人依据执行标的被查封、扣押、冻结前作出的另案生效法律文书提出排除执行异议，人民法院应当按照下列情形，分别处理：

（一）该法律文书系就案外人与被执行人之间的权属纠纷以及租赁、借用、保管等不以转移财产权属为目的的合同纠纷，判决、裁决执行标的归属于案外人或者向其返还执行标的且其权利能够排除执行的，应予支持；

（二）该法律文书系就案外人与被执行人之间除前项所列合同之外的债权纠纷，判决、裁决执行标的归属于案外人或者向其交付、返还执行标的的，不予支持。

（三）该法律文书系案外人受让执行标的的拍卖、变卖成交裁定或者以物抵债裁定且权利能够排除执行的，应予支持。

金钱债权执行中，案外人依据执行标的被查封、扣押、冻结后作出的另案生效法律文书提出排除执行异议的，人民法院不予支持。

非金钱债权执行中，案外人依据另案生效法律文书提出排除执行异议，该法律文书对执行标的权属作出不同认定的，人民法院应当告知案外人依法申请再审或者通过其他程序解决。

申请执行人或者案外人不服人民法院依照本条第一、二款规定作出的裁定，可以依照民事诉讼法第二百二十七条规定提起执行异议之诉。

第二百二十八条　【执行人员】执行工作由执行员进行。

采取强制执行措施时，执行员应当出示证件。执行完毕后，应当将执行情况制作笔录，由在场的有关人员签名或者盖章。

人民法院根据需要可以设立执行机构。

第二百二十九条　【委托执行】被执行人或者被执行的财产在外地的，可以委托当地人民法院代为执行。受委托人民法院收到委托函件后，必须在十五日内开始执行，不得拒绝。执行完毕后，应当将执行结果及时函复委托人民法院；在三十日内如果还未执行完毕，也应当将执行情况函告委托人民法院。

受委托人民法院自收到委托函件之日起十五日内不执行的，委托人民法院可以请求受委托人民法院的上级人民法院指令受委托人民法院执行。

◆ 相关条文
◇ 审限规定

第五条第二款　委托执行的案件，委托的人民法院应当在立案后一个月内办理完委托执行手续，受委托的人民法院应当在收到委托函件后三十日内执行完毕。未执行完毕，应当在期限届满后十五日内将执行情况函告委托人民法院。

★第二百三十条　【执行和解】在执行中，双方当事人自行和解达成协议的，执行员应当将协议内容记入笔录，由双方当事人签名或者盖章。

申请执行人因受欺诈、胁迫与被执行人达成和解协议，或者当事人不履行和解协议的，人民法院可以根据当事人的申请，恢复对原生效法律文书的执行。

◆**相关法条**
◇民诉解释

第四百六十六条　申请执行人与被执行人达成和解协议后请求中止执行或者撤回执行申请的，人民法院可以裁定中止执行或者终结执行。

第四百六十七条　一方当事人不履行或者不完全履行在执行中双方自愿达成的和解协议，对方当事人申请执行原生效法律文书的，人民法院应当恢复执行，但和解协议已履行的部分应当扣除。和解协议已经履行完毕的，人民法院不予恢复执行。

第四百六十八条　申请恢复执行原生效法律文书，适用民事诉讼法第二百三十九条申请执行期间的规定。申请执行期间因达成执行中的和解协议而中断，其期间自和解协议约定履行期限的最后一日起重新计算。

◆**要点精解**

1. 和解协议一般应当采取书面形式；无书面协议，不导致无效，但是执行员须作笔录，双方当事人应签字盖章。

2. 执行中不能调解但可以和解。

3. 和解协议的达成须意思表示自由，不得欺诈、胁迫。和解协议的执行靠当事人的自愿自觉，不具强制执行力。非自愿达成和解协议及非自觉履行和解协议，人民法院依申请恢复原生效法律文书的执行，执行范围应扣除和解协议已履行的部分。

★**第二百三十一条**　【执行担保】在执行中，被执行人向人民法院提供担保，并经申请执行人同意的，人民法院可以决定暂缓执行及暂缓执行的期限。被执行人逾期仍不履行的，人民法院有权执行被执行人的担保财产或者担保人的财产。

◆**相关法条**
◇民诉解释

第四百六十九条　人民法院依照民事诉讼法第二百三十一条规定决定暂缓执行的，如果担保是有期限的，暂缓执行的期限应当与担保期限一致，但最长不得超过一年。被执行人或者担保人对担保的财产在暂缓执行期间有转移、隐藏、变卖、毁损等行为的，人民法院可以恢复强制执行。

第四百七十条　根据民事诉讼法第二百三十一条规定向人民法院提供执行担保的，可以由被执行人或者他人提供财产担保，也可以由他人提供保证。担保人应当具有代为履行或者代为承担赔偿责任的能力。

他人提供执行保证的，应当向执行法院出具保证书，并将保证书副本送交申请执行人。被执行人或者他人提供财产担保的，应当参照物权法、担保法的有关规定办理相应手续。

第四百七十一条　被执行人在人民法院决定暂缓执行的期限届满后仍不履行义务的，人民法院可以直接执行担保财产，或者裁定执行担保人的财产，但执行担保人的财产以担保人应当履行义务部分的财产为限。

第二百三十二条　【执行承担】作为被执行人的公民死亡的，以其遗产偿还债务。作为被执行人的法人或者其他组织终止的，由其权利义务承受人履行义务。

◆**相关法条**
◇民诉解释

第四百七十二条　依照民事诉讼法第二百三十二条规定，执行中作为被执行人的法人或者其他组织分立、合并的，人民法院可以裁定变更后的法人或者其他组织为被执行人；注销的，如果依照有关实体法的规定有权利义务承受人的，可以裁定该权利义务承受人为被执行人。

第四百七十三条　其他组织在执行中不能履行法律文书确定的义务的，人民法院可以裁定执行对该其他组织依法承担义务的法人或者公民个人的财产。

第四百七十四条 在执行中,作为被执行人的法人或者其他组织名称变更的,人民法院可以裁定变更后的法人或者其他组织为被执行人。

第四百七十五条 作为被执行人的公民死亡,其遗产继承人没有放弃继承的,人民法院可以裁定变更被执行人,由该继承人在遗产的范围内偿还债务。继承人放弃继承的,人民法院可以直接执行被执行人的遗产。

第四百七十六条 法律规定由人民法院执行的其他法律文书执行完毕后,该法律文书被有关机关或者组织依法撤销的,经当事人申请,适用民事诉讼法第二百三十三条规定。

★第二百三十三条 【执行回转】执行完毕后,据以执行的判决、裁定和其他法律文书确有错误,被人民法院撤销的,对已被执行的财产,人民法院应当作出裁定,责令取得财产的人返还;拒不返还的,强制执行。

◆相关法条
◇民诉解释

第四百七十六条 法律规定由人民法院执行的其他法律文书执行完毕后,该法律文书被有关机关或者组织依法撤销的,经当事人申请,适用民事诉讼法第二百三十三条规定。

第四百八十三条 申请执行人超过申请执行时效期间向人民法院申请强制执行的,人民法院应予受理。被执行人对申请执行时效期间提出异议,人民法院经审查异议成立的,裁定不予执行。

被执行人履行全部或者部分义务后,又以不知道申请执行时效期间届满为由请求执行回转的,人民法院不予支持。

◆要点精解

1. 执行回转的条件:(1)原执行依据被依法撤销;(2)执行回转本身需要有依法重新作出的执行依据;(3)原法律文书已经为人民法院执行完毕。

2. 执行回转应以裁定方式作出。

3. 取得财产的人应返还财产及其孳息。已执行的标的物系特定物的,应当退还原物。

4. 执行回转应重新立案。

第二百三十四条 【执行调解书】人民法院制作的调解书的执行,适用本编的规定。

第二百三十五条 【执行检察监督】人民检察院有权对民事执行活动实行法律监督。

◆相关法条
◇民事诉讼监督规则

第一百零二条 人民检察院对人民法院在民事执行活动中违反法律规定的情形实行法律监督。

第一百零三条 人民检察院对民事执行活动提出检察建议的,应当经检察委员会决定,制作《检察建议书》,在决定之日起十五日内将《检察建议书》连同案件卷宗移送同级人民法院,并制作决定提出检察建议的《通知书》,发送当事人。

第一百零四条 人民检察院认为当事人申请监督的人民法院执行活动不存在违法情形的,应当作出不支持监督申请的决定,并在决定之日起十五日内制作《不支持监督申请决定书》,发送申请人。

第二十章 执行的申请和移送

★第二百三十六条 【执行开始】发生法律效力的民事判决、裁定,当事人必须履行。一方拒绝履行的,对方当事人可以向人民法院申请执行,也可以由审判员移送执行员执行。

调解书和其他应当由人民法院执行的法律文书,当事人必须履行。一方拒绝履行的,对方当事人可以向人民法院申请执行。

◆相关法条
◇民诉解释

第四百六十三条 当事人申请人民法院执行的生效法律文书应当具备下列条件:

(一)权利义务主体明确;

（二）给付内容明确。

法律文书确定继续履行合同的，应当明确继续履行的具体内容。

第四百八十三条 申请执行人超过申请执行时效期间向人民法院申请强制执行的，人民法院应予受理。被执行人对申请执行时效期间提出异议，人民法院经审查异议成立的，裁定不予执行。

被执行人履行全部或者部分义务后，又以不知道申请执行时效期间届满为由请求执行回转的，人民法院不予支持。

第五百二十条 因撤销申请而终结执行后，当事人在民事诉讼法第二百三十九条规定的申请执行时效期间内再次申请执行的，人民法院应当受理。

◇执行立案、结案意见

第一条 本意见所称执行案件包括执行实施类案件和执行审查类案件。

执行实施类案件是指人民法院因申请执行人申请、审判机构移送、受托、提级、指定和依职权，对已发生法律效力且具有可强制执行内容的法律文书所确定的事项予以执行的案件。

执行审查类案件是指在执行过程中，人民法院审查和处理执行异议、复议、申诉、请求、协调以及决定执行管辖权的移转等事项的案件。

第二条 执行案件统一由人民法院立案机构进行审查立案，人民法庭经授权执行自审案件的，可以自行审查立案，法律、司法解释规定可以移送执行的，相关审判机构可以移送立案机构办理立案登记手续。

立案机构立案后，应当依照法律、司法解释的规定向申请人发出执行案件受理通知书。

第三条 人民法院对符合法律、司法解释规定的立案标准的执行案件，应当予以立案，并纳入审判和执行案件统一管理体系。

人民法院不得有审判和执行案件统一管理体系之外的执行案件。

任何案件不得以任何理由未经立案即进入执行程序。

第四条 立案机构在审查立案时，应当按照本意见确定执行案件的类型代字和案件编号，不得违反本意见创设案件类型代字。

第五条 执行实施类案件类型代字为"执"字，按照立案时间的先后顺序确定案件编号，单独进行排序；但执行财产保全裁定的，案件类型代字为"执保"字，按照立案时间的先后顺序确定案件编号，单独进行排序；恢复执行的，案件类型代字为"执恢"字，按照立案时间的先后顺序确定案件编号，单独进行排序。

第六条 下列案件，人民法院应当按照恢复执行案件予以立案：

（一）申请执行人因受欺诈、胁迫与被执行人达成和解协议，申请恢复执行原生效法律文书的；

（二）一方当事人不履行或不完全履行和解协议，对方当事人申请恢复执行原生效法律文书的；

（三）执行实施案件以裁定终结本次执行程序方式报结后，如发现被执行人有财产可供执行，申请执行人申请或者人民法院依职权恢复执行的；

（四）执行实施案件因委托执行结案后，确因委托不当被已立案的受托法院退回委托的；

（五）依照民事诉讼法第二百五十七条的规定而终结执行的案件，申请执行的条件具备时，申请执行人申请恢复执行的。

第七条 除下列情形外，人民法院不得人为拆分执行实施案件：

（一）生效法律文书确定的给付内容为分期履行的，各期债务履行期间届满，被执行人未自动履行，申请执行人可分期申请执行，也可以对几期或全部到期债权一并申请执行；

（二）生效法律文书确定有多个债务人各自单独承担明确的债务的，申请执行人可以对每个债务人分别申请执行，也可以对几个或全部债务人一并申请执行；

（三）生效法律文书确定有多个债权人各自享有明确的债权的(包括按份共有)，每个债

权人可以分别申请执行;

(四)申请执行赡养费、扶养费、抚养费的案件,涉及金钱给付内容的,人民法院应当根据申请执行时已发生的债权数额进行审查立案,执行过程中新发生的债权应当另行申请执行;涉及人身权内容的,人民法院应当根据申请执行时义务人未履行义务的事实进行审查立案,执行过程中义务人延续消极行为的,应当依据申请执行人的申请一并执行。

第八条　执行审查类案件按下列规则确定类型代字和案件编号:

(一)执行异议案件类型代字为"执异字",按照立案时间的先后顺序确定案件编号,单独进行排序;

(二)执行复议案件类型代字为"执复字",按照立案时间的先后顺序确定案件编号,单独进行排序;

(三)执行监督案件类型代字为"执监字",按照立案时间的先后顺序确定案件编号,单独进行排序;

(四)执行请示案件类型代字为"执请字",按照立案时间的先后顺序确定案件编号,单独进行排序;

(五)执行协调案件类型代字为"执协字",按照立案时间的先后顺序确定案件编号,单独进行排序。

第九条　下列案件,人民法院应当按照执行异议案件予以立案:

(一)当事人、利害关系人认为人民法院的执行行为违反法律规定,提出书面异议的;

(二)执行过程中,案外人对执行标的提出书面异议的;

(三)人民法院受理执行申请后,当事人对管辖权提出异议的;

(四)申请执行人申请追加、变更被执行人的;

(五)被执行人以债权消灭、超过申请执行期间或者其他阻止执行的实体事由提出阻止执行的;

(六)被执行人对仲裁裁决或者公证机关赋予强制执行效力的公证债权文书申请不予执行的;

(七)其他依法可以申请执行异议的。

第十条　下列案件,人民法院应当按照执行复议案件予以立案:

(一)当事人、利害关系人不服人民法院针对本意见第九条第(一)项、第(三)项、第(五)项作出的裁定,向上一级人民法院申请复议的;

(二)除因夫妻共同债务、出资人未依法出资、股权转让引起的追加和对一人公司股东的追加外,当事人、利害关系人不服人民法院针对本意见第九条第(四)项作出的裁定,向上一级人民法院申请复议的;

(三)当事人不服人民法院针对本意见第九条第(六)项作出的不予执行公证债权文书、驳回不予执行公证债权文书申请、不予执行仲裁裁决、驳回不予执行仲裁裁决申请的裁定,向上一级人民法院申请复议的;

(四)其他依法可以申请复议的。

第十一条　上级法院对下级法院,最高人民法院对地方各级人民法院依法进行监督的案件,应当按照执行监督案件予以立案。

第十二条　下列案件,人民法院应当按照执行请示案件予以立案:

(一)当事人向人民法院申请执行内地仲裁机构作出的涉港澳仲裁裁决或者香港特别行政区、澳门特别行政区仲裁机构作出的仲裁裁决或者临时仲裁庭在香港特别行政区、澳门特别行政区作出的仲裁裁决,人民法院经审查认为裁决存在依法不予执行的情形,在作出裁定前,报请所属高级人民法院进行审查的,以及高级人民法院同意不予执行,报请最高人民法院的;

(二)下级法院依法向上级法院请示的。

第十三条　下列案件,人民法院应当按照执行协调案件予以立案:

(一)不同法院因执行程序、执行与破产、强制清算、审判等程序之间对执行标的产生争议,经自行协调无法达成一致意见,向共同上级法院报请协调处理的;

（二）对跨高级人民法院辖区的法院与公安、检察等机关之间的执行争议案件，执行法院报请所属高级人民法院与有关公安、检察等机关所在地的高级人民法院商有关机关协调解决或者报请最高人民法院协调处理的；

（三）当事人对内地仲裁机构作出的涉港澳仲裁裁决分别向不同人民法院申请撤销及执行，受理执行申请的人民法院对受理撤销申请的人民法院作出的决定撤销或者不予撤销的裁定存在异议，亦不能直接作出与该裁定相矛盾的执行或者不予执行的裁定，报请共同上级人民法院解决的；

（四）当事人对内地仲裁机构作出的涉港澳仲裁裁决向人民法院申请执行且人民法院已经作出应予执行的裁定后，一方当事人向人民法院申请撤销该裁决，受理撤销申请的人民法院认为裁决应予撤销且该人民法院与受理执行申请的人民法院非同一人民法院时，报请共同上级人民法院解决的；

（五）跨省、自治区、直辖市的执行争议案件报请最高人民法院协调处理的；

（六）其他依法报请协调的。

★第二百三十七条 【执行仲裁裁决】对依法设立的仲裁机构的裁决，一方当事人不履行的，对方当事人可以向有管辖权的人民法院申请执行。受申请的人民法院应当执行。

被申请人提出证据证明仲裁裁决有下列情形之一的，经人民法院组成合议庭审查核实，裁定不予执行：

（一）当事人在合同中没有订有仲裁条款或者事后没有达成书面仲裁协议的；

（二）裁决的事项不属于仲裁协议的范围或者仲裁机构无权仲裁的；

（三）仲裁庭的组成或者仲裁的程序违反法定程序的；

（四）裁决所根据的证据是伪造的；

（五）对方当事人向仲裁机构隐瞒了足以影响公正裁决的证据的；

（六）仲裁员在仲裁该案时有贪污受贿，徇私舞弊，枉法裁决行为的。

人民法院认定执行该裁决违背社会公共利益的，裁定不予执行。

裁定书应当送达双方当事人和仲裁机构。

仲裁裁决被人民法院裁定不予执行的，当事人可以根据双方达成的书面仲裁协议重新申请仲裁，也可以向人民法院起诉。

◆相关法条
◇民诉解释

第四百七十七条　仲裁机构裁决的事项，部分有民事诉讼法第二百三十七条第二款、第三款规定情形的，人民法院应当裁定对该部分不予执行。

应当不予执行部分与其他部分不可分的，人民法院应当裁定不予执行仲裁裁决。

第四百七十八条　依照民事诉讼法第二百三十七条第二款、第三款规定，人民法院裁定不予执行仲裁裁决后，当事人对该裁定提出执行异议或者复议的，人民法院不予受理。当事人可以就该民事纠纷重新达成书面仲裁协议申请仲裁，也可以向人民法院起诉。

第四百八十一条　当事人请求不予执行仲裁裁决或者公证债权文书的，应当在执行终结前向执行法院提出。

◇仲裁法

第六十二条　当事人应当履行裁决。一方当事人不履行的，另一方当事人可以依照民事诉讼法的有关规定向人民法院申请执行。受申请的人民法院应当执行。

第六十三条　被申请人提出证据证明裁决有民事诉讼法第二百一十七条第二款规定的情形之一的，经人民法院组成合议庭审查核实，裁定不予执行。

第六十四条　一方当事人申请执行裁决，另一方当事人申请撤销裁决的，人民法院应当裁定中止执行。

人民法院裁定撤销裁决的，应当裁定终结执行。撤销裁决的申请被裁定驳回的，人民法院应当裁定恢复执行。

◆ 要点精解

1. 熟悉不予执行仲裁裁决的6项情形。(1)两个缺失:仲裁合意、仲裁权限;(2)两个违反:仲裁庭违反程序,仲裁员违反纪律;(3)两个证据:伪造证据、隐瞒证据。

2. 本法第274条规定了涉外仲裁裁决不予执行的4种情形。请参照本法第237条之规定复习。

3. 掌握第237条第5款的规定,仲裁裁决不被人民法院执行时的处理,此时当事人有两个选择:(1)重新达成仲裁协议申请仲裁;(2)向法院起诉。应当注意,当事人不得再依原仲裁协议申请仲裁。

4.《民事诉讼法》第274、275条关于涉外民诉程序中不予执行涉外仲裁裁决的规定,同第237条的规定基本相同,可放在一起掌握。

★**第二百三十八条 【执行公证债权文书】**对公证机关依法赋予强制执行效力的债权文书,一方当事人不履行的,对方当事人可以向有管辖权的人民法院申请执行,受申请的人民法院应当执行。

公证债权文书确有错误的,人民法院裁定不予执行,并将裁定书送达双方当事人和公证机关。

◆ 相关法条

◇民诉解释

第四百八十条 有下列情形之一的,可以认定为民事诉讼法第二百三十八条第二款规定的公证债权文书确有错误:

(一)公证债权文书属于不得赋予强制执行效力的债权文书的;

(二)被执行人一方未亲自或者未委托代理人到场公证等严重违反法律规定的公证程序的;

(三)公证债权文书的内容与事实不符或者违反法律强制性规定的;

(四)公证债权文书未载明被执行人不履行义务或者不完全履行义务时同意接受强制执行的;

人民法院认定执行该公证债权文书违背社会公共利益的,裁定不予执行。

公证债权文书被裁定不予执行后,当事人、公证事项的利害关系人可以就债权争议提起诉讼。

第四百八十一条 当事人请求不予执行仲裁裁决或者公证债权文书的,应当在执行终结前向执行法院提出。

◇公证法

第三十七条 对经公证的以给付为内容并载明债务人愿意接受强制执行承诺的债权文书,债务人不履行或者履行不适当的,债权人可以依法向有管辖权的人民法院申请执行。

前款规定的债权文书确有错误的,人民法院裁定不予执行,并将裁定书送达双方当事人和公证机构。

第二百三十九条 【申请执行期间】申请执行的期间为二年。申请执行时效的中止、中断,适用法律有关诉讼时效中止、中断的规定。

前款规定的期间,从法律文书规定履行期间的最后一日起计算;法律文书规定分期履行的,从规定的每次履行期间的最后一日起计算;法律文书未规定履行期间的,从法律文书生效之日起计算。

◆ 相关法条

◇民诉解释

第四百六十八条 申请恢复执行原生效法律文书,适用民事诉讼法第二百三十九条申请执行期间的规定。申请执行期间因达成执行中的和解协议而中断,其期间自和解协议约定履行期限的最后一日起重新计算。

第四百四十二条 债权人向人民法院申请执行支付令的期间,适用民事诉讼法第二百三十九条的规定。

第五百四十七条 当事人申请承认和执行外国法院作出的发生法律效力的判决、裁定或者外国仲裁裁决的期间,适用民事诉讼法第二百三十九条的规定。

当事人仅申请承认而未同时申请执行的,

申请执行的期间自人民法院对承认申请作出的裁定生效之日起重新计算。

第五百一十七条　债权人根据民事诉讼法第二百五十四条规定请求人民法院继续执行的，不受民事诉讼法第二百三十九条规定申请执行时效期间的限制。(《民事诉讼法》第二百五十四条　人民法院采取本法第二百三十九条、第二百四十条、第二百四十一条规定的执行措施后，被执行人仍不能偿还债务的，应当继续履行义务。债权人发现被执行人有其他财产的，可以随时请求人民法院执行。)

第五百一十九条　经过财产调查未发现可供执行的财产，在申请执行人签字确认或者执行法院组成合议庭审查核实并经院长批准后，可以裁定终结本次执行程序。

依照前款规定终结执行后，申请执行人发现被执行人有可供执行财产的，可以再次申请执行。再次申请不受申请执行时效期间的限制。

第五百二十条　因撤销申请而终结执行后，当事人在民事诉讼法第二百三十九条规定的申请执行时效期间内再次申请执行的，人民法院应当受理。

◇审限规定

第五条第一款　执行案件应当在立案之日起六个月内执结，非诉执行案件应当在立案之日起三个月内执结；有特殊情况需要延长的，经本院院长批准，可以延长三个月，还需延长的，层报高级人民法院备案。

第五条第二款　委托执行的案件，委托的人民法院应当在立案后一个月内办理完委托执行手续，受委托的人民法院应当在收到委托函件后三十日内执行完毕。未执行完毕，应当在期限届满后十五日内将执行情况函告委托人民法院。

第二百四十条　【执行通知】执行员接到申请执行书或者移交执行书，应当向被执行人发出执行通知，并可以立即采取强制执行措施。

◆相关法条
◇民诉解释

第四百八十二条　人民法院应当在收到申请执行书或者移交执行书后十日内发出执行通知。

执行通知中除应责令被执行人履行法律文书确定的义务外，还应通知其承担民事诉讼法第二百五十三条规定的迟延履行利息或者迟延履行金。

第五百零八条　被执行人为公民或者其他组织，在执行程序开始后，被执行人的其他已经取得执行依据的债权人发现被执行人的财产不能清偿所有债权的，可以向人民法院申请参与分配。

对人民法院查封、扣押、冻结的财产有优先权、担保物权的债权人，可以直接申请参与分配，主张优先受偿权。

第五百零九条　申请参与分配，申请人应当提交申请书。申请书应当写明参与分配和被执行人不能清偿所有债权的事实、理由，并附有执行依据。

参与分配申请应当在执行程序开始后，被执行人的财产执行终结前提出。

第五百一十条　参与分配执行中，执行所得价款扣除执行费用，并清偿应当优先受偿的债权后，对于普通债权，原则上按照其占全部申请参与分配债权数额的比例受偿。清偿后的剩余债务，被执行人应当继续清偿。债权人发现被执行人有其他财产的，可以随时请求人民法院执行。

第五百一十一条　多个债权人对执行财产申请参与分配的，执行法院应当制作财产分配方案，并送达各债权人和被执行人。债权人或者被执行人对分配方案有异议的，应当自收到分配方案之日起十五日内向执行法院提出书面异议。

第五百一十二条　债权人或者被执行人对分配方案提出书面异议的，执行法院应当通知未提出异议的债权人、被执行人。

未提出异议的债权人、被执行人自收到通

知之日起十五日内未提出反对意见的,执行法院依异议人的意见对分配方案审查修正后进行分配;提出反对意见的,应当通知异议人。异议人可以自收到通知之日起十五日内,以提出反对意见的债权人、被执行人为被告,向执行法院提起诉讼;异议人逾期未提起诉讼的,执行法院按照原分配方案进行分配。

诉讼期间进行分配的,执行法院应当提存与争议债权数额相应的款项。

第五百一十三条 在执行中,作为被执行人的企业法人符合企业破产法第二条第一款规定情形的,执行法院经申请执行人之一或者被执行人同意,应当裁定中止对该被执行人的执行,将执行案件相关材料移送被执行人住所地人民法院。

第五百一十四条 被执行人住所地人民法院应当自收到执行案件相关材料之日起三十日内,将是否受理破产案件的裁定告知执行法院。不予受理的,应当将相关案件材料退回执行法院。

第五百一十五条 被执行人住所地人民法院裁定受理破产案件的,执行法院应当解除对被执行人财产的保全措施。被执行人住所地人民法院裁定宣告被执行人破产的,执行法院应当裁定终结对该被执行人的执行。

被执行人住所地人民法院不受理破产案件的,执行法院应当恢复执行。

第五百一十六条 当事人不同意移送破产或者被执行人住所地人民法院不受理破产案件的,执行法院就执行变价所得财产,在扣除执行费用及清偿优先受偿的债权后,对于普通债权,按照财产保全和执行中查封、扣押、冻结财产的先后顺序清偿。

◆ 要点精解

《民事诉讼法》修改后,执行员可以在接到执行申请书或者移交执行书后立即采取强制执行措施。采取强制执行措施不需特定期间的经过,也不以被执行人有不利于执行之行为为条件。

第二十一章 执行措施

第二百四十一条 【被执行人报告财产情况】被执行人未按执行通知履行法律文书确定的义务,应当报告当前以及收到执行通知之日前一年的财产情况。被执行人拒绝报告或者虚假报告的,人民法院可以根据情节轻重对被执行人或者其法定代理人、有关单位的主要负责人或者直接责任人员予以罚款、拘留。

◆ 相关法条
◇ 民诉解释

第四百八十四条 对必须接受调查询问的被执行人、被执行人的法定代表人、负责人或者实际控制人,经依法传唤无正当理由拒不到场的,人民法院可以拘传其到场。

人民法院应当及时对被拘传人进行调查询问,调查询问的时间不得超过八小时;情况复杂,依法可能采取拘留措施的,调查询问的时间不得超过二十四小时。

人民法院在本辖区以外采取拘传措施时,可以将被拘传人拘传到当地人民法院,当地人民法院应予协助。

第四百八十五条 人民法院有权查询被执行人的身份信息与财产信息,掌握相关信息的单位和个人必须按照协助执行通知书办理。

◆ 要点精解

财产报告制度的主要内容有:

1. 法定前提条件是:被执行人未按执行通知履行法律文书确定的义务。

2. 财产报告的期间要求是:被执行人当前以及收到执行通知之日前一年的财产情况,被执行人要如实报告当时的,以及前一年的财产状况,包括有多少动产、不动产、现金、存款、股权、无形财产、银行账号,不动产所在地,动产的存放场所,所享有的对第三人的债权,一年期间内所进行的财产变动情况,提交必要的与财产有关的文件或者权利凭证等。

3. 拒绝报告或者虚假报告的法律责任是:

人民法院可以根据情节轻重对被执行人或者其法定代理人、有关单位的主要负责人或者直接责任人员予以罚款、拘留。

★第二百四十二条 【查封、扣押、冻结、划拨、变价存款、债券、股票、基金份额】被执行人未按执行通知履行法律文书确定的义务，人民法院有权向有关单位查询被执行人的存款、债券、股票、基金份额等财产情况。人民法院有权根据不同情形扣押、冻结、划拨、变价被执行人的财产。人民法院查询、扣押、冻结、划拨、变价的财产不得超出被执行人应当履行义务的范围。

人民法院决定扣押、冻结、划拨、变价财产，应当作出裁定，并发出协助执行通知书，有关单位必须办理。

◆**相关法条**
◇**民诉解释**

第四百八十六条 对被执行的财产，人民法院非经查封、扣押、冻结不得处分。对银行存款等各类可以直接扣划的财产，人民法院的扣划裁定同时具有冻结的法律效力。

第四百八十七条 人民法院冻结被执行人的银行存款的期限不得超过一年，查封、扣押动产的期限不得超过两年，查封不动产、冻结其他财产权的期限不得超过三年。

申请执行人申请延长期限的，人民法院应当在查封、扣押、冻结期限届满前办理续行查封、扣押、冻结手续，续行期限不得超过前款规定的期限。

人民法院也可以依职权办理续行查封、扣押、冻结手续。

第五百零一条 人民法院执行被执行人对他人的到期债权，可以作出冻结债权的裁定，并通知该他人向申请执行人履行。

该他人对到期债权有异议，申请执行人请求对异议部分强制执行的，人民法院不予支持。利害关系人对到期债权有异议的，人民法院应当按照民事诉讼法第二百二十七条规定处理。

对生效法律文书确定的到期债权，该他人予以否认的，人民法院不予支持。

◇**网络查询、冻结被执行人存款规定**

第一条 人民法院与金融机构已建立网络执行查控机制的，可以通过网络实施查询、冻结被执行人存款等措施。

网络执行查控机制的建立和运行应当具备以下条件：

（一）已建立网络执行查控系统，具有通过网络执行查控系统发送、传输、反馈查控信息的功能；

（二）授权特定的人员办理网络执行查控业务；

（三）具有符合安全规范的电子印章系统；

（四）已采取足以保障查控系统和信息安全的措施。

第二条 人民法院实施网络执行查控措施，应当事前统一向相应金融机构报备有权通过网络采取执行查控措施的特定执行人员的相关公务证件。办理具体业务时，不再另行向相应金融机构提供执行人员的相关公务证件。

人民法院办理网络执行查控业务的特定执行人员发生变更的，应当及时向相应金融机构报备人员变更信息及相关公务证件。

第三条 人民法院通过网络查询被执行人存款时，应当向金融机构传输电子协助查询存款通知书。多案集中查询的，可以附汇总的案件查询清单。

对查询到的被执行人存款需要冻结或者续行冻结的，人民法院应当及时向金融机构传输电子冻结裁定书和协助冻结存款通知书。

对冻结的被执行人存款需要解除冻结的，人民法院应当及时向金融机构传输电子解除冻结裁定书和协助解除冻结存款通知书。

第四条 人民法院向金融机构传输的法律文书，应当加盖电子印章。

作为协助执行人的金融机构完成查询、冻结等事项后，应当及时通过网络向人民法院回复加盖电子印章的查询、冻结等结果。

人民法院出具的电子法律文书、金融机构

出具的电子查询、冻结等结果,与纸质法律文书及反馈结果具有同等效力。

第五条 人民法院通过网络查询、冻结、续冻、解冻被执行人存款,与执行人员赴金融机构营业场所查询、冻结、续冻、解冻被执行人存款具有同等效力。

第六条 金融机构认为人民法院通过网络执行查控系统采取的查控措施违反相关法律、行政法规规定的,应当向人民法院书面提出异议。人民法院应当在15日内审查完毕并书面回复。

第七条 人民法院应当依据法律、行政法规规定及相应操作规范使用网络执行查控系统和查控信息,确保信息安全。

人民法院办理执行案件过程中,不得泄露通过网络执行查控系统取得的查控信息,也不得用于执行案件以外的目的。

人民法院办理执行案件过程中,不得对被执行人以外的非执行义务主体采取网络查控措施。

第八条 人民法院工作人员违反第七条规定的,应当按照《人民法院工作人员处分条例》给予纪律处分;情节严重构成犯罪的,应当依法追究刑事责任。

第九条 人民法院具备相应网络扣划技术条件,并与金融机构协商一致的,可以通过网络执行查控系统采取扣划被执行人存款措施。

第十条 人民法院与工商行政管理、证券监管、土地房产管理等协助执行单位已建立网络执行查控机制,通过网络执行查控系统对被执行人股权、股票、证券账户资金、房地产等其他财产采取查控措施的,参照本规定执行。

第二百四十三条 【扣留、提取收入】被执行人未按执行通知履行法律文书确定的义务,人民法院有权扣留、提取被执行人应当履行义务部分的收入。但应当保留被执行人及其所扶养家属的生活必需费用。

人民法院扣留、提取收入时,应当作出裁

定,并发出协助执行通知书,被执行人所在单位、银行、信用合作社和其他有储蓄业务的单位必须办理。

第二百四十四条 【查封、扣押、冻结、拍卖、变卖财产】被执行人未按执行通知履行法律文书确定的义务,人民法院有权查封、扣押、冻结、拍卖、变卖被执行人应当履行义务部分的财产。但应当保留被执行人及其所扶养家属的生活必需品。

采取前款措施,人民法院应当作出裁定。

◆相关法条
◇民诉解释

第四百九十四条 执行标的物为特定物的,应当执行原物。原物确已毁损或者灭失的,经双方当事人同意,可以折价赔偿。

双方当事人对折价赔偿不能协商一致的,人民法院应当终结执行程序。申请执行人可以另行起诉。

第四百七十九条 在执行中,被执行人通过仲裁程序将人民法院查封、扣押、冻结的财产确权或者分割给案外人的,不影响人民法院执行程序的进行。

案外人不服的,可以根据民事诉讼法第二百二十七条规定提出异议。

★**第二百四十五条 【查封、扣押程序】**人民法院查封、扣押财产时,被执行人是公民的,应当通知被执行人或者他的成年家属到场;被执行人是法人或者其他组织的,应当通知其法定代表人或者主要负责人到场。拒不到场的,不影响执行。被执行人是公民的,其工作单位或者财产所在地的基层组织应当派人参加。

对被查封、扣押的财产,执行员必须造具清单,由在场人签名或者盖章后,交被执行人一份。被执行人是公民的,也可以交他的成年家属一份。

第二百四十六条 【查封财产的保管】被查封的财产,执行员可以指定被执行人负责保管。因被执行人的过错造成的损失,由被执行人承担。

第二百四十七条 【拍卖、变卖财产】财产被查封、扣押后，执行员应当责令被执行人在指定期间履行法律文书确定的义务。被执行人逾期不履行的，人民法院应当拍卖被查封、扣押的财产；不适于拍卖或者当事人双方同意不进行拍卖的，人民法院可以委托有关单位变卖或者自行变卖。国家禁止自由买卖的物品，交有关单位按照国家规定的价格收购。

◆相关法条
◇民诉解释

第四百八十八条 依照民事诉讼法第二百四十七条规定，人民法院在执行中需要拍卖被执行人财产的，可以由人民法院自行组织拍卖，也可以交由具备相应资质的拍卖机构拍卖。

交拍卖机构拍卖的，人民法院应当对拍卖活动进行监督。

第四百八十九条 拍卖评估需要对现场进行检查、勘验的，人民法院应当责令被执行人、协助义务人予以配合。被执行人、协助义务人不予配合的，人民法院可以强制进行。

第四百九十条 人民法院在执行中需要变卖被执行人财产的，可以交有关单位变卖，也可以由人民法院直接变卖。

对变卖的财产，人民法院或者其工作人员不得买受。

第四百九十一条 经申请执行人和被执行人同意，且不损害其他债权人合法权益和社会公共利益的，人民法院可以不经拍卖、变卖，直接将被执行人的财产作价交申请执行人抵偿债务。对剩余债务，被执行人应当继续清偿。

第四百九十二条 被执行人的财产无法拍卖或者变卖，经申请执行人同意，且不损害其他债权人合法权益和社会公共利益的，人民法院可以将该项财产作价后交付申请执行人抵偿债务，或者交付申请执行人管理；申请执行人拒绝接收或者管理的，退回被执行人。

第四百九十三条 拍卖成交或者依法定程序裁定以物抵债的，标的物所有权自拍卖成交裁定或者抵债裁定送达买受人或者接受抵债物的债权人时转移。

◆要点精解

1. 查封、扣押的原则：(1)公示原则；(2)价值相当原则；(3)禁止重复查封、扣押原则；(4)特定财产豁免原则。

2. 查封、扣押的方法：(1)作出书面裁定；(2)发出协助执行通知书；(3)张贴封条或公告；(4)对有产权证照的动产或不动产向有关管理机构发出协助执行通知书，要求其不得办理查封财产的转移过户手续，同时可以责令被执行人将有关财产权证照交人民法院保管。

3. 查封、扣押后处理措施：(1)拍卖优先原则；(2)不宜拍卖或同意不拍卖，人民法院委托或自行变卖。变卖物只外销，不内供，人民法院或其工作人员不得买受；(3)禁止自由流通的物品，国家定价收购。

第二百四十八条 【搜查措施】被执行人不履行法律文书确定的义务，并隐匿财产的，人民法院有权发出搜查令，对被执行人及其住所或者财产隐匿地进行搜查。

采取前款措施，由院长签发搜查令。

◆相关法条
◇民诉解释

第四百九十六条 在执行中，被执行人隐匿财产、会计账簿等资料的，人民法院除可依照民事诉讼法第一百一十一条第一款第六项规定对其处理外，还应责令执行人交出隐匿的财产、会计账簿等资料。被执行人拒不交出的，人民法院可以采取搜查措施。

第四百九十七条 搜查人员应当按规定着装并出示搜查令和工作证件。

第四百九十八条 人民法院搜查时禁止无关人员进入搜查现场；搜查对象是公民的，应当通知被执行人或者他的成年家属以及基层组织派员到场；搜查对象是法人或者其他组织的，应当通知法定代表人或者主要负责人到场。拒不到场的，不影响搜查搜查妇女身体,应当由女执行人员进行。

第四百九十九条　搜查中发现应当依法采取查封、扣押措施的财产,依照民事诉讼法第二百四十五条第二款和第二百四十七条规定办理。

第五百条　搜查应当制作搜查笔录,由搜查人员、被搜查人及其他在场人签名、捺印或者盖章。拒绝签名、捺印或者盖章的,应当记入搜查笔录。

第二百四十九条　【指定交付】法律文书指定交付的财物或者票证,由执行员传唤双方当事人当面交付,或者由执行员转交,并由被交付人签收。

有关单位持有该项财物或者票证的,应当根据人民法院的协助执行通知书转交,并由被交付人签收。

有关公民持有该项财物或者票证的,人民法院通知其交出。拒不交出的,强制执行。

◆相关法条
◇民诉解释

第四百九十五条　他人持有法律文书指定交付的财物或者票证,人民法院依照民事诉讼法第二百四十九条第二款、第三款规定发出协助执行通知后,拒不转交的,可以强制执行,并可依照民事诉讼法第一百一十四条、第一百一十五条规定处理。

他人持有期间财物或者票证毁损、灭失的,参照本解释第四百九十四条规定处理。

他人主张合法持有财物或者票证的,可以根据民事诉讼法第二百二十七条规定提出执行异议。

★第二百五十条　【强制迁出】强制迁出房屋或者强制退出土地,由院长签发公告,责令被执行人在指定期间履行。被执行人逾期不履行的,由执行员强制执行。

强制执行时,被执行人是公民的,应当通知被执行人或者他的成年家属到场;被执行人是法人或者其他组织的,应当通知其法定代表人或者主要负责人到场。拒不到场的,不影响执行。被执行人是公民的,其工作单位或者房屋、土地所在地的基层组织应当派人参加。执行员应当将强制执行情况记入笔录,由在场人签名或者盖章。

强制迁出房屋被搬出的财物,由人民法院派人运至指定处所,交给被执行人。被执行人是公民的,也可以交给他的成年家属。因拒绝接收而造成的损失,由被执行人承担。

第二百五十一条　【证照转移】在执行中,需要办理有关财产权证照转移手续的,人民法院可以向有关单位发出协助执行通知书,有关单位必须办理。

◆相关法条
◇民诉解释

第五百零二条　人民法院在执行中需要办理房产证、土地证、林权证、专利证书、商标证书、车船执照等有关财产权证照转移手续的,可以依照民事诉讼法第二百五十一条规定办理。

第二百五十二条　【对行为执行】对判决、裁定和其他法律文书指定的行为,被执行人未按执行通知履行的,人民法院可以强制执行或者委托有关单位或者其他人完成,费用由被执行人承担。

◆相关法条
◇民诉解释

第五百零三条　被执行人不履行生效法律文书确定的行为义务,该义务可由他人完成的,人民法院可以选定代履行人;法律、行政法规对履行该行为义务有资格限制的,应当从有资格的人中选定。必要时,可以通过招标的方式确定代履行人。

申请执行人可以在符合条件的人中推荐代履行人,也可以申请自己代为履行,是否准许,由人民法院决定。

第五百零四条　代履行费用的数额由人民法院根据案件具体情况确定,并由被执行人在指定期限内预先支付。被执行人未预付的,人民法院可以对该费用强制执行。

代履行结束后，被执行人可以查阅、复制费用清单以及主要凭证。

第五百零五条　被执行人不履行法律文书指定的行为，且该项行为只能由被执行人完成的，人民法院可以依照民事诉讼法第一百一十一条第一款第六项规定处理。

被执行人在人民法院确定的履行期间内仍不履行的，人民法院可以依照民事诉讼法第一百一十一条第一款第六项规定再次处理。

★**第二百五十三条　【迟延履行】**被执行人未按判决、裁定和其他法律文书指定的期间履行给付金钱义务的，应当加倍支付迟延履行期间的债务利息。被执行人未按判决、裁定和其他法律文书指定的期间履行其他义务的，应当支付迟延履行金。

◆**相关法条**

◇**民诉解释**

第五百零六条　被执行人迟延履行的，迟延履行期间的利息或者迟延履行金自判决、裁定和其他法律文书指定的履行期间届满之日起计算。

第五百零七条　被执行人未按判决、裁定和其他法律文书指定的期间履行非金钱给付义务的，无论是否已给申请执行人造成损失，都应当支付迟延履行金。已经造成损失的，双倍补偿申请执行人已经受到的损失；没有造成损失的，迟延履行金可以由人民法院根据具体案件情况决定。

第四百八十二条　人民法院应当在收到申请执行书或者移交执行书后十日内发出执行通知。

执行通知中除应责令被执行人履行法律文书确定的义务外，还应通知其承担民事诉讼法第二百五十三条规定的迟延履行利息或者迟延履行金。

◇**计算迟延履行期间的债务利息解释**

第一条　根据民事诉讼法第二百五十三条规定加倍计算之后的迟延履行期间的债务利息，包括迟延履行期间的一般债务利息和加倍部分债务利息。

迟延履行期间的一般债务利息，根据生效法律文书确定的方法计算；生效法律文书未确定给付该利息的，不予计算。

加倍部分债务利息的计算方法为：加倍部分债务利息＝债务人尚未清偿的生效法律文书确定的除一般债务利息之外的金钱债务×日万分之一点七五×迟延履行期间。

第二条　加倍部分债务利息自生效法律文书确定的履行期间届满之日起计算；生效法律文书确定分期履行的，自每次履行期间届满之日起计算；生效法律文书未确定履行期间的，自法律文书生效之日起计算。

第三条　加倍部分债务利息计算至被执行人履行完毕之日；被执行人分次履行的，相应部分的加倍部分债务利息计算至每次履行完毕之日。

人民法院划拨、提取被执行人的存款、收入、股息、红利等财产的，相应部分的加倍部分债务利息计算至划拨、提取之日；人民法院对被执行人财产拍卖、变卖或者以物抵债的，计算至成交裁定或者抵债裁定生效之日；人民法院对被执行人财产通过其他方式变价的，计算至财产变价完成之日。

非因被执行人的申请，对生效法律文书审查而中止或者暂缓执行的期间及再审中止执行的期间，不计算加倍部分债务利息。

第四条　被执行人的财产不足以清偿全部债务的，应当先清偿生效法律文书确定的金钱债务，再清偿加倍部分债务利息，但当事人对清偿顺序另有约定的除外。

第五条　生效法律文书确定给付外币的，执行时以该种外币按日万分之一点七五计算加倍部分债务利息，但申请执行人主张以人民币计算的，人民法院应予准许。

以人民币计算加倍部分债务利息的，应当先将生效法律文书确定的外币折算或者套算为人民币后再进行计算。

外币折算或者套算为人民币的，按照加倍

部分债务利息起算之日的中国外汇交易中心或者中国人民银行授权机构公布的人民币对该外币的中间价折合成人民币计算;中国外汇交易中心或者中国人民银行授权机构未公布汇率中间价的外币,按照该日境内银行人民币对该外币的中间价折算成人民币,或者该外币在境内银行、国际外汇市场对美元汇率,与人民币对美元汇率中间价进行套算。

第六条 执行回转程序中,原申请执行人迟延履行金钱给付义务的,应当按照本解释的规定承担加倍部分债务利息。

第七条 本解释施行时尚未执行完毕部分的金钱债务,本解释施行前的迟延履行期间债务利息按照之前的规定计算;施行后的迟延履行期间债务利息按照本解释计算。

本解释施行前本院发布的司法解释与本解释不一致的,以本解释为准。

第二百五十四条 【继续执行】人民法院采取本法第二百四十二条、第二百四十三条、第二百四十四条规定的执行措施后,被执行人仍不能偿还债务的,应当继续履行义务。债权人发现被执行人有其他财产的,可以随时请求人民法院执行。

◆相关法条
◇民诉解释

第五百一十九条 经过财产调查未发现可供执行的财产,在申请执行人签字确认或者执行法院组成合议庭审查核实并经院长批准后,可以裁定终结本次执行程序。

依照前款规定终结执行后,申请执行人发现被执行人有可供执行财产的,可以再次申请执行。再次申请不受申请执行时效期间的限制。

第五百一十七条 债权人根据民事诉讼法第二百五十四条规定请求人民法院继续执行的,不受民事诉讼法第二百三十九条规定申请执行时效期间的限制。

第二百五十五条 【采取限制出境、公布不履行义务信息等执行措施】被执行人不履行法律文书确定的义务的,人民法院可以对其采取或者通知有关单位协助采取限制出境,在征信系统记录、通过媒体公布不履行义务信息以及法律规定的其他措施。

◆相关法条
◇民诉解释

第五百一十八条 被执行人不履行法律文书确定的义务的,人民法院除对被执行人予以处罚外,还可以根据情节将其纳入失信被执行人名单,将被执行人不履行或者不完全履行义务的信息向其所在单位、征信机构以及其他相关机构通报。

第一百九十二条 有关单位接到人民法院协助执行通知书后,有下列行为之一的,人民法院可以适用民事诉讼法第一百一十四条规定处理:

(一)允许被执行人高消费的;
(二)允许被执行人出境的;
(三)拒不停止办理有关财产权证照转移手续、权属变更登记、规划审批等手续的;
(四)以需要内部请示、内部审批,有内部规定等为由拖延办理的。

◇限制被执行人高消费及有关消费规定

第一条 被执行人未按执行通知书指定的期间履行生效法律文书确定的给付义务的,人民法院可以采取限制消费措施,限制其高消费及非生活或者经营必需的有关消费。

纳入失信被执行人名单的被执行人,人民法院应当对其采取限制消费措施。

第二条 人民法院决定采取限制消费措施时,应当考虑被执行人是否有消极履行、规避执行或者抗拒执行的行为以及被执行人的履行能力等因素。

第三条 被执行人为自然人的,被采取限制消费措施后,不得有以下高消费及非生活和工作必需的消费行为:

(一)乘坐交通工具时,选择飞机、列车软卧、轮船二等以上舱位;

（二）在星级以上宾馆、酒店、夜总会、高尔夫球场等场所进行高消费；

（三）购买不动产或者新建、扩建、高档装修房屋；

（四）租赁高档写字楼、宾馆、公寓等场所办公；

（五）购买非经营必需车辆；

（六）旅游、度假；

（七）子女就读高收费私立学校；

（八）支付高额保费购买保险理财产品；

（九）乘坐G字头动车组列车全部座位、其他动车组列车一等以上座位等其他非生活和工作必需的消费行为。

被执行人为单位的，被采取限制消费措施后，被执行人及其法定代表人、主要负责人、影响债务履行的直接责任人员、实际控制人不得实施前款规定的行为。因私消费以个人财产实施前款规定行为的，可以向执行法院提出申请。执行法院审查属实的，应予准许。

第四条　限制消费措施一般由申请执行人提出书面申请，经人民法院审查决定；必要时人民法院可以依职权决定。

第五条　人民法院决定采取限制消费措施的，应当向被执行人发出限制消费令。限制消费令由人民法院院长签发。限制消费令应当载明限制消费的期间、项目、法律后果等内容。

第六条　人民法院决定采取限制消费措施的，可以根据案件需要和被执行人的情况向有义务协助调查、执行的单位送达协助执行通知书，也可以在相关媒体上进行公告。

第七条　限制消费令的公告费用由被执行人负担；申请执行人申请在媒体公告的，应当垫付公告费用。

第八条　被限制消费的被执行人因生活或者经营必需而进行本规定禁止的消费活动的，应当向人民法院提出申请，获批准后方可进行。

第九条　在限制消费期间，被执行人提供确实有效的担保或者经申请执行人同意的，人民法院可以解除限制消费令；被执行人履行完毕生效法律文书确定的义务的，人民法院应当在本规定第六条通知或者公告的范围内及时以通知或者公告解除限制消费令。

第十条　人民法院应当设置举报电话或者邮箱，接受申请执行人和社会公众对被限制消费的被执行人违反本规定第三条的举报，并进行审查认定。

第十一条　被执行人违反限制消费令进行消费的行为属于拒不履行人民法院已经发生法律效力的判决、裁定的行为，经查证属实的，依照《中华人民共和国民事诉讼法》第一百一十一条的规定，予以拘留、罚款；情节严重，构成犯罪的，追究其刑事责任。

有关单位在收到人民法院协助执行通知书后，仍允许被执行人进行高消费及非生活或者经营必需的有关消费的，人民法院可以依照《中华人民共和国民事诉讼法》第一百一十四条的规定，追究其法律责任。

第二十二章　执行中止和终结

★**第二百五十六条**　【执行中止】有下列情形之一的，人民法院应当裁定中止执行：

（一）申请人表示可以延期执行的；

（二）案外人对执行标的提出确有理由的异议的；

（三）作为一方当事人的公民死亡，需要等待继承人继承权利或者承担义务的；

（四）作为一方当事人的法人或者其他组织终止，尚未确定权利义务承受人的；

（五）人民法院认为应当中止执行的其他情形。

中止的情形消失后，恢复执行。

◆**相关法条**

◇民诉解释

第四百六十六条　申请执行人与被执行人达成和解协议后请求中止执行或者撤回执行申请的，人民法院可以裁定中止执行或者终结执行。

★**第二百五十七条** 【执行终结】有下列情形之一的,人民法院裁定终结执行:
(一)申请人撤销申请的;
(二)据以执行的法律文书被撤销的;
(三)作为被执行人的公民死亡,无遗产可供执行,又无义务承担人的;
(四)追索赡养费、扶养费、抚育费案件的权利人死亡的;
(五)作为被执行人的公民因生活困难无力偿还借款,无收入来源,又丧失劳动能力的;
(六)人民法院认为应当终结执行的其他情形。

◆**相关法条**
◇**民诉解释**

第四百六十六条 申请执行人与被执行人达成和解协议后请求中止执行或者撤回执行申请的,人民法院可以裁定中止执行或者终结执行。

第五百一十九条 经过财产调查未发现可供执行的财产,在申请执行人签字确认或者执行法院组成合议庭审查核实并经院长批准后,可以裁定终结本次执行程序。

依照前款规定终结执行后,申请执行人发现被执行人有可供执行财产的,可以再次申请执行。再次申请不受申请执行时效期间的限制。

第五百二十条 因撤销申请而终结执行后,当事人在民事诉讼法第二百三十九条规定的申请执行时效期间内再次申请执行的,人民法院应当受理。

第五百二十一条 在执行终结六个月内,被执行人或者其他人对已执行的标的有妨害行为的,人民法院可以依申请排除妨害,并可以依照民事诉讼法第一百一十一条规定进行处罚。因妨害行为为给执行债权人或者其他人造成损失的,受害人可以另行起诉。

◇**执行立案、结案意见**

第十四条 除执行财产保全裁定、恢复执行的案件外,其他执行实施类案件的结案方式包括:
(一)执行完毕;
(二)终结本次执行程序;
(三)终结执行;
(四)销案;
(五)不予执行;
(六)驳回申请。

第十五条 生效法律文书确定的执行内容,经被执行人自动履行、人民法院强制执行,已全部执行完毕,或者是当事人达成执行和解协议,且执行和解协议履行完毕,可以以"执行完毕"方式结案。

执行完毕应当制作结案通知书并发送当事人。双方当事人书面认可执行完毕或口头认可执行完毕并记入笔录的,无需制作结案通知书。

执行和解协议应当附卷,没有签订书面执行和解协议的,应当将口头和解协议的内容作成笔录,经当事人签字后附卷。

第十六条 有下列情形之一的,可以以"终结本次执行程序"方式结案:
(一)被执行人确无财产可供执行,申请执行人书面同意人民法院终结本次执行程序的;
(二)因被执行人无财产而中止执行满两年,经查证被执行人确无财产可供执行的;
(三)申请执行人明确表示提供不出被执行人的财产或财产线索,并在人民法院穷尽财产调查措施之后,对人民法院认定被执行人无财产可供执行书面表示认可的;
(四)被执行人的财产无法拍卖变卖,或者动产经两次拍卖、不动产或其他财产权经三次拍卖仍然流拍,申请执行人拒绝接受或者依法不能交付其抵债,经人民法院穷尽财产调查措施,被执行人确无其他财产可供执行的;
(五)经人民法院穷尽财产调查措施,被执行人确无财产可供执行或虽有财产但不宜强制执行,当事人达成分期履行和解协议,且未履行完毕的;
(六)被执行人确无财产可供执行,申请执

行人属于特困群体,执行法院已经给予其适当救助的。

人民法院应当依法组成合议庭,就案件是否终结本次执行程序进行合议。

终结本次执行程序应当制作裁定书,送达申请执行人。裁定应当载明案件的执行情况、申请执行人债权已受偿和未受偿的情况、终结本次执行程序的理由,以及发现被执行人有可供执行财产,可以申请恢复执行等内容。

依据本条第一款第(二)(四)(五)(六)项规定的情形裁定终结本次执行程序前,应当告知申请执行人可以在指定的期限内提出异议。申请执行人提出异议的,应当另行组成合议庭组织当事人就被执行人是否有财产可供执行进行听证;申请执行人提供被执行人财产线索的,人民法院应当就其提供的线索重新调查核实,发现被执行人有财产可供执行的,应当继续执行;经听证认定被执行人确无财产可供执行,申请执行人亦不能提供被执行人有可供执行财产的,可以裁定终结本次执行程序。

本条第一款第(三)(四)(五)项中规定的"人民法院穷尽财产调查措施",是指至少完成下列调查事项:

(一)被执行人是法人或其他组织的,应当向银行业金融机构查询银行存款,向有关房地产管理部门查询房地产登记,向法人登记机关查询股权,向有关车管部门查询车辆等情况;

(二)被执行人是自然人的,应当向被执行人所在单位及居住地周边群众调查了解被执行人的财产状况或财产线索,包括被执行人的经济收入来源、被执行人到期债权等。如果根据财产线索判断被执行人有较高收入,应当按照对法人或其他组织的调查途径进行调查;

(三)通过最高人民法院的全国法院网络执行查控系统和执行法院所属高级人民法院的"点对点"网络执行查控系统能够完成的调查事项;

(四)法律、司法解释规定必须完成的调查事项。

人民法院裁定终结本次执行程序后,发现被执行人有财产的,可以依申请执行人的申请或依职权恢复执行。申请执行人申请恢复执行的,不受申请执行期限的限制。

第十七条 有下列情形之一的,可以以"终结执行"方式结案:

(一)申请人撤销申请或者是当事人双方达成执行和解协议,申请执行人撤回执行申请的;

(二)据以执行的法律文书被撤销的;

(三)作为被执行人的公民死亡,无遗产可供执行,又无义务承担人的;

(四)追索赡养费、扶养费、抚育费案件的权利人死亡的;

(五)作为被执行人的公民因生活困难无力偿还借款,无收入来源,又丧失劳动能力的;

(六)作为被执行人的企业法人或其他组织被撤销、注销、吊销营业执照或者歇业、终止后既无财产可供执行,又无义务承受人,也没有能够依法追加变更执行主体的;

(七)依照刑法第五十三条规定免除罚金的;

(八)被执行人被人民法院裁定宣告破产的;

(九)行政执行标的灭失的;

(十)案件被上级人民法院裁定提级执行的;

(十一)案件被上级法院裁定指定由其他法院执行的;

(十二)按照《最高人民法院关于委托执行若干问题的规定》,办理了委托执行手续,且收到受托法院立案通知书的;

(十三)人民法院认为应当终结执行的其他情形。

前款除第(十)项、第(十一)项、第(十二)项规定的情形外,终结执行的,应当制作裁定书,送达当事人。

第十八条 执行实施案件立案后,有下列情形之一的,可以以"销案"方式结案:

(一)被执行人提出管辖异议,经审查异议

成立,将案件移送有管辖权的法院或申请执行人撤回申请的;

(二)发现其他有管辖权的人民法院已经立案在先的;

(三)受托法院报经高级人民法院同意退回委托的。

第十九条　执行实施案件立案后,被执行人对仲裁裁决或公证债权文书提出不予执行申请,经人民法院审查,裁定不予执行的,以"不予执行"方式结案。

第二十条　执行实施案件立案后,经审查发现不符合《最高人民法院关于人民法院执行工作若干问题的规定(试行)》第18条规定的受理条件,裁定驳回申请的,以"驳回申请"方式结案。

第二十一条　执行财产保全裁定案件的结案方式包括:

(一)保全完毕,即保全事项全部实施完毕;

(二)部分保全,即因未查询到足额财产,致使保全事项未能全部实施完毕;

(三)无标的物可实施保全,即未查到财产可供保全。

第二十二条　恢复执行案件的结案方式包括:

(一)执行完毕;

(二)终结本次执行程序;

(三)终结执行。

第二十三条　下列案件不得作结案处理:

(一)人民法院裁定中止执行的;

(二)人民法院决定暂缓执行的;

(三)执行和解协议未全部履行完毕,且不符合本意见第十六条、第十七条规定终结本次执行程序、终结执行条件的。

第二十四条　执行异议案件的结案方式包括:

(一)准予撤回异议或申请,即异议人撤回异议或申请的;

(二)驳回异议或申请,即异议不成立或者案外人虽然对执行标的享有实体权利但不能阻止执行的;

(三)撤销相关执行行为、中止对执行标的的执行、不予执行、追加变更当事人,即异议成立的;

(四)部分撤销并变更执行行为、部分不予执行、部分追加变更当事人,即异议部分成立的;

(五)不能撤销、变更执行行为,即异议成立或部分成立,但不能撤销、变更执行行为的;

(六)移送其他人民法院管辖,即管辖权异议成立的。

执行异议案件应当制作裁定书,并送达当事人。法律、司法解释规定对执行异议案件可以口头裁定的,应当记入笔录。

第二十五条　执行复议案件的结案方式包括:

(一)准许撤回申请,即申请复议人撤回复议申请的;

(二)驳回复议申请,维持异议裁定,即异议裁定认定事实清楚,适用法律正确,复议理由不成立的;

(三)撤销或变更异议裁定,即异议裁定认定事实错误或者适用法律错误,复议理由成立的;

(四)查清事实后作出裁定,即异议裁定认定事实不清,证据不足的;

(五)撤销异议裁定,发回重新审查,即异议裁定遗漏异议请求或者异议裁定错误对案外人异议适用执行行为异议审查程序的。

人民法院对重新审查的案件作出裁定后,当事人申请复议的,上级人民法院不得再次发回重新审查。

执行复议案件应当制作裁定书,并送达当事人。法律、司法解释规定对执行复议案件可口头裁定的,应当记入笔录。

第二十六条　执行监督案件的结案方式包括:

(一)准许撤回申请,即当事人撤回监督申请的;

(二)驳回申请,即监督申请不成立的;

（三）限期改正，即监督申请成立，指定执行法院在一定期限内改正的；

（四）撤销并改正，即监督申请成立，撤销执行法院的裁定直接改正的；

（五）提级执行，即监督申请成立，上级法院决定提级自行执行的；

（六）指定执行，即监督申请成立，上级法院决定指定其他法院执行的；

（七）其他，即其他可以报结的情形。

第二十七条　执行请示案件的结案方式包括：

（一）答复，即符合请示条件的；

（二）销案，即不符合请示条件的。

第二十八条　执行协调案件的结案方式包括：

（一）撤回协调请求，即执行争议法院自行协商一致，撤回协调请求的；

（二）协调解决，即经过协调，执行争议法院达成一致协调意见，将协调意见记入笔录或者向执行争议法院发出协调意见函的。

★**第二百五十八条**　【中止执行与终结执行裁定】中止和终结执行的裁定，送达当事人后立即生效。

◆要点精解

1. 了解并注意区分中止执行与终结执行的不同情形。

2. 中止执行或终结执行裁定书都要由执行员、书记员署名，加盖人民法院印章。由二审法院终审的判决、裁定和调解书，需要中止、终结执行的，应由执行员将中止、终结执行的书面报告和意见，报经二审法院或上级法院执行组织签署意见并备案后，制作裁定书。受托法院对委托执行的案件，发现应当中止、终结执行的，应出具书面报告，函请委托法院裁定。

3. 中止、终结执行的裁定，送达当事人后立即生效（本法第258条）。

第四编　涉外民事诉讼程序的特别规定

第二十三章　一般原则

第二百五十九条　【涉外程序的参照适用】在中华人民共和国领域内进行涉外民事诉讼，适用本编规定。本编没有规定的，适用本法其他有关规定。

◆相关法条
◇民诉解释

第五百二十二条　有下列情形之一，人民法院可以认定为涉外民事案件：

（一）当事人一方或者双方是外国人、无国籍人、外国企业或者组织的；

（二）当事人一方或者双方的经常居所地在中华人民共和国领域外的；

（三）标的物在中华人民共和国领域外的；

（四）产生、变更或者消灭民事关系的法律事实发生在中华人民共和国领域外的；

（五）可以认定为涉外民事案件的其他情形。

第五百二十三条　外国人参加诉讼，应当向人民法院提交护照等用以证明自己身份的证件。

外国企业或者组织参加诉讼，向人民法院提交的身份证明文件，应当经所在国公证机关公证，并经中华人民共和国驻该国使领馆认证，或者履行中华人民共和国与该所在国订立的有关条约中规定的证明手续。

代表外国企业或者组织参加诉讼的人，应当向人民法院提交其有权作为代表人参加诉讼的证明，该证明应当经所在国公证机关公证，并经中华人民共和国驻该国使领馆认证，或者履行中华人民共和国与该所在国订立的有关条约中规定的证明手续。

本条所称的"所在国"，是指外国企业或者组织的设立登记地国，也可以是办理了营业登记手续的第三国。

第五百三十条 涉外民事诉讼中,经调解双方达成协议,应当制发调解书。当事人要求发给判决书的,可以依协议的内容制作判决书送达当事人。

◆要点精解
1. 涉外因素:(1)诉讼主体具有涉外因素;(2)争议的民事法律关系具有涉外因素;(3)诉讼标的物具有涉外因素。
2. 涉外民事诉讼的特征:(1)与国家主权密切相关;(2)在具体诉讼制度上(如管辖、期间、送达等)有特殊性;(3)与司法协助相联系。
3. 注意《民诉解释》第530条的规定。

★**第二百六十条** 【国际条约优先】中华人民共和国缔结或者参加的国际条约同本法有不同规定的,适用该国际条约的规定,但中华人民共和国声明保留的条款除外。

第二百六十一条 【外交特权与豁免】对享有外交特权与豁免的外国人、外国组织或者国际组织提起的民事诉讼,应当依照中华人民共和国有关法律和中华人民共和国缔结或者参加的国际条约的规定办理。

第二百六十二条 【涉外诉讼中的语言文字】人民法院审理涉外民事案件,应当使用中华人民共和国通用的语言、文字。当事人要求提供翻译的,可以提供,费用由当事人承担。

◆相关法条
◇民诉解释
第五百二十七条 当事人向人民法院提交的书面材料是外文的,应当同时向人民法院提交中文翻译件。
当事人对中文翻译件有异议的,应当共同委托翻译机构提供翻译文本;当事人对翻译机构的选择不能达成一致的,由人民法院确定。

第二百六十三条 【涉外诉讼中的中国律师代理】外国人、无国籍人、外国企业和组织在人民法院起诉、应诉,需要委托律师代理诉讼的,必须委托中华人民共和国的律师。

◆相关法条
◇民诉解释
第五百二十八条 涉外民事诉讼中的外籍当事人,可以委托本国人为诉讼代理人,也可以委托本国律师以非律师身份担任诉讼代理人;外国驻华使领馆官员,受本国公民的委托,可以以个人名义担任诉讼代理人,但在诉讼中不享有外交或者领事特权和豁免。

◆要点精解
涉外民事诉讼的特殊原则:(1)适用我国民事诉讼法的原则;(2)信守国际条约的原则;(3)司法豁免权原则;(4)使用我国通用语言文字原则;(5)委托中国律师代理诉讼原则。

★**第二百六十四条** 【涉外诉讼中的代理权授予】在中华人民共和国领域内没有住所的外国人、无国籍人、外国企业和组织委托中华人民共和国律师或者其他人代理诉讼,从中华人民共和国领域外寄交或者托交的授权委托书,应当经所在国公证机关证明,并经中华人民共和国驻该国使领馆认证,或者履行中华人民共和国与该所在国订立的有关条约中规定的证明手续后,才具有效力。

◆相关法条
◇民诉解释
第五百二十四条 依照民事诉讼法第二百六十四条以及本解释第五百二十三条规定,需要办理公证、认证手续,而外国当事人所在国与中华人民共和国没有建立外交关系的,可以经该国公证机关公证,经与中华人民共和国有外交关系的第三国驻该国使领馆认证,再转由中华人民共和国驻该第三国使领馆认证。

第五百二十五条 外国人、外国企业或者组织的代表人在人民法院法官的见证下签署授权委托书,委托代理人进行民事诉讼的,人民法院应予认可。

第五百二十六条 外国人、外国企业或者组织的代表人在中华人民共和国境内签署授权委托书,委托代理人进行民事诉讼,经中华人民共和国公证机关公证的,人民法院应予认可。

第五百二十九条　涉外民事诉讼中，外国驻华使领馆授权其本馆官员，在作为当事人的本国国民不在中华人民共和国领域内的情况下，可以以外交代表身份为其本国国民在中华人民共和国聘请中华人民共和国律师或者中华人民共和国公民代理民事诉讼。

第二十四章　管　辖

第二百六十五条　【涉外诉讼中的特殊地域管辖】因合同纠纷或者其他财产权益纠纷，对在中华人民共和国领域内没有住所的被告提起的诉讼，如果合同在中华人民共和国领域内签订或者履行，或者诉讼标的物在中华人民共和国领域内，或者被告在中华人民共和国领域内有可供扣押的财产，或者被告在中华人民共和国领域内没有代表机构，可以由合同签订地、合同履行地、诉讼标的物所在地、可供扣押财产所在地、侵权行为地或者代表机构住所地人民法院管辖。

◆ 相关法条
◇ 民诉解释

第五百三十一条　涉外合同或者其他财产权益纠纷的当事人，可以书面协议选择被告住所地、合同履行地、合同签订地、原告住所地、标的物所在地、侵权行为地等与争议有实际联系地点的外国法院管辖。

根据民事诉讼法第三十三条和第二百六十六条规定，属于中华人民共和国法院专属管辖的案件，当事人不得协议选择外国法院管辖，但协议选择仲裁的除外。

第五百三十二条　涉外民事案件同时符合下列情形的，人民法院可以裁定驳回原告的起诉，告知其向更方便的外国法院提起诉讼：

（一）被告提出案件应由更方便外国法院管辖的请求，或者提出管辖异议；

（二）当事人之间不存在选择中华人民共和国法院管辖的协议；

（三）案件不属于中华人民共和国法院专属管辖；

（四）案件不涉及中华人民共和国国家、公民、法人或者其他组织的利益；

（五）案件争议的主要事实不是发生在中华人民共和国境内，且案件不适用中华人民共和国法律，人民法院审理案件在认定事实和适用法律方面存在重大困难；

（六）外国法院对案件享有管辖权，且审理该案件更加方便。

第五百三十三条　中华人民共和国法院和外国法院都有管辖权的案件，一方当事人向外国法院起诉，而另一方当事人向中华人民共和国法院起诉的，人民法院可予受理。判决后，外国法院申请或者当事人请求人民法院承认和执行外国法院对本案作出的判决、裁定的，不予准许；但双方共同缔结或者参加的国际条约另有规定的除外。

外国法院判决、裁定已经被人民法院承认，当事人就同一争议向人民法院起诉的，人民法院不予受理。

★**第二百六十六条**　【涉外诉讼中的专属管辖】因在中华人民共和国履行中外合资经营企业合同、中外合作经营企业合同、中外合作勘探开发自然资源合同发生纠纷提起的诉讼，由中华人民共和国人民法院管辖。

◆ 要点精解

涉外诉讼中的专属管辖权是一国司法主权的体现，在涉外民商案件处理中具有重要意义，具有优先性、排他性和强制性，不允许当事人协议改变专属管辖。

第二十五章　送达、期间

★**第二百六十七条**　【涉外诉讼中的送达】人民法院对在中华人民共和国领域内没有住所的当事人送达诉讼文书，可以采用下列方式：

（一）依照受送达人所在国与中华人民共

和国缔结或者共同参加的国际条约中规定的方式送达;

（二）通过外交途径送达;

（三）对具有中华人民共和国国籍的受送达人,可以委托中华人民共和国驻受送达人所在国的使领馆代为送达;

（四）向受送达人委托的有权代其接受送达的诉讼代理人送达;

（五）向受送达人在中华人民共和国领域内设立的代表机构或者有权接受送达的分支机构、业务代办人送达;

（六）受送达人所在国的法律允许邮寄送达的,可以邮寄送达,自邮寄之日起满三个月,送达回证没有退回,但根据各种情况足以认定已经送达的,期间届满之日视为送达;

（七）采用传真、电子邮件等能够确认受送达人收悉的方式送达;

（八）不能用上述方式送达的,公告送达,自公告之日起满三个月,即视为送达。

◆相关法条
◇民诉解释

第五百三十四条　对在中华人民共和国领域内没有住所的当事人,经用公告方式送达诉讼文书,公告期满不应诉,人民法院缺席判决后,仍应当将裁判文书依照民事诉讼法第二百六十七条第八项规定公告送达。自公告送达裁判文书满三个月之日起,经过三十日的上诉期当事人没有上诉的,一审判决即发生法律效力。

第五百三十五条　外国人或者外国企业、组织的代表人、主要负责人在中华人民共和国领域内的,人民法院可以向该自然人或者外国企业、组织的代表人、主要负责人送达。

外国企业、组织的主要负责人包括该企业、组织的董事、监事、高级管理人员等。

第五百三十六条　受送达人所在国允许邮寄送达的,人民法院可以邮寄送达。

邮寄送达时应当附有送达回证。受送达人未在送达回证上签收但在邮件回执上签收的,视为送达,签收日期为送达日期。

自邮寄之日起满三个月,如果未收到送达的证明文件,且根据各种情况不足以认定已经送达的,视为不能用邮寄方式送达。

第五百三十七条　人民法院一审时采取公告方式向当事人送达诉讼文书的,二审时可径行采取公告方式向其送达诉讼文书,但人民法院能够采取公告方式之外的其他方式送达的除外。

◆要点精解

在涉外民事诉讼中,如果当事人在我国领域内居住,诉讼文书和法律文书的送达方式适用我国《民事诉讼法》的一般规定;如果当事人在我国领域内没有住所,则按照涉外民事诉讼程序的特别规定送达。

邮寄送达、公告送达都存在拟制送达性质,其期限为3个月（民诉法修改前为6个月）。公告送达的适用条件是:穷尽上述其他送达方式,方可适用公告送达。

第二百六十八条　【涉外诉讼中的答辩期间】被告在中华人民共和国领域内没有住所的,人民法院应当将起诉状副本送达被告,并通知被告在收到起诉状副本后三十日内提出答辩状。被告申请延期的,是否准许,由人民法院决定。

★第二百六十九条　【涉外诉讼中的上诉期间】在中华人民共和国领域内没有住所的当事人,不服第一审人民法院判决、裁定的,有权在判决书、裁定书送达之日起三十日内提起上诉。被上诉人在收到上诉状副本后,应当在三十日内提出答辩状。当事人不能在法定期间提起上诉或者提出答辩状,申请延期的,是否准许,由人民法院决定。

◆相关法条
◇民诉解释

第五百三十八条　不服第一审人民法院判决、裁定的上诉期,对在中华人民共和国领域内有住所的当事人,适用民事诉讼法第一百六十四条规定的期限;对在中华人民共和国领域内没有住所的当事人,适用民事诉讼法第二百六十九条规定的期限。当事人的上诉期均已届满没有上诉的,第一审人民法院的判决、裁定即发生法律效力。

第二百七十条 【涉外诉讼中的审限】人民法院审理涉外民事案件的期间,不受本法第一百四十九条、第一百七十六条规定的限制。

◆相关法条
◇民诉解释

第五百三十九条 人民法院对涉外民事案件的当事人申请再审进行审查的期间,不受民事诉讼法第二百零四条规定的限制。

◇审限规定

第二条第八款 审理涉外民事案件,根据(原)民事诉讼法第二百五十条的规定,不受上述案件审理期限的限制。

审理涉港、澳、台的民事案件的期限,参照涉外审理民事案件的规定办理。

第二十六章 仲　裁

★**第二百七十一条** 【涉外仲裁协议对诉讼的排斥】涉外经济贸易、运输和海事中发生的纠纷,当事人在合同中订有仲裁条款或者事后达成书面仲裁协议,提交中华人民共和国涉外仲裁机构或者其他仲裁机构仲裁的,当事人不得向人民法院起诉。

当事人在合同中没有订有仲裁条款或者事后没有达成书面仲裁协议的,可以向人民法院起诉。

◆相关法条
◇民诉解释

第五百四十条 申请人向人民法院申请执行中华人民共和国涉外仲裁机构的裁决,应当提出书面申请,并附裁决书正本。如申请人为外国当事人,其申请书应当用中文文本提出。

★**第二百七十二条** 【涉外仲裁中的保全】当事人申请采取保全的,中华人民共和国的涉外仲裁机构应当将当事人的申请,提交被申请人住所地或者财产所在地的中级人民法院裁定。

◆相关法条
◇民诉解释

第五百四十二条 依照民事诉讼法第二百七十二条规定,中华人民共和国涉外仲裁机构将当事人的保全申请提交人民法院裁定的,人民法院可以进行审查,裁定是否进行保全。裁定保全的,应当责令申请人提供担保,申请人不提供担保的,裁定驳回申请。

当事人申请证据保全,人民法院经审查认为无需提供担保的,申请人可以不提供担保。

★**第二百七十三条** 【涉外仲裁裁决的申请执行】经中华人民共和国涉外仲裁机构裁决的,当事人不得向人民法院起诉。一方当事人不履行仲裁裁决的,对方当事人可以向被申请人住所地或者财产所在地的中级人民法院申请执行。

★**第二百七十四条** 【涉外仲裁裁决的不予执行】对中华人民共和国涉外仲裁机构作出的裁决,被申请人提出证据证明仲裁裁决有下列情形之一的,经人民法院组成合议庭审查核实,裁定不予执行:

(一)当事人在合同中没有订有仲裁条款或者事后没有达成书面仲裁协议的;

(二)被申请人没有得到指定仲裁员或者进行仲裁程序的通知,或者由于其他不属于被申请人负责的原因未能陈述意见的;

(三)仲裁庭的组成或者仲裁的程序与仲裁规则不符的;

(四)裁决的事项不属于仲裁协议的范围或者仲裁机构无权仲裁的。

人民法院认定执行该裁决违背社会公共利益的,裁定不予执行。

◆相关法条
◇民诉解释
第五百四十一条 人民法院强制执行涉外仲裁机构的仲裁裁决时,被执行人以有民事诉讼法第二百七十四条第一款规定的情形为由提出抗辩的,人民法院应当对被执行人的抗辩进行审查,并根据审查结果裁定执行或者不予执行。

第二百七十五条 【涉外仲裁裁决不予执行的法律后果】仲裁裁决被人民法院裁定不予执行的,当事人可以根据双方达成的书面仲裁协议重新申请仲裁,也可以向人民法院起诉。

第二十七章 司法协助

第二百七十六条 【司法协助原则】根据中华人民共和国缔结或者参加的国际条约,或者按照互惠原则,人民法院和外国法院可以相互请求,代为送达文书、调查取证以及进行其他诉讼行为。

外国法院请求协助的事项有损于中华人民共和国的主权、安全或者社会公共利益的,人民法院不予执行。

◆相关法条
◇民诉解释
第五百五十一条 人民法院审理涉及香港、澳门特别行政区和台湾地区的民事诉讼案件,可以参照适用涉外民事诉讼程序的特别规定。

第五百五十条 当事人在中华人民共和国领域外使用中华人民共和国法院的判决书、裁定书,要求中华人民共和国法院证明其法律效力的,或者外国法院要求中华人民共和国法院证明判决书、裁定书的法律效力的,作出判决、裁定的中华人民共和国法院,可以本法院的名义出具证明。

★**第二百七十七条** 【司法协助途径】请求和提供司法协助,应当依照中华人民共和国缔结或者参加的国际条约所规定的途径进行;没有条约关系的,通过外交途径进行。

外国驻中华人民共和国的使领馆可以向该国公民送达文书和调查取证,但不得违反中华人民共和国的法律,并不得采取强制措施。

除前款规定的情况外,未经中华人民共和国主管机关准许,任何外国机关或者个人不得在中华人民共和国领域内送达文书、调查取证。

◆相关法条
◇民诉解释
第五百四十九条 与中华人民共和国没有司法协助条约又无互惠关系的国家的法院,未通过外交途径,直接请求人民法院提供司法协助的,人民法院应予退回,并说明理由。

第二百七十八条 【司法协助的文字适用】外国法院请求人民法院提供司法协助的请求书及其所附文件,应附有中文译本或者国际条约规定的其他文字文本。

人民法院请求外国法院提供司法协助的请求书及其所附文件,应当附有该国文字译本或者国际条约规定的其他文字文本。

★**第二百七十九条** 【司法协助的程序】人民法院提供司法协助,依照中华人民共和国法律规定的程序进行。外国法院请求采用特殊方式的,也可以按照其请求的特殊方式进行,但请求采用的特殊方式不得违反中华人民共和国法律。

★**第二百八十条** 【向外国申请承认和执行我国裁判】人民法院作出的发生法律效力的判决、裁定,如果被执行人或者其财产不在中华人民共和国领域内,当事人请求执行的,可以由当事人直接向有管辖权的外国法院申请承认和执行,也可以由人民法院依照中华人民共和国缔结或者参加的国际条约的规定,或者按照互惠原则,请求外国法院承认和执行。

中华人民共和国涉外仲裁机构作出的发生法律效力的仲裁裁决,当事人请求执行的,如果被执行人或者其财产不在中华人民共和国领域内,应当由当事人直接向有管辖权的外国法院申请承认和执行。

★**第二百八十一条** 【向我国申请承认和执行外国裁判】外国法院作出的发生法律效力的判决、裁定,需要中华人民共和国人民法院承认和执行的,可以由当事人直接向中华人民共和国有管辖权的中级人民法院申请承认和执行,也可以由外国法院依照该国与中华人民共和国缔结或者参加的国际条约的规定,或者按照互惠原则,请求人民法院承认和执行。

◆相关法条
◇民诉解释

第五百四十六条第一款 对外国法院作出的发生法律效力的判决、裁定或者外国仲裁裁决,需要中华人民共和国法院执行的,当事人应当先向人民法院申请承认。人民法院经审查,裁定承认后,再根据民事诉讼法第三编的规定予以执行。

第五百四十三条 申请人向人民法院申请承认和执行外国法院作出的发生法律效力的判决、裁定,应当提交申请书,并附外国法院作出的发生法律效力的判决、裁定正本或者经证明无误的副本以及中文译本。外国法院判决、裁定为缺席判决、裁定的,申请人应当同时提交该外国法院已经合法传唤的证明文件,但判决、裁定已经对此予以明确说明的除外。

中华人民共和国缔结或者参加的国际条约对提交文件有规定的,按照规定办理。

第五百四十四条 当事人向中华人民共和国有管辖权的中级人民法院申请承认和执行外国法院作出的发生法律效力的判决、裁定的,如果该法院所在国与中华人民共和国没有缔结或者共同参加国际条约,也没有互惠关系的,裁定驳回申请,但当事人向人民法院申请承认外国法院作出的发生法律效力的离婚判决的除外。

承认和执行申请被裁定驳回的,当事人可以向人民法院起诉。

◆要点精解

注意相互申请承认和执行的方式和途径,当事人直接请求或通过法院请求。

第二百八十二条 【我国对外国裁判的承认和执行】人民法院对申请或者请求承认和执行的外国法院作出的发生法律效力的判决、裁定,依照中华人民共和国缔结或者参加的国际条约,或者按照互惠原则进行审查后,认为不违反中华人民共和国法律的基本原则或者国家主权、安全、社会公共利益的,裁定承认其效力,需要执行的,发出执行令,依照本法的有关规定执行。违反中华人民共和国法律的基本原则或者国家主权、安全、社会公共利益的,不予承认和执行。

◆相关法条
◇民诉解释

第五百四十七条 当事人申请承认和执行外国法院作出的发生法律效力的判决、裁定或者外国仲裁裁决的期间,适用民事诉讼法第二百三十九条的规定。

当事人仅申请承认而未同时申请执行的,申请执行的期间自人民法院对承认申请作出的裁定生效之日起重新计算。

第五百四十八条 承认和执行外国法院作出的发生法律效力的判决、裁定或者外国仲裁裁决的案件,人民法院应当组成合议庭进行审查。

人民法院应当将申请书送达被申请人。被申请人可以陈述意见。

人民法院经审查作出的裁定,一经送达即发生法律效力。

◇认可和执行台湾判决的规定

第一条 台湾地区法院民事判决的当事人可以根据本规定,作为申请人向人民法院申请认可和执行台湾地区有关法院民事判决。

第二条 本规定所称台湾地区法院民事判决,包括台湾地区法院作出的生效民事判决、裁定、和解笔录、调解笔录、支付命令等。

申请认可台湾地区法院在刑事案件中作出的有关民事损害赔偿的生效判决、裁定、和解笔录的,适用本规定。

申请认可由台湾地区乡镇市调解委员会等出具并经台湾地区法院核定，与台湾地区法院生效民事判决具有同等效力的调解文书的，参照适用本规定。

第三条　申请人同时提出认可和执行台湾地区法院民事判决申请的，人民法院先按照认可程序进行审查，裁定认可后，由人民法院执行机构执行。

申请人直接申请执行的，人民法院应当告知其一并提交认可申请；坚持不申请认可的，裁定驳回其申请。

第四条　申请认可台湾地区法院民事判决的案件，由申请人住所地、经常居住地或者被申请人住所地、经常居住地、财产所在地中级人民法院或者专门人民法院受理。

申请人向两个以上有管辖权的人民法院申请认可的，由最先立案的人民法院管辖。

申请人向被申请人财产所在地人民法院申请认可的，应当提供财产存在的相关证据。

第五条　对申请认可台湾地区法院民事判决的案件，人民法院应当组成合议庭进行审查。

第六条　申请人委托他人代理申请认可台湾地区法院民事判决的，应当向人民法院提交由委托人签名或者盖章的授权委托书。

台湾地区、香港特别行政区、澳门特别行政区或者外国当事人签名或者盖章的授权委托书应当履行相关的公证、认证或者其他证明手续，但授权委托书在人民法院法官的见证下签署或者经中国大陆公证机关公证证明是在中国大陆签署的除外。

第七条　申请人申请认可台湾地区法院民事判决，应当提交申请书，并附有台湾地区有关法院民事判决文书和民事判决确定证明书的正本或者经证明无误的副本。台湾地区法院民事判决为缺席判决的，申请人应当同时提交台湾地区法院已经合法传唤当事人的证明文件，但判决已经对此予以明确说明的除外。

申请书应当记明以下事项：

（一）申请人和被申请人姓名、性别、年龄、职业、身份证件号码、住址（申请人或者被申请人为法人或者其他组织的，应当记明法人或者其他组织的名称、地址、法定代表人或者主要负责人姓名、职务）和通讯方式；

（二）请求和理由；

（三）申请认可的判决的执行情况；

（四）其他需要说明的情况。

第八条　对于符合本规定第四条和第七条规定条件的申请，人民法院应当在收到申请后七日内立案，并通知申请人和被申请人，同时将申请书送达被申请人；不符合本规定第四条和第七条规定条件的，应当在七日内裁定不予受理，同时说明不予受理的理由；申请人对裁定不服的，可以提起上诉。

第九条　申请人申请认可台湾地区法院民事判决，应当提供相关证明文件，以证明该判决真实并且已经生效。

申请人可以申请人民法院通过海峡两岸调查取证司法互助途径查明台湾地区法院民事判决的真实性和是否生效以及当事人得到合法传唤的证明文件；人民法院认为必要时，也可以就有关事项依职权通过海峡两岸司法互助途径向台湾地区请求调查取证。

第十条　人民法院受理认可台湾地区法院民事判决的申请之前或者之后，可以按照民事诉讼法及相关司法解释的规定，根据申请人的申请，裁定采取保全措施。

第十一条　人民法院受理认可台湾地区法院民事判决的申请后，当事人就同一争议起诉的，不予受理。

一方当事人向人民法院起诉后，另一方当事人向人民法院申请认可的，对于认可的申请不予受理。

第十二条　案件虽经台湾地区有关法院判决，但当事人未申请认可，而是就同一争议向人民法院起诉的，应予受理。

第十三条　人民法院受理认可台湾地区法院民事判决的申请后，作出裁定前，申请人请求撤回申请的，可以裁定准许。

第十四条　人民法院受理认可台湾地区法院民事判决的申请后,应当在立案之日起六个月内审结。有特殊情况需要延长的,报请上一级人民法院批准。

通过海峡两岸司法互助途径送达文书和调查取证的期间,不计入审查期限。

第十五条　台湾地区法院民事判决具有下列情形之一的,裁定不予认可:

(一)申请认可的民事判决,是在被申请人缺席又未经合法传唤或者在被申请人无诉讼行为能力又未得到适当代理的情况下作出的;

(二)案件系人民法院专属管辖的;

(三)案件双方当事人订有有效仲裁协议,且无放弃仲裁管辖情形的;

(四)案件系人民法院已作出判决或者中国大陆的仲裁庭已作出仲裁裁决的;

(五)香港特别行政区、澳门特别行政区或者外国的法院已就同一争议作出判决且已为人民法院所认可或者承认的;

(六)台湾地区、香港特别行政区、澳门特别行政区或者外国的仲裁庭已就同一争议作出仲裁裁决且已为人民法院所认可或者承认的。

认可该民事判决将违反一个中国原则等国家法律的基本原则或者损害社会公共利益的,人民法院应当裁定不予认可。

第十六条　人民法院经审查能够确认台湾地区法院民事判决真实并且已经生效,而且不具有本规定第十五条所列情形的,裁定认可其效力;不能确认该民事判决的真实性或者已经生效的,裁定驳回申请人的申请。

裁定驳回申请的案件,申请人再次申请并符合受理条件的,人民法院应予受理。

第十七条　经人民法院裁定认可的台湾地区法院民事判决,与人民法院作出的生效判决具有同等效力。

第十八条　人民法院依据本规定第十五条和第十六条作出的裁定,一经送达即发生法律效力。

当事人对上述裁定不服的,可以自裁定送达之日起十日内向上一级人民法院申请复议。

第十九条　对人民法院裁定不予认可的台湾地区法院民事判决,申请人再次提出申请的,人民法院不予受理,但申请人可以就同一争议向人民法院起诉。

第二十条　申请人申请认可和执行台湾地区法院民事判决的期间,适用民事诉讼法第二百三十九条的规定,但申请认可台湾地区法院有关身份关系的判决除外。

申请人仅申请认可而未同时申请执行的,申请执行的期间自人民法院对认可申请作出的裁定生效之日起重新计算。

第二十一条　人民法院在办理申请认可和执行台湾地区法院民事判决案件中作出的法律文书,应当依法送达案件当事人。

第二十二条　申请认可和执行台湾地区法院民事判决,应当参照《诉讼费用交纳办法》的规定,交纳相关费用。

第二十三条　本规定自2015年7月1日起施行。《最高人民法院关于人民法院认可台湾地区有关法院民事判决的规定》(法释〔1998〕11号)、《最高人民法院关于当事人持台湾地区有关法院民事调解书或者有关机构出具或确认的调解协议书向人民法院申请认可人民法院应否受理的批复》(法释〔1999〕10号)、《最高人民法院关于当事人持台湾地区有关法院支付命令向人民法院申请认可人民法院应否受理的批复》(法释〔2001〕13号)和《最高人民法院关于人民法院认可台湾地区有关法院民事判决的补充规定》(法释〔2009〕4号)同时废止。

★**第二百八十三条　【向我国申请承认和执行外国仲裁裁决】**国外仲裁机构的裁决,需要中华人民共和国人民法院承认和执行的,应当由当事人直接向被执行人住所地或者其财产所在地的中级人民法院申请,人民法院应当依照中华人民共和国缔结或者参加的国际条约,或者按照互惠原则办理。

◆**相关法条**

◇**民诉解释**

第五百四十五条 对临时仲裁庭在中华人民共和国领域外作出的仲裁裁决,一方当事人向人民法院申请承认和执行的,人民法院应当依照民事诉讼法第二百八十三条规定处理。

第五百四十六条 对外国法院作出的发生法律效力的判决、裁定或者外国仲裁裁决,需要中华人民共和国法院执行的,当事人应当先向人民法院申请承认。人民法院经审查,裁定承认后,再根据民事诉讼法第三编的规定予以执行。

当事人仅申请承认而未同时申请执行的,人民法院仅对应否承认进行审查并作出裁定。

第五百四十七条 当事人申请承认和执行外国法院作出的发生法律效力的判决、裁定或者外国仲裁裁决的期间,适用民事诉讼法第二百三十九条的规定。

当事人仅申请承认而未同时申请执行的,申请执行的期间自人民法院对承认申请作出的裁定生效之日起重新计算。

第五百四十八条 承认和执行外国法院作出的发生法律效力的判决、裁定或者外国仲裁裁决的案件,人民法院应当组成合议庭进行审查。

人民法院应当将申请书送达被申请人。被申请人可以陈述意见。

人民法院经审查作出的裁定,一经送达即发生法律效力。

◇**认可和执行台湾仲裁裁决的规定**

第一条 台湾地区仲裁裁决的当事人可以根据本规定,作为申请人向人民法院申请认可和执行台湾地区仲裁裁决。

第二条 本规定所称台湾地区仲裁裁决是指,有关常设仲裁机构及临时仲裁庭在台湾地区按照台湾地区仲裁规定就有关民商事争议作出的仲裁裁决,包括仲裁判断、仲裁和解和仲裁调解。

第三条 申请人同时提出认可和执行台湾地区仲裁裁决申请的,人民法院先按照认可程序进行审查,裁定认可后,由人民法院执行机构执行。

申请人直接申请执行的,人民法院应当告知其一并提交认可申请;坚持不申请认可的,裁定驳回其申请。

第四条 申请认可台湾地区仲裁裁决的案件,由申请人住所地、经常居住地或者被申请人住所地、经常居住地、财产所在地中级人民法院或者专门人民法院受理。

申请人向两个以上有管辖权的人民法院申请认可的,由最先立案的人民法院管辖。

申请人向被申请人财产所在地人民法院申请认可的,应当提供财产存在的相关证据。

第五条 对申请认可台湾地区仲裁裁决的案件,人民法院应当组成合议庭进行审查。

第六条 申请人委托他人代理申请认可台湾地区仲裁裁决的,应当向人民法院提交由委托人签名或者盖章的授权委托书。

台湾地区、香港特别行政区、澳门特别行政区或者外国当事人签名或者盖章的授权委托书应当履行相关的公证、认证或者其他证明手续,但授权委托书在人民法院法官的见证下签署或者经中国大陆公证机关公证证明是在中国大陆签署的除外。

第七条 申请人申请认可台湾地区仲裁裁决,应当提交以下文件或者经证明无误的副本:

(一)申请书;

(二)仲裁协议;

(三)仲裁判断书、仲裁和解书或者仲裁调解书。

申请书应当记明以下事项:

(一)申请人和被申请人姓名、性别、年龄、职业、身份证件号码、住址(申请人或者被申请人为法人或者其他组织的,应当记明法人或者其他组织的名称、地址、法定代表人或者主要负责人姓名、职务)和通讯方式;

(二)申请认可的仲裁判断书、仲裁和解书或者仲裁调解书的案号或者识别资料和生效日期;

（三）请求和理由；

（四）被申请人财产所在地、财产状况及申请认可的仲裁裁决的执行情况；

（五）其他需要说明的情况。

第八条　对于符合本规定第四条和第七条规定条件的申请，人民法院应当在收到申请后七日内立案，并通知申请人和被申请人，同时将申请书送达被申请人；不符合本规定第四条和第七条规定条件的，应当在七日内裁定不予受理，同时说明不予受理的理由；申请人对裁定不服的，可以提起上诉。

第九条　申请人申请认可台湾地区仲裁裁决，应当提供相关证明文件，以证明该仲裁裁决的真实性。

申请人可以申请人民法院通过海峡两岸调查取证司法互助途径查明台湾地区仲裁裁决的真实性；人民法院认为必要时，也可以就有关事项依职权通过海峡两岸司法互助途径向台湾地区请求调查取证。

第十条　人民法院受理认可台湾地区仲裁裁决的申请之前或者之后，可以按照民事诉讼法及相关司法解释的规定，根据申请人的申请，裁定采取保全措施。

第十一条　人民法院受理认可台湾地区仲裁裁决的申请后，当事人就同一争议起诉的，不予受理。

当事人未申请认可，而是就同一争议向人民法院起诉的，亦不予受理，但仲裁协议无效的除外。

第十二条　人民法院受理认可台湾地区仲裁裁决的申请后，作出裁定前，申请人请求撤回申请的，可以裁定准许。

第十三条　人民法院应当尽快审查认可台湾地区仲裁裁决的申请，决定予以认可的，应当在立案之日起两个月内作出裁定；决定不予认可或者驳回申请的，应当在作出决定前按有关规定自立案之日起两个月内上报最高人民法院。

通过海峡两岸司法互助途径送达文书和调查取证的期间，不计入审查期限。

第十四条　对申请认可和执行的仲裁裁决，被申请人提出证据证明有下列情形之一的，经审查核实，人民法院裁定不予认可：

（一）仲裁协议一方当事人依对其适用的法律在订立仲裁协议时属于无行为能力的；或依当事人约定的准据法，或当事人没有约定适用的准据法而依台湾地区仲裁规定，该仲裁协议无效的；或者当事人之间没有达成书面仲裁协议的，但申请认可台湾地区仲裁调解的除外；

（二）被申请人未接到选任仲裁员或进行仲裁程序的适当通知，或者由于其他不可归责于被申请人的原因而未能陈述意见的；

（三）裁决所处理的争议不是提交仲裁的争议，或者不在仲裁协议范围之内；或者裁决载有超出当事人提交仲裁范围的事项的决定，但裁决中超出提交仲裁范围的事项的决定与提交仲裁事项的决定可以分开的，裁决中关于提交仲裁事项的决定部分可以予以认可；

（四）仲裁庭的组成或者仲裁程序违反当事人的约定，或者在当事人没有约定时与台湾地区仲裁规定不符的；

（五）裁决对当事人尚无约束力，或者业经台湾地区法院撤销或者驳回执行申请的。

依据国家法律，该争议事项不能以仲裁解决的，或者认可该仲裁裁决将违反一个中国原则等国家法律的基本原则或损害社会公共利益的，人民法院应当裁定不予认可。

第十五条　人民法院经审查能够确认台湾地区仲裁裁决真实，而且不具有本规定第十四条所列情形的，裁定认可其效力；不能确认该仲裁裁决真实性的，裁定驳回申请。

裁定驳回申请的案件，申请人再次申请并符合受理条件的，人民法院应予受理。

第十六条　人民法院依据本规定第十四条和第十五条作出的裁定，一经送达即发生法律效力。

第十七条　一方当事人向人民法院申请认可或者执行台湾地区仲裁裁决，另一方当事人向台湾地区法院起诉撤销该仲裁裁决，被申请人申请中止认可或者执行并且提供充分担保的，人民法院应当中止认可或者执行程序。

申请中止认可或者执行的，应当向人民法院提供台湾地区法院已经受理撤销仲裁裁决案件的法律文书。

台湾地区法院撤销该仲裁裁决的，人民法院应当裁定不予认可或者裁定终结执行；台湾地区法院驳回撤销仲裁裁决请求的，人民法院应当恢复认可或者执行程序。

第十八条　对人民法院裁定不予认可的台湾地区仲裁裁决，申请人再次提出申请的，人民法院不予受理。但当事人可以根据双方重新达成的仲裁协议申请仲裁，也可以就同一争议向人民法院起诉。

第十九条　申请人申请认可和执行台湾地区仲裁裁决的期间，适用民事诉讼法第二百三十九条的规定。

申请人仅申请认可而未同时申请执行的，申请执行的期间自人民法院对认可申请作出的裁定生效之日起重新计算。

第二十条　人民法院在办理申请认可和执行台湾地区仲裁裁决案件中所作出的法律文书，应当依法送达案件当事人。

第二十一条　申请认可和执行台湾地区仲裁裁决，应当参照《诉讼费用交纳办法》的规定，交纳相关费用。

第二十二条　本规定自2015年7月1日起施行。

本规定施行前，根据《最高人民法院关于人民法院认可台湾地区有关法院民事判决的规定》(法释〔1998〕11号)，人民法院已经受理但尚未审结的申请认可和执行台湾地区仲裁裁决的案件，适用本规定。

第二百八十四条　【生效日期】本法自公布之日起施行，《中华人民共和国民事诉讼法(试行)》同时废止。

◆ 相关法条
◇ 民诉解释
第五百五十二条　本解释公布施行后，最高人民法院于1992年7月14日发布的《关于适用〈中华人民共和国民事诉讼法〉若干问题的意见》同时废止；最高人民法院以前发布的司法解释与本解释不一致的，不再适用。

◇ 修改后的民事诉讼法施行时未结案件规定

第一条　2013年1月1日未结案件适用修改后的民事诉讼法，但本规定另有规定的除外。

前款规定的案件，2013年1月1日前依照修改前的民事诉讼法和有关司法解释的规定已经完成的程序事项，仍然有效。

第二条　2013年1月1日未结案件符合修改前的民事诉讼法或者修改后的民事诉讼法管辖规定的，人民法院对该案件继续审理。

第三条　2013年1月1日未结案件符合修改前的民事诉讼法或者修改后的民事诉讼法送达规定的，人民法院已经完成的送达，仍然有效。

第四条　在2013年1月1日未结案件中，人民法院对2013年1月1日前发生的妨害民事诉讼行为尚未处理的，适用修改前的民事诉讼法，但下列情形应当适用修改后的民事诉讼法：

（一）修改后的民事诉讼法第一百一十二条规定的情形；

（二）修改后的民事诉讼法第一百一十三条规定情形在2013年1月1日以后仍在进行的。

第五条　2013年1月1日前，利害关系人向人民法院申请诉前保全措施的，适用修改前的民事诉讼法等法律，但人民法院2013年1月1日尚未作出保全裁定的，适用修改后的民事诉讼法确定解除保全措施的期限。

第六条　当事人对2013年1月1日前已经发生法律效力的判决、裁定或者调解书申请再审的，人民法院应当依据修改前的民事诉讼法第一百八十四条规定审查确定当事人申请再审的期间，但该期间在2013年6月30日尚未届满的，截止到2013年6月30日。

前款规定当事人的申请符合下列情形的,仍适用修改前的民事诉讼法第一百八十四条规定:

(一)有新的证据,足以推翻原判决、裁定的;

(二)原判决、裁定认定事实的主要证据是伪造的;

(三)判决、裁定发生法律效力二年后,据以作出原判决、裁定的法律文书被撤销或者变更,以及发现审判人员在审理该案件时有贪污受贿,徇私舞弊,枉法裁判行为的。

第七条 人民法院对2013年1月1日前已经受理、2013年1月1日尚未审查完毕的申请不予执行仲裁裁决的案件,适用修改前的民事诉讼法。

第八条 本规定所称修改后的民事诉讼法,是指根据《决定》作相应修改后的《中华人民共和国民事诉讼法》。

本规定所称修改前的民事诉讼法,是指《决定》施行之前的《中华人民共和国民事诉讼法》。

第二部分 与《民事诉讼法》相关的各种规范性文件

一、综合规范性文件

最高人民法院关于适用《中华人民共和国民事诉讼法》的解释

（2014年12月18日最高人民法院审判委员会第1636次会议通过）

目　录

一、管辖
二、回避
三、诉讼参加人
四、证据
五、期间和送达
六、调解
七、保全和先予执行
八、对妨害民事诉讼的强制措施
九、诉讼费用
十、第一审普通程序
十一、简易程序
十二、简易程序中的小额诉讼
十三、公益诉讼
十四、第三人撤销之诉
十五、执行异议之诉
十六、第二审程序
十七、特别程序
十八、审判监督程序
十九、督促程序
二十、公示催告程序
二十一、执行程序
二十二、涉外民事诉讼程序的特别规定
二十三、附则

2012年8月31日，第十一届全国人民代表大会常务委员会第二十八次会议审议通过了《关于修改〈中华人民共和国民事诉讼法〉的决定》。根据修改后的民事诉讼法，结合人民法院民事审判和执行工作实际，制定本解释。

一、管　辖

第一条　民事诉讼法第十八条第一项规定的重大涉外案件，包括争议标的额大的案件、案情复杂的案件，或者一方当事人人数众多等具有重大影响的案件。

第二条　专利纠纷案件由知识产权法院、最高人民法院确定的中级人民法院和基层人民法院管辖。

海事、海商案件由海事法院管辖。

第三条　公民的住所地是指公民的户籍所在地，法人或者其他组织的住所地是指法人或者其他组织的主要办事机构所在地。

法人或者其他组织的主要办事机构所在地不能确定的，法人或者其他组织的注册地或者登记地为住所地。

第四条　公民的经常居住地是指公民离开住所地至起诉时已连续居住一年以上的地方，但公民住院就医的地方除外。

第五条 对没有办事机构的个人合伙、合伙型联营体提起的诉讼,由被告注册登记地人民法院管辖。没有注册登记,几个被告又不在同一辖区的,被告住所地的人民法院都有管辖权。

第六条 被告被注销户籍的,依照民事诉讼法第二十二条规定确定管辖;原告、被告均被注销户籍的,由被告住地人民法院管辖。

第七条 当事人的户籍迁出后尚未落户,有经常居住地的,由该地人民法院管辖;没有经常居住地的,由其原户籍所在地人民法院管辖。

第八条 双方当事人都被监禁或者被采取强制性教育措施的,由被告原住所地人民法院管辖。被告被监禁或者被采取强制性教育措施一年以上的,由被告被监禁地或者被采取强制性教育措施地人民法院管辖。

第九条 追索赡养费、抚育费、扶养费案件的几个被告住所地不在同一辖区的,可以由原告住所地人民法院管辖。

第十条 不服指定监护或者变更监护关系的案件,可以由被监护人住所地人民法院管辖。

第十一条 双方当事人均为军人或者军队单位的民事案件由军事法院管辖。

第十二条 夫妻一方离开住所地超过一年,另一方起诉离婚的案件,可以由原告住所地人民法院管辖。

夫妻双方离开住所地超过一年,一方起诉离婚的案件,由被告经常居住地人民法院管辖;没有经常居住地的,由原告起诉时被告居住地人民法院管辖。

第十三条 在国内结婚并定居国外的华侨,如定居国法院以离婚诉讼须由婚姻缔结地法院管辖为由不予受理,当事人向人民法院提出离婚诉讼的,由婚姻缔结地或者一方在国内的最后居住地人民法院管辖。

第十四条 在国外结婚并定居国外的华侨,如定居国法院以离婚诉讼须由国籍所属国法院管辖为由不予受理,当事人向人民法院提出离婚诉讼的,由一方原住所地或者在国内的最后居住地人民法院管辖。

第十五条 中国公民一方居住在国外,一方居住在国内,不论哪一方向人民法院提起离婚诉讼,国内一方住所地人民法院都有权管辖。国外一方在居住国法院起诉,国内一方向人民法院起诉的,受诉人民法院有权管辖。

第十六条 中国公民双方在国外但未定居,一方向人民法院起诉离婚的,应由原告或者被告原住所地人民法院管辖。

第十七条 已经离婚的中国公民,双方均定居国外,仅就国内财产分割提起诉讼的,由主要财产所在地人民法院管辖。

第十八条 合同约定履行地点的,以约定的履行地点为合同履行地。

合同对履行地点没有约定或者约定不明确,争议标的为给付货币的,接收货币一方所在地为合同履行地;交付不动产的,不动产所在地为合同履行地;其他标的,履行义务一方所在地为合同履行地。即时结清的合同,交易行为地为合同履行地。

合同没有实际履行,当事人双方住所地都不在合同约定的履行地的,由被告住所地人民法院管辖。

第十九条 财产租赁合同、融资租赁合同以租赁物使用地为合同履行地。合同对履行地有约定的,从其约定。

第二十条 以信息网络方式订立的买卖合同,通过信息网络交付标的的,以买受人住所地为合同履行地;通过其他方式交付标的的,收货地为合同履行地。合同对履行地有约定的,从其约定。

第二十一条 因财产保险合同纠纷提起的诉讼,如果保险标的物是运输工具或者运输中的货物,可以由运输工具登记注册地、运输目的地、保险事故发生地人民法院管辖。

因人身保险合同纠纷提起的诉讼,可以由被保险人住所地人民法院管辖。

第二十二条 因股东名册记载、请求变更公司登记、股东知情权、公司决议、公司合并、公司分立、公司减资、公司增资等纠纷提起的诉讼,依照民事诉讼法第二十六条规定确定管辖。

第二十三条 债权人申请支付令,适用民事诉讼法第二十一条规定,由债务人住所地基层人民法院管辖。

第二十四条 民事诉讼法第二十八条规定的侵权行为地,包括侵权行为实施地、侵权结果发生地。

第二十五条 信息网络侵权行为实施地包括实施被诉侵权行为的计算机等信息设备所在地,侵权结果发生地包括被侵权人住所地。

第二十六条 因产品、服务质量不合格造成他人财产、人身损害提起的诉讼,产品制造地、产品销售地、服务提供地、侵权行为地和被告住所地人民法院都有管辖权。

第二十七条 当事人申请诉前保全后没有在法定期间起诉或者申请仲裁,给被申请人、利害关系人造成损失引起的诉讼,由采取保全措施的人民法院管辖。

当事人申请诉前保全后在法定期间内起诉或者申请仲裁,被申请人、利害关系人因保全受到损失提起的诉讼,由受理起诉的人民法院或者采取保全措施的人民法院管辖。

第二十八条 民事诉讼法第三十三条第一项规定的不动产纠纷是指因不动产的权利确认、分割、相邻关系等引起的物权纠纷。

农村土地承包经营合同纠纷、房屋租赁合同纠纷、建设工程施工合同纠纷、政策性房屋买卖合同纠纷,按照不动产纠纷确定管辖。

不动产已登记的,以不动产登记簿记载的所在地为不动产所在地;不动产未登记的,以不动产实际所在地为不动产所在地。

第二十九条 民事诉讼法第三十四条规定的书面协议,包括书面合同中的协议管辖条款或者诉讼前以书面形式达成的选择管辖的协议。

第三十条 根据管辖协议,起诉时能够确定管辖法院的,从其约定;不能确定的,依照民事诉讼法的相关规定确定管辖。

管辖协议约定两个以上与争议有实际联系的地点的人民法院管辖,原告可以向其中一个人民法院起诉。

第三十一条 经营者使用格式条款与消费者订立管辖协议,未采取合理方式提请消费者注意,消费者主张管辖协议无效的,人民法院应予支持。

第三十二条 管辖协议约定由一方当事人住所地人民法院管辖,协议签订后当事人住所地变更的,由签订管辖协议时的住所地人民法院管辖,但当事人另有约定的除外。

第三十三条 合同转让的,合同的管辖协议对合同受让人有效,但转让时受让人不知道有管辖协议,或者转让协议另有约定且原合同相对人同意的除外。

第三十四条 当事人因同居或者在解除婚姻、收养关系后发生财产争议,约定管辖的,可以适用民事诉讼法第三十四条规定确定管辖。

第三十五条 当事人在答辩期间届满后未应诉答辩,人民法院在一审开庭前,发现案件不属于本院管辖的,应当裁定移送有管辖权的人民法院。

第三十六条 两个以上人民法院都有管辖权的诉讼,先立案的人民法院不得将案件移送给另一个有管辖权的人民法院。人民法院在立案前发现其他有管辖权的人民法院已先立案的,不得重复立案;立案后发现其他有管辖权的人民法院已先立案的,裁定将案件移送给先立案的人民法院。

第三十七条 案件受理后,受诉人民法院的管辖权不受当事人住所地、经常居住地变更的影响。

第三十八条 有管辖权的人民法院受理案件后,不得以行政区域变更为由,将案件移送给变更后有管辖权的人民法院。判决后的上诉案件和依审判监督程序提审的案件,由原审人民法院的上级人民法院进行审判;上级人民法院指令再审、发回重审的案件,由原审人民法院再审或者重审。

第三十九条 人民法院对管辖异议审查后确定有管辖权的,不因当事人提起反诉、增加或者变更诉讼请求等改变管辖,但违反级别管辖、专属管辖规定的除外。

人民法院发回重审或者按第一审程序再审的案件,当事人提出管辖异议的,人民法院不予审查。

第四十条 依照民事诉讼法第三十七条第二款规定,发生管辖权争议的两个人民法院因协商不成报请它们的共同上级人民法院指定管辖时,双方为同属一个地、市辖区的基层人民法院的,由该地、市的中级人民法院及时指定管辖;同属一个省、自治区、直辖市的两个人民法院的,由该省、自治区、直辖市的高级人民法院及时指定管辖;双方为跨省、自治区、直辖市的人民法院,高级人民法院协商不成的,由最高人民法院及时指定管辖。

依照前款规定报请上级人民法院指定管辖时,应当逐级进行。

第四十一条 人民法院依照民事诉讼法第三十七条第二款规定指定管辖的,应当作出裁定。

对报请上级人民法院指定管辖的案件,下级人民法院应当中止审理。指定管辖裁定作出前,下级人民法院对案件作出判决、裁定的,上级人民法院应当在裁定指定管辖的同时,一并撤销下级人民法院的判决、裁定。

第四十二条 下列第一审民事案件,人民法院依照民事诉讼法第三十八条第一款规定,可以在开庭前交下级人民法院审理:

(一)破产程序中有关债务人的诉讼案件;

(二)当事人人数众多且不方便诉讼的案件;

(三)最高人民法院确定的其他类型案件。

人民法院交下级人民法院审理前,应当报请其上级人民法院批准。上级人民法院批准后,人民法院应当裁定将案件交下级人民法院审理。

二、回　避

第四十三条 审判人员有下列情形之一的,应当自行回避,当事人有权申请其回避:

(一)是本案当事人或者当事人近亲属的;

(二)本人或者其近亲属与本案有利害关系的;

(三)担任过本案的证人、鉴定人、辩护人、诉讼代理人、翻译人员的;

(四)是本案诉讼代理人近亲属的;

(五)本人或者其近亲属持有本案非上市公司当事人的股份或者股权的;

(六)与本案当事人或者诉讼代理人有其他利害关系,可能影响公正审理的。

第四十四条 审判人员有下列情形之一的,当事人有权申请其回避:

(一)接受本案当事人及其受托人宴请,或者参加由其支付费用的活动的;

(二)索取、接受本案当事人及其受托人财物或者其他利益的;

(三)违反规定会见本案当事人、诉讼代理人的;

(四)为本案当事人推荐、介绍诉讼代理人,或者为律师、其他人员介绍代理本案的;

(五)向本案当事人及其受托人借用款

物的；

（六）有其他不正当行为，可能影响公正审理的。

第四十五条 在一个审判程序中参与过本案审判工作的审判人员，不得再参与该案其他程序的审判。

发回重审的案件，在一审法院作出裁判后又进入第二审程序的，原第二审程序中合议庭组成人员不受前款规定的限制。

第四十六条 审判人员有应当回避的情形，没有自行回避，当事人也没有申请其回避的，由院长或者审判委员会决定其回避。

第四十七条 人民法院应当依法告知当事人对合议庭组成人员、独任审判员和书记员等人员有申请回避的权利。

第四十八条 民事诉讼法第四十四条所称的审判人员，包括参与本案审理的人民法院院长、副院长、审委会委员、庭长、副庭长、审判员、助理审判员和人民陪审员。

第四十九条 书记员和执行员适用审判人员回避的有关规定。

三、诉讼参加人

第五十条 法人的法定代表人以依法登记的为准，但法律另有规定的除外。依法不需要办理登记的法人，以其正职负责人为法定代表人；没有正职负责人的，以其主持工作的副职负责人为法定代表人。

法定代表人已经变更，但未完成登记，变更后的法定代表人要求代表法人参加诉讼的，人民法院可以准许。

其他组织，以其主要负责人为代表人。

第五十一条 在诉讼中，法人的法定代表人变更的，由新的法定代表人继续进行诉讼，并应向人民法院提交新的法定代表人身份证明书。原法定代表人进行的诉讼行为有效。

前款规定，适用于其他组织参加的诉讼。

第五十二条 民事诉讼法第四十八条规定的其他组织是指合法成立、有一定的组织机构和财产，但又不具备法人资格的组织，包括：

（一）依法登记领取营业执照的个人独资企业；

（二）依法登记领取营业执照的合伙企业；

（三）依法登记领取我国营业执照的中外合作经营企业、外资企业；

（四）依法成立的社会团体的分支机构、代表机构；

（五）依法设立并领取营业执照的法人的分支机构；

（六）依法设立并领取营业执照的商业银行、政策性银行和非银行金融机构的分支机构；

（七）经依法登记领取营业执照的乡镇企业、街道企业；

（八）其他符合本条规定条件的组织。

第五十三条 法人非依法设立的分支机构，或者虽依法设立，但没有领取营业执照的分支机构，以设立该分支机构的法人为当事人。

第五十四条 以挂靠形式从事民事活动，当事人请求由挂靠人和被挂靠人依法承担民事责任的，该挂靠人和被挂靠人为共同诉讼人。

第五十五条 在诉讼中，一方当事人死亡，需要等待继承人表明是否参加诉讼的，裁定中止诉讼。人民法院应当及时通知继承人作为当事人承担诉讼，被继承人已经进行的诉讼行为对承担诉讼的继承人有效。

第五十六条 法人或者其他组织的工作人员执行工作任务造成他人损害的，该法人或者其他组织为当事人。

第五十七条 提供劳务一方因劳务造成他人损害，受害人提起诉讼的，以接受劳务一方为被告。

第五十八条 在劳务派遣期间，被派遣的工作人员因执行工作任务造成他人损害的，以接受劳务派遣的用工单位为当事人。当事人主张劳务派遣单位承担责任的,该劳务派遣单位为共同被告。

第五十九条 在诉讼中,个体工商户以营业执照上登记的经营者为当事人。有字号的,以营业执照上登记的字号为当事人,但应同时注明该字号经营者的基本信息。

营业执照上登记的经营者与实际经营者不一致的,以登记的经营者和实际经营者为共同诉讼人。

第六十条 在诉讼中,未依法登记领取营业执照的个人合伙的全体合伙人为共同诉讼人。个人合伙有依法核准登记的字号的,应在法律文书中注明登记的字号。全体合伙人可以推选代表人;被推选的代表人,应由全体合伙人出具推选书。

第六十一条 当事人之间的纠纷经人民调解委员会调解达成协议后,一方当事人不履行调解协议,另一方当事人向人民法院提起诉讼的,应以对方当事人为被告。

第六十二条 下列情形,以行为人为当事人:

(一)法人或者其他组织应登记而未登记,行为人即以该法人或者其他组织名义进行民事活动的;

(二)行为人没有代理权、超越代理权或者代理权终止后以被代理人名义进行民事活动的,但相对人有理由相信行为人有代理权的除外;

(三)法人或者其他组织依法终止后,行为人仍以其名义进行民事活动的。

第六十三条 企业法人合并的,因合并前的民事活动发生的纠纷,以合并后的企业为当事人;企业法人分立的,因分立前的民事活动发生的纠纷,以分立后的企业为共同诉讼人。

第六十四条 企业法人解散的,依法清算并注销前,以该企业法人为当事人;未依法清算即被注销的,以该企业法人的股东、发起人或者出资人为当事人。

第六十五条 借用业务介绍信、合同专用章、盖章的空白合同书或者银行账户的,出借单位和借用人为共同诉讼人。

第六十六条 因保证合同纠纷提起的诉讼,债权人向保证人和被保证人一并主张权利的,人民法院应当将保证人和被保证人列为共同被告。保证合同约定为一般保证,债权人仅起诉保证人的,人民法院应当通知被保证人作为共同被告参加诉讼;债权人仅起诉被保证人的,可以只列被保证人为被告。

第六十七条 无民事行为能力人、限制民事行为能力人造成他人损害的,无民事行为能力人、限制民事行为能力人和其监护人为共同被告。

第六十八条 村民委员会或者村民小组与他人发生民事纠纷的,村民委员会或者有独立财产的村民小组为当事人。

第六十九条 对侵害死者遗体、遗骨以及姓名、肖像、名誉、荣誉、隐私等行为提起诉讼的,死者的近亲属为当事人。

第七十条 在继承遗产的诉讼中,部分继承人起诉的,人民法院应通知其他继承人作为共同原告参加诉讼;被通知的继承人不愿意参加诉讼又未明确表示放弃实体权利的,人民法院仍应将其列为共同原告。

第七十一条 原告起诉被代理人和代理人,要求承担连带责任的,被代理人和代理人为共同被告。

第七十二条 共有财产权受到他人侵害,部分共有权人起诉的,其他共有权人为共同诉讼人。

第七十三条 必须共同进行诉讼的当事人没有参加诉讼的,人民法院应当按照民事诉讼法第一百三十二条的规定,通知其参加;当事人也可以向人民法院申请追加。人民法院对当事人提出的申请,应当进行审查,申请理由不成立的，裁定驳回；申请理由成立的，书面通知被追加的当事人参加诉讼。

第七十四条 人民法院追加共同诉讼的当事人时，应当通知其他当事人。应当追加的原告，已明确表示放弃实体权利的，可不予追加；既不愿意参加诉讼，又不放弃实体权利的，仍应追加为共同原告，其不参加诉讼，不影响人民法院对案件的审理和依法作出判决。

第七十五条 民事诉讼法第五十三条、第五十四条和第一百九十九条规定的人数众多，一般指十人以上。

第七十六条 依照民事诉讼法第五十三条规定，当事人一方人数众多在起诉时确定的，可以由全体当事人推选共同的代表人，也可以由部分当事人推选自己的代表人；推选不出代表人的当事人，在必要的共同诉讼中可以自己参加诉讼，在普通的共同诉讼中可以另行起诉。

第七十七条 根据民事诉讼法第五十四条规定，当事人一方人数众多在起诉时不确定的，由当事人推选代表人。当事人推选不出的，可以由人民法院提出人选与当事人协商；协商不成的，也可以由人民法院在起诉的当事人中指定代表人。

第七十八条 民事诉讼法第五十三条和第五十四条规定的代表人为二至五人，每位代表人可以委托一至二人作为诉讼代理人。

第七十九条 依照民事诉讼法第五十四条规定受理的案件，人民法院可以发出公告，通知权利人向人民法院登记。公告期间根据案件的具体情况确定，但不得少于三十日。

第八十条 根据民事诉讼法第五十四条规定向人民法院登记的权利人，应当证明其与对方当事人的法律关系和所受到的损害。证明不了的，不予登记，权利人可以另行起诉。人民法院的裁判在登记的范围内执行。未参加登记的权利人提起诉讼，人民法院认定其请

求成立的，裁定适用人民法院已作出的判决、裁定。

第八十一条 根据民事诉讼法第五十六条的规定，有独立请求权的第三人有权向人民法院提出诉讼请求和事实、理由，成为当事人；无独立请求权的第三人，可以申请或者由人民法院通知参加诉讼。

第一审程序中未参加诉讼的第三人，申请参加第二审程序的，人民法院可以准许。

第八十二条 在一审诉讼中，无独立请求权的第三人无权提出管辖异议，无权放弃、变更诉讼请求或者申请撤诉，被判决承担民事责任的，有权提起上诉。

第八十三条 在诉讼中，无民事行为能力人、限制民事行为能力人的监护人是他的法定代理人。事先没有确定监护人的，可以由有监护资格的人协商确定；协商不成的，由人民法院在他们之中指定诉讼中的法定代理人。当事人没有民法通则第十六条第一款、第二款或者第十七条第一款规定的监护人的，可以指定该法第十六条第四款或者第十七条第三款规定的有关组织担任诉讼中的法定代理人。

第八十四条 无民事行为能力人、限制民事行为能力人以及其他依法不能作为诉讼代理人的，当事人不得委托其作为诉讼代理人。

第八十五条 根据民事诉讼法第五十八条第二款第二项规定，与当事人有夫妻、直系血亲、三代以内旁系血亲、近姻亲关系以及其他有抚养、赡养关系的亲属，可以当事人近亲属的名义作为诉讼代理人。

第八十六条 根据民事诉讼法第五十八条第二款第二项规定，与当事人有合法劳动人事关系的职工，可以当事人工作人员的名义作为诉讼代理人。

第八十七条 根据民事诉讼法第五十八条第二款第三项规定，有关社会团体推荐公民担任诉讼代理人的，应当符合下列条件：

（一）社会团体属于依法登记设立或者依法免予登记设立的非营利性法人组织；

（二）被代理人属于该社会团体的成员，或者当事人一方住所地位于该社会团体的活动地域；

（三）代理事务属于该社会团体章程载明的业务范围；

（四）被推荐的公民是该社会团体的负责人或者与该社会团体有合法劳动人事关系的工作人员。

专利代理人经中华全国专利代理人协会推荐，可以在专利纠纷案件中担任诉讼代理人。

第八十八条 诉讼代理人除根据民事诉讼法第五十九条规定提交授权委托书外，还应当按照下列规定向人民法院提交相关材料：

（一）律师应当提交律师执业证、律师事务所证明材料；

（二）基层法律服务工作者应当提交法律服务工作者执业证、基层法律服务所出具的介绍信以及当事人一方位于本辖区内的证明材料；

（三）当事人的近亲属应当提交身份证件和与委托人有近亲属关系的证明材料；

（四）当事人的工作人员应当提交身份证件和与当事人有合法劳动人事关系的证明材料；

（五）当事人所在社区、单位推荐的公民应当提交身份证件、推荐材料和当事人属于该社区、单位的证明材料；

（六）有关社会团体推荐的公民应当提交身份证件和符合本解释第八十七条规定条件的证明材料。

第八十九条 当事人向人民法院提交的授权委托书，应当在开庭审理前送交人民法院。授权委托书仅写"全权代理"而无具体授权的，诉讼代理人无权代为承认、放弃、变更诉讼请求，进行和解，提出反诉或者提起上诉。

适用简易程序审理的案件，双方当事人同时到庭并径行开庭审理的，可以当场口头委托诉讼代理人，由人民法院记入笔录。

四、证　据

第九十条 当事人对自己提出的诉讼请求所依据的事实或者反驳对方诉讼请求所依据的事实，应当提供证据加以证明，但法律另有规定的除外。

在作出判决前，当事人未能提供证据或者证据不足以证明其事实主张的，由负有举证证明责任的当事人承担不利的后果。

第九十一条 人民法院应当依照下列原则确定举证证明责任的承担，但法律另有规定的除外：

（一）主张法律关系存在的当事人，应当对产生该法律关系的基本事实承担举证证明责任；

（二）主张法律关系变更、消灭或者权利受到妨害的当事人，应当对该法律关系变更、消灭或者权利受到妨害的基本事实承担举证证明责任。

第九十二条 一方当事人在法庭审理中，或者在起诉状、答辩状、代理词等书面材料中，对于己不利的事实明确表示承认的，另一方当事人无需举证证明。

对于涉及身份关系、国家利益、社会公共利益等应当由人民法院依职权调查的事实，不适用前款自认的规定。

自认的事实与查明的事实不符的，人民法院不予确认。

第九十三条 下列事实，当事人无须举证证明：

（一）自然规律以及定理、定律；

（二）众所周知的事实；

（三）根据法律规定推定的事实；

（四）根据已知的事实和日常生活经验法则推定出的另一事实；

（五）已为人民法院发生法律效力的裁判

所确认的事实；

（六）已为仲裁机构生效裁决所确认的事实；

（七）已为有效公证文书所证明的事实。

前款第二项至第四项规定的事实，当事人有相反证据足以反驳的除外；第五项至第七项规定的事实，当事人有相反证据足以推翻的除外。

第九十四条 民事诉讼法第六十四条第二款规定的当事人及其诉讼代理人因客观原因不能自行收集的证据包括：

（一）证据由国家有关部门保存，当事人及其诉讼代理人无权查阅调取的；

（二）涉及国家秘密、商业秘密或者个人隐私的；

（三）当事人及其诉讼代理人因客观原因不能自行收集的其他证据。

当事人及其诉讼代理人因客观原因不能自行收集的证据，可以在举证期限届满前书面申请人民法院调查收集。

第九十五条 当事人申请调查收集的证据，与待证事实无关联、对证明待证事实无意义或者其他无调查收集必要的，人民法院不予准许。

第九十六条 民事诉讼法第六十四条第二款规定的人民法院认为审理案件需要的证据包括：

（一）涉及可能损害国家利益、社会公共利益的；

（二）涉及身份关系的；

（三）涉及民事诉讼法第五十五条规定诉讼的；

（四）当事人有恶意申通损害他人合法权益可能的；

（五）涉及依职权追加当事人、中止诉讼、终结诉讼、回避等程序性事项的。

除前款规定外，人民法院调查收集证据，应当依照当事人的申请进行。

第九十七条 人民法院调查收集证据，应当由两人以上共同进行。调查材料要由调查人、被调查人、记录人签名、捺印或者盖章。

第九十八条 当事人根据民事诉讼法第八十一条第一款规定申请证据保全的，可以在举证期限届满前书面提出。

证据保全可能对他人造成损失的，人民法院应当责令申请人提供相应的担保。

第九十九条 人民法院应当在审理前的准备阶段确定当事人的举证期限。举证期限可以由当事人协商，并经人民法院准许。

人民法院确定举证期限，第一审普通程序案件不得少于十五日，当事人提供新的证据的第二审案件不得少于十日。

举证期限届满后，当事人对已经提供的证据，申请提供反驳证据或者对证据来源、形式等方面的瑕疵进行补正的，人民法院可以酌情再次确定举证期限，该期限不受前款规定的限制。

第一百条 当事人申请延长举证期限的，应当在举证期限届满前向人民法院提出书面申请。

申请理由成立的，人民法院应当准许，适当延长举证期限，并通知其他当事人。延长的举证期限适用于其他当事人。

申请理由不成立的，人民法院不予准许，并通知申请人。

第一百零一条 当事人逾期提供证据的，人民法院应当责令其说明理由，必要时可以要求其提供相应的证据。

当事人因客观原因逾期提供证据，或者对方当事人对逾期提供证据未提出异议的，视为未逾期。

第一百零二条 当事人因故意或者重大过失逾期提供的证据，人民法院不予采纳。但该证据与案件基本事实有关的，人民法院应当采纳，并依照民事诉讼法第六十五条、第一百一十五条第一款的规定予以训诫、罚款。

当事人非因故意或者重大过失逾期提供的证据，人民法院应当采纳，并对当事人予以训诫。

当事人一方要求另一方赔偿因逾期提供证据致使其增加的交通、住宿、就餐、误工、证人出庭作证等必要费用的，人民法院可予支持。

第一百零三条 证据应当在法庭上出示，由当事人互相质证。未经当事人质证的证据，不得作为认定案件事实的根据。

当事人在审理前的准备阶段认可的证据，经审判人员在庭审中说明后，视为质证过的证据。

涉及国家秘密、商业秘密、个人隐私或者法律规定应当保密的证据，不得公开质证。

第一百零四条 人民法院应当组织当事人围绕证据的真实性、合法性以及与待证事实的关联性进行质证，并针对证据有无证明力和证明力大小进行说明和辩论。

能够反映案件真实情况、与待证事实相关联、来源和形式符合法律规定的证据，应当作为认定案件事实的根据。

第一百零五条 人民法院应当按照法定程序，全面、客观地审核证据，依照法律规定，运用逻辑推理和日常生活经验法则，对证据有无证明力和证明力大小进行判断，并公开判断的理由和结果。

第一百零六条 对以严重侵害他人合法权益、违反法律禁止性规定或者严重违背公序良俗的方法形成或者获取的证据，不得作为认定案件事实的根据。

第一百零七条 在诉讼中，当事人为达成调解协议或者和解协议作出妥协而认可的事实，不得在后续的诉讼中作为对其不利的根据，但法律另有规定或者当事人均同意的除外。

第一百零八条 对负有举证证明责任的当事人提供的证据，人民法院经审查并结合相关事实，确信待证事实的存在具有高度可能性的，应当认定该事实存在。

对一方当事人为反驳负有举证证明责任的当事人所主张事实而提供的证据，人民法院经审查并结合相关事实，认为待证事实真伪不明的，应当认定该事实不存在。

法律对于待证事实所应达到的证明标准另有规定的，从其规定。

第一百零九条 当事人对欺诈、胁迫、恶意串通事实的证明，以及对口头遗嘱或者赠与事实的证明，人民法院确信该待证事实存在的可能性能够排除合理怀疑的，应当认定该事实存在。

第一百一十条 人民法院认为有必要的，可以要求当事人本人到庭，就案件有关事实接受询问。在询问当事人之前，可以要求其签署保证书。

保证书应当载明据实陈述、如有虚假陈述愿意接受处罚等内容。当事人应当在保证书上签名或者捺印。

负有举证证明责任的当事人拒绝到庭、拒绝接受询问或者拒绝签署保证书，待证事实又欠缺其他证据证明的，人民法院对其主张的事实不予认定。

第一百一十一条 民事诉讼法第七十条规定的提交书证原件确有困难，包括下列情形：

（一）书证原件遗失、灭失或者毁损的；

（二）原件在对方当事人控制之下，经合法通知提交而拒不提交的；

（三）原件在他人控制之下，而其有权不提交的；

（四）原件因篇幅或者体积过大而不便提交的；

（五）承担举证证明责任的当事人通过申请人民法院调查收集或者其他方式无法获得书证原件的。

前款规定情形，人民法院应当结合其他证据和案件具体情况，审查判断书证复制品等能否作为认定案件事实的根据。

第一百一十二条 书证在对方当事人控制之下的，承担举证证明责任的当事人可以在举证期限届满前书面申请人民法院责令对方当事人提交。

申请理由成立的，人民法院应当责令对方当事人提交，因提交书证所产生的费用，由申请人负担。对方当事人无正当理由拒不提交的，人民法院可以认定申请人所主张的书证内容为真实。

第一百一十三条 持有书证的当事人以妨碍对方当事人使用为目的，毁灭有关书证或者实施其他致使书证不能使用行为的，人民法院可以依照民事诉讼法第一百一十一条规定，对其处以罚款、拘留。

第一百一十四条 国家机关或者其他依法具有社会管理职能的组织，在其职权范围内制作的文书所记载的事项推定为真实，但有相反证据足以推翻的除外。必要时，人民法院可以要求制作文书的机关或者组织对文书的真实性予以说明。

第一百一十五条 单位向人民法院提出的证明材料，应当由单位负责人及制作证明材料的人员签名或者盖章，并加盖单位印章。人民法院就单位出具的证明材料，可以向单位及制作证明材料的人员进行调查核实。必要时，可以要求制作证明材料的人员出庭作证。

单位及制作证明材料的人员拒绝人民法院调查核实，或者制作证明材料的人员无正当理由拒绝出庭作证的，该证明材料不得作为认定案件事实的根据。

第一百一十六条 视听资料包括录音资料和影像资料。

电子数据是指通过电子邮件、电子数据交换、网上聊天记录、博客、微博客、手机短信、电子签名、域名等形成或者存储在电子介质中的信息。

存储在电子介质中的录音资料和影像资料，适用电子数据的规定。

第一百一十七条 当事人申请证人出庭作证的，应当在举证期限届满前提出。

符合本解释第九十六条第一款规定情形的，人民法院可以依职权通知证人出庭作证。

未经人民法院通知，证人不得出庭作证，但双方当事人同意并经人民法院准许的除外。

第一百一十八条 民事诉讼法第七十四条规定的证人因履行出庭作证义务而支出的交通、住宿、就餐等必要费用，按照机关事业单位工作人员差旅费用和补贴标准计算；误工损失按照国家上年度职工日平均工资标准计算。

人民法院准许证人出庭作证申请的，应当通知申请人预缴证人出庭作证费用。

第一百一十九条 人民法院在证人出庭作证前应当告知其如实作证的义务以及作伪证的法律后果，并责令其签署保证书，但无民事行为能力人和限制民事行为能力人除外。

证人签署保证书适用本解释关于当事人签署保证书的规定。

第一百二十条 证人拒绝签署保证书的，不得作证，并自行承担相关费用。

第一百二十一条 当事人申请鉴定，可以在举证期限届满前提出。申请鉴定的事项与待证事实无关联，或者对证明待证事实无意义的，人民法院不予准许。

人民法院准许当事人鉴定申请的，应当组织双方当事人协商确定具备相应资格的鉴定人。当事人协商不成的，由人民法院指定。

符合依职权调查收集证据条件的，人民法院应当依职权委托鉴定，在询问当事人的意见后，指定具备相应资格的鉴定人。

第一百二十二条 当事人可以依照民事诉讼法第七十九条的规定，在举证期限届满前申请一至二名具有专门知识的人出庭，代表当事人对鉴定意见进行质证，或者对案件事实所涉及的专业问题提出意见。

具有专门知识的人在法庭上就专业问题提出的意见，视为当事人的陈述。

人民法院准许当事人申请的，相关费用由提出申请的当事人负担。

第一百二十三条 人民法院可以对出庭的具有专门知识的人进行询问。经法庭准许，当事人可以对出庭的具有专门知识的人进行询问，当事人各自申请的具有专门知识的人可以就案件中的有关问题进行对质。

具有专门知识的人不得参与专业问题之外的法庭审理活动。

第一百二十四条 人民法院认为有必要的，可以根据当事人的申请或者依职权对物证或者现场进行勘验。勘验时应当保护他人的隐私和尊严。

人民法院可以要求鉴定人参与勘验。必要时，可以要求鉴定人在勘验中进行鉴定。

五、期间和送达

第一百二十五条 依照民事诉讼法第八十二条第二款规定，民事诉讼中以时起算的期间从次时起算；以日、月、年计算的期间从次日起算。

第一百二十六条 民事诉讼法第一百二十三条规定的立案期限，因起诉状内容欠缺通知原告补正的，从补正后交人民法院的次日起算。由上级人民法院转交下级人民法院立案的案件，从受诉人民法院收到起诉状的次日起算。

第一百二十七条 民事诉讼法第五十六条第三款、第二百零五条以及本解释第三百七十四条、第三百八十四条、第四百零一条、第四百二十二条、第四百二十三条规定的六个月，民事诉讼法第二百二十三条规定的一年，为不变期间，不适用诉讼时效中止、中断、延长的规定。

第一百二十八条 再审案件按照第一审程序或者第二审程序审理的，适用民事诉讼法第一百四十九条、第一百七十六条规定的审限。审限自再审立案的次日起算。

第一百二十九条 对申请再审案件，人民法院应当自受理之日起三个月内审查完毕，但公告期间、当事人和解期间等不计入审查期限。有特殊情况需要延长的，由本院院长批准。

第一百三十条 向法人或者其他组织送达诉讼文书，应当由法人的法定代表人、该组织的主要负责人或者办公室、收发室、值班室等负责收件的人签收或者盖章，拒绝签收或者盖章的，适用留置送达。

民事诉讼法第八十六条规定的有关基层组织和所在单位的代表，可以是受送达人住所地的居民委员会、村民委员会的工作人员以及受送达人所在单位的工作人员。

第一百三十一条 人民法院直接送达诉讼文书的，可以通知当事人到人民法院领取。当事人到达人民法院，拒绝签署送达回证的，视为送达。审判人员、书记员应当在送达回证上注明送达情况并签名。

人民法院可以在当事人住所地以外向当事人直接送达诉讼文书。当事人拒绝签署送达回证的，采用拍照、录像等方式记录送达过程即视为送达。审判人员、书记员应当在送达回证上注明送达情况并签名。

第一百三十二条 受送达人有诉讼代理人的，人民法院既可以向受送达人送达，也可以向其诉讼代理人送达。受送达人指定诉讼代理人为代收人的，向诉讼代理人送达时，适用留置送达。

第一百三十三条 调解书应当直接送达当事人本人，不适用留置送达。当事人本人因故不能签收的，可由其指定的代收人签收。

第一百三十四条 依照民事诉讼法第八十八条规定，委托其他人民法院代为送达的，委托法院应当出具委托函，并附需要送达的诉讼文书和送达回证，以受送达人在送达回证上签收的日期为送达日期。

委托送达的，受委托人民法院应当自收到

委托函及相关诉讼文书之日起十日内代为送达。

第一百三十五条 电子送达可以采用传真、电子邮件、移动通信等即时收悉的特定系统作为送达媒介。

民事诉讼法第八十七条第二款规定的到达受送达人特定系统的日期，为人民法院对应系统显示发送成功的日期，但受送达人证明到达其特定系统的日期与人民法院对应系统显示发送成功的日期不一致的，以受送达人证明到达其特定系统的日期为准。

第一百三十六条 受送达人同意采用电子方式送达的，应当在送达地址确认书中予以确认。

第一百三十七条 当事人在提起上诉、申请再审、申请执行时未书面变更送达地址的，其在第一审程序中确认的送达地址可以作为第二审程序、审判监督程序、执行程序的送达地址。

第一百三十八条 公告送达可以在法院的公告栏和受送达人住所地张贴公告，也可以在报纸、信息网络等媒体上刊登公告，发出公告日期以最后张贴或者刊登的日期为准。对公告送达方式有特殊要求的，应当按要求的方式进行。公告期满，即视为送达。

人民法院在受送达人住所地张贴公告的，应当采取拍照、录像等方式记录张贴过程。

第一百三十九条 公告送达应当说明公告送达的原因；公告送达起诉状或者上诉状副本的，应当说明起诉或者上诉要点，受送达人答辩期限及逾期不答辩的法律后果；公告送达传票，应当说明出庭的时间和地点及逾期不出庭的法律后果；公告送达判决书、裁定书的，应当说明裁判主要内容，当事人有权上诉的，还应当说明上诉权利、上诉期限和上诉的人民法院。

第一百四十条 适用简易程序的案件，不适用公告送达。

第一百四十一条 人民法院在定期宣判时，当事人拒不签收判决书、裁定书的，应视为送达，并在宣判笔录中记明。

六、调　　解

第一百四十二条 人民法院受理案件后，经审查，认为法律关系明确、事实清楚，在征得当事人双方同意后，可以径行调解。

第一百四十三条 适用特别程序、督促程序、公示催告程序的案件，婚姻等身份关系确认案件以及其他根据案件性质不能进行调解的案件，不得调解。

第一百四十四条 人民法院审理民事案件，发现当事人之间恶意串通，企图通过和解、调解方式侵害他人合法权益的，应当依照民事诉讼法第一百一十二条的规定处理。

第一百四十五条 人民法院审理民事案件，应当根据自愿、合法的原则进行调解。当事人一方或者双方坚持不愿调解的，应当及时裁判。

人民法院审理离婚案件，应当进行调解，但不应久调不决。

第一百四十六条 人民法院审理民事案件，调解过程不公开，但当事人同意公开的除外。

调解协议内容不公开，但为保护国家利益、社会公共利益、他人合法权益，人民法院认为确有必要公开的除外。

主持调解以及参与调解的人员，对调解过程以及调解过程中获悉的国家秘密、商业秘密、个人隐私和其他不宜公开的信息，应当保守秘密，但为保护国家利益、社会公共利益、他人合法权益的除外。

第一百四十七条 人民法院调解案件时，当事人不能出庭的，经其特别授权，可由其委托代理人参加调解，达成的调解协议，可由委托代理人签名。

离婚案件当事人确因特殊情况无法出庭参加调解的，除本人不能表达意志的以外，应当出具书面意见。

第一百四十八条 当事人自行和解或者调解达成协议后，请求人民法院按照和解协议或者调解协议的内容制作判决书的，人民法院不予准许。

无民事行为能力人的离婚案件，由其法定代理人进行诉讼。法定代理人与对方达成协议要求发给判决书的，可根据协议内容制作判决书。

第一百四十九条 调解书需经当事人签收后才发生法律效力，应当以最后收到调解书的当事人签收的日期为调解书生效日期。

第一百五十条 人民法院调解民事案件，需由无独立请求权的第三人承担责任的，应当经其同意。该第三人在调解书送达前反悔的，人民法院应当及时裁判。

第一百五十一条 根据民事诉讼法第九十八条第一款第四项规定，当事人各方同意在调解协议上签名或者盖章后即发生法律效力的，经人民法院审查确认后，应当记入笔录或者将调解协议附卷，并由当事人、审判人员、书记员签名或者盖章后即具有法律效力。

前款规定情形，当事人请求制作调解书的，人民法院审查确认后可以制作调解书送交当事人。当事人拒收调解书的，不影响调解协议的效力。

七、保全和先予执行

第一百五十二条 人民法院依照民事诉讼法第一百条、第一百零一条规定，在采取诉前保全、诉讼保全措施时，责令利害关系人或者当事人提供担保的，应当书面通知。

利害关系人申请诉前保全的，应当提供担保。申请诉前财产保全的，应当提供相当于请求保全数额的担保；情况特殊，人民法院可以酌情处理。申请诉前行为保全的，担保的数额由人民法院根据案件的具体情况决定。

在诉讼中，人民法院依申请或者依职权采取保全措施的，应当根据案件的具体情况，决定当事人是否应当提供担保以及担保的数额。

第一百五十三条 人民法院对季节性商品、鲜活、易腐烂变质以及其他不宜长期保存的物品采取保全措施时，可以责令当事人及时处理，由人民法院保存价款；必要时，人民法院可予以变卖，保存价款。

第一百五十四条 人民法院在财产保全中采取查封、扣押、冻结财产措施时，应当妥善保管被查封、扣押、冻结的财产。不宜由人民法院保管的，人民法院可以指定被保全人负责保管；不宜由被保全人保管的，可以委托他人或者申请保全人保管。

查封、扣押、冻结担保物权人占有的担保财产，一般由担保物权人保管；由人民法院保管的，质权、留置权不因采取保全措施而消灭。

第一百五十五条 由人民法院指定被保全人保管的财产，如果继续使用对该财产的价值无重大影响，可以允许被保全人继续使用；由人民法院保管或者委托他人、申请保全人保管的财产，人民法院和其他保管人不得使用。

第一百五十六条 人民法院采取财产保全的方法和措施，依照执行程序相关规定办理。

第一百五十七条 人民法院对抵押物、质押物、留置物可以采取财产保全措施，但不影响抵押权人、质权人、留置权人的优先受偿权。

第一百五十八条 人民法院对债务人到期应得的收益，可以采取财产保全措施，限制其支取，通知有关单位协助执行。

第一百五十九条 债务人的财产不能满足保全请求，但对他人有到期债权的，人民法院可以依债权人的申请裁定该他人不得对本案债务人清偿。该他人要求偿付的，由人民法院提存财物或者价款。

第一百六十条 当事人向采取诉前保全措施以外的其他有管辖权的人民法院起诉的,采取诉前保全措施的人民法院应当将保全手续移送受理案件的人民法院。诉前保全的裁定视为受移送人民法院作出的裁定。

第一百六十一条 对当事人不服一审判决提起上诉的案件,在第二审人民法院接到报送的案件之前,当事人有转移、隐匿、出卖或者毁损财产等行为,必须采取保全措施的,由第一审人民法院依当事人申请或者依职权采取。第一审人民法院的保全裁定,应当及时报送第二审人民法院。

第一百六十二条 第二审人民法院裁定对第一审人民法院采取的保全措施予以续保或者采取新的保全措施的,可以自行实施,也可以委托第一审人民法院实施。

再审人民法院裁定对原保全措施予以续保或者采取新的保全措施的,可以自行实施,也可以委托原审人民法院或者执行法院实施。

第一百六十三条 法律文书生效后,进入执行程序前,债权人因对方当事人转移财产等紧急情况,不申请保全将可能导致生效法律文书不能执行或者难以执行的,可以向执行法院申请采取保全措施。债权人在法律文书指定的履行期间届满后五日内不申请执行的,人民法院应当解除保全。

第一百六十四条 对申请保全人或者他人提供的担保财产,人民法院应当依法办理查封、扣押、冻结等手续。

第一百六十五条 人民法院裁定采取保全措施后,除作出保全裁定的人民法院自行解除或者其上级人民法院决定解除外,在保全期限内,任何单位不得解除保全措施。

第一百六十六条 裁定采取保全措施后,有下列情形之一的,人民法院应当作出解除全裁定:

(一)保全错误的;

(二)申请人撤回保全申请的;

(三)申请人的起诉或者诉讼请求被生效裁判驳回的;

(四)人民法院认为应当解除保全的其他情形。

解除以登记方式实施的保全措施的,应当向登记机关发出协助执行通知书。

第一百六十七条 财产保全的被保全人提供其他等值担保财产且有利于执行的,人民法院可以裁定变更保全标的物为被保全人提供的担保财产。

第一百六十八条 保全裁定未经人民法院依法撤销或者解除,进入执行程序后,自动转为执行中的查封、扣押、冻结措施,期限连续计算,执行法院无需重新制作裁定书,但查封、扣押、冻结期限届满的除外。

第一百六十九条 民事诉讼法规定的先予执行,人民法院应当在受理案件后终审判决作出前采取。先予执行应当限于当事人诉讼请求的范围,并以当事人的生活、生产经营的急需为限。

第一百七十条 民事诉讼法第一百零六条第三项规定的情况紧急,包括:

(一)需要立即停止侵害、排除妨碍的;

(二)需要立即制止某项行为的;

(三)追索恢复生产、经营急需的保险理赔费的;

(四)需要立即返还社会保险金、社会救助资金的;

(五)不立即返还款项,将严重影响权利人生活和生产经营的。

第一百七十一条 当事人对保全或者先予执行裁定不服的,可以自收到裁定书之日起五日内向作出裁定的人民法院申请复议。人民法院应当在收到复议申请后十日内审查。裁定正确的,驳回当事人的申请;裁定不当的,变更或者撤销原裁定。

第一百七十二条 利害关系人对保全或者先予执行的裁定不服申请复议的,由作出裁定的人民法院依照民事诉讼法第一百零八条规定处理。

第一百七十三条 人民法院先予执行后，根据发生法律效力的判决，申请人应当返还因先予执行所取得的利益的，适用民事诉讼法第二百三十三条的规定。

八、对妨害民事诉讼的强制措施

第一百七十四条 民事诉讼法第一百零九条规定的必须到庭的被告，是指负有赡养、抚育、扶养义务和不到庭就无法查清案情的被告。

人民法院对必须到庭才能查清案件基本事实的原告，经两次传票传唤，无正当理由拒不到庭的，可以拘传。

第一百七十五条 拘传必须用拘传票，并直接送达被拘传人；在拘传前，应当向被拘传人说明拒不到庭的后果，经批评教育仍拒不到庭的，可以拘传其到庭。

第一百七十六条 诉讼参与人或者其他人有下列行为之一的，人民法院可以适用民事诉讼法第一百一十条规定处理：

（一）未经准许进行录音、录像、摄影的；

（二）未经准许以移动通信等方式现场传播审判活动的；

（三）其他扰乱法庭秩序，妨害审判活动进行的。

有前款规定情形的，人民法院可以暂扣诉讼参与人或者其他人进行录音、录像、摄影、传播审判活动的器材，并责令其删除有关内容；拒不删除的，人民法院可以采取必要手段强制删除。

第一百七十七条 训诫、责令退出法庭由合议庭或者独任审判员决定。训诫的内容、被责令退出法庭者的违法事实应当记入庭审笔录。

第一百七十八条 人民法院依照民事诉讼法第一百一十条至第一百一十四条的规定采取拘留措施的，应经院长批准，作出拘留决定书，由司法警察将被拘留人送交当地公安机关看管。

第一百七十九条 被拘留人不在本辖区的，作出拘留决定的人民法院应当派员到被拘留人所在地的人民法院，请该院协助执行，受委托的人民法院应当及时派员协助执行。被拘留人申请复议或者在拘留期间承认并改正错误，需要提前解除拘留的，受委托人民法院应当向委托人民法院转达或者提出建议，由委托人民法院审查决定。

第一百八十条 人民法院对被拘留人采取拘留措施后，应当在二十四小时内通知其家属；确实无法按时通知或者通知不到的，应当记录在案。

第一百八十一条 因哄闹、冲击法庭，用暴力、威胁等方法抗拒执行公务等紧急情况，必须立即采取拘留措施的，可在拘留后，立即报告院长补办批准手续。院长认为拘留不当的，应当解除拘留。

第一百八十二条 被拘留人在拘留期间认错悔改的，可以责令其具结悔过，提前解除拘留。提前解除拘留，应报经院长批准，并作出提前解除拘留决定书，交负责看管的公安机关执行。

第一百八十三条 民事诉讼法第一百一十条至第一百一十三条规定的罚款、拘留可以单独适用，也可以合并适用。

第一百八十四条 对同一妨害民事诉讼行为的罚款、拘留不得连续适用。发生新的妨害民事诉讼行为的，人民法院可以重新予以罚款、拘留。

第一百八十五条 被罚款、拘留的人不服罚款、拘留决定申请复议的，应当自收到决定书之日起三日内提出。上级人民法院应当在收到复议申请后五日内作出决定，并将复议结果通知下级人民法院和当事人。

第一百八十六条 上级人民法院复议时认为强制措施不当的，应当制作决定书，撤销或者变更下级人民法院作出的拘留、罚款决定。情况紧急的，可以在口头通知后三日内发出决定书。

第一百八十七条 民事诉讼法第一百一十一条第一款第五项规定的以暴力、威胁或者其他方法阻碍司法工作人员执行职务的行为，包括：

（一）在人民法院哄闹、滞留，不听从司法工作人员劝阻的；

（二）故意毁损、抢夺人民法院法律文书、查封标志的；

（三）哄闹、冲击执行公务现场，围困、扣押执行或者协助执行公务人员的；

（四）毁损、抢夺、扣留案件材料、执行公务车辆、其他执行公务器械、执行公务人员服装和执行公务证件的；

（五）以暴力、威胁或者其他方法阻碍司法工作人员查询、查封、扣押、冻结、划拨、拍卖、变卖财产的；

（六）以暴力、威胁或者其他方法阻碍司法工作人员执行职务的其他行为。

第一百八十八条 民事诉讼法第一百一十一条第一款第六项规定的拒不履行人民法院已经发生法律效力的判决、裁定的行为，包括：

（一）在法律文书发生法律效力后隐藏、转移、变卖、毁损财产或者无偿转让财产、以明显不合理的价格交易财产、放弃到期债权、无偿为他人提供担保等，致使人民法院无法执行的；

（二）隐藏、转移、毁损或者未经人民法院允许处分已向人民法院提供担保的财产的；

（三）违反人民法院限制高消费令进行消费的；

（四）有履行能力而拒不按照人民法院执行通知履行生效法律文书确定的义务的；

（五）有义务协助执行的个人接到人民法院协助执行通知书后，拒不协助执行的。

第一百八十九条 诉讼参与人或者其他人有下列行为之一的，人民法院可以适用民事诉讼法第一百一十一条的规定处理：

（一）冒充他人提起诉讼或者参加诉讼的；

（二）证人签署保证书后作虚假证言，妨碍人民法院审理案件的；

（三）伪造、隐藏、毁灭或者拒绝交出有关被执行人履行能力的重要证据，妨碍人民法院查明被执行人财产状况的；

（四）擅自解冻已被人民法院冻结的财产的；

（五）接到人民法院协助执行通知书后，给当事人通风报信，协助其转移、隐匿财产的。

第一百九十条 民事诉讼法第一百一十二条规定的他人合法权益，包括案外人的合法权益、国家利益、社会公共利益。

第三人根据民事诉讼法第五十六条第三款规定提起撤销之诉，经审查，原案当事人之间恶意串通进行虚假诉讼的，适用民事诉讼法第一百一十二条规定处理。

第一百九十一条 单位有民事诉讼法第一百一十二条或者第一百一十三条规定行为的，人民法院应当对该单位进行罚款，并可以对其主要负责人或者直接责任人员予以罚款、拘留；构成犯罪的，依法追究刑事责任。

第一百九十二条 有关单位接到人民法院协助执行通知书后，有下列行为之一的，人民法院可以适用民事诉讼法第一百一十四条规定处理：

（一）允许被执行人高消费的；

（二）允许被执行人出境的；

（三）拒不停止办理有关财产权证照转移手续、权属变更登记、规划审批等手续的；

（四）以需要内部请示、内部审批，有内部规定等为由拖延办理的。

第一百九十三条 人民法院对个人或者

单位采取罚款措施时,应当根据其实施妨害民事诉讼行为的性质、情节、后果,当地的经济发展水平,以及诉讼标的额等因素,在民事诉讼法第一百一十五条第一款规定的限额内确定相应的罚款金额。

九、诉讼费用

第一百九十四条 依照民事诉讼法第五十四条审理的案件不预交案件受理费,结案后按照诉讼标的额由败诉方交纳。

第一百九十五条 支付令失效后转入诉讼程序的,债权人应当按照《诉讼费用交纳办法》补交案件受理费。

支付令被撤销后,债权人另行起诉的,按照《诉讼费用交纳办法》交纳诉讼费用。

第一百九十六条 人民法院改变原判决、裁定、调解结果的,应当在裁判文书中对原审诉讼费用的负担一并作出处理。

第一百九十七条 诉讼标的物是证券的,按照证券交易规则并根据当事人起诉之日前最后一个交易日的收盘价、当日的市场价或者其载明的金额计算诉讼标的金额。

第一百九十八条 诉讼标的物是房屋、土地、林木、车辆、船舶、文物等特定物或者知识产权,起诉时价值难以确定的,人民法院应当向原告释明主张过高或者过低的诉讼风险,以原告主张的价值确定诉讼标的金额。

第一百九十九条 适用简易程序审理的案件转为普通程序的,原告自接到人民法院交纳诉讼费用通知之日起七日内补交案件受理费。

原告无正当理由未按期足额补交的,按撤诉处理,已经收取的诉讼费用退还一半。

第二百条 破产程序中有关债务人的民事诉讼案件,按照财产案件标准交纳诉讼费,但劳动争议案件除外。

第二百零一条 既有财产性诉讼请求,又有非财产性诉讼请求的,按照财产性诉讼请求的标准交纳诉讼费。

有多个财产性诉讼请求的,合并计算交纳诉讼费;诉讼请求中有多个非财产性诉讼请求的,按一件交纳诉讼费。

第二百零二条 原告、被告、第三人分别上诉的,按照上诉请求分别预交二审案件受理费。

同一方多人共同上诉的,只预交一份二审案件受理费;分别上诉的,按照上诉请求分别预交二审案件受理费。

第二百零三条 承担连带责任的当事人败诉的,应当共同负担诉讼费用。

第二百零四条 实现担保物权案件,人民法院裁定拍卖、变卖担保财产的,申请费由债务人、担保人负担;人民法院裁定驳回申请的,申请费由申请人负担。

申请人另行起诉的,其已经交纳的申请费可以从案件受理费中扣除。

第二百零五条 拍卖、变卖担保财产的裁定作出后,人民法院强制执行的,按照执行金额收取执行申请费。

第二百零六条 人民法院决定减半收取案件受理费的,只能减半一次。

第二百零七条 判决生效后,胜诉方预交但不应负担的诉讼费用,人民法院应当退还,由败诉方向人民法院交纳,但胜诉方自愿承担或者同意败诉方直接向其支付的除外。

当事人拒不交纳诉讼费用的,人民法院可以强制执行。

十、第一审普通程序

第二百零八条 人民法院接到当事人提交的民事起诉状时,对符合民事诉讼法第一百一十九条的规定,且不属于第一百二十四条规定情形的,应当登记立案;对当场不能判定是否符合起诉条件的,应当接收起诉材料,并出具注明收到日期的书面凭证。

需要补充必要相关材料的,人民法院应当及时告知当事人。在补齐相关材料后,应当在七日内决定是否立案。

立案后发现不符合起诉条件或者属于民事诉讼法第一百二十四条规定情形的,裁定驳回起诉。

第二百零九条 原告提供被告的姓名或者名称、住所等信息具体明确,足以使被告与他人相区别的,可以认定为有明确的被告。

起诉状列写被告信息不足以认定明确的被告的,人民法院可以告知原告补正。原告补正后仍不能确定明确的被告的,人民法院裁定不予受理。

第二百一十条 原告在起诉状中有谩骂和人身攻击之辞的,人民法院应当告知其修改后提起诉讼。

第二百一十一条 对本院没有管辖权的案件,告知原告向有管辖权的人民法院起诉;原告坚持起诉的,裁定不予受理;立案后发现本院没有管辖权的,应当将案件移送有管辖权的人民法院。

第二百一十二条 裁定不予受理、驳回起诉的案件,原告再次起诉,符合起诉条件且不属于民事诉讼法第一百二十四条规定情形的,人民法院应予受理。

第二百一十三条 原告应当预交而未预交案件受理费,人民法院应当通知其预交,通知后仍不预交或者申请减、缓、免未获批准而仍不预交的,裁定按撤诉处理。

第二百一十四条 原告撤诉或者人民法院按撤诉处理后,原告以同一诉讼请求再次起诉的,人民法院应予受理。

原告撤诉或者按撤诉处理的离婚案件,没有新情况、新理由,六个月内又起诉的,比照民事诉讼法第一百二十四条第七项的规定不予受理。

第二百一十五条 依照民事诉讼法第一百二十四条第二项的规定,当事人在书面合同中订有仲裁条款,或者在发生纠纷后达成书面仲裁协议,一方向人民法院起诉的,人民法院应当告知原告向仲裁机构申请仲裁,其坚持起诉的,裁定不予受理,但仲裁条款或者仲裁协议不成立、无效、失效、内容不明确无法执行的除外。

第二百一十六条 在人民法院首次开庭前,被告以有书面仲裁协议为由对受理民事案件提出异议的,人民法院应当进行审查。

经审查符合下列情形之一的,人民法院应当裁定驳回起诉:

(一)仲裁机构或者人民法院已经确认仲裁协议有效的;

(二)当事人没有在仲裁庭首次开庭前对仲裁协议的效力提出异议的;

(三)仲裁协议符合仲裁法第十六条规定且不具有仲裁法第十七条规定情形的。

第二百一十七条 夫妻一方下落不明,另一方诉至人民法院,只要求离婚,不申请宣告下落不明人失踪或者死亡的案件,人民法院应当受理,对下落不明人公告送达诉讼文书。

第二百一十八条 赡养费、扶养费、抚育费案件,裁判发生法律效力后,因新情况、新理由,一方当事人再行起诉要求增加或者减少费用的,人民法院应作为新案受理。

第二百一十九条 当事人超过诉讼时效期间起诉的,人民法院应予受理。受理后对方当事人提出诉讼时效抗辩,人民法院经审理认为抗辩事由成立的,判决驳回原告的诉讼请求。

第二百二十条 民事诉讼法第六十八条、第一百三十四条、第一百五十六条规定的商业秘密,是指生产工艺、配方、贸易联系、购销渠道等当事人不愿公开的技术秘密、商业情报及信息。

第二百二十一条 基于同一事实发生的纠纷,当事人分别向同一人民法院起诉的,人民法院可以合并审理。

第二百二十二条 原告在起诉状中直接列写第三人的，视为其申请人民法院追加该第三人参加诉讼。是否通知第三人参加诉讼，由人民法院审查决定。

第二百二十三条 当事人在提交答辩状期间提出管辖异议，又针对起诉状的内容进行答辩的，人民法院应当依照民事诉讼法第一百二十七条第一款的规定，对管辖异议进行审查。

当事人未提出管辖异议，就案件实体内容进行答辩、陈述或者反诉的，可以认定为民事诉讼法第一百二十七条第二款规定的应诉答辩。

第二百二十四条 依照民事诉讼法第一百三十三条第四项规定，人民法院可以在答辩期届满后，通过组织证据交换、召集庭前会议等方式，作好审理前的准备。

第二百二十五条 根据案件具体情况，庭前会议可以包括下列内容：

（一）明确原告的诉讼请求和被告的答辩意见；

（二）审查处理当事人增加、变更诉讼请求的申请和提出的反诉，以及第三人提出的与本案有关的诉讼请求；

（三）根据当事人的申请决定调查收集证据，委托鉴定，要求当事人提供证据，进行勘验，进行证据保全；

（四）组织交换证据；

（五）归纳争议焦点；

（六）进行调解。

第二百二十六条 人民法院应当根据当事人的诉讼请求、答辩意见以及证据交换的情况，归纳争议焦点，并就归纳的争议焦点征求当事人的意见。

第二百二十七条 人民法院适用普通程序审理案件，应当在开庭三日前用传票传唤当事人。对诉讼代理人、证人、鉴定人、勘验人、翻译人员应当用通知书通知其到庭。当事人或者其他诉讼参与人在外地的，应当留有必要的在途时间。

第二百二十八条 法庭审理应当围绕当事人争议的事实、证据和法律适用等焦点问题进行。

第二百二十九条 当事人在庭审中对其在审理前的准备阶段认可的事实和证据提出不同意见的，人民法院应当责令其说明理由。必要时，可以责令其提供相应证据。人民法院应当结合当事人的诉讼能力、证据和案件的具体情况进行审查。理由成立的，可以列入争议焦点进行审理。

第二百三十条 人民法院根据案件具体情况并征得当事人同意，可以将法庭调查和法庭辩论合并进行。

第二百三十一条 当事人在法庭上提出新的证据的，人民法院应当依照民事诉讼法第六十五条第二款规定和本解释相关规定处理。

第二百三十二条 在案件受理后，法庭辩论结束前，原告增加诉讼请求，被告提出反诉，第三人提出与本案有关的诉讼请求，可以合并审理的，人民法院应当合并审理。

第二百三十三条 反诉的当事人应当限于本诉的当事人的范围。

反诉与本诉的诉讼请求基于相同法律关系、诉讼请求之间具有因果关系，或者反诉与本诉的诉讼请求基于相同事实的，人民法院应当合并审理。

反诉应由其他人民法院专属管辖，或者与本诉的诉讼标的及诉讼请求所依据的事实、理由无关联的，裁定不予受理，告知另行起诉。

第二百三十四条 无民事行为能力人的离婚诉讼，当事人的法定代理人应当到庭；法定代理人不能到庭的，人民法院应当在查清事实的基础上，依法作出判决。

第二百三十五条 无民事行为能力的当

事人的法定代理人,经传票传唤无正当理由拒不到庭,属于原告方的,比照民事诉讼法第一百四十三条的规定,按撤诉处理;属于被告方的,比照民事诉讼法第一百四十四条的规定,缺席判决。必要时,人民法院可以拘传其到庭。

第二百三十六条 有独立请求权的第三人经人民法院传票传唤,无正当理由拒不到庭的,或者未经法庭许可中途退庭的,比照民事诉讼法第一百四十三条的规定,按撤诉处理。

第二百三十七条 有独立请求权的第三人参加诉讼后,原告申请撤诉,人民法院在准许原告撤诉后,有独立请求权的第三人作为另案原告,原案原告、被告作为另案被告,诉讼继续进行。

第二百三十八条 当事人申请撤诉或者依法可以按撤诉处理的案件,如果当事人有违反法律的行为需要依法处理的,人民法院可以不准许撤诉或者不按撤诉处理。

法庭辩论终结后原告申请撤诉,被告不同意的,人民法院可以不予准许。

第二百三十九条 人民法院准许本反原告撤诉的,应当对反诉继续审理;被告申请撤回反诉的,人民法院应予准许。

第二百四十条 无独立请求权的第三人经人民法院传票传唤,无正当理由拒不到庭,或者未经法庭许可中途退庭的,不影响案件的审理。

第二百四十一条 被告经传票传唤无正当理由拒不到庭,或者未经法庭许可中途退庭的,人民法院应当按期开庭或者继续开庭审理,对到庭的当事人诉讼请求、双方的诉辩理由以及已经提交的证据及其他诉讼材料进行审理后,可以依法缺席判决。

第二百四十二条 一审宣判后,原审人民法院发现判决有错误,当事人在上诉期内提出上诉的,原审人民法院可以提出原判决有错误的意见,报送第二审人民法院,由第二审人民

法院按照第二审程序进行审理;当事人不上诉的,按审判监督程序处理。

第二百四十三条 民事诉讼法第一百四十九条规定的审限,是指从立案之日起至裁判宣告、调解书送达之日止的期间,但公告期间、鉴定期间、双方当事人和解期间、审理当事人提出的管辖异议以及处理人民法院之间的管辖争议期间不应计算在内。

第二百四十四条 可以上诉的判决书、裁定书不能同时送达双方当事人的,上诉期从各自收到判决书、裁定书之日计算。

第二百四十五条 民事诉讼法第一百五十四条第一款第七项规定的笔误是指法律文书误写、误算,诉讼费用漏写、误算和其他笔误。

第二百四十六条 裁定中止诉讼的原因消除,恢复诉讼程序时,不必撤销原裁定,从人民法院通知或者准许当事人双方继续进行诉讼时起,中止诉讼的裁定即失去效力。

第二百四十七条 当事人就已经提起诉讼的事项在诉讼过程中或者裁判生效后再次起诉,同时符合下列条件的,构成重复起诉:

(一)后诉与前诉的当事人相同;

(二)后诉与前诉的诉讼标的相同;

(三)后诉与前诉的诉讼请求相同,或者后诉的诉讼请求实质上否定前诉裁判结果。

当事人重复起诉的,裁定不予受理;已经受理的,裁定驳回起诉,但法律、司法解释另有规定的除外。

第二百四十八条 裁判发生法律效力后,发生新的事实,当事人再次提起诉讼的,人民法院应当依法受理。

第二百四十九条 在诉讼中,争议的民事权利义务转移的,不影响当事人的诉讼主体资格和诉讼地位。人民法院作出的发生法律效力的判决、裁定对受让人具有拘束力。

受让人申请以无独立请求权的第三人身份参加诉讼的,人民法院可予准许。受让人申

请替代当事人承担诉讼的,人民法院可以根据案件的具体情况决定是否准许;不予准许的,可以追加其为无独立请求权的第三人。

第二百五十条 依照本解释第二百四十九条规定,人民法院准许受让人替代当事人承担诉讼的,裁定变更当事人。

变更当事人后,诉讼程序以受让人为当事人继续进行,原当事人应当退出诉讼。原当事人已经完成的诉讼行为对受让人具有拘束力。

第二百五十一条 二审裁定撤销一审判决发回重审的案件,当事人申请变更、增加诉讼请求或者提出反诉,第三人提出与本案有关的诉讼请求的,依照民事诉讼法第一百四十条规定处理。

第二百五十二条 再审裁定撤销原判决、裁定发回重审的案件,当事人申请变更、增加诉讼请求或者提出反诉,符合下列情形之一的,人民法院应当准许:

(一)原审未合法传唤缺席判决,影响当事人行使诉讼权利的;

(二)追加新的诉讼当事人的;

(三)诉讼标的物灭失或者发生变化致使原诉讼请求无法实现的;

(四)当事人申请变更、增加的诉讼请求或者提出的反诉,无法通过另诉解决的。

第二百五十三条 当庭宣判的案件,除当事人当庭要求邮寄送达裁判文书的外,人民法院应当告知当事人或者诉讼代理人领取裁判文书的时间和地点以及逾期不领取的法律后果。上述情况,应当记入笔录。

第二百五十四条 公民、法人或者其他组织申请查阅发生法律效力的判决书、裁定书的,应当向作出该生效裁判的人民法院提出。申请应当以书面形式提出,并提供具体的案号或者当事人姓名、名称。

第二百五十五条 对于查阅判决书、裁定书的申请,人民法院根据下列情形分别处理:

(一)判决书、裁定书已经通过信息网络向社会公开的,应当引导申请人自行查阅;

(二)判决书、裁定书未通过信息网络向社会公开,且申请符合要求的,应当及时提供便捷的查阅服务;

(三)判决书、裁定书尚未发生法律效力,或者已失去法律效力的,不提供查阅并告知申请人;

(四)发生法律效力的判决书、裁定书不是本院作出的,应当告知申请人向作出生效裁判的人民法院申请查阅;

(五)申请查阅的内容涉及国家秘密、商业秘密、个人隐私的,不予准许并告知申请人。

十一、简易程序

第二百五十六条 民事诉讼法第一百五十七条规定的简单民事案件中的事实清楚,是指当事人对争议的事实陈述基本一致,并能提供相应的证据,无须人民法院调查收集证据即可查明事实;权利义务关系明确是指能明确区分谁是责任的承担者,谁是权利的享有者;争议不大是指当事人对案件的是非、责任承担以及诉讼标的争执无原则分歧。

第二百五十七条 下列案件,不适用简易程序:

(一)起诉时被告下落不明的;

(二)发回重审的;

(三)当事人一方人数众多的;

(四)适用审判监督程序的;

(五)涉及国家利益、社会公共利益的;

(六)第三人起诉请求改变或者撤销生效判决、裁定、调解书的;

(七)其他不宜适用简易程序的案件。

第二百五十八条 适用简易程序审理的案件,审理期限到期后,双方当事人同意继续适用简易程序的,由本院院长批准,可以延长审理期限。延长后的审理期限累计不得超过六个月。

人民法院发现案情复杂,需要转为普通程

序审理的,应当在审理期限届满前作出裁定并将合议庭组成人员及相关事项书面通知双方当事人。

案件转为普通程序审理的,审理期限自人民法院立案之日计算。

第二百五十九条 当事人双方可就开庭方式向人民法院提出申请,由人民法院决定是否准许。经当事人双方同意,可以采用视听传输技术等方式开庭。

第二百六十条 已经按照普通程序审理的案件,在开庭后不得转为简易程序审理。

第二百六十一条 适用简易程序审理案件,人民法院可以采取捎口信、电话、短信、传真、电子邮件等简便方式传唤双方当事人、通知证人和送达裁判文书以外的诉讼文书。

以简便方式送达的开庭通知,未经当事人确认或者没有其他证据证明当事人已经收到的,人民法院不得缺席判决。

适用简易程序审理案件,由审判员独任审判,书记员担任记录。

第二百六十二条 人民法庭制作的判决书、裁定书、调解书,必须加盖基层人民法院印章,不得用人民法庭的印章代替基层人民法院的印章。

第二百六十三条 适用简易程序审理案件,卷宗中应当具备以下材料:

(一)起诉状或者口头起诉笔录;

(二)答辩状或者口头答辩笔录;

(三)当事人身份证明材料;

(四)委托他人代理诉讼的授权委托书或者口头委托笔录;

(五)证据;

(六)询问当事人笔录;

(七)审理(包括调解)笔录;

(八)判决书、裁定书、调解书或者调解协议;

(九)送达和宣判笔录;

(十)执行情况;

(十一)诉讼费收据;

(十二)适用民事诉讼法第一百六十二条规定审理的,有关程序适用的书面告知。

第二百六十四条 当事人双方根据民事诉讼法第一百五十七条第二款规定约定适用简易程序的,应当在开庭前提出。口头提出的,记入笔录,由双方当事人签名或者捺印确认。

本解释第二百五十七条规定的案件,当事人约定适用简易程序的,人民法院不予准许。

第二百六十五条 原告口头起诉的,人民法院应当将当事人的姓名、性别、工作单位、住所、联系方式等基本信息,诉讼请求,事实及理由等准确记入笔录,由原告核对无误后签名或者捺印。对当事人提交的证据材料,应当出具收据。

第二百六十六条 适用简易程序案件的举证期限由人民法院确定,也可以由当事人协商一致并经人民法院准许,但不得超过十五日。被告要求书面答辩的,人民法院可在征得其同意的基础上,合理确定答辩期间。

人民法院应当将举证期限和开庭日期告知双方当事人,并向当事人说明逾期举证以及拒不到庭的法律后果,由双方当事人在笔录和开庭传票的送达回证上签名或者捺印。

当事人双方均表示不需要举证期限、答辩期间的,人民法院可以立即开庭审理或者确定开庭日期。

第二百六十七条 适用简易程序审理案件,可以简便方式进行审理前的准备。

第二百六十八条 对没有委托律师、基层法律服务工作者代理诉讼的当事人,人民法院在庭审过程中可以对回避、自认、举证证明责任等相关内容向其作必要的解释或者说明,并在庭审过程中适当提示当事人正确行使诉讼权利、履行诉讼义务。

第二百六十九条 当事人就案件适用简易程序提出异议,人民法院经审查,异议成立的,裁定转为普通程序;异议不成立的,口头告知当事人,并记入笔录。

转为普通程序的,人民法院应当将合议庭组成人员及相关事项以书面形式通知双方当事人。

转为普通程序前,双方当事人已确认的事实,可以不再进行举证、质证。

第二百七十条 适用简易程序审理的案件,有下列情形之一的,人民法院在制作判决书、裁定书、调解书时,对认定事实或者裁判理由部分可以适当简化:

(一)当事人达成调解协议并需要制作民事调解书的;

(二)一方当事人明确表示承认对方全部或者部分诉讼请求的;

(三)涉及商业秘密、个人隐私的案件,当事人一方要求简化裁判文书中的相关内容,人民法院认为理由正当的;

(四)当事人双方同意简化的。

十二、简易程序中的小额诉讼

第二百七十一条 人民法院审理小额诉讼案件,适用民事诉讼法第一百六十二条的规定,实行一审终审。

第二百七十二条 民事诉讼法第一百六十二条规定的各省、自治区、直辖市上年度就业人员年平均工资,是指已经公布的各省、自治区、直辖市上一年度就业人员年平均工资。在上一年度就业人员年平均工资公布前,以已经公布的最近年度就业人员年平均工资为准。

第二百七十三条 海事法院可以审理海事、海商小额诉讼案件。案件标的额应当以实际受理案件的海事法院或者其派出法庭所在的省、自治区、直辖市上年度就业人员年平均工资百分之三十为限。

第二百七十四条 下列金钱给付的案件,适用小额诉讼程序审理:

(一)买卖合同、借款合同、租赁合同纠纷;

(二)身份关系清楚,仅在给付的数额、时间、方式上存在争议的赡养费、抚育费、扶养费纠纷;

(三)责任明确,仅在给付的数额、时间、方式上存在争议的交通事故损害赔偿和其他人身损害赔偿纠纷;

(四)供用水、电、气、热力合同纠纷;

(五)银行卡纠纷;

(六)劳动关系清楚,仅在劳动报酬、工伤医疗费、经济补偿金或者赔偿金给付数额、时间、方式上存在争议的劳动合同纠纷;

(七)劳务关系清楚,仅在劳务报酬给付数额、时间、方式上存在争议的劳务合同纠纷;

(八)物业、电信等服务合同纠纷;

(九)其他金钱给付纠纷。

第二百七十五条 下列案件,不适用小额诉讼程序审理:

(一)人身关系、财产确权纠纷;

(二)涉外民事纠纷;

(三)知识产权纠纷;

(四)需要评估、鉴定或者对诉前评估、鉴定结果有异议的纠纷;

(五)其他不宜适用一审终审的纠纷。

第二百七十六条 人民法院受理小额诉讼案件,应当向当事人告知该类案件的审判组织、一审终审、审理期限、诉讼费用交纳标准等相关事项。

第二百七十七条 小额诉讼案件的举证期限由人民法院确定,也可以由当事人协商一致并经人民法院准许,但一般不超过七日。

被告要求书面答辩的,人民法院可以在征得其同意的基础上合理确定答辩期间,但最长不得超过十五日。

当事人到庭后表示不需要举证期限和答辩期间的,人民法院可立即开庭审理。

第二百七十八条 当事人对小额诉讼案件提出管辖异议的,人民法院应当作出裁定。

裁定一经作出即生效。

第二百七十九条 人民法院受理小额诉讼案件后，发现起诉不符合民事诉讼法第一百一十九条规定的起诉条件的，裁定驳回起诉。裁定一经作出即生效。

第二百八十条 因当事人申请增加或者变更诉讼请求、提出反诉、追加当事人等，致使案件不符合小额诉讼案件条件的，应当适用简易程序的其他规定审理。

前款规定案件，应当适用普通程序审理的，裁定转为普通程序。

适用简易程序的其他规定或者普通程序审理前，双方当事人已确认的事实，可以不再进行举证、质证。

第二百八十一条 当事人对按照小额诉讼案件审理有异议的，应当在开庭前提出。人民法院经审查，异议成立的，适用简易程序的其他规定审理；异议不成立的，告知当事人，并记入笔录。

第二百八十二条 小额诉讼案件的裁判文书可以简化，主要记载当事人基本信息、诉讼请求、裁判主文等内容。

第二百八十三条 人民法院审理小额诉讼案件，本解释没有规定的，适用简易程序的其他规定。

十三、公益诉讼

第二百八十四条 环境保护法、消费者权益保护法等法律规定的机关和有关组织对污染环境、侵害众多消费者合法权益等损害社会公共利益的行为，根据民事诉讼法第五十五条规定提起公益诉讼，符合下列条件的，人民法院应当受理：

（一）有明确的被告；

（二）有具体的诉讼请求；

（三）有社会公共利益受到损害的初步证据；

（四）属于人民法院受理民事诉讼的范围和受诉人民法院管辖。

第二百八十五条 公益诉讼案件由侵权行为地或者被告住所地中级人民法院管辖，但法律、司法解释另有规定的除外。

因污染海洋环境提起的公益诉讼，由污染发生地、损害结果地或者采取预防污染措施地海事法院管辖。

对同一侵权行为分别向两个以上人民法院提起公益诉讼的，由最先立案的人民法院管辖，必要时由它们的共同上级人民法院指定管辖。

第二百八十六条 人民法院受理公益诉讼案件后，应当在十日内书面告知相关行政主管部门。

第二百八十七条 人民法院受理公益诉讼案件后，依法可以提起诉讼的其他机关和有关组织，可以在开庭前向人民法院申请参加诉讼。人民法院准许参加诉讼的，列为共同原告。

第二百八十八条 人民法院受理公益诉讼案件，不影响同一侵权行为的受害人根据民事诉讼法第一百一十九条规定提起诉讼。

第二百八十九条 对公益诉讼案件，当事人可以和解，人民法院可以调解。

当事人达成和解或者调解协议后，人民法院应当将和解或者调解协议进行公告。公告期间不得少于三十日。

公告期满后，人民法院经审查，和解或者调解协议不违反社会公共利益的，应当出具调解书；和解或者调解协议违反社会公共利益的，不予出具调解书，继续对案件进行审理并依法作出裁判。

第二百九十条 公益诉讼案件的原告在法庭辩论终结后申请撤诉的，人民法院不予准许。

第二百九十一条 公益诉讼案件的裁判发生法律效力后，其他依法具有原告资格的机关和有关组织就同一侵权行为另行提起公益诉讼的，人民法院裁定不予受理，但法律、司法解释另有规定的除外。

十四、第三人撤销之诉

第二百九十二条 第三人对已经发生法律效力的判决、裁定、调解书提起撤销之诉的，应当自知道或者应当知道其民事权益受到损害之日起六个月内，向作出生效判决、裁定、调解书的人民法院提出，并应当提供存在下列情形的证据材料：

（一）因不能归责于本人的事由未参加诉讼；

（二）发生法律效力的判决、裁定、调解书的全部或者部分内容错误；

（三）发生法律效力的判决、裁定、调解书内容错误损害其民事权益。

第二百九十三条 人民法院应当在收到起诉状和证据材料之日起五日内送交对方当事人，对方当事人可以自收到起诉状之日起十日内提出书面意见。

人民法院应当对第三人提交的起诉状、证据材料以及对方当事人的书面意见进行审查。必要时，可以询问双方当事人。

经审查，符合起诉条件的，人民法院应当在收到起诉状之日起三十日内立案。不符合起诉条件的，应当在收到起诉状之日起三十日内裁定不予受理。

第二百九十四条 人民法院对第三人撤销之诉案件，应当组成合议庭开庭审理。

第二百九十五条 民事诉讼法第五十六条第三款规定的因不能归责于本人的事由未参加诉讼，是指没有被列为生效判决、裁定、调解书当事人，且无过错或者无明显过错的情形。包括：

（一）不知道诉讼而未参加的；

（二）申请参加未获准许的；

（三）知道诉讼，但因客观原因无法参加的；

（四）因其他不能归责于本人的事由未参加诉讼的。

第二百九十六条 民事诉讼法第五十六条第三款规定的判决、裁定、调解书的部分或者全部内容，是指判决、裁定的主文，调解书中处理当事人民事权利义务的结果。

第二百九十七条 对下列情形提起第三人撤销之诉的，人民法院不予受理：

（一）适用特别程序、督促程序、公示催告程序、破产程序等非讼程序处理的案件；

（二）婚姻无效、撤销或者解除婚姻关系等判决、裁定、调解书中涉及身份关系的内容；

（三）民事诉讼法第五十四条规定的未参加登记的权利人对代表人诉讼案件的生效裁判；

（四）民事诉讼法第五十五条规定的损害社会公共利益行为的受害人对公益诉讼案件的生效裁判。

第二百九十八条 第三人提起撤销之诉，人民法院应当将该第三人列为原告，生效判决、裁定、调解书的当事人列为被告，但生效判决、裁定、调解书中没有承担责任的无独立请求权的第三人列为第三人。

第二百九十九条 受理第三人撤销之诉案件后，原告提供相应担保，请求中止执行的，人民法院可以准许。

第三百条 对第三人撤销或者部分撤销发生法律效力的判决、裁定、调解书内容的请求，人民法院经审理，按下列情形分别处理：

（一）请求成立且确认其民事权利的主张全部或部分成立的，改变原判决、裁定、调解书内容的错误部分；

（二）请求成立，但确认其全部或部分民事权利的主张不成立，或者未提出确认其民事权利请求的，撤销原判决、裁定、调解书内容的错误部分；

（三）请求不成立的，驳回诉讼请求。

对前款规定裁判不服,当事人可以上诉。

原判决、裁定、调解书的内容未改变或者未撤销的部分继续有效。

第三百零一条 第三人撤销之诉案件审理期间,人民法院对生效判决、裁定、调解书裁定再审的,受理第三人撤销之诉的人民法院应当裁定将第三人的诉讼请求并入再审程序。但有证据证明原审当事人之间恶意串通损害第三人合法权益的,人民法院应当先行审理第三人撤销之诉案件,裁定中止再审诉讼。

第三百零二条 第三人诉讼请求并入再审程序审理的,按照下列情形分别处理:

(一)按照第一审程序审理的,人民法院应当对第三人的诉讼请求一并审理,所作的判决可以上诉;

(二)按照第二审程序审理的,人民法院可以调解,调解达不成协议的,应当裁定撤销原判决、裁定、调解书,发回一审法院重审,重审时应当列明第三人。

第三百零三条 第三人提起撤销之诉后,未中止生效判决、裁定、调解书执行的,执行法院对第三人依照民事诉讼法第二百二十七条规定提出的执行异议,应予审查。第三人不服驳回执行异议裁定,申请对原判决、裁定、调解书再审的,人民法院不予受理。

案外人对人民法院驳回其执行异议裁定不服,认为原判决、裁定、调解书内容错误损害其合法权益的,应当根据民事诉讼法第二百二十七条规定申请再审,提起第三人撤销之诉的,人民法院不予受理。

十五、执行异议之诉

第三百零四条 根据民事诉讼法第二百二十七条规定,案外人、当事人对执行异议裁定不服,自裁定送达之日起十五日内向人民法院提起执行异议之诉的,由执行法院管辖。

第三百零五条 案外人提起执行异议之诉,除符合民事诉讼法第一百一十九条规定外,还应当具备下列条件:

(一)案外人的执行异议申请已经被人民法院裁定驳回;

(二)有明确的排除对执行标的执行的诉讼请求,且诉讼请求与原判决、裁定无关;

(三)自执行异议裁定送达之日起十五日内提起。

人民法院应当在收到起诉状之日起十五日内决定是否立案。

第三百零六条 申请执行人提起执行异议之诉,除符合民事诉讼法第一百一十九条规定外,还应当具备下列条件:

(一)依案外人执行异议申请,人民法院裁定中止执行;

(二)有明确的对执行标的继续执行的诉讼请求,且诉讼请求与原判决、裁定无关;

(三)自执行异议裁定送达之日起十五日内提起。

人民法院应当在收到起诉状之日起十五日内决定是否立案。

第三百零七条 案外人提起执行异议之诉的,以申请执行人为被告。被执行人反对案外人异议的,被执行人为共同被告;被执行人不反对案外人异议的,可以列被执行人为第三人。

第三百零八条 申请执行人提起执行异议之诉的,以案外人为被告。被执行人反对申请执行人主张的,以案外人和被执行人为共同被告;被执行人不反对申请执行人主张的,可以列被执行人为第三人。

第三百零九条 申请执行人对中止执行裁定未提起执行异议之诉的,被执行人提起执行异议之诉的,人民法院告知其另行起诉。

第三百一十条 人民法院审理执行异议之诉案件,适用普通程序。

第三百一十一条 案外人或者申请执行

人提起执行异议之诉的,案外人应当就其对执行标的享有足以排除强制执行的民事权益承担举证证明责任。

第三百一十二条 对案外人提起的执行异议之诉,人民法院经审理,按照下列情形分别处理:

(一)案外人就执行标的享有足以排除强制执行的民事权益的,判决不得执行该执行标的;

(二)案外人就执行标的不享有足以排除强制执行的民事权益的,判决驳回诉讼请求。

案外人同时提出确认其权利的诉讼请求的,人民法院可以在判决中一并作出裁判。

第三百一十三条 对申请执行人提起的执行异议之诉,人民法院经审理,按照下列情形分别处理:

(一)案外人就执行标的不享有足以排除强制执行的民事权益的,判决准许执行该执行标的;

(二)案外人就执行标的享有足以排除强制执行的民事权益的,判决驳回诉讼请求。

第三百一十四条 对案外人执行异议之诉,人民法院判决不得对执行标的的执行的,执行异议裁定失效。

对申请执行人执行异议之诉,人民法院判决准许对该执行标的的执行的,执行异议裁定失效,执行法院可以根据申请执行人的申请或者依职权恢复执行。

第三百一十五条 案外人执行异议之诉审理期间,人民法院不得对执行标的的进行处分。申请执行人请求人民法院继续执行并提供相应担保的,人民法院可以准许。

被执行人与案外人恶意串通,通过执行异议、执行异议之诉妨害执行的,人民法院应当依照民事诉讼法第一百一十三条规定处理。申请执行人因此受到损害的,可以提起诉讼要求被执行人、案外人赔偿。

第三百一十六条 人民法院对执行标的裁定中止执行后,申请执行人在法律规定的期间内未提起执行异议之诉的,人民法院应当自起诉期限届满之日起七日内解除对该执行标的采取的执行措施。

十六、第二审程序

第三百一十七条 双方当事人和第三人都提起上诉的,均列为上诉人。人民法院可以依职权确定第二审程序中当事人的诉讼地位。

第三百一十八条 民事诉讼法第一百六十六条、第一百六十七条规定的对方当事人包括被上诉人和原审其他当事人。

第三百一十九条 必要共同诉讼人的一人或者部分人提起上诉的,按下列情形分别处理:

(一)上诉仅对与对方当事人之间权利义务分担有意见,不涉及其他共同诉讼人利益的,对方当事人为被上诉人,未上诉的同一方当事人依原审诉讼地位列明;

(二)上诉仅对共同诉讼人之间权利义务分担有意见,不涉及对方当事人利益的,未上诉的同一方当事人为被上诉人,对方当事人依原审诉讼地位列明;

(三)上诉对双方当事人之间以及共同诉讼人之间权利义务承担有意见的,未提起上诉的其他当事人均为被上诉人。

第三百二十条 一审宣判时或者判决书、裁定书送达时,当事人口头表示上诉的,人民法院应告知其必须在法定上诉期间内递交上诉状。未在法定上诉期间内递交上诉状的,视为未提起上诉。虽递交上诉状,但未在指定的期限内交纳上诉费的,按自动撤回上诉处理。

第三百二十一条 无民事行为能力人、限制民事行为能力人的法定代理人,可以代理当事人提起上诉。

第三百二十二条 上诉案件的当事人死亡或者终止的,人民法院依法通知其权利义务承继者参加诉讼。

需要终结诉讼的,适用民事诉讼法第一百五十一条规定。

第三百二十三条 第二审人民法院应当围绕当事人的上诉请求进行审理。

当事人没有提出请求的,不予审理,但一审判决违反法律禁止性规定,或者损害国家利益、社会公共利益、他人合法权益的除外。

第三百二十四条 开庭审理的上诉案件,第二审人民法院可以依照民事诉讼法第一百三十三条第四项规定进行审理前的准备。

第三百二十五条 下列情形,可以认定为民事诉讼法第一百七十条第一款第四项规定的严重违反法定程序:

(一)审判组织的组成不合法的;

(二)应当回避的审判人员未回避的;

(三)无诉讼行为能力人未经法定代理人代为诉讼的;

(四)违法剥夺当事人辩论权利的。

第三百二十六条 对当事人在第一审程序中已经提出的诉讼请求,原审人民法院未作审理、判决的,第二审人民法院可以根据当事人自愿的原则进行调解;调解不成的,发回重审。

第三百二十七条 必须参加诉讼的当事人或者有独立请求权的第三人,在第一审程序中未参加诉讼,第二审人民法院可以根据当事人自愿的原则予以调解;调解不成的,发回重审。

第三百二十八条 在第二审程序中,原审原告增加独立的诉讼请求或者原审被告提出反诉的,第二审人民法院可以根据当事人自愿的原则就新增加的诉讼请求或者反诉进行调解;调解不成的,告知当事人另行起诉。

双方当事人同意由第二审人民法院一并审理的,第二审人民法院可以一并裁判。

第三百二十九条 一审判决不准离婚的案件,上诉后,第二审人民法院认为应当判决离婚的,可以根据当事人自愿的原则,与子女抚养、财产问题一并调解;调解不成的,发回重审。

双方当事人同意由第二审人民法院一并审理的,第二审人民法院可以一并裁判。

第三百三十条 人民法院依照第二审程序审理案件,认为依法不应由人民法院受理的,可以由第二审人民法院直接裁定撤销原裁判,驳回起诉。

第三百三十一条 人民法院依照第二审程序审理案件,认为第一审人民法院受理案件违反专属管辖规定的,应当裁定撤销原裁判并移送有管辖权的人民法院。

第三百三十二条 第二审人民法院查明第一审人民法院作出的不予受理裁定有错误的,应当在撤销原裁定的同时,指令第一审人民法院立案受理;查明第一审人民法院作出的驳回起诉裁定有错误的,应当在撤销原裁定的同时,指令第一审人民法院审理。

第三百三十三条 第二审人民法院对下列上诉案件,依照民事诉讼法第一百六十九条规定可以不开庭审理:

(一)不服不予受理、管辖权异议和驳回起诉裁定的;

(二)当事人提出的上诉请求明显不能成立的;

(三)原判决、裁定认定事实清楚,但适用法律错误的;

(四)原判决严重违反法定程序,需要发回重审的。

第三百三十四条 原判决、裁定认定事实或者适用法律虽有瑕疵,但裁判结果正确的,第二审人民法院可以在判决、裁定中纠正瑕疵后,依照民事诉讼法第一百七十条第一款第一项规定予以维持。

第三百三十五条 民事诉讼法第一百七十条第一款第三项规定的基本事实,是指用以确定当事人主体资格、案件性质、民事权利义务等对原判决、裁定的结果有实质性影响的事实。

第三百三十六条 在第二审程序中，作为当事人的法人或者其他组织分立的，人民法院可以直接将分立后的法人或者其他组织列为共同诉讼人；合并的，将合并后的法人或者其他组织列为当事人。

第三百三十七条 在第二审程序中，当事人申请撤回上诉，人民法院经审查认为一审判决确有错误，或者当事人之间恶意串通损害国家利益、社会公共利益、他人合法权益的，不应准许。

第三百三十八条 在第二审程序中，原审原告申请撤回起诉，经其他当事人同意，且不损害国家利益、社会公共利益、他人合法权益的，人民法院可以准许。准许撤诉的，应当一并裁定撤销一审裁判。

原审原告在第二审程序中撤回起诉后重复起诉的，人民法院不予受理。

第三百三十九条 当事人在第二审程序中达成和解协议的，人民法院可以根据当事人的请求，对双方达成的和解协议进行审查并制作调解书送达当事人；因和解而申请撤诉，经审查符合撤诉条件的，人民法院应予准许。

第三百四十条 第二审人民法院宣告判决可以自行宣判，也可以委托原审人民法院或者当事人所在地人民法院代行宣判。

第三百四十一条 人民法院审理对裁定的上诉案件，应当在第二审立案之日起三十日内作出终审裁定。有特殊情况需要延长审限的，由本院院长批准。

第三百四十二条 当事人在第一审程序中实施的诉讼行为，在第二审程序中对该当事人仍具有拘束力。

当事人推翻其在第一审程序中实施的诉讼行为时，人民法院应当责令其说明理由。理由不成立的，不予支持。

十七、特别程序

第三百四十三条 宣告失踪或者宣告死亡案件，人民法院可以根据申请人的请求，清理下落不明人的财产，并指定案件审理期间的财产管理人。公告期满后，人民法院判决宣告失踪的，应当同时依照民法通则第二十一条第一款的规定指定失踪人的财产代管人。

第三百四十四条 失踪人的财产代管人经人民法院指定后，代管人申请变更代管的，比照民事诉讼法特别程序的有关规定进行审理。申请理由成立的，裁定撤销申请人的代管人身份，同时另行指定财产代管人；申请理由不成立的，裁定驳回申请。

失踪人的其他利害关系人申请变更代管的，人民法院应当告知其以原指定的代管人为被告起诉，并按普通程序进行审理。

第三百四十五条 人民法院判决宣告公民失踪后，利害关系人向人民法院申请宣告失踪人死亡，自失踪之日起满四年的，人民法院应当受理，宣告失踪的判决即是该公民失踪的证明，审理中仍应依照民事诉讼法第一百八十五条规定进行公告。

第三百四十六条 符合法律规定的多个利害关系人提出宣告失踪、宣告死亡申请的，列为共同申请人。

第三百四十七条 寻找下落不明人的公告应当记载下列内容：

（一）被申请人应当在规定期间内向受理法院申报其具体地址及其联系方式。否则，被申请人将被宣告失踪、宣告死亡；

（二）凡知悉被申请人生存现状的人，应当在公告期间内将其所知道情况向受理法院报告。

第三百四十八条 人民法院受理宣告失踪、宣告死亡案件后，作出判决前，申请人撤回申请的，人民法院应当裁定终结案件，但其他符合法律规定的利害关系人加入程序要求继续审理的除外。

第三百四十九条 在诉讼中,当事人的利害关系人提出该当事人患有精神病,要求宣告该当事人无民事行为能力或者限制民事行为能力的,应由利害关系人向人民法院提出申请,由受诉人民法院按照特别程序立案审理,原诉讼中止。

第三百五十条 认定财产无主案件,公告期间有人对财产提出请求的,人民法院应当裁定终结特别程序,告知申请人另行起诉,适用普通程序审理。

第三百五十一条 被指定的监护人不服指定,应当自接到通知之日起三十日内向人民法院提出异议。经审理,认为指定并无不当的,裁定驳回异议;指定不当的,判决撤销指定,同时另行指定监护人。判决书应当送达异议人、原指定单位及判决指定的监护人。

第三百五十二条 申请认定公民无民事行为能力或者限制民事行为能力的案件,被申请人没有近亲属的,人民法院可以指定其他亲属为代理人。被申请人没有亲属的,人民法院可以指定经被申请人所在单位或者住所地的居民委员会、村民委员会同意,且愿意担任代理人的关系密切的朋友为代理人。

没有前款规定的代理人的,由被申请人所在单位或者住所地的居民委员会、村民委员会或者民政部门担任代理人。

代理人可以是一人,也可以是同一顺序中的两人。

第三百五十三条 申请司法确认调解协议的,双方当事人应本人或者由符合民事诉讼法第五十八条规定的代理人向调解组织所在地基层人民法院或者人民法庭提出申请。

第三百五十四条 两个以上调解组织参与调解的,各调解组织所在地基层人民法院均有管辖权。

双方当事人可以共同向其中一个调解组织所在地基层人民法院提出申请;双方当事人共同向两个以上调解组织所在地基层人民法院提出申请的,由最先立案的人民法院管辖。

第三百五十五条 当事人申请司法确认调解协议,可以采用书面形式或者口头形式。当事人口头申请的,人民法院应当记入笔录,并由当事人签名、捺印或者盖章。

第三百五十六条 当事人申请司法确认调解协议,应当向人民法院提交调解协议、调解组织主持调解的证明,以及与调解协议相关的财产权利证明等材料,并提供双方当事人的身份、住所、联系方式等基本信息。

当事人未提交上述材料的,人民法院应当要求当事人限期补交。

第三百五十七条 当事人申请司法确认调解协议,有下列情形之一的,人民法院裁定不予受理:

(一)不属于人民法院受理范围的;

(二)不属于收到申请的人民法院管辖的;

(三)申请确认婚姻关系、亲子关系、收养关系等身份关系无效、有效或者解除的;

(四)涉及适用其他特别程序、公示催告程序、破产程序审理的;

(五)调解协议内容涉及物权、知识产权确权的。

人民法院受理申请后,发现有上述不予受理情形的,应当裁定驳回当事人的申请。

第三百五十八条 人民法院审查相关情况时,应当通知双方当事人共同到场对案件进行核实。

人民法院经审查,认为当事人的陈述或者提供的证明材料不充分、不完备或者有疑义的,可以要求当事人限期补充陈述或者补充证明材料。必要时,人民法院可以向调解组织核实有关情况。

第三百五十九条 确认调解协议的裁定作出前,当事人撤回申请的,人民法院可以裁定准许。

当事人无正当理由未在限期内补充陈述、补充证明材料或者拒不接受询问的,人民法院可以按撤回申请处理。

第三百六十条 经审查,调解协议有下列情形之一的,人民法院应当裁定驳回申请:
(一)违反法律强制性规定的;
(二)损害国家利益、社会公共利益、他人合法权益的;
(三)违背公序良俗的;
(四)违反自愿原则的;
(五)内容不明确的;
(六)其他不能进行司法确认的情形。

第三百六十一条 民事诉讼法第一百九十六条规定的担保物权人,包括抵押权人、质权人、留置权人;其他有权请求实现担保物权的人,包括抵押人、出质人、财产被留置的债务人或者所有权人等。

第三百六十二条 实现票据、仓单、提单等有权利凭证的权利质权案件,可以由权利凭证持有人住所地人民法院管辖;无权利凭证的权利质权,由出质登记地人民法院管辖。

第三百六十三条 实现担保物权案件属于海事法院等专门人民法院管辖的,由专门人民法院管辖。

第三百六十四条 同一债权的担保物有多个且所在地不同,申请人分别向有管辖权的人民法院申请实现担保物权的,人民法院应当依法受理。

第三百六十五条 依照物权法第一百七十六条的规定,被担保的债权既有物的担保又有人的担保,当事人对实现担保物权的顺序有约定,实现担保物权的申请违反该约定的,人民法院裁定不予受理;没有约定或者约定不明的,人民法院应当受理。

第三百六十六条 同一财产上设立多个担保物权,登记在先的担保物权尚未实现的,不影响后顺位的担保物权人向人民法院申请实现担保物权。

第三百六十七条 申请实现担保物权,应当提交下列材料:
(一)申请书。申请书应当记明申请人、被申请人的姓名或者名称、联系方式等基本信息,具体的请求和事实、理由;
(二)证明担保物权存在的材料,包括主合同、担保合同、抵押登记证明或者他项权利证书,权利质权的权利凭证或者质权出质登记证明等;
(三)证明实现担保物权条件成就的材料;
(四)担保财产现状的说明;
(五)人民法院认为需要提交的其他材料。

第三百六十八条 人民法院受理申请后,应当在五日内向被申请人送达申请书副本、异议权利告知书等文书。
被申请人有异议的,应当在收到人民法院通知后的五日内向人民法院提出,同时说明理由并提供相应的证据材料。

第三百六十九条 实现担保物权案件可以由审判员一人独任审查。担保财产标的额超过基层人民法院管辖范围的,应当组成合议庭进行审查。

第三百七十条 人民法院审查实现担保物权案件,可以询问申请人、被申请人、利害关系人,必要时可以依职权调查相关事实。

第三百七十一条 人民法院应当就主合同的效力、期限、履行情况,担保物权是否有效设立、担保财产的范围、被担保的债权范围、被担保的债权是否已届清偿期等担保物权实现的条件,以及是否损害他人合法权益等内容进行审查。
被申请人或者利害关系人提出异议的,人民法院应当一并审查。

第三百七十二条 人民法院审查后,按下列情形分别处理:
(一)当事人对实现担保物权无实质性争议且实现担保物权条件成就的,裁定准许拍卖、变卖担保财产；

（二）当事人对实现担保物权有部分实质性争议的，可以就无争议部分裁定准许拍卖、变卖担保财产；

（三）当事人对实现担保物权有实质性争议的，裁定驳回申请，并告知申请人向人民法院提起诉讼。

第三百七十三条 人民法院受理申请后，申请人对担保财产提出保全申请的，可以按照民事诉讼法关于诉讼保全的规定办理。

第三百七十四条 适用特别程序作出的判决、裁定，当事人、利害关系人认为有错误的，可以向作出该判决、裁定的人民法院提出异议。人民法院经审查，异议成立或者部分成立的，作出新的判决、裁定撤销或者改变原判决、裁定；异议不成立的，裁定驳回。

对人民法院作出的确认调解协议、准许实现担保物权的裁定，当事人有异议的，应当自收到裁定之日起十五日内提出；利害关系人有异议的，自知道或者应当知道其民事权益受到侵害之日起六个月内提出。

十八、审判监督程序

第三百七十五条 当事人死亡或者终止的，其权利义务承继者可以根据民事诉讼法第一百九十九条、第二百零一条的规定申请再审。

判决、调解书生效后，当事人将判决、调解书确认的债权转让，债权受让人对该判决、调解书不服申请再审的，人民法院不予受理。

第三百七十六条 民事诉讼法第一百九十九条规定的人数众多的一方当事人，包括公民、法人和其他组织。

民事诉讼法第一百九十九条规定的当事人双方为公民的案件，是指原告和被告均为公民的案件。

第三百七十七条 当事人申请再审，应当提交下列材料：

（一）再审申请书，并按照被申请人和原审其他当事人的人数提交副本；

（二）再审申请人是自然人的，应当提交身份证明；再审申请人是法人或者其他组织的，应当提交营业执照、组织机构代码证书、法定代表人或者主要负责人身份证明书。委托他人代为申请的，应当提交授权委托书和代理人身份证明；

（三）原审判决书、裁定书、调解书；

（四）反映案件基本事实的主要证据及其他材料。

前款第二项、第三项、第四项规定的材料可以是与原件核对无异的复印件。

第三百七十八条 再审申请书应当记明下列事项：

（一）再审申请人与被申请人及原审其他当事人的基本信息；

（二）原审人民法院的名称，原审裁判文书案号；

（三）具体的再审请求；

（四）申请再审的法定情形及具体事实、理由。

再审申请书应当明确申请再审的人民法院，并由再审申请人签名、捺印或者盖章。

第三百七十九条 当事人一方人数众多或者当事人双方为公民的案件，当事人分别向原审人民法院和上一级人民法院申请再审且不能协商一致的，由原审人民法院受理。

第三百八十条 适用特别程序、督促程序、公示催告程序、破产程序等非讼程序审理的案件，当事人不得申请再审。

第三百八十一条 当事人认为发生法律效力的不予受理、驳回起诉的裁定错误的，可以申请再审。

第三百八十二条 当事人就离婚案件中的财产分割问题申请再审，如涉及判决中已分割的财产，人民法院应当依照民事诉讼法第二百条的规定进行审查,符合再审条件的,应当裁定再审;如涉及判决中未作处理的夫妻共同财产,应当告知当事人另行起诉。

第三百八十三条 当事人申请再审,有下列情形之一的,人民法院不予受理:

(一)再审申请被驳回后再次提出申请的;

(二)对再审判决、裁定提出申请的;

(三)在人民检察院对当事人的申请作出不予提出再审检察建议或者抗诉决定后又提出申请的。

前款第一项、第二项规定情形,人民法院应当告知当事人可以向人民检察院申请再审检察建议或者抗诉,但因人民检察院提出再审检察建议或者抗诉而再审作出的判决、裁定除外。

第三百八十四条 当事人对已经发生法律效力的调解书申请再审,应当在调解书发生法律效力后六个月内提出。

第三百八十五条 人民法院应当自收到符合条件的再审申请书等材料之日起五日内向再审申请人发送受理通知书,并向被申请人及原审其他当事人发送应诉通知书、再审申请书副本等材料。

第三百八十六条 人民法院受理申请再审案件后,应当依照民事诉讼法第二百条、第二百零一条、第二百零四条等规定,对当事人主张的再审事由进行审查。

第三百八十七条 再审申请人提供的新的证据,能够证明原判决、裁定认定基本事实或者裁判结果错误的,应当认定为民事诉讼法第二百条第一项规定的情形。

对于符合前款规定的证据,人民法院应当责令再审申请人说明其逾期提供该证据的理由;拒不说明理由或者理由不成立的,依照民事诉讼法第六十五条第二款和本解释第一百零二条的规定处理。

第三百八十八条 再审申请人证明其提交的新的证据符合下列情形之一的,可以认定逾期提供证据的理由成立:

(一)在原审庭审结束前已经存在,因客观原因于庭审结束后才发现的;

(二)在原审庭审结束前已经发现,但因客观原因无法取得或者在规定的期限内不能提供的;

(三)在原审庭审结束后形成,无法据此另行提起诉讼的。

再审申请人提交的证据在原审中已经提供,原审人民法院未组织质证且未作为裁判根据的,视为逾期提供证据的理由成立,但原审人民法院依照民事诉讼法第六十五条规定不予采纳的除外。

第三百八十九条 当事人对原判决、裁定认定事实的主要证据在原审中拒绝发表质证意见或者质证中未对证据发表质证意见的,不属于民事诉讼法第二百条第四项规定的未经质证的情形。

第三百九十条 有下列情形之一,导致判决、裁定结果错误的,应当认定为民事诉讼法第二百条第六项规定的原判决、裁定适用法律确有错误:

(一)适用的法律与案件性质明显不符的;

(二)确定民事责任明显违背当事人约定或者法律规定的;

(三)适用已经失效或者尚未施行的法律的;

(四)违反法律溯及力规定的;

(五)违反法律适用规则的;

(六)明显违背立法原意的。

第三百九十一条 原审开庭过程中有下列情形之一的,应当认定为民事诉讼法第二百条第九项规定的剥夺当事人辩论权利:

(一)不允许当事人发表辩论意见的;

(二)应当开庭审理而未开庭审理的;

(三)违反法律规定送达起诉状副本或者上诉状副本,致使当事人无法行使辩论权利的;

(四)违法剥夺当事人辩论权利的其他情形。

第三百九十二条 民事诉讼法第二百条第十一项规定的诉讼请求，包括一审诉讼请求、二审上诉请求，但当事人未对一审判决、裁定遗漏或者超出诉讼请求提起上诉的除外。

第三百九十三条 民事诉讼法第二百条第十二项规定的法律文书包括：
（一）发生法律效力的判决书、裁定书、调解书；
（二）发生法律效力的仲裁裁决书；
（三）具有强制执行效力的公证债权文书。

第三百九十四条 民事诉讼法第二百条第十三项规定的审判人员审理该案件时有贪污受贿、徇私舞弊、枉法裁判行为，是指已经由生效刑事法律文书或者纪律处分决定所确认的行为。

第三百九十五条 当事人主张的再审事由成立，且符合民事诉讼法和本解释规定的申请再审条件的，人民法院应当裁定再审。

当事人主张的再审事由不成立，或者当事人申请再审超过法定申请再审期限、超出法定再审事由范围等不符合民事诉讼法和本解释规定的申请再审条件的，人民法院应当裁定驳回再审申请。

第三百九十六条 人民法院对已经发生法律效力的判决、裁定、调解书依法决定再审，依照民事诉讼法第二百零六条规定，需要中止执行的，应当在再审裁定中同时写明中止原判决、裁定、调解书的执行；情况紧急的，可以将中止执行裁定口头通知负责执行的人民法院，并在通知后十日内发出裁定书。

第三百九十七条 人民法院根据审查案件的需要决定是否询问当事人。新的证据可能推翻原判决、裁定的，人民法院应当询问当事人。

第三百九十八条 审查再审申请期间，被申请人及原审其他当事人依法提出再审申请的，人民法院应当将其列为再审申请人，对其再审事由一并审查，审查期限重新计算。经审查，其中一方再审申请人主张的再审事由成立的，应当裁定再审。各方再审申请人主张的再审事由均不成立的，一并裁定驳回再审申请。

第三百九十九条 审查再审申请期间，再审申请人申请人民法院委托鉴定、勘验的，人民法院不予准许。

第四百条 审查再审申请期间，再审申请人撤回再审申请的，是否准许，由人民法院裁定。

再审申请人经传票传唤，无正当理由拒不接受询问的，可以按撤回再审申请处理。

第四百零一条 人民法院准许撤回再审申请或者按撤回再审申请处理后，再审申请人再次申请再审的，不予受理，但有民事诉讼法第二百条第一项、第三项、第十二项、第十三项规定情形，自知道或者应当知道之日起六个月内提出的除外。

第四百零二条 再审申请审查期间，有下列情形之一的，裁定终结审查：
（一）再审申请人死亡或者终止，无权利义务承继者或者权利义务承继者声明放弃再审申请的；
（二）在给付之诉中，负有给付义务的被申请人死亡或者终止，无可供执行的财产，也没有应当承担义务的人的；
（三）当事人达成和解协议且已履行完毕的，但当事人在和解协议中声明不放弃申请再审权利的除外；
（四）他人未经授权以当事人名义申请再审的；
（五）原审或者上一级人民法院已经裁定再审的。
（六）有本解释第三百八十三条第一款规定情形的。

第四百零三条 人民法院审理再审案件应当组成合议庭开庭审理，但按照第二审程序审理，有特殊情况或者双方当事人已经通过其他方式充分表达意见，且书面同意不开庭审理的除外。

符合缺席判决条件的,可以缺席判决。

第四百零四条 人民法院开庭审理再审案件,应当按照下列情形分别进行:

(一)因当事人申请再审的,先由再审申请人陈述再审请求及理由,后由被申请人答辩、其他原审当事人发表意见;

(二)因抗诉再审的,先由抗诉机关宣读抗诉书,再由申请抗诉的当事人陈述,后由被申请人答辩、其他原审当事人发表意见;

(三)人民法院依职权再审,有申诉人的,先由申诉人陈述再审请求及理由,后由被申诉人答辩、其他原审当事人发表意见;

(四)人民法院依职权再审,没有申诉人的,先由原审原告或者原审上诉人陈述,后由原审其他当事人发表意见。

对前款第一项至第三项规定的情形,人民法院应当要求当事人明确其再审请求。

第四百零五条 人民法院审理再审案件应当围绕再审请求进行。当事人的再审请求超出原审诉讼请求的,不予审理;符合另案诉讼条件的,告知当事人可以另行起诉。

被申请人及原审其他当事人在庭审辩论结束前提出的再审请求,符合民事诉讼法第二百零五条规定的,人民法院应当一并审理。

人民法院经再审,发现已经发生法律效力的判决、裁定损害国家利益、社会公共利益、他人合法权益的,应当一并审理。

第四百零六条 再审审理期间,有下列情形之一的,可以裁定终结再审程序:

(一)再审申请人在再审期间撤回再审请求,人民法院准许的;

(二)再审申请人经传票传唤,无正当理由拒不到庭的,或者未经法庭许可中途退庭,按撤回再审请求处理的;

(三)人民检察院撤回抗诉的;

(四)有本解释第四百零二条第一项至第四项规定情形的。

因人民检察院提出抗诉裁定再审的案件,申请抗诉的当事人有前款规定的情形,且不损害国家利益、社会公共利益或者他人合法权益的,人民法院应当裁定终结再审程序。

再审程序终结后,人民法院裁定中止执行的原生效判决自动恢复执行。

第四百零七条 人民法院经再审审理认为,原判决、裁定认定事实清楚、适用法律正确的,应予维持;原判决、裁定认定事实、适用法律虽有瑕疵,但裁判结果正确的,应当在再审判决、裁定中纠正瑕疵后予以维持。

原判决、裁定认定事实、适用法律错误,导致裁判结果错误的,应当依法改判、撤销或者变更。

第四百零八条 按照第二审程序再审的案件,人民法院经审理认为不符合民事诉讼法规定的起诉条件或者符合民事诉讼法第一百二十四条规定不予受理情形的,应当裁定撤销一、二审判决,驳回起诉。

第四百零九条 人民法院对调解书裁定再审后,按照下列情形分别处理:

(一)当事人提出的调解违反自愿原则的事由不成立,且调解书的内容不违反法律强制性规定的,裁定驳回再审申请;

(二)人民检察院抗诉或者再审检察建议所主张的损害国家利益、社会公共利益的理由不成立的,裁定终结再审程序。

前款规定情形,人民法院裁定中止执行的调解书需要继续执行的,自动恢复执行。

第四百一十条 一审原告在再审审理程序中申请撤回起诉,经其他当事人同意,且不损害国家利益、社会公共利益、他人合法权益的,人民法院可以准许。裁定准许撤诉的,应当一并撤销原判决。

一审原告在再审审理程序中撤回起诉后重复起诉的,人民法院不予受理。

第四百一十一条 当事人提交新的证据致使再审改判,因再审申请人或者申请检察监督当事人的过错未能在原审程序中及时举证,被申请人等当事人请求补偿其增加的交通、住宿、就餐、误工等必要费用的，人民法院应予支持。

第四百一十二条 部分当事人到庭并达成调解协议，其他当事人未作出书面表示的，人民法院应当在判决中对该事实作出表述；调解协议内容不违反法律规定，且不损害其他当事人合法权益的，可以在判决主文中予以确认。

第四百一十三条 人民检察院依法对损害国家利益、社会公共利益的发生法律效力的判决、裁定、调解书提出抗诉，或者经人民检察院检察委员会讨论决定提出再审检察建议的，人民法院应予受理。

第四百一十四条 人民检察院对已经发生法律效力的判决以及不予受理、驳回起诉的裁定依法提出抗诉的，人民法院应予受理，但适用特别程序、督促程序、公示催告程序、破产程序以及解除婚姻关系的判决、裁定等不适用审判监督程序的判决、裁定除外。

第四百一十五条 人民检察院依照民事诉讼法第二百零九条第一款第三项规定对有明显错误的再审判决、裁定提出抗诉或者再审检察建议的，人民法院应予受理。

第四百一十六条 地方各级人民检察院依当事人的申请对生效判决、裁定向同级人民法院提出再审检察建议，符合下列条件的，应予受理：

（一）再审检察建议书和原审当事人申请书及相关证据材料已经提交；

（二）建议再审的对象为依照民事诉讼法和本解释规定可以进行再审的判决、裁定；

（三）再审检察建议书列明该判决、裁定有民事诉讼法第二百零八条第二款规定情形；

（四）符合民事诉讼法第二百零九条第一款第一项、第二项规定情形；

（五）再审检察建议经该人民检察院检察委员会讨论决定。

不符合前款规定的，人民法院可以建议人民检察院予以补正或者撤回；不予补正或者撤回的，应当函告人民检察院不予受理。

第四百一十七条 人民检察院依当事人的申请对生效判决、裁定提出抗诉，符合下列条件的，人民法院应当在三十日内裁定再审：

（一）抗诉书和原审当事人申请书及相关证据材料已经提交；

（二）抗诉对象为依照民事诉讼法和本解释规定可以进行再审的判决、裁定；

（三）抗诉书列明该判决、裁定有民事诉讼法第二百零八条第一款规定情形；

（四）符合民事诉讼法第二百零九条第一款第一项、第二项规定情形。

不符合前款规定的，人民法院可以建议人民检察院予以补正或者撤回；不予补正或者撤回的，人民法院可以裁定不予受理。

第四百一十八条 当事人的再审申请被上级人民法院裁定驳回后，人民检察院对原判决、裁定、调解书提出抗诉，抗诉事由符合民事诉讼法第二百条第一项至第五项规定情形之一的，受理抗诉的人民法院可以交由下一级人民法院再审。

第四百一十九条 人民法院收到再审检察建议后，应当组成合议庭，在三个月内进行审查，发现原判决、裁定、调解书确有错误，需要再审的，依照民事诉讼法第一百九十八条规定裁定再审，并通知当事人；经审查，决定不予再审的，应当书面回复人民检察院。

第四百二十条 人民法院审理因人民检察院抗诉或者检察建议裁定再审的案件，不受此前已经作出的驳回当事人再审申请裁定的影响。

第四百二十一条 人民法院开庭审理抗诉案件，应当在开庭三日前通知人民检察院、当事人和其他诉讼参与人。同级人民检察院或者提出抗诉的人民检察院应当派员出庭。

人民检察院因履行法律监督职责向当事

人或者案外人调查核实的情况,应当向法庭提交并予以说明,由双方当事人进行质证。

第四百二十二条 必须共同进行诉讼的当事人因不能归责于本人或者其诉讼代理人的事由未参加诉讼的,可以根据民事诉讼法第二百条第八项规定,自知道或者应当知道之日起六个月内申请再审,但符合本解释第四百二十三条规定情形的除外。

人民法院因前款规定的当事人申请而裁定再审,按照第一审程序再审的,应当追加其为当事人,作出新的判决、裁定;按照第二审程序再审,经调解不能达成协议的,应当撤销原判决、裁定,发回重审,重审时应追加其为当事人。

第四百二十三条 根据民事诉讼法第二百二十七条规定,案外人对驳回其执行异议的裁定不服,认为原判决、裁定、调解书内容错误损害其民事权益的,可以自执行异议裁定送达之日起六个月内,向作出原判决、裁定、调解书的人民法院申请再审。

第四百二十四条 根据民事诉讼法第二百二十七条规定,人民法院裁定再审后,案外人属于必要的共同诉讼当事人的,依照本解释第四百二十二条第二款规定处理。

案外人不是必要的共同诉讼当事人的,人民法院仅审理原判决、裁定、调解书对其民事权益造成损害的内容。经审理,再审请求成立的,撤销或者改变原判决、裁定、调解书;再审请求不成立的,维持原判决、裁定、调解书。

第四百二十五条 本解释第三百四十条规定适用于审判监督程序。

第四百二十六条 对小额诉讼案件的判决、裁定,当事人以民事诉讼法第二百条规定的事由向原审人民法院申请再审的,人民法院应当受理。申请再审事由成立的,应当裁定再审,组成合议庭进行审理。作出的再审判决、裁定,当事人不得上诉。

当事人以不应按小额诉讼案件审理为由向原审人民法院申请再审的,人民法院应当受理。理由成立的,应当裁定再审,组成合议庭审理。作出的再审判决、裁定,当事人可以上诉。

十九、督促程序

第四百二十七条 两个以上人民法院都有管辖权的,债权人可以向其中一个基层人民法院申请支付令。

债权人向两个以上有管辖权的基层人民法院申请支付令的,由最先立案的人民法院管辖。

第四百二十八条 人民法院收到债权人的支付令申请书后,认为申请书不符合要求的,可以通知债权人限期补正。人民法院应当自收到补正材料之日起五日内通知债权人是否受理。

第四百二十九条 债权人申请支付令,符合下列条件的,基层人民法院应当受理,并在收到支付令申请书后五日内通知债权人:

(一)请求给付金钱或者汇票、本票、支票、股票、债券、国库券、可转让的存款单等有价证券;

(二)请求给付的金钱或者有价证券已到期且数额确定,并写明了请求所根据的事实、证据;

(三)债权人没有对待给付义务;

(四)债务人在我国境内且未下落不明;

(五)支付令能够送达债务人;

(六)收到申请书的人民法院有管辖权;

(七)债权人未向人民法院申请诉前保全。

不符合前款规定的,人民法院应当在收到支付令申请书后五日内通知债权人不予受理。

基层人民法院受理申请支付令案件,不受债权金额的限制。

第四百三十条 人民法院受理申请后,由审判员一人进行审查。经审查,有下列情形之一的,裁定驳回申请:

（一）申请人不具备当事人资格的；

（二）给付金钱或者有价证券的证明文件没有约定逾期给付利息或者违约金、赔偿金，债权人坚持要求给付利息或者违约金、赔偿金的；

（三）要求给付的金钱或者有价证券属于违法所得的；

（四）要求给付的金钱或者有价证券尚未到期或者数额不确定的。

人民法院受理支付令申请后，发现不符合本解释规定的受理条件的，应当在受理之日起十五日内裁定驳回申请。

第四百三十一条 向债务人本人送达支付令，债务人拒绝接收的，人民法院可以留置送达。

第四百三十二条 有下列情形之一的，人民法院应当裁定终结督促程序，已发出支付令的，支付令自行失效：

（一）人民法院受理支付令申请后，债权人就同一债权债务关系又提起诉讼的；

（二）人民法院发出支付令之日起三十日内无法送达债务人的；

（三）债务人收到支付令前，债权人撤回申请的。

第四百三十三条 债务人在收到支付令后，未在法定期间提出书面异议，而向其他人民法院起诉的，不影响支付令的效力。

债务人超过法定期间提出异议的，视为未提出异议。

第四百三十四条 债权人基于同一债权债务关系，在同一支付令申请中向债务人提出多项支付请求，债务人仅就其中一项或者几项请求提出异议的，不影响其他各项请求的效力。

第四百三十五条 债权人基于同一债权债务关系，就可分之债向多个债务人提出支付请求，多个债务人中的一人或者几人提出异议的，不影响其他请求的效力。

第四百三十六条 对设有担保的债务的主债务人发出的支付令，对担保人没有拘束力。

债权人就担保关系单独提起诉讼的，支付令自人民法院受理案件之日起失效。

第四百三十七条 经形式审查，债务人提出的书面异议有下列情形之一的，应当认定异议成立，裁定终结督促程序，支付令自行失效：

（一）本解释规定的不予受理申请情形的；

（二）本解释规定的裁定驳回申请情形的；

（三）本解释规定的应当裁定终结督促程序情形的；

（四）人民法院对是否符合发出支付令条件产生合理怀疑的。

第四百三十八条 债务人对债务本身没有异议，只是提出缺乏清偿能力、延缓债务清偿期限、变更债务清偿方式等异议的，不影响支付令的效力。

人民法院经审查认为异议不成立的，裁定驳回。

债务人的口头异议无效。

第四百三十九条 人民法院作出终结督促程序或者驳回异议裁定前，债务人请求撤回异议的，应当裁定准许。

债务人对撤回异议反悔的，人民法院不予支持。

第四百四十条 支付令失效后，申请支付令的一方当事人不同意提起诉讼的，应当自收到终结督促程序裁定之日起七日内向受理申请的人民法院提出。

申请支付令的一方当事人不同意提起诉讼的，不影响其向其他有管辖权的人民法院提起诉讼。

第四百四十一条 支付令失效后，申请支付令的一方当事人自收到终结督促程序裁定之日起七日内未向受理申请的人民法院表明不同意提起诉讼的，视为向受理申请的人民法院起诉。

债权人提出支付令申请的时间，即为向人

民法院起诉的时间。

第四百四十二条 债权人向人民法院申请执行支付令的期间,适用民事诉讼法第二百三十九条的规定。

第四百四十三条 人民法院院长发现本院已经发生法律效力的支付令确有错误,认为需要撤销的,应当提交本院审判委员会讨论决定后,裁定撤销支付令,驳回债权人的申请。

二十、公示催告程序

第四百四十四条 民事诉讼法第二百一十八条规定的票据持有人,是指票据被盗、遗失或者灭失前的最后持有人。

第四百四十五条 人民法院收到公示催告的申请后,应当立即审查,并决定是否受理。经审查认为符合受理条件的,通知予以受理,并同时通知支付人停止支付;认为不符合受理条件的,七日内裁定驳回申请。

第四百四十六条 因票据丧失,申请公示催告的,人民法院应结合票据存根、丧失票据的复印件、出票人关于签发票据的证明、申请人合法取得票据的证明、银行挂失止付通知书、报案证明等证据,决定是否受理。

第四百四十七条 人民法院依照民事诉讼法第二百一十九条规定发出的受理申请的公告,应当写明下列内容:
（一）公示催告申请人的姓名或者名称;
（二）票据的种类、号码、票面金额、出票人、背书人、持票人、付款期限等事项以及其他可以申请公示催告的权利凭证的种类、号码、权利范围、权利人、义务人、行权日期等事项;
（三）申报权利的期间;
（四）在公示催告期间转让票据等权利凭证,利害关系人不申报的法律后果。

第四百四十八条 公告应当在有关报纸或者其他媒体上刊登,并于同日公布于人民法院公告栏内。人民法院所在地有证券交易所的,还应当同日在该交易所公布。

第四百四十九条 公告期间不得少于六十日,且公示催告期间届满日不得早于票据付款日后十五日。

第四百五十条 在申报期间届满后、判决作出之前,利害关系人申报权利的,应当适用民事诉讼法第二百二十一条第二款、第三款规定处理。

第四百五十一条 利害关系人申报权利,人民法院应当通知其向法院出示票据,并通知公示催告申请人在指定的期间查看该票据。公示催告申请人申请公示催告的票据与利害关系人出示的票据不一致的,应当裁定驳回利害关系人的申报。

第四百五十二条 在申报权利的期间无人申报权利,或者申报被驳回的,申请人应当自公示催告期间届满之日起一个月内申请作出判决。逾期不申请判决的,终结公示催告程序。

裁定终结公示催告程序的,应当通知申请人和支付人。

第四百五十三条 判决公告之日起,公示催告申请人有权依据判决向付款人请求付款。

付款人拒绝付款,申请人向人民法院起诉,符合民事诉讼法第一百一十九条规定的起诉条件的,人民法院应予受理。

第四百五十四条 适用公示催告程序审理案件,可由审判员一人独任审理;判决宣告票据无效的,应当组成合议庭审理。

第四百五十五条 公示催告申请人撤回申请,应在公示催告前提出;公示催告期间申请撤回的,人民法院可以径行裁定终结公示催告程序。

第四百五十六条 人民法院依照民事诉讼法第二百二十条规定通知支付人停止支付,应当符合有关财产保全的规定。支付人收到停止支付通知后拒不止付的,除可依照民事诉讼法第一百一十一条、第一百一十四条规定采取强制措施外,在判决后,支付人仍应承担付款义务。

第四百五十七条 人民法院依照民事诉讼法第二百二十一条规定终结公示催告程序后,公示催告申请人或者申报人向人民法院提起诉讼,因票据权利纠纷提起的,由票据支付地或者被告住所地人民法院管辖;因非票据权利纠纷提起的,由被告住所地人民法院管辖。

第四百五十八条 依照民事诉讼法第二百二十一条规定制作的终结公示催告程序的裁定书,由审判员、书记员署名,加盖人民法院印章。

第四百五十九条 依照民事诉讼法第二百二十三条的规定,利害关系人向人民法院起诉的,人民法院可按票据纠纷适用普通程序审理。

第四百六十条 民事诉讼法第二百二十三条规定的正当理由,包括:
(一)因发生意外事件或者不可抗力致使利害关系人无法知道公告事实的;
(二)利害关系人因被限制人身自由而无法知道公告事实,或者虽然知道公告事实,但无法自己或者委托他人代为申报权利的;
(三)不属于法定申请公示催告情形的;
(四)未予公告或者未按法定方式公告的;
(五)其他导致利害关系人在判决作出前未能向人民法院申报权利的客观事由。

第四百六十一条 根据民事诉讼法第二百二十三条的规定,利害关系人请求人民法院撤销除权判决的,应当将申请人列为被告。

利害关系人仅诉请确认其为合法持票人的,人民法院应当在裁判文书中写明,确认利害关系人为票据权利人的判决作出后,除权判决即被撤销。

二十一、执行程序

第四百六十二条 发生法律效力的实现担保物权裁定、确认调解协议裁定、支付令,由作出裁定、支付令的人民法院或者与其同级的被执行财产所在地的人民法院执行。

认定财产无主的判决,由作出判决的人民法院将无主财产收归国家或者集体所有。

第四百六十三条 当事人申请人民法院执行的生效法律文书应当具备下列条件:
(一)权利义务主体明确;
(二)给付内容明确。

法律文书确定继续履行合同的,应当明确继续履行的具体内容。

第四百六十四条 根据民事诉讼法第二百二十七条规定,案外人对执行标的提出异议的,应当在该执行标的执行程序终结前提出。

第四百六十五条 案外人对执行标的提出的异议,经审查,按照下列情形分别处理:
(一)案外人对执行标的不享有足以排除强制执行的权益的,裁定驳回其异议;
(二)案外人对执行标的享有足以排除强制执行的权益的,裁定中止执行。

驳回案外人执行异议裁定送达案外人之日起十五日内,人民法院不得对执行标的进行处分。

第四百六十六条 申请执行人与被执行人达成和解协议后请求中止执行或者撤回执行申请的,人民法院可以裁定中止执行或者终结执行。

第四百六十七条 一方当事人不履行或者不完全履行在执行中双方自愿达成的和解协议,对方当事人申请执行原生效法律文书的,人民法院应当恢复执行,但和解协议已履行的部分应当扣除。和解协议已经履行完毕的,人民法院不予恢复执行。

第四百六十八条 申请恢复执行原生效法律文书,适用民事诉讼法第二百三十九条申请执行期间的规定。申请执行期间因达成执行中的和解协议而中断,其期间自和解协议约定履行期限的最后一日起重新计算。

第四百六十九条 人民法院依照民事诉讼法第二百三十一条规定决定暂缓执行的,如果担保是有期限的,暂缓执行的期限应当与担保期限一致,但最长不得超过一年。被执行人或者担保人对担保的财产在暂缓执行期间有转移、隐藏、变卖、毁损等行为的,人民法院可以恢复强制执行。

第四百七十条 根据民事诉讼法第二百三十一条规定向人民法院提供执行担保的,可以由被执行人或者他人提供财产担保,也可以由他人提供保证。担保人应当具有代为履行或者代为承担赔偿责任的能力。

他人提供执行保证的,应当向执行法院出具保证书,并将保证书副本送交申请执行人。被执行人或者他人提供财产担保的,应当参照物权法、担保法的有关规定办理相应手续。

第四百七十一条 被执行人在人民法院决定暂缓执行的期限届满后仍不履行义务的,人民法院可以直接执行担保财产,或者裁定执行担保人的财产,但执行担保人的财产以担保人应当履行义务部分的财产为限。

第四百七十二条 依照民事诉讼法第二百三十二条规定,执行中作为被执行人的法人或者其他组织分立、合并的,人民法院可以裁定变更后的法人或者其他组织为被执行人;被注销的,如果依照有关实体法的规定有权利义务承受人的,可以裁定该权利义务承受人为被执行人。

第四百七十三条 其他组织在执行中不能履行法律文书确定的义务的,人民法院可以裁定执行对该其他组织依法承担义务的法人或者公民个人的财产。

第四百七十四条 在执行中,作为被执行人的法人或者其他组织名称变更的,人民法院可以裁定变更后的法人或者其他组织为被执行人。

第四百七十五条 作为被执行人的公民死亡,其遗产继承人没有放弃继承的,人民法院可以裁定变更被执行人,由该继承人在遗产的范围内偿还债务。继承人放弃继承的,人民法院可以直接执行被执行人的遗产。

第四百七十六条 法律规定由人民法院执行的其他法律文书执行完毕后,该法律文书被有关机关或者组织依法撤销的,经当事人申请,适用民事诉讼法第二百三十三条规定。

第四百七十七条 仲裁机构裁决的事项,部分有民事诉讼法第二百三十七条第二款、第三款规定情形的,人民法院应当裁定对该部分不予执行。

应当不予执行部分与其他部分不可分的,人民法院应当裁定不予执行仲裁裁决。

第四百七十八条 依照民事诉讼法第二百三十七条第二款、第三款规定,人民法院裁定不予执行仲裁裁决后,当事人对该裁定提出执行异议或者复议的,人民法院不予受理。当事人可以就该民事纠纷重新达成书面仲裁协议申请仲裁,也可以向人民法院起诉。

第四百七十九条 在执行中,被执行人通过仲裁程序将人民法院查封、扣押、冻结的财产确权或者分割给案外人的,不影响人民法院执行程序的进行。

案外人不服的,可以根据民事诉讼法第二百二十七条规定提出异议。

第四百八十条 有下列情形之一的,可以认定为民事诉讼法第二百三十八条第二款规定的公证债权文书确有错误:

(一)公证债权文书属于不得赋予强制执行效力的债权文书的;

(二)被执行人一方未亲自或者未委托代理人到场公证等严重违反法律规定的公证程序的;

(三)公证债权文书的内容与事实不符或者违反法律强制性规定的;

(四)公证债权文书未载明被执行人不履行义务或者不完全履行义务时同意接受强制执行的。

人民法院认定执行该公证债权文书违背社会公共利益的,裁定不予执行。

公证债权文书被裁定不予执行后,当事人、公证事项的利害关系人可以就债权争议提起诉讼。

第四百八十一条 当事人请求不予执行仲裁裁决或者公证债权文书的,应当在执行终结前向执行法院提出。

第四百八十二条 人民法院应当在收到申请执行书或者移交执行书后十日内发出执行通知。

执行通知中除应责令被执行人履行法律文书确定的义务外,还应通知其承担民事诉讼法第二百五十三条规定的迟延履行利息或者迟延履行金。

第四百八十三条 申请执行人超过申请执行时效期间向人民法院申请强制执行的,人民法院应予受理。被执行人对申请执行时效期间提出异议,人民法院经审查异议成立的,裁定不予执行。

被执行人履行全部或者部分义务后,又以不知道申请执行时效期间届满为由请求执行回转的,人民法院不予支持。

第四百八十四条 对必须接受调查询问的被执行人、被执行人的法定代表人、负责人或者实际控制人,经依法传唤无正当理由拒不到场的,人民法院可以拘传其到场。

人民法院应当及时对被拘传人进行调查询问,调查询问的时间不得超过八小时;情况复杂,依法可能采取拘留措施的,调查询问的时间不得超过二十四小时。

人民法院在本辖区以外采取拘传措施时,可以将被拘传人拘传到当地人民法院,当地人民法院应予协助。

第四百八十五条 人民法院有权查询被执行人的身份信息与财产信息,掌握相关信息的单位和个人必须按照协助执行通知书办理。

第四百八十六条 对被执行的财产,人民法院非经查封、扣押、冻结不得处分。对银行存款等各类可以直接扣划的财产,人民法院的扣划裁定同时具有冻结的法律效力。

第四百八十七条 人民法院冻结被执行人的银行存款的期限不得超过一年,查封、扣押动产的期限不得超过两年,查封不动产、冻结其他财产权的期限不得超过三年。

申请执行人申请延长期限的,人民法院应当在查封、扣押、冻结期限届满前办理续行查封、扣押、冻结手续,续行期限不得超过前款规定的期限。

人民法院也可以依职权办理续行查封、扣押、冻结手续。

第四百八十八条 依照民事诉讼法第二百四十七条规定,人民法院在执行中需要拍卖被执行人财产的,可以由人民法院自行组织拍卖,也可以交由具备相应资质的拍卖机构拍卖。

交拍卖机构拍卖的,人民法院应当对拍卖活动进行监督。

第四百八十九条 拍卖评估需要对现场进行检查、勘验的,人民法院应当责令被执行人、协助义务人予以配合。被执行人、协助义务人不予配合的,人民法院可以强制进行。

第四百九十条 人民法院在执行中需要变卖被执行人财产的,可以交有关单位变卖,也可以由人民法院直接变卖。

对变卖的财产,人民法院或者其工作人员不得买受。

第四百九十一条 经申请执行人和被执行人同意,且不损害其他债权人合法权益和社会公共利益的,人民法院可以不经拍卖、变卖,直接将被执行人的财产作价交申请执行人抵偿债务。对剩余债务,被执行人应当继续清偿。

第四百九十二条 被执行人的财产无法拍卖或者变卖的,经申请执行人同意,且不损害其他债权人合法权益和社会公共利益的,人民法院可以将该项财产作价后交付申请执行人抵偿债务,或者交付申请执行人管理;申请执行人拒绝接收或者管理的,退回被执行人。

第四百九十三条 拍卖成交或者依法定程序裁定以物抵债的,标的物所有权自拍卖成交裁定或者抵债裁定送达买受人或者接受抵债物的债权人时转移。

第四百九十四条 执行标的物为特定物的,应当执行原物。原物确已毁损或者灭失的,经双方当事人同意,可以折价赔偿。

双方当事人对折价赔偿不能协商一致的,人民法院应当终结执行程序。申请执行人可以另行起诉。

第四百九十五条 他人持有法律文书指定交付的财物或者票证,人民法院依照民事诉讼法第二百四十九条第二款、第三款规定发出协助执行通知后,拒不转交的,可以强制执行,并可依照民事诉讼法第一百一十四条、第一百一十五条规定处理。

他人持有期间财物或者票证毁损、灭失的,参照本解释第四百九十四条规定处理。

他人主张合法持有财物或者票证的,可以根据民事诉讼法第二百二十七条规定提出执行异议。

第四百九十六条 在执行中,被执行人隐匿财产、会计账簿等资料的,人民法院除可依照民事诉讼法第一百一十一条第一款第六项规定对其处理外,还应责令被执行人交出隐匿的财产、会计账簿等资料。被执行人拒不交出的,人民法院可以采取搜查措施。

第四百九十七条 搜查人员应当按规定着装并出示搜查令和工作证件。

第四百九十八条 人民法院搜查时禁止无关人员进入搜查现场;搜查对象是公民的,应当通知被执行人或者他的成年家属以及基层组织派员到场;搜查对象是法人或者其他组织的,应当通知法定代表人或者主要负责人到场。拒不到场的,不影响搜查。

搜查妇女身体,应当由女执行人员进行。

第四百九十九条 搜查中发现应当依法采取查封、扣押措施的财产,依照民事诉讼法第二百四十五条第二款和第二百四十七条规定办理。

第五百条 搜查应当制作搜查笔录,由搜查人员、被搜查人及其他在场人签名、捺印或者盖章。拒绝签名、捺印或者盖章的,应当记入搜查笔录。

第五百零一条 人民法院执行被执行人对他人的到期债权,可以作出冻结债权的裁定,并通知该他人向申请执行人履行。

该他人对到期债权有异议,申请执行人请求对异议部分强制执行的,人民法院不予支持。利害关系人对到期债权有异议的,人民法院应当按照民事诉讼法第二百二十七条规定处理。

对生效法律文书确定的到期债权,该他人予以否认的,人民法院不予支持。

第五百零二条 人民法院在执行中需要办理房产证、土地证、林权证、专利证书、商标证书、车船执照等有关财产权证照转移手续的,可以依照民事诉讼法第二百五十一条规定办理。

第五百零三条 被执行人不履行生效法律文书确定的行为义务,该义务可由他人完成的,人民法院可以选定代履行人;法律、行政法规对履行该行为义务有资格限制的,应当从有资格的人中选定。必要时,可以通过招标的方式确定代履行人。

申请执行人可以在符合条件的人中推荐代履行人,也可以申请自己代为履行,是否准许,由人民法院决定。

第五百零四条 代履行费用的数额由人民法院根据案件具体情况确定,并由被执行人在指定期限内预先支付。被执行人未预付的,人民法院可以对该费用强制执行。

代履行结束后,被执行人可以查阅、复制费用清单以及主要凭证。

第五百零五条 被执行人不履行法律文书指定的行为,且该项行为只能由被执行人完成的,人民法院可以依照民事诉讼法第一百一十一条第一款第六项规定处理。

被执行人在人民法院确定的履行期间内仍不履行的,人民法院可以依照民事诉讼法第一百一十一条第一款第六项规定再次处理。

第五百零六条 被执行人迟延履行的,迟延履行期间的利息或者迟延履行金自判决、裁定和其他法律文书指定的履行期间届满之日起计算。

第五百零七条 被执行人未按判决、裁定和其他法律文书指定的期间履行非金钱给付义务的,无论是否给申请执行人造成损失,都应当支付迟延履行金。已经造成损失的,双倍补偿申请执行人已经受到的损失;没有造成损失的,迟延履行金可以由人民法院根据具体案件情况决定。

第五百零八条 被执行人为公民或者其他组织,在执行程序开始后,被执行人的其他已经取得执行依据的债权人发现被执行人的财产不能清偿所有债权的,可以向人民法院申请参与分配。

对人民法院查封、扣押、冻结的财产有优先权、担保物权的债权人,可以直接申请参与分配,主张优先受偿权。

第五百零九条 申请参与分配,申请人应当提交申请书。申请书应当写明参与分配和被执行人不能清偿所有债权的事实、理由,并附有执行依据。

参与分配申请应当在执行程序开始后,被执行人的财产执行终结前提出。

第五百一十条 参与分配执行中,执行所得价款扣除执行费用,并清偿应当优先受偿的债权后,对于普通债权,原则上按照其占全部申请参与分配债权数额的比例受偿。清偿后的剩余债务,被执行人应当继续清偿。债权人发现被执行人有其他财产的,可以随时请求人民法院执行。

第五百一十一条 多个债权人对执行财产申请参与分配的,执行法院应当制作财产分配方案,并送达各债权人和被执行人。债权人或者被执行人对分配方案有异议的,应当自收到分配方案之日起十五日内向执行法院提出书面异议。

第五百一十二条 债权人或者被执行人对分配方案提出书面异议的,执行法院应当通知未提出异议的债权人、被执行人。

未提出异议的债权人、被执行人自收到通知之日起十五日内未提出反对意见的,执行法院依异议人的意见对分配方案审查修正后进行分配;提出反对意见的,应当通知异议人。异议人可以自收到通知之日起十五日内,以提出反对意见的债权人、被执行人为被告,向执行法院提起诉讼;异议人逾期未提起诉讼的,执行法院按照原分配方案进行分配。

诉讼期间进行分配的,执行法院应当提存与争议债权数额相应的款项。

第五百一十三条 在执行中,作为被执行人的企业法人符合企业破产法第二条第一款规定情形的,执行法院经申请执行人之一或者被执行人同意,应当裁定中止对该被执行人的执行,将执行案件相关材料移送被执行人住所地人民法院。

第五百一十四条 被执行人住所地人民法院应当自收到执行案件相关材料之日起三十日内,将是否受理破产案件的裁定告知执行法院。不予受理的,应当将相关案件材料退回执行法院。

第五百一十五条 被执行人住所地人民法院裁定受理破产案件的,执行法院应当解除对被执行人财产的保全措施。被执行人住所地人民法院裁定宣告被执行人破产的,执行法院应当裁定终结对该被执行人的执行。

被执行人住所地人民法院不受理破产案件的,执行法院应当恢复执行。

第五百一十六条 当事人不同意移送破产或者被执行人住所地人民法院不受理破产案件的,执行法院就执行变价所得财产,在扣除执行费用及清偿优先受偿的债权后,对于普通债权,按照财产保全和执行中查封、扣押、冻结财产的先后顺序清偿。

第五百一十七条 债权人根据民事诉讼法第二百五十四条规定请求人民法院继续执行的,不受民事诉讼法第二百三十九条规定申请执行时效期间的限制。

第五百一十八条 被执行人不履行法律文书确定的义务的,人民法院除对被执行人予以处罚外,还可以根据情节将其纳入失信被执行人名单,将被执行人不履行或者不完全履行义务的信息向其所在单位、征信机构以及其他相关机构通报。

第五百一十九条 经过财产调查未发现可供执行的财产,在申请执行人签字确认或者执行法院组成合议庭审查核实并经院长批准后,可以裁定终结本次执行程序。

依照前款规定终结执行后,申请执行人发现被执行人有可供执行财产的,可以再次申请执行。再次申请不受申请执行时效期间的限制。

第五百二十条 因撤销申请而终结执行后,当事人在民事诉讼法第二百三十九条规定的申请执行时效期间内再次申请执行的,人民法院应当受理。

第五百二十一条 在执行终结六个月内,被执行人或者其他人对已执行的标的有妨害行为的,人民法院可以依申请排除妨害,并可以依照民事诉讼法第一百一十一条规定进行处罚。因妨害行为给执行债权人或者其他人造成损失的,受害人可以另行起诉。

二十二、涉外民事诉讼程序的特别规定

第五百二十二条 有下列情形之一,人民法院可以认定为涉外民事案件:

(一)当事人一方或者双方是外国人、无国籍人、外国企业或者组织的;

(二)当事人一方或者双方的经常居所地在中华人民共和国领域外的;

(三)标的物在中华人民共和国领域外的;

(四)产生、变更或者消灭民事关系的法律事实发生在中华人民共和国领域外的;

(五)可以认定为涉外民事案件的其他情形。

第五百二十三条 外国人参加诉讼,应当向人民法院提交护照等用以证明自己身份的证件。

外国企业或者组织参加诉讼,向人民法院提交的身份证明文件,应当经所在国公证机关公证,并经中华人民共和国驻该国使领馆认证,或者履行中华人民共和国与该所在国订立的有关条约中规定的证明手续。

代表外国企业或者组织参加诉讼的人,应当向人民法院提交其有权作为代表人参加诉讼的证明,该证明应当经所在国公证机关公证,并经中华人民共和国驻该国使领馆认证,或者履行中华人民共和国与该所在国订立的有关条约中规定的证明手续。

本条所称的"所在国",是指外国企业或者组织的设立登记地国,也可以是办理了营业登记手续的第三国。

第五百二十四条 依照民事诉讼法第二百六十四条以及本解释第五百二十三条规定,需要办理公证、认证手续,而外国当事人所在国与中华人民共和国没有建立外交关系的,可以经该国公证机关公证,经与中华人民共和国有外交关系的第三国驻该国使领馆认证,再转由中华人民共和国驻该第三国使领馆认证。

第五百二十五条 外国人、外国企业或者组织的代表人在人民法院法官的见证下签署授权委托书,委托代理人进行民事诉讼的,人民法院应予认可。

第五百二十六条 外国人、外国企业或者组织的代表人在中华人民共和国境内签署授权委托书,委托代理人进行民事诉讼,经中华人民共和国公证机构公证的,人民法院应予认可。

第五百二十七条 当事人向人民法院提交的书面材料是外文的,应当同时向人民法院提交中文翻译件。

当事人对中文翻译件有异议的,应当共同委托翻译机构提供翻译文本;当事人对翻译机构的选择不能达成一致的,由人民法院确定。

第五百二十八条 涉外民事诉讼中的外籍当事人,可以委托本国人为诉讼代理人,也可以委托本国律师以非律师身份担任诉讼代理人;外国驻华使领馆官员,受本国公民的委托,可以个人名义担任诉讼代理人,但在诉讼中不享有外交或者领事特权和豁免。

第五百二十九条 涉外民事诉讼中,外国驻华使领馆授权其本馆官员,在作为当事人的本国国民不在中华人民共和国领域内的情况下,可以以外交代表身份为其本国国民在中华人民共和国聘请中华人民共和国律师或者中华人民共和国公民代理民事诉讼。

第五百三十条 涉外民事诉讼中,经调解双方达成协议,应当制发调解书。当事人要求发给判决书的,可以依协议的内容制作判决书送达当事人。

第五百三十一条 涉外合同或者其他财产权益纠纷的当事人,可以书面协议选择被告住所地、合同履行地、合同签订地、原告住所地、标的物所在地、侵权行为地等与争议有实际联系地点的外国法院管辖。

根据民事诉讼法第三十三条和第二百六十六条规定,属于中华人民共和国法院专属管辖的案件,当事人不得协议选择外国法院管辖,但协议选择仲裁的除外。

第五百三十二条 涉外民事案件同时符合下列情形的,人民法院可以裁定驳回原告的起诉,告知其向更方便的外国法院提起诉讼:

(一)被告提出案件应由更方便外国法院管辖的请求,或者提出管辖异议;

(二)当事人之间不存在选择中华人民共和国法院管辖的协议;

(三)案件不属于中华人民共和国法院专属管辖;

(四)案件不涉及中华人民共和国国家、公民、法人或者其他组织的利益;

(五)案件争议的主要事实不是发生在中华人民共和国境内,且案件不适用中华人民共和国法律,人民法院审理案件在认定事实和适用法律方面存在重大困难;

(六)外国法院对案件享有管辖权,且审理该案件更加方便。

第五百三十三条 中华人民共和国法院和外国法院都有管辖权的案件,一方当事人向外国法院起诉,而另一方当事人向中华人民共和国法院起诉的,人民法院可予受理。判决后,外国法院申请或者当事人请求人民法院承认和执行外国法院对本案作出的判决、裁定的,不予准许;但双方共同缔结或者参加的国际条约另有规定的除外。

外国法院判决、裁定已经被人民法院承认,当事人就同一争议向人民法院起诉的,人民法院不予受理。

第五百三十四条 对在中华人民共和国领域内没有住所的当事人,经用公告方式送达诉讼文书,公告期满不应诉,人民法院缺席判决后,仍应当将裁判文书依照民事诉讼法第二百六十七条第八项规定公告送达。自公告送达裁判文书满三个月之日起,经过三十日的上诉期当事人没有上诉的,一审判决即发生法律效力。

第五百三十五条 外国人或者外国企业、组织的代表人、主要负责人在中华人民共和国领域内的,人民法院可以向该自然人或者外国企业、组织的代表人、主要负责人送达。

外国企业、组织的主要负责人包括该企

业、组织的董事、监事、高级管理人员等。

第五百三十六条 受送达人所在国允许邮寄送达的，人民法院可以邮寄送达。

邮寄送达时应当附有送达回证。受送达人未在送达回证上签收但在邮件回执上签收的，视为送达，签收日期为送达日期。

自邮寄之日起满三个月，如果未收到送达的证明文件，且根据各种情况不足以认定已经送达的，视为不能用邮寄方式送达。

第五百三十七条 人民法院一审时采取公告方式向当事人送达诉讼文书的，二审时可径行采取公告方式向其送达诉讼文书，但人民法院能够采取公告方式之外的其他方式送达的除外。

第五百三十八条 不服第一审人民法院判决、裁定的上诉期，对在中华人民共和国领域内有住所的当事人，适用民事诉讼法第一百六十四条规定的期限；对在中华人民共和国领域内没有住所的当事人，适用民事诉讼法第二百六十九条规定的期限。当事人的上诉期均已届满没有上诉的，第一审人民法院的判决、裁定即发生法律效力。

第五百三十九条 人民法院对涉外民事案件的当事人申请再审进行审查的期间，不受民事诉讼法第二百零四条规定的限制。

第五百四十条 申请人向人民法院申请执行中华人民共和国涉外仲裁机构的裁决，应当提出书面申请，并附裁决书正本。如申请人为外国当事人，其申请书应当用中文文本提出。

第五百四十一条 人民法院强制执行涉外仲裁机构的仲裁裁决时，被执行人以有民事诉讼法第二百七十四条第一款规定的情形为由提出抗辩的，人民法院应当对被执行人的抗辩进行审查，并根据审查结果裁定执行或者不予执行。

第五百四十二条 依照民事诉讼法第二百七十二条规定，中华人民共和国涉外仲裁机构将当事人的保全申请提交人民法院裁定的，人民法院可以进行审查，裁定是否进行保全。裁定保全的，应当责令申请人提供担保，申请人不提供担保的，裁定驳回申请。

当事人申请证据保全，人民法院经审查认为无需提供担保的，申请人可以不提供担保。

第五百四十三条 申请人向人民法院申请承认和执行外国法院作出的发生法律效力的判决、裁定，应当提交申请书，并附外国法院作出的发生法律效力的判决、裁定正本或者经证明无误的副本以及中文译本。外国法院判决、裁定为缺席判决、裁定的，申请人应当同时提交该外国法院已经合法传唤的证明文件，但判决、裁定已经对此予以明确说明的除外。

中华人民共和国缔结或者参加的国际条约对提交文件有规定的，按照规定办理。

第五百四十四条 当事人向中华人民共和国有管辖权的中级人民法院申请承认和执行外国法院作出的发生法律效力的判决、裁定的，如果该法院所在国与中华人民共和国没有缔结或者共同参加国际条约，也没有互惠关系的，裁定驳回申请，但当事人向人民法院申请承认外国法院作出的发生法律效力的离婚判决的除外。

承认和执行申请被裁定驳回的，当事人可以向人民法院起诉。

第五百四十五条 对临时仲裁庭在中华人民共和国领域外作出的仲裁裁决，一方当事人向人民法院申请承认和执行的，人民法院应当依照民事诉讼法第二百八十三条规定处理。

第五百四十六条 对外国法院作出的发生法律效力的判决、裁定或者外国仲裁裁决，需要中华人民共和国法院执行的，当事人应当先向人民法院申请承认。人民法院经审查，裁定承认后，再根据民事诉讼法第三编的规定予以执行。

当事人仅申请承认而未同时申请执行的，

人民法院仅对应否承认进行审查并作出裁定。

第五百四十七条 当事人申请承认和执行外国法院作出的发生法律效力的判决、裁定或者外国仲裁裁决的期间，适用民事诉讼法第二百三十九条的规定。

当事人仅申请承认而未同时申请执行的，申请执行的期间自人民法院对承认申请作出的裁定生效之日起重新计算。

第五百四十八条 承认和执行外国法院作出的发生法律效力的判决、裁定或者外国仲裁裁决的案件，人民法院应当组成合议庭进行审查。

人民法院应当将申请书送达被申请人。被申请人可以陈述意见。

人民法院经审查作出的裁定，一经送达即发生法律效力。

第五百四十九条 与中华人民共和国没有司法协助条约又无互惠关系的国家的法院，未通过外交途径，直接请求人民法院提供司法协助的，人民法院应予退回，并说明理由。

第五百五十条 当事人在中华人民共和国领域外使用中华人民共和国法院的判决书、裁定书，要求中华人民共和国法院证明其法律效力的，或者外国法院要求中华人民共和国法院证明判决书、裁定书的法律效力的，作出判决、裁定的中华人民共和国法院，可以本法院的名义出具证明。

第五百五十一条 人民法院审理涉及香港、澳门特别行政区和台湾地区的民事诉讼案件，可以参照适用涉外民事诉讼程序的特别规定。

二十三、附　　则

第五百五十二条 本解释公布施行后，最高人民法院于1992年7月14日发布的《关于适用〈中华人民共和国民事诉讼法〉若干问题的意见》同时废止；最高人民法院以前发布的司法解释与本解释不一致的，不再适用。

二、专项规范性文件

（一）管　　辖

最高人民法院关于调整高级人民法院和中级人民法院管辖第一审民商事案件标准的通知

法发［2015］7号

各省、自治区、直辖市高级人民法院，解放军军事法院，新疆维吾尔自治区高级人民法院生产建设兵团分院：

为适应经济社会发展和民事诉讼需要，准确适用修改后的民事诉讼法关于级别管辖的相关规定，合理定位四级法院民商事审判职能，现就调整高级人民法院和中级人民法院管辖第一审民商事案件标准问题，通知如下：

一、当事人住所地均在受理法院所处省级行政辖区的第一审民商事案件

北京、上海、江苏、浙江、广东高级人民法院，管辖诉讼标的额5亿元以上一审民商事案件，所辖中级人民法院管辖诉讼标的额1亿元以上一审民商事案件。

天津、河北、山西、内蒙古、辽宁、安徽、福建、山东、河南、湖北、湖南、广西、海南、四川、重庆高级人民法院，管辖诉讼标的额3亿元以上一审民商事案件，所辖中级人民法院管辖诉讼标的额3000万元以上一审民商事案件。

吉林、黑龙江、江西、云南、陕西、新疆高级人民法院和新疆生产建设兵团分院，管辖诉讼标的额2亿元以上一审民商事案件，所辖中级人民法院管辖诉讼标的额1000万元以上一审民商事案件。

贵州、西藏、甘肃、青海、宁夏高级人民法院，管辖诉讼标的额1亿元以上一审民商事案件，所辖中级人民法院管辖诉讼标的额500万元以上一审民商事案件。

二、当事人一方住所地不在受理法院所处省级行政辖区的第一审民商事案件

北京、上海、江苏、浙江、广东高级人民法院，管辖诉讼标的额3亿元以上一审民商事案件，所辖中级人民法院管辖诉讼标的额5000万元以上一审民商事案件。

天津、河北、山西、内蒙古、辽宁、安徽、福建、山东、河南、湖北、湖南、广西、海南、四川、重庆高级人民法院，管辖诉讼标的额1亿元以上一审民商事案件，所辖中级人民法院管辖诉讼标的额2000万元以上一审民商事案件。

吉林、黑龙江、江西、云南、陕西、新疆高级人民法院和新疆生产建设兵团分院，管辖诉讼标的额5000万元以上一审民商事案件，所辖中级人民法院管辖诉讼标的额1000万元以上一审民商事案件。

贵州、西藏、甘肃、青海、宁夏高级人民法院，管辖诉讼标的额2000万元以上一审民商事案件，所辖中级人民法院管辖诉讼标的额500万元以上一审民商事案件。

三、解放军军事法院管辖诉讼标的额1亿元以上一审民商事案件，大单位军事法院管辖诉讼标的额2000万元以上一审民商事案件。

四、婚姻、继承、家庭、物业服务、人身损害赔偿、名誉权、交通事故、劳动争议等案件，以及群体性纠纷案件，一般由基层人民法院管辖。

五、对重大疑难、新类型和在适用法律上有普遍意义的案件，可以依照民事诉讼法第三十八条的规定，由上级人民法院自行决定由其审理，或者根据下级人民法院报请决定由其审理。

六、本通知调整的级别管辖标准不涉及知识产权案件、海事海商案件和涉外涉港澳台民商事案件。

七、本通知规定的第一审民商事案件标准，包含本数。

本通知自2015年5月1日起实施，执行过程中遇到的问题，请及时报告我院。

最高人民法院关于巡回法庭审理案件若干问题的规定

法释〔2015〕3号
(2015年1月5日最高人民法院审判委员会第1640次会议通过)

为依法及时公正审理跨行政区域重大行政和民商事等案件，推动审判工作重心下移、就地解决纠纷，方便当事人诉讼，根据《中华人民共和国人民法院组织法》《中华人民共和国行政诉讼法》《中华人民共和国民事诉讼法》《中华人民共和国刑事诉讼法》等法律以及有关司法解释，结合最高人民法院审判工作实际，就最高人民法院巡回法庭(简称巡回法庭)审理案件等问题规定如下。

第一条 最高人民法院设立巡回法庭，受

理巡回区内相关案件。第一巡回法庭设在广东省深圳市,巡回区为广东、广西、海南三省区。第二巡回法庭设在辽宁省沈阳市,巡回区为辽宁、吉林、黑龙江三省。

最高人民法院根据有关规定和审判工作需要,可以增设巡回法庭,并调整巡回法庭的巡回区和案件受理范围。

第二条 巡回法庭是最高人民法院派出的常设审判机构。巡回法庭作出的判决、裁定和决定,是最高人民法院的判决、裁定和决定。

第三条 巡回法庭审理或者办理巡回区内应当由最高人民法院受理的以下案件:

(一)全国范围内重大、复杂的第一审行政案件;

(二)在全国有重大影响的第一审民商事案件;

(三)不服高级人民法院作出的第一审行政或者民商事判决、裁定提起上诉的案件;

(四)对高级人民法院作出的已经发生法律效力的行政或者民商事判决、裁定、调解书申请再审的案件;

(五)刑事申诉案件;

(六)依法定职权提起再审的案件;

(七)不服高级人民法院作出的罚款、拘留决定申请复议的案件;

(八)高级人民法院因管辖权问题报请最高人民法院裁定或者决定的案件;

(九)高级人民法院报请批准延长审限的案件;

(十)涉港澳台民商事案件和司法协助案件;

(十一)最高人民法院认为应当由巡回庭审理或者办理的其他案件。

巡回法庭依法办理巡回区内向最高人民法院提出的来信来访事项。

第四条 知识产权、涉外商事、海事海商、死刑复核、国家赔偿、执行案件和最高人民检察院抗诉的案件暂由最高人民法院本部审理或者办理。

第五条 巡回法庭设立诉讼服务中心,接受并登记属于巡回法庭受案范围的案件材料,为当事人提供诉讼服务。对于依照本规定应当由最高人民法院本部受理案件的材料,当事人要求巡回法庭转交的,巡回法庭应当转交。

巡回法庭对于符合立案条件的案件,应当在最高人民法院办案信息平台统一编号立案。

第六条 当事人不服巡回区内高级人民法院作出的第一审行政或者商事判决、裁定提起上诉的,上诉状应当通过原审人民法院向巡回法庭提出。当事人直接向巡回法庭上诉的,巡回法庭应当在五日内将上诉状移交原审人民法院。原审人民法院收到上诉状、答辩状,应当在五日内连同全部案卷和证据,报送巡回法庭。

第七条 当事人对巡回区内高级人民法院作出的已经发生法律效力的判决、裁定申请再审或者申诉的,应当向巡回法庭提交再审申请书、申诉书等材料。

第八条 最高人民法院认为巡回法庭受理的案件对统一法律适用有重大指导意义的,可以决定由本部审理。

巡回法庭对于已经受理的案件,认为对统一法律适用有重大指导意义的,可以报请最高人民法院本部审理。

第九条 巡回法庭根据审判工作需要,可以在巡回区内巡回审理案件、接待来访。

第十条 巡回法庭按照让审理者裁判、由裁判者负责原则,实行主审法官、合议庭办案责任制。巡回法庭主审法官由最高人民法院从办案能力突出、审判经验丰富的审判人员中选派。巡回法庭的合议庭由主审法官组成。

第十一条 巡回法庭庭长、副庭长应当参加合议庭审理案件。合议庭审理案件时,由承办案件的主审法官担任审判长。庭长或者副庭长参加合议庭审理案件时,自己担任审判长。巡回法庭作出的判决、裁定,经合议庭成员签署后,由审判长签发。

第十二条 巡回法庭受理的案件,统一纳入最高人民法院审判信息综合管理平台进行管理,立案信息、审判流程、裁判文书面向当事人和社会依法公开。

第十三条 巡回法庭设廉政监察员,负责巡回法庭的日常廉政监督工作。

最高人民法院监察局通过受理举报投诉、查处违纪案件、开展司法巡查和审务督察等方式,对巡回法庭及其工作人员进行廉政监督。

(二)诉讼参加者

最高人民检察院关于完善人民检察院司法责任制的若干意见

为更好地保障人民检察院依法独立公正行使检察权,提高司法公信力,现就完善人民检察院司法责任制提出如下意见。

一、目标和基本原则

1. 完善人民检察院司法责任制的目标是:健全司法办案组织,科学界定内部司法办案权限,完善司法办案责任体系,构建公正高效的检察权运行机制和公平合理的司法责任认定、追究机制,做到谁办案谁负责、谁决定谁负责。

2. 完善人民检察院司法责任制的基本原则是:坚持遵循司法规律,符合检察职业特点;坚持突出检察官办案主体地位与加强监督制约相结合;坚持权责明晰,权责相当;坚持主观过错与客观行为相一致,责任与处罚相适应。

二、健全司法办案组织及运行机制

3. 推行检察官办案责任制。实行检察人员分类管理,落实检察官员额制。检察官必须在司法一线办案,并对办案质量终身负责。担任院领导职务的检察官办案要达到一定数量。业务部门负责人须由检察官担任。

4. 健全司法办案组织形式。根据履行职能需要、案件类型及复杂难易程度,实行独任检察官或检察官办案组的办案组织形式。

独任检察官承办案件,配备必要的检察辅助人员。

检察官办案组由两名以上检察官组成,配备必要的检察辅助人员。检察官办案组可以相对固定设置,也可以根据司法办案需要临时组成,办案组负责人为主任检察官。

5. 审查逮捕、审查起诉案件,一般由独任检察官承办,重大、疑难、复杂案件也可以由检察官办案组承办。独任检察官、主任检察官对检察长(分管副检察长)负责,在职权范围内对办案事项作出决定。

6. 人民检察院直接受理立案侦查的案件,一般由检察官办案组承办,简单案件也可以由独任检察官承办。决定初查、立案、侦查终结等事项,由主任检察官或独任检察官提出意见,经职务犯罪侦查部门负责人审核后报检察长(分管副检察长)决定。

7. 诉讼监督等其他法律监督案件,可以由独任检察官承办,也可以由检察官办案组承办。独任检察官、主任检察官对检察长(分管副检察长)负责,在职权范围内对办案事项作出决定。以人民检察院名义提出纠正违法意见、检察建议、终结审查、不支持监督申请或提出(提请)抗诉的,由检察长(分管副检察长)或检察委员会决定。

8. 检察长(分管副检察长)参加检察官办案组或独任承办案件的,可以在职权范围内对办案事项作出决定。

9. 以人民检察院名义制发的法律文书,由检察长(分管副检察长)签发。

10. 检察长(分管副检察长)有权对独任检察官、检察官办案组承办的案件进行审核。检察长(分管副检察长)不同意检察官处理意见，可以要求检察官复核或提请检察委员会讨论决定，也可以直接作出决定。要求复核的意见、决定应当以书面形式作出，归入案件卷宗。

检察官执行检察长(分管副检察长)决定时，认为决定错误的，可以提出异议；检察长(分管副检察长)不改变该决定，或要求立即执行的，检察官应当执行，执行的后果由检察长(分管副检察长)负责，检察官不承担司法责任。检察官执行检察长(分管副检察长)明显违法的决定的，应当承担相应的司法责任。

三、健全检察委员会运行机制

11. 提高检察委员会工作法治化、民主化、科学化水平，发挥检察委员会对重大案件和其他重大问题的决策、指导和监督功能。检察委员会讨论决定的案件，主要是本院办理的重大、疑难、复杂案件，涉及国家安全、外交、社会稳定的案件，下一级人民检察院提请复议的案件。

12. 检察委员会由检察长、副检察长、专职委员和部分资深检察员组成。

13. 检察官可以就承办的案件提出提请检察委员会讨论的请求，依程序报检察长决定。

14. 检察委员会对案件进行表决前，应当进行充分讨论。表决实行主持人末位表态制。检察委员会会议由专门人员如实记录，并按照规定存档备查。

15. 完善检察委员会决策咨询机制。建立健全专家咨询委员会、专业研究小组等检察委员会决策辅助机构。检察委员会讨论案件，可以邀请有关专家到场发表咨询意见。

四、明确检察人员职责权限

16. 检察长统一领导人民检察院的工作，

依照法律和有关规定履行以下职责：

（一）决定是否逮捕或是否批准逮捕犯罪嫌疑人；

（二）决定是否起诉；

（三）决定是否提出抗诉、检察建议、纠正违法意见或提请抗诉，决定终结审查、不支持监督申请；

（四）对人民检察院直接受理立案侦查的案件，决定立案、不立案、撤销案件以及复议、复核、复查；

（五）对人民检察院直接受理立案侦查的案件，决定采取强制措施，决定采取查封、扣押、冻结财产等重要侦查措施；

（六）决定将案件提请检察委员会讨论，主持检察委员会会议；

（七）决定检察人员的回避；

（八）主持检察官考评委员会对检察官进行考评；

（九）组织研究检察工作中的重大问题；

（十）法律规定应当由检察长履行的其他职责。

副检察长、检察委员会专职委员受检察长委托，可以履行前款规定的相关职责。

17. 检察官依照法律规定和检察长委托履行职责。

检察官承办案件，依法应当讯问犯罪嫌疑人、被告人的，至少亲自讯问一次。

下列办案事项应当由检察官亲自承担：

（一）询问关键证人和对诉讼活动具有重要影响的其他诉讼参与人；

（二）对重大案件组织现场勘验、检查，组织实施搜查，组织实施查封、扣押物证、书证，决定进行鉴定；

（三）组织收集、调取、审核证据；

（四）主持公开审查、宣布处理决定；

（五）代表检察机关当面提出监督意见；

（六）出席法庭；

（七）其他应当由检察官亲自承担的事项。

18. 主任检察官除履行检察官职责外，还应当履行以下职责：

（一）负责办案组承办案件的组织、指挥、协调以及对办案组成员的管理工作；

（二）在职权范围内对办案事项作出处理决定或提出处理意见。

19. 业务部门负责人除作为检察官承办案件外，还应当履行以下职责：

（一）组织研究涉及本部门业务的法律政策问题；

（二）组织对下级人民检察院相关业务部门办案工作的指导；

（三）召集检察官联席会议，对重大、疑难、复杂案件进行讨论，为承办案件的检察官或检察官办案组提供参考意见；

（四）负责本部门司法行政管理工作；

（五）应当由业务部门负责人履行的其他职责。

20. 检察官助理在检察官的指导下履行以下职责：

（一）讯问犯罪嫌疑人、被告人，询问证人和其他诉讼参与人；

（二）接待律师及案件相关人员；

（三）现场勘验、检查，实施搜查，实施查封、扣押物证、书证；

（四）收集、调取、核实证据；

（五）草拟案件审查报告，草拟法律文书；

（六）协助检察官出席法庭；

（七）完成检察官交办的其他办案事项。

21. 省级人民检察院结合本地实际，根据检察业务类别、办案组织形式，制定辖区内各级人民检察院检察官权力清单，可以将检察长的部分职权委托检察官行使。各省级人民检察院制定的权力清单报最高人民检察院备案。

五、健全检察管理与监督机制

22. 加强上级人民检察院对下级人民检察院司法办案工作的领导。上级人民检察院可以指令下级人民检察院纠正错误决定，或依法撤销、变更下级人民检察院对案件的决定；可以对下级人民检察院管辖的案件指定异地管辖；可以在辖区内人民检察院之间调配检察官异地履行职务。

上级人民检察院对下级人民检察院司法办案工作的指令，应当由检察长决定或由检察委员会讨论决定，以人民检察院的名义作出。

23. 下级人民检察院就本院正在办理的案件的处理或检察工作中的重大问题请示上级人民检察院的，应当经本院检察委员会讨论。在请示中应当载明检察委员会讨论情况，包括各种意见及其理由以及检察长意见。

24. 司法办案工作应当在统一业务应用系统上运行，实现办案信息网上录入、办案流程网上管理、办案活动网上监督。检察长（分管副检察长）和业务部门负责人对办案工作审核、审批，应当在统一业务应用系统上进行。

25. 人民检察院案件管理部门对司法办案工作实行统一集中管理，全面记录办案流程信息，全程、同步、动态监督办案活动，对办结后的案件质量进行评查。

26. 建立随机分案为主、指定分案为辅的案件承办确定机制。重大、疑难、复杂案件可以由检察长指定检察官办案组或独任检察官承办。

27. 当事人举报投诉检察官违法办案，律师申诉、控告检察官阻碍其依法行使诉讼权利，或有迹象表明检察官违法办案的，检察长可以要求检察官报告办案情况。检察长认为确有必要的，可以更换承办案件的检察官，并将相关情况记录在案。

28. 建立以履职情况、办案数量、办案质效、司法技能、外部评价等为主要内容的检察官业绩评价体系。评价结果作为检察官任职和晋职晋级的重要依据。

29. 建立办案质量评价机制，以常规抽查、重点评查、专项评查等方式对办案质量进行专业评价。评价结果应当在一定范围内公开。

30. 构建开放动态透明便民的阳光司法机制。建立健全案件程序性信息查询平台、重要案件信息发布平台、法律文书公开平台、辩护与代理预约平台,推进新媒体公开平台建设。

31. 自觉接受人大、政协、社会各界、新闻媒体以及人民监督员的监督,依法保障律师执业权利。进一步完善内部制约机制,加强纪检监察机构的监督。

六、严格司法责任认定和追究

32. 检察人员应当对其履行检察职责的行为承担司法责任,在职责范围内对办案质量终身负责。

司法责任包括故意违反法律法规责任、重大过失责任和监督管理责任。检察人员与司法办案活动无关的其他违纪违法行为,依照法律及《检察人员纪律处分条例(试行)》等有关规定处理。

33. 司法办案工作中虽有错案发生,但检察人员履行职责中尽到必要注意义务,没有故意或重大过失的,不承担司法责任。

检察人员在事实认定、证据采信、法律适用、办案程序、文书制作以及司法作风等方面不符合法律和有关规定,但不影响案件结论的正确性和效力的,属司法瑕疵,依照相关纪律规定处理。

34. 检察人员在司法办案工作中,故意实施下列行为之一的,应当承担司法责任:

(一) 包庇、放纵被举报人、犯罪嫌疑人、被告人,或使无罪的人受到刑事追究的;

(二) 毁灭、伪造、变造或隐匿证据的;

(三) 刑讯逼供、暴力取证或以其他非法方法获取证据的;

(四) 违反规定剥夺、限制当事人、证人人身自由的;

(五) 违反规定限制诉讼参与人行使诉讼权利,造成严重后果或恶劣影响的;

(六) 超越刑事案件管辖范围初查、立案的;

(七) 非法搜查或损毁当事人财物的;

(八) 违法违规查封、扣押、冻结、保管、处理涉案财物的;

(九) 对已经决定给予刑事赔偿的案件拒不赔偿或拖延赔偿的;

(十) 违法违规使用武器、警械的;

(十一) 其他违反诉讼程序或司法办案规定,造成严重后果或恶劣影响的。

35. 检察人员在司法办案工作中有重大过失,急于履行或不正确履行职责,造成下列后果之一的,应当承担司法责任:

(一) 认定事实、适用法律出现重大错误,或案件被错误处理的;

(二) 遗漏重要犯罪嫌疑人或重大罪行的;

(三) 错误羁押或超期羁押犯罪嫌疑人、被告人的;

(四) 涉案人员自杀、自伤、行凶的;

(五) 犯罪嫌疑人、被告人串供、毁证、逃跑的;

(六) 举报控告材料或其他案件材料、扣押财物遗失、严重损毁的;

(七) 举报控告材料内容或其他案件秘密泄露的;

(八) 其他严重后果或恶劣影响的。

36. 负有监督管理职责的检察人员因故意或重大过失怠于行使或不当行使监督管理权,导致司法办案工作出现严重错误的,应当承担相应的司法责任。

37. 独任检察官承办并作出决定的案件,由独任检察官承担责任。

检察官办案组承办的案件,由其负责人和其他检察官共同承担责任。办案组负责人对职权范围内决定的事项承担责任,其他检察官对自己的行为承担责任。

属于检察长(副检察长)或检察委员会决定的事项,检察官对事实和证据负责,检察长(副检察长)或检察委员会对决定事项负责。

38. 检察辅助人员参与司法办案工作的,根据职权和分工承担相应的责任。检察官有审核把关责任的,应当承担相应的责任。

39. 检察长(副检察长)除承担监督管理的司法责任外,对在职权范围内作出的有关办案事项决定承担完全责任。对于检察官在职权范围内作出决定的事项，检察长（副检察长）不因签发法律文书承担司法责任。检察官根据检察长（副检察长）的要求进行复核并改变原处理意见的，由检察长（副检察长）与检察官共同承担责任。检察长（副检察长）改变检察官决定的，对改变部分承担责任。

40.检察官向检察委员会汇报案件时，故意隐瞒、歪曲事实，遗漏重要事实、证据或情节，导致检察委员会作出错误决定的，由检察官承担责任；检察委员会委员根据错误决定形成的具体原因和主观过错情况承担部分责任或不承担责任。

41.上级人民检察院不采纳或改变下级人民检察院正确意见的，应当由上级人民检察院有关人员承担相应的责任。

下级人民检察院有关人员故意隐瞒、歪曲事实，遗漏重要事实、证据或情节，导致上级人民检察院作出错误命令、决定的，由下级人民检察院有关人员承担责任；上级人民检察院有关人员有过错的，应当承担相应的责任。

42.人民检察院纪检监察机构受理对检察人员在司法办案工作中违纪违法行为和司法过错行为的检举控告，并进行调查核实。

对检察人员承办的案件发生被告人被宣告无罪，国家承担赔偿责任，确认发生冤假错案，犯罪嫌疑人、被告人逃匿或死亡、伤残等情形的，应当核查是否存在应予追究司法责任的情形。

43.人民检察院纪检监察机构经调查后认为应当追究检察官故意违反法律法规责任或重大过失责任的，应当报请检察长决定后，移送省、自治区、直辖市检察官惩戒委员会审议。

人民检察院纪检监察机构应当及时向检察官惩戒委员会通报当事检察官的故意违反法律法规或重大过失事实及拟处理建议、依据，并就其故意违反法律法规或重大过失承担举证责任。当事检察官有权进行陈述、辩解、申请复议。

检察官惩戒委员会根据查明的事实和法律规定作出无责、免责或给予惩戒处分的建议。

检察官惩戒委员会工作章程另行制定。

44.对经调查属实应当承担司法责任的人员，根据《检察官法》、《检察人员纪律处分条例（试行）》、《检察人员执法过错责任追究条例》等有关规定，分别按照下列程序作出相应处理：

（一）应当给予停职、延期晋升、调离司法办案工作岗位以及免职、责令辞职、辞退等处理的，由组织人事部门按照干部管理权限和程序办理；

（二）应当给予纪律处分的，由人民检察院纪检监察机构依照有关规定和程序办理；

（三）涉嫌犯罪的，由人民检察院纪检监察机构将犯罪线索移送司法机关处理。

45.检察人员不服处理决定的，有权依照《人民检察院监察工作条例》等有关规定提出申诉。

46.检察官依法履职受法律保护。非因法定事由、非经法定程序，不得将检察官调离、辞退或作出免职、降级等处分。检察官依法办理案件不受行政机关、社会团体和个人的干涉。检察官对法定职责范围之外的事务有权拒绝执行。

七、其　　他

47.本意见适用于中央确定的司法体制改革综合试点地区确定的试点检察院，其他检察院可以参照执行。

48.本意见由最高人民检察院负责解释。

最高人民法院
关于完善人民法院司法责任制的若干意见

法发〔2015〕13号

为贯彻中央关于深化司法体制改革的总体部署,优化审判资源配置,明确审判组织权限,完善人民法院的司法责任制,建立健全符合司法规律的审判权力运行机制,增强法官审理案件的亲历性,确保法官依法独立公正履行审判职责,根据有关法律和人民法院工作实际,制定本意见。

一、目标原则

1. 完善人民法院的司法责任制,必须以严格的审判责任制为核心,以科学的审判权力运行机制为前提,以明晰的审判组织权限和审判人员职责为基础,以有效的审判管理和监督制度为保障,让审理者裁判、由裁判者负责,确保人民法院依法独立公正行使审判权。

2. 推进审判责任制改革,人民法院应当坚持以下基本原则:

(1)坚持党的领导,坚持走中国特色社会主义法治道路;

(2)依照宪法和法律独立行使审判权;

(3)遵循司法权运行规律,体现审判权的判断权和裁决权属性,突出法官办案主体地位;

(4)以审判权为核心,以审判监督权和审判管理权为保障;

(5)权责明晰、权责统一、监督有序、制约有效;

(6)主观过错与客观行为相结合,责任与保障相结合。

3. 法官依法履行审判职责受法律保护。法官有权对案件事实认定和法律适用独立发表意见。非因法定事由,非经法定程序,法官依法履职行为不受追究。

二、改革审判权力运行机制

(一)独任制与合议庭运行机制

4. 基层、中级人民法院可以组建由一名法官与法官助理、书记员以及其他必要的辅助人员组成的审判团队,依法独任审理适用简易程序的案件和法律规定的其他案件。

人民法院可以按照受理案件的类别,通过随机产生的方式,组建由法官或者法官与人民陪审员组成的合议庭,审理适用普通程序和依法由合议庭审理的简易程序的案件。案件数量较多的基层人民法院,可以组建相对固定的审判团队,实行扁平化的管理模式。

人民法院应当结合职能定位和审级情况,为法官合理配置一定数量的法官助理、书记员和其他审判辅助人员。

5. 在加强审判专业化建设基础上,实行随机分案为主、指定分案为辅的案件分配制度。按照审判领域类别,随机确定案件的承办法官。因特殊情况需要对随机分案结果进行调整的,应当将调整理由及结果在法院工作平台上公示。

6. 独任法官审理案件形成的裁判文书,由独任法官直接签署。合议庭审理案件形成的裁判文书,由承办法官、合议庭其他成员、审判长依次签署;审判长作为承办法官的,由审判长最后签署。审判组织的法官依次签署完毕后,裁判文书即可印发。除审判委员会讨论决定的案件以外,院长、副院长、庭长对其未直接参加审理案件的裁判文书不再进行审核签发。

合议庭评议和表决规则,适用人民法院组

织法、诉讼法以及《最高人民法院关于人民法院合议庭工作的若干规定》《最高人民法院关于进一步加强合议庭职责的若干规定》。

7. 进入法官员额的院长、副院长、审判委员会专职委员、庭长、副庭长应当办理案件。院长、副院长、审判委员会专职委员每年办案数量应当参照全院法官人均办案数量，根据其承担的审判管理监督事务和行政事务工作量合理确定。庭长每年办案数量参照本庭法官人均办案数量确定。对于重大、疑难、复杂的案件，可以直接由院长、副院长、审判委员会委员组成合议庭进行审理。

按照审判权与行政管理权相分离的原则，试点法院可以探索实行人事、经费、政务等行政事务集中管理制度，必要时可以指定一名副院长专门协助院长管理行政事务。

8. 人民法院可以分别建立由民事、刑事、行政等审判领域法官组成的专业法官会议，为合议庭正确理解和适用法律提供咨询意见。合议庭认为所审理的案件因重大、疑难、复杂而存在法律适用标准不统一的，可以将法律适用问题提交专业法官会议研究讨论。专业法官会议的讨论意见供合议庭复议时参考，采纳与否由合议庭决定，讨论记录应当入卷备查。

建立审判业务法律研讨机制，通过类案参考、案例评析等方式统一裁判尺度。

（二）审判委员会运行机制

9. 明确审判委员会统一本院裁判标准的职能，依法合理确定审判委员会讨论案件的范围。审判委员会只讨论涉及国家外交、安全和社会稳定的重大复杂案件，以及重大、疑难、复杂案件的法律适用问题。强化审判委员会总结审判经验、讨论决定审判工作重大事项的宏观指导职能。

10. 合议庭认为案件需要提交审判委员会讨论决定的，应当提出并列明需要审判委员会讨论决定的法律适用问题，并归纳不同的意见和理由。

合议庭提交审判委员会讨论案件的条件和程序，适用人民法院组织法、诉讼法以及《最高人民法院关于人民法院合议庭工作的若干规定》《最高人民法院关于改革和完善人民法院审判委员会制度的实施意见》。

11. 案件需要提交审判委员会讨论决定的，审判委员会委员应当事先审阅合议庭提请讨论的材料，了解合议庭对法律适用问题的不同意见和理由，根据需要调阅庭审音频视频或者查阅案卷。

审判委员会委员讨论案件时应当充分发表意见，按照法官等级由低到高确定表决顺序，主持人最后表决。审判委员会评议实行全程留痕，录音、录像，作出会议记录。审判委员会的决定，合议庭应当执行。所有参加讨论和表决的委员应当在审判委员会会议记录上签名。

建立审判委员会委员履职考评和内部公示机制。建立审判委员会决议事项的督办、回复和公示制度。

（三）审判管理和监督

12. 建立符合司法规律的案件质量评估体系和评价机制。审判管理和审判监督机构应当定期分析审判质量运行态势，通过常规抽查、重点评查、专项评查等方式对案件质量进行专业评价。

13. 各级人民法院应当成立法官考评委员会，建立法官业绩评价体系和业绩档案。业绩档案应当以法官个人日常履职情况、办案数量、审判质量、司法技能、廉洁自律、外部评价等为主要内容。法官业绩评价应当作为法官任职、评先评优和晋职晋级的重要依据。

14. 各级人民法院应当依托信息技术，构建开放动态透明便民的阳光司法机制，建立健全审判流程公开、裁判文书公开和执行信息公开三大平台，广泛接受社会监督。探索建立法院以外的第三方评价机制，强化对审判权力运行机制的法律监督、社会监督和舆论监督。

三、明确司法人员职责和权限

（一）独任庭和合议庭司法人员职责

15. 法官独任审理案件时，应当履行以下审判职责：

(1) 主持或者指导法官助理做好庭前会议、庭前调解、证据交换等庭前准备工作及其他审判辅助工作；

(2) 主持案件开庭、调解、依法作出裁判，制作裁判文书或者指导法官助理起草裁判文书，并直接签发裁判文书；

(3) 依法决定案件审理中的程序性事项；

(4) 依法行使其他审判权力。

16. 合议庭审理案件时，承办法官应当履行以下审判职责：

(1) 主持或者指导法官助理做好庭前会议、庭前调解、证据交换等庭前准备工作及其他审判辅助工作；

(2) 就当事人提出的管辖权异议及保全、司法鉴定、非法证据排除申请等提请合议庭评议；

(3) 对当事人提交的证据进行全面审核，提出审查意见；

(4) 拟定庭审提纲，制作阅卷笔录；

(5) 自己担任审判长时，主持、指挥庭审活动；不担任审判长时，协助审判长开展庭审活动；

(6) 参与案件评议，并先行提出处理意见；

(7) 根据合议庭评议意见制作裁判文书或者指导法官助理起草裁判文书；

(8) 依法行使其他审判权力。

17. 合议庭审理案件时，合议庭其他法官应当认真履行审判职责，共同参与阅卷、庭审、评议等审判活动，独立发表意见，复核并在裁判文书上签名。

18. 合议庭审理案件时，审判长除承担由合议庭成员共同承担的审判职责外，还应当履行以下审判职责：

(1) 确定案件审理方案、庭审提纲、协调合议庭成员庭审分工以及指导做好其他必要的庭审准备工作；

(2) 主持、指挥庭审活动；

(3) 主持合议庭评议；

(4) 依照有关规定和程序将合议庭处理意见分歧较大的案件提交专业法官会议讨论，或者按程序建议将案件提交审判委员会讨论决定；

(5) 依法行使其他审判权力。

审判长自己承办案件时，应当同时履行承办法官的职责。

19. 法官助理在法官的指导下履行以下职责：

(1) 审查诉讼材料，协助法官组织庭前证据交换；

(2) 协助法官组织庭前调解，草拟调解文书；

(3) 受法官委托或者协助法官依法办理财产保全和证据保全措施等；

(4) 受法官指派，办理委托鉴定、评估等工作；

(5) 根据法官的要求，准备与案件审理相关的参考资料，研究案件涉及的相关法律问题；

(6) 在法官的指导下草拟裁判文书；

(7) 完成法官交办的其他审判辅助性工作。

20. 书记员在法官的指导下，按照有关规定履行以下职责：

(1) 负责庭前准备的事务性工作；

(2) 检查开庭时诉讼参与人的出庭情况，宣布法庭纪律；

(3) 负责案件审理中的记录工作；

(4) 整理、装订、归档案卷材料；

(5) 完成法官交办的其他事务性工作。

(二) 院长庭长管理监督职责

21. 院长除依照法律规定履行相关审判职责外，还应当从宏观上指导法院各项审判工作，组织研究相关重大问题和制定相关管理制度，综合负责审判管理工作，主持审判委员会讨论审判工作中的重大事项，依法主持法官考评委员会对法官进行评鉴，以及履行其他必要的审判管理和监督职责。

副院长、审判委员会专职委员受院长委托，可以依照前款规定履行部分审判管理和监督职责。

22. 庭长除依照法律规定履行相关审判职

责外,还应当从宏观上指导本庭审判工作,研究制定各合议庭和审判团队之间、内部成员之间的职责分工,负责随机分案后因特殊情况需要调整分案的事宜,定期对本庭审判质量情况进行监督,以及履行其他必要的审判管理和监督职责。

23. 院长、副院长、庭长的审判管理和监督活动应当严格控制在职责和权限的范围内,并在工作平台上公开进行。院长、副院长、庭长除参加审判委员会、专业法官会议外不得对其没有参加审理的案件发表倾向性意见。

24. 对于有下列情形之一的案件,院长、副院长、庭长有权要求独任法官或者合议庭报告案件进展和评议结果:

(1) 涉及群体性纠纷,可能影响社会稳定的;

(2) 疑难、复杂且在社会上有重大影响的;

(3) 与本院或者上级法院的类案判决可能发生冲突的;

(4) 有关单位或者个人反映法官有违法审判行为的。

院长、副院长、庭长对上述案件的审理过程或者评议结果有异议的,不得直接改变合议庭的意见,但可以决定将案件提交专业法官会议、审判委员会进行讨论。院长、副院长、庭长针对上述案件监督建议的时间、内容、处理结果等应当在案卷和办公平台上全程留痕。

四、审判责任的认定和追究

(一)审判责任范围

25. 法官应当对其履行审判职责的行为承担责任,在职责范围内对办案质量终身负责。

法官在审判工作中,故意违反法律法规的,或者因重大过失导致裁判错误并造成严重后果的,依法应当承担违法审判责任。

法官有违反职业道德准则和纪律规定,接受案件当事人及相关人员的请客送礼、与律师进行不正当交往等违纪违法行为,依照法律及有关纪律规定另行处理。

26. 有下列情形之一的,应当依纪依法追究相关人员的违法审判责任:

(1) 审理案件时有贪污受贿、徇私舞弊、枉法裁判行为的;

(2) 违反规定私自办案或者制造虚假案件的;

(3) 涂改、隐匿、伪造、偷换和故意损毁证据材料的,或者因重大过失丢失、损毁证据材料并造成严重后果的;

(4) 向合议庭、审判委员会汇报案情时隐瞒主要证据、重要情节和故意提供虚假材料的,或者因重大过失遗漏主要证据、重要情节导致裁判错误并造成严重后果的;

(5) 制作诉讼文书时,故意违背合议庭评议结果、审判委员会决定的,或者因重大过失导致裁判文书主文错误并造成严重后果的;

(6) 违反法律规定,对不符合减刑、假释条件的罪犯裁定减刑、假释的,或者因重大过失对不符合减刑、假释条件的罪犯裁定减刑、假释并造成严重后果的;

(7) 其他故意违背法定程序、证据规则和法律明确规定违法审判的,或者因重大过失导致裁判结果错误并造成严重后果的。

27. 负有监督管理职责的人员等因故意或者重大过失,怠于行使或者不当行使审判监督权和审判管理权导致裁判错误并造成严重后果的,依照有关规定应当承担监督管理责任。追究其监督管理责任的,依照干部管理有关规定和程序办理。

28. 因下列情形之一,导致案件按照审判监督程序提起再审后被改判的,不得作为错案进行责任追究:

(1) 对法律、法规、规章、司法解释具体条文的理解和认识不一致,在专业认知范围内能够予以合理说明的;

(2) 对案件基本事实的判断存在争议或者疑义,根据证据规则能够予以合理说明的;

(3) 当事人放弃或者部分放弃权利主张的;

(4) 因当事人过错或者客观原因致使案件事实认定发生变化的;

（5）因出现新证据而改变裁判的；
（6）法律修订或者政策调整的；
（7）裁判所依据的其他法律文书被撤销或者变更的；
（8）其他依法履行审判职责不应当承担责任的情形。

（二）审判责任承担

29. 独任制审理的案件，由独任法官对案件的事实认定和法律适用承担全部责任。

30. 合议庭审理的案件，合议庭成员对案件的事实认定和法律适用共同承担责任。

进行违法审判责任追究时，根据合议庭成员是否存在违法审判行为、情节、合议庭成员发表意见的情况和过错程度合理确定各自责任。

31. 审判委员会讨论案件时，合议庭对其汇报的事实负责，审判委员会委员对其本人发表的意见及最终表决负责。

案件经审判委员会讨论的，构成违法审判责任追究情形时，根据审判委员会委员是否故意曲解法律发表意见的情况，合理确定委员责任。审判委员会改变合议庭意见导致裁判错误的，由持多数意见的委员共同承担责任，合议庭不承担责任。审判委员会维持合议庭意见导致裁判错误的，由合议庭和持多数意见的委员共同承担责任。

合议庭汇报案件时，故意隐瞒主要证据或者重要情节，或者故意提供虚假情况，导致审判委员会作出错误决定的，由合议庭成员承担责任，审判委员会委员根据具体情况承担部分责任或者不承担责任。

审判委员会讨论案件违反民主集中制原则，导致审判委员会决定错误的，主持人应当承担主要责任。

32. 审判辅助人员根据职责权限和分工承担与其职责相对应的责任。法官负有审核把关职责的，法官也应当承担相应责任。

33. 法官受领导干部干预导致裁判错误的，且法官不记录或者不如实记录，应当排除干预而没有排除的，承担违法审判责任。

（三）违法审判责任追究程序

34. 需要追究违法审判责任的，一般由院长、审判监督部门或者审判管理部门提出初步意见，由院长委托审判监督部门审查或者提请审判委员会进行讨论，经审查初步认定有关人员具有本意见所列违法审判责任追究情形的，人民法院监察部门应当启动违法审判责任追究程序。

各级人民法院应当依法自觉接受人大、政协、媒体和社会监督，依法受理对法官违法审判行为的举报、投诉，并认真进行调查核实。

35. 人民法院监察部门应当对法官是否存在违法审判行为进行调查，并采取必要、合理的保护措施。在调查过程中，当事法官享有知情、辩解和举证的权利，监察部门应当对当事法官的意见、辩解和举证如实记录，并在调查报告中对是否采纳作出说明。

36. 人民法院监察部门经调查后，认为应当追究法官违法审判责任的，应当报请院长决定，并报送省（区、市）法官惩戒委员会审议。

高级人民法院监察部门应当派员向法官惩戒委员会通报当事法官的违法审判事实及拟处理建议、依据，并就其违法审判行为和主观过错进行举证。当事法官有权进行陈述、举证、辩解、申请复议和申诉。

法官惩戒委员会根据查明的事实和法律规定作出无责、免责或者给予惩戒处分的建议。

法官惩戒委员会工作章程和惩戒程序另行制定。

37. 对应当追究违法审判责任的相关责任人，根据其应负责任依照《中华人民共和国法官法》等有关规定处理：

（1）应当给予停职、延期晋升、退出法官员额或者免职、责令辞职、辞退等处理的，由组织人事部门按照干部管理权限和程序依法办理；

（2）应当给予纪律处分的，由纪检监察部门依照有关规定和程序依法办理；

（3）涉嫌犯罪的，由纪检监察部门将违法线索移送有关司法机关依法处理。

免除法官职务,必须按法定程序由人民代表大会罢免或者提请人大常委会作出决定。

五、加强法官的履职保障

38. 在案件审理的各个阶段,除非确有证据证明法官存在贪污受贿、徇私舞弊、枉法裁判等严重违法审判行为外,法官依法履职的行为不得暂停或者终止。

39. 法官依法审判不受行政机关、社会团体和个人的干涉。任何组织和个人违法干预司法活动、过问和插手具体案件处理的,应当依照规定予以记录、通报和追究责任。

领导干部干预司法活动、插手具体案件和司法机关内部人员过问案件的,分别按照《领导干部干预司法活动、插手具体案件处理的记录、通报和责任追究规定》和《司法机关内部人员过问案件的记录和责任追究规定》及其实施办法处理。

40. 法官因依法履职遭受不实举报、诬告陷害,致使名誉受到损害的,或者经法官惩戒委员会等组织认定不应追究法律和纪律责任的,人民法院监察部门、新闻宣传部门应当在适当范围以适当形式及时澄清事实,消除不良影响,维护法官良好声誉。

41. 人民法院或者相关部门对法官作出错误处理的,应当赔礼道歉、恢复职务和名誉、消除影响,对造成经济损失的依法给予赔偿。

42. 法官因接受调查暂缓等级晋升的,后经有关部门认定不构成违法审判责任,或者法官惩戒委员会作出无责或者免责建议的,其等级晋升时间从暂缓之日起连续计算。

43. 依法及时惩治当庭损毁证据材料、庭审记录、法律文书和法庭设施等妨碍诉讼活动或者严重藐视法庭权威的行为。依法保护法官及其近亲属的人身和财产安全,依法及时惩治在法庭内外恐吓、威胁、侮辱、跟踪、骚扰、伤害法官及其近亲属等违法犯罪行为。

侵犯法官人格尊严,或者泄露依法不能公开的法官及其亲属隐私,干扰法官依法履职的,依法追究有关人员责任。

44. 加大对妨碍法官依法行使审判权、诬告陷害法官、藐视法庭权威、严重扰乱审判秩序等违法犯罪行为的惩罚力度,研究完善配套制度,推动相关法律的修改完善。

六、附　　则

45. 本意见所称法官是指经法官遴选委员会遴选后进入法官员额的法官。

46. 本意见关于审判责任的认定和追究适用于人民法院的法官、副庭长、庭长、审判委员会专职委员、副院长和院长。执行员、法官助理、书记员、司法警察等审判辅助人员的责任认定和追究参照执行。

技术调查官等其他审判辅助人员的职责另行规定。

人民陪审员制度改革试点地区法院人民陪审案件中的审判责任根据《人民陪审员制度改革试点方案》另行规定。

47. 本意见由最高人民法院负责解释。

48. 本意见适用于中央确定的司法体制改革试点法院和最高人民法院确定的审判权力运行机制改革试点法院。

最高人民法院
2015 年 9 月 21 日

关于依法保障律师执业权利的规定

第一条　为切实保障律师执业权利,充分发挥律师维护当事人合法权益、维护法律正确实施、维护社会公平和正义的作用，促进司法公正，根据有关法律法规，制定本规定。

第二条 人民法院、人民检察院、公安机关、国家安全机关、司法行政机关应当尊重律师，健全律师执业权利保障制度，依照刑事诉讼法、民事诉讼法、行政诉讼法及律师法的规定，在各自职责范围内依法保障律师知情权、申请权、申诉权，以及会见、阅卷、收集证据和发问、质证、辩论等方面的执业权利，不得阻碍律师依法履行辩护、代理职责，不得侵害律师合法权利。

第三条 人民法院、人民检察院、公安机关、国家安全机关、司法行政机关和律师协会应当建立健全律师执业权利救济机制。

律师因依法执业受到侮辱、诽谤、威胁、报复、人身伤害的，有关机关应当及时制止并依法处理，必要时对律师采取保护措施。

第四条 人民法院、人民检察院、公安机关、国家安全机关、司法行政机关应当建立和完善诉讼服务中心、立案或受案场所、律师会见室、阅卷室，规范工作流程，方便律师办理立案、会见、阅卷、参与庭审、申请执行等事务。探索建立网络信息系统和律师服务平台，提高案件办理效率。

第五条 办案机关在办理案件中应当依法告知当事人有权委托辩护人、诉讼代理人。对于符合法律援助条件而没有委托辩护人或者诉讼代理人的，办案机关应当及时告知当事人有权申请法律援助，并按照相关规定向法律援助机构转交申请材料。办案机关发现犯罪嫌疑人、被告人属于依法应当提供法律援助的情形的，应当及时通知法律援助机构指派律师为其提供辩护。

第六条 辩护律师接受犯罪嫌疑人、被告人委托或者法律援助机构的指派后，应当告知办案机关，并可以依法向办案机关了解犯罪嫌疑人、被告人涉嫌或者被指控的罪名及当时已查明的该罪的主要事实，犯罪嫌疑人、被告人

被采取、变更、解除强制措施的情况，侦查机关延长侦查羁押期限等情况，办案机关应当依法及时告知辩护律师。

办案机关作出移送审查起诉、退回补充侦查、提起公诉、延期审理、二审不开庭审理、宣告判决等重大程序性决定的，以及人民检察院将直接受理立案侦查案件报请上一级人民检察院审查决定逮捕的，应当依法及时告知辩护律师。

第七条 辩护律师到看守所会见在押的犯罪嫌疑人、被告人，看守所在查验律师执业证书、律师事务所证明和委托书或者法律援助公函后，应当及时安排会见。能当时安排的，应当当时安排；不能当时安排的，看守所应当向辩护律师说明情况，并保证辩护律师在四十八小时以内会见到在押的犯罪嫌疑人、被告人。

看守所安排会见不得附加其他条件或者变相要求辩护律师提交法律规定以外的其他文件、材料，不得以未收到办案机关通知为由拒绝安排辩护律师会见。

看守所应当设立会见预约平台，采取网上预约、电话预约等方式为辩护律师会见提供便利，但不得以未预约会见为由拒绝安排辩护律师会见。

辩护律师会见在押的犯罪嫌疑人、被告人时，看守所应当采取必要措施，保障会见顺利和安全进行。律师会见在押的犯罪嫌疑人、被告人的，看守所应当保障律师履行辩护职责需要的时间和次数，并与看守所工作安排和办案机关侦查工作相协调。辩护律师会见犯罪嫌疑人、被告人时不被监听，办案机关不得派员在场。在律师会见室不足的情况下，看守所经辩护律师书面同意，可以安排在讯问室会见，但应当关闭录音、监听设备。犯罪嫌疑人、被告人委托两名律师担任辩护人的，两名辩护律师可以共同会见，也可以单独会见。辩护律师可以带一名律师助理协助会见。助理人员随同辩护律师参加会见的，应当出示律师事务所证明和律师执业证书或申请律师执业人员实

习证。办案机关应当核实律师助理的身份。

第八条 在押的犯罪嫌疑人、被告人提出解除委托关系的,办案机关应当要求其出具或签署书面文件,并在三日以内转交受委托的律师或者律师事务所。辩护律师可以要求会见在押的犯罪嫌疑人、被告人,当面向其确认解除委托关系,看守所应当安排会见;但犯罪嫌疑人、被告人书面拒绝会见的,看守所应当将有关书面材料转交辩护律师,不予安排会见。

在押的犯罪嫌疑人、被告人的监护人、近亲属解除代为委托辩护律师关系的,经犯罪嫌疑人、被告人同意的,看守所应当允许新代为委托的辩护律师会见,由犯罪嫌疑人、被告人确认新的委托关系;犯罪嫌疑人、被告人不同意解除原辩护律师的委托关系的,看守所应当终止新代为委托的辩护律师会见。

第九条 辩护律师在侦查期间要求会见危害国家安全犯罪、恐怖活动犯罪、特别重大贿赂犯罪案件在押的犯罪嫌疑人的,应当向侦查机关提出申请。侦查机关应当依法及时审查辩护律师提出的会见申请,在三日以内将是否许可的决定书面答复辩护律师,并明确告知负责与辩护律师联系的部门及工作人员的联系方式。对许可会见的,应当向辩护律师出具许可决定文书;因有碍侦查或者可能泄露国家秘密而不许可会见的,应当向辩护律师说明理由。有碍侦查或者可能泄露国家秘密的情形消失后,应许可会见,并及时通知看守所和辩护律师。对特别重大贿赂案件在侦查终结前,侦查机关应当许可辩护律师至少会见一次犯罪嫌疑人。

侦查机关不得随意解释和扩大前款所述三类案件的范围,限制律师会见。

第十条 自案件移送审查起诉之日起,辩护律师会见犯罪嫌疑人、被告人,可以向其核实有关证据。

第十一条 辩护律师会见在押的犯罪嫌疑人、被告人,可以根据需要制作会见笔录,并要求犯罪嫌疑人、被告人确认无误后在笔录上签名。

第十二条 辩护律师会见在押的犯罪嫌疑人、被告人需要翻译人员随同参加的,应当提前向办案机关提出申请,并提交翻译人员身份证明及其所在单位出具的证明。办案机关应当及时审查并在三日以内作出是否许可的决定。许可翻译人员参加会见的,应当向辩护律师出具许可决定文书,并通知看守所。不许可的,应当向辩护律师书面说明理由,并通知其更换。

翻译人员应当持办案机关许可决定文书和本人身份证明,随同辩护律师参加会见。

第十三条 看守所应当及时传递辩护律师同犯罪嫌疑人、被告人的往来信件。看守所可以对信件进行必要的检查,但不得截留、复制、删改信件,不得向办案机关提供信件内容,但信件内容涉及危害国家安全、公共安全、严重危害他人人身安全以及涉嫌串供、毁灭证据等情形的除外。

第十四条 辩护律师自人民检察院对案件审查起诉之日起,可以查阅、摘抄、复制本案的案卷材料,人民检察院检察委员会的讨论记录、人民法院合议庭、审判委员会的讨论记录以及其他依法不能公开的材料除外。人民检察院、人民法院应当为辩护律师查阅、摘抄、复制案卷材料提供便利,有条件的地方可以推行电子化阅卷,允许刻录、下载材料。侦查机关应当在案件移送审查起诉后三日以内,人民检察院应当在提起公诉后三日以内,将案件移送情况告知辩护律师。案件提起公诉后,人民检察院对案卷所附证据材料有调整或者补充的,应当及时告知辩护律师。辩护律师对调整或者补充的证据材料,有权查阅、摘抄、复制。辩护律师办理申诉、抗诉案件,在人民检察院、人民法院经审查决定立案后,可以持律师执业证书、律师事务所证明和委托书或者法律援助公函到案卷档案管理部门,持有案卷档案的办案部门查阅、摘抄、复制已经审理终结案件的案卷材料。

辩护律师提出阅卷要求的,人民检察院、人民法院应当当时安排辩护律师阅卷,无法当时安排的,应当向辩护律师说明并安排其在三个工作日以内阅卷,不得限制辩护律师阅卷的次数和时间。有条件的地方可以设立阅卷预约平台。

人民检察院、人民法院应当为辩护律师阅卷提供场所和便利,配备必要的设备。因复制材料发生费用的,只收取工本费用。律师办理法律援助案件复制材料发生的费用,应当予以免收或者减收。辩护律师可以采用复印、拍照、扫描、电子数据拷贝等方式复制案卷材料,可以根据需要带律师助理协助阅卷。办案机关应当核实律师助理的身份。

辩护律师查阅、摘抄、复制的案卷材料属于国家秘密的,应当经过人民检察院、人民法院同意并遵守国家保密规定。律师不得违反规定,披露、散布案件重要信息和案卷材料,或者将其用于本案辩护、代理以外的其他用途。

第十五条 辩护律师提交与案件有关材料的,办案机关应当在工作时间和办公场所予以接待,当面了解辩护律师提交材料的目的、材料的来源和主要内容等有关情况并记录在案,与相关材料一并附卷,并出具回执。辩护律师应当提交原件,提交原件确有困难的,经办案机关准许,也可以提交复印件,经与原件核对无误后由辩护律师签名确认。辩护律师通过服务平台网上提交相关材料的,办案机关应当在网上出具回执。辩护律师应当及时向办案机关提供原件核对,并签名确认。

第十六条 在刑事诉讼审查起诉、审理期间,辩护律师书面申请调取公安机关、人民检察院在侦查、审查起诉期间收集但未提交的证明犯罪嫌疑人、被告人无罪或者罪轻的证据材料的,人民检察院、人民法院应当依法及时审查。经审查,认为辩护律师申请调取的证据材料已收集并且与案件事实有联系的,应当及时调取。相关证据材料提交后,人民检察院、人民法院应当及时通知辩护律师查阅、摘抄、复制。经审查决定不予调取的,应当书面说明理由。

第十七条 辩护律师申请向被害人或者其近亲属、被害人提供的证人收集与本案有关的材料的,人民检察院、人民法院应当在七日以内作出是否许可的决定,并通知辩护律师。辩护律师书面提出有关申请时,办案机关不许可的,应当书面说明理由;辩护律师口头提出申请的,办案机关可以口头答复。

第十八条 辩护律师申请人民检察院、人民法院收集、调取证据的,人民检察院、人民法院应当在三日以内作出是否同意的决定,并通知辩护律师。辩护律师书面提出有关申请时,办案机关不同意的,应当书面说明理由;辩护律师口头提出申请的,办案机关可以口头答复。

第十九条 辩护律师申请向正在服刑的罪犯收集与案件有关的材料的,监狱和其他监管机关在查验律师执业证书、律师事务所证明和犯罪嫌疑人、被告人委托书或法律援助公函后,应当及时安排并提供合适的场所和便利。

正在服刑的罪犯属于辩护律师所承办案件的被害人或者其近亲属、被害人提供的证人的,应当经人民检察院或者人民法院许可。

第二十条 在民事诉讼、行政诉讼过程中,律师因客观原因无法自行收集证据的,可以依法向人民法院申请调取。经审查符合规定的,人民法院应当予以调取。

第二十一条 侦查机关在案件侦查终结前,人民检察院、人民法院在审查批准、决定逮捕期间,最高人民法院在复核死刑案件期间,辩护律师提出要求的,办案机关应当听取律师的意见。人民检察院审查起诉、第二审人民法院决定不开庭审理的,应当充分听取辩护律师的意见。

辩护律师要求当面反映意见或者提交证据材料的,办案机关应当依法办理,并制作笔录附卷。辩护律师提出的书面意见和证据材料,应当附卷。

第二十二条 辩护律师书面申请变更或者解除强制措施的,办案机关应当在三日以内作出处理决定。辩护律师的申请符合法律规定的,办案机关应当及时变更或者解除强制措施;经审查认为不应当变更或者解除强制措施的,应当告知辩护律师,并书面说明理由。

第二十三条 辩护律师在侦查、审查起诉、审判期间发现案件有关证据存在刑事诉讼法第五十四条规定的情形的,可以向办案机关申请排除非法证据。

辩护律师在开庭以前申请排除非法证据,人民法院对证据收集合法性有疑问的,应当依照刑事诉讼法第一百八十二条第二款的规定召开庭前会议,就非法证据排除问题了解情况,听取意见。

辩护律师申请排除非法证据的,办案机关应当听取辩护律师的意见,按照法定程序审查核实相关证据,并依法决定是否予以排除。

第二十四条 辩护律师在开庭以前提出召开庭前会议、回避、补充鉴定或者重新鉴定以及证人、鉴定人出庭等申请的,人民法院应当及时审查作出处理决定,并告知辩护律师。

第二十五条 人民法院确定案件开庭日期时,应当为律师出庭预留必要的准备时间并书面通知律师。律师因开庭日期冲突等正当理由申请变更开庭日期的,人民法院应当在不影响案件审理期限的情况下,予以考虑并调整日期,决定调整日期的,应当及时通知律师。

律师可以根据需要,向人民法院申请带律师助理参加庭审。律师助理参加庭审仅能从事相关辅助工作,不得发表辩护、代理意见。

第二十六条 有条件的人民法院应当建立律师参与诉讼专门通道,律师进入人民法院参与诉讼确需安全检查的,应当与出庭履行职务的检察人员同等对待。有条件的人民法院应当设置专门的律师更衣室、休息室或者休息区域,并配备必要的桌椅、饮水及上网设施等,为律师参与诉讼提供便利。

第二十七条 法庭审理过程中,律师对审判人员、检察人员提出回避申请的,人民法院、人民检察院应当依法作出处理。

第二十八条 法庭审理过程中,经审判长准许,律师可以向当事人、证人、鉴定人和有专门知识的人发问。

第二十九条 法庭审理过程中,律师可以就证据的真实性、合法性、关联性,从证明目的、证明效果、证明标准、证明过程等方面,进行法庭质证和相关辩论。

第三十条 法庭审理过程中,律师可以就案件事实、证据和适用法律等问题,进行法庭辩论。

第三十一条 法庭审理过程中,法官应当注重诉讼权利平等和控辩平衡。对于律师发问、质证、辩论的内容、方式、时间等,法庭应当依法公正保障,以便律师充分发表意见,查清案件事实。

法庭审理过程中,法官可以对律师的发问、辩论进行引导,除发言过于重复、相关问题已在庭前会议达成一致、与案件无关或者侮辱、诽谤、威胁他人,故意扰乱法庭秩序的情况外,法官不得随意打断或者制止律师按程序进行的发言。

第三十二条 法庭审理过程中,律师可以提出证据材料,申请通知新的证人、有专门知识的人出庭,申请调取新的证据,申请重新鉴定或者勘验、检查。在民事诉讼中,申请有专门知识的人出庭,应当在举证期限届满前向人民法院申请,经法庭许可后才可以出庭。

第三十三条 法庭审理过程中,遇有被告人供述发生重大变化、拒绝辩护等重大情形,经审判长许可,辩护律师可以与被告人进行交流。

第三十四条 法庭审理过程中,有下列情形之一的,律师可以向法庭申请休庭:

（一）辩护律师因法定情形拒绝为被告人辩护的；
（二）被告人拒绝辩护律师为其辩护的；
（三）需要对新的证据作辩护准备的；
（四）其他严重影响庭审正常进行的情形。

第三十五条 辩护律师作无罪辩护的，可以当庭就量刑问题发表辩护意见，也可以庭后提交量刑辩护意见。

第三十六条 人民法院适用普通程序审理案件，应当在裁判文书中写明律师依法提出的辩护、代理意见，以及是否采纳的情况，并说明理由。

第三十七条 对于诉讼中的重大程序信息和送达当事人的诉讼文书，办案机关应当通知辩护、代理律师。

第三十八条 法庭审理过程中，律师就回避、案件管辖、非法证据排除、申请通知证人、鉴定人、有专门知识的人出庭、申请通知新的证人到庭、调取新的证据、申请重新鉴定、勘验等问题当庭提出申请，或者对法庭审理程序提出异议的，法庭原则上应当休庭进行审查，依照法定程序作出决定。其他律师有相同异议的，应一并提出，法庭一并休庭审查。法庭决定驳回申请或者异议的，律师可当庭提出复议。经复议后，律师应当尊重法庭的决定，服从法庭的安排。

律师不服法庭决定保留意见的内容应当详细记入法庭笔录，可以作为上诉理由，或者向同级或者上一级人民检察院申诉、控告。

第三十九条 律师申请查阅人民法院录制的庭审过程的录音、录像，人民法院应当准许。

第四十条 侦查机关依法对在诉讼活动中涉嫌犯罪的律师采取强制措施后，应当在四十八小时以内通知其所在的律师事务所或者所属的律师协会。

第四十一条 律师认为办案机关及其工作人员明显违反法律规定，阻碍律师依法履行辩护、代理职责，侵犯律师执业权利的，可以向该办案机关或者其上一级机关投诉。

办案机关应当畅通律师反映问题和投诉的渠道，明确专门部门负责处理律师投诉，并公开联系方式。

办案机关应当对律师的投诉及时调查，律师要求当面反映情况的，应当当面听取律师的意见。经调查情况属实的，应当依法立即纠正，及时答复律师，做好说明解释工作，并将处理情况通报其所在地司法行政机关或者所属的律师协会。

第四十二条 在刑事诉讼中，律师认为办案机关及其工作人员的下列行为阻碍律师依法行使诉讼权利的，可以向同级或者上一级人民检察院申诉、控告：
（一）未依法向律师履行告知、转达、通知和送达义务的；
（二）办案机关认定律师不得担任辩护人、代理人的情形有误的；
（三）对律师依法提出的申请，不接收、不答复的；
（四）依法应当许可律师提出的申请未许可的；
（五）依法应当听取律师的意见未听取的；
（六）其他阻碍律师依法行使诉讼权利的行为。

律师依照前款规定提出申诉、控告的，人民检察院应当在受理后十日以内进行审查，并将处理情况书面答复律师。情况属实的，通知有关机关予以纠正。情况不属实的，做好说明解释工作。

人民检察院应当依法严格履行保障律师依法执业的法律监督职责，处理律师申诉控告。在办案过程中发现有阻碍律师依法行使诉讼权利行为的，应当依法、及时提出纠正意见。

第四十三条 办案机关或者其上一级机关、人民检察院对律师提出的投诉、申诉、控告,经调查核实后要求有关机关予以纠正,有关机关拒不纠正或者累纠累犯的,应当由相关机关的纪检监察部门依照有关规定调查处理,相关责任人构成违纪的,给予纪律处分。

第四十四条 律师认为办案机关及其工作人员阻碍其依法行使执业权利的,可以向其所执业律师事务所所在地的市级司法行政机关、所属的律师协会申请维护执业权利。情况紧急的,可以向事发地的司法行政机关、律师协会申请维护执业权利。事发地的司法行政机关、律师协会应当给予协助。

司法行政机关、律师协会应当建立维护律师执业权利快速处置机制和联动机制,及时安排专人负责协调处理。律师的维权申请合法有据的,司法行政机关、律师协会应当建议有关办案机关依法处理,有关办案机关应当将处理情况及时反馈司法行政机关、律师协会。

司法行政机关、律师协会持有关证明调查核实律师权益保障或者违纪有关情况的,办案机关应当予以配合、协助,提供相关材料。

第四十五条 人民法院、人民检察院、公安机关、国家安全机关、司法行政机关和律师协会应当建立联席会议制度,定期沟通保障律师执业权利工作情况,及时调查处理侵犯律师执业权利的突发事件。

第四十六条 依法规范法律服务秩序,严肃查处假冒律师执业和非法从事法律服务的行为。对未取得律师执业证书或者已经被注销、吊销执业证书的人员以律师名义提供法律服务或者从事相关活动的,或者利用相关法律关于公民代理的规定从事诉讼代理或者辩护业务非法牟利的,依法追究责任,造成严重后果的,依法追究刑事责任。

第四十七条 本规定所称"办案机关",是指负责侦查、审查逮捕、审查起诉和审判工作的公安机关、国家安全机关、人民检察院和人民法院。

第四十八条 本规定所称"律师助理",是指辩护、代理律师所在律师事务所的其他律师和申请律师执业实习人员。

第四十九条 本规定自发布之日起施行。

人民法院落实《司法机关内部人员过问案件的记录和责任追究规定》的实施办法

第一条 为落实中央政法委印发的《司法机关内部人员过问案件的记录和责任追究规定》,确保公正廉洁司法,结合人民法院工作实际,制定本办法。

第二条 人民法院工作人员遇有案件当事人及其关系人请托过问案件、说情打招呼或者打探案情的,应当予以拒绝。

第三条 人民法院工作人员遇有案件当事人及其关系人当面请托不按正当渠道转递涉案材料等要求的,应当告知其直接递交办案单位和办案人员,或者通过人民法院诉讼服务大厅等正当渠道递交。

对于案件当事人及其关系人通过非正当渠道邮寄的涉案材料,收件的人民法院工作人员应当视情退回或者销毁,不得转交办案单位或者办案人员。

第四条 人民法院工作人员遇有案件当事人及其关系人请托打听案件办理进展情况的,应当告知其直接向办案单位和办案人员询问,或者通过人民法院司法信息公开平台或者诉讼服务平台等正当渠道进行查询。案件当事人及其关系人反映询问、查询无结果的,可以建议案件当事人及其关系人向人民法院监察部门投诉。

第五条 人民法院工作人员因履行法定职责需要过问案件或者批转、转递涉案材料的,应当依照法定程序或相关工作程序进行,并且做到全程留痕,永久保存。

人民法院工作人员非因履行法定职责或者非经法定程序或相关工作程序,不得向办案单位和办案人员过问正在办理的案件,不得向办案单位和办案人员批转、转递涉案材料。

第六条 人民法院领导干部和上级人民法院工作人员因履行法定职责,需要对正在办理的案件提出监督、指导意见的,应当依照法定程序或相关工作程序以书面形式提出,口头提出的,应当由办案人员如实记录在案。

第七条 人民法院办案人员应当将人民法院领导干部和上级人民法院工作人员因履行法定职责提出监督、指导意见的批示、函文、记录等资料存入案卷备查。

第八条 其他司法机关工作人员因履行法定职责,需要了解人民法院正在办理的案件有关情况的,人民法院办案人员应当要求对方出具法律文书或者公函等证明文件,将接洽情况记录在案,并存入案卷备查。对方未出具法律文书或者公函等证明文件的,可以拒绝提供情况。

第九条 人民法院应当在案件信息管理系统中设立司法机关内部人员过问案件信息专库,明确录入、存储、报送、查看和处理相关信息的责任权限和工作流程。人民法院监察部门负责专库的维护和管理工作。

第十条 人民法院办案人员在办案工作中遇有司法机关内部人员在法定程序或相关工作程序之外过问案件情况的,应当及时将过问人的姓名、单位、职务以及过问案件的情况全面、如实地录入司法机关内部人员过问案件信息专库,并留存相关资料,做到有据可查。

第十一条 人民法院监察部门应当每季度对司法机关内部人员过问案件信息专库中录入的内容进行汇总分析。若发现司法机关内部人员违反规定过问案件的问题线索,应当按照以下方式进行处置:

(一)涉及本院监察部门管辖对象的问题线索,由本院监察部门直接调查处理;

(二)涉及上级人民法院监察部门管辖对象的问题线索,直接呈报有管辖权的上级人民法院监察部门调查处理;

(三)涉及下级人民法院监察部门管辖对象的问题线索,可以逐级移交有管辖权的人民法院监察部门调查处理,也可以直接进行调查处理;

(四)涉及其他司法机关人员的问题线索,直接移送涉及人员所在司法机关纪检监察部门调查处理。

人民法院纪检监察部门接到其他人民法院或者其他司法机关纪检监察部门移送的问题线索后,应当及时调查处理,并将调查处理结果通报移送问题线索的纪检监察部门。

第十二条 人民法院工作人员具有下列情形之一的,属于违反规定过问案件的行为,应当依照《人民法院工作人员处分条例》第三十三条规定给予纪律处分;涉嫌犯罪的,移送司法机关处理:

(一)为案件当事人及其关系人请托说情、打探案情、通风报信的;

(二)邀请办案人员私下会见案件当事人及其关系人的;

(三)不依照正当程序为案件当事人及其关系人批转、转递涉案材料的;

(四)非因履行职责或者非经正当程序过问他人正在办理的案件的;

(五)其他违反规定过问案件的行为。

第十三条 人民法院监察部门在报经本院主要领导批准后,可以将本院和辖区人民法院查处人民法院工作人员违反规定过问案件行为的情况在人民法院内部进行通报,必要时也可以向社会公开。

第十四条 人民法院办案人员具有下列情形之一的,属于违反办案纪律的行为,初次

发生的,应当予以警告、通报批评;发生两次以上的,应当依照《人民法院工作人员处分条例》第五十四条规定给予纪律处分:

(一)对人民法院领导干部和上级人民法院工作人员口头提出的监督、指导意见不记录或者不如实记录的;

(二)对人民法院领导干部和上级人民法院工作人员提出监督、指导意见的批示、函文、记录等资料不装入案卷备查的;

(三)对其他司法机关工作人员了解案件情况的接洽情况不记录、不如实记录或者不将记录及法律文书、联系公函等证明文件存入案卷的;

(四)对司法机关内部人员在法定程序或者相关工作程序之外过问案件的情况不录入,或者不如实录入司法机关内部人员过问案件信息专库的。

第十五条 人民法院监察部门对司法机关内部人员过问案件的问题线索不按规定及时处置或者调查处理的,应当由上级人民法院监察部门依照《人民法院工作人员处分条例》第六十九条规定给予纪律处分;涉嫌犯罪的,移送司法机关处理。

第十六条 人民法院领导干部授意人民法院监察部门对司法机关内部人员违反规定过问案件的问题线索不移送、不查处,或者授意下属不按规定对司法机关内部人员违反过问案件情况进行记录、存卷、入库的,应当分别依照《人民法院工作人员处分条例》第六十九条、第七十六条规定给予纪律处分。

第十七条 人民法院办案人员如实记录司法机关内部人员过问案件情况的行为,受法律和组织保护。

非因法定事由,非经法定程序,人民法院办案人员不得被免职、调离、辞退或者给予降级、撤职、开除等处分。

第十八条 人民法院工作人员对如实记录司法机关内部人员过问案件情况的办案人员进行打击报复或者具有辱骂、殴打、诬告等行为的,应当分别依照《人民法院工作人员处分条例》第七十条、第九十八条规定给予纪律处分;涉嫌犯罪的,移送司法机关处理。

第十九条 人民法院工作人员执行本办法的情况,应当纳入考核评价体系,作为评价其是否遵守法律、依法办事、廉洁自律以及评先评优、晋职晋级的重要依据。

第二十条 因监管、惩治不力,导致职责范围内多次发生人民法院工作人员违反规定过问案件问题的,应当追究单位负责人的党风廉政建设主体责任和纪检监察部门的监督责任。

第二十一条 人民法院的党员干部违反本办法并同时违反《中国共产党纪律处分条例》的,应当在给予政纪处分的同时,给予相应的党纪处分。

第二十二条 本办法所称案件当事人及其关系人是指案件当事人或其辩护人、诉讼代理人、近亲属以及其他与案件或案件当事人有利害关系的人员;本办法所称人民法院领导干部是指各级人民法院及其直属单位内设机构副职以上领导干部;本办法所称人民法院工作人员,是指人民法院在编人员;本办法所称人民法院办案人员是指参与案件办理、评议、审核、审议的人民法院的院长、副院长、审委会委员、庭长、副庭长、合议庭成员、独任法官、审判辅助人员等人员。

人民法院退休离职人员、人民陪审员、聘用人员违反本办法的,参照本办法进行处理。

第二十三条 本办法由最高人民法院负责解释。

第二十四条 本办法自 2015 年 8 月 20 日起施行。最高人民法院此前颁布的《关于在审判工作中防止法院内部人员干扰办案的若干规定》同时废止。

人民法院落实《领导干部干预司法活动、插手具体案件处理的记录、通报和责任追究规定》的实施办法

为落实中共中央办公厅、国务院办公厅《领导干部干预司法活动、插手具体案件处理的记录、通报和责任追究规定》（中办发〔2015〕23号，以下简称《规定》），保障人民法院依法独立公正行使审判权，结合法院工作实际，制定本办法。

第一条 人民法院依照宪法和法律规定独立公正行使审判权，不受行政机关、社会团体和个人的干涉，不得执行任何组织、个人违反法定职责或者法定程序、有碍司法公正的要求。

第二条 人民法院以外的组织、个人在诉讼程序之外递转的涉及具体案件的函文、信件或者口头意见，人民法院工作人员均应当全面、如实、及时地予以记录，并留存相关材料，做到全程留痕、永久存储、有据可查。

领导干部以个人或者组织名义向人民法院提出案件处理要求的，或者领导干部身边工作人员、亲属干预司法活动、插手具体案件处理的，人民法院均应当记录，并留存相关材料。

第三条 人民法院应当依托信息技术，在案件信息管理系统中设立外部人员过问信息专库，明确录入、存储、报送、查看和处理相关信息的流程和权限。外部人员过问信息录入案件信息管理系统时，应当同步录入外部人员过问信息专库。人民法院专门审判管理机构负责专库的维护和管理工作。

第四条 人民法院工作人员根据本办法第二条履行记录义务时，应当如实记录相关人员的姓名、所在单位与职务、来文来函的时间、内容和形式等情况；对于利用手机短信、微博客、微信、电子邮件等网络信息方式过问具体案件的，还应当记录信息存储介质情况；对于以口头方式过问具体案件的，还应当记录发生场所、在场人员等情况，其他在场的人民法院工作人员应当签字确认。

上述记录及相关函文、信件、视听资料、电子数据等，应当一并录入、分类存储。书面材料一律附随案件卷宗归档备查，其他材料归档时应当注明去向。

第五条 党政机关、行业协会商会、社会公益组织和依法承担行政职能的事业单位，受人民法院委托或者许可，依照工作程序就涉及国家利益、社会公共利益的案件提出的参考意见，可以不录入外部人员过问信息专库，但相关材料应当存入案件正卷备查。

第六条 人民法院应当每季度对外部人员过问信息专库中涉及领导干部过问的内容进行汇总分析，报送同级党委政法委和上一级人民法院；记录内容涉及同级党委或者党委政法委主要领导干部的，应当报送上一级党委政法委和上一级人民法院。人民法院认为领导干部干预司法活动、插手具体案件处理情节严重，可能造成冤假错案或者其他严重后果的，应当立即报告，并层报最高人民法院。

各高级人民法院应当加强辖区内法院贯彻实施《规定》情况的督促检查工作，将《规定》和本办法执行情况及时报告最高人民法院，并每半年向各省、自治区、直辖市党委政法委报送一次。

第七条 人民法院报送外部过问案件情况时，应当将领导干部的下述行为列为特别报

告事项：

（一）在审判、执行等环节为案件当事人请托说情的；

（二）要求人民法院工作人员私下会见、联系案件当事人或者其辩护人、诉讼代理人、近亲属以及其他与案件有利害关系的人的；

（三）授意、纵容身边工作人员或者亲属为案件当事人请托说情的；

（四）以听取汇报、开协调会、发文件、打电话等形式，超越职权对案件处理提出倾向性意见或者具体要求的；

（五）要求人民法院立案、不予立案、拖延立案或者人为控制立案的；

（六）要求人民法院采取中止审理、延长审限、不计入审限等措施拖延结案或者压缩办案时间结案的；

（七）要求人民法院对保全标的物、执行标的物采取、暂缓或者解除扣押、查封和冻结措施的；

（八）要求人民法院选择特定鉴定机构、资产评估机构、拍卖机构或者破产企业资产管理人的；

（九）要求人民法院将执行案款优先发放给特定申请执行人的；

（十）要求人民法院对案件拖延执行或者作中止执行、终结执行处理的；

（十一）要求人民法院将刑事涉案财物发还特定被害人或者移交特定机关的；

（十二）要求人民法院对当事人采取强制措施，或者要求对被依法采取强制措施的当事人解除、变更强制措施的；

（十三）要求人民法院在减刑、假释案件审理过程中对罪犯从严或者从宽处理的；

（十四）批转案件当事人或者其辩护人、诉讼代理人、近亲属以及其他与案件有利害关系的人单方提交的涉案材料或者专家意见书的；

（十五）其他有必要作为特别报告事项的行为。

第八条 人民法院工作人员不记录或者不如实记录领导干部干预司法活动、插手具体案件处理情况的，应当予以警告、通报批评；有两次以上不记录或者不如实记录情形的，应当依照《人民法院工作人员处分条例》第五十四条规定给予纪律处分。主管领导授意不记录或者不如实记录的，应当依照《人民法院工作人员处分条例》第七十六条规定给予纪律处分。

第九条 人民法院工作人员因严格执行《规定》和本办法，而在考评、晋升、履职等方面遭遇特定组织、个人的刁难、打击和报复时，可以向上一级人民法院提出控告。相关人民法院应当及时向同级党委政法委报告，必要时可以层报最高人民法院。

第十条 本办法所称领导干部，是指在各级党的机关、人大机关、行政机关、政协机关、检察机关、军事机关以及公司、企业、事业单位、社会团体中具有国家工作人员身份的领导干部，也包括离退休领导干部。

本办法所称人民法院工作人员，是指各级人民法院中依法履行审判、审判辅助、司法行政职能，在编在职的除工勤人员以外的人员。人民法院聘用人员参照适用。

人民法院领导干部过问案件、打探案情、请托说情的，适用《司法机关内部人员过问案件的记录和责任追究规定》及其实施办法。

第十一条 本办法由最高人民法院负责解释。各高级人民法院可以依照本办法制定实施细则，并报最高人民法院备案。

第十二条 本办法自2015年8月20日起施行。

最高人民法院　司法部
关于印发《人民陪审员制度改革试点工作实施办法》的通知

北京、河北、黑龙江、江苏、福建、山东、河南、广西、重庆、陕西高级人民法院、司法厅（局）：

为贯彻落实党的十八届三中、四中全会关于人民陪审员制度改革的部署，确保人民陪审员制度改革试点工作稳妥有序推进，根据最高人民法院与司法部联合印发的《人民陪审员制度改革试点方案》（法〔2015〕100号），结合工作实际，制定《人民陪审员制度改革试点工作实施办法》。现将文件印发给你们，请认真组织实施。实施过程中遇到的问题请及时报告最高人民法院和司法部。

最高人民法院　司法部
2015年5月20日

为推进司法民主，促进司法公正，保障人民群众有序参与司法，提升人民陪审员制度公信度和司法公信力，根据中央全面深化改革领导小组第十一次全体会议审议通过的《人民陪审员制度改革试点方案》和第十二届全国人民代表大会常务委员会第十四次会议审议通过的《关于授权在部分地区开展人民陪审员制度改革试点工作的决定》，结合审判工作实际，制定本办法。

第一条 公民担任人民陪审员，应当具备下列条件：

（一）拥护中华人民共和国宪法；
（二）具有选举权和被选举权；
（三）年满二十八周岁；
（四）品行良好、公道正派；
（五）身体健康。

担任人民陪审员，一般应当具有高中以上文化学历，但农村地区和贫困偏远地区德高望重者不受此限。

第二条 人民陪审员依法享有参加审判活动、独立发表意见、获得履职保障等权利。

人民陪审员应当忠实履行陪审义务，保守国家秘密和审判工作秘密，秉公判断，不得徇私枉法。

第三条 下列人员不能担任人民陪审员：

（一）人民代表大会常务委员会组成人员，人民法院、人民检察院、公安机关、国家安全机关、司法行政机关的工作人员；
（二）执业律师、基层法律服务工作者等从事法律服务工作的人员；
（三）因其他原因不适宜担任人民陪审员的人员。

第四条 下列人员不得担任人民陪审员：

（一）因犯罪受过刑事处罚的；
（二）被开除公职的；
（三）被人民法院纳入失信被执行人名单的；
（四）因受惩戒被免除人民陪审员职务的。

第五条 基层人民法院根据本辖区案件数量和陪审工作实际，确定不低于本院法官员额数3倍的人民陪审员名额，陪审案件数量较多的法院也可以将人民陪审员名额设定为本院法官员额数的5倍以上。中级人民法院根据陪审案件数量等实际情况，合理确定本院人民陪审员名额。

试点期间，尚未开展法官员额制改革的，法官员额数暂按中央政法专项编制的39%计算。

试点工作开始前已经选任的人民陪审员，应当计入人民陪审员名额。

第六条 人民法院每五年从符合条件的选民或者常住居民名单中，随机抽选本院法官员额数5倍以上的人员作为人民陪审员候选人,建立人民陪审员候选人信息库。

当地选民名单是指人民法院辖区同级人大常委会选举时确认的选民名单。当地常住居民名单是指人民法院辖区同级户口登记机关登记的常住人口名单。直辖市中级人民法院可以参考案件管辖范围确定相对应的当地选民和常住人口范围。

第七条 人民法院会同同级司法行政机关对人民陪审员候选人进行资格审查,征求候选人意见。必要时,人民法院可以会同同级司法行政机关以适当方式听取公民所在单位、户籍所在地或者经常居住地的基层组织的意见。

第八条 人民法院会同同级司法行政机关,从通过资格审查的候选人名单中以随机抽选的方式确定人民陪审员人选,由院长提请人民代表大会常务委员会任命。人民法院应当将任命决定通知人民陪审员本人,将任命名单抄送同级司法行政机关,并逐级报高级人民法院备案,同时向社会公告。相关司法行政机关应当将任命名单逐级报省级司法行政机关备案。

第九条 人民法院应当建立人民陪审员信息库,制作人民陪审员名册,并抄送同级司法行政机关。

人民法院可以根据人民陪审员专业背景情况,结合本院审理案件的主要类型,建立专业人民陪审员信息库。

第十条 人民陪审员选任工作每五年进行一次。因人民陪审员退出等原因导致人民陪审员人数低于人民法院法官额数3倍的,或者因审判工作实际需要的,可以适当增补人民陪审员。增补程序参照选任程序进行。

第十一条 经选任为人民陪审员的应当进行集中公开宣誓。

第十二条 人民法院受理的第一审案件,除法律规定由法官独任审理或者由法官组成合议庭审理的以外,均可以适用人民陪审制审理。

有下列情形之一的第一审案件,原则上应当由人民陪审员和法官共同组成合议庭审理:

(一)涉及群体利益、社会公共利益、人民群众广泛关注或者其他社会影响较大的刑事、行政、民事案件。

(二)可能判处十年以上有期徒刑、无期徒刑的刑事案件;

(三)涉及征地拆迁、环境保护、食品药品安全的重大案件。

前款所列案件中,因涉及个人隐私、商业秘密或者其他原因,当事人申请不适用人民陪审制审理的,人民法院可以决定不适用人民陪审制审理。

第十三条 第一审刑事案件被告人、民事案件当事人和行政案件原告有权申请人民陪审员参加合议庭审判。人民法院接到申请后,经审查决定适用人民陪审制审理案件的,应当组成有人民陪审员参加的合议庭进行审判。

第十四条 人民法院应当结合本辖区实际情况,合理确定人民陪审员每人每年参与审理案件的数量上限,并向社会公告。

第十五条 适用人民陪审制审理第一审重大刑事、行政、民事案件的,人民陪审员在合议庭中的人数原则上应当在2人以上。

第十六条 参与合议庭审理案件的人民陪审员,应当在开庭前通过随机抽选的方式确定。

人民法院可以根据案件审理需要,从人民陪审员名册中随机抽选一定数量的候补人民陪审员,并确定递补顺序。

第十七条 当事人有权申请人民陪审员回避。人民陪审员的回避,参照有关法官回避的规定执行。

人民陪审员回避事由经审查成立的,人民法院应当及时从候补人员中确定递补人选。

第十八条 人民法院应当在开庭前,将相关权利和义务告知人民陪审员,并为其阅卷提供便利条件。

第十九条 在庭审过程中,人民陪审员有权依法参加案件调查和案件调解工作。经审判长同意，人民陪审员可以在休庭时组织双方当事人进行调解。

第二十条 适用人民陪审制审理案件的，庭审完毕后，审判长应当及时组织合议庭评议案件。当即评议确有困难的，应当将推迟评议的理由记录在卷。

第二十一条 合议庭评议时，审判长应当提请人民陪审员围绕案件事实认定问题发表意见，并对与事实认定有关的证据资格、证据规则、诉讼程序等问题及注意事项进行必要的说明，但不得妨碍人民陪审员对案件事实的独立判断。

第二十二条 人民陪审员应当全程参与合议庭评议，并就案件事实认定问题独立发表意见并进行表决。人民陪审员可以对案件的法律适用问题发表意见，但不参与表决。

第二十三条 合议庭评议案件前，审判长应当归纳并介绍需要通过评议讨论决定的案件事实问题，必要时可以以书面形式列出案件事实问题清单。

合议庭评议案件时，一般先由人民陪审员发表意见。

人民陪审员和法官共同对案件事实认定负责，如果意见分歧，应当按多数人意见对案件事实作出认定，但是少数人意见应当写入笔录。如果法官与人民陪审员多数意见存在重大分歧，且认为人民陪审员多数意见对事实的认定违反了证据规则，可能导致适用法律错误或者造成错案的，可以将案件提交院长决定是否由审判委员会讨论。提交审判委员会讨论决定的案件，审判委员会的决定理由应当在裁判文书中写明。

第二十四条 人民陪审员应当认真阅读评议笔录，确认无误后签名。人民陪审员应当审核裁判文书文稿中的事实认定结论部分并签名。

第二十五条 人民陪审员参与合议庭审理案件的，应当作为合议庭成员在裁判文书上署名。

第二十六条 人民陪审员有下列情形之一，经所在法院会同同级司法行政机关查证属实的，应当由法院院长提请同级人民代表大会常务委员会免除其人民陪审员职务：

（一）因年龄、疾病、职业、生活等原因难以履行陪审职责，向人民法院申请辞去人民陪审员职务的；

（二）被依法剥夺选举权和被选举权的；

（三）因犯罪受到刑事处罚、被开除公职或者被纳入失信被执行人名单的；

（四）担任本办法第三条所列职务的；

（五）其他不宜担任人民陪审员的情形。

人民陪审员被免除职务的，人民法院应当将免职决定通知被免职者本人，将免职名单抄送同级司法行政机关，并逐级报高级人民法院备案，同时向社会公告。相关司法行政机关应当将免职名单逐级报省级司法行政机关备案。

第二十七条 人民陪审员有下列情形之一，经所在法院会同同级司法行政机关查证属实的，除按程序免除其人民陪审员职务外，可以采取在辖区范围内公开通报、纳入个人诚信系统不良记录等措施进行惩戒；构成犯罪的，依法移送有关部门追究刑事责任：

（一）在人民陪审员资格审查中提供虚假材料的；

（二）一年内拒绝履行陪审职责达三次的；

（三）泄露国家秘密和审判工作秘密的；

（四）利用陪审职务便利索取或者收受贿赂的；

（五）充当诉讼掮客，为当事人介绍律师和评估、鉴定等中介机构的；

（六）滥用职权、徇私舞弊的；

（七）有其他损害陪审公信或司法公正行为的。

第二十八条 人民陪审员的选任、培训、考核和奖惩等日常管理工作，由人民法院会同同级司法行政机关负责。

人民法院和同级司法行政机关应当根据

试点期间的履职要求，改进人民陪审员培训形式和重点内容。具体培训制度由相关高级人民法院会同省级司法行政机关另行制定。

人民法院应当会同同级司法行政机关完善配套机制，搭建技术平台，为完善人民陪审员的信息管理、随机抽选、均衡参审和意见反馈系统提供技术支持。

第二十九条 人民陪审员制度实施所需经费列入人民法院、司法行政机关业务费预算予以保障。

人民陪审员因参加培训或者审判活动，被其所在单位解雇、减少工资或薪酬待遇的，由人民法院会同司法行政机关向其所在单位或者其所在单位的上级主管部门提出纠正意见。

人民法院和司法行政机关不得向社会公开人民陪审员的住所及其他个人信息。人民陪审员人身、财产安全受到威胁时，可以请求人民法院或者司法行政机关采取适当保护措施。

对破坏人民陪审员制度的行为，构成犯罪的，依法移送有关部门追究刑事责任。

第三十条 港澳台居民担任人民陪审员的选任条件和程序另行规定。

第三十一条 试点法院会同同级司法行政机关，根据《人民陪审员制度改革试点方案》和本办法，结合工作实际，制定具体工作方案和相关制度规定。具体工作方案由相关高级人民法院、省级司法行政机关统一汇总后于2015年5月30日前报最高人民法院、司法部备案。

试点法院会同同级司法行政机关，在制定实施方案、修订现有规范、做好机制衔接的前提下，从2015年5月全面开始试点，试点时间两年。2016年4月前，试点法院、司法行政机关应当将中期报告逐级层报最高人民法院、司法部。

第三十二条 本办法仅适用于北京、河北、黑龙江、江苏、福建、山东、河南、广西、重庆、陕西等10个省(自治区、直辖市)的试点法院(具体名单附后)。

第三十三条 本办法由最高人民法院、司法部负责解释。

第三十四条 本办法应当报全国人民代表大会常务委员会备案，自发布之日起实施；之前有关人民陪审员制度的规定与本办法不一致的，按照本办法执行。

附件 人民陪审员制度改革试点法院名单

北 京
北京市第二中级人民法院
北京市门头沟区人民法院
北京市东城区人民法院
北京市海淀区人民法院
北京市密云县人民法院
河 北
河北省邯郸市中级人民法院
河北省武安市人民法院
河北省石家庄市裕华区人民法院
河北省滦平县人民法院
河北省香河县人民法院
黑龙江
黑龙江省鸡西市中级人民法院
黑龙江省鸡西市鸡冠区人民法院
黑龙江省齐齐哈尔市龙江县人民法院
黑龙江省大庆市让胡路区人民法院
黑龙江省绥化市绥棱县人民法院
江 苏
江苏省南京市中级人民法院
江苏省盐城市中级人民法院
江苏省南京市鼓楼区人民法院
江苏省无锡市南长区人民法院
江苏省苏州市吴中区人民法院
福 建
福建省龙岩市中级人民法院
福建省厦门市海沧区人民法院
福建省龙海市人民法院
福建省晋江市人民法院
福建省龙岩市永定区人民法院

山 东
山东省青岛市中级人民法院
山东省青岛市崂山区人民法院
山东省威海市环翠区人民法院
山东省枣庄市峄城区人民法院
山东省章丘市人民法院
河 南
河南省安阳市中级人民法院
河南省安阳市龙安区人民法院
河南省郑州市中原区人民法院
河南省兰考县人民法院
河南省西峡县人民法院
广 西
广西壮族自治区崇左市中级人民法院
广西壮族自治区桂林市七星区人民法院
广西壮族自治区防城港市上思县人民法院
广西壮族自治区崇左市大新县人民法院
广西壮族自治区百色市右江区人民法院
重 庆
重庆市第三中级人民法院
重庆市沙坪坝区人民法院
重庆市梁平县人民法院
重庆市南川区人民法院
重庆市江津区人民法院
陕 西
陕西省渭南市中级人民法院
陕西省西安市雁塔区人民法院
陕西省安康市汉滨区人民法院
陕西省渭南华阴市人民法院
陕西省宝鸡市岐山县人民法院

附件2 最高人民法院、司法部关于印发《中华人民共和国人民陪审员宣誓规定(试行)》的通知

北京、河北、黑龙江、江苏、福建、山东、河南、广西、重庆、陕西高级人民法院、司法厅(局)：

为贯彻落实党的十八届三中、四中全会关于人民陪审员制度改革的部署,确保人民陪审员制度改革试点工作稳妥有序推进,根据最高人民法院与司法部联合印发的《人民陪审员制度改革试点方案》(法〔2015〕100号),结合工作实际,制定《中华人民共和国人民陪审员宣誓规定(试行)》。现将文件印发给你们,请认真组织实施。实施过程中遇到的问题请及时报告最高人民法院和司法部。

最高人民法院 司法部
2015年5月20日

中华人民共和国人民陪审员宣誓规定(试行)

第一条 为推进司法民主,增强人民陪审员履行职务的使命感、责任感和荣誉感,制定本规定。

第二条 人民陪审员经人民代表大会常务委员会任命后,应当公开进行宣誓。

第三条 人民陪审员宣誓仪式由人民法院会同同级司法行政机关组织实施。

第四条 人民陪审员宣誓誓词为:我是中华人民共和国人民陪审员,我宣誓:忠于国家,忠于人民,忠于宪法和法律,依法参加审判活动,忠实履行陪审职责,廉洁诚信,秉公判断,维护社会公平正义!

第五条 领誓人由人民法院院长或其委托的资深法官担任。

第六条 宣誓场地须悬挂国旗;宣誓开始时奏(唱)《中华人民共和国国歌》,宣誓人面向国旗,立正站姿,举起右手,握拳过肩;领誓人持相同站姿位于宣誓人前方,逐句领读誓词,宣誓人齐声复诵;誓词宣读完毕,在领誓人读出"宣誓人"后,报出自己姓名。

第七条 本规定由最高人民法院、司法部负责解释。

第八条 本规定自发布之日起施行。

（三）立　案

关于人民法院案件案号的若干规定

为统一规范人民法院案件案号的编制、使用与管理，根据有关法律、行政法规、司法解释及最高人民法院规范性文件规定，结合工作实际，制定本规定。

一、一般规定

第一条 本规定所称的案号是指用于区分各级法院办理案件的类型和次序的简要标识，由中文汉字、阿拉伯数字及括号组成。

第二条 案号的基本要素为收案年度、法院代字、类型代字、案件编号。

收案年度是收案的公历自然年，用阿拉伯数字表示。

法院代字是案件承办法院的简化标识，用中文汉字、阿拉伯数字表示。

类型代字是案件类型的简称，用中文汉字表示。

案件编号是收案的次序号，用阿拉伯数字表示。

第三条 案号各基本要素的编排规格为："（"+收案年度+"）"+法院代字+类型代字+案件编号+"号"。

每个案件编定的案号均应具有唯一性。

二、法院代字

第四条 最高人民法院的法院代字为"最高法"。

各省、自治区、直辖市高级人民法院的法院代字与其所在省、自治区、直辖市行政区划简称一致，但第三款规定情形除外。

内蒙古自治区高级人民法院、中国人民解放军军事法院、新疆维吾尔自治区高级人民法院生产建设兵团分院的法院代字分别为"内""军""兵"。

第五条 中级、基层法院的法院代字，分别由所属高院的法院代字与其数字代码组合而成。

中级、基层法院的数字代码，分别由两位、四位阿拉伯数字表示，并按下列规则确定：

（一）各省、自治区按地级市、地区、自治州、盟等地级行政区划设置的中级法院和按县、自治县、县级市、旗、自治旗、市辖区、林区、特区等县级行政区划设置的基层法院，数字代码分别与其相应行政区划代码（即三层六位层次码）的中间两位、后四位数字一致；

（二）直辖市、中国人民解放军军事法院、新疆维吾尔自治区高级人民法院生产建设兵团分院所辖的中级法院，数字代码均按01—20确定；

（三）省、自治区、直辖市高级人民法院所辖的铁路、海事、知识产权、油田、林业、农垦专门中级法院，各省、自治区高级人民法院所辖的跨行政区划中级法院以及为省（自治区）直辖县级行政区划人民法院对应设立的中级法院，数字代码分别按71、72、73、74、75—80、81—85、87—95以及96—99确定；

（四）中国人民解放军军事法院和新疆维吾尔自治区高级人民法院生产建设兵团分院所辖的基层法院，以及在同一高院辖区内铁路、油田、林业、农垦专门中级法院所辖的铁路、油田、林业、农垦基层法院，数字代码的前两位与其中院数字代码一致，后两位均按01—40确定；

（五）地级市未设县级行政区划单位时，该市中级法院所辖基层法院的数字代码，前两位

与该中院数字代码一致,后两位按 71—80 确定;

(六)在同一高院辖区内无铁路专门中院的铁路基层法院,其数字代码前两位为86,后两位按01—20确定;

(七)非林业、农垦专门中院所辖的林业、农垦基层法院及为非行政区划建制的开发区、新区、园区、库区、矿区等特别设立的基层法院,数字代码的前两位与其所属中院数字代码一致,后两位在91—99范围内确定。

前款第(二)项至第(七)项所列中级、基层法院,分别同属一个高院、中院的,综合设立先后、建制等因素编制数字代码顺序。

第六条 确定中级、基层法院的所属各省、自治区、直辖市高院,以人、财、物统一管理为标准。

本规定第五条第二款第(七)项所列基层法院的所属中院是指在同一高院辖区内主要承担该基层法院案件二审职权的中级法院。

三、类型代字

第七条 确定案件的类型代字,应结合案件所涉事项的法律关系性质与适用程序的特点。

类型代字应简练、贴切反映该类型案件的核心特征,用3个以内中文汉字表示。

每一类型案件的类型代字均应具有唯一性。

第八条 案件合并审理或并用多个程序办理时,以必须先决的事项及所适用程序作为确定类型代字的依据。

四、案件编号

第九条 不同法院承办或同一法院承办不同类型代字的案件,其编号均应单独编制。

第十条 同一类型代字的案件编号,按照案件在同一收案年度内的收案顺序,以顺位自然数编排,但第二款规定情形除外。

刑事复核案件的编号以8位自然数为固定长度,由承办法院随机确定,且不得依序编制。

五、案号管理

第十一条 案号的基本要素、规格及编制规则,由最高人民法院统一制定。

第十二条 各省、自治区、直辖市高级人民法院、中国人民解放军军事法院、新疆维吾尔自治区高级人民法院生产建设兵团分院及其所辖中级、基层法院的法院代字,由最高人民法院定期统一发布。

第十三条 行政区划发生变更但对应的中级、基层法院未作相应调整前,法院代字按原行政区划代码编制。

中级、基层法院因其原适用的第五条第二款所列规则情形发生变化的,法院代字按变化后情形适用的编码规则编制。

第十四条 案件类型的具体划分及其代字,由最高人民法院另行制定标准。

第十五条 法律、行政法规的制定、修改、废止致使案件类型发生变化的,最高人民法院应及时调整案件类型及其代字标准。

最高人民法院制定、修改、废止司法解释或规范性文件将导致案件类型发生变化的,应同步调整案件类型及其代字标准。

第十六条 具体案件的案号编制,由各级法院的立案或承担相应职责的部门负责。

六、附 则

第十七条 本规定自2016年1月1日起施行。

最高人民法院以前涉及案号的其他规定与本规定不一致的,以本规定为准。

本规定施行前已经编制案号但尚未办结的案件,其案号不因本规定的施行而变更。

最高人民法院关于人民法院登记立案若干问题的规定

(2015年4月13日最高人民法院审判委员会第1647次会议通过)

法释〔2015〕8号

中华人民共和国最高人民法院公告

《最高人民法院关于人民法院登记立案若干问题的规定》已于2015年4月13日由最高人民法院审判委员会第1647次会议通过，现予公布，自2015年5月1日起施行。

最高人民法院
2015年4月15日

为保护公民、法人和其他组织依法行使诉权，实现人民法院依法、及时受理案件，根据《中华人民共和国民事诉讼法》《中华人民共和国行政诉讼法》《中华人民共和国刑事诉讼法》等法律规定，制定本规定。

第一条 人民法院对依法应该受理的一审民事起诉、行政起诉和刑事自诉，实行立案登记制。

第二条 对起诉、自诉，人民法院应当一律接收诉状，出具书面凭证并注明收到日期。

对符合法律规定的起诉、自诉，人民法院应当当场予以登记立案。

对不符合法律规定的起诉、自诉，人民法院应当予以释明。

第三条 人民法院应当提供诉状样本，为当事人书写诉状提供示范和指引。

当事人书写诉状确有困难的，可以口头提出，由人民法院记入笔录。符合法律规定的，予以登记立案。

第四条 民事起诉状应当记明以下事项：

（一）原告的姓名、性别、年龄、民族、职业、工作单位、住所、联系方式，法人或者其他组织的名称、住所和法定代表人或者主要负责人的姓名、职务、联系方式；

（二）被告的姓名、性别、工作单位、住所等信息，法人或者其他组织的名称、住所等信息；

（三）诉讼请求和所根据的事实与理由；

（四）证据和证据来源；

（五）有证人的，载明证人姓名和住所。

行政起诉状参照民事起诉状书写。

第五条 刑事自诉状应当记明以下事项：

（一）自诉人或者代为告诉人、被告人的姓名、性别、年龄、民族、文化程度、职业、工作单位、住址、联系方式；

（二）被告人实施犯罪的时间、地点、手段、情节和危害后果等；

（三）具体的诉讼请求；

（四）致送的人民法院和具状时间；

（五）证据的名称、来源等；

（六）有证人的，载明证人的姓名、住所、联系方式等。

第六条 当事人提出起诉、自诉的，应当提交以下材料：

（一）起诉人、自诉人是自然人的，提交身份证明复印件；起诉人、自诉人是法人或者其他组织的，提交营业执照或者组织机构代码证复印件、法定代表人或者主要负责人身份证明书；法人或者其他组织不能提供组织机构代码的，应当提供组织机构被注销的情况说明；

（二）委托起诉或者代为告诉的，应当提交授权委托书、代理人身份证明、代为告诉人身份证明等相关材料；

（三）具体明确的足以使被告或者被告人与他人相区别的姓名或者名称、住所等信息；

（四）起诉状原本和与被告或者被告人及其他当事人人数相符的副本；

（五）与诉请相关的证据或者证明材料。

第七条 当事人提交的诉状和材料不符合要求的，人民法院应当一次性书面告知在指定期限内补正。

当事人在指定期限内补正的，人民法院决定是否立案的期间，自收到补正材料之日起计算。

当事人在指定期限内没有补正的，退回诉状并记录在册；坚持起诉、自诉的，裁定或者决定不予受理、不予立案。

经补正仍不符合要求的，裁定或者决定不予受理、不予立案。

第八条 对当事人提出的起诉、自诉，人民法院当场不能判定是否符合法律规定的，应当作出以下处理：

（一）对民事、行政起诉，应当在收到起诉状之日起七日内决定是否立案；

（二）对刑事自诉，应当在收到自诉状次日起十五日内决定是否立案；

（三）对第三人撤销之诉，应当在收到起诉状之日起三十日内决定是否立案；

（四）对执行异议之诉，应当在收到起诉状之日起十五日内决定是否立案。

人民法院在法定期间内不能判定起诉、自诉是否符合法律规定的，应当先行立案。

第九条 人民法院对起诉、自诉不予受理或者不予立案的，应当出具书面裁定或者决定，并载明理由。

第十条 人民法院对下列起诉、自诉不予登记立案：

（一）违法起诉或者不符合法律规定的；

（二）涉及危害国家主权和领土完整的；

（三）危害国家安全的；

（四）破坏国家统一和民族团结的；

（五）破坏国家宗教政策的；

（六）所诉事项不属于人民法院主管的。

第十一条 登记立案后，当事人未在法定期限内交纳诉讼费的，按撤诉处理，但符合法律规定的缓、减、免交诉讼费条件的除外。

第十二条 登记立案后，人民法院立案庭应当及时将案件移送审判庭审理。

第十三条 对立案工作中存在的不接收诉状、接收诉状后不出具书面凭证，不一次性告知当事人补正诉状内容，以及有案不立、拖延立案、干扰立案、既不立案又不作出裁定或者决定等违法违纪情形，当事人可以向受诉人民法院或者上级人民法院投诉。

人民法院应当在受理投诉之日起十五日内，查明事实，并将情况反馈当事人。发现违法违纪行为的，依法依纪追究相关人员责任；构成犯罪的，依法追究刑事责任。

第十四条 为方便当事人行使诉权，人民法院提供网上立案、预约立案、巡回立案等诉讼服务。

第十五条 人民法院推动多元化纠纷解决机制建设，尊重当事人选择人民调解、行政调解、行业调解、仲裁等多种方式维护权益，化解纠纷。

第十六条 人民法院依法维护登记立案秩序，推进诉讼诚信建设。对干扰立案秩序、虚假诉讼的，根据民事诉讼法、行政诉讼法有关规定予以罚款、拘留；构成犯罪的，依法追究刑事责任。

第十七条 本规定的"起诉"，是指当事人提起民事、行政诉讼；"自诉"，是指当事人提起刑事自诉。

第十八条 强制执行和国家赔偿申请登记立案工作，按照本规定执行。

上诉、申请再审、刑事申诉、执行复议和国家赔偿申诉案件立案工作，不适用本规定。

第十九条 人民法庭登记立案工作，按照本规定执行。

第二十条 本规定自2015年5月1日起施行。以前有关立案的规定与本规定不一致的，按照本规定执行。

(四)公益诉讼

人民法院审理人民检察院提起公益诉讼案件试点工作实施办法

该实施办法已于2016年2月22日由最高人民法院审判委员会第1679次会议通过，现予印发，自2016年3月1日起施行，请各试点地区人民法院认真贯彻执行。对于执行中遇到的重要情况和问题，请及时报告最高人民法院。

最高人民法院
2016年2月25日

为贯彻实施《全国人民代表大会常务委员会关于授权最高人民检察院在部分地区开展公益诉讼试点工作的决定》，依法审理人民检察院提起的公益诉讼案件，依据《中华人民共和国民事诉讼法》《中华人民共和国行政诉讼法》等法律的规定，结合审判工作实际，制定本办法。

一、民事公益诉讼

第一条 人民检察院认为被告有污染环境、破坏生态、在食品药品安全领域侵害众多消费者合法权益等损害社会公共利益的行为，在没有适格主体提起诉讼或者适格主体不提起诉讼的情况下，向人民法院提起民事公益诉讼，符合民事诉讼法第一百一十九条第二项、第三项、第四项规定的，人民法院应当登记立案。

第二条 人民检察院提起民事公益诉讼应当提交下列材料：

（一）符合民事诉讼法第一百二十一条规定的起诉状，并按照被告人数提出副本；

（二）污染环境、破坏生态、在食品药品安全领域侵害众多消费者合法权益等损害社会公共利益行为的初步证明材料；

（三）人民检察院已经履行督促或者支持法律规定的机关或有关组织提起民事公益诉讼的诉前程序的证明材料。

第三条 人民检察院提起民事公益诉讼，可以提出要求被告停止侵害、排除妨碍、消除危险、恢复原状、赔偿损失、赔礼道歉等诉讼请求。

第四条 人民检察院以公益诉讼人身份提起民事公益诉讼，诉讼权利义务参照民事诉讼法关于原告诉讼权利义务的规定。民事公益诉讼的被告是被诉实施损害社会公共利益行为的公民、法人或者其他组织。

第五条 人民检察院提起的第一审民事公益诉讼案件由侵害行为发生地、损害结果地或者被告住所地的中级人民法院管辖，但法律、司法解释另有规定的除外。

第六条 人民法院审理人民检察院提起的民事公益诉讼案件，被告提出反诉请求的，不予受理。

第七条 人民法院审理人民检察院提起的第一审民事公益诉讼案件，原则上适用人民陪审制。

当事人申请不适用人民陪审制审理的，人民法院经审查可以决定不适用人民陪审制审理。

第八条 人民检察院与被告达成和解协议或者调解协议后，人民法院应当将协议内容公告，公告期间不少于三十日。

公告期满后，人民法院审查认为和解协议

或者调解协议内容不损害社会公共利益的,应当出具调解书。

第九条 人民检察院在法庭辩论终结前申请撤诉,或者在法庭辩论终结后,人民检察院的诉讼请求全部实现,申请撤诉的,应予准许。

第十条 对于人民法院作出的民事公益诉讼判决、裁定,当事人依法提起上诉、人民检察院依法提起抗诉或者其他当事人依法申请再审且符合民事诉讼法第二百条规定的,分别按照民事诉讼法规定的第二审程序、审判监督程序审理。

二、行政公益诉讼

第十一条 人民检察院认为在生态环境和资源保护、国有资产保护、国有土地使用权出让等领域负有监督管理职责的行政机关或者法律、法规、规章授权的组织违法行使职权或不履行法定职责,造成国家和社会公共利益受到侵害,向人民法院提起行政公益诉讼,符合行政诉讼法第四十九条第二项、第三项、第四项规定的,人民法院应当登记立案。

第十二条 人民检察院提起行政公益诉讼应当提交下列材料:
(一)行政公益诉讼起诉状,并按照被告人数提出副本;
(二)被告的行为造成国家和社会公共利益受到侵害的初步证明材料;
(三)人民检察院已经履行向相关行政机关提出检察建议,督促其纠正违法行政行为或者依法履行职责的诉前程序的证明材料。

第十三条 人民检察院提起行政公益诉讼,可以向人民法院提出撤销或者部分撤销违法行政行为、在一定期限内履行法定职责、确认行政行为违法或无效等诉讼请求。

第十四条 人民检察院以公益诉讼人身份提起行政公益诉讼,诉讼权利义务参照行政诉讼法关于原告诉讼权利义务的规定。行政公益诉讼的被告是生态环境和资源保护、国有资产保护、国有土地使用权出让等领域行使职权或者负有行政职责的行政机关,以及法律、法规、规章授权的组织。

第十五条 人民检察院提起的第一审行政公益诉讼案件由最初作出行政行为的行政机关所在地基层人民法院管辖。经复议的案件,也可以由复议机关所在地基层人民法院管辖。

人民检察院对国务院部门或者县级以上地方人民政府所作的行政行为提起公益诉讼的案件以及本辖区内重大、复杂的公益诉讼案件由中级人民法院管辖。

第十六条 人民法院审理人民检察院提起的第一审行政公益诉讼案件,原则上适用人民陪审制。

第十七条 人民法院审理人民检察院提起的行政公益诉讼案件,不适用调解。

第十八条 人民法院对行政公益诉讼案件宣告判决或者裁定前,人民检察院申请撤诉的,是否准许,由人民法院裁定。

第十九条 对于人民法院作出的行政公益诉讼判决、裁定,当事人依法提起上诉、人民检察院依法提起抗诉或者其他当事人申请再审且符合行政诉讼法第九十一条规定的,分别按照行政诉讼法规定的第二审程序、审判监督程序审理。

三、其他规定

第二十条 人民法院审理人民检察院提起的公益诉讼案件,应当依法公开进行。人民法院可以邀请人大代表、政协委员等旁听庭审,并可以通过庭审直播录播等方式满足公众和媒体了解庭审实况的需要。裁判文书应当按照有关规定在互联网上公开发布。

第二十一条 人民法院审理人民检察院提起的公益诉讼案件，认为应当提出司法建议的，按照《最高人民法院关于加强司法建议工作的意见》办理。

第二十二条 人民法院审理人民检察院提起的公益诉讼案件，人民检察院免交《诉讼费用交纳办法》第六条规定的诉讼费用。

第二十三条 人民法院审理人民检察院提起的公益诉讼案件，本办法没有规定的，适用《中华人民共和国民事诉讼法》《中华人民共和国行政诉讼法》及相关司法解释的规定。

四、附 则

第二十四条 本办法适用于北京、内蒙古、吉林、江苏、安徽、福建、山东、湖北、广东、贵州、云南、陕西、甘肃等十三个省、自治区、直辖市。

第二十五条 本办法自2016年3月1日起施行。

人民检察院提起公益诉讼试点工作实施办法

（2015年12月16日最高人民检察院第十二届检察委员会第四十五次会议通过）

为了加强对国家和社会公共利益的保护，促进行政机关依法行政、严格执法，根据《全国人民代表大会常务委员会关于授权最高人民检察院在部分地区开展公益诉讼试点工作的决定》和《检察机关提起公益诉讼试点方案》，结合检察工作实际，制定本办法。

第一章 提起民事公益诉讼

第一条 人民检察院履行职责中发现污染环境、食品药品安全领域侵害众多消费者合法权益等损害社会公共利益的行为，在没有适格主体或者适格主体不提起诉讼的情况下，可以向人民法院提起民事公益诉讼。

人民检察院履行职责包括履行职务犯罪侦查、批准或者决定逮捕、审查起诉、控告检察、诉讼监督等职责。

第二条 人民检察院提起民事公益诉讼的案件，一般由侵权行为地、损害结果地或者被告住所地的市（分、州）人民检察院管辖。

有管辖权的人民检察院由于特殊原因，不能行使管辖权的，应当由上级人民检察院指定本区域其他试点地区人民检察院管辖。

上级人民检察院认为确有必要，可以办理下级人民检察院管辖的案件。下级人民检察院认为需要由上级人民检察院办理的，可以报请上级人民检察院办理。

有管辖权的人民检察院认为有必要将本院管辖的民事公益诉讼案件交下级人民检察院办理的，应当报请其上一级人民检察院批准。

第三条 人民检察院提起民事公益诉讼案件的办理，由民事行政检察部门负责。

第四条 人民检察院各业务部门在履行职责中，发现可能属于民事公益诉讼案件范围的案件线索，应当将有关材料移送民事行政检察部门。

第五条 经审查认为污染环境、食品药品安全领域侵害众多消费者合法权益等行为可能损害社会公共利益的，应当报请检察长批准决定立案，并到案件管理部门登记。

人民检察院决定立案的民事公益诉讼案件，应当制作《立案决定书》。

第六条 人民检察院可以采取以下方式

调查核实污染环境、侵害众多消费者合法权益等违法行为、损害后果涉及的相关证据及有关情况：

（一）调阅、复制有关行政执法卷宗材料；

（二）询问违法行为人、证人等；

（三）收集书证、物证、视听资料等证据；

（四）咨询专业人员、相关部门或者行业协会等对专门问题的意见；

（五）委托鉴定、评估、审计；

（六）勘验物证、现场；

（七）其他必要的调查方式。

调查核实不得采取限制人身自由以及查封、扣押、冻结财产等强制性措施。

人民检察院调查核实有关情况，行政机关及其他有关单位和个人应当配合。

第七条 民事行政检察部门在办理民事公益诉讼案件过程中，发现国家工作人员涉嫌贪污贿赂、渎职侵权等职务犯罪线索的，应当及时移送职务犯罪侦查部门；发现其他刑事犯罪线索的，应当及时移送侦查监督部门。

第八条 人民检察院提起民事公益诉讼案件审查终结，承办人应当制作审查终结报告。审查终结报告应当全面、客观、公正地叙述案件事实，依据法律规定提出处理建议。

第九条 办理民事公益诉讼案件应当经集体讨论。参加集体讨论的人员应当对案件事实、适用法律、处理建议等发表明确的意见并说明理由。集体讨论意见应当在全面、客观地归纳讨论意见的基础上形成。

集体讨论形成的处理意见，由民事行政检察部门负责人提出审核意见后报检察长批准。检察长认为必要的，可以提请检察委员会讨论决定。

第十条 人民检察院对审查终结的民事公益诉讼案件，应当区分情况作出下列决定：

（一）终结审查；

（二）依法督促或者支持法律规定的机关和有关组织提起民事公益诉讼；

（三）提起民事公益诉讼。

第十一条 人民检察院办理民事公益诉讼案件，拟作出第十条第一项、第二项决定的，应当自决定立案之日起三个月内办理终结；拟作出第十条第三项决定的，应当自决定立案之日起六个月内办理终结。有特殊情况需要延长的，报经检察长批准。

第十二条 有下列情形之一的，人民检察院应当终结审查：

（一）经审查不存在损害社会公共利益需要追究民事法律责任情形的；

（二）损害社会公共利益的情形在依法督促或者支持法律规定的机关和有关组织提起民事公益诉讼之前已经消除且社会公共利益已经获得有效救济的；

（三）其他应当终结审查的情形。

终结审查的，应当制作《终结审查决定书》。

第十三条 人民检察院在提起民事公益诉讼之前，应当履行以下诉前程序：

（一）依法督促法律规定的机关提起民事公益诉讼；

（二）建议辖区内符合法律规定条件的有关组织提起民事公益诉讼。有关组织提出需要人民检察院支持起诉的，可以依照相关法律规定支持其提起民事公益诉讼。

法律规定的机关和有关组织应当在收到督促起诉意见书或者检察建议书后一个月内依法办理，并将办理情况及时书面回复人民检察院。

第十四条 经过诉前程序，法律规定的机关和有关组织没有提起民事公益诉讼，或者没有适格主体提起诉讼，社会公共利益仍处于受侵害状态的，人民检察院可以提起民事公益诉讼。

第十五条 人民检察院以公益诉讼人身份提起民事公益诉讼。民事公益诉讼的被告是实施损害社会公共利益行为的公民、法人或者其他组织。

第十六条 人民检察院可以向人民法院提出要求被告停止侵害、排除妨碍、消除危险、恢复原状、赔偿损失、赔礼道歉等诉讼请求。

第十七条 人民检察院提起民事公益诉讼应当提交下列材料：
（一）民事公益诉讼起诉书；
（二）被告的行为已经损害社会公共利益的初步证明材料。

第十八条 人民检察院提起民事公益诉讼，被告没有反诉权。

第十九条 人民检察院提起民事公益诉讼，对提出的诉讼请求所依据的事实或者反驳对方意见所依据的事实，以及履行诉前程序的事实，应当提供证据加以证明，法律另有规定的除外。

第二十条 对于可能因被告一方的行为或者其他原因，使判决难以执行或者造成与社会公共利益相关的其他损害情形，人民检察院可以向人民法院建议对被告财产进行保全、责令其作出一定行为或者禁止其作出一定行为。

根据人民检察院建议，人民法院采取保全措施的，人民检察院无需提供担保。

第二十一条 人民法院开庭审理人民检察院提起的民事公益诉讼案件，人民检察院应当派员出席法庭。

第二十二条 检察人员出席法庭的任务是：
（一）宣读民事公益诉讼起诉书；
（二）对人民检察院调查核实的证据予以出示和说明，对相关证据进行质证；
（三）参加法庭调查，进行辩论并发表出庭意见；
（四）依法从事其他诉讼活动。

检察人员发现庭审活动违法的，应当待休庭或者庭审结束之后，以人民检察院的名义提出检察建议。

第二十三条 民事公益诉讼案件，人民检察院可以与被告和解，人民法院可以调解。和解协议、调解协议不得损害社会公共利益。

第二十四条 在民事公益诉讼审理过程中，人民检察院诉讼请求全部实现的，可以撤回起诉。

第二十五条 地方各级人民检察院认为同级人民法院未生效的第一审判决、裁定确有错误，应当向上一级人民法院提出抗诉。

第二十六条 地方各级人民检察院对同级人民法院未生效的第一审判决、裁定的抗诉，应当通过原审人民法院提出抗诉书，并且将抗诉书抄送上一级人民检察院。

上级人民检察院认为抗诉不当的，可以向同级人民法院撤回抗诉，并且通知下级人民检察院。

第二十七条 对人民检察院提出抗诉的二审案件或者人民法院决定开庭审理的上诉案件，同级人民检察院应当派员出席第二审法庭。

第二章 提起行政公益诉讼

第二十八条 人民检察院履行职责中发现生态环境和资源保护、国有资产保护、国有土地使用权出让等领域负有监督管理职责的行政机关违法行使职权或者不作为，造成国家和社会公共利益受到侵害，公民、法人和其他社会组织由于没有直接利害关系，没有也无法提起诉讼的，可以向人民法院提起行政公益诉讼。

人民检察院履行职责包括履行职务犯罪侦查、批准或者决定逮捕、审查起诉、控告检察、诉讼监督等职责。

第二十九条 人民检察院提起行政公益诉讼的案件，一般由违法行使职权或者不作为的行政机关所在地的基层人民检察院管辖。

违法行使职权或者不作为的行政机关是

县级以上人民政府的案件,由市(分、州)人民检察院管辖。

有管辖权的人民检察院由于特殊原因,不能行使管辖权的,应当由上级人民检察院指定本区域其他试点地区人民检察院管辖。

上级人民检察院认为确有必要,可以办理下级人民检察院管辖的案件。下级人民检察院认为需要由上级人民检察院办理的,可以报请上级人民检察院办理。

第三十条 人民检察院提起行政公益诉讼案件的办理,由民事行政检察部门负责。

第三十一条 人民检察院各业务部门在履行职责中,发现可能属于行政公益诉讼案件范围的案件线索,应将有关材料移送民事行政检察部门。

第三十二条 经审查认为生态环境和资源保护、国有资产保护、国有土地使用权出让等领域负有监督管理职责的行政机关违法行使职权或者不作为可能损害国家和社会公共利益的,应报请检察长批准决定立案,并到案件管理部门登记。

人民检察院决定立案的行政公益诉讼案件,应当制作《立案决定书》。

第三十三条 人民检察院可以采取以下方式调查核实有关行政机关违法行使职权或者不作为的相关证据及有关情况:

(一)调阅、复制行政执法卷宗材料;

(二)询问行政机关相关人员以及行政相对人、利害关系人、证人等;

(三)收集书证、物证、视听资料等证据;

(四)咨询专业人员、相关部门或者行业协会等对专门问题的意见;

(五)委托鉴定、评估、审计;

(六)勘验物证、现场;

(七)其他必要的调查方式。

调查核实不得采取限制人身自由以及查封、扣押、冻结财产等强制性措施。

人民检察院调查核实有关情况,行政机关及其他有关单位和个人应当配合。

第三十四条 民事行政检察部门在办理行政公益诉讼案件过程中,发现国家工作人员涉嫌贪污贿赂、渎职侵权等职务犯罪线索的,应当及时移送职务犯罪侦查部门;发现其他刑事犯罪线索的,应当及时移送侦查监督部门。

第三十五条 人民检察院提起行政公益诉讼案件审查终结,承办人应当制作审查终结报告。审查终结报告应当全面、客观、公正地叙述案件事实,依据法律规定提出处理建议。

第三十六条 办理行政公益诉讼案件应当经集体讨论。参加集体讨论的人员应当对案件事实、适用法律、处理建议等发表明确的意见并说明理由。集体讨论意见应当在全面、客观地归纳讨论意见的基础上形成。

集体讨论形成的处理意见,由民事行政检察部门负责人提出审核意见后报检察长批准。检察长认为必要的,可以提请检察委员会讨论决定。

第三十七条 人民检察院对审查终结的行政公益诉讼案件,应当区分情况作出下列决定:

(一)终结审查;

(二)提出检察建议;

(三)提起行政公益诉讼。

第三十八条 人民检察院办理行政公益诉讼案件,拟作出第三十七条第一项、第二项决定的,应当自决定立案之日起三个月内办理终结;拟作出第三十七条第三项决定的,应当自决定立案之日起六个月内办理终结。有特殊情况需要延长的,报经检察长批准。

第三十九条 有下列情形之一的,人民检察院应当终结审查:

(一)经审查不存在行政机关违法行使职权或者不作为,造成国家和社会公共利益受到侵害情形的;

（二）行政机关在人民检察院向其提出检察建议前已纠正行政违法行为或依法履行职责的；

（三）其他应当终结审查的情形。

终结审查的，应当制作《终结审查决定书》。

第四十条 在提起行政公益诉讼之前，人民检察院应当先行向相关行政机关提出检察建议，督促其纠正违法行为或者依法履行职责。行政机关应当在收到检察建议书后一个月内依法办理，并将办理情况及时书面回复人民检察院。

第四十一条 经过诉前程序，行政机关拒不纠正违法行为或者不履行法定职责，国家和社会公共利益仍处于受侵害状态的，人民检察院可以提起行政公益诉讼。

第四十二条 人民检察院以公益诉讼人身份提起行政公益诉讼。行政公益诉讼的被告是生态环境和资源保护、国有资产保护、国有土地使用权出让等领域违法行使职权或者不作为的行政机关，以及法律、法规、规章授权的组织。

第四十三条 人民检察院可以向人民法院提出撤销或者部分撤销违法行政行为、在一定期限内履行法定职责、确认行政行为违法或者无效等诉讼请求。

第四十四条 人民检察院提起行政公益诉讼应当提交下列材料：

（一）行政公益诉讼起诉书；

（二）国家和社会公共利益受到侵害的初步证明材料。

第四十五条 人民检察院提起行政公益诉讼，对下列事项承担举证责任：

（一）证明起诉符合法定条件；

（二）人民检察院履行诉前程序提出检察建议且行政机关拒不纠正违法行为或者不履行法定职责的事实；

（三）其他应当由人民检察院承担举证责任的事项。

第四十六条 人民法院开庭审理人民检察院提起的行政公益诉讼案件，人民检察院应当派员出席法庭。

第四十七条 检察人员出席法庭的任务是：

（一）宣读行政公益诉讼起诉书；

（二）对人民检察院调查核实的证据予以出示和说明，对相关证据进行质证；

（三）参加法庭调查，进行辩论并发表出庭意见；

（四）依法从事其他诉讼活动。

检察人员发现庭审活动违法的，应当待休庭或者庭审结束之后，以人民检察院的名义提出检察建议。

第四十八条 行政公益诉讼案件不适用调解。

第四十九条 在行政公益诉讼审理过程中，被告纠正违法行为或者依法履行职责而使人民检察院的诉讼请求全部实现的，人民检察院可以变更诉讼请求，请求判决确认行政行为违法，或者撤回起诉。

第五十条 地方各级人民检察院认为同级人民法院未生效的第一审判决、裁定确有错误，应当向上一级人民法院提出抗诉。

第五十一条 地方各级人民检察院对同级人民法院未生效的第一审判决、裁定的抗诉，应当通过原审人民法院提出抗诉书，并且将抗诉书抄送上一级人民检察院。

上级人民检察院认为抗诉不当的，可以向同级人民法院撤回抗诉，并且通知下级人民检察院。

第五十二条 对人民检察院提出抗诉的二审案件或者人民法院决定开庭审理的上诉案件，同级人民检察院应当派员出席第二审法庭。

第三章 其他规定

第五十三条 地方各级人民检察院拟决定向人民法院提起公益诉讼的,应当层报最高人民检察院审查批准。

人民检察院审查批准公益诉讼案件,应当自收到案件请示之日起一个月内办理终结。有特殊情况需要延长的,报经检察长批准。

第五十四条 省级人民检察院向最高人民检察院报送审批的材料包括:

(一)公益诉讼案件层报审批表;

(二)省级人民检察院请示;

(三)省级人民检察院民事行政检察部门案件审查终结报告和集体讨论记录;

(四)公益诉讼起诉书;

(五)案件证据目录和主要证据材料。

第五十五条 提起公益诉讼,人民检察院免缴诉讼费。

第五十六条 本办法未规定的,分别适用民事诉讼法、行政诉讼法以及相关司法解释的规定。

第四章 附 则

第五十七条 本办法仅适用于北京、内蒙古、吉林、江苏、安徽、福建、山东、湖北、广东、贵州、云南、陕西、甘肃等省、自治区、直辖市。

第五十八条 本办法自发布之日起施行。本院之前发布的司法解释和规范性文件,与本办法规定不一致的,适用本办法。

检察机关提起公益诉讼改革试点方案

为贯彻落实党的十八届四中全会关于探索建立检察机关提起公益诉讼制度的改革要求,现就检察机关提起公益诉讼试点提出如下方案。

一、目标和原则

按照《中共中央关于全面推进依法治国若干重大问题的决定》的改革部署,积极探索建立检察机关提起公益诉讼制度,充分发挥检察机关法律监督职能作用,促进依法行政、严格执法,维护宪法法律权威,维护社会公平正义,维护国家和社会公共利益。

(一)坚持改革正确方向。坚持党的领导、人民当家作主和依法治国的有机统一,发展完善中国特色社会主义检察制度,坚定不移走中国特色社会主义法治道路。

(二)立足法律监督职能。坚持检察机关职能定位,把握提起公益诉讼的条件、范围和程序,既强化对公共利益的保护,又严格规范行使检察权。

(三)有效保护公共利益。针对生态环境和资源保护等领域侵害国家和社会公共利益的情况,及时提起民事或行政公益诉讼,加强对国家和社会公共利益的保护。

(四)严格依法有序推进。根据民事诉讼法、行政诉讼法等法律的有关规定和全国人大常委会的授权决定,确保改革试点在法律框架和授权范围内开展,维护法制的统一和权威。

二、主要内容

(一)提起民事公益诉讼

1.试点案件范围。检察机关在履行职责中发现污染环境、食品药品安全领域侵害众多消费者合法权益等损害社会公共利益的行为,在没有适格主体或者适格主体不提起诉讼的情况下,可以向人民法院提起民事公益诉讼。

2. 诉讼参加人。检察机关以公益诉讼人身份提起民事公益诉讼。民事公益诉讼的被告是实施损害社会公共利益行为的公民、法人或者其他组织。检察机关提起民事公益诉讼,被告没有反诉权。

3. 诉前程序。检察机关在提起民事公益诉讼之前,应当依法督促或者支持法律规定的机关或有关组织提起民事公益诉讼。法律规定的机关或者有关组织应当在收到督促或者支持起诉意见书后一个月内依法办理,并将办理情况及时书面回复检察机关。

4. 提起诉讼。经过诉前程序,法律规定的机关和有关组织没有提起民事公益诉讼,社会公共利益仍处于受侵害状态的,检察机关可以提起民事公益诉讼。检察机关提起民事公益诉讼,应当有明确的被告、具体的诉讼请求、社会公共利益受到损害的初步证据,并应当制作公益诉讼起诉书。

5. 诉讼请求。检察机关可以向人民法院提出要求被告停止侵害、排除妨碍、消除危险、恢复原状、赔偿损失、赔礼道歉等诉讼请求。

(二)提起行政公益诉讼

1. 试点案件范围。检察机关在履行职责中发现生态环境和资源保护、国有资产保护、国有土地使用权出让等领域负有监督管理职责的行政机关违法行使职权或者不作为,造成国家和社会公共利益受到侵害,公民、法人和其他社会组织由于没有直接利害关系,没有也无法提起诉讼的,可以向人民法院提起行政公益诉讼。试点期间,重点是对生态环境和资源保护领域的案件提起行政公益诉讼。

2. 诉讼参加人。检察机关以公益诉讼人身份提起行政公益诉讼。行政公益诉讼的被告是生态环境和资源保护、国有资产保护、国有土地使用权出让等领域违法行使职权或者不作为的行政机关,以及法律、法规、规章授权的组织。

3. 诉前程序。在提起行政公益诉讼之前,检察机关应当先行向相关行政机关提出检察建议,督促其纠正违法行政行为或者依法履行职责。行政机关应当在收到检察建议书后一个月内依法办理,并将办理情况及时书面回复检察机关。

4. 提起诉讼。经过诉前程序,行政机关拒不纠正违法行为或者不履行法定职责,国家和社会公共利益仍处于受侵害状态的,检察机关可以提起行政公益诉讼。检察机关提起行政公益诉讼,应当有明确的被告、具体的诉讼请求、国家和社会公共利益受到侵害的初步证据,并应当制作公益诉讼起诉书。

5. 诉讼请求。检察机关可以向人民法院提出撤销或者部分撤销违法行政行为、在一定期限内履行法定职责、确认行政行为违法或者无效等诉讼请求。

(三)其他事项

1. 试点期间,地方人民检察院拟决定向人民法院提起公益诉讼的,应当先行层报最高人民检察院审查批准。

2. 提起公益诉讼,检察机关免缴诉讼费。

3. 提起公益诉讼,试点方案没有规定的,适用民事诉讼法、行政诉讼法及相关司法解释的规定。

三、方案实施

(一)立法机关授权。提请全国人大常委会2015年6月授权,自2015年7月起开展改革试点,试点期限为两年。

(二)积极开展试点。2015年7月,根据全国人大常委会的授权和改革试点方案,制定出台试点实施办法,并选择北京、内蒙古、吉林、江苏、安徽、福建、山东、湖北、广东、贵州、云南、陕西、甘肃13个省、自治区、直辖市开展试点。

(三)推动相关法律修改完善。及时总结试点经验和成效,积极推动相关法律的修改完善。

四、工作要求

一要坚持统筹谋划。加强顶层设计,确立

检察机关提起公益诉讼的基本制度和规范,统筹规划具体时间表和路线图。按照可复制、可推广的要求,鼓励试点地区发挥首创精神,推动制度创新。

二要积极稳妥推进。探索建立检察机关提起公益诉讼制度,既要积极推动,加强对试点工作的指导和督促;又要稳妥慎重,严格程序,努力确保法律效果和社会效果的统一。要逐步形成成熟的经验,再推动立法完善。

三要加强协调配合。各试点单位要加强请示报告和沟通协调,积极争取地方党委、人大、政府和有关部门的支持,建立与人民法院的协调配合机制,共同推进改革试点工作稳步开展。

四要注重宣传引导。既要及时宣传改革试点的好经验、好做法和取得的成效;又要把握宣传策略,严格宣传纪律,正确引导社会预期,为改革试点营造良好的舆论环境。

最高人民法院
关于审理环境民事公益诉讼案件适用法律若干问题的解释

为正确审理环境民事公益诉讼案件,根据《中华人民共和国民事诉讼法》《中华人民共和国侵权责任法》《中华人民共和国环境保护法》等法律的规定,结合审判实践,制定本解释。

第一条 法律规定的机关和有关组织依据民事诉讼法第五十五条、环境保护法第五十八条等法律的规定,对已经损害社会公共利益或者具有损害社会公共利益重大风险的污染环境、破坏生态的行为提起诉讼,符合民事诉讼法第一百一十九条第二项、第三项、第四项规定的,人民法院应予受理。

第二条 依照法律、法规的规定,在设区的市级以上人民政府民政部门登记的社会团体、民办非企业单位以及基金会等,可以认定为环境保护法第五十八条规定的社会组织。

第三条 设区的市、自治州、盟、地区、不设区的地级市,直辖市的区以上人民政府民政部门,可以认定为环境保护法第五十八条规定的"设区的市级以上人民政府民政部门"。

第四条 社会组织章程确定的宗旨和主要业务范围是维护社会公共利益,且从事环境保护公益活动的,可以认定为环境保护法第五十八条规定的"专门从事环境保护公益活动"。

社会组织提起的诉讼所涉及的社会公共利益,应与其宗旨和业务范围具有关联性。

第五条 社会组织在提起诉讼前五年内未因从事业务活动违反法律、法规的规定受过行政、刑事处罚的,可以认定为环境保护法第五十八条规定的"无违法记录"。

第六条 第一审环境民事公益诉讼案件由污染环境、破坏生态行为发生地、损害结果地或者被告住所地的中级以上人民法院管辖。

中级人民法院认为确有必要的,可以在报请高级人民法院批准后,裁定将本院管辖的第一审环境民事公益诉讼案件交由基层人民法院审理。

同一原告或者不同原告对同一污染环境、破坏生态行为分别向两个以上有管辖权的人民法院提起环境民事公益诉讼的,由最先立案的人民法院管辖,必要时由共同上级人民法院指定管辖。

第七条 经最高人民法院批准,高级人民法院可以根据本辖区环境和生态保护的实际情况,在辖区内确定部分中级人民法院受理第一审环境民事公益诉讼案件。

中级人民法院管辖环境民事公益诉讼案件的区域由高级人民法院确定。

第八条 提起环境民事公益诉讼应当提

交下列材料：

（一）符合民事诉讼法第一百二十一条规定的起诉状，并按照被告人数提出副本；

（二）被告的行为已经损害社会公共利益或者具有损害社会公共利益重大风险的初步证明材料；

（三）社会组织提起诉讼的，应当提交社会组织登记证书、章程、起诉前连续五年的年度工作报告书或者年检报告书，以及由其法定代表人或者负责人签字并加盖公章的无违法记录的声明。

第九条 人民法院认为原告提出的诉讼请求不足以保护社会公共利益的，可以向其释明变更或者增加停止侵害、恢复原状等诉讼请求。

第十条 人民法院受理环境民事公益诉讼后，应当在立案之日起五日内将起诉状副本发送被告，并公告案件受理情况。

有权提起诉讼的其他机关和社会组织在公告之日起三十日内申请参加诉讼，经审查符合法定条件的，人民法院应当将其列为共同原告；逾期申请的，不予准许。

公民、法人和其他组织以人身、财产受到损害为由申请参加诉讼的，告知其另行起诉。

第十一条 检察机关、负有环境保护监督管理职责的部门及其他机关、社会组织、企业事业单位依据民事诉讼法第十五条的规定，可以通过提供法律咨询、提交书面意见、协助调查取证等方式支持社会组织依法提起环境民事公益诉讼。

第十二条 人民法院受理环境民事公益诉讼后，应当在十日内告知对被告行为负有环境保护监督管理职责的部门。

第十三条 原告请求被告提供其排放的主要污染物名称、排放方式、排放浓度和总量、超标排放情况以及防治污染设施的建设和运行情况等环境信息，法律、法规、规章规定被告应当持有或者有证据证明被告持有而拒不提供，如果原告主张相关事实不利于被告的，人民法院可以推定该主张成立。

第十四条 对于审理环境民事公益诉讼案件需要的证据，人民法院认为必要的，应当调查收集。

对于应当由原告承担举证责任且为维护社会公共利益所必要的专门性问题，人民法院可以委托具备资格的鉴定人进行鉴定。

第十五条 当事人申请通知有专门知识的人出庭，就鉴定人作出的鉴定意见或者就因果关系、生态环境修复方式、生态环境修复费用以及生态环境受到损害至恢复原状期间服务功能的损失等专门性问题提出意见的，人民法院可以准许。

前款规定的专家意见经质证，可以作为认定事实的根据。

第十六条 原告在诉讼过程中承认的对己方不利的事实和认可的证据，人民法院认为损害社会公共利益的，应当不予确认。

第十七条 环境民事公益诉讼案件审理过程中，被告以反诉方式提出诉讼请求的，人民法院不予受理。

第十八条 对污染环境、破坏生态，已经损害社会公共利益或者具有损害社会公共利益重大风险的行为，原告可以请求被告承担停止侵害、排除妨碍、消除危险、恢复原状、赔偿损失、赔礼道歉等民事责任。

第十九条 原告为防止生态环境损害的发生和扩大，请求被告停止侵害、排除妨碍、消除危险的，人民法院可以依法予以支持。

原告为停止侵害、排除妨碍、消除危险采取合理预防、处置措施而发生的费用，请求被告承担的，人民法院可以依法予以支持。

第二十条 原告请求恢复原状的，人民法院可以依法判决被告将生态环境修复到损害发生之前的状态和功能。无法完全修复的，可以准许采用替代性修复方式。

人民法院可以在判决被告修复生态环境的同时，确定被告不履行修复义务时应承担的生态环境修复费用；也可以直接判决被告承担生态环境修复费用。

生态环境修复费用包括制定、实施修复方案的费用和监测、监管等费用。

第二十一条 原告请求被告赔偿生态环境受到损害至恢复原状期间服务功能损失的，人民法院可以依法予以支持。

第二十二条 原告请求被告承担检验、鉴定费用，合理的律师费以及为诉讼支出的其他合理费用的，人民法院可以依法予以支持。

第二十三条 生态环境修复费用难以确定或者确定具体数额所需鉴定费用明显过高的，人民法院可以结合污染环境、破坏生态的范围和程度、生态环境的稀缺性、生态环境恢复的难易程度、防治污染设备的运行成本、被告因侵害行为所获得的利益以及过错程度等因素，并可以参考负有环境保护监督管理职责的部门的意见、专家意见等，予以合理确定。

第二十四条 人民法院判决被告承担的生态环境修复费用、生态环境受到损害至恢复原状期间服务功能损失等款项，应当用于修复被损害的生态环境。

其他环境民事公益诉讼中败诉原告所需承担的调查取证、专家咨询、检验、鉴定等必要费用，可以酌情从上述款项中支付。

第二十五条 环境民事公益诉讼当事人达成调解协议或者自行达成和解协议后，人民法院应当将协议内容公告，公告期间不少于三十日。

公告期满后，人民法院审查认为调解协议或者和解协议的内容不损害社会公共利益的，应当出具调解书。当事人以达成和解协议为由申请撤诉的，不予准许。

调解书应当写明诉讼请求、案件的基本事实和协议内容，并应当公开。

第二十六条 负有环境保护监督管理职责的部门依法履行监管职责而使原告诉讼请求全部实现，原告申请撤诉的，人民法院应予准许。

第二十七条 法庭辩论终结后，原告申请撤诉的，人民法院不予准许，但本解释第二十六条规定的情形除外。

第二十八条 环境民事公益诉讼案件的裁判生效后，有权提起诉讼的其他机关和社会组织就同一污染环境、破坏生态行为另行起诉，有下列情形之一的，人民法院应予受理：

（一）前案原告的起诉被裁定驳回的；

（二）前案原告申请撤诉被裁定准许的，但本解释第二十六条规定的情形除外。

环境民事公益诉讼案件的裁判生效后，有证据证明存在前案审理时未发现的损害，有权提起诉讼的机关和社会组织另行起诉的，人民法院应予受理。

第二十九条 法律规定的机关和社会组织提起环境民事公益诉讼的，不影响因同一污染环境、破坏生态行为受到人身、财产损害的公民、法人和其他组织依据民事诉讼法第一百一十九条的规定提起诉讼。

第三十条 已为环境民事公益诉讼生效裁判认定的事实，因同一污染环境、破坏生态行为依据民事诉讼法第一百一十九条规定提起诉讼的原告、被告均无需举证证明，但原告对该事实有异议并有相反证据足以推翻的除外。

对于环境民事公益诉讼生效裁判就被告是否存在法律规定的不承担责任或者减轻责任的情形、行为与损害之间是否存在因果关系、被告承担责任的大小等所作的认定，因同一污染环境、破坏生态行为依据民事诉讼法第一百一十九条规定提起诉讼的原告主张适用的，人民法院应予支持，但被告有相反证据足以推翻的除外。被告主张直接适用对其有利的认定的，人民法院不予支持，被告仍应举证证明。

第三十一条 被告因污染环境、破坏生态在环境民事公益诉讼和其他民事诉讼中均承担责任,其财产不足以履行全部义务的,应当先履行其他民事诉讼生效裁判所确定的义务,但法律另有规定的除外。

第三十二条 发生法律效力的环境民事公益诉讼案件的裁判,需要采取强制执行措施的,应当移送执行。

第三十三条 原告交纳诉讼费用确有困难,依法申请缓交的,人民法院应予准许。

败诉或者部分败诉的原告申请减交或者免交诉讼费用的,人民法院应当依照《诉讼费用交纳办法》的规定,视原告的经济状况和案件的审理情况决定是否准许。

第三十四条 社会组织有通过诉讼违法收受财物等牟取经济利益行为的,人民法院可以根据情节轻重依法收缴其非法所得、予以罚款;涉嫌犯罪的,依法移送有关机关处理。

社会组织通过诉讼牟取经济利益的,人民法院应当向登记管理机关或者有关机关发送司法建议,由其依法处理。

第三十五条 本解释施行前最高人民法院发布的司法解释和规范性文件,与本解释不一致的,以本解释为准。

(五)一审程序

最高人民法院关于严格执行案件审理期限制度的若干规定

法释〔2000〕29号
中华人民共和国最高人民法院公告

《最高人民法院关于严格执行案件审理期限制度的若干规定》已于2000年9月14日由最高人民法院审判委员会第1130次会议通过。现予公布,自2000年9月28日起施行。

二○○○年九月二十二日

为提高诉讼效率,确保司法公正,根据刑事诉讼法、民事诉讼法、行政诉讼法和海事诉讼特别程序法的有关规定,现就人民法院执行案件审理期限制度的有关问题规定如下:

一、各类案件的审理、执行期限

第一条 适用普通程序审理的第一审刑事公诉案件、被告人被羁押的第一审刑事自诉案件和第二审刑事公诉、刑事自诉案件的期限为一个月,至迟不得超过一个半月;附带民事诉讼案件的审理期限,经本院院长批准,可以延长两个月。有刑事诉讼法第一百二十六条规定情形之一的,经省、自治区、直辖市高级人民法院批准或者决定,审理期限可以再延长一个月;最高人民法院受理的刑事上诉、刑事抗诉案件,经最高人民法院决定,审理期限可以再延长一个月。

适用普通程序审理的被告人未被羁押的第一审刑事自诉案件,期限为六个月;有特殊情况需要延长的,经本院院长批准,可以延长三个月。

适用简易程序审理的刑事案件,审理期限为二十日。

第二条 适用普通程序审理的第一审民事案件,期限为六个月;有特殊情况需要延长的,经本院院长批准,可以延长六个月,还需延长的,报请上一级人民法院批准,可以再延长三个月。

适用简易程序审理的民事案件,期限为三个月。

适用特别程序审理的民事案件,期限为三十日;有特殊情况需要延长的,经本院院长批准,可以延长三十日,但审理选民资格案件必须在选举日前审结。

审理第一审船舶碰撞、共同海损案件的期限为一年;有特殊情况需要延长的,经本院院长批准,可以延长六个月。

审理对民事判决的上诉案件,审理期限为三个月;有特殊情况需要延长的,经本院院长批准,可以延长三个月。

审理对民事裁定的上诉案件,审理期限为三十日。

对罚款、拘留民事决定不服申请复议的,审理期限为五日。

审理涉外民事案件,根据民事诉讼法第二百五十条(修订后民诉法第二百七十条)的规定,不受上述案件审理期限的限制。

审理涉港、澳、台的民事案件的期限,参照涉外审理民事案件的规定办理。

第三条 审理第一审行政案件的期限为三个月;有特殊情况需要延长的,经高级人民法院批准可以延长三个月。高级人民法院审理第一审案件需要延长期限的,由最高人民法院批准,可以延长三个月。

审理行政上诉案件的期限为两个月;有特殊情况需要延长的,由高级人民法院批准,可以延长两个月。高级人民法院审理的第二审案件需要延长期限的,由最高人民法院批准,可以延长两个月。

第四条 按照审判监督程序重新审理的刑事案件的期限为三个月;需要延长期限的,经本院院长批准,可以延长三个月。

裁定再审的民事、行政案件,根据再审适用的不同程序,分别执行第一审或第二审审理期限的规定。

第五条 执行案件应当在立案之日起六个月内执结,非诉执行案件应当在立案之日起三个月内执结;有特殊情况需要延长的,经本院院长批准,可以延长三个月,还需延长的,层报高级人民法院备案。

委托执行的案件,委托的人民法院应当在立案后一个月内办理完委托执行手续,受委托的人民法院应当在收到委托函件后三十日内执行完毕。未执行完毕,应当在期限届满后十五日内将执行情况函告委托人民法院。

刑事案件没收财产刑应当即时执行。

刑事案件罚金刑,应当在判决、裁定发生法律效力后三个月内执行完毕,至迟不超过六个月。

二、立案、结案时间及审理期限的计算

第六条 第一审人民法院收到起诉书(状)或者执行申请书后,经审查认为符合受理条件的应当在七日内立案;收到自诉人自诉状或者口头告诉的,经审查认为符合自诉案件受理条件的应当在十五日内立案。

改变管辖的刑事、民事、行政案件,应当在收到案卷材料后的三日内立案。

第二审人民法院应当在收到第一审人民法院移送的上(抗)诉材料及案卷材料后的五日内立案。

发回重审或指令再审的案件,应当在收到发回重审或指令再审裁定及案卷材料后的次日内立案。

按照审判监督程序重新审判的案件,应当在作出提审、再审裁定(决定)的次日立案。

第七条 立案机构应当在决定立案的三日内将案卷材料移送审判庭。

第八条 案件的审理期限从立案次日起计算。

由简易程序转为普通程序审理的第一审刑事案件的期限,从决定转为普通程序次日起

计算；由简易程序转为普通程序审理的第一审民事案件的期限，从立案次日起连续计算。

第九条 下列期间不计入审理、执行期限：

（一）刑事案件对被告人作精神病鉴定的期间；

（二）刑事案件因另行委托、指定辩护人，法院决定延期审理的，自案件宣布延期审理之日起至第十日止准备辩护的时间；

（三）公诉人发现案件需要补充侦查，提出延期审理建议后，合议庭同意延期审理的期间；

（四）刑事案件二审期间，检察院查阅案卷超过七日后的时间；

（五）因当事人、诉讼代理人、辩护人申请通知新的证人到庭、调取新的证据、申请重新鉴定或者勘验，法院决定延期审理一个月之内的期间；

（六）民事、行政案件公告、鉴定的期间；

（七）审理当事人提出的管辖权异议和处理法院之间的管辖争议的期间；

（八）民事、行政、执行案件由有关专业机构进行审计、评估、资产清理的期间；

（九）中止诉讼（审理）或执行至恢复诉讼（审理）或执行的期间；

（十）当事人达成执行和解或者提供执行担保后，执行法院决定暂缓执行的期间；

（十一）上级人民法院通知暂缓执行的期间；

（十二）执行中拍卖、变卖被查封、扣押财产的期间。

第十条 人民法院判决书宣判、裁定书宣告或者调解书送达最后一名当事人的日期为结案时间。如需委托宣判、送达的，委托宣判、送达的人民法院应当在审限届满前将判决书、裁定书、调解书送达受托人民法院。受托人民法院应当在收到委托书后七日内送达。

人民法院判决书宣判、裁定书宣告或者调解书送达有下列情形之一的，结案时间遵守以下规定：

（一）留置送达的，以裁判文书留在受送达人的住所日为结案时间；

（二）公告送达的，以公告刊登之日为结案时间；

（三）邮寄送达的，以交邮日期为结案时间；

（四）通过有关单位转交送达的，以送达回证上当事人签收的日期为结案时间。

三、案件延长审理期限的报批

第十一条 刑事公诉案件、被告人被羁押的自诉案件，需要延长审理期限的，应当在审理期限届满七日以前，向高级人民法院提出申请；被告人未被羁押的刑事自诉案件，需要延长审理期限的，应当在审理期限届满十日前向本院院长提出申请。

第十二条 民事案件应当在审理期限届满十日前向本院院长提出申请；还需延长的，应当在审理期限届满十日前向上一级人民法院提出申请。

第十三条 行政案件应当在审理期限届满十日前向高级人民法院或者最高人民法院提出申请。

第十四条 对于下级人民法院申请延长办案期限的报告，上级人民法院应当在审理期限届满三日前作出决定，并通知提出申请延长审理期限的人民法院。

需要本院院长批准延长办案期限的，院长应当在审限届满前批准或者决定。

四、上诉、抗诉二审案件的移送期限

第十五条 被告人、自诉人、附带民事诉讼的原告人和被告人通过第一审人民法院提出上诉的刑事案件，第一审人民法院应当在上诉期限届满后三日内将上诉状连同案卷、证据移送第二审人民法院。被告人、自诉人、附带

民事诉讼的原告人和被告人直接向上级人民法院提出上诉的刑事案件,第一审人民法院应当在接到第二审人民法院移交的上诉状后三日内将案卷、证据移送上一级人民法院。

第十六条 人民检察院抗诉的刑事二审案件,第一审人民法院应当在上诉、抗诉期届满后三日内将抗诉书连同案卷、证据移送第二审人民法院。

第十七条 当事人提出上诉的二审民事、行政案件,第一审人民法院收到上诉状,应当在五日内将上诉状副本送达对方当事人。人民法院收到答辩状,应当在五日内将副本送达上诉人。

人民法院受理人民检察院抗诉的民事、行政案件的移送期限,比照前款规定办理。

第十八条 第二审人民法院立案时发现上诉案件材料不齐全的,应当在两日内通知第一审人民法院。第一审人民法院应当在接到第二审人民法院的通知后五日内补齐。

第十九条 下级人民法院接到上级人民法院调卷通知后,应当在五日内将全部案卷和证据移送,至迟不超过十日。

五、对案件审理期限的监督、检查

第二十条 各级人民法院应当将审理案件期限情况作为审判管理的重要内容,加强对案件审理期限的管理、监督和检查。

第二十一条 各级人民法院应当建立审理期限届满前的催办制度。

第二十二条 各级人民法院应当建立案件审理期限定期通报制度。对违反诉讼法规定,超过审理期限或者违反本规定的情况进行通报。

第二十三条 审判人员故意拖延办案,或者因过失延误办案,造成严重后果的,依照《人民法院审判纪律处分办法(试行)》第五十九条的规定予以处分。

审判人员故意拖延移送案件材料,或者接受委托送达后,故意拖延不予送达的,参照《人民法院审判纪律处分办法(试行)》第五十九条的规定予以处分。

第二十四条 本规定发布前有关审理期限规定与本规定不一致的,以本规定为准。

(六)小额诉讼

最高人民法院关于
海事法院可否适用小额诉讼程序问题的批复

《最高人民法院关于海事法院可否适用小额诉讼程序问题的批复》已于2013年5月27日由最高人民法院审判委员会第1579次会议通过,现予公布,自2013年6月26日起施行。

上海市高级人民法院:

你院《关于海事法院适用小额诉讼程序的请示》(沪高法〔2013〕5号)收悉。经研究,批复如下:

2012年修订的《中华人民共和国民事诉讼法》简易程序一章规定了小额诉讼程序,《中华人民共和国海事诉讼特别程序法》第九十八条规定海事法院可以适用简易程序。因此,海事法院可以适用小额诉讼程序审理简单的海事、海商案件。

适用小额诉讼程序的标的额应以实际受

理案件的海事法院或其派出法庭所在的省、自治区、直辖市上年度就业人员年平均工资百分之三十为限。

（七）证　据

最高人民法院关于民事诉讼证据的若干规定

为保证人民法院正确认定案件事实，公正、及时审理民事案件，保障和便利当事人依法行使诉讼权利，根据《中华人民共和国民事诉讼法》（以下简称《民事诉讼法》）等有关法律的规定，结合民事审判经验和实际情况，制定本规定。

一、当事人举证

第一条　原告向人民法院起诉或者被告提出反诉，应当附有符合起诉条件的相应的证据材料。

第二条　当事人对自己提出的诉讼请求所依据的事实或者反驳对方诉讼请求所依据的事实有责任提供证据加以证明。

没有证据或者证据不足以证明当事人的事实主张的，由负有举证责任的当事人承担不利后果。

第三条　人民法院应当向当事人说明举证的要求及法律后果，促使当事人在合理期限内积极、全面、正确、诚实地完成举证。

当事人因客观原因不能自行收集的证据，可申请人民法院调查收集。

第四条　下列侵权诉讼，按照以下规定承担举证责任：

（一）因新产品制造方法发明专利引起的专利侵权诉讼，由制造同样产品的单位或者个人对其产品制造方法不同于专利方法承担举证责任；

（二）高度危险作业致人损害的侵权诉讼，由加害人就受害人故意造成损害的事实承担举证责任；

（三）因环境污染引起的损害赔偿诉讼，由加害人就法律规定的免责事由及其行为与损害结果之间不存在因果关系承担举证责任；

（四）建筑物或者其他设施以及建筑物上的搁置物、悬挂物发生倒塌、脱落、坠落致人损害的侵权诉讼，由所有人或者管理人对其无过错承担举证责任；

（五）饲养动物致人损害的侵权诉讼，由动物饲养人或者管理人就受害人有过错或者第三人有过错承担举证责任；

（六）因缺陷产品致人损害的侵权诉讼，由产品的生产者就法律规定的免责事由承担举证责任；

（七）因共同危险行为致人损害的侵权诉讼，由实施危险行为的人就其行为与损害结果之间不存在因果关系承担举证责任；

（八）因医疗行为引起的侵权诉讼，由医疗机构就医疗行为与损害结果之间不存在因果关系及不存在医疗过错承担举证责任。

有关法律对侵权诉讼的举证责任有特殊规定的，从其规定。

第五条　在合同纠纷案件中，主张合同关系成立并生效的一方当事人对合同订立和生效的事实承担举证责任；主张合同关系变更、解除、终止、撤销的一方当事人对引起合同关系变动的事实承担举证责任。

对合同是否履行发生争议的，由负有履行义务的当事人承担举证责任。

对代理权发生争议的，由主张有代理权一方当事人承担举证责任。

第六条 在劳动争议纠纷案件中，因用人单位作出开除、除名、辞退、解除劳动合同、减少劳动报酬、计算劳动者工作年限等决定而发生劳动争议的，由用人单位负举证责任。

第七条 在法律没有具体规定，依本规定及其他司法解释无法确定举证责任承担时，人民法院可以根据公平原则和诚实信用原则，综合当事人举证能力等因素确定举证责任的承担。

第八条 诉讼过程中，一方当事人对另一方当事人陈述的案件事实明确表示承认的，另一方当事人无需举证。但涉及身份关系的案件除外。

对一方当事人陈述的事实，另一方当事人既未表示承认也未否认，经审判人员充分说明并询问后，其仍不明确表示肯定或者否定的，视为对该项事实的承认。

当事人委托代理人参加诉讼的，代理人的承认视为当事人的承认。但未经特别授权的代理人对事实的承认直接导致承认对方诉讼请求的除外；当事人在场但对其代理人的承认不作否认表示的，视为当事人的承认。

当事人在法庭辩论终结前撤回承认并经对方当事人同意，或者有充分证据证明其承认行为是在受胁迫或者重大误解情况下作出且与事实不符的，不能免除对方当事人的举证责任。

第九条 下列事实，当事人无需举证证明：

（一）众所周知的事实；

（二）自然规律及定理；

（三）根据法律规定或者已知事实和日常生活经验法则，能推定出的另一事实；

（四）已为人民法院发生法律效力的裁判所确认的事实；

（五）已为仲裁机构的生效裁决所确认的事实；

（六）已为有效公证文书所证明的事实。

前款（一）、（三）、（四）、（五）、（六）项，当事人有相反证据足以推翻的除外。

第十条 当事人向人民法院提供证据，应当提供原件或者原物。如需自己保存证据原件、原物或者提供原件、原物确有困难的，可以提供经人民法院核对无异的复制件或者复制品。

第十一条 当事人向人民法院提供的证据系在中华人民共和国领域外形成的，该证据应当经所在国公证机关予以证明，并经中华人民共和国驻该国使领馆予以认证，或者履行中华人民共和国与该所在国订立的有关条约中规定的证明手续。

当事人向人民法院提供的证据是在香港、澳门、台湾地区形成的，应当履行相关的证明手续。

第十二条 当事人向人民法院提供外文书证或者外文说明资料，应当附有中文译本。

第十三条 对双方当事人无争议但涉及国家利益、社会公共利益或者他人合法权益的事实，人民法院可以责令当事人提供有关证据。

第十四条 当事人应当对其提交的证据材料逐一分类编号，对证据材料的来源、证明对象和内容作简要说明，签名盖章，注明提交日期，并依照对方当事人人数提出副本。

人民法院收到当事人提交的证据材料，应当出具收据，注明证据的名称、份数和页数以及收到的时间，由经办人员签名或者盖章。

二、人民法院调查收集证据

第十五条 《民事诉讼法》第六十四条规定的"人民法院认为审理案件需要的证据"，是指以下情形：

（一）涉及可能有损国家利益、社会公共利

益或者他人合法权益的事实；

（二）涉及依职权追加当事人、中止诉讼、终结诉讼、回避等与实体争议无关的程序事项。

第十六条 除本规定第十五条规定的情形外，人民法院调查收集证据，应当依当事人的申请进行。

第十七条 符合下列条件之一的，当事人及其诉讼代理人可以申请人民法院调查收集证据：

（一）申请调查收集的证据属于国家有关部门保存并须人民法院依职权调取的档案材料；

（二）涉及国家秘密、商业秘密、个人隐私的材料；

（三）当事人及其诉讼代理人确因客观原因不能自行收集的其他材料。

第十八条 当事人及其诉讼代理人申请人民法院调查收集证据，应当提交书面申请。申请书应当载明被调查人的姓名或者单位名称、住所地等基本情况、所要调查收集的证据的内容、需要由人民法院调查收集证据的原因及其要证明的事实。

第十九条 当事人及其诉讼代理人申请人民法院调查收集证据，不得迟于举证期限届满前七日。

人民法院对当事人及其诉讼代理人的申请不予准许的，应当向当事人或其诉讼代理人送达通知书。当事人及其诉讼代理人可以在收到通知书的次日起三日内向受理申请的人民法院书面申请复议一次。人民法院应当在收到复议申请之日起五日内作出答复。

第二十条 调查人员调查收集的书证，可以是原件，也可以是经核对无误的副本或者复制件。是副本或者复制件的，应当在调查笔录中说明来源和取证情况。

第二十一条 调查人员调查收集的物证应当是原物。被调查人提供原物确有困难的，可以提供复制品或者照片。提供复制品或者照片的，应当在调查笔录中说明取证情况。

第二十二条 调查人员调查收集计算机数据或者录音、录像等视听资料的，应当要求被调查人提供有关资料的原始载体。提供原始载体确有困难的，可以提供复制件。提供复制件的，调查人员应当在调查笔录中说明其来源和制作经过。

第二十三条 当事人依据《民事诉讼法》第七十四条的规定向人民法院申请保全证据，不得迟于举证期限届满前七日。

当事人申请保全证据的，人民法院可以要求其提供相应的担保。

法律、司法解释规定诉前保全证据的，依照其规定办理。

第二十四条 人民法院进行证据保全，可以根据具体情况，采取查封、扣押、拍照、录音、录像、复制、鉴定、勘验、制作笔录等方法。

人民法院进行证据保全，可以要求当事人或者诉讼代理人到场。

第二十五条 当事人申请鉴定，应当在举证期限内提出。符合本规定第二十七条规定的情形，当事人申请重新鉴定的除外。

对需要鉴定的事项负有举证责任的当事人，在人民法院指定的期限内无正当理由不提出鉴定申请或者不预交鉴定费用或者拒不提供相关材料，致使对案件争议的事实无法通过鉴定结论予以认定的，应当对该事实承担举证不能的法律后果。

第二十六条 当事人申请鉴定经人民法院同意后，由双方当事人协商确定有鉴定资格的鉴定机构、鉴定人员，协商不成的，由人民法院指定。

第二十七条 当事人对人民法院委托的鉴定部门作出的鉴定结论有异议申请重新鉴定，提出证据证明存在下列情形之一的，人民法院应予准许：

（一）鉴定机构或者鉴定人员不具备相关

的鉴定资格的;

（二）鉴定程序严重违法的;

（三）鉴定结论明显依据不足的;

（四）经过质证认定不能作为证据使用的其他情形。

对有缺陷的鉴定结论，可以通过补充鉴定、重新质证或者补充质证等方法解决的，不予重新鉴定。

第二十八条 一方当事人自行委托有关部门作出的鉴定结论，另一方当事人有证据足以反驳并申请重新鉴定的，人民法院应予准许。

第二十九条 审判人员对鉴定人出具的鉴定书，应当审查是否具有下列内容:

（一）委托人姓名或者名称、委托鉴定的内容;

（二）委托鉴定的材料;

（三）鉴定的依据及使用的科学技术手段;

（四）对鉴定过程的说明;

（五）明确的鉴定结论;

（六）对鉴定人鉴定资格的说明;

（七）鉴定人员及鉴定机构签名盖章。

第三十条 人民法院勘验物证或者现场，应当制作笔录，记录勘验的时间、地点、勘验人、在场人、勘验的经过、结果，由勘验人、在场人签名或者盖章。对于绘制的现场图应当注明绘制的时间、方位、测绘人姓名、身份等内容。

第三十一条 摘录有关单位制作的与案件事实相关的文件、材料，应当注明出处，并加盖制作单位或者保管单位的印章，摘录人和其他调查人员应当在摘录件上签名或者盖章。

摘录文件、材料应当保持内容相应的完整性，不得断章取义。

三、举证时限与证据交换

第三十二条 被告应当在答辩期届满前提出书面答辩，阐明其对原告诉讼请求及所依据的事实和理由的意见。

第三十三条 人民法院应当在送达案件受理通知书和应诉通知书的同时向当事人送达举证通知书。举证通知书应当载明举证责任的分配原则与要求，可以向人民法院申请调查取证的情形，人民法院根据案件情况指定的举证期限以及逾期提供证据的法律后果。

举证期限可以由当事人协商一致，并经人民法院认可。

由人民法院指定举证期限的，指定的期限不得少于三十日，自当事人收到案件受理通知书和应诉通知书的次日起计算。

第三十四条 当事人应当在举证期限内向人民法院提交证据材料，当事人在举证期限内不提交的，视为放弃举证权利。

对于当事人逾期提交的证据材料，人民法院审理时不组织质证。但对方当事人同意质证的除外。

当事人增加、变更诉讼请求或者提起反诉的，应当在举证期限届满前提出。

第三十五条 诉讼过程中，当事人主张的法律关系的性质或者民事行为的效力与人民法院根据案件事实作出的认定不一致的，不受本规定第三十四条规定的限制，人民法院应当告知当事人可以变更诉讼请求。

当事人变更诉讼请求的，人民法院应当重新指定举证期限。

第三十六条 当事人在举证期限内提交证据材料确有困难的，应当在举证期限内向人民法院申请延期举证，经人民法院准许，可以适当延长举证期限。当事人在延长的举证期限内提交证据材料仍有困难的，可以再次提出延期申请，是否准许由人民法院决定。

第三十七条 经当事人申请，人民法院可以组织当事人在开庭审理前交换证据。

人民法院对于证据较多或者复杂疑难的案件，应当组织当事人在答辩期届满后、开庭审理前交换证据。

第三十八条 交换证据的时间可以由当事人协商一致并经人民法院认可，也可以由人民法院指定。

人民法院组织当事人交换证据的，交换证据之日举证期限届满。当事人申请延期举证经人民法院准许的，证据交换日相应顺延。

第三十九条 证据交换应当在审判人员的主持下进行。

在证据交换的过程中，审判人员对当事人无异议的事实、证据应当记录在卷；对有异议的证据，按照需要证明的事实分类记录在卷，并记载异议的理由。通过证据交换，确定双方当事人争议的主要问题。

第四十条 当事人收到对方交换的证据后提出反驳并提出新证据的，人民法院应当通知当事人在指定的时间进行交换。

证据交换一般不超过两次。但重大、疑难和案情特别复杂的案件，人民法院认为确有必要再次进行证据交换的除外。

第四十一条 《民事诉讼法》第一百二十五条第一款规定的"新的证据"，是指以下情形：

（一）一审程序中的新的证据包括：当事人在一审举证期限届满后新发现的证据；当事人确因客观原因无法在举证期限内提供，经人民法院准许，在延长的期限内仍无法提供的证据。

（二）二审程序中的新的证据包括：一审庭审结束后新发现的证据；当事人在一审举证期限届满前申请人民法院调查取证未获准许，二审法院经审查认为应当准许并依当事人申请调取的证据。

第四十二条 当事人在一审程序中提供新的证据的，应当在一审开庭前或者开庭审理时提出。

当事人在二审程序中提供新的证据的，应当在二审开庭前或者开庭审理时提出；二审不需要开庭审理的，应当在人民法院指定的期限内提出。

第四十三条 当事人举证期限届满后提供的证据不是新的证据的，人民法院不予采纳。

当事人经人民法院准许延期举证，但因客观原因未能在准许的期限内提供，且不审理该证据可能导致裁判明显不公的，其提供的证据可视为新的证据。

第四十四条 《民事诉讼法》第一百七十九条（修订后民诉法第二百条）第一款第（一）项规定的"新的证据"，是指原审庭审结束后新发现的证据。

当事人在再审程序中提供新的证据的，应当在申请再审时提出。

第四十五条 一方当事人提出新的证据的，人民法院应当通知对方当事人在合理期限内提出意见或者举证。

第四十六条 由于当事人的原因未能在指定期限内举证，致使案件在二审或者再审期间因提出新的证据被人民法院发回重审或者改判的，原审裁判不属于错误裁判案件。一方当事人请求提出新的证据的另一方当事人负担由此增加的差旅、误工、证人出庭作证、诉讼等合理费用以及由此扩大的直接损失，人民法院应予支持。

四、质 证

第四十七条 证据应当在法庭上出示，由当事人质证。未经质证的证据，不能作为认定案件事实的依据。

当事人在证据交换过程中认可并记录在卷的证据，经审判人员在庭审中说明后，可以作为认定案件事实的依据。

第四十八条 涉及国家秘密、商业秘密和个人隐私或者法律规定的其他应当保密的证据，不得在开庭时公开质证。

第四十九条 对书证、物证、视听资料进行质证时，当事人有权要求出示证据的原件或者原物。但有下列情况之一的除外：

（一）出示原件或者原物确有困难并经人民法院准许出示复制件或者复制品的；

（二）原件或者原物已不存在，但有证据证明复制件、复制品与原件或原物一致的。

第五十条 质证时，当事人应当围绕证据的真实性、关联性、合法性，针对证据证明力有无以及证明力大小，进行质疑、说明与辩驳。

第五十一条 质证按下列顺序进行：

（一）原告出示证据，被告、第三人与原告进行质证；

（二）被告出示证据，原告、第三人与被告进行质证；

（三）第三人出示证据，原告、被告与第三人进行质证。

人民法院依照当事人申请调查收集的证据，作为提出申请的一方当事人提供的证据。

人民法院依照职权调查收集的证据应当在庭审时出示，听取当事人意见，并可就调查收集该证据的情况予以说明。

第五十二条 案件有两个以上独立的诉讼请求的，当事人可以逐个出示证据进行质证。

第五十三条 不能正确表达意志的人，不能作为证人。

待证事实与其年龄、智力状况或者精神健康状况相适应的无民事行为能力人和限制民事行为能力人，可以作为证人。

第五十四条 当事人申请证人出庭作证，应当在举证期限届满十日前提出，并经人民法院许可。

人民法院对当事人的申请予以准许的，应当在开庭审理前通知证人出庭作证，并告知其应当如实作证及作伪证的法律后果。

证人因出庭作证而支出的合理费用，由提供证人的一方当事人先行支付，由败诉一方当事人承担。

第五十五条 证人应当出庭作证，接受当事人的质询。

证人在人民法院组织双方当事人交换证据时出席陈述证言的，可视为出庭作证。

第五十六条 《民事诉讼法》第七十条规定的"证人确有困难不能出庭"，是指有下列情形：

（一）年迈体弱或者行动不便无法出庭的；

（二）特殊岗位确实无法离开的；

（三）路途特别遥远，交通不便难以出庭的；

（四）因自然灾害等不可抗力的原因无法出庭的；

（五）其他无法出庭的特殊情况。

前款情形，经人民法院许可，证人可以提交书面证言或者视听资料或者通过双向视听传输技术手段作证。

第五十七条 出庭作证的证人应当客观陈述其亲身感知的事实。证人为聋哑人的，可以其他表达方式作证。

证人作证时，不得使用猜测、推断或者评论性的语言。

第五十八条 审判人员和当事人可以对证人进行询问。证人不得旁听法庭审理；询问证人时，其他证人不得在场。人民法院认为有必要的，可以让证人进行对质。

第五十九条 鉴定人应当出庭接受当事人质询。

鉴定人确因特殊原因无法出庭的，经人民法院准许，可以书面答复当事人的质询。

第六十条 经法庭许可，当事人可以向证人、鉴定人、勘验人发问。

询问证人、鉴定人、勘验人不得使用威胁、侮辱及不适当引导证人的言语和方式。

第六十一条 当事人可以向人民法院申

请由一至二名具有专门知识的人员出庭就案件的专门性问题进行说明。人民法院准许其申请的，有关费用由提出申请的当事人负担。

审判人员和当事人可以对出庭的具有专门知识的人员进行询问。

经人民法院准许，可以由当事人各自申请的具有专门知识的人员就有关案件中的问题进行对质。

具有专门知识的人员可以对鉴定人进行询问。

第六十二条 法庭应当将当事人的质证情况记入笔录，并由当事人核对后签名或者盖章。

五、证据的审核认定

第六十三条 人民法院应当以证据能够证明的案件事实为依据依法作出裁判。

第六十四条 审判人员应当依照法定程序，全面、客观地审核证据，依据法律的规定，遵循法官职业道德，运用逻辑推理和日常生活经验，对证据有无证明力和证明力大小独立进行判断，并公开判断的理由和结果。

第六十五条 审判人员对单一证据可以从下列方面进行审核认定：

（一）证据是否原件、原物，复印件、复制品与原件、原物是否相符；

（二）证据与本案事实是否相关；

（三）证据的形式、来源是否符合法律规定；

（四）证据的内容是否真实；

（五）证人或者提供证据的人，与当事人有无利害关系。

第六十六条 审判人员对案件的全部证据，应当从各证据与案件事实的关联程度、各证据之间的联系等方面进行综合审查判断。

第六十七条 在诉讼中，当事人为达成调解协议或者和解的目的作出妥协所涉及的对案件事实的认可，不得在其后的诉讼中作为对其不利的证据。

第六十八条 以侵害他人合法权益或者违反法律禁止性规定的方法取得的证据，不能作为认定案件事实的依据。

第六十九条 下列证据不能单独作为认定案件事实的依据：

（一）未成年人所作的与其年龄和智力状况不相当的证言；

（二）与一方当事人或者其代理人有利害关系的证人出具的证言；

（三）存有疑点的视听资料；

（四）无法与原件、原物核对的复印件、复制品；

（五）无正当理由未出庭作证的证人证言。

第七十条 一方当事人提出的下列证据，对方当事人提出异议但没有足以反驳的相反证据的，人民法院应当确认其证明力：

（一）书证原件或者与书证原件核对无误的复印件、照片、副本、节录本；

（二）物证原物或者与物证原物核对无误的复制件、照片、录像资料等；

（三）有其他证据佐证并以合法手段取得的、无疑点的视听资料或者与视听资料核对无误的复制件；

（四）一方当事人申请人民法院依照法定程序制作的对物证或者现场的勘验笔录。

第七十一条 人民法院委托鉴定部门作出的鉴定结论，当事人没有足以反驳的相反证据和理由的，可以认定其证明力。

第七十二条 一方当事人提出的证据，另一方当事人认可或者提出的相反证据不足以反驳的，人民法院可以确认其证明力。

一方当事人提出的证据，另一方当事人有异议并提出反驳证据，对方当事人对反驳证据认可的，可以确认反驳证据的证明力。

第七十三条 双方当事人对同一事实分别举出相反的证据,但都没有足够的依据否定对方证据的,人民法院应当结合案件情况,判断一方提供证据的证明力是否明显大于另一方提供证据的证明力,并对证明力较大的证据予以确认。

因证据的证明力无法判断导致争议事实难以认定的,人民法院应当依据举证责任分配的规则作出裁判。

第七十四条 诉讼过程中,当事人在起诉状、答辩状、陈述及其委托代理人的代理词中承认的对己方不利的事实和认可的证据,人民法院应当予以确认,但当事人反悔并有相反证据足以推翻的除外。

第七十五条 有证据证明一方当事人持有证据无正当理由拒不提供,如果对方当事人主张该证据的内容不利于证据持有人,可以推定该主张成立。

第七十六条 当事人对自己的主张,只有本人陈述而不能提出其他相关证据的,其主张不予支持。但对方当事人认可的除外。

第七十七条 人民法院就数个证据对同一事实的证明力,可以依照下列原则认定:

(一)国家机关、社会团体依职权制作的公文书证的证明力一般大于其他书证;

(二)物证、档案、鉴定结论、勘验笔录或者经过公证、登记的书证,其证明力一般大于其他书证、视听资料和证人证言;

(三)原始证据的证明力一般大于传来证据;

(四)直接证据的证明力一般大于间接证据;

(五)证人提供的对与其有亲属或者其他密切关系的当事人有利的证言,其证明力一般小于其他证人证言。

第七十八条 人民法院认定证人证言,可以通过对证人的智力状况、品德、知识、经验、法律意识和专业技能等的综合分析作出判断。

第七十九条 人民法院应当在裁判文书中阐明证据是否采纳的理由。

对当事人无争议的证据,是否采纳的理由可以不在裁判文书中表述。

六、其 他

第八十条 对证人、鉴定人、勘验人的合法权益依法予以保护。

当事人或者其他诉讼参与人伪造、毁灭证据,提供假证据,阻止证人作证,指使、贿买、胁迫他人作伪证,或者对证人、鉴定人、勘验人打击报复的,依照《民事诉讼法》第一百零二条的规定处理。

第八十一条 人民法院适用简易程序审理案件,不受本解释中第三十二条、第三十三条第三款和第七十九条规定的限制。

第八十二条 本院过去的司法解释,与本规定不一致的,以本规定为准。

第八十三条 本规定自 2002 年 4 月 1 日起施行。2002 年 4 月 1 日尚未审结的一审、二审和再审民事案件不适用本规定。

本规定施行前已经审理终结的民事案件,当事人以违反本规定为由申请再审的,人民法院不予支持。

本规定施行后受理的再审民事案件,人民法院依据《民事诉讼法》第一百八十四条(修订后民诉法第二百零七条)的规定进行审理的,适用本规定。

司法鉴定程序通则

中华人民共和国司法部令

第 132 号

《司法鉴定程序通则》已经 2015 年 12 月 24 日司法部部务会议修订通过,现将修订后的《司法鉴定程序通则》发布,自 2016 年 5 月 1 日起施行。

部长　吴爱英
2016 年 3 月 2 日

第一章　总　则

第一条　为了规范司法鉴定机构和司法鉴定人的司法鉴定活动,保障司法鉴定质量,保障诉讼活动的顺利进行,根据《全国人民代表大会常务委员会关于司法鉴定管理问题的决定》和有关法律、法规的规定,制定本通则。

第二条　司法鉴定是指在诉讼活动中鉴定人运用科学技术或者专门知识对诉讼涉及的专门性问题进行鉴别和判断并提供鉴定意见的活动。司法鉴定程序是指司法鉴定机构和司法鉴定人进行司法鉴定活动的方式、步骤以及相关规则的总称。

第三条　本通则适用于司法鉴定机构和司法鉴定人从事各类司法鉴定业务的活动。

第四条　司法鉴定机构和司法鉴定人进行司法鉴定活动,应当遵守法律、法规、规章,遵守职业道德和执业纪律,尊重科学,遵守技术操作规范。

第五条　司法鉴定实行鉴定人负责制度。司法鉴定人应当依法独立、客观、公正地进行鉴定,并对自己作出的鉴定意见负责。司法鉴定人不得违反规定会见诉讼当事人及其委托的人。

第六条　司法鉴定机构和司法鉴定人应当保守在执业活动中知悉的国家秘密、商业秘密,不得泄露个人隐私。

第七条　司法鉴定人在执业活动中应当依照有关诉讼法律和本通则规定实行回避。

第八条　司法鉴定收费执行国家有关规定。

第九条　司法鉴定机构和司法鉴定人进行司法鉴定活动应当依法接受监督。对于有违反有关法律、法规、规章规定行为的,由司法行政机关依法给予相应的行政处罚;对于有违反司法鉴定行业规范行为的,由司法鉴定协会给予相应的行业处分。

第十条　司法鉴定机构应当加强对司法鉴定人执业活动的管理和监督。司法鉴定人违反本通则规定的,司法鉴定机构应当予以纠正。

第二章　司法鉴定的委托与受理

第十一条　司法鉴定机构应当统一受理办案机关的司法鉴定委托。

第十二条　委托人委托鉴定的,应当向司法鉴定机构提供真实、完整、充分的鉴定材料,并对鉴定材料的真实性、合法性负责。司法鉴定机构应当核对并记录鉴定材料的名称、种类、数量、性状、保存状况、收到时间等。

诉讼当事人对鉴定材料有异议的,应当向委托人提出。

本通则所称鉴定材料包括生物检材和非生物检材、比对样本材料以及其他与鉴定事项有关的鉴定资料。

  第十三条 司法鉴定机构应当自收到委托之日起七个工作日内作出是否受理的决定。对于复杂、疑难或者特殊鉴定事项的委托,司法鉴定机构可以与委托人协商决定受理的时间。

  第十四条 司法鉴定机构应当对委托鉴定事项、鉴定材料等进行审查。对属于本机构司法鉴定业务范围,鉴定用途合法,提供的鉴定材料能够满足鉴定需要的,应当受理。

  对于鉴定材料不完整、不充分,不能满足鉴定需要的,司法鉴定机构可以要求委托人补充;经补充后能够满足鉴定需要的,应当受理。

  第十五条 具有下列情形之一的鉴定委托,司法鉴定机构不得受理:

  (一)委托鉴定事项超出本机构司法鉴定业务范围的;

  (二)发现鉴定材料不真实、不完整、不充分或者取得方式不合法的;

  (三)鉴定用途不合法或者违背社会公德的;

  (四)鉴定要求不符合司法鉴定执业规则或者相关鉴定技术规范的;

  (五)鉴定要求超出本机构技术条件或者鉴定能力的;

  (六)委托人就同一鉴定事项同时委托其他司法鉴定机构进行鉴定的;

  (七)其他不符合法律、法规、规章规定的情形。

  第十六条 司法鉴定机构决定受理鉴定委托的,应当与委托人签订司法鉴定委托书。司法鉴定委托书应当载明委托人名称、司法鉴定机构名称、委托鉴定事项、是否属于重新鉴定、鉴定用途、与鉴定有关的基本案情、鉴定材料的提供和退还、鉴定风险,以及双方商定的鉴定时限、鉴定费用及收取方式、双方权利义务等其他需要载明的事项。

  第十七条 司法鉴定机构决定不予受理鉴定委托的,应当向委托人说明理由,退还鉴定材料。

第三章 司法鉴定的实施

  第十八条 司法鉴定机构受理鉴定委托后,应当指定本机构具有该鉴定事项执业资格的司法鉴定人进行鉴定。

  委托人有特殊要求的,经双方协商一致,也可以从本机构中选择符合条件的司法鉴定人进行鉴定。

  委托人不得要求或者暗示司法鉴定机构、司法鉴定人按其意图或者特定目的提供鉴定意见。

  第十九条 司法鉴定机构对同一鉴定事项,应当指定或者选择二名司法鉴定人进行鉴定;对复杂、疑难或者特殊鉴定事项,可以指定或者选择多名司法鉴定人进行鉴定。

  第二十条 司法鉴定人本人或者其近亲属与诉讼当事人、鉴定事项涉及的案件有利害关系,可能影响其独立、客观、公正进行鉴定的,应当回避。

  司法鉴定人曾经参加过同一鉴定事项鉴定的,或者曾经作为专家提供过咨询意见的,或者曾被聘请为有专门知识的人参与过同一鉴定事项法庭质证的,应当回避。

  第二十一条 司法鉴定人自行提出回避的,由其所属的司法鉴定机构决定;委托人要求司法鉴定人回避的,应当向该司法鉴定人所属的司法鉴定机构提出,由司法鉴定机构决定。

  委托人对司法鉴定机构作出的司法鉴定人是否回避的决定有异议的,可以撤销鉴定委托。

  第二十二条 司法鉴定机构应当建立鉴定材料管理制度,严格监控鉴定材料的接收、保管、使用和退还。

  司法鉴定机构和司法鉴定人在鉴定过程中应当严格依照技术规范保管和使用鉴定材

料,因严重不负责任造成鉴定材料损毁、遗失的,应当依法承担责任。

第二十三条 司法鉴定人进行鉴定,应当依下列顺序遵守和采用该专业领域的技术标准、技术规范和技术方法:

(一)国家标准;

(二)行业标准和技术规范;

(三)该专业领域多数专家认可的技术方法。

第二十四条 司法鉴定人有权了解进行鉴定所需要的案件材料,可以查阅、复制相关资料,必要时可以询问诉讼当事人、证人。

经委托人同意,司法鉴定机构可以派员到现场提取鉴定材料。现场提取鉴定材料应当由不少于二名司法鉴定机构的工作人员进行,其中至少一名应为该鉴定事项的司法鉴定人。现场提取鉴定材料时,应当有委托人指派或者委托的人员在场见证并在提取记录上签名。

第二十五条 鉴定过程中,需要对无民事行为能力人或者限制民事行为能力人进行身体检查的,应当通知其监护人或者近亲属到场见证;必要时,可以通知委托人到场见证。

对被鉴定人进行法医精神病鉴定的,应当通知委托人或者被鉴定人的近亲属或者监护人到场见证。

对需要进行尸体解剖的,应当通知委托人或者死者的近亲属或者监护人到场见证。

到场见证人员应当在鉴定记录上签名。见证人员未到场的,司法鉴定人不得开展相关鉴定活动,延误时间不计入鉴定时限。

第二十六条 鉴定过程中,需要对被鉴定人身体进行法医临床检查的,应当采取必要措施保护其隐私。

第二十七条 司法鉴定人应当对鉴定过程进行实时记录并签名。记录可以采取笔记、录音、录像、拍照等方式。记录应当载明主要的鉴定方法和过程,检查、检验、检测结果,以及仪器设备使用情况等。记录的内容应当真实、客观、准确、完整、清晰,记录的文本资料、音像资料等应当存入鉴定档案。

第二十八条 司法鉴定机构应当自司法鉴定委托书生效之日起三十个工作日内完成鉴定。

鉴定事项涉及复杂、疑难、特殊技术问题或者鉴定过程需要较长时间的,经本机构负责人批准,完成鉴定的时限可以延长,延长时限一般不得超过三十个工作日。鉴定时限延长的,应当及时告知委托人。

司法鉴定机构与委托人对鉴定时限另有约定的,从其约定。

在鉴定过程中补充或重新提取鉴定材料所需的时间,不计入鉴定时限。

第二十九条 司法鉴定机构在鉴定过程中,有下列情形之一的,可以终止鉴定:

(一)发现有本通则第十五条第二项至第七项规定情形的;

(二)鉴定材料发生耗损,委托人不能补充提供的;

(三)委托人拒不履行司法鉴定委托书规定的义务、被鉴定人拒不配合或者鉴定活动受到严重干扰,致使鉴定无法继续进行的;

(四)委托人主动撤销鉴定委托,或者委托人、诉讼当事人拒绝支付鉴定费用的;

(五)因不可抗力致使鉴定无法继续进行的;

(六)其他需要终止鉴定的情形。

终止鉴定的,司法鉴定机构应当书面通知委托人,说明理由并退还鉴定材料。

第三十条 有下列情形之一的,司法鉴定机构可以根据委托人的要求进行补充鉴定:

(一)原委托鉴定事项有遗漏的;

(二)委托人就原委托鉴定事项提供新的鉴定材料的;

(三)其他需要补充鉴定的情形。

补充鉴定是原委托鉴定的组成部分,应当由原司法鉴定人进行。

第三十一条 有下列情形之一的，司法鉴定机构可以接受办案机关委托进行重新鉴定：

（一）原司法鉴定人不具有从事委托鉴定事项执业资格的；

（二）原司法鉴定机构超出登记的业务范围组织鉴定的；

（三）原司法鉴定人应当回避没有回避的；

（四）办案机关认为需要重新鉴定的；

（五）法律规定的其他情形。

第三十二条 重新鉴定应当委托原司法鉴定机构以外的其他司法鉴定机构进行；因特殊原因，委托人也可以委托原司法鉴定机构进行，但原司法鉴定机构应当指定原司法鉴定人以外的其他符合条件的司法鉴定人进行。

接受重新鉴定委托的司法鉴定机构的资质条件应当不低于原司法鉴定机构，进行重新鉴定的司法鉴定人中应当至少有一名具有相关专业高级专业技术职称。

第三十三条 鉴定过程中，涉及复杂、疑难、特殊技术问题的，可以向本机构以外的相关专业领域的专家进行咨询，但最终的鉴定意见应当由本机构的司法鉴定人出具。

专家提供咨询意见应当签名，并存入鉴定档案。

第三十四条 对于涉及重大案件或者特别复杂、疑难、特殊技术问题或者多个鉴定类别的鉴定事项，办案机关可以委托司法鉴定行业协会组织协调多个司法鉴定机构进行鉴定。

第三十五条 司法鉴定人完成鉴定后，司法鉴定机构应当指定具有相应资质的人员对鉴定程序和鉴定意见进行复核；对于涉及复杂、疑难、特殊技术问题或者重新鉴定的鉴定事项，可以组织三名以上的专家进行复核。

复核人员完成复核后，应当提出复核意见并签名，存入鉴定档案。

第四章 司法鉴定意见书的出具

第三十六条 司法鉴定机构和司法鉴定人应当按照统一规定的文本格式制作司法鉴定意见书。

第三十七条 司法鉴定意见书应当由司法鉴定人签名。多人参加的鉴定，对鉴定意见有不同意见的，应当注明。

第三十八条 司法鉴定意见书应当加盖司法鉴定机构的司法鉴定专用章。

第三十九条 司法鉴定意见书应当一式四份，三份交委托人收执，一份由司法鉴定机构存档。司法鉴定机构应当按照有关规定或者与委托人约定的方式，向委托人发送司法鉴定意见书。

第四十条 委托人对鉴定过程、鉴定意见提出询问的，司法鉴定机构和司法鉴定人应当给予解释或者说明。

第四十一条 司法鉴定意见书出具后，发现有下列情形之一的，司法鉴定机构可以进行补正：

（一）图像、谱图、表格不清晰的；

（二）签名、盖章或者编号不符合制作要求的；

（三）文字表达有瑕疵或者错别字，但不影响司法鉴定意见的。

补正应当在原司法鉴定意见书上进行，由至少一名司法鉴定人在补正处签名。必要时，可以出具补正书。

对司法鉴定意见书进行补正，不得改变司法鉴定意见的原意。

第四十二条 司法鉴定机构应当按照规定将司法鉴定意见书以及有关资料整理立卷、归档保管。

第五章 司法鉴定人出庭作证

第四十三条 经人民法院依法通知，司法鉴定人应当出庭作证，回答与鉴定事项有关的问题。

第四十四条 司法鉴定机构接到出庭通知后,应当及时与人民法院确认司法鉴定人出庭的时间、地点、人数、费用、要求等。

第四十五条 司法鉴定机构应当支持司法鉴定人出庭作证,为司法鉴定人依法出庭提供必要条件。

第四十六条 司法鉴定人出庭作证,应当举止文明,遵守法庭纪律。

第六章 附 则

第四十七条 本通则是司法鉴定机构和司法鉴定人进行司法鉴定活动应当遵守和采用的一般程序规则,不同专业领域对鉴定程序有特殊要求的,可以依据本通则制定鉴定程序细则。

第四十八条 本通则所称办案机关,是指办理诉讼案件的侦查机关、审查起诉机关和审判机关。

第四十九条 在诉讼活动之外,司法鉴定机构和司法鉴定人依法开展相关鉴定业务的,参照本通则规定执行。

第五十条 本通则自2016年5月1日起施行。司法部2007年8月7日发布的《司法鉴定程序通则》(司法部第107号令)同时废止。

最高人民法院关于审理民间借贷案件适用法律若干问题的规定

法释〔2015〕18号
(2015年6月23日最高人民法院审判委员会第1655次会议通过)

《最高人民法院关于审理民间借贷案件适用法律若干问题的规定》已于2015年6月23日由最高人民法院审判委员会第1655次会议通过,现予公布,自2015年9月1日起施行。

最高人民法院
2015年8月6日

为正确审理民间借贷纠纷案件,根据《中华人民共和国民法通则》《中华人民共和国物权法》《中华人民共和国担保法》《中华人民共和国合同法》《中华人民共和国民事诉讼法》《中华人民共和国刑事诉讼法》等相关法律之规定,结合审判实践,制定本规定。

第一条 本规定所称的民间借贷,是指自然人、法人、其他组织之间及其相互之间进行资金融通的行为。

经金融监管部门批准设立的从事贷款业务的金融机构及其分支机构,因发放贷款等相关金融业务引发的纠纷,不适用本规定。

第二条 出借人向人民法院起诉时,应当提供借据、收据、欠条等债权凭证以及其他能够证明借贷法律关系存在的证据。

当事人持有的借据、收据、欠条等债权凭证没有载明债权人,持有债权凭证的当事人提起民间借贷诉讼的,人民法院应予受理。被告对原告的债权人资格提出有事实依据的抗辩,人民法院经审理认为原告不具有债权人资格的,裁定驳回起诉。

第三条 借贷双方就合同履行地未约定或者约定不明确,事后未达成补充协议,按照合同有关条款或者交易习惯仍不能确定的,以接受货币一方所在地为合同履行地。

第四条 保证人为借款人提供连带责任保证，出借人仅起诉借款人的，人民法院可以不追加保证人为共同被告；出借人仅起诉保证人的，人民法院可以追加借款人为共同被告。

保证人为借款人提供一般保证，出借人仅起诉保证人的，人民法院应当追加借款人为共同被告；出借人仅起诉借款人的，人民法院可以不追加保证人为共同被告。

第五条 人民法院立案后，发现民间借贷行为本身涉嫌非法集资犯罪的，应当裁定驳回起诉，并将涉嫌非法集资犯罪的线索、材料移送公安或者检察机关。

公安或者检察机关不予立案，或者立案侦查后撤销案件，或者检察机关作出不起诉决定，或者经人民法院生效判决认定不构成非法集资犯罪，当事人又以同一事实向人民法院提起诉讼的，人民法院应予受理。

第六条 人民法院立案后，发现与民间借贷纠纷案件虽有关联但不是同一事实的涉嫌非法集资等犯罪的线索、材料，人民法院应当继续审理民间借贷纠纷案件，并将涉嫌非法集资犯罪的线索、材料移送公安或者检察机关。

第七条 民间借贷的基本案件事实必须以刑事案件审理结果为依据，而该刑事案件尚未审结的，人民法院应当裁定中止诉讼。

第八条 借款人涉嫌犯罪或者生效判决认定其有罪，出借人起诉请求担保人承担民事责任的，人民法院应予受理。

第九条 具有下列情形之一，可以视为具备合同法第二百一十条关于自然人之间借款合同的生效要件：

（一）以现金支付的，自借款人收到借款时；

（二）以银行转账、网上电子汇款或者通过网络贷款平台等形式支付的，自资金到达借款人账户时；

（三）以票据交付的，自借款人依法取得票据权利时；

（四）出借人将特定资金账户支配权授权给借款人的，自借款人取得对该账户实际支配权时；

（五）出借人以与借款人约定的其他方式提供借款并实际履行完成时。

第十条 除自然人之间的借款合同外，当事人主张民间借贷合同自合同成立时生效的，人民法院应予支持，但当事人另有约定或者法律、行政法规另有规定的除外。

第十一条 法人之间、其他组织之间以及它们相互之间为生产、经营需要订立的民间借贷合同，除存在合同法第五十二条、本规定第十四条规定的情形外，当事人主张民间借贷合同有效的，人民法院应予支持。

第十二条 法人或者其他组织在本单位内部通过借款形式向职工筹集资金，用于本单位生产、经营，且不存在合同法第五十二条、本规定第十四条规定的情形，当事人主张民间借贷合同有效的，人民法院应予支持。

第十三条 借款人或者出借人的借贷行为涉嫌犯罪，或者已经生效的判决认定构成犯罪，当事人提起民事诉讼的，民间借贷合同并不当然无效。人民法院应当根据合同法第五十二条、本规定第十四条之规定，认定民间借贷合同的效力。

担保人以借款人或者出借人的借贷行为涉嫌犯罪或者已经生效的判决认定构成犯罪为由，主张不承担民事责任的，人民法院应当依据民间借贷合同与担保合同的效力、当事人的过错程度，依法确定担保人的民事责任。

第十四条 具有下列情形之一，人民法院应当认定民间借贷合同无效：

（一）套取金融机构信贷资金又高利转贷给借款人，且借款人事先知道或者应当知道的；

（二）以向其他企业借贷或者向本单位职工集资取得的资金又转贷给借款人牟利，且借款人事先知道或者应当知道的；

（三）出借人事先知道或者应当知道借款人借款用于违法犯罪活动仍然提供借款的；

（四）违背社会公序良俗的；

（五）其他违反法律、行政法规效力性强制性规定的。

第十五条 原告以借据、收据、欠条等债权凭证为依据提起民间借贷诉讼，被告依据基础法律关系提出抗辩或者反诉，并提供证据证明债权纠纷非民间借贷行为引起的，人民法院应当依据查明的案件事实，按照基础法律关系审理。

当事人通过调解、和解或者清算达成的债权债务协议，不适用前款规定。

第十六条 原告仅依据借据、收据、欠条等债权凭证提起民间借贷诉讼，被告抗辩已经偿还借款，被告应当对其主张提供证据证明。被告提供相应证据证明其主张后，原告仍应就借贷关系的成立承担举证证明责任。

被告抗辩借贷行为尚未实际发生并能作出合理说明，人民法院应当结合借贷金额、款项交付、当事人的经济能力、当地或者当事人之间的交易方式、交易习惯、当事人财产变动情况以及证人证言等事实和因素，综合判断查证借贷事实是否发生。

第十七条 原告仅依据金融机构的转账凭证提起民间借贷诉讼，被告抗辩转账系偿还双方之前借款或其他债务，被告应当对其主张提供证据证明。被告提供相应证据证明其主张后，原告仍应就借贷关系的成立承担举证证明责任。

第十八条 根据《关于适用〈中华人民共和国民事诉讼法〉的解释》第一百七十四条第二款之规定，负有举证证明责任的原告无正当理由拒不到庭，经审查现有证据无法确认借贷行为、借贷金额、支付方式等案件主要事实，人民法院对其主张的事实不予认定。

第十九条 人民法院审理民间借贷纠纷案件时发现有下列情形，应当严格审查借贷发生的原因、时间、地点、款项来源、交付方式、款项流向以及借贷双方的关系、经济状况等事实，综合判断是否属于虚假民事诉讼：

（一）出借人明显不具备出借能力；

（二）出借人起诉所依据的事实和理由明显不符合常理；

（三）出借人不能提交债权凭证或者提交的债权凭证存在伪造的可能；

（四）当事人双方在一定期间内多次参加民间借贷诉讼；

（五）当事人一方或者双方无正当理由拒不到庭参加诉讼，委托代理人对借贷事实陈述不清或者陈述前后矛盾；

（六）当事人双方对借贷事实的发生没有任何争议或者诉辩明显不符合常理；

（七）借款人的配偶或合伙人、案外人的其他债权人提出有事实依据的异议；

（八）当事人在其他纠纷中存在低价转让财产的情形；

（九）当事人不正当放弃权利；

（十）其他可能存在虚假民间借贷诉讼的情形。

第二十条 经查明属于虚假民间借贷诉讼，原告申请撤诉的，人民法院不予准许，并应当根据民事诉讼法第一百一十二条之规定，判决驳回其请求。

诉讼参与人或者其他人恶意制造、参与虚假诉讼，人民法院应当依照民事诉讼法第一百一十一条、第一百一十二条和第一百一十三条之规定，依法予以罚款、拘留；构成犯罪的，应当移送有管辖权的司法机关追究刑事责任。

单位恶意制造、参与虚假诉讼的，人民法院应当对该单位进行罚款，并可以对其主要负责人或者直接责任人员予以罚款、拘留；构成犯罪的，应当移送有管辖权的司法机关追究刑事责任。

第二十一条 他人在借据、收据、欠条等债权凭证或者借款合同上签字或者盖章，但未表明其保证人身份或者承担保证责任，或者通过其他事实不能推定其为保证人，出借人请求其承担保证责任的，人民法院不予支持。

第二十二条 借贷双方通过网络贷款平台形成借贷关系，网络贷款平台的提供者仅提供媒介服务，当事人请求其承担担保责任的，人民法院不予支持。

网络贷款平台的提供者通过网页、广告或者其他媒介明示或者有其他证据证明其为借贷提供担保，出借人请求网络贷款平台的提供者承担担保责任的，人民法院应予支持。

第二十三条 企业法定代表人或负责人以企业名义与出借人签订民间借贷合同，出借人、企业或者其股东能够证明所借款项用于企业法定代表人或负责人个人使用，出借人请求将企业法定代表人或负责人列为共同被告或者第三人的，人民法院应予准许。

企业法定代表人或负责人以个人名义与出借人签订民间借贷合同，所借款项用于企业生产经营，出借人请求企业与个人共同承担责任的，人民法院应予支持。

第二十四条 当事人以签订买卖合同作为民间借贷合同的担保，借款到期后借款人不能还款，出借人请求履行买卖合同的，人民法院应当按照民间借贷法律关系审理，并向当事人释明变更诉讼请求。当事人拒绝变更的，人民法院裁定驳回起诉。

按照民间借贷法律关系审理作出的判决生效后，借款人不履行生效判决确定的金钱债务，出借人可以申请拍卖买卖合同标的物，以偿还债务。就拍卖所得的价款与应偿还借款本息之间的差额，借款人或者出借人有权主张返还或补偿。

第二十五条 借贷双方没有约定利息的，出借人主张支付借期内利息的，人民法院不予支持。

自然人之间借贷对利息约定不明，出借人主张支付利息的，人民法院不予支持。除自然人之间借贷的外，借贷双方对借贷利息约定不明，出借人主张利息的，人民法院应当结合民间借贷合同的内容，并根据当地或者当事人的交易方式、交易习惯、市场利率等因素确定利息。

第二十六条 借贷双方约定的利率未超过年利率24%，出借人请求借款人按照约定的利率支付利息的，人民法院应予支持。

借贷双方约定的利率超过年利率36%，超过部分的利息约定无效。借款人请求出借人返还已支付的超过年利率36%部分的利息的，人民法院应予支持。

第二十七条 借据、收据、欠条等债权凭证载明的借款金额，一般认定为本金。预先在本金中扣除利息的，人民法院应当将实际出借的金额认定为本金。

第二十八条 借贷双方对前期借款本息结算后将利息计入后期借款本金并重新出具债权凭证，如果前期利率没有超过年利率24%，重新出具的债权凭证载明的金额可认定为后期借款本金；超过部分的利息不能计入后期借款本金。约定的利率超过年利率24%，当事人主张超过部分的利息不能计入后期借款本金的，人民法院应予支持。

按前款计算，借款人在借款期间届满后应当支付的本息之和，不能超过最初借款本金与以最初借款本金为基数，以年利率24%计算的整个借款期间的利息之和。出借人请求借款人支付超过部分的，人民法院不予支持。

第二十九条 借贷双方对逾期利率有约定的，从其约定，但以不超过年利率24%为限。

未约定逾期利率或者约定不明的，人民法院可以区分不同情况处理：

（一）既未约定借期内的利率，也未约定逾期利率，出借人主张借款人自逾期还款之日起按照年利率6%支付资金占用期间利息的，人民法院应予支持；

（二）约定了借期内的利率但未约定逾期利率，出借人主张借款人自逾期还款之日起按照借期内的利率支付资金占用期间利息的，人民法院应予支持。

第三十条 出借人与借款人既约定了逾期利率，又约定了违约金或者其他费用，出借人可以选择主张逾期利息、违约金或者其他费用，也可以一并主张，但总计超过年利率24%的部分，人民法院不予支持。

第三十一条 没有约定利息但借款人自愿支付，或者超过约定的利率自愿支付利息或违约金，且没有损害国家、集体和第三人利益，借款人又以不当得利为由要求出借人返还的，人民法院不予支持，但借款人要求返还超过年利率36%部分的利息除外。

第三十二条 借款人可以提前偿还借款，但当事人另有约定的除外。

借款人提前偿还借款并主张按照实际借款期间计算利息的，人民法院应予支持。

第三十三条 本规定公布施行后，最高人民法院于1991年8月13日发布的《关于人民法院审理借贷案件的若干意见》同时废止；最高人民法院以前发布的司法解释与本规定不一致的，不再适用。

中华人民共和国侵权责任法

（2009年12月26日第十一届全国人民代表大会常务委员会第十二次会议通过）

中华人民共和国主席令

第二十一号

《中华人民共和国侵权责任法》已由中华人民共和国第十一届全国人民代表大会常务委员会第十二次会议于2009年12月26日通过，现予公布，自2010年7月1日起施行。

中华人民共和国主席　胡锦涛
2009年12月26日

目　录

第一章　一般规定
第二章　责任构成和责任方式
第三章　不承担责任和减轻责任的情形
第四章　关于责任主体的特殊规定
第五章　产品责任
第六章　机动车交通事故责任
第七章　医疗损害责任
第八章　环境污染责任
第九章　高度危险责任
第十章　饲养动物损害责任
第十一章　物件损害责任
第十二章　附则

第一章　一般规定

第一条 为保护民事主体的合法权益，明确侵权责任，预防并制裁侵权行为，促进社会和谐稳定，制定本法。

第二条 侵害民事权益，应当依照本法承担侵权责任。

本法所称民事权益，包括生命权、健康权、姓名权、名誉权、荣誉权、肖像权、隐私权、婚姻自主权、监护权、所有权、用益物权、担保物权、著作权、专利权、商标专用权、发现权、股权、继承权等人身、财产权益。

第三条 被侵权人有权请求侵权人承担侵权责任。

第四条 侵权人因同一行为应当承担行

政责任或者刑事责任的,不影响依法承担侵权责任。

因同一行为应当承担侵权责任和行政责任、刑事责任,侵权人的财产不足以支付的,先承担侵权责任。

第五条 其他法律对侵权责任另有特别规定的,依照其规定。

第二章 责任构成和责任方式

第六条 行为人因过错侵害他人民事权益,应当承担侵权责任。

根据法律规定推定行为人有过错,行为人不能证明自己没有过错的,应当承担侵权责任。

第七条 行为人损害他人民事权益,不论行为人有无过错,法律规定应当承担侵权责任的,依照其规定。

第八条 二人以上共同实施侵权行为,造成他人损害的,应当承担连带责任。

第九条 教唆、帮助他人实施侵权行为的,应当与行为人承担连带责任。

教唆、帮助无民事行为能力人、限制民事行为能力人实施侵权行为的,应当承担侵权责任;该无民事行为能力人、限制民事行为能力人的监护人未尽到监护责任的,应当承担相应的责任。

第十条 二人以上实施危及他人人身、财产安全的行为,其中一人或者数人的行为造成他人损害,能够确定具体侵权人的,由侵权人承担责任;不能确定具体侵权人的,行为人承担连带责任。

第十一条 二人以上分别实施侵权行为造成同一损害,每个人的侵权行为都足以造成全部损害的,行为人承担连带责任。

第十二条 二人以上分别实施侵权行为造成同一损害,能够确定责任大小的,各自承担相应的责任;难以确定责任大小的,平均承担赔偿责任。

第十三条 法律规定承担连带责任的,被侵权人有权请求部分或者全部连带责任人承担责任。

第十四条 连带责任人根据各自责任大小确定相应的赔偿数额;难以确定责任大小的,平均承担赔偿责任。

支付超出自己赔偿数额的连带责任人,有权向其他连带责任人追偿。

第十五条 承担侵权责任的方式主要有:
(一)停止侵害;
(二)排除妨碍;
(三)消除危险;
(四)返还财产;
(五)恢复原状;
(六)赔偿损失;
(七)赔礼道歉;
(八)消除影响、恢复名誉。

以上承担侵权责任的方式,可以单独适用,也可以合并适用。

第十六条 侵害他人造成人身损害的,应当赔偿医疗费、护理费、交通费等为治疗和康复支出的合理费用,以及因误工减少的收入。造成残疾的,还应当赔偿残疾生活辅助具费和残疾赔偿金。造成死亡的,还应当赔偿丧葬费和死亡赔偿金。

第十七条 因同一侵权行为造成多人死亡的,可以以相同数额确定死亡赔偿金。

第十八条 被侵权人死亡的,其近亲属有权请求侵权人承担侵权责任。被侵权人为单位,该单位分立、合并的,承继权利的单位有权请求侵权人承担侵权责任。

被侵权人死亡的,支付被侵权人医疗费、丧葬费等合理费用的人有权请求侵权人赔偿费用,但侵权人已支付该费用的除外。

第十九条 侵害他人财产的,财产损失按照损失发生时的市场价格或者其他方式计算。

第二十条 侵害他人人身权益造成财产损失的,按照被侵权人因此受到的损失赔偿;被侵权人的损失难以确定,侵权人因此获得利益的,按照其获得的利益赔偿;侵权人因此获得的利益难以确定,被侵权人和侵权人就赔偿数额协商不一致,向人民法院提起诉讼的,由人民法院根据实际情况确定赔偿数额。

第二十一条 侵权行为危及他人人身、财产安全的,被侵权人可以请求侵权人承担停止侵害、排除妨碍、消除危险等侵权责任。

第二十二条 侵害他人人身权益,造成他人严重精神损害的,被侵权人可以请求精神损害赔偿。

第二十三条 因防止、制止他人民事权益被侵害而使自己受到损害的,由侵权人承担责任。侵权人逃逸或者无力承担责任,被侵权人请求补偿的,受益人应当给予适当补偿。

第二十四条 受害人和行为人对损害的发生都没有过错的,可以根据实际情况,由双方分担损失。

第二十五条 损害发生后,当事人可以协商赔偿费用的支付方式。协商不一致的,赔偿费用应当一次性支付;一次性支付确有困难的,可以分期支付,但应当提供相应的担保。

第三章 不承担责任和减轻责任的情形

第二十六条 被侵权人对损害的发生也有过错的,可以减轻侵权人的责任。

第二十七条 损害是因受害人故意造成的,行为人不承担责任。

第二十八条 损害是因第三人造成的,第三人应当承担侵权责任。

第二十九条 因不可抗力造成他人损害的,不承担责任。法律另有规定的,依照其规定。

第三十条 因正当防卫造成损害的,不承担责任。正当防卫超过必要的限度,造成不应有的损害的,正当防卫人应当承担适当的责任。

第三十一条 因紧急避险造成损害的,由引起险情发生的人承担责任。如果危险是由自然原因引起的,紧急避险人不承担责任或者给予适当补偿。紧急避险采取措施不当或者超过必要的限度,造成不应有的损害的,紧急避险人应当承担适当的责任。

第四章 关于责任主体的特殊规定

第三十二条 无民事行为能力人、限制民事行为能力人造成他人损害的,由监护人承担侵权责任。监护人尽到监护责任的,可以减轻其侵权责任。

有财产的无民事行为能力人、限制民事行为能力人造成他人损害的,从本人财产中支付赔偿费用。不足部分,由监护人赔偿。

第三十三条 完全民事行为能力人对自己的行为暂时没有意识或者失去控制造成他人损害有过错的,应当承担侵权责任;没有过错的,根据行为人的经济状况对受害人适当补偿。

完全民事行为能力人因醉酒、滥用麻醉药品或者精神药品对自己的行为暂时没有意识或者失去控制造成他人损害的,应当承担侵权责任。

第三十四条 用人单位的工作人员因执行工作任务造成他人损害的,由用人单位承担侵权责任。

劳务派遣期间,被派遣的工作人员因执行工作任务造成他人损害的,由接受劳务派遣的用工单位承担侵权责任;劳务派遣单位有过错的,承担相应的补充责任。

第三十五条 个人之间形成劳务关系,提供劳务一方因劳务造成他人损害的,由接受劳务一方承担侵权责任。提供劳务一方因劳务自己受到损害的,根据双方各自的过错承担相应的责任。

第三十六条 网络用户、网络服务提供者利用网络侵害他人民事权益的,应当承担侵权责任。

网络用户利用网络服务实施侵权行为的,被侵权人有权通知网络服务提供者采取删除、屏蔽、断开链接等必要措施。网络服务提供者接到通知后未及时采取必要措施的,对损害的扩大部分与该网络用户承担连带责任。

网络服务提供者知道网络用户利用其网络服务侵害他人民事权益,未采取必要措施的,与该网络用户承担连带责任。

第三十七条 宾馆、商场、银行、车站、娱乐场所等公共场所的管理人或者群众性活动的组织者,未尽到安全保障义务,造成他人损害的,应当承担侵权责任。

因第三人的行为造成他人损害的,由第三人承担侵权责任;管理人或者组织者未尽到安全保障义务的,承担相应的补充责任。

第三十八条 无民事行为能力人在幼儿园、学校或者其他教育机构学习、生活期间受到人身损害的,幼儿园、学校或者其他教育机构应当承担责任,但能够证明尽到教育、管理职责的,不承担责任。

第三十九条 限制民事行为能力人在学校或者其他教育机构学习、生活期间受到人身损害,学校或者其他教育机构未尽到教育、管理职责的,应当承担责任。

第四十条 无民事行为能力人或者限制民事行为能力人在幼儿园、学校或者其他教育机构学习、生活期间,受到幼儿园、学校或者其他教育机构以外的人员人身损害的,由侵权人承担侵权责任;幼儿园、学校或者其他教育机构未尽到管理职责的,承担相应的补充责任。

第五章 产品责任

第四十一条 因产品存在缺陷造成他人损害的,生产者应当承担侵权责任。

第四十二条 因销售者的过错使产品存在缺陷,造成他人损害的,销售者应当承担侵权责任。

销售者不能指明缺陷产品的生产者也不能指明缺陷产品的供货者的,销售者应当承担侵权责任。

第四十三条 因产品存在缺陷造成损害的,被侵权人可以向产品的生产者请求赔偿,也可以向产品的销售者请求赔偿。

产品缺陷由生产者造成的,销售者赔偿后,有权向生产者追偿。

因销售者的过错使产品存在缺陷的,生产者赔偿后,有权向销售者追偿。

第四十四条 因运输者、仓储者等第三人的过错使产品存在缺陷,造成他人损害的,产品的生产者、销售者赔偿后,有权向第三人追偿。

第四十五条 因产品缺陷危及他人人身、财产安全的,被侵权人有权请求生产者、销售者承担排除妨碍、消除危险等侵权责任。

第四十六条 产品投入流通后发现存在缺陷的,生产者、销售者应当及时采取警示、召回等补救措施。未及时采取补救措施或者补救措施不力造成损害的,应当承担侵权责任。

第四十七条 明知产品存在缺陷仍然生产、销售,造成他人死亡或者健康严重损害的,被侵权人有权请求相应的惩罚性赔偿。

第六章 机动车交通事故责任

第四十八条 机动车发生交通事故造成损害的,依照道路交通安全法的有关规定承担赔偿责任。

第四十九条 因租赁、借用等情形机动车所有人与使用人不是同一人时,发生交通事故后属于该机动车一方责任的,由保险公司在机动车强制保险责任限额范围内予以赔偿。不足部分，由机动车使用人承担赔偿责任；机动车所有人对损害的发生有过错的，承担相应的赔偿责任。

第五十条 当事人之间已经以买卖等方式转让并交付机动车但未办理所有权转移登记，发生交通事故后属于该机动车一方责任的，由保险公司在机动车强制保险责任限额范围内予以赔偿。不足部分，由受让人承担赔偿责任。

第五十一条 以买卖等方式转让拼装或者已达到报废标准的机动车，发生交通事故造成损害的，由转让人和受让人承担连带责任。

第五十二条 盗窃、抢劫或者抢夺的机动车发生交通事故造成损害的，由盗窃人、抢劫人或者抢夺人承担赔偿责任。保险公司在机动车强制保险责任限额范围内垫付抢救费用的，有权向交通事故责任人追偿。

第五十三条 机动车驾驶人发生交通事故后逃逸，该机动车参加强制保险的，由保险公司在机动车强制保险责任限额范围内予以赔偿；机动车不明或者该机动车未参加强制保险，需要支付被侵权人人身伤亡的抢救、丧葬等费用的，由道路交通事故社会救助基金垫付。道路交通事故社会救助基金垫付后，其管理机构有权向交通事故责任人追偿。

第七章 医疗损害责任

第五十四条 患者在诊疗活动中受到损害，医疗机构及其医务人员有过错的，由医疗机构承担赔偿责任。

第五十五条 医务人员在诊疗活动中应当向患者说明病情和医疗措施。需要实施手术、特殊检查、特殊治疗的，医务人员应当及时向患者说明医疗风险、替代医疗方案等情况，并取得其书面同意；不宜向患者说明的，应当向患者的近亲属说明，并取得其书面同意。

医务人员未尽到前款义务，造成患者损害的，医疗机构应当承担赔偿责任。

第五十六条 因抢救生命垂危的患者等紧急情况，不能取得患者或者其近亲属意见的，经医疗机构负责人或者授权的负责人批准，可以立即实施相应的医疗措施。

第五十七条 医务人员在诊疗活动中未尽到与当时的医疗水平相应的诊疗义务，造成患者损害的，医疗机构应当承担赔偿责任。

第五十八条 患者有损害，因下列情形之一的，推定医疗机构有过错：

（一）违反法律、行政法规、规章以及其他有关诊疗规范的规定；

（二）隐匿或者拒绝提供与纠纷有关的病历资料；

（三）伪造、篡改或者销毁病历资料。

第五十九条 因药品、消毒药剂、医疗器械的缺陷，或者输入不合格的血液造成患者损害的，患者可以向生产者或者血液提供机构请求赔偿，也可以向医疗机构请求赔偿。患者向医疗机构请求赔偿的，医疗机构赔偿后，有权向负有责任的生产者或者血液提供机构追偿。

第六十条 患者有损害，因下列情形之一的，医疗机构不承担赔偿责任：

（一）患者或者其近亲属不配合医疗机构进行符合诊疗规范的诊疗；

（二）医务人员在抢救生命垂危的患者等紧急情况下已经尽到合理诊疗义务；

（三）限于当时的医疗水平难以诊疗。

前款第一项情形中，医疗机构及其医务人员也有过错的，应当承担相应的赔偿责任。

第六十一条 医疗机构及其医务人员应当按照规定填写并妥善保管住院志、医嘱单、检验报告、手术及麻醉记录、病理资料、护理记录、医疗费用等病历资料。

患者要求查阅、复制前款规定的病历资料的，医疗机构应当提供。

第六十二条 医疗机构及其医务人员应当对患者的隐私保密。泄露患者隐私或者未经患者同意公开其病历资料，造成患者损害的，应当承担侵权责任。

第六十三条 医疗机构及其医务人员不得违反诊疗规范实施不必要的检查。

第六十四条 医疗机构及其医务人员的合法权益受法律保护。干扰医疗秩序，妨害医务人员工作、生活的，应当依法承担法律责任。

第八章 环境污染责任

第六十五条 因污染环境造成损害的，污染者应当承担侵权责任。

第六十六条 因污染环境发生纠纷，污染者应当就法律规定的不承担责任或者减轻责任的情形及其行为与损害之间不存在因果关系承担举证责任。

第六十七条 两个以上污染者污染环境，污染者承担责任的大小，根据污染物的种类、排放量等因素确定。

第六十八条 因第三人的过错污染环境造成损害的，被侵权人可以向污染者请求赔偿，也可以向第三人请求赔偿。污染者赔偿后，有权向第三人追偿。

第九章 高度危险责任

第六十九条 从事高度危险作业造成他人损害的，应当承担侵权责任。

第七十条 民用核设施发生核事故造成他人损害的，民用核设施的经营者应当承担侵权责任，但能够证明损害是因战争等情形或者受害人故意造成的，不承担责任。

第七十一条 民用航空器造成他人损害的，民用航空器的经营者应当承担侵权责任，但能够证明损害是因受害人故意造成的，不承担责任。

第七十二条 占有或者使用易燃、易爆、剧毒、放射性等高度危险物造成他人损害的，占有人或者使用人应当承担侵权责任，但能够证明损害是因受害人故意或者不可抗力造成的，不承担责任。被侵权人对损害的发生有重大过失的，可以减轻占有人或者使用人的责任。

第七十三条 从事高空、高压、地下挖掘活动或者使用高速轨道运输工具造成他人损害的，经营者应当承担侵权责任，但能够证明损害是因受害人故意或者不可抗力造成的，不承担责任。被侵权人对损害的发生有过失的，可以减轻经营者的责任。

第七十四条 遗失、抛弃高度危险物造成他人损害的，由所有人承担侵权责任。所有人将高度危险物交由他人管理的，由管理人承担侵权责任；所有人有过错的，与管理人承担连带责任。

第七十五条 非法占有高度危险物造成他人损害的，由非法占有人承担侵权责任。所有人、管理人不能证明对防止他人非法占有尽到高度注意义务的，与非法占有人承担连带责任。

第七十六条 未经许可进入高度危险活动区域或者高度危险物存放区域受到损害，管理人已经采取安全措施并尽到警示义务的，可以减轻或者不承担责任。

第七十七条 承担高度危险责任，法律规定赔偿限额的，依照其规定。

第十章 饲养动物损害责任

第七十八条 饲养的动物造成他人损害的，动物饲养人或者管理人应当承担侵权责任，但能够证明损害是因被侵权人故意或者重大过失造成的，可以不承担或者减轻责任。

第七十九条 违反管理规定，未对动物采取安全措施造成他人损害的，动物饲养人或者管理人应当承担侵权责任。

第八十条 禁止饲养的烈性犬等危险动物造成他人损害的，动物饲养人或者管理人应当承担侵权责任。

第八十一条 动物园的动物造成他人损害的，动物园应当承担侵权责任，但能够证明尽到管理职责的，不承担责任。

第八十二条 遗弃、逃逸的动物在遗弃、逃逸期间造成他人损害的，由原动物饲养人或者管理人承担侵权责任。

第八十三条 因第三人的过错致使动物造成他人损害的，被侵权人可以向动物饲养人或管理人请求赔偿，也可以向第三人请求赔偿。动物饲养人或者管理人赔偿后，有权向第三人追偿。

第八十四条 饲养动物应当遵守法律，尊重社会公德，不得妨害他人生活。

第十一章 物件损害责任

第八十五条 建筑物、构筑物或者其他设施及其搁置物、悬挂物发生脱落、坠落造成他人损害，所有人、管理人或者使用人不能证明自己没有过错的，应当承担侵权责任。所有人、管理人或者使用人赔偿后，有其他责任人的，有权向其他责任人追偿。

第八十六条 建筑物、构筑物或者其他设施倒塌造成他人损害的，由建设单位与施工单位承担连带责任。建设单位、施工单位赔偿后，有其他责任人的，有权向其他责任人追偿。

因其他责任人的原因，建筑物、构筑物或者其他设施倒塌造成他人损害的，由其他责任人承担侵权责任。

第八十七条 从建筑物中抛掷物品或者从建筑物上坠落的物品造成他人损害，难以确定具体侵权人的，除能够证明自己不是侵权人的外，由可能加害的建筑物使用人给予补偿。

第八十八条 堆放物倒塌造成他人损害，堆放人不能证明自己没有过错的，应当承担侵权责任。

第八十九条 在公共道路上堆放、倾倒、遗撒妨碍通行的物品造成他人损害的，有关单位或者个人应当承担侵权责任。

第九十条 因林木折断造成他人损害，林木的所有人或者管理人不能证明自己没有过错的，应当承担侵权责任。

第九十一条 在公共场所或者道路上挖坑、修缮安装地下设施等，没有设置明显标志和采取安全措施造成他人损害的，施工人应当承担侵权责任。

窨井等地下设施造成他人损害，管理人不能证明尽到管理职责的，应当承担侵权责任。

第十二章 附 则

第九十二条 本法自 2010 年 7 月 1 日起施行。

(八) 调 解

中华人民共和国人民调解法

2010年8月28日第十一届全国人民代表大会常务委员会第十六次会议通过

第一章 总 则

第一条 为了完善人民调解制度，规范人民调解活动，及时解决民间纠纷，维护社会和谐稳定，根据宪法，制定本法。

第二条 本法所称人民调解，是指人民调解委员会通过说服、疏导等方法，促使当事人在平等协商基础上自愿达成调解协议，解决民间纠纷的活动。

第三条 人民调解委员会调解民间纠纷，应当遵循下列原则：

（一）在当事人自愿、平等的基础上进行调解；

（二）不违背法律、法规和国家政策；

（三）尊重当事人的权利，不得因调解而阻止当事人依法通过仲裁、行政、司法等途径维护自己的权利。

第四条 人民调解委员会调解民间纠纷，不收取任何费用。

第五条 国务院司法行政部门负责指导全国的人民调解工作，县级以上地方人民政府司法行政部门负责指导本行政区域的人民调解工作。

基层人民法院对人民调解委员会调解民间纠纷进行业务指导。

第六条 国家鼓励和支持人民调解工作。县级以上地方人民政府对人民调解工作所需经费应当给予必要的支持和保障，对有突出贡献的人民调解委员会和人民调解员按照国家规定给予表彰奖励。

第二章 人民调解委员会

第七条 人民调解委员会是依法设立的调解民间纠纷的群众性组织。

第八条 村民委员会、居民委员会设立人民调解委员会。企业事业单位根据需要设立人民调解委员会。

人民调解委员会由委员三至九人组成，设主任一人，必要时，可以设副主任若干人。

人民调解委员会应当有妇女成员，多民族居住的地区应当有人数较少民族的成员。

第九条 村民委员会、居民委员会的人民调解委员会委员由村民会议或者村民代表会议、居民会议推选产生；企业事业单位设立的人民调解委员会委员由职工大会、职工代表大会或者工会组织推选产生。

人民调解委员会委员每届任期三年，可以连选连任。

第十条 县级人民政府司法行政部门应当对本行政区域内人民调解委员会的设立情况进行统计，并且将人民调解委员会以及人员组成和调整情况及时通报所在地基层人民法院。

第十一条 人民调解委员会应当建立健全各项调解工作制度，听取群众意见，接受群众监督。

第十二条 村民委员会、居民委员会和企业事业单位应当为人民调解委员会开展工作提供办公条件和必要的工作经费。

第三章 人民调解员

第十三条 人民调解员由人民调解委员会委员和人民调解委员会聘任的人员担任。

第十四条 人民调解员应当由公道正派、热心人民调解工作,并具有一定文化水平、政策水平和法律知识的成年公民担任。

县级人民政府司法行政部门应当定期对人民调解员进行业务培训。

第十五条 人民调解员在调解工作中有下列行为之一的,由其所在的人民调解委员会给予批评教育、责令改正,情节严重的,由推选或者聘任单位予以罢免或者解聘:

(一)偏袒一方当事人的;
(二)侮辱当事人的;
(三)索取、收受财物或者牟取其他不正当利益的;
(四)泄露当事人的个人隐私、商业秘密的。

第十六条 人民调解员从事调解工作,应当给予适当的误工补贴;因从事调解工作致伤致残,生活发生困难的,当地人民政府应当提供必要的医疗、生活救助;在人民调解工作岗位上牺牲的人民调解员,其配偶、子女按照国家规定享受抚恤和优待。

第四章 调解程序

第十七条 当事人可以向人民调解委员会申请调解;人民调解委员会也可以主动调解。当事人一方明确拒绝调解的,不得调解。

第十八条 基层人民法院、公安机关对适宜通过人民调解方式解决的纠纷,可以在受理前告知当事人向人民调解委员会申请调解。

第十九条 人民调解委员会根据调解纠纷的需要,可以指定一名或者数名人民调解员进行调解,也可以由当事人选择一名或者数名人民调解员进行调解。

第二十条 人民调解员根据调解纠纷的需要,在征得当事人的同意后,可以邀请当事人的亲属、邻里、同事等参与调解,也可以邀请具有专门知识、特定经验的人员或者有关社会组织的人员参与调解。

人民调解委员会支持当地公道正派、热心调解、群众认可的社会人士参与调解。

第二十一条 人民调解员调解民间纠纷,应当坚持原则,明法析理,主持公道。

调解民间纠纷,应当及时、就地进行,防止矛盾激化。

第二十二条 人民调解员根据纠纷的不同情况,可以采取多种方式调解民间纠纷,充分听取当事人的陈述,讲解有关法律、法规和国家政策,耐心疏导,在当事人平等协商、互谅互让的基础上提出纠纷解决方案,帮助当事人自愿达成调解协议。

第二十三条 当事人在人民调解活动中享有下列权利:

(一)选择或者接受人民调解员;
(二)接受调解、拒绝调解或者要求终止调解;
(三)要求调解公开进行或者不公开进行;
(四)自主表达意愿、自愿达成调解协议。

第二十四条 当事人在人民调解活动中履行下列义务:

(一)如实陈述纠纷事实;
(二)遵守调解现场秩序,尊重人民调解员;
(三)尊重对方当事人行使权利。

第二十五条 人民调解员在调解纠纷过程中,发现纠纷有可能激化的,应当采取有针对性的预防措施;对有可能引起治安案件、刑事案件的纠纷,应当及时向当地公安机关或者其他有关部门报告。

第二十六条 人民调解员调解纠纷,调解不成的,应当终止调解,并依据有关法律、法规的规定,告知当事人可以依法通过仲裁、行政、司法等途径维护自己的权利。

第二十七条 人民调解员应当记录调解情况。人民调解委员会应当建立调解工作档案,将调解登记、调解工作记录、调解协议书等材料立卷归档。

第五章 调解协议

第二十八条 经人民调解委员会调解达成调解协议的,可以制作调解协议书。当事人认为无需制作调解协议书的,可以采取口头协议方式,人民调解员应当记录协议内容。

第二十九条 调解协议书可以载明下列事项:

(一)当事人的基本情况;

(二)纠纷的主要事实、争议事项以及各方当事人的责任;

(三)当事人达成调解协议的内容,履行的方式、期限。

调解协议书自各方当事人签名、盖章或者按指印,人民调解员签名并加盖人民调解委员会印章之日起生效。调解协议书由当事人各执一份,人民调解委员会留存一份。

第三十条 口头调解协议自各方当事人达成协议之日起生效。

第三十一条 经人民调解委员会调解达成的调解协议,具有法律约束力,当事人应当按照约定履行。

人民调解委员会应当对调解协议的履行情况进行监督,督促当事人履行约定的义务。

第三十二条 经人民调解委员会调解达成调解协议后,当事人之间就调解协议的履行或者调解协议的内容发生争议的,一方当事人可以向人民法院提起诉讼。

第三十三条 经人民调解委员会调解达成调解协议后,双方当事人认为有必要的,可以自调解协议生效之日起三十日内共同向人民法院申请司法确认,人民法院应当及时对调解协议进行审查,依法确认调解协议的效力。

人民法院依法确认调解协议有效,一方当事人拒绝履行或者未全部履行的,对方当事人可以向人民法院申请强制执行。

人民法院依法确认调解协议无效的,当事人可以通过人民调解方式变更原调解协议或者达成新的调解协议,也可以向人民法院提起诉讼。

(九)再 审

最高人民法院关于适用《中华人民共和国民事诉讼法》审判监督程序若干问题的解释

法释〔2008〕14号

中华人民共和国最高人民法院公告

《最高人民法院关于适用〈中华人民共和国民事诉讼法〉审判监督程序若干问题的解释》已于2008年11月10日由最高人民法院审判委员会第1453次会议通过,现予公布,自2008年12月1日起施行。

二○○八年十一月二十五日

为了保障当事人申请再审权利,规范审判监督程序,维护各方当事人的合法权益,根据2007年10月28日修正的《中华人民共和国民事诉讼法》,结合审判实践,对审判监督程序中适用法律的若干问题作出如下解释:

第一条 当事人在民事诉讼法第一百八十四条规定的期限内,以民事诉讼法第一百七十九条所列明的再审事由,向原审人民法院的上一级人民法院申请再审的,上一级人民法院应当依法受理。

第二条 民事诉讼法第一百八十四条规定的申请再审期间不适用中止、中断和延长的规定。

第三条 当事人申请再审,应当向人民法院提交再审申请书,并按照对方当事人人数提出副本。

人民法院应当审查再审申请书是否载明下列事项:

(一)申请再审人与对方当事人的姓名、住所及有效联系方式等基本情况;法人或其他组织的名称、住所和法定代表人或主要负责人的姓名、职务及有效联系方式等基本情况;

(二)原审人民法院的名称,原判决、裁定、调解文书案号;

(三)申请再审的法定情形及具体事实、理由;

(四)具体的再审请求。

第四条 当事人申请再审,应当向人民法院提交已经发生法律效力的判决书、裁定书、调解书,身份证明及相关证据材料。

第五条 案外人对原判决、裁定、调解书确定的执行标的物主张权利,且无法提起新的诉讼解决争议的,可以在判决、裁定、调解书发生法律效力后二年内,或者自知道或应当知道利益被损害之日起三个月内,向作出原判决、裁定、调解书的人民法院的上一级人民法院申请再审。

在执行过程中,案外人对执行标的提出书面异议的,按照民事诉讼法第二百零四条的规定处理。

第六条 申请再审人提交的再审申请书或者其他材料不符合本解释第三条、第四条的规定,或者有人身攻击等内容,可能引起矛盾激化的,人民法院应当要求申请再审人补充或改正。

第七条 人民法院应当自收到符合条件的再审申请书等材料后五日内完成向申请再审人发送受理通知书等受理登记手续,并向对方当事人发送受理通知书及再审申请书副本。

第八条 人民法院受理再审申请后,应当组成合议庭予以审查。

第九条 人民法院对再审申请的审查,应当围绕再审事由是否成立进行。

第十条 申请再审人提交下列证据之一的,人民法院可以认定为民事诉讼法第一百七十九条第一款第(一)项规定的"新的证据":

(一)原审庭审结束前已客观存在庭审结束后新发现的证据;

(二)原审庭审结束前已经发现,但因客观原因无法取得或在规定的期限内不能提供的证据;

(三)原审庭审结束后原作出鉴定结论、勘验笔录者重新鉴定、勘验,推翻原结论的证据。

当事人在原审中提供的主要证据,原审未予质证、认证,但足以推翻原判决、裁定的,应当视为新的证据。

第十一条 对原判决、裁定的结果有实质影响,用以确定当事人主体资格、案件性质、具体权利义务和民事责任等主要内容所依据的事实,人民法院应当认定为民事诉讼法第一百七十九条第一款第(二)项规定的"基本事实"。

第十二条 民事诉讼法第一百七十九条第一款第(五)项规定的"对审理案件需要的证据",是指人民法院认定案件基本事实所必须的证据。

第十三条 原判决、裁定适用法律、法规或司法解释有下列情形之一的,人民法院应当认定为民事诉讼法第一百七十九条第一款第(六)项规定的"适用法律确有错误":

（一）适用的法律与案件性质明显不符的;
（二）确定民事责任明显违背当事人约定或者法律规定的;
（三）适用已经失效或尚未施行的法律的;
（四）违反法律溯及力规定的;
（五）违反法律适用规则的;
（六）明显违背立法本意的。

第十四条 违反专属管辖、专门管辖规定以及其他严重违法行使管辖权的,人民法院应当认定为民事诉讼法第一百七十九条第一款第(七)项规定的"管辖错误"。

第十五条 原审开庭过程中审判人员不允许当事人行使辩论权利,或者以不送达起诉状副本或上诉状副本等其他方式,致使当事人无法行使辩论权利的,人民法院应当认定为民事诉讼法第一百七十九条第一款第(十)项规定的"剥夺当事人辩论权利"。但依法缺席审理、依法径行判决、裁定的除外。

第十六条 原判决、裁定对基本事实和案件性质的认定系根据其他法律文书作出,而上述其他法律文书被撤销或变更的,人民法院可以认定为民事诉讼法第一百七十九条第一款第(十三)项规定的情形。

第十七条 民事诉讼法第一百七十九条第二款规定的"违反法定程序可能影响案件正确判决、裁定的情形",是指除民事诉讼法第一百七十九条第一款第(四)项以及第(七)项至第(十二)项之外的其他违反法定程序,可能导致案件裁判结果错误的情形。

第十八条 民事诉讼法第一百七十九条第二款规定的"审判人员在审理该案件时有贪污受贿,徇私舞弊,枉法裁判行为",是指该行为已经相关刑事法律文书或者纪律处分决定确认的情形。

第十九条 人民法院经审查再审申请书等材料,认为申请再审事由成立的,应当径行裁定再审。

当事人申请再审超过民事诉讼法第一百八十四条规定的期限,或者超出民事诉讼法第一百七十九条所列明的再审事由范围的,人民法院应当裁定驳回再审申请。

第二十条 人民法院认为仅审查再审申请书等材料难以作出裁定的,应当调阅原审卷宗予以审查。

第二十一条 人民法院可以根据案情需要决定是否询问当事人。

以有新的证据足以推翻原判决、裁定为由申请再审的,人民法院应当询问当事人。

第二十二条 在审查再审申请过程中,对方当事人也申请再审的,人民法院应当将其列为申请再审人,对其提出的再审申请一并审查。

第二十三条 申请再审人在案件审查期间申请撤回再审申请的,是否准许,由人民法院裁定。

申请再审人经传票传唤,无正当理由拒不接受询问,可以裁定按撤回再审申请处理。

第二十四条 人民法院经审查认为申请再审事由不成立的,应当裁定驳回再审申请。

驳回再审申请的裁定一经送达,即发生法律效力。

第二十五条 有下列情形之一的,人民法院可以裁定终结审查:

（一）申请再审人死亡或者终止,无权利义务承受人或者权利义务承受人声明放弃再审申请的;
（二）在给付之诉中,负有给付义务的被申请人死亡或者终止,无可供执行的财产,也没有应当承担义务的人的;
（三）当事人达成执行和解协议且已履行完毕的,但当事人在执行和解协议中声明不放弃申请再审权利的除外;
（四）当事人之间的争议可以另案解决的。

第二十六条　人民法院审查再审申请期间,人民检察院对该案提出抗诉的,人民法院应依照民事诉讼法第一百八十八条的规定裁定再审。申请再审人提出的具体再审请求应纳入审理范围。

第二十七条　上一级人民法院经审查认为申请再审事由成立的,一般由本院提审。最高人民法院、高级人民法院也可以指定与原审人民法院同级的其他人民法院再审,或者指令原审人民法院再审。

第二十八条　上一级人民法院可以根据案件的影响程度以及案件参与人等情况,决定是否指定再审。需要指定再审的,应当考虑便利当事人行使诉讼权利以及便利人民法院审理等因素。

接受指定再审的人民法院,应当按照民事诉讼法第一百八十六条第一款规定的程序审理。

第二十九条　有下列情形之一的,不得指令原审人民法院再审:

(一)原审人民法院对该案无管辖权的;

(二)审判人员在审理该案件时有贪污受贿、徇私舞弊、枉法裁判行为的;

(三)原判决、裁定系经原审人民法院审判委员会讨论作出的;

(四)其他不宜指令原审人民法院再审的。

第三十条　当事人未申请再审、人民检察院未抗诉的案件,人民法院发现原判决、裁定、调解协议有损害国家利益、社会公共利益等确有错误情形的,应当依照民事诉讼法第一百七十七条的规定提起再审。

第三十一条　人民法院应当依照民事诉讼法第一百八十六条的规定,按照第一审程序或者第二审程序审理再审案件。

人民法院审理再审案件应当开庭审理。但按照第二审程序审理的,双方当事人已经其他方式充分表达意见,且书面同意不开庭审理的除外。

第三十二条　人民法院开庭审理再审案件,应分别不同情形进行:

(一)因当事人申请裁定再审的,先由申请再审人陈述再审请求及理由,后由被申请人答辩及其他原审当事人发表意见;

(二)因人民检察院抗诉裁定再审的,先由抗诉机关宣读抗诉书,再由申请抗诉的当事人陈述,后由被申请人答辩及其他原审当事人发表意见;

(三)人民法院依职权裁定再审的,当事人按照其在原审中的诉讼地位依次发表意见。

第三十三条　人民法院应当在具体的再审请求范围内或在抗诉支持当事人请求的范围内审理再审案件。当事人超出原审范围增加、变更诉讼请求的,不属于再审审理范围。但涉及国家利益、社会公共利益,或者当事人在原诉讼中已经依法要求增加、变更诉讼请求,原审未予审理且客观上不能形成其他诉讼的除外。

经再审裁定撤销原判决,发回重审后,当事人增加诉讼请求的,人民法院依照民事诉讼法第一百二十六条的规定处理。

第三十四条　申请再审人在再审期间撤回再审申请的,是否准许由人民法院裁定。裁定准许的,应终结再审程序。申请再审人经传票传唤,无正当理由拒不到庭的,或者未经法庭许可中途退庭的,可以裁定按自动撤回再审申请处理。

人民检察院抗诉再审的案件,申请抗诉的当事人有前款规定的情形,且不损害国家利益、社会公共利益或第三人利益的,人民法院应当裁定终结再审程序;人民检察院撤回抗诉的,应当准予。

终结再审程序的,恢复原判决的执行。

第三十五条　按照第一审程序审理再审案件时,一审原告申请撤回起诉的,是否准许由人民法院裁定。裁定准许的,应当同时裁定撤销原判决、裁定、调解书。

第三十六条 当事人在再审审理中经调解达成协议的,人民法院应当制作调解书。调解书经各方当事人签收后,即具有法律效力,原判决、裁定视为被撤销。

第三十七条 人民法院经再审审理认为,原判决、裁定认定事实清楚、适用法律正确的,应予维持;原判决、裁定在认定事实、适用法律、阐述理由方面虽有瑕疵,但裁判结果正确的,人民法院应在再审判决、裁定中纠正上述瑕疵后予以维持。

第三十八条 人民法院按照第二审程序审理再审案件,发现原判决认定事实错误或者认定事实不清的,应当在查清事实后改判。但原审人民法院便于查清事实、化解纠纷的,可以裁定撤销原判决,发回重审;原审程序遗漏必须参加诉讼的当事人且无法达成调解协议,以及其他违反法定程序不宜在再审程序中直接作出实体处理的,应当裁定撤销原判决,发回重审。

第三十九条 新的证据证明原判决、裁定确有错误的,人民法院应予改判。

申请再审人或者申请抗诉的当事人提出新的证据致使再审改判,被申请人等当事人因申请再审人或者申请抗诉的当事人的过错未能在原审程序中及时举证,请求补偿其增加的差旅、误工等诉讼费用的,人民法院应当支持;请求赔偿其由此扩大的直接损失,可以另行提起诉讼解决。

第四十条 人民法院以调解方式审结的案件裁定再审后,经审理发现申请再审人提出的调解违反自愿原则的事由不成立,且调解协议的内容不违反法律强制性规定的,应当裁定驳回再审申请,并恢复原调解书的执行。

第四十一条 民事再审案件的当事人应为原审案件的当事人。原审案件当事人死亡或者终止的,其权利义务承受人可以申请再审并参加再审诉讼。

第四十二条 因案外人申请人民法院裁定再审的,人民法院经审理认为案外人应为必要的共同诉讼当事人,在按第一审程序再审时,应追加其为当事人,作出新的判决;在按第二审程序再审时,经调解不能达成协议的,应撤销原判,发回重审,重审时应追加案外人为当事人。

案外人不是必要的共同诉讼当事人的,仅审理其对原判决提出异议部分的合法性,并应根据审理情况作出撤销原判决相关判项或者驳回再审请求的判决;撤销原判决相关判项的,应当告知案外人以及原审当事人可以提起新的诉讼解决相关争议。

第四十三条 本院以前发布的司法解释与本解释不一致的,以本解释为准。本解释未作规定的,按照以前的规定执行。

最高人民法院
关于民事审判监督程序严格依法适用指令再审和发回重审若干问题的规定

(2015年2月2日最高人民法院审判委员会第1643次会议通过)

为了及时有效维护各方当事人的合法权益,维护司法公正,进一步规范民事案件指令再审和再审发回重审,提高审判监督质量和效率,根据《中华人民共和国民事诉讼法》,结合审判实际,制定本规定。

第一条 上级人民法院应当严格依照民事诉讼法第二百条等规定审查当事人的再审申请,符合法定条件的,裁定再审。不得因指令再审而降低再审启动标准,也不得因当事人反复申诉将依法不应当再审的案件指令下级人民法院再审。

第二条 因当事人申请裁定再审的案件一般应当由裁定再审的人民法院审理。有下列情形之一的,最高人民法院、高级人民法院可以指令原审人民法院再审:

(一)依据民事诉讼法第二百条第(四)项、第(五)项或者第(九)项裁定再审的;

(二)发生法律效力的判决、裁定、调解书是由第一审法院作出的;

(三)当事人一方人数众多或者当事人双方为公民的;

(四)经审判委员会讨论决定的其他情形。

人民检察院提出抗诉的案件,由接受抗诉的人民法院审理,具有民事诉讼法第二百条第(一)至第(五)项规定情形之一的,可以指令原审人民法院再审。

人民法院依据民事诉讼法第一百九十八条第二款裁定再审的,应当提审。

第三条 虽然符合本规定第二条可以指令再审的条件,但有下列情形之一的,应当提审:

(一)原判决、裁定系经原审人民法院再审审理后作出的;

(二)原判决、裁定系经原审人民法院审判委员会讨论作出的;

(三)原审审判人员在审理该案件时有贪污受贿,徇私舞弊,枉法裁判行为的;

(四)原审人民法院对该案无再审管辖权的;

(五)需要统一法律适用或裁量权行使标准的;

(六)其他不宜指令原审人民法院再审的情形。

第四条 人民法院按照第二审程序审理再审案件,发现原判决认定基本事实不清的,一般应当通过庭审认定事实后依法作出判决。但原审人民法院未对基本事实进行过审理的,可以裁定撤销原判决,发回重审。原判决认定事实错误的,上级人民法院不得以基本事实不清为由裁定发回重审。

第五条 人民法院按照第二审程序审理再审案件,发现第一审人民法院有下列严重违反法定程序情形之一的,可以依照民事诉讼法第一百七十条第一款第(四)项的规定,裁定撤销原判决,发回第一审人民法院重审:

(一)原判决遗漏必须参加诉讼的当事人的;

(二)无诉讼行为能力人未经法定代理人代为诉讼,或者应当参加诉讼的当事人,因不能归责于本人或者其诉讼代理人的事由,未参加诉讼的;

(三)未经合法传唤缺席判决,或者违反法律规定剥夺当事人辩论权利的;

(四)审判组织的组成不合法或者依法应当回避的审判人员没有回避的;

(五)原判决、裁定遗漏诉讼请求的。

第六条 上级人民法院裁定指令再审、发回重审的,应当在裁定书中阐明指令再审或者发回重审的具体理由。

第七条 再审案件应当围绕申请人的再审请求进行审理和裁判。对方当事人在再审庭审辩论终结前也提出再审请求的,应一并审理和裁判。当事人的再审请求超出原审诉讼请求的不予审理,构成另案诉讼的应告知当事人可以提起新的诉讼。

第八条 再审发回重审的案件,应当围绕当事人原诉讼请求进行审理。当事人申请变更、增加诉讼请求和提出反诉的,按照《最高人民法院关于适用〈中华人民共和国民事诉讼法〉的解释》第二百五十二条的规定审查决定是否准许。当事人变更其在原审中的诉讼主张、质证及辩论意见的,应说明理由并提交相应的证据,理由不成立或证据不充分的,人民法院不予支持。

第九条 各级人民法院对民事案件指令再审和再审发回重审的审判行为,应当严格遵守本规定。违反本规定的,应当依照相关规定追究有关人员的责任。

第十条 最高人民法院以前发布的司法解释与本规定不一致的,不再适用。

(十)法律文书

最高人民法院
关于人民法院在互联网公布裁判文书的规定

《最高人民法院关于人民法院在互联网公布裁判文书的规定》已于2013年11月13日由最高人民法院审判委员会第1595次会议通过,现予公布,自2014年1月1日起施行。

最高人民法院
2013年11月21日

为贯彻落实审判公开原则,规范人民法院在互联网公布裁判文书工作,促进司法公正,提升司法公信力,根据《中华人民共和国刑事诉讼法》《中华人民共和国民事诉讼法》《中华人民共和国行政诉讼法》等相关规定,结合人民法院工作实际,制定本规定。

第一条 人民法院在互联网公布裁判文书,应当遵循依法、及时、规范、真实的原则。

第二条 最高人民法院在互联网设立中国裁判文书网,统一公布各级人民法院的生效裁判文书。

各级人民法院对其在中国裁判文书网公布的裁判文书质量负责。

第三条 各级人民法院应当指定专门机构负责互联网公布裁判文书的管理工作。该机构履行以下职责:

(一)组织、上传裁判文书;

(二)发现公布的裁判文书存在笔误或者技术处理不当等问题的,协调有关部门及时处理;

(三)其他相关的指导、监督和考评工作。

第四条 人民法院的生效裁判文书应当在互联网公布,但有下列情形之一的除外:

(一)涉及国家秘密、个人隐私的;

(二)涉及未成年人违法犯罪的;

(三)以调解方式结案的;

(四)其他不宜在互联网公布的。

第五条 人民法院应当在受理案件通知书、应诉通知书中告知当事人在互联网公布裁判文书的范围,并通过政务网站、电子触摸屏、诉讼指南等多种方式,向公众告知人民法院在互联网公布裁判文书的相关规定。

第六条 人民法院在互联网公布裁判文书时,应当保留当事人的姓名或者名称等真实信息,但必须采取符号替代方式对下列当事人及诉讼参与人的姓名进行匿名处理:

(一)婚姻家庭、继承纠纷案件中的当事人及其法定代理人;

(二)刑事案件中被害人及其法定代理人、证人、鉴定人;

(三)被判处三年有期徒刑以下刑罚以及免予刑事处罚,且不属于累犯或者惯犯的被告人。

第七条 人民法院在互联网公布裁判文

书时,应当删除下列信息:

(一)自然人的家庭住址、通讯方式、身份证号码、银行账号、健康状况等个人信息;

(二)未成年人的相关信息;

(三)法人以及其他组织的银行账号;

(四)商业秘密;

(五)其他不宜公开的内容。

第八条 承办法官或者人民法院指定的专门人员应当在裁判文书生效后七日内按照本规定第六条、第七条的要求完成技术处理,并提交本院负责互联网公布裁判文书的专门机构在中国裁判文书网公布。

第九条 独任法官或者合议庭认为裁判文书具有本规定第四条第四项不宜在互联网公布情形的,应当提出书面意见及理由,由部门负责人审查后报主管副院长审定。

第十条 在互联网公布的裁判文书,除依照本规定的要求进行技术处理的以外,应当与送达当事人的裁判文书一致。

人民法院对送达当事人的裁判文书进行补正的,应当及时在互联网公布补正裁定。

第十一条 人民法院在互联网公布的裁判文书,除因网络传输故障导致与送达当事人的裁判文书不一致的以外,不得修改或者更换;确因法定理由或者其他特殊原因需要撤回的,应当由高级人民法院以上负责互联网公布裁判文书的专门机构审查决定,并在中国裁判文书网办理撤回及登记备案手续。

第十二条 中国裁判文书网应当提供操作便捷的检索、查阅系统,方便公众检索、查阅裁判文书。

第十三条 最高人民法院负责监督和指导地方各级人民法院在互联网公布裁判文书的工作。

高级人民法院负责组织、指导、监督和检查辖区内各级人民法院在互联网公布裁判文书的工作。

第十四条 各高级人民法院在实施本规定的过程中,可以结合工作实际制定实施细则。中西部地区基层人民法院在互联网公布裁判文书的时间进度由高级人民法院决定,并报最高人民法院备案。

第十五条 本规定自2014年1月1日起实施。最高人民法院2010年11月8日制定的《关于人民法院在互联网公布裁判文书的规定》(法发〔2010〕48号)同时废止。最高人民法院以前发布的司法解释和规范性文件与本规定不一致的,以本规定为准。

(十一)检察监督

人民检察院民事诉讼监督规则(试行)

(2013年9月23日最高人民检察院第十二届检察委员会第十次会议通过)

中华人民共和国最高人民检察院公告

《人民检察院民事诉讼监督规则(试行)》已于2013年9月23日由最高人民检察院第十二届检察委员会第十次会议通过,现予公布,自即日起施行。

最高人民检察院
2013年11月18日

第一章 总 则

第一条 为了保障和规范人民检察院依法履行民事检察职责,根据《中华人民共和国民事诉讼法》《中华人民共和国人民检察院组织法》和其他有关规定,结合人民检察院工作实际,制定本规则。

第二条 人民检察院依法独立行使检察权,通过办理民事诉讼监督案件,维护司法公正和司法权威,维护国家利益和社会公共利益,维护公民、法人和其他组织的合法权益,保障国家法律的统一正确实施。

第三条 人民检察院通过抗诉、检察建议等方式,对民事诉讼活动实行法律监督。

第四条 人民检察院办理民事诉讼监督案件,应当以事实为根据,以法律为准绳,坚持公开、公平、公正和诚实信用原则,尊重和保障当事人的诉讼权利,监督和支持人民法院依法行使审判权和执行权。

第五条 民事诉讼监督案件的受理、办理、管理工作分别由控告检察部门、民事检察部门、案件管理部门负责,各部门互相配合,互相制约。

第六条 人民检察院办理民事诉讼监督案件,实行检察官办案责任制。

第七条 最高人民检察院领导地方各级人民检察院和专门人民检察院的民事诉讼监督工作,上级人民检察院领导下级人民检察院的民事诉讼监督工作。

上级人民检察院对下级人民检察院作出的决定,有权予以撤销或者变更,发现下级人民检察院工作中有错误的,有权指令下级人民检察院纠正。上级人民检察院的决定,下级人民检察院应当执行。下级人民检察院对上级人民检察院的决定有不同意见的,可以在执行的同时向上级人民检察院报告。

第八条 人民检察院检察长在同级人民法院审判委员会讨论民事抗诉案件或者其他与民事诉讼监督工作有关的议题时,可以依照有关规定列席会议。

第九条 人民检察院办理民事诉讼监督案件,实行回避制度。

第十条 检察人员办理民事诉讼监督案件,应当依法秉公办案,自觉接受监督。

检察人员不得接受当事人及其诉讼代理人请客送礼,不得违反规定会见当事人及其诉讼代理人。

检察人员有收受贿赂、徇私枉法等行为的,应当追究法律责任。

第二章 管 辖

第十一条 对已经发生法律效力的民事判决、裁定、调解书的监督案件,最高人民检察院、作出该生效法律文书的人民法院所在地同级人民检察院和上级人民检察院均有管辖权。

第十二条 对民事审判程序中审判人员违法行为的监督案件,由审理案件的人民法院所在地同级人民检察院管辖。

第十三条 对民事执行活动的监督案件,由执行法院所在地同级人民检察院管辖。

第十四条 人民检察院发现受理的民事诉讼监督案件不属于本院管辖的,应当移送有管辖权的人民检察院,受移送的人民检察院应当受理。受移送的人民检察院认为不属于本院管辖的,应当报请上级人民检察院指定管辖,不得再自行移送。

第十五条 有管辖权的人民检察院由于特殊原因,不能行使管辖权的,由上级人民检察院指定管辖。

人民检察院之间因管辖权发生争议,由争议双方协商解决;协商不能解决的,报请其共同上级人民检察院指定管辖。

第十六条 上级人民检察院认为确有必要的,可以办理下级人民检察院管辖的民事诉讼监督案件。

下级人民检察院对有管辖权的民事诉讼监督案件,认为需要由上级人民检察院办理的,可以报请上级人民检察院办理。

第十七条 军事检察院等专门人民检察院对民事诉讼监督案件的管辖,依照有关规定执行。

第三章 回 避

第十八条 检察人员有《中华人民共和国民事诉讼法》第四十四条规定情形之一的,应当自行回避,当事人有权申请他们回避。

前款规定,适用于书记员、翻译人员、鉴定人、勘验人等。

第十九条 检察人员自行回避的,可以口头或者书面方式提出,并说明理由。口头提出申请的,应当记录在卷。

第二十条 当事人申请回避,应当在人民检察院作出提出抗诉或者检察建议等决定前以口头或者书面方式提出,并说明理由。口头提出申请的,应当记录在卷。根据《中华人民共和国民事诉讼法》第四十四条第二款规定提出回避申请的,应当提供相关证据。

被申请回避的人员在人民检察院作出是否回避的决定前,应当暂停参与本案工作,但案件需要采取紧急措施的除外。

第二十一条 检察长的回避,由检察委员会讨论决定;检察人员和其他人员的回避,由检察长决定。检察委员会讨论检察长回避问题时,由副检察长主持,检察长不得参加。

第二十二条 人民检察院对当事人提出的回避申请,应当在三日内作出决定,并通知申请人。申请人对决定不服,可以在接到决定时向原决定机关申请复议一次。人民检察院应当在三日内作出复议决定,并通知复议申请人。复议期间,被申请回避的人员不停止参与本案工作。

第四章 受 理

第二十三条 民事诉讼监督案件的来源包括:

(一)当事人向人民检察院申请监督;

(二)当事人以外的公民、法人和其他组织向人民检察院控告、举报;

(三)人民检察院依职权发现。

第二十四条 有下列情形之一的,当事人可以向人民检察院申请监督:

(一)已经发生法律效力的民事判决、裁定、调解书符合《中华人民共和国民事诉讼法》第二百零九条第一款规定的;

(二)认为民事审判程序中审判人员存在违法行为的;

(三)认为民事执行活动存在违法情形的。

第二十五条 当事人向人民检察院申请监督,应当提交监督申请书、身份证明、相关法律文书及证据材料。提交证据材料的,应当附证据清单。

申请监督材料不齐备的,人民检察院应当要求申请人限期补齐,并明确告知应补齐的全部材料。申请人逾期未补齐的,视为撤回监督申请。

第二十六条 本规则第二十五条规定的监督申请书应当记明下列事项:

(一)申请人的姓名、性别、年龄、民族、职业、工作单位、住所、有效联系方式,法人或者其他组织的名称、住所和法定代表人或者主要负责人的姓名、职务、有效联系方式;

(二)其他当事人的姓名、性别、工作单位、住所、有效联系方式等信息,法人或者其他组织的名称、住所、负责人、有效联系方式等信息;

(三)申请监督请求和所依据的事实与理由。

申请人应当按照其他当事人的人数提交

监督申请书副本。

第二十七条 本规则第二十五条规定的身份证明包括：

（一）自然人的居民身份证、军官证、士兵证、护照等能够证明本人身份的有效证件；

（二）法人或者其他组织的营业执照副本、组织机构代码证书和法定代表人或者主要负责人的身份证明等有效证照。

对当事人提交的身份证明，人民检察院经核对无误留存复印件。

第二十八条 本规则第二十五条规定的相关法律文书是指人民法院在该案件诉讼过程中作出的全部判决书、裁定书、决定书、调解书等法律文书。

第二十九条 当事人申请监督，可以依照《中华人民共和国民事诉讼法》的规定委托代理人。

第三十条 当事人申请监督符合下列条件的，人民检察院应当受理：

（一）符合本规则第二十四条的规定；

（二）申请人提供的材料符合本规则第二十五条至第二十八条的规定；

（三）本院具有管辖权；

（四）不具有本规则规定的不予受理情形。

第三十一条 当事人根据《中华人民共和国民事诉讼法》第二百零九条第一款的规定向人民检察院申请监督，有下列情形之一的，人民检察院不予受理：

（一）当事人未向人民法院申请再审或者申请再审超过法律规定的期限的；

（二）人民法院正在对民事再审申请进行审查的，但超过三个月未对再审申请作出裁定的除外；

（三）人民法院已经裁定再审且尚未审结的；

（四）判决、调解解除婚姻关系的，但对财产分割部分不服的除外；

（五）人民检察院已经审查终结作出决定的；

（六）民事判决、裁定、调解书是人民法院根据人民检察院的抗诉或者再审检察建议再审后作出的；

（七）其他不应受理的情形。

第三十二条 对人民法院作出的一审民事判决、裁定，当事人依法可以上诉但未提出上诉，而依照《中华人民共和国民事诉讼法》第二百零九条第一款第一项、第二项的规定向人民检察院申请监督的，人民检察院不予受理，但有下列情形之一的除外：

（一）据以作出原判决、裁定的法律文书被撤销或者变更的；

（二）审判人员有贪污受贿、徇私舞弊、枉法裁判等严重违法行为的；

（三）人民法院送达法律文书违反法律规定，影响当事人行使上诉权的；

（四）当事人因自然灾害等不可抗力无法行使上诉权的；

（五）当事人因人身自由被剥夺、限制，或者因严重疾病等客观原因不能行使上诉权的；

（六）有证据证明他人以暴力、胁迫、欺诈等方式阻止当事人行使上诉权的；

（七）因其他不可归责于当事人的原因没有提出上诉的。

第三十三条 当事人认为民事审判程序中审判人员存在违法行为或者民事执行活动存在违法情形，向人民检察院申请监督，有下列情形之一的，人民检察院不予受理：

（一）法律规定可以提出异议、申请复议或者提起诉讼，当事人没有提出异议、申请复议或者提起诉讼的，但有正当理由的除外；

（二）当事人提出异议或者申请复议后，人民法院已经受理并正在审查处理的，但超过法定期间未作出处理的除外；

（三）其他不应受理的情形。

第三十四条 当事人根据《中华人民共和国民事诉讼法》第二百零九条第一款的规定向人民检察院申请检察建议或者抗诉，由作出生效民事判决、裁定、调解书的人民法院所在地同级人民检察院控告检察部门受理。

当事人认为民事审判程序中审判人员存在违法行为或者民事执行活动存在违法情形，向人民检察院申请监督的，由审理、执行案件的人民法院所在地同级人民检察院控告检察部门受理。

第三十五条 人民法院裁定驳回再审申请或者逾期未对再审申请作出裁定，当事人向人民检察院申请监督的，由作出原生效民事判决、裁定、调解书的人民法院所在地同级人民检察院控告检察部门受理。

第三十六条 人民检察院控告检察部门对监督申请，应当根据以下情形作出处理：

（一）符合受理条件的，应当依照本规则规定作出受理决定；

（二）属于人民检察院受理案件范围但不属于本院管辖的，应当告知申请人向有管辖权的人民检察院申请监督；

（三）不属于人民检察院受理案件范围的，应当告知申请人向有关机关反映；

（四）不符合受理条件，且申请人不撤回监督申请的，可以决定不予受理。

应当由下级人民检察院受理的，上级人民检察院应当在七日内将监督申请书及相关材料移交下级人民检察院。

第三十七条 控告检察部门应当在决定受理之日起三日内制作《受理通知书》，发送申请人，并告知其权利义务。

需要通知其他当事人的，应当将《受理通知书》和监督申请书副本发送其他当事人，并告知其权利义务。其他当事人可以在收到监督申请书副本之日起十五日内提出书面意见，不提出意见的不影响人民检察院对案件的审查。

第三十八条 控告检察部门应当在决定受理之日起三日内将案件材料移送本院民事检察部门，同时将《受理通知书》抄送本院案件管理部门。

第三十九条 当事人以外的公民、法人和其他组织认为人民法院民事审判程序中审判人员存在违法行为或者民事执行活动存在违法情形的，可以向同级人民检察院控告、举报。控告、举报由人民检察院控告检察部门受理。

控告检察部门对收到的控告、举报，应当依据《人民检察院信访工作规定》、《人民检察院举报工作规定》等办理。

第四十条 控告检察部门可以依据《人民检察院信访工作规定》，向下级人民检察院交办涉及民事诉讼监督的信访案件。

第四十一条 具有下列情形之一的民事案件，人民检察院应当依职权进行监督：

（一）损害国家利益或者社会公共利益的；

（二）审判、执行人员有贪污受贿、徇私舞弊、枉法裁判等行为的；

（三）依照有关规定需要人民检察院跟进监督的。

第四十二条 下级人民检察院提请抗诉、提请其他监督等案件，由上一级人民检察院案件管理部门受理。

依职权发现的民事诉讼监督案件，民事检察部门应当到案件管理部门登记受理。

第四十三条 案件管理部门接收案件材料后，应当在三日内登记并将案件材料和案件登记表移送民事检察部门；案件材料不符合规定的，应当要求补齐。

案件管理部门登记受理后，需要通知当事人的，民事检察部门应当制作《受理通知书》，并在三日内发送当事人。

第五章 审 查

第一节 一般规定

第四十四条 民事检察部门负责对受理后的民事诉讼监督案件进行审查。

第四十五条 上级人民检察院可以将受理的民事诉讼监督案件交由有管辖权的下级人民检察院办理。交办的案件应当制作《交办通知书》，并将有关材料移送下级人民检察院。下级人民检察院应当依法办理，不得将案件再行交办，作出决定前应当报上级人民检察院审核同意。

交办案件需要通知当事人的，应当制作《通知书》，并发送当事人。

第四十六条 上级人民检察院可以将案件转有管辖权的下级人民检察院办理。转办案件应当制作《转办通知书》，并将有关材料移送下级人民检察院。

转办案件需要通知当事人的，应当制作《通知书》，并发送当事人。

第四十七条 人民检察院审查民事诉讼监督案件，应当围绕申请人的申请监督请求以及发现的其他情形，对人民法院民事诉讼活动是否合法进行审查。其他当事人也申请监督的，应当将其列为申请人，对其申请监督请求一并审查。

第四十八条 申请人或者其他当事人对提出的主张，应当提供证据材料。人民检察院收到当事人提交的证据材料，应当出具收据。

第四十九条 人民检察院应当告知当事人有申请回避的权利，并告知办理案件的检察人员、书记员等的姓名、法律职务。

第五十条 人民检察院审查案件，应当听取当事人意见，必要时可以听证或者调查核实有关情况。

第五十一条 人民检察院审查案件，可以依照有关规定调阅人民法院的诉讼卷宗。

通过拷贝电子卷、查阅、复制、摘录等方式能够满足办案需要的，可以不调阅诉讼卷宗。

第五十二条 承办人审查终结后，应当制作审查终结报告。审查终结报告应当全面、客观、公正地叙述案件事实，依据法律提出处理建议。

承办人通过审查监督申请书等材料即可以认定案件事实的，可以直接制作审查终结报告，提出处理建议。

第五十三条 案件应当经集体讨论，参加集体讨论的人员应当对案件事实、适用法律、处理建议等发表明确意见并说明理由。集体讨论意见应当在全面、客观地归纳讨论意见的基础上形成。

集体讨论形成的处理意见，由民事检察部门负责人提出审核意见后报检察长批准。

检察长认为必要的，可以提请检察委员会讨论决定。

第五十四条 人民检察院对审查终结的案件，应当区分情况作出下列决定：

（一）提出再审检察建议；

（二）提请抗诉；

（三）提出抗诉；

（四）提出检察建议；

（五）终结审查；

（六）不支持监督申请。

控告检察部门受理的案件，民事检察部门应当将案件办理结果书面告知控告检察部门。

第五十五条 人民检察院在办理民事诉讼监督案件过程中，当事人有和解意愿的，可以建议当事人自行和解。

第五十六条 人民检察院受理当事人申请对人民法院已经发生法律效力的民事判决、裁定、调解书监督的案件，应当在三个月内审查终结并作出决定。

对民事审判程序中审判人员违法行为监督案件和对民事执行活动监督案件的审查期限，依照前款规定执行。

第二节 听 证

第五十七条 人民检察院审查民事诉讼监督案件，认为确有必要的，可以组织有关当事人听证。

根据案件具体情况，可以邀请与案件没有利害关系的人大代表、政协委员、人民监督员、特约检察员、专家咨询委员、人民调解员或者当事人所在单位、居住地的居民委员会委员以及专家、学者等其他社会人士参加听证。

第五十八条 人民检察院组织听证，由承办该案件的检察人员主持，书记员负责记录。

听证应当在人民检察院专门听证场所内进行。

第五十九条 人民检察院组织听证，应当在听证三日前通知参加听证的当事人，并告知听证的时间、地点。

第六十条 参加听证的当事人和其他相关人员应当按时参加听证，当事人无正当理由缺席或者未经许可中途退席的，不影响听证程序的进行。

第六十一条 听证应当围绕民事诉讼监督案件中的事实认定和法律适用等问题进行。

对当事人提交的证据材料和人民检察院调查取得的证据，应当充分听取各方当事人的意见。

第六十二条 听证应当按照下列顺序进行：

（一）申请人陈述申请监督请求、事实和理由；

（二）其他当事人发表意见；

（三）申请人和其他当事人提交新证据的，应当出示并予以说明；

（四）出示人民检察院调查取得的证据；

（五）案件各方当事人陈述对听证中所出示证据的意见；

（六）申请人和其他当事人发表最后意见。

第六十三条 听证应当制作笔录，经当事人校阅后，由当事人签名或者盖章。拒绝签名盖章的，应当记明情况。

第六十四条 参加听证的人员应当服从听证主持人指挥。

对违反听证秩序的，人民检察院可以予以训诫，责令退出听证场所；对哄闹、冲击听证场所，侮辱、诽谤、威胁、殴打检察人员等严重扰乱听证秩序的，依法追究责任。

第三节 调查核实

第六十五条 人民检察院因履行法律监督职责提出检察建议或者抗诉的需要，有下列情形之一的，可以向当事人或者案外人调查核实有关情况：

（一）民事判决、裁定、调解书可能存在法律规定需要监督的情形，仅通过阅卷及审查现有材料难以认定的；

（二）民事审判程序中审判人员可能存在违法行为的；

（三）民事执行活动可能存在违法情形的；

（四）其他需要调查核实的情形。

第六十六条 人民检察院可以采取以下调查核实措施：

（一）查询、调取、复制相关证据材料；

（二）询问当事人或者案外人；

（三）咨询专业人员、相关部门或者行业协会等对专门问题的意见；

（四）委托鉴定、评估、审计；

（五）勘验物证、现场；

（六）查明案件事实所需要采取的其他措施。

人民检察院调查核实，不得采取限制人身自由和查封、扣押、冻结财产等强制性措施。

第六十七条 人民检察院可以就专门性问题书面或者口头咨询有关专业人员、相关部门或者行业协会的意见。口头咨询的，应当制作笔录，由接受咨询的专业人员签名或者盖章。拒绝签名盖章的，应当记明情况。

第六十八条 人民检察院对专门性问题认为需要鉴定、评估、审计的，可以委托具备资格的机构进行鉴定、评估、审计。

在诉讼过程中已经进行过鉴定、评估、审计的，一般不再委托鉴定、评估、审计。

第六十九条 人民检察院认为确有必要的,可以勘验物证或者现场。勘验人应当出示人民检察院的证件,并邀请当地基层组织或者当事人所在单位派人参加。当事人或者当事人的成年家属应当到场,拒不到场的,不影响勘验的进行。

勘验人应当将勘验情况和结果制作笔录,由勘验人、当事人和被邀参加人签名或者盖章。

第七十条 需要调查核实的,由承办人提出,部门负责人或者检察长批准。

第七十一条 人民检察院调查核实,应当由二人以上共同进行。

调查笔录经被调查人校阅后,由调查人、被调查人签名或者盖章。被调查人拒绝签名盖章的,应当记明情况。

第七十二条 人民检察院可以指令下级人民检察院或者委托外地人民检察院调查核实。

人民检察院指令调查或者委托调查的,应当发送《指令调查通知书》或者《委托调查函》,载明调查核实事项、证据线索及要求。受指令或者受委托人民检察院收到《指令调查通知书》或者《委托调查函》后,应当在十五日内完成调查核实工作并书面回复。因客观原因不能完成调查的,应当在上述期限内书面回复指令或者委托的人民检察院。

人民检察院到外地调查的,当地人民检察院应当配合。

第七十三条 人民检察院调查核实,有关单位和个人应当配合。拒绝或者妨碍人民检察院调查核实的,人民检察院可以向有关单位或者其上级主管部门提出检察建议,责令纠正;涉嫌犯罪的,依照规定移送有关机关处理。

第四节 中止审查和终结审查

第七十四条 有下列情形之一的,人民检察院可以中止审查:

(一)申请监督的自然人死亡,需要等待继承人表明是否继续申请监督的;

(二)申请监督的法人或者其他组织终止,尚未确定权利义务承受人的;

(三)本案必须以另一案的处理结果为依据,而另一案尚未审结的;

(四)其他可以中止审查的情形。

中止审查的,应当制作《中止审查决定书》,并发送当事人。中止审查的原因消除后,应当恢复审查。

第七十五条 有下列情形之一的,人民检察院应当终结审查:

(一)人民法院已经裁定再审或者已经纠正违法行为的;

(二)申请人撤回监督申请或者当事人达成和解协议,且不损害国家利益、社会公共利益或者他人合法权益的;

(三)申请监督的自然人死亡,没有继承人或者继承人放弃申请,且没有发现其他应当监督的违法情形的;

(四)申请监督的法人或者其他组织终止,没有权利义务承受人或者权利义务承受人放弃申请,且没有发现其他应当监督的违法情形的;

(五)发现已经受理的案件不符合受理条件的;

(六)人民检察院依职权发现的案件,经审查不需要采取监督措施的;

(七)其他应当终结审查的情形。

终结审查的,应当制作《终结审查决定书》,需要通知当事人的,发送当事人。

第六章 对生效判决、裁定、调解书的监督

第一节 一般规定

第七十六条 人民检察院发现人民法院已经发生法律效力的民事判决、裁定有《中华人民共和国民事诉讼法》第二百条规定情形之一的,依法向人民法院提出再审检察建议或者

抗诉。

第七十七条 人民检察院发现民事调解书损害国家利益、社会公共利益的,依法向人民法院提出再审检察建议或者抗诉。

第七十八条 下列证据,应当认定为《中华人民共和国民事诉讼法》第二百条第一项规定的"新的证据":

(一)原审庭审结束前已客观存在但庭审结束后新发现的证据;

(二)原审庭审结束前已经发现,但因客观原因无法取得或者在规定的期限内不能提供的证据;

(三)原审庭审结束后原作出鉴定意见、勘验笔录者重新鉴定、勘验,推翻原意见的证据;

(四)当事人在原审中提供的,原审未予质证、认证,但足以推翻原判决、裁定的主要证据。

第七十九条 有下列情形之一的,应当认定为《中华人民共和国民事诉讼法》第二百条第二项规定的"认定的基本事实缺乏证据证明":

(一)认定的基本事实没有证据支持,或者认定的基本事实所依据的证据虚假、缺乏证明力的;

(二)认定的基本事实所依据的证据不合法的;

(三)对基本事实的认定违反逻辑推理或者日常生活法则的;

(四)认定的基本事实缺乏证据证明的其他情形。

第八十条 有下列情形之一的,应当认定为《中华人民共和国民事诉讼法》第二百条第六项规定的"适用法律确有错误":

(一)适用的法律与案件性质明显不符的;

(二)认定法律关系主体、性质或者法律行为效力错误的;

(三)确定民事责任明显违背当事人有效约定或者法律规定的;

(四)适用的法律已经失效或者尚未施行的;

(五)违反法律溯及力规定的;

(六)违反法律适用规则的;

(七)适用法律明显违背立法本意的;

(八)适用诉讼时效规定错误的;

(九)适用法律错误的其他情形。

第八十一条 有下列情形之一的,应当认定为《中华人民共和国民事诉讼法》第二百条第七项规定的"审判组织的组成不合法":

(一)应当组成合议庭审理的案件独任审判的;

(二)人民陪审员参与第二审案件审理的;

(三)再审、发回重审的案件没有另行组成合议庭的;

(四)审理案件的人员不具有审判资格的;

(五)审判组织或者人员不合法的其他情形。

第八十二条 有下列情形之一的,应当认定为《中华人民共和国民事诉讼法》第二百条第九项规定的"违反法律规定,剥夺当事人辩论权利":

(一)不允许或者严重限制当事人行使辩论权利的;

(二)应当开庭审理而未开庭审理的;

(三)违反法律规定送达起诉状副本或者上诉状副本,致使当事人无法行使辩论权利的;

(四)违法剥夺当事人辩论权利的其他情形。

第二节 再审检察建议和提请抗诉

第八十三条 地方各级人民检察院发现同级人民法院已经发生法律效力的民事判决、裁定有下列情形之一的,可以向同级人民法院提出再审检察建议:

(一)有新的证据,足以推翻原判决、裁定的;

(二)原判决、裁定认定的基本事实缺乏证据证明的;

(三)原判决、裁定认定事实的主要证据是

伪造的；

（四）原判决、裁定认定事实的主要证据未经质证的；

（五）对审理案件需要的主要证据，当事人因客观原因不能自行收集，书面申请人民法院调查收集，人民法院未调查收集的；

（六）审判组织的组成不合法或者依法应当回避的审判人员没有回避的；

（七）无诉讼行为能力人未经法定代理人代为诉讼或者应当参加诉讼的当事人，因不能归责于本人或者其诉讼代理人的事由，未参加诉讼的；

（八）违反法律规定，剥夺当事人辩论权利的；

（九）未经传票传唤，缺席判决的；

（十）原判决、裁定遗漏或者超出诉讼请求的；

（十一）据以作出原判决、裁定的法律文书被撤销或者变更的。

第八十四条 符合本规则第八十三条规定的案件有下列情形之一的，地方各级人民检察院应当提请上一级人民检察院抗诉：

（一）判决、裁定是经同级人民法院再审后作出的；

（二）判决、裁定是经同级人民法院审判委员会讨论作出的；

（三）其他不适宜由同级人民法院再审纠正的。

第八十五条 地方各级人民检察院发现同级人民法院已经发生法律效力的民事判决、裁定具有下列情形之一的，应当提请上一级人民检察院抗诉：

（一）原判决、裁定适用法律确有错误的；

（二）审判人员在审理该案件时有贪污受贿、徇私舞弊、枉法裁判行为的。

第八十六条 地方各级人民检察院发现民事调解书损害国家利益、社会公共利益的，可以向同级人民法院提出再审检察建议，也可以提请上一级人民检察院抗诉。

第八十七条 对人民法院已经采纳再审检察建议进行再审的案件，提出再审检察建议的人民检察院一般不得再向上级人民检察院提请抗诉。

第八十八条 人民检察院提出再审检察建议，应当制作《再审检察建议书》，在决定提出再审检察建议之日起十五日内将《再审检察建议书》连同案件卷宗移送同级人民法院，并制作决定提出再审检察建议的《通知书》，发送当事人。

人民检察院提出再审检察建议，应当经本院检察委员会决定，并将《再审检察建议书》报上一级人民检察院备案。

第八十九条 人民检察院提请抗诉，应当制作《提请抗诉报告书》，在决定提请抗诉之日起十五日内将《提请抗诉报告书》连同案件卷宗报送上一级人民检察院，并制作决定提请抗诉的《通知书》，发送当事人。

第九十条 人民检察院认为当事人的监督申请不符合提出再审检察建议或者提请抗诉条件的，应当作出不支持监督申请的决定，并在决定之日起十五日内制作《不支持监督申请决定书》，发送当事人。

第三节 抗 诉

第九十一条 最高人民检察院对各级人民法院已经发生法律效力的民事判决、裁定、调解书，上级人民检察院对下级人民法院已经发生法律效力的民事判决、裁定、调解书，发现有《中华人民共和国民事诉讼法》第二百条、第二百零八条规定情形的，应当向同级人民法院提出抗诉。

第九十二条 人民检察院提出抗诉，应当制作《抗诉书》，在决定抗诉之日起十五日内将《抗诉书》连同案件卷宗移送同级人民法院，并制作决定抗诉的《通知书》，发送当事人。

第九十三条 人民检察院认为当事人的监督申请不符合抗诉条件的，应当作出不支持监督申请的决定，并在决定之日起十五日内制作《不支持监督申请决定书》，发送当事人。下级人民检察院提请抗诉的案件，上级人民检察院可以委托提请抗诉的人民检察院将《不支持监督申请决定书》发送当事人。

第四节 出 庭

第九十四条 人民检察院提出抗诉的案件，人民法院再审时，人民检察院应当派员出席法庭。

第九十五条 受理抗诉的人民法院将抗诉案件交下级人民法院再审的，提出抗诉的人民检察院可以指令再审人民法院的同级人民检察院派员出庭。

第九十六条 检察人员出席再审法庭的任务是：

（一）宣读抗诉书；

（二）对依职权调查的证据予以出示和说明。

检察人员发现庭审活动违法的，应当待休庭或者庭审结束之后，以人民检察院的名义提出检察建议。

第七章 对审判程序中审判人员违法行为的监督

第九十七条 《中华人民共和国民事诉讼法》第二百零八条第三款规定的审判程序包括：

（一）第一审普通程序；

（二）简易程序；

（三）第二审程序；

（四）特别程序；

（五）审判监督程序；

（六）督促程序；

（七）公示催告程序；

（八）海事诉讼特别程序；

（九）破产程序。

第九十八条 《中华人民共和国民事诉讼法》第二百零八条第三款的规定适用于法官、人民陪审员、书记员。

第九十九条 人民检察院发现同级人民法院民事审判程序中有下列情形之一的，应当向同级人民法院提出检察建议：

（一）判决、裁定确有错误，但不适用再审程序纠正的；

（二）调解违反自愿原则或者调解协议的内容违反法律的；

（三）符合法律规定的起诉和受理条件，应当立案而不立案的；

（四）审理案件适用审判程序错误的；

（五）保全和先予执行违反法律规定的；

（六）支付令违反法律规定的；

（七）诉讼中止或者诉讼终结违反法律规定的；

（八）违反法定审理期限的；

（九）对当事人采取罚款、拘留等妨害民事诉讼的强制措施违反法律规定的；

（十）违反法律规定送达的；

（十一）审判人员接受当事人及其委托代理人请客送礼或者违反规定会见当事人及其委托代理人的；

（十二）审判人员实施或者指使、支持、授意他人实施妨害民事诉讼行为，尚未构成犯罪的；

（十三）其他违反法律规定的情形。

第一百条 人民检察院依照本规则第九十九条提出检察建议的，应当制作《检察建议书》，在决定提出检察建议之日起十五日内将《检察建议书》连同案件卷宗移送同级人民法院，并制作决定提出检察建议的《通知书》，发送申请人。

第一百零一条 人民检察院认为当事人申请监督的审判程序中审判人员违法行为不存在或者不构成的，应当作出不支持监督申请的决定,并在决定之日起十五日内制作《不支持监督申请决定书》,发送申请人。

第八章 对执行活动的监督

第一百零二条 人民检察院对人民法院在民事执行活动中违反法律规定的情形实行法律监督。

第一百零三条 人民检察院对民事执行活动提出检察建议的,应当经检察委员会决定,制作《检察建议书》,在决定之日起十五日内将《检察建议书》连同案件卷宗移送同级人民法院,并制作决定提出检察建议的《通知书》,发送当事人。

第一百零四条 人民检察院认为当事人申请监督的人民法院执行活动不存在违法情形的,应当作出不支持监督申请的决定,并在决定之日起十五日内制作《不支持监督申请决定书》,发送申请人。

第九章 案件管理

第一百零五条 人民检察院案件管理部门对民事诉讼监督案件实行流程监控、案后评查、统计分析、信息查询、综合考评等,对办案期限、办案程序、办案质量等进行管理、监督、预警。

第一百零六条 民事检察部门在办理案件过程中有下列情形之一的,应当在作出决定之日起三日内到本院案件管理部门登记:
(一)决定中止和恢复审查的;
(二)决定终结审查的。

第一百零七条 案件管理部门发现本院办案部门或者办案人员在办理民事诉讼监督案件中有下列情形之一的,应当及时提出纠正意见:
(一)法律文书使用不当或存在明显错漏的;

(二)无正当理由超过法定的办案期限未办结案件的;
(三)侵害当事人、诉讼代理人诉讼权利的;
(四)未依法对民事审判活动以及执行活动中的违法行为履行法律监督职责的;
(五)其他违反规定办理案件的情形。

具有前款规定的情形但情节轻微的,可以向办案部门或者办案人员进行口头提示;情节较重的,应当向办案部门发送《案件流程监控通知书》,提示办案部门及时查明情况并予以纠正;情节严重的,应当向办案部门发送《案件流程监控通知书》,并向检察长报告。

办案部门收到《案件流程监控通知书》后,应当在五日内将核查情况书面回复案件管理部门。

第一百零八条 案件管理部门对以本院名义制发的民事诉讼监督法律文书实施监督管理。

第一百零九条 人民检察院办理的民事诉讼监督案件,办结后需要向其他单位移送案卷材料的,统一由案件管理部门审核移送材料是否规范、齐备。案件管理部门认为材料规范、齐备,符合移送条件的,应当立即由有关部门按照相关规定移送;认为材料不符合要求的,应当及时通知办案部门补送、更正。

第一百一十条 人民法院向人民检察院送达的民事判决书、裁定书或者调解书等法律文书,由案件管理部门负责接收,并即时登记移送民事检察部门。

第一百一十一条 人民检察院在办理民事诉讼监督案件过程中,当事人及其诉讼代理人提出有关申请、要求或者提交有关书面材料的,由案件管理部门负责接收,需要出具相关手续的,案件管理部门应当出具。案件管理部门接收材料后应当及时移送民事检察部门。

第十章 其他规定

第一百一十二条 有下列情形之一的,人民检察院可以提出改进工作的检察建议:
(一)人民法院对民事诉讼中同类问题适用法律不一致的;
(二)人民法院在多起案件中适用法律存在同类错误的;
(三)人民法院在多起案件中有相同违法行为的;
(四)有关单位的工作制度、管理方法、工作程序违法或者不当,需要改正、改进的。

第一百一十三条 民事检察部门在履行职责过程中,发现涉嫌犯罪的行为,应当及时将犯罪线索及相关材料移送本院相关职能部门。
人民检察院相关职能部门在办案工作中,发现人民法院审判人员、执行人员有贪污受贿、徇私舞弊、枉法裁判等违法行为,可能导致原判决、裁定错误的,应当及时向民事检察部门通报。

第一百一十四条 人民检察院向人民法院或者有关机关提出监督意见后,发现监督意见确有错误或者有其他情形确需撤回的,应当经检察长批准或者检察委员会决定予以撤回。
上级人民检察院发现下级人民检察院监督错误或者不当的,应当指令下级人民检察院撤回,下级人民检察院应当执行。

第一百一十五条 人民法院对人民检察院监督行为提出建议的,人民检察院应当在一个月内将处理结果书面回复人民法院。人民法院对回复意见有异议,并通过上一级人民法院向上一级人民检察院提出的,上一级人民检察院认为人民法院建议正确,应当要求下级人民检察院及时纠正。

第一百一十六条 人民法院对民事诉讼监督案件作出再审判决、裁定或者其他处理决定后,提出监督意见的人民检察院应当对处理结果进行审查,并填写《民事诉讼监督案件处理结果审查登记表》。

第一百一十七条 有下列情形之一的,人民检察院应当按照有关规定跟进监督或者提请上级人民检察院监督:
(一)人民法院审理民事抗诉案件作出的判决、裁定、调解书仍符合抗诉条件的;
(二)人民法院对人民检察院提出的检察建议未在规定的期限内作出处理并书面回复的;
(三)人民法院对检察建议的处理结果错误的。

第一百一十八条 地方各级人民检察院对适用法律确属疑难、复杂,本院难以决断的重大民事诉讼监督案件,可以向上一级人民检察院请示。
请示案件依照最高人民检察院关于办理下级人民检察院请示件、下级人民检察院向最高人民检察院报送公文的相关规定办理。

第一百一十九条 制作民事诉讼监督法律文书,应当符合规定的格式。
民事诉讼监督法律文书的格式另行制定。

第一百二十条 人民检察院可以参照《中华人民共和国民事诉讼法》有关规定发送法律文书。

第一百二十一条 人民检察院发现制作的法律文书存在笔误的,应当作出《补正决定书》予以补正。

第一百二十二条 人民检察院办理民事诉讼监督案件,应当按照规定建立民事诉讼监督案卷。

第一百二十三条 人民检察院办理民事诉讼监督案件,不收取案件受理费。申请复印、鉴定、审计、勘验等产生的费用由申请人直接支付给有关机构或者单位,人民检察院不得代收代付。

第十一章 附 则

第一百二十四条 本规则自发布之日起施行。本院之前公布的其他规定与本规则内容不一致的，以本规则为准。

（十二）执 行

最高人民法院关于适用《中华人民共和国民事诉讼法》执行程序若干问题的解释

法释〔2008〕13号

（2008年9月8日最高人民法院审判委员会第1452次会议通过）

中华人民共和国最高人民法院公告

《最高人民法院关于适用〈中华人民共和国民事诉讼法〉执行程序若干问题的解释》已于2008年9月8日由最高人民法院审判委员会第1452次会议通过。现予公布，自2009年1月1日起施行。

二〇〇八年十一月三日

为了依法及时有效地执行生效法律文书，维护当事人的合法权益，根据2007年10月修改后的《中华人民共和国民事诉讼法》（以下简称民事诉讼法），结合人民法院执行工作实际，对执行程序中适用法律的若干问题作出如下解释：

第一条 申请执行人向被执行的财产所在地人民法院申请执行的，应当提供该人民法院辖区有可供执行财产的证明材料。

第二条 对两个以上人民法院都有管辖权的执行案件，人民法院在立案前发现其他有管辖权的人民法院已经立案的，不得重复立案。

立案后发现其他有管辖权的人民法院已经立案的，应当撤销案件；已经采取执行措施的，应当将控制的财产交先立案的执行法院处理。

第三条 人民法院受理执行申请后，当事人对管辖权有异议的，应当自收到执行通知书之日起十日内提出。

人民法院对当事人提出的异议，应当审查。异议成立的，应当撤销执行案件，并告知当事人向有管辖权的人民法院申请执行；异议不成立的，裁定驳回。当事人对裁定不服的，可以向上一级人民法院申请复议。

管辖权异议审查和复议期间，不停止执行。

第四条 对人民法院采取财产保全措施的案件，申请执行人向采取保全措施的人民法院以外的其他有管辖权的人民法院申请执行的，采取保全措施的人民法院应当将保全的财产交执行法院处理。

第五条 执行过程中,当事人、利害关系人认为执行法院的执行行为违反法律规定的,可以依照民事诉讼法第二百零二条的规定提出异议。

执行法院审查处理执行异议,应当自收到书面异议之日起十五日内作出裁定。

第六条 当事人、利害关系人依照民事诉讼法第二百零二条规定申请复议的,应当采取书面形式。

第七条 当事人、利害关系人申请复议的书面材料,可以通过执行法院转交,也可以直接向执行法院的上一级人民法院提交。

执行法院收到复议申请后,应当在五日内将复议所需的案卷材料报送上一级人民法院;上一级人民法院收到复议申请后,应当通知执行法院在五日内报送复议所需的案卷材料。

第八条 上一级人民法院对当事人、利害关系人的复议申请,应当组成合议庭进行审查。

第九条 当事人、利害关系人依照民事诉讼法第二百零二条规定申请复议的,上一级人民法院应当自收到复议申请之日起三十日内审查完毕,并作出裁定。有特殊情况需要延长的,经本院院长批准,可以延长,延长的期限不得超过三十日。

第十条 执行异议审查和复议期间,不停止执行。

被执行人、利害关系人提供充分、有效的担保请求停止相应处分措施的,人民法院可以准许;申请执行人提供充分、有效的担保请求继续执行的,应当继续执行。

第十一条 依照民事诉讼法第二百零三条的规定,有下列情形之一的,上一级人民法院可以根据申请执行人的申请,责令执行法院限期执行或者变更执行法院:

(一)债权人申请执行时被执行人有可供执行的财产,执行法院自收到申请执行书之日起超过六个月对该财产未执行完结的;

(二)执行过程中发现被执行人可供执行的财产,执行法院自发现财产之日起超过六个月对该财产未执行完结的;

(三)对法律文书确定的行为义务的执行,执行法院自收到申请执行书之日起超过六个月未依法采取相应执行措施的;

(四)其他有条件执行超过六个月未执行的。

第十二条 上一级人民法院依照民事诉讼法第二百零三条规定责令执行法院限期执行的,应当向其发出督促执行令,并将有关情况书面通知申请执行人。

上一级人民法院决定由本院执行或者指令本辖区其他人民法院执行的,应当作出裁定,送达当事人并通知有关人民法院。

第十三条 上一级人民法院责令执行法院限期执行,执行法院在指定期间内无正当理由仍未执行完结的,上一级人民法院应当裁定由本院执行或者指令本辖区其他人民法院执行。

第十四条 民事诉讼法第二百零三条规定的六个月期间,不应当计算执行中的公告期间、鉴定评估期间、管辖争议处理期间、执行争议协调期间、暂缓执行期间以及中止执行期间。

第十五条 案外人对执行标的主张所有权或者有其他足以阻止执行标的转让、交付的实体权利的,可以依照民事诉讼法第二百零四条的规定,向执行法院提出异议。

第十六条 案外人异议审查期间,人民法院不得对执行标的进行处分。

案外人向人民法院提供充分、有效的担保请求解除对异议标的的查封、扣押、冻结的,人民法院可以准许;申请执行人提供充分、有效的担保请求继续执行的,应当继续执行。

因案外人提供担保解除查封、扣押、冻结

有错误,致使该标的无法执行的,人民法院可以直接执行担保财产;申请执行人提供担保请求继续执行有错误,给对方造成损失的,应当予以赔偿。

第十七条 案外人依照民事诉讼法第二百零四条规定提起诉讼,对执行标的主张实体权利,并请求对执行标的停止执行的,应当以申请执行人为被告;被执行人反对案外人对执行标的所主张的实体权利的,应当以申请执行人和被执行人为共同被告。

第十八条 案外人依照民事诉讼法第二百零四条规定提起诉讼的,由执行法院管辖。

第十九条 案外人依照民事诉讼法第二百零四条规定提起诉讼的,执行法院应当依诉讼程序审理。经审理,理由不成立的,判决驳回其诉讼请求;理由成立的,根据案外人的诉讼请求作出相应的裁判。

第二十条 案外人依照民事诉讼法第二百零四条规定提起诉讼的,诉讼期间,不停止执行。

案外人的诉讼请求确有理由或者提供充分、有效的担保请求停止执行的,可以裁定停止对执行标的进行处分;申请执行人提供充分、有效的担保请求继续执行的,应当继续执行。

案外人请求停止执行、请求解除查封、扣押、冻结或者申请执行人请求继续执行有错误,给对方造成损失的,应当予以赔偿。

第二十一条 申请执行人依照民事诉讼法第二百零四条规定提起诉讼,请求对执行标的许可执行的,应当以案外人为被告;被执行人反对申请执行人请求的,应当以案外人和被执行人为共同被告。

第二十二条 申请执行人依照民事诉讼法第二百零四条规定提起诉讼的,由执行法院管辖。

第二十三条 人民法院依照民事诉讼法第二百零四条规定裁定对异议标的中止执行后,申请执行人自裁定送达之日起十五日内未提起诉讼的,人民法院应当裁定解除已经采取的执行措施。

第二十四条 申请执行人依照民事诉讼法第二百零四条规定提起诉讼的,执行法院应当依照诉讼程序审理。经审理,理由不成立的,判决驳回其诉讼请求;理由成立的,根据申请执行人的诉讼请求作出相应的裁判。

第二十五条 多个债权人对同一被执行人申请执行或者对执行财产申请参与分配的,执行法院应当制作财产分配方案,并送达各债权人和被执行人。债权人或者被执行人对分配方案有异议的,应当自收到分配方案之日起十五日内向执行法院提出书面异议。

第二十六条 债权人或者被执行人对分配方案提出书面异议的,执行法院应当通知未提出异议的债权人或被执行人。

未提出异议的债权人、被执行人收到通知之日起十五日内未提出反对意见的,执行法院依异议人的意见对分配方案审查修正后进行分配;提出反对意见的,应当通知异议人。异议可以自收到通知之日起十五日内,以提出反对意见的债权人、被执行人为被告,向执行法院提起诉讼;异议人逾期未提起诉讼的,执行法院依原分配方案进行分配。

诉讼期间进行分配的,执行法院应当将与争议债权数额相应的款项予以提存。

第二十七条 在申请执行时效期间的最后六个月内,因不可抗力或者其他障碍不能行使请求权的,申请执行时效中止。从中止时效的原因消除之日起,申请执行时效期间继续计算。

第二十八条 申请执行时效因申请执行、当事人双方达成和解协议、当事人一方提出履行要求或者同意履行义务而中断。从中断时起,申请执行时效期间重新计算。

第二十九条 生效法律文书规定债务人负有不作为义务的,申请执行时效期间从债务人违反不作为义务之日起计算。

第三十条 执行员依照民事诉讼法第二百一十六条规定立即采取强制执行措施的,可以同时或者自采取强制执行措施之日起三日内发送执行通知书。

第三十一条 人民法院依照民事诉讼法第二百一十七条规定责令被执行人报告财产情况的,应当向其发出报告财产令。报告财产令中应当写明报告财产的范围、报告财产的期间、拒绝报告或者虚假报告的法律后果等内容。

第三十二条 被执行人依照民事诉讼法第二百一十七条的规定,应当书面报告下列财产情况:

（一）收入、银行存款、现金、有价证券；

（二）土地使用权、房屋等不动产；

（三）交通运输工具、机器设备、产品、原材料等动产；

（四）债权、股权、投资权益、基金、知识产权等财产性权利；

（五）其他应当报告的财产。

被执行人自收到执行通知之日前一年至当前财产发生变动的,应当对该变动情况进行报告。

被执行人在报告财产期间履行全部债务的,人民法院应当裁定终结报告程序。

第三十三条 被执行人报告财产后,其财产情况发生变动,影响申请执行人债权实现的,应当自财产变动之日起十日内向人民法院补充报告。

第三十四条 对被执行人报告的财产情况,申请执行人请求查询的,人民法院应当准许。申请执行人对查询的被执行人财产情况,应当保密。

第三十五条 对被执行人报告的财产情况,执行法院可以依申请执行人的申请或者依职权调查核实。

第三十六条 依照民事诉讼法第二百三十一条规定对被执行人限制出境的,应当由申请执行人向执行法院提出书面申请；必要时,执行法院可以依职权决定。

第三十七条 被执行人为单位的,可以对其法定代表人、主要负责人或者影响债务履行的直接责任人员限制出境。

被执行人为无民事行为能力人或者限制民事行为能力人的,可以对其法定代理人限制出境。

第三十八条 在限制出境期间,被执行人履行法律文书确定的全部债务的,执行法院应当及时解除限制出境措施；被执行人提供充分、有效的担保或者申请执行人同意的,可以解除限制出境措施。

第三十九条 依照民事诉讼法第二百三十一条的规定,执行法院可以依职权或者依申请执行人的申请,将被执行人不履行法律文书确定义务的信息,通过报纸、广播、电视、互联网等媒体公布。

媒体公布的有关费用,由被执行人负担；申请执行人申请在媒体公布的,应当垫付有关费用。

第四十条 本解释施行前本院公布的司法解释与本解释不一致的,以本解释为准。

最高人民法院
关于对人民法院终结执行行为提出
执行异议期限问题的批复

法释〔2016〕3号

(2015年11月30日最高人民法院审判委员会第1668次会议通过,自2016年2月15日起施行)

中华人民共和国最高人民法院公告

《最高人民法院关于对人民法院终结执行行为提出执行异议期限问题的批复》已于2015年11月30日由最高人民法院审判委员会第1668次会议通过,现予公布,自2016年2月15日起施行。

最高人民法院
2016年2月14日

湖北省高级人民法院:

你院《关于咸宁市广泰置业有限公司与咸宁市枫丹置业有限公司房地产开发经营合同纠纷案的请示》(鄂高法〔2015〕295号)收悉。经研究,批复如下:

当事人、利害关系人依照民事诉讼法第二百二十五条规定对终结执行行为提出异议的,应当自收到终结执行法律文书之日起六十日内提出;未收到法律文书的,应当自知道或者应当知道人民法院终结执行之日起六十日内提出。批复发布前终结执行的,自批复发布之日起六十日内提出。超出该期限提出执行异议的,人民法院不予受理。

此复。

最高人民法院
关于审理拒不执行判决、裁定刑事案件
适用法律若干问题的解释

法释〔2015〕16号

(2015年7月6日最高人民法院审判委员会第1657次会议通过)

《最高人民法院关于审理拒不执行判决、裁定刑事案件适用法律若干问题的解释》已于2015年7月6日由最高人民法院审判委员会第1657次会议通过,现予公布,自2015年7月22日起施行。

最高人民法院
2015年7月20日

为依法惩治拒不执行判决、裁定犯罪，确保人民法院判决、裁定依法执行，切实维护当事人合法权益，根据《中华人民共和国刑法》《中华人民共和国刑事诉讼法》《中华人民共和国民事诉讼法》等法律规定，就审理拒不执行判决、裁定刑事案件适用法律若干问题，解释如下：

第一条 被执行人、协助执行义务人、担保人等负有执行义务的人对人民法院的判决、裁定有能力执行而拒不执行，情节严重的，应当依照刑法第三百一十三条的规定，以拒不执行判决、裁定罪处罚。

第二条 负有执行义务的人有能力执行而实施下列行为之一的，应当认定为全国人民代表大会常务委员会关于刑法第三百一十三条的解释中规定的"其他有能力执行而拒不执行，情节严重的情形"：

（一）具有拒绝报告或者虚假报告财产情况、违反人民法院限制高消费及有关消费令等拒不执行行为，经采取罚款或者拘留等强制措施后仍拒不执行的；

（二）伪造、毁灭有关被执行人履行能力的重要证据，以暴力、威胁、贿买方法阻止他人作证或者指使、贿买、胁迫他人作伪证，妨碍人民法院查明被执行人财产情况，致使判决、裁定无法执行的；

（三）拒不交付法律文书指定交付的财物、票证或者拒不迁出房屋、退出土地，致使判决、裁定无法执行的；

（四）与他人串通，通过虚假诉讼、虚假仲裁、虚假和解等方式妨害执行，致使判决、裁定无法执行的；

（五）以暴力、威胁方法阻碍执行人员进入执行现场或者聚众哄闹、冲击执行现场，致使执行工作无法进行的；

（六）对执行人员进行侮辱、围攻、扣押、殴打，致使执行工作无法进行的；

（七）毁损、抢夺执行案件材料、执行公务车辆和其他执行器械、执行人员服装以及执行公务证件，致使执行工作无法进行的；

（八）拒不执行法院判决、裁定，致使债权人遭受重大损失的。

第三条 申请执行人有证据证明同时具有下列情形，人民法院认为符合刑事诉讼法第二百零四条第三项规定的，以自诉案件立案审理：

（一）负有执行义务的人拒不执行判决、裁定，侵犯了申请执行人的人身、财产权利，应当依法追究刑事责任的；

（二）申请执行人曾经提出控告，而公安机关或者人民检察院对负有执行义务的人不予追究刑事责任的。

第四条 本解释第三条规定的自诉案件，依照刑事诉讼法第二百零六条的规定，自诉人在宣告判决前，可以同被告人自行和解或者撤回自诉。

第五条 拒不执行判决、裁定刑事案件，一般由执行法院所在地人民法院管辖。

第六条 拒不执行判决、裁定的被告人在一审宣告判决前，履行全部或部分执行义务的，可以酌情从宽处罚。

第七条 拒不执行支付赡养费、扶养费、抚育费、抚恤金、医疗费用、劳动报酬等判决、裁定的，可以酌情从重处罚。

第八条 本解释自发布之日起施行。此前发布的司法解释和规范性文件与本解释不一致的，以本解释为准。

最高人民法院
关于限制被执行人高消费及有关消费的若干规定

(2010年5月17日最高人民法院审判委员会第1487次会议通过，根据2015年7月6日最高人民法院审判委员会第1657次会议通过的《最高人民法院关于修改〈最高人民法院关于限制被执行人高消费的若干规定〉的决定》修正，该修正自2015年7月22日起施行)

为进一步加大执行力度，推动社会信用机制建设，最大限度保护申请执行人和被执行人的合法权益，根据《中华人民共和国民事诉讼法》的有关规定，结合人民法院民事执行工作的实践经验，制定本规定。

第一条 被执行人未按执行通知书指定的期间履行生效法律文书确定的给付义务的，人民法院可以采取限制消费措施，限制其高消费及非生活或者经营必需的有关消费。

纳入失信被执行人名单的被执行人，人民法院应当对其采取限制消费措施。

第二条 人民法院决定采取限制消费措施时，应当考虑被执行人是否有消极履行、规避执行或者抗拒执行的行为以及被执行人的履行能力等因素。

第三条 被执行人为自然人的，被采取限制消费措施后，不得有以下高消费及非生活和工作必需的消费行为：

(一)乘坐交通工具时，选择飞机、列车软卧、轮船二等以上舱位；

(二)在星级以上宾馆、酒店、夜总会、高尔夫球场等场所进行高消费；

(三)购买不动产或者新建、扩建、高档装修房屋；

(四)租赁高档写字楼、宾馆、公寓等场所办公；

(五)购买非经营必需车辆；

(六)旅游、度假；

(七)子女就读高收费私立学校；

(八)支付高额保费购买保险理财产品；

(九)乘坐G字头动车组列车全部座位、其他动车组列车一等以上座位等其他非生活和工作必需的消费行为。

被执行人为单位的，被采取限制消费措施后，被执行人及其法定代表人、主要负责人、影响债务履行的直接责任人员、实际控制人不得实施前款规定的行为。因私消费以个人财产实施前款规定行为的，可以向执行法院提出申请。执行法院审查属实的，应予准许。

第四条 限制消费措施一般由申请执行人提出书面申请，经人民法院审查决定；必要时人民法院可以依职权决定。

第五条 人民法院决定采取限制消费措施的，应当向被执行人发出限制消费令。限制消费令由人民法院院长签发。限制消费令应当载明限制消费的期间、项目、法律后果等内容。

第六条 人民法院决定采取限制消费措施的，可以根据案件需要和被执行人的情况向有义务协助调查、执行的单位送达协助执行通知书，也可以在相关媒体上进行公告。

第七条 限制消费令的公告费用由被执行人负担；申请执行人申请在媒体公告的，应当垫付公告费用。

第八条 被限制消费的被执行人因生活

或者经营必需而进行本规定禁止的消费活动的,应当向人民法院提出申请,获批准后方可进行。

第九条 在限制消费期间,被执行人提供确实有效的担保或者经申请执行人同意的,人民法院可以解除限制消费令;被执行人履行完毕生效法律文书确定的义务的,人民法院应当在本规定第六条通知或者公告的范围内及时以通知或者公告解除限制消费令。

第十条 人民法院应当设置举报电话或者邮箱,接受申请执行人和社会公众对被限制消费的被执行人违反本规定第三条的举报,并进行审查认定。

第十一条 被执行人违反限制消费令进行消费的行为属于拒不履行人民法院已经发生法律效力的判决、裁定的行为,经查证属实的,依照《中华人民共和国民事诉讼法》第一百一十一条的规定,予以拘留、罚款;情节严重,构成犯罪的,追究其刑事责任。

有关单位在收到人民法院协助执行通知书后,仍允许被执行人进行高消费及非生活或者经营必需的有关消费的,人民法院可以依照《中华人民共和国民事诉讼法》第一百一十四条的规定,追究其法律责任。

最高人民法院
关于人民法院办理执行异议和复议案件若干问题的规定

法释〔2015〕10号

(2014年12月29日最高人民法院审判委员会第1638次会议通过)

为了规范人民法院办理执行异议和复议案件,维护当事人、利害关系人和案外人的合法权益,根据民事诉讼法等法律规定,结合人民法院执行工作实际,制定本规定。

第一条 异议人提出执行异议或者复议申请人申请复议,应当向人民法院提交申请书。申请书应当载明具体的异议或者复议请求、事实、理由等内容,并附下列材料:

(一)异议人或者复议申请人的身份证明;
(二)相关证据材料;
(三)送达地址和联系方式。

第二条 执行异议符合民事诉讼法第二百二十五条或者第二百二十七条规定条件的,人民法院应当在三日内立案,并在立案后三日内通知异议人和相关当事人。不符合受理条件的,裁定不予受理;立案后发现不符合受理条件的,裁定驳回申请。

执行异议申请材料不齐备的,人民法院应当一次性告知异议人在三日内补足,逾期未补足的,不予受理。

异议人对不予受理或者驳回申请裁定不服的,可以自裁定送达之日起十日内向上一级人民法院申请复议。上一级人民法院审查后认为符合受理条件的,应当裁定撤销原裁定,指令执行法院立案或者对执行异议进行审查。

第三条 执行法院收到执行异议后三日内既不立案又不作出不予受理裁定,或者受理后无正当理由超过法定期限不作出异议裁定的,异议人可以向上一级人民法院提出异议。上一级人民法院审查后认为理由成立的,应当指令执行法院在三日内立案或者在十五日内作出异议裁定。

第四条 执行案件被指定执行、提级执行、委托执行后,当事人、利害关系人对原执行法院的执行行为提出异议的,由提出异议时负责该案件执行的人民法院审查处理;受指定或者受委托的人民法院是原执行法院的下级人民法院的,仍由原执行法院审查处理。

执行案件被指定执行、提级执行、委托执行后,案外人对原执行法院的执行标的提出异议的,参照前款规定处理。

第五条 有下列情形之一的,当事人以外的公民、法人和其他组织,可以作为利害关系人提出执行行为异议:

(一)认为人民法院的执行行为违法,妨碍其轮候查封、扣押、冻结的债权受偿的;

(二)认为人民法院的拍卖措施违法,妨碍其参与公平竞价的;

(三)认为人民法院的拍卖、变卖或者以物抵债措施违法,侵害其对执行标的的优先购买权的;

(四)认为人民法院要求协助执行的事项超出其协助范围或者违反法律规定的;

(五)认为其他合法权益受到人民法院违法执行行为侵害的。

第六条 当事人、利害关系人依照民事诉讼法第二百二十五条规定提出异议的,应当在执行程序终结之前提出,但对终结执行措施提出异议的除外。

案外人依照民事诉讼法第二百二十七条规定提出异议的,应当在异议指向的执行标的执行终结之前提出;执行标的由当事人受让的,应当在执行程序终结之前提出。

第七条 当事人、利害关系人认为执行过程中或者执行保全、先予执行裁定过程中的下列行为违法提出异议的,人民法院应当依照民事诉讼法第二百二十五条规定进行审查:

(一)查封、扣押、冻结、拍卖、变卖、以物抵债、暂缓执行、中止执行、终结执行等执行措施;

(二)执行的期间、顺序等应当遵守的法定程序;

(三)人民法院作出的侵害当事人、利害关系人合法权益的其他行为。

被执行人以债权消灭、丧失强制执行效力等执行依据生效之后的实体事由提出排除执行异议的,人民法院应当参照民事诉讼法第二百二十五条规定进行审查。

除本规定第十九条规定的情形外,被执行人以执行依据生效之前的实体事由提出排除执行异议的,人民法院应当告知其依法申请再审或者通过其他程序解决。

第八条 案外人基于实体权利既对执行标的提出排除执行异议又作为利害关系人提出执行行为异议的,人民法院应当依照民事诉讼法第二百二十七条规定进行审查。

案外人既基于实体权利对执行标的提出排除执行异议又作为利害关系人提出与实体权利无关的执行行为异议的,人民法院应当分别依照民事诉讼法第二百二十七条和第二百二十五条规定进行审查。

第九条 被限制出境的人认为对其限制出境错误的,可以自收到限制出境决定之日起十日内向上一级人民法院申请复议。上一级人民法院应当自收到复议申请之日起十五日内作出决定。复议期间,不停止原决定的执行。

第十条 当事人不服驳回不予执行公证债权文书申请的裁定的,可以自收到裁定之日起十日内向上一级人民法院申请复议。上一级人民法院应当自收到复议申请之日起三十日内审查,理由成立的,裁定撤销原裁定,不予执行该公证债权文书;理由不成立的,裁定驳回复议申请。复议期间,不停止执行。

第十一条 人民法院审查执行异议或者复议案件,应当依法组成合议庭。

指令重新审查的执行异议案件,应当另行组成合议庭。

办理执行实施案件的人员不得参与相关

执行异议和复议案件的审查。

第十二条 人民法院对执行异议和复议案件实行书面审查。案情复杂、争议较大的，应当进行听证。

第十三条 执行异议、复议案件审查期间，异议人、复议申请人申请撤回异议、复议申请的，是否准许由人民法院裁定。

第十四条 异议人或者复议申请人经合法传唤，无正当理由拒不参加听证，或者未经法庭许可中途退出听证，致使人民法院无法查清相关事实的，由其自行承担不利后果。

第十五条 当事人、利害关系人对同一执行行为有多个异议事由，但未在异议审查过程中一并提出，撤回异议或者被裁定驳回异议后，再次就该执行行为提出异议的，人民法院不予受理。

案外人撤回异议或者被裁定驳回异议后，再次就同一执行标的提出异议的，人民法院不予受理。

第十六条 人民法院依照民事诉讼法第二百二十五条规定作出裁定时，应当告知相关权利人申请复议的权利和期限。

人民法院依照民事诉讼法第二百二十七条规定作出裁定时，应当告知相关权利人提起执行异议之诉的权利和期限。

人民法院作出其他裁定和决定时，法律、司法解释规定了相关权利人申请复议的权利和期限的，应当进行告知。

第十七条 人民法院对执行行为异议，应当按照下列情形，分别处理：

（一）异议不成立的，裁定驳回异议；

（二）异议成立的，裁定撤销相关执行行为；

（三）异议部分成立的，裁定变更相关执行行为；

（四）异议成立或者部分成立，但执行行为无撤销、变更内容的，裁定异议成立或者相应部分异议成立。

第十八条 执行过程中，第三人因书面承诺自愿代被执行人偿还债务而被追加为被执行人后，无正当理由反悔并提出异议的，人民法院不予支持。

第十九条 当事人互负到期债务，被执行人请求抵销，请求抵销的债务符合下列情形的，除依照法律规定或者按照债务性质不得抵销的以外，人民法院应予支持：

（一）已经生效法律文书确定或者经申请执行人认可；

（二）与被执行人所负债务的标的物种类、品质相同。

第二十条 金钱债权执行中，符合下列情形之一，被执行人以执行标的系本人及所扶养家属维持生活必需的居住房屋为由提出异议的，人民法院不予支持：

（一）对被执行人有扶养义务的人名下有其他能够维持生活必需的居住房屋的；

（二）执行依据生效后，被执行人为逃避债务转让其名下其他房屋的；

（三）申请执行人按照当地廉租住房保障面积标准为被执行人及所扶养家属提供居住房屋，或者同意参照当地房屋租赁市场平均租金标准从该房屋的变价款中扣除五至八年租金的。

执行依据确定被执行人交付居住的房屋，自执行通知送达之日起，已经给予三个月的宽限期，被执行人以该房屋系本人及所扶养家属维持生活的必需品为由提出异议的，人民法院不予支持。

第二十一条 当事人、利害关系人提出异议请求撤销拍卖，符合下列情形之一的，人民法院应予支持：

（一）竞买人之间、竞买人与拍卖机构之间恶意串通，损害当事人或者其他竞买人利益的；

（二）买受人不具备法律规定的竞买资格的；

（三）违法限制竞买人参加竞买或者对不同的竞买人规定不同竞买条件的；

（四）未按照法律、司法解释的规定对拍卖标的物进行公告的；

（五）其他严重违反拍卖程序且损害当事人或者竞买人利益的情形。

当事人、利害关系人请求撤销变卖的，参照前款规定处理。

第二十二条 公证债权文书对主债务和担保债务同时赋予强制执行效力的，人民法院应予执行；仅对主债务赋予强制执行效力未涉及担保债务的，对担保债务的执行申请不予受理；仅对担保债务赋予强制执行效力未涉及主债务的，对主债务的执行申请不予受理。

人民法院受理担保债务的执行申请后，被执行人仅以担保合同不属于赋予强制执行效力的公证债权文书范围为由申请不予执行的，不予支持。

第二十三条 上一级人民法院对不服异议裁定的复议申请审查后，应当按照下列情形，分别处理：

（一）异议裁定认定事实清楚，适用法律正确，结果应予维持的，裁定驳回复议申请，维持异议裁定；

（二）异议裁定认定事实错误，或者适用法律错误，结果应予纠正的，裁定撤销或者变更异议裁定；

（三）异议裁定认定基本事实不清、证据不足的，裁定撤销异议裁定，发回作出裁定的人民法院重新审查，或者查清事实后作出相应裁定；

（四）异议裁定遗漏异议请求或者存在其他严重违反法定程序的情形，裁定撤销异议裁定，发回作出裁定的人民法院重新审查；

（五）异议裁定对应当适用民事诉讼法第二百二十七条规定审查处理的异议，错误适用民事诉讼法第二百二十五条规定审查处理的，裁定撤销异议裁定，发回作出裁定的人民法院重新作出裁定。

除依据本条第一款第三、四、五项发回重新审查或者重新作出裁定的情形外，裁定撤销或者变更异议裁定且执行行为可撤销、变更的，应当同时撤销或者变更该裁定维持的执行行为。

人民法院对发回重新审查的案件作出裁定后，当事人、利害关系人申请复议的，上一级人民法院复议后不得再次发回重新审查。

第二十四条 对案外人提出的排除执行异议，人民法院应当审查下列内容：

（一）案外人是否系权利人；

（二）该权利的合法性与真实性；

（三）该权利能否排除执行。

第二十五条 对案外人的异议，人民法院应当按照下列标准判断其是否系权利人：

（一）已登记的不动产，按照不动产登记簿判断；未登记的建筑物、构筑物及其附属设施，按照土地使用权登记簿、建设工程规划许可、施工许可等相关证据判断；

（二）已登记的机动车、船舶、航空器等特定动产，按照相关管理部门的登记判断；未登记的特定动产和其他动产，按照实际占有情况判断；

（三）银行存款和存管在金融机构的有价证券，按照金融机构和登记结算机构登记的账户名称判断；有价证券由具备合法经营资质的托管机构名义持有的，按照该机构登记的实际投资人账户名称判断；

（四）股权按照工商行政管理机关的登记和企业信用信息公示系统公示的信息判断；

（五）其他财产和权利，有登记的，按照登记机构的登记判断；无登记的，按照合同等证明财产权属或者权利人的证据判断。

案外人依据另案生效法律文书提出排除执行异议，该法律文书认定的执行标的权利人与依照前款规定得出的判断不一致的，依照本规定第二十六条规定处理。

第二十六条 金钱债权执行中，案外人依据执行标的被查封、扣押、冻结前作出的另案生效法律文书提出排除执行异议，人民法院应当按照下列情形，分别处理：

（一）该法律文书系就案外人与被执行人之间的权属纠纷以及租赁、借用、保管等不以转移财产权属为目的的合同纠纷，判决、裁决执行标的归属于案外人或者向其返还执行标的且其权利能够排除执行的，应予支持；

（二）该法律文书系就案外人与被执行人之间除前项所列合同之外的债权纠纷，判决、裁决执行标的归属于案外人或者向其交付、返还执行标的的，不予支持。

（三）该法律文书系案外人受让执行标的的拍卖、变卖成交裁定或者以物抵债裁定且其权利能够排除执行的，应予支持。

金钱债权执行中，案外人依据执行标的被查封、扣押、冻结后作出的另案生效法律文书提出排除执行异议，人民法院不予支持。

非金钱债权执行中，案外人依据另案生效法律文书提出排除执行异议，该法律文书对执行标的权属作出不同认定的，人民法院应当告知案外人依法申请再审或者通过其他程序解决。

申请执行人或者案外人不服人民法院依照本条第一、二款规定作出的裁定，可以依照民事诉讼法第二百二十七条规定提起执行异议之诉。

第二十七条 申请执行人对执行标的依法享有对抗案外人的担保物权等优先受偿权，人民法院对案外人提出的排除执行异议不予支持，但法律、司法解释另有规定的除外。

第二十八条 金钱债权执行中，买受人对登记在被执行人名下的不动产提出异议，符合下列情形且其权利能够排除执行的，人民法院应予支持：

（一）在人民法院查封之前已签订合法有效的书面买卖合同；

（二）在人民法院查封之前已合法占有该不动产；

（三）已支付全部价款，或者已按照合同约定支付部分价款且将剩余价款按照人民法院的要求交付执行；

（四）非因买受人自身原因未办理过户登记。

第二十九条 金钱债权执行中，买受人对登记在被执行的房地产开发企业名下的商品房提出异议，符合下列情形且其权利能够排除执行的，人民法院应予支持：

（一）在人民法院查封之前已签订合法有效的书面买卖合同；

（二）所购商品房系用于居住且买受人名下无其他用于居住的房屋；

（三）已支付的价款超过合同约定总价款的百分之五十。

第三十条 金钱债权执行中，对被查封的办理了受让物权预告登记的不动产，受让人提出停止处分异议的，人民法院应予支持；符合物权登记条件，受让人提出排除执行异议的，应予支持。

第三十一条 承租人请求在租赁期内阻止向受让人移交占有被执行的不动产，在人民法院查封之前已签订合法有效的书面租赁合同并占有使用该不动产的，人民法院应予支持。

承租人与被执行人恶意串通，以明显不合理的低价承租被执行的不动产或者伪造交付租金证据的，对其提出的阻止移交占有的请求，人民法院不予支持。

第三十二条 本规定施行后尚未审查终结的执行异议和复议案件，适用本规定。本规定施行前已经审查终结的执行异议和复议案件，人民法院依法提起执行监督程序的，不适用本规定。

最高人民法院
关于执行案件立案、结案若干问题的意见

为统一执行案件立案、结案标准，规范执行行为，根据《中华人民共和国民事诉讼法》等法律、司法解释的规定，结合人民法院执行工作实际，制定本意见。

第一条 本意见所称执行案件包括执行实施类案件和执行审查类案件。

执行实施类案件是指人民法院因申请执行人申请、审判机构移送、受托、提级、指定和依职权，对已发生法律效力且具有可强制执行内容的法律文书所确定的事项予以执行的案件。

执行审查类案件是指在执行过程中，人民法院审查和处理执行异议、复议、申诉、请示、协调以及决定执行管辖权的移转等事项的案件。

第二条 执行案件统一由人民法院立案机构进行审查立案，人民法庭经授权执行自审案件的，可以自行审查立案，法律、司法解释规定可以移送执行的，相关审判机构可以移送立案机构办理立案登记手续。

立案机构立案后，应当依照法律、司法解释的规定向申请人发出执行案件受理通知书。

第三条 人民法院对符合法律、司法解释规定的立案标准的执行案件，应当予以立案，并纳入审判和执行案件统一管理体系。

人民法院不得有审判和执行案件统一管理体系之外的执行案件。

任何案件不得以任何理由未经立案即进入执行程序。

第四条 立案机构在审查立案时，应当按照本意见确定执行案件的类型代字和案件编号，不得违反本意见创设案件类型代字。

第五条 执行实施类案件类型代字为"执字"，按照立案时间的先后顺序确定案件编号，单独进行排序；但执行财产保全裁定的，案件类型代字为"执保字"，按照立案时间的先后顺序确定案件编号，单独进行排序；恢复执行的，案件类型代字为"执恢字"，按照立案时间的先后顺序确定案件编号，单独进行排序。

第六条 下列案件，人民法院应当按照恢复执行案件予以立案：

（一）申请执行人因受欺诈、胁迫与被执行人达成和解协议，申请恢复执行原生效法律文书的；

（二）一方当事人不履行或不完全履行执行和解协议，对方当事人申请恢复执行原生效法律文书的；

（三）执行实施案件以裁定终结本次执行程序方式报结后，如发现被执行人有财产可供执行，申请执行人申请或者人民法院依职权恢复执行的；

（四）执行实施案件因委托执行结案后，确因委托不当被已立案的受托法院退回委托的；

（五）依照民事诉讼法第二百五十七条的规定而终结执行的案件，申请执行的条件具备时，申请执行人申请恢复执行的。

第七条 除下列情形外，人民法院不得人为拆分执行实施案件：

（一）生效法律文书确定的给付内容为分期履行的，各期债务履行期间届满，被执行人未自动履行，申请执行人可分期申请执行，也可以对几期或全部到期债权一并申请执行；

（二）生效法律文书确定有多个债务人各自单独承担明确的债务的，申请执行人可以对每个债务人分别申请执行，也可以对几个或全部债务人一并申请执行；

（三）生效法律文书确定有多个债权人各

自享有明确的债权的(包括按份共有),每个债权人可以分别申请执行;

(四)申请执行赡养费、扶养费、抚养费的案件,涉及金钱给付内容的,人民法院应当根据申请执行时已发生的债权数额进行审查立案,执行过程中新发生的债权应当另行申请执行;涉及人身权内容的,人民法院应当根据申请执行时义务人未履行义务的事实进行审查立案,执行过程中义务人延续消极行为的,应当依据申请执行人的申请一并执行。

第八条 执行审查类案件按下列规则确定类型代字和案件编号:

(一)执行异议案件类型代字为"执异字",按照立案时间的先后顺序确定案件编号,单独进行排序;

(二)执行复议案件类型代字为"执复字",按照立案时间的先后顺序确定案件编号,单独进行排序;

(三)执行监督案件类型代字为"执监字",按照立案时间的先后顺序确定案件编号,单独进行排序;

(四)执行请示案件类型代字为"执请字",按照立案时间的先后顺序确定案件编号,单独进行排序;

(五)执行协调案件类型代字为"执协字",按照立案时间的先后顺序确定案件编号,单独进行排序。

第九条 下列案件,人民法院应当按照执行异议案件予以立案:

(一)当事人、利害关系人认为人民法院的执行行为违反法律规定,提出书面异议的;

(二)执行过程中,案外人对执行标的提出书面异议的;

(三)人民法院受理执行申请后,当事人对管辖权提出异议的;

(四)申请执行人申请追加、变更被执行人的;

(五)被执行人以债权消灭、超过申请执行期间或者其他阻止执行的实体事由提出阻止执行的;

(六)被执行人对仲裁裁决或者公证机关赋予强制执行效力的公证债权文书申请不予执行的;

(七)其他依法可以申请执行异议的。

第十条 下列案件,人民法院应当按照执行复议案件予以立案:

(一)当事人、利害关系人不服人民法院针对本意见第九条(一)项、第(三)项、第(五)项作出的裁定,向上一级人民法院申请复议的;

(二)除因夫妻共同债务、出资人未依法出资、股权转让引起的追加和对一人公司股东的追加外,当事人、利害关系人不服人民法院针对本意见第九条第(四)项作出的裁定,向上一级人民法院申请复议的;

(三)当事人不服人民法院针对本意见第九条第(六)项作出的不予执行公证债权文书、驳回不予执行公证债权文书申请、不予执行仲裁裁决、驳回不予执行仲裁裁决申请的裁定,向上一级人民法院申请复议的;

(四)其他依法可以申请复议的。

第十一条 上级法院对下级法院,最高人民法院对地方各级人民法院依法进行监督的案件,应当按照执行监督案件予以立案。

第十二条 下列案件,人民法院应当按照执行请示案件予以立案:

(一)当事人向人民法院申请执行内地仲裁机构作出的涉港仲裁裁决或者香港特别行政区、澳门特别行政区仲裁机构作出的仲裁裁决或者临时仲裁庭在香港特别行政区、澳门特别行政区作出的仲裁裁决,人民法院经审查认为裁决存在依法不予执行的情形,在作出裁定前,报请所属高级人民法院进行审查的,以及高级人民法院同意不予执行,报请最高人民法院的;

(二)下级法院依法向上级法院请示的。

第十三条 下列案件,人民法院应当按照执行协调案件予以立案:

（一）不同法院因执行程序、执行与破产、强制清算、审判等程序之间对执行标的产生争议，经自行协调无法达成一致意见，向共同上级法院报请协调处理的；

（二）对跨高级人民法院辖区的法院与公安、检察等机关之间的执行争议案件，执行法院报请所属高级人民法院与有关公安、检察等机关所在地的高级人民法院商有关机关协调解决或者报请最高人民法院协调处理的；

（三）当事人对内地仲裁机构作出的涉港澳仲裁裁决分别向不同人民法院申请撤销及执行，受理执行申请的人民法院对受理撤销申请的人民法院作出的决定撤销或者不予撤销的裁定存在异议，亦不能直接作出与该裁定相矛盾的执行或者不予执行的裁定，报请共同上级人民法院解决的；

（四）当事人对内地仲裁机构作出的涉港澳仲裁裁决向人民法院申请执行且人民法院已经作出应予执行的裁定后，一方当事人向人民法院申请撤销该裁决，受理撤销申请的人民法院认为裁决应予撤销且该人民法院与受理执行申请的人民法院非同一人民法院时，报请共同上级人民法院解决的；

（五）跨省、自治区、直辖市的执行争议案件报请最高人民法院协调处理的；

（六）其他依法报请协调的。

第十四条 除执行财产保全裁定、恢复执行的案件外，其他执行实施类案件的结案方式包括：

（一）执行完毕；

（二）终结本次执行程序；

（三）终结执行；

（四）销案；

（五）不予执行；

（六）驳回申请。

第十五条 生效法律文书确定的执行内容，经被执行人自动履行、人民法院强制执行，已全部执行完毕，或者是当事人达成执行和解协议，且执行和解协议履行完毕，可以"执行完毕"方式结案。

执行完毕应当制作结案通知书并发送当事人。双方当事人书面认可执行完毕或口头认可执行完毕并记入笔录的，无需制作结案通知书。

执行和解协议应当附卷，没有签订书面执行和解协议的，应当将口头和解协议的内容作成笔录，经当事人签字后附卷。

第十六条 有下列情形之一的，可以以"终结本次执行程序"方式结案：

（一）被执行人确无财产可供执行，申请执行人书面同意人民法院终结本次执行程序的；

（二）因被执行人无财产而中止执行满两年，经查证被执行人确无财产可供执行的；

（三）申请执行人明确表示提供不出被执行人的财产或财产线索，并在人民法院穷尽财产调查措施之后，对人民法院认定被执行人无财产可供执行书面表示认可的；

（四）被执行人的财产无法拍卖变卖，或者动产经两次拍卖、不动产或其他财产权经三次拍卖仍然流拍，申请执行人拒绝接受或者依法不能交付其抵债，经人民法院穷尽财产调查措施，被执行人确无其他财产可供执行的；

（五）经人民法院穷尽财产调查措施，被执行人确无财产可供执行或虽有财产但不宜强制执行，当事人达成分期履行和解协议，且未履行完毕的；

（六）被执行人确无财产可供执行，申请执行人属于特困群体，执行法院已经给予其适当救助的。

人民法院应当依法组成合议庭，就案件是否终结本次执行程序进行合议。

终结本次执行程序应当制作裁定书，送达申请执行人。裁定应当载明案件的执行情况、申请执行人债权已受偿和未受偿的情况、终结本次执行程序的理由，以及发现被执行人有可供执行财产，可以申请恢复执行等内容。

依据本条第一款第（二）（四）（五）（六）项规定的情形裁定终结本次执行程序前，应当告知申请执行人可以在指定的期限内提出异议。申请执行人提出异议的,应当另行组成合议庭组织当事人就被执行人是否有财产可供执行进行听证;申请执行人提供被执行人财产线索的,人民法院应当就其提供的线索重新调查核实,发现被执行人有财产可供执行的,应当继续执行;经听证认定被执行人确无财产可供执行,申请执行人亦不能提供被执行人有可供执行财产的,可以裁定终结本次执行程序。

本条第一款第(三)(四)(五)项中规定的"人民法院穷尽财产调查措施",是指至少完成下列调查事项:

(一)被执行人是法人或其他组织的,应当向银行业金融机构查询银行存款,向有关房地产管理部门查询房地产登记,向法人登记机关查询股权,向有关车管部门查询车辆等情况;

(二)被执行人是自然人的,应当向被执行人所在单位及居住地周边群众调查了解被执行人的财产状况或财产线索,包括被执行人的经济收入来源、被执行人到期债权等。如果根据财产线索判断被执行人有较高收入,应当按照对法人或其他组织的调查途径进行调查;

(三)通过最高人民法院的全国法院网络执行查控系统和执行法院所属高级人民法院的"点对点"网络执行查控系统能够完成的调查事项;

(四)法律、司法解释规定必须完成的调查事项。

人民法院裁定终结本次执行程序后,发现被执行人有财产的,可以依申请执行人的申请或依职权恢复执行。申请执行人申请恢复执行的,不受申请执行期限的限制。

第十七条 有下列情形之一的,可以以"终结执行"方式结案:

(一)申请人撤销申请或者是当事人双方达成执行和解协议,申请执行人撤回执行申请的;

(二)据以执行的法律文书被撤销的;

(三)作为被执行人的公民死亡,无遗产可供执行,又无义务承担人的;

(四)追索赡养费、扶养费、抚育费案件的权利人死亡的;

(五)作为被执行人的公民因生活困难无力偿还借款,无收入来源,又丧失劳动能力的;

(六)作为被执行人的企业法人或其他组织被撤销、注销、吊销营业执照或者歇业、终止后既无财产可供执行,又无义务承受人,也没有能够依法追加变更执行主体的;

(七)依照刑法第五十三条规定免除罚金的;

(八)被执行人被人民法院裁定宣告破产的;

(九)行政执行标的灭失的;

(十)案件被上级人民法院裁定提级执行的;

(十一)案件被上级法院裁定指定由其他法院执行的;

(十二)按照《最高人民法院关于委托执行若干问题的规定》,办理了委托执行手续,且收到受托法院立案通知书的;

(十三)人民法院认为应当终结执行的其他情形。

前款除第(十)项、第(十一)项、第(十二)项规定的情形外,终结执行的,应当制作裁定书,送达当事人。

第十八条 执行实施案件立案后,有下列情形之一的,可以以"销案"方式结案:

(一)被执行人提出管辖异议,经审查异议成立,将案件移送有管辖权的法院或申请执行人撤回申请的;

(二)发现其他有管辖权的人民法院已经立案在先的;

(三)受托法院报经高级人民法院同意退回委托的。

第十九条 执行实施案件立案后,被执行人对仲裁裁决或公证债权文书提出不予执行申请,经人民法院审查,裁定不予执行的,以"不予执行"方式结案。

第二十条 执行实施案件立案后,经审查发现不符合《最高人民法院关于人民法院执行工作若干问题的规定(试行)》第18条规定的受理条件,裁定驳回申请的,以"驳回申请"方式结案。

第二十一条 执行财产保全裁定案件的结案方式包括:

(一)保全完毕,即保全事项全部实施完毕;

(二)部分保全,即因未查询到足额财产,致使保全事项未能全部实施完毕;

(三)无标的物可实施保全,即未查到财产可供保全。

第二十二条 恢复执行案件的结案方式包括:

(一)执行完毕;

(二)终结本次执行程序;

(三)终结执行。

第二十三条 下列案件不得作结案处理:

(一)人民法院裁定中止执行的;

(二)人民法院决定暂缓执行的;

(三)执行和解协议未全部履行完毕,且不符合本意见第十六条、第十七条规定终结本次执行程序、终结执行条件的。

第二十四条 执行异议案件的结案方式包括:

(一)准予撤回异议或申请,即异议人撤回异议或申请;

(二)驳回异议或申请,即异议不成立或者案外人虽然对执行标的享有实体权利但不能阻止执行的;

(三)撤销相关执行行为、中止对执行标的的执行、不予执行、追加变更当事人,即异议成立的;

(四)部分撤销并变更执行行为、部分不予执行、部分追加变更当事人,即异议部分成立的;

(五)不能撤销、变更执行行为,即异议成立或部分成立,但不能撤销、变更执行行为的;

(六)移送其他人民法院管辖,即管辖权异议成立的。

执行异议案件应当制作裁定书,并送达当事人。法律、司法解释规定对执行异议案件可以口头裁定的,应当记入笔录。

第二十五条 执行复议案件的结案方式包括:

(一)准许撤回申请,即申请复议人撤回复议申请的;

(二)驳回复议申请,维持异议裁定,即异议裁定认定事实清楚,适用法律正确,复议理由不成立的;

(三)撤销或变更异议裁定,即异议裁定认定事实错误或者适用法律错误,复议理由成立的;

(四)查清事实后作出裁定,即异议裁定认定事实不清,证据不足的;

(五)撤销异议裁定,发回重新审查,即异议裁定遗漏异议请求或者异议裁定错误对案外人异议适用执行行为异议审查程序的。

人民法院对重新审查的案件作出裁定后,当事人申请复议的,上级人民法院不得再次发回重新审查。

执行复议案件应当制作裁定书,并送达当事人。法律、司法解释规定对执行复议案件可以口头裁定的,应当记入笔录。

第二十六条 执行监督案件的结案方式包括:

(一)准许撤回申请,即当事人撤回监督申请的;

(二)驳回申请,即监督申请不成立的;

(三)限期改正,即监督申请成立,指定执行法院在一定期限内改正的;

(四)撤销并改正,即监督申请成立,撤销执行法院的裁定直接改正的;

(五)提级执行,即监督申请成立,上级法院决定提级自行执行的;

(六)指定执行,即监督申请成立,上级法

院决定指定其他法院执行的；

（七）其他，即其他可以报结的情形。

第二十七条 执行请示案件的结案方式包括：

（一）答复，即符合请示条件的；

（二）销案，即不符合请示条件的。

第二十八条 执行协调案件的结案方式包括：

（一）撤回协调请求，即执行争议法院自行协商一致，撤回协调请求的；

（二）协调解决，即经过协调，执行争议法院达成一致协调意见，将协调意见记入笔录或者向执行争议法院发出协调意见函的。

第二十九条 执行案件的立案、执行和结案情况应当及时、完整、真实、准确地录入全国法院执行案件信息管理系统。

第三十条 地方各级人民法院不能制定与法律、司法解释和本意见规定相抵触的执行案件立案、结案标准和结案方式。

违反法律、司法解释和本意见的规定立案、结案，或者在全国法院执行案件信息管理系统录入立案、结案情况时弄虚作假的，通报批评；造成严重后果或恶劣影响的，根据《人民法院工作人员纪律处分条例》追究相关领导和工作人员的责任。

第三十一条 各高级人民法院应当积极推进执行信息化建设，通过建立、健全辖区三级法院统一使用、切合实际、功能完备、科学有效的案件管理系统，加强对执行案件立、结案的管理。实现立、审、执案件信息三位一体的综合管理；实现对终结本次执行程序案件的单独管理；实现对恢复执行案件的动态管理；实现辖区的案件管理系统与全国法院执行案件信息管理系统的数据对接。

第三十二条 本意见自 2015 年 1 月 1 日起施行。

最高人民法院
关于刑事裁判涉财产部分执行的若干规定

《最高人民法院关于刑事裁判涉财产部分执行的若干规定》已于 2014 年 9 月 1 日由最高人民法院审判委员会第 1625 次会议通过，现予公布，自 2014 年 11 月 6 日起施行。

为进一步规范刑事裁判涉财产部分的执行，维护当事人合法权益，根据《中华人民共和国刑法》《中华人民共和国刑事诉讼法》等法律规定，结合人民法院执行工作实际，制定本规定。

第一条 本规定所称刑事裁判涉财产部分的执行，是指发生法律效力的刑事裁判主文确定的下列事项的执行：

（一）罚金、没收财产；

（二）责令退赔；

（三）处置随案移送的赃款赃物；

（四）没收随案移送的供犯罪所用本人财物；

（五）其他应当由人民法院执行的相关事项。

刑事附带民事裁判的执行，适用民事执行的有关规定。

第二条 刑事裁判涉财产部分，由第一审人民法院执行。第一审人民法院可以委托财产所在地的同级人民法院执行。

第三条 人民法院办理刑事裁判涉财产部分执行案件的期限为六个月。有特殊情况需要延长的，经本院院长批准，可以延长。

第四条 人民法院刑事审判中可能判处被告人财产刑、责令退赔的,刑事审判部门应当依法对被告人的财产状况进行调查;发现可能隐匿、转移财产的,应当及时查封、扣押、冻结其相应财产。

第五条 刑事审判或者执行中,对于侦查机关已经采取的查封、扣押、冻结,人民法院应当在期限届满前及时续行查封、扣押、冻结。人民法院续行查封、扣押、冻结的顺位与侦查机关查封、扣押、冻结的顺位相同。

对侦查机关查封、扣押、冻结的财产,人民法院执行中可以直接裁定处置,无需侦查机关出具解除手续,但裁定中应当指明侦查机关查封、扣押、冻结的事实。

第六条 刑事裁判涉财产部分的裁判内容,应当明确、具体。涉案财物或者被害人人数较多,不宜在判决主文中详细列明的,可以概括叙明并另附清单。

判处没收部分财产的,应当明确没收的具体财物或者金额。

判处追缴或者责令退赔的,应当明确追缴或者退赔的金额或财物的名称、数量等相关情况。

第七条 由人民法院执行机构负责执行的刑事裁判涉财产部分,刑事审判部门应当及时移送立案部门审查立案。

移送立案应当提交生效裁判文书及其附件和其他相关材料,并填写《移送执行表》。《移送执行表》应当载明以下内容:

(一)被执行人、被害人的基本信息;

(二)已查明的财产状况或者财产线索;

(三)随案移送的财产和已经处置财产的情况;

(四)查封、扣押、冻结财产的情况;

(五)移送执行的时间;

(六)其他需要说明的情况。

人民法院立案部门经审查,认为属于移送范围且移送材料齐全的,应当在七日内立案,并移送执行机构。

第八条 人民法院可以向刑罚执行机关、社区矫正机构等有关单位调查被执行人的财产状况,并可以根据不同情形要求有关单位协助采取查封、扣押、冻结、划拨等执行措施。

第九条 判处没收财产的,应当执行刑事裁判生效时被执行人合法所有的财产。

执行没收财产或罚金刑,应当参照被扶养人住所地政府公布的上年度当地居民最低生活费标准,保留被执行人及其所扶养家属的生活必需费用。

第十条 对赃款赃物及其收益,人民法院应当一并追缴。

被执行人将赃款赃物投资或者置业,对因此形成的财产及其收益,人民法院应予追缴。

被执行人将赃款赃物与其他合法财产共同投资或者置业,对因此形成的财产中与赃款赃物对应的份额及其收益,人民法院应予追缴。

对于被害人的损失,应当按照刑事裁判认定的实际损失予以发还或者赔偿。

第十一条 被执行人将刑事裁判认定为赃款赃物的涉案财物用于清偿债务、转让或者设置其他权利负担,具有下列情形之一的,人民法院应予追缴:

(一)第三人明知是涉案财物而接受的;

(二)第三人无偿或者以明显低于市场的价格取得涉案财物的;

(三)第三人通过非法债务清偿或者违法犯罪活动取得涉案财物的;

(四)第三人通过其他恶意方式取得涉案财物的。

第三人善意取得涉案财物的,执行程序中不予追缴。作为原所有人的被害人对该涉案财物主张权利的,人民法院应当告知其通过诉讼程序处理。

第十二条 被执行财产需要变价的,人民法院执行机构应当依法采取拍卖、变卖等变价措施。

涉案财物最后一次拍卖未能成交,需要上

缴国库的，人民法院应当通知有关财政机关以该次拍卖保留价予以接收；有关财政机关要求继续变价的，可以进行无保留价拍卖。需要退赔被害人的，以该次拍卖保留价以物退赔；被害人不同意以物退赔的，可以进行无保留价拍卖。

第十三条 被执行人在执行中同时承担刑事责任、民事责任，其财产不足以支付的，按照下列顺序执行：

（一）人身损害赔偿中的医疗费用；

（二）退赔被害人的损失；

（三）其他民事债务；

（四）罚金；

（五）没收财产。

债权人对执行标的依法享有优先受偿权，其主张优先受偿的，人民法院应当在前款第（一）项规定的医疗费用受偿后，予以支持。

第十四条 执行过程中，当事人、利害关系人认为执行行为违反法律规定，或者案外人对执行标的主张足以阻止执行的实体权利，向执行法院提出书面异议的，执行法院应当依照民事诉讼法第二百二十五条的规定处理。

人民法院审查案外人异议、复议，应当公开听证。

第十五条 执行过程中，案外人或被害人认为刑事裁判中对涉案财物是否属于赃款赃物认定错误或者应予认定而未认定，向执行法院提出书面异议，可以通过裁定补正的，执行机构应当将异议材料移送刑事审判部门处理；无法通过裁定补正的，应当告知异议人通过审判监督程序处理。

第十六条 人民法院办理刑事裁判涉财产部分执行案件，刑法、刑事诉讼法及有关司法解释没有相应规定的，参照适用民事执行的有关规定。

第十七条 最高人民法院此前发布的司法解释与本规定不一致的，以本规定为准。

最高人民法院
关于执行程序中计算迟延履行期间的债务利息适用法律若干问题的解释

《最高人民法院关于执行程序中计算迟延履行期间的债务利息适用法律若干问题的解释》已于2014年6月9日由最高人民法院审判委员会第1619次会议通过，现予公布，自2014年8月1日起施行。

最高人民法院
2014年7月7日

为规范执行程序中迟延履行期间债务利息的计算，根据《中华人民共和国民事诉讼法》的规定，结合司法实践，制定本解释。

第一条 根据民事诉讼法第二百五十三条规定加倍计算之后的迟延履行期间的债务利息，包括迟延履行期间的一般债务利息和加倍部分债务利息。

迟延履行期间的一般债务利息，根据生效法律文书确定的方法计算；生效法律文书未确定给付该利息的，不予计算。

加倍部分债务利息的计算方法为：加倍部分债务利息＝债务人尚未清偿的生效法律文书确定的除一般债务利息之外的金钱债务×日万分之一点七五×迟延履行期间。

第二条 加倍部分债务利息自生效法律文书确定的履行期间届满之日起计算；生效法律文书确定分期履行的，自每次履行期间届满之日起计算;生效法律文书未确定履行期间的,自法律文书生效之日起计算。

第三条 加倍部分债务利息计算至被执行人履行完毕之日;被执行人分次履行的,相应部分的加倍部分债务利息计算至每次履行完毕之日。

人民法院划拨、提取被执行人的存款、收入、股息、红利等财产的,相应部分的加倍部分债务利息计算至划拨、提取之日;人民法院对被执行人财产拍卖、变卖或者以物抵债的,计算至成交裁定或者抵债裁定生效之日;人民法院对被执行人财产通过其他方式变价的,计算至财产变价完成之日。

非因被执行人的申请,对生效法律文书审查而中止或者暂缓执行的期间及再审中止执行的期间,不计算加倍部分债务利息。

第四条 被执行人的财产不足以清偿全部债务的,应当先清偿生效法律文书确定的金钱债务,再清偿加倍部分债务利息,但当事人对清偿顺序另有约定的除外。

第五条 生效法律文书确定给付外币的,执行时以该种外币按日万分之一点七五计算加倍部分债务利息,但申请执行人主张以人民币计算的,人民法院应予准许。

以人民币计算加倍部分债务利息的,应当先将生效法律文书确定的外币折算或者套算为人民币后再进行计算。

外币折算或者套算为人民币的,按照加倍部分债务利息起算之日的中国外汇交易中心或者中国人民银行授权机构公布的人民币对该外币的中间价折合成人民币计算;中国外汇交易中心或者中国人民银行授权机构未公布汇率中间价的外币,按照该日境内银行人民币对该外币的中间价折算成人民币,或者该外币在境内银行、国际外汇市场对美元汇率,与人民币对美元汇率中间价进行套算。

第六条 执行回转程序中,原申请执行人迟延履行金钱给付义务的,应当按照本解释的规定承担加倍部分债务利息。

第七条 本解释施行时尚未执行完毕部分的金钱债务,本解释施行前的迟延履行期间债务利息按照之前的规定计算;施行后的迟延履行期间债务利息按照本解释计算。

本解释施行前本院发布的司法解释与本解释不一致的,以本解释为准。

最高人民法院
关于网络查询、冻结被执行人存款的规定

《最高人民法院关于网络查询、冻结被执行人存款的规定》已于2013年8月26日由最高人民法院审判委员会第1587次会议通过,现予公布,自2013年9月2日起施行。

最高人民法院
2013年8月29日

为规范人民法院办理执行案件过程中通过网络查询、冻结被执行人存款及其他财产的行为,进一步提高执行效率,根据《中华人民共和国民事诉讼法》的规定,结合人民法院工作实际,制定本规定。

第一条 人民法院与金融机构已建立网络执行查控机制的,可以通过网络实施查询、冻结被执行人存款等措施。

网络执行查控机制的建立和运行应当具备以下条件:

（一）已建立网络执行查控系统，具有通过网络执行查控系统发送、传输、反馈查控信息的功能；

（二）授权特定的人员办理网络执行查控业务；

（三）具有符合安全规范的电子印章系统；

（四）已采取足以保障查控系统和信息安全的措施。

第二条 人民法院实施网络执行查控措施，应当事前统一向相应金融机构报备有权通过网络采取执行查控措施的特定执行人员的相关公务证件。办理具体业务时，不再另行向相应金融机构提供执行人员的相关公务证件。

人民法院办理网络执行查控业务的特定执行人员发生变更的，应当及时向相应金融机构报备人员变更信息及相关公务证件。

第三条 人民法院通过网络查询被执行人存款时，应当向金融机构传输电子协助查询存款通知书。多案集中查询的，可以附汇总的案件查询清单。

对查询到的被执行人存款需要冻结或者续行冻结的，人民法院应当及时向金融机构传输电子冻结裁定书和协助冻结存款通知书。

对冻结的被执行人存款需要解除冻结的，人民法院应当及时向金融机构传输电子解除冻结裁定书和协助解除冻结存款通知书。

第四条 人民法院向金融机构传输的法律文书，应当加盖电子印章。

作为协助执行人的金融机构完成查询、冻结等事项后，应当及时通过网络向人民法院回复加盖电子印章的查询、冻结等结果。

人民法院出具的电子法律文书、金融机构出具的电子查询、冻结等结果，与纸质法律文书及反馈结果具有同等效力。

第五条 人民法院通过网络查询、冻结、续冻、解冻被执行人存款，与执行人员赴金融机构营业场所查询、冻结、续冻、解冻被执行人存款具有同等效力。

第六条 金融机构认为人民法院通过网络执行查控系统采取的查控措施违反相关法律、行政法规规定的，应当向人民法院书面提出异议。人民法院应当在15日内审查完毕并书面回复。

第七条 人民法院应当依据法律、行政法规规定及相应操作规范使用网络执行查控系统和查控信息，确保信息安全。

人民法院办理执行案件过程中，不得泄露通过网络执行查控系统取得的查控信息，也不得用于执行案件以外的目的。

人民法院办理执行案件过程中，不得对被执行人以外的非执行义务主体采取网络查控措施。

第八条 人民法院工作人员违反第七条规定的，应当按照《人民法院工作人员处分条例》给予纪律处分；情节严重构成犯罪的，应当依法追究刑事责任。

第九条 人民法院具备相应网络扣划技术条件，并与金融机构协商一致的，可以通过网络执行查控系统采取扣划被执行人存款措施。

第十条 人民法院与工商行政管理、证券监管、土地房产管理等协助执行单位已建立网络执行查控机制，通过网络执行查控系统对被执行人股权、股票、证券账户资金、房地产等其他财产采取查控措施的，参照本规定执行。

(十三)涉外及涉港澳台

最高人民法院
关于认可和执行台湾地区法院民事判决的规定

法释〔2015〕13号
(2015年6月2日最高人民法院审判委员会第1653次会议通过)

《最高人民法院关于认可和执行台湾地区法院民事判决的规定》已于2015年6月2日由最高人民法院审判委员会第1653次会议通过,现予公布,自2015年7月1日起施行。

最高人民法院
2015年6月29日

为保障海峡两岸当事人的合法权益,更好地适应海峡两岸关系和平发展的新形势,根据民事诉讼法等有关法律,总结人民法院涉台审判工作经验,就认可和执行台湾地区法院民事判决,制定本规定。

第一条 台湾地区法院民事判决的当事人可以根据本规定,作为申请人向人民法院申请认可和执行台湾地区有关法院民事判决。

第二条 本规定所称台湾地区法院民事判决,包括台湾地区法院作出的生效民事判决、裁定、和解笔录、调解笔录、支付命令等。

申请认可台湾地区法院在刑事案件中作出的有关民事损害赔偿的生效判决、裁定、和解笔录的,适用本规定。

申请认可由台湾地区乡镇市调解委员会等出具并经台湾地区法院核定,与台湾地区法院生效民事判决具有同等效力的调解文书的,参照适用本规定。

第三条 申请人同时提出认可和执行台湾地区法院民事判决申请的,人民法院先按照认可程序进行审查,裁定认可后,由人民法院执行机构执行。

申请人直接申请执行的,人民法院应当告知其一并提交认可申请;坚持不申请认可的,裁定驳回其申请。

第四条 申请认可台湾地区法院民事判决的案件,由申请人住所地、经常居住地或者被申请人住所地、经常居住地、财产所在地中级人民法院或者专门人民法院受理。

申请人向两个以上有管辖权的人民法院申请认可的,由最先立案的人民法院管辖。

申请人向被申请人财产所在地人民法院申请认可的,应当提供财产存在的相关证据。

第五条 对申请认可台湾地区法院民事判决的案件,人民法院应当组成合议庭进行审查。

第六条 申请人委托他人代理申请认可台湾地区法院民事判决的,应当向人民法院提交由委托人签名或者盖章的授权委托书。

台湾地区、香港特别行政区、澳门特别行政区或者外国当事人签名或者盖章的授权委托书应当履行相关的公证、认证或者其他证明手续,但授权委托书在人民法院法官的见证下签署或者经中国大陆公证机关公证证明是在中国大陆签署的除外。

第七条 申请人申请认可台湾地区法院民事判决,应当提交申请书,并附有台湾地区有关法院民事判决文书和民事判决确定证明书的正本或者经证明无误的副本。台湾地区法院民事判决为缺席判决的,申请人应当同时提交台湾地区法院已经合法传唤当事人的证明文件,但判决已经对此予以明确说明的除外。

申请书应当记明以下事项:

(一)申请人和被申请人姓名、性别、年龄、职业、身份证件号码、住址(申请人或者被申请人为法人或者其他组织的,应当记明法人或者其他组织的名称、地址、法定代表人或者主要负责人姓名、职务)和通讯方式;

(二)请求和理由;

(三)申请认可的判决的执行情况;

(四)其他需要说明的情况。

第八条 对于符合本规定第四条和第七条规定条件的申请,人民法院应当在收到申请后七日内立案,并通知申请人和被申请人,同时将申请书送达被申请人;不符合本规定第四条和第七条规定条件的,应当在七日内裁定不予受理,同时说明不予受理的理由;申请人对裁定不服的,可以提起上诉。

第九条 申请人申请认可台湾地区法院民事判决,应当提供相关证明文件,以证明该判决真实并且已经生效。

申请人可以申请人民法院通过海峡两岸调查取证司法互助途径查明台湾地区法院民事判决的真实性和是否生效以及当事人得到合法传唤的证明文件;人民法院认为必要时,也可以就有关事项依职权通过海峡两岸司法互助途径向台湾地区请求调查取证。

第十条 人民法院受理认可台湾地区法院民事判决的申请之前或者之后,可以按照民事诉讼法及相关司法解释的规定,根据申请人的申请,裁定采取保全措施。

第十一条 人民法院受理认可台湾地区法院民事判决的申请后,当事人就同一争议起诉的,不予受理。

一方当事人向人民法院起诉后,另一方当事人向人民法院申请认可的,对于认可的申请不予受理。

第十二条 案件虽经台湾地区有关法院判决,但当事人未申请认可,而是就同一争议向人民法院起诉的,应予受理。

第十三条 人民法院受理认可台湾地区法院民事判决的申请后,作出裁定前,申请人请求撤回申请的,可以裁定准许。

第十四条 人民法院受理认可台湾地区法院民事判决的申请后,应当在立案之日起六个月内审结。有特殊情况需要延长的,报请上一级人民法院批准。

通过海峡两岸司法互助途径送达文书和调查取证的期间,不计入审查期限。

第十五条 台湾地区法院民事判决具有下列情形之一的,裁定不予认可:

(一)申请认可的民事判决,是在被申请人缺席又未经合法传唤或者在被申请人无诉讼行为能力又未得到适当代理的情况下作出的;

(二)案件系人民法院专属管辖的;

(三)案件双方当事人订有有效仲裁协议,且无放弃仲裁管辖情形的;

(四)案件系人民法院已作出判决或者中国大陆的仲裁庭已作出仲裁裁决的;

(五)香港特别行政区、澳门特别行政区或者外国的法院已就同一争议作出判决且已为人民法院所认可或者承认的;

(六)台湾地区、香港特别行政区、澳门特别行政区或者外国的仲裁庭已就同一争议作出仲裁裁决且已为人民法院所认可或者承认的。

认可该民事判决将违反一个中国原则等国家法律的基本原则或者损害社会公共利益的,人民法院应当裁定不予认可。

第十六条 人民法院经审查能够确认台湾地区法院民事判决真实并且已经生效,而且不具有本规定第十五条所列情形的,裁定认可其效力;不能确认该民事判决的真实性或者已经生效的,裁定驳回申请人的申请。

裁定驳回申请的案件,申请人再次申请并符合受理条件的,人民法院应予受理。

第十七条 经人民法院裁定认可的台湾地区法院民事判决,与人民法院作出的生效判决具有同等效力。

第十八条 人民法院依据本规定第十五条和第十六条作出的裁定,一经送达即发生法律效力。

当事人对上述裁定不服的,可以自裁定送达之日起十日内向上一级人民法院申请复议。

第十九条 对人民法院裁定不予认可的台湾地区法院民事判决,申请人再次提出申请的,人民法院不予受理,但申请人可以就同一争议向人民法院起诉。

第二十条 申请人申请认可和执行台湾地区法院民事判决的期间,适用民事诉讼法第二百三十九条的规定,但申请认可台湾地区法院有关身份关系的判决除外。

申请人仅申请认可而未同时申请执行的,申请执行的期间自人民法院对认可申请作出的裁定生效之日起重新计算。

第二十一条 人民法院在办理申请认可和执行台湾地区法院民事判决案件中作出的法律文书,应当依法送达案件当事人。

第二十二条 申请认可和执行台湾地区法院民事判决,应当参照《诉讼费用交纳办法》的规定,交纳相关费用。

第二十三条 本规定自2015年7月1日起施行。《最高人民法院关于人民法院认可台湾地区有关法院民事判决的规定》(法释〔1998〕11号)、《最高人民法院关于当事人持台湾地区有关法院民事调解书或者有关机构出具或确认的调解协议书向人民法院申请认可人民法院应否受理的批复》(法释〔1999〕10号)、《最高人民法院关于当事人持台湾地区有关法院支付命令向人民法院申请认可人民法院应否受理的批复》(法释〔2001〕13号)和《最高人民法院关于人民法院认可台湾地区有关法院民事判决的补充规定》(法释〔2009〕4号)同时废止。

最高人民法院关于认可和执行台湾地区仲裁裁决的规定

法释〔2015〕14号
(2015年6月2日最高人民法院审判委员会第1653次会议通过)

《最高人民法院关于认可和执行台湾地区仲裁裁决的规定》已于2015年6月2日由最高人民法院审判委员会第1653次会议通过,现予公布,自2015年7月1日起施行。

最高人民法院
2015年6月29日

为保障海峡两岸当事人的合法权益,更好地适应海峡两岸关系和平发展的新形势,根据民事诉讼法、仲裁法等有关法律,总结人民法院涉台审判工作经验,就认可和执行台湾地区仲裁裁决,制定本规定。

第一条 台湾地区仲裁裁决的当事人可以根据本规定,作为申请人向人民法院申请认可和执行台湾地区仲裁裁决。

第二条 本规定所称台湾地区仲裁裁决是指,有关常设仲裁机构及临时仲裁庭在台湾地区按照台湾地区仲裁规定就有关商事争议作出的仲裁裁决,包括仲裁判断、仲裁和解和仲裁调解。

第三条 申请人同时提出认可和执行台湾地区仲裁裁决申请的，人民法院先按照认可程序进行审查，裁定认可后，由人民法院执行机构执行。

申请人直接申请执行的，人民法院应当告知其一并提交认可申请；坚持不申请认可的，裁定驳回其申请。

第四条 申请认可台湾地区仲裁裁决的案件，由申请人住所地、经常居住地或者被申请人住所地、经常居住地、财产所在地中级人民法院或者专门人民法院受理。

申请人向两个以上有管辖权的人民法院申请认可的，由最先立案的人民法院管辖。

申请人向被申请人财产所在地人民法院申请认可的，应当提供财产存在的相关证据。

第五条 对申请认可台湾地区仲裁裁决的案件，人民法院应当组成合议庭进行审查。

第六条 申请人委托他人代理申请认可台湾地区仲裁裁决的，应当向人民法院提交由委托人签名或者盖章的授权委托书。

台湾地区、香港特别行政区、澳门特别行政区或者外国当事人签名或者盖章的授权委托书应当履行相关的公证、认证或者其他证明手续，但授权委托书在人民法院法官的见证下签署或者经中国大陆公证机关公证证明是在中国大陆签署的除外。

第七条 申请人申请认可台湾地区仲裁裁决，应当提交以下文件或者经证明无误的副本：

（一）申请书；

（二）仲裁协议；

（三）仲裁判断书、仲裁和解书或者仲裁调解书。

申请书应当记明以下事项：

（一）申请人和被申请人姓名、性别、年龄、职业、身份证件号码、住址（申请人或者被申请人为法人或者其他组织的，应当记明法人或者其他组织的名称、地址、法定代表人或者主要负责人姓名、职务）和通讯方式；

（二）申请认可的仲裁判断书、仲裁和解书或者仲裁调解书的案号或者识别资料和生效日期；

（三）请求和理由；

（四）被申请人财产所在地、财产状况及申请认可的仲裁裁决的执行情况；

（五）其他需要说明的情况。

第八条 对于符合本规定第四条和第七条规定条件的申请，人民法院应当在收到申请后七日内立案，并通知申请人和被申请人，同时将申请书送达被申请人；不符合本规定第四条和第七条规定条件的，应当在七日内裁定不予受理，同时说明不予受理的理由；申请人对裁定不服的，可以提起上诉。

第九条 申请人申请认可台湾地区仲裁裁决，应当提供相关证明文件，以证明该仲裁裁决的真实性。

申请人可以申请人民法院通过海峡两岸调查取证司法互助途径查明台湾地区仲裁裁决的真实性；人民法院认为必要时，也可以就有关事项依职权通过海峡两岸司法互助途径向台湾地区请求调查取证。

第十条 人民法院受理认可台湾地区仲裁裁决的申请之前或者之后，可以按照民事诉讼法及相关司法解释的规定，根据申请人的申请，裁定采取保全措施。

第十一条 人民法院受理认可台湾地区仲裁裁决的申请后，当事人就同一争议起诉的，不予受理。

当事人未申请认可，而是就同一争议向人民法院起诉的，亦不予受理，但仲裁协议无效的除外。

第十二条 人民法院受理认可台湾地区仲裁裁决的申请后，作出裁定前，申请人请求撤回申请的，可以裁定准许。

第十三条 人民法院应当尽快审查认可台湾地区仲裁裁决的申请，决定予以认可的，应当在立案之日起两个月内作出裁定;决定不予认可或者驳回申请的,应当在作出决定前按有关规定自立案之日起两个月内上报最高人民法院。

通过海峡两岸司法互助途径送达文书和调查取证的期间,不计入审查期限。

第十四条 对申请认可和执行的仲裁裁决,被申请人提出证据证明有下列情形之一的,经审查核实,人民法院裁定不予认可:

(一)仲裁协议一方当事人依对其适用的法律在订立仲裁协议时属于无行为能力的;或者依当事人约定的准据法,或当事人没有约定适用的准据法而依台湾地区仲裁规定,该仲裁协议无效的;或者当事人之间没有达成书面仲裁协议的,但申请认可台湾地区仲裁调解的除外;

(二)被申请人未接到选任仲裁员或进行仲裁程序的适当通知,或者由于其他不可归责于被申请人的原因而未能陈述意见的;

(三)裁决所处理的争议不是提交仲裁的争议,或者不在仲裁协议范围之内;或者裁决载有超出当事人提交仲裁范围的事项的决定,但裁决中超出提交仲裁范围的事项的决定与提交仲裁事项的决定可以分开的,裁决中关于提交仲裁事项的决定部分可以予以认可;

(四)仲裁庭的组成或者仲裁程序违反当事人的约定,或者在当事人没有约定时与台湾地区仲裁规定不符的;

(五)裁决对当事人尚无约束力,或者业经台湾地区法院撤销或者驳回执行申请的。

依据国家法律,该争议事项不能以仲裁解决的,或者认可该仲裁裁决将违反一个中国原则等国家法律的基本原则或损害社会公共利益的,人民法院应当裁定不予认可。

第十五条 人民法院经审查能够确认台湾地区仲裁裁决真实,而且不具有本规定第十四条所列情形的,裁定认可其效力;不能确认该仲裁裁决真实性的,裁定驳回申请。

裁定驳回申请的案件,申请人再次申请并符合受理条件的,人民法院应予受理。

第十六条 人民法院依据本规定第十四条和第十五条作出的裁定,一经送达即发生法律效力。

第十七条 一方当事人向人民法院申请认可或者执行台湾地区仲裁裁决,另一方当事人向台湾地区法院起诉撤销该仲裁裁决,被申请人申请中止认可或者执行并且提供充分担保的,人民法院应当中止认可或者执行程序。

申请中止认可或者执行的,应当向人民法院提供台湾地区法院已经受理撤销仲裁裁决案件的法律文书。

台湾地区法院撤销该仲裁裁决的,人民法院应当裁定不予认可或者裁定终结执行;台湾地区法院驳回撤销仲裁裁决请求的,人民法院应当恢复认可或者执行程序。

第十八条 对人民法院裁定不予认可的台湾地区仲裁裁决,申请人再次提出申请的,人民法院不予受理。但当事人可以根据双方重新达成的仲裁协议申请仲裁,也可以就同一争议向人民法院起诉。

第十九条 申请人申请认可和执行台湾地区仲裁裁决的期间,适用民事诉讼法第二百三十九条的规定。

申请人仅申请认可而未同时申请执行的,申请执行的期间自人民法院对认可申请作出的裁定生效之日起重新计算。

第二十条 人民法院在办理申请认可和执行台湾地区仲裁裁决案件中所作出的法律文书,应当依法送达案件当事人。

第二十一条 申请认可和执行台湾地区仲裁裁决,应当参照《诉讼费用交纳办法》的规定,交纳相关费用。

第二十二条 本规定自2015年7月1日起施行。

本规定施行前,根据《最高人民法院关于人民法院认可台湾地区有关法院民事判决的规定》(法释〔1998〕11号),人民法院已经受理但尚未审结的申请认可和执行台湾地区仲裁裁决的案件,适用本规定。

(十四)法律效力

最高人民法院关于修改后的民事诉讼法施行时未结案件适用法律若干问题的规定

为正确适用《全国人民代表大会常务委员会关于修改〈中华人民共和国民事诉讼法〉的决定》(2012年8月31日第十一届全国人民代表大会常务委员会第二十八次会议通过,2013年1月1日起施行)(以下简称《决定》),现就修改后的民事诉讼法施行前已经受理、施行时尚未审结和执结的案件(以下简称2013年1月1日未结案件)具体适用法律的若干问题规定如下:

第一条 2013年1月1日未结案件适用修改后的民事诉讼法,但本规定另有规定的除外。

前款规定的案件,2013年1月1日前依照修改前的民事诉讼法和有关司法解释的规定已经完成的程序事项,仍然有效。

第二条 2013年1月1日未结案件符合修改前的民事诉讼法或者修改后的民事诉讼法管辖规定的,人民法院对该案件继续审理。

第三条 2013年1月1日未结案件符合修改前的民事诉讼法或者修改后的民事诉讼法送达规定的,人民法院已经完成的送达,仍然有效。

第四条 在2013年1月1日未结案件中,人民法院对2013年1月1日前发生的妨害民事诉讼行为尚未处理的,适用修改前的民事诉讼法,但下列情形应当适用修改后的民事诉讼法:

(一)修改后的民事诉讼法第一百一十二条规定的情形;

(二)修改后的民事诉讼法第一百一十三条规定情形在2013年1月1日以后仍在进行的。

第五条 2013年1月1日前,利害关系人向人民法院申请诉前保全措施的,适用修改前的民事诉讼法等法律,但人民法院2013年1月1日尚未作出保全裁定的,适用修改后的民事诉讼法确定解除保全措施的期限。

第六条 当事人对2013年1月1日前已经发生法律效力的判决、裁定或者调解书申请再审的,人民法院应当依据修改前的民事诉讼法第一百八十四条规定审查确定当事人申请再审的期间,但该期间在2013年6月30日尚未届满的,截止到2013年6月30日。

前款规定当事人的申请符合下列情形的,仍适用修改前的民事诉讼法第一百八十四条规定:

(一)有新的证据,足以推翻原判决、裁定的;

(二) 原判决、裁定认定事实的主要证据是伪造的;

(三) 判决、裁定发生法律效力二年后,据以作出原判决、裁定的法律文书被撤销或者变更,以及发现审判人员在审理该案件时有贪污受贿,徇私舞弊,枉法裁判行为的。

第七条 人民法院对 2013 年 1 月 1 日前已经受理、2013 年 1 月 1 日尚未审查完毕的申请不予执行仲裁裁决的案件,适用修改前的民事诉讼法。

第八条 本规定所称修改后的民事诉讼法,是指根据《决定》作相应修改后的《中华人民共和国民事诉讼法》。

本规定所称修改前的民事诉讼法,是指《决定》施行之前的《中华人民共和国民事诉讼法》。

(十五) 仲 裁

中华人民共和国仲裁法

《中华人民共和国仲裁法》已由中华人民共和国第八届全国人民代表大会常务委员会第九次会议于 1994 年 8 月 31 日通过,现予公布,自 1995 年 9 月 1 日起施行。

第一章 总 则

第一条 为保证公正、及时地仲裁经济纠纷,保护当事人的合法权益,保障社会主义市场经济健康发展,制定本法。

第二条 平等主体的公民、法人和其他组织之间发生的合同纠纷和其他财产权益纠纷,可以仲裁。

第三条 下列纠纷不能仲裁:
(一) 婚姻、收养、监护、扶养、继承纠纷;
(二) 依法应当由行政机关处理的行政争议。

第四条 当事人采用仲裁方式解决纠纷,应当双方自愿,达成仲裁协议。没有仲裁协议,一方申请仲裁的,仲裁委员会不予受理。

第五条 当事人达成仲裁协议,一方向人民法院起诉的,人民法院不予受理,但仲裁协议无效的除外。

第六条 仲裁委员会应当由当事人协议选定。

仲裁不实行级别管辖和地域管辖。

第七条 仲裁应当根据事实,符合法律规定,公平合理地解决纠纷。

第八条 仲裁依法独立进行,不受行政机关、社会团体和个人的干涉。

第九条 仲裁实行一裁终局的制度。裁决作出后,当事人就同一纠纷再申请仲裁或者向人民法院起诉的,仲裁委员会或者人民法院不予受理。

裁决被人民法院依法裁定撤销或者不予执行的,当事人就该纠纷可以根据双方重新达成的仲裁协议申请仲裁,也可以向人民法院起诉。

第二章 仲裁委员会和仲裁协会

第十条 仲裁委员会可以在直辖市和省、自治区人民政府所在地的市设立,也可以根据需要在其他设区的市设立,不按行政区划层层设立。

仲裁委员会由前款规定的市的人民政府

组织有关部门和商会统一组建。

设立仲裁委员会,应当经省、自治区、直辖市的司法行政部门登记。

第十一条 仲裁委员会应当具备下列条件:

(一)有自己的名称、住所和章程;

(二)有必要的财产;

(三)有该委员会的组成人员;

(四)有聘任的仲裁员。

仲裁委员会的章程应当依照本法制定。

第十二条 仲裁委员会由主任一人、副主任二至四人和委员七至十一人组成。

仲裁委员会的主任、副主任和委员由法律、经济贸易专家和有实际工作经验的人员担任。仲裁委员会的组成人员中,法律、经济贸易专家不得少于三分之二。

第十三条 仲裁委员会应当从公道正派的人员中聘任仲裁员。

仲裁员应当符合下列条件之一:

(一)从事仲裁工作满八年的;

(二)从事律师工作满八年的;

(三)曾任审判员满八年的;

(四)从事法律研究、教学工作并具有高级职称的;

(五)具有法律知识、从事经济贸易等专业工作并具有高级职称或者具有同等专业水平的。

仲裁委员会按照不同专业设仲裁员名册。

第十四条 仲裁委员会独立于行政机关,与行政机关没有隶属关系。仲裁委员会之间也没有隶属关系。

第十五条 中国仲裁协会是社会团体法人。仲裁委员会是中国仲裁协会的会员。中国仲裁协会的章程由全国会员大会制定。

中国仲裁协会是仲裁委员会的自律性组织,根据章程对仲裁委员会及其组成人员、仲裁员的违纪行为进行监督。

中国仲裁协会依照本法和民事诉讼法的有关规定制定仲裁规则。

第三章 仲裁协议

第十六条 仲裁协议包括合同中订立的仲裁条款和以其他书面方式在纠纷发生前或者纠纷发生后达成的请求仲裁的协议。

仲裁协议应当具有下列内容:

(一)请求仲裁的意思表示;

(二)仲裁事项;

(三)选定的仲裁委员会。

第十七条 有下列情形之一的,仲裁协议无效:

(一)约定的仲裁事项超出法律规定的仲裁范围的;

(二)无民事行为能力人或者限制民事行为能力人订立的仲裁协议;

(三)一方采取协迫手段,迫使对方订立仲裁协议的。

第十八条 仲裁协议对仲裁事项或者仲裁委员会没有约定或者约定不明确的,当事人可以补充协议;达不成补充协议的,仲裁协议无效。

第十九条 仲裁协议独立存在,合同的变更、解除、终止或者无效,不影响仲裁协议的效力。

仲裁庭有权确认合同的效力。

第二十条 当事人对仲裁协议的效力有异议的,可以请求仲裁委员会作出决定或者请求人民法院作出裁定。一方请求仲裁委员会作出决定,另一方请求人民法院作出裁定的,由人民法院裁定。

当事人对仲裁协议的效力有异议,应当在仲裁庭首次开庭前提出。

第四章 仲裁程序

第一节 申请和受理

第二十一条 当事人申请仲裁应当符合

下列条件：

（一）有仲裁协议；

（二）有具体的仲裁请求和事实、理由；

（三）属于仲裁委员会的受理范围。

第二十二条 当事人申请仲裁，应当向仲裁委员会递交仲裁协议、仲裁申请书及副本。

第二十三条 仲裁申请书应当载明下列事项：

（一）当事人的姓名、性别、年龄、职业、工作单位和住所，法人或者其他组织的名称、住所和法定代表人或者主要负责人的姓名、职务；

（二）仲裁请求和所根据的事实、理由；

（三）证据和证据来源、证人姓名和住所。

第二十四条 仲裁委员会收到仲裁申请书之日起五日内，认为符合受理条件的，应当受理，并通知当事人；认为不符合受理条件的，应当书面通知当事人不予受理，并说明理由。

第二十五条 仲裁委员会受理仲裁申请后，应当在仲裁规则规定的期限内将仲裁规则和仲裁员名册送达申请人，并将仲裁申请书副本和仲裁规则、仲裁员名册送达被申请人。

被申请人收到仲裁申请书副本后，应当在仲裁规则规定的期限内向仲裁委员会提交答辩书。仲裁委员会收到答辩书后，应当在仲裁规则规定的期限内将答辩书副本送达申请人。被申请人未提交答辩书的，不影响仲裁程序的进行。

第二十六条 当事人达成仲裁协议，一方向人民法院起诉未声明有仲裁协议，人民法院受理后，另一方在首次开庭前提交仲裁协议的，人民法院应当驳回起诉，但仲裁协议无效的除外；另一方在首次开庭前未对人民法院受理该案提出异议的，视为放弃仲裁协议，人民法院应当继续审理。

第二十七条 申请人可以放弃或者变更仲裁请求。被申请人可以承认或者反驳仲裁请求，有权提出反请求。

第二十八条 一方当事人因另一方当事人的行为或者其他原因，可能使裁决不能执行或者难以执行的，可以申请财产保全。

当事人申请财产保全的，仲裁委员会应当将当事人的申请依照民事诉讼法的有关规定提交人民法院。

申请有错误的，申请人应当赔偿被申请人因财产保全所遭受的损失。

第二十九条 当事人、法定代理人可以委托律师和其他代理人进行仲裁活动。委托律师和其他代理人进行仲裁活动的，应当向仲裁委员会提交授权委托书。

第二节 仲裁庭的组成

第三十条 仲裁庭可以由三名仲裁员或者一名仲裁员组成。由三名仲裁员组成的，设首席仲裁员。

第三十一条 当事人约定由三名仲裁员组成仲裁庭的，应当各自选定或者各自委托仲裁委员会主任指定一名仲裁员，第三名仲裁员由当事人共同选定或者共同委托仲裁委员会主任指定。第三名仲裁员是首席仲裁员。

当事人约定由一名仲裁员成立仲裁庭的，应当由当事人共同选定或者共同委托仲裁委员会主任指定仲裁员。

第三十二条 当事人没有在仲裁规则规定的期限内约定仲裁庭的组成方式或者选定仲裁员的，由仲裁委员会主任指定。

第三十三条 仲裁庭组成后，仲裁委员会应当将仲裁庭的组成情况书面通知当事人。

第三十四条 仲裁员有下列情形之一的，必须回避，当事人也有权提出回避申请：

（一）是本案当事人或者当事人、代理人的近亲属；

（二）与本案有利害关系；

（三）与本案当事人、代理人有其他关系，可能影响公正仲裁的；

（四）私自会见当事人、代理人，或者接受

当事人、代理人的请客送礼的。

第三十五条 当事人提出回避申请,应当说明理由,在首次开庭前提出。回避事由在首次开庭后知道的,可以在最后一次开庭终结前提出。

第三十六条 仲裁员是否回避,由仲裁委员会主任决定;仲裁委员会主任担任仲裁员时,由仲裁委员会集体决定。

第三十七条 仲裁员因回避或者其他原因不能履行职责的,应当依照本法规定重新选定或者指定仲裁员。

因回避而重新选定或者指定仲裁员后,当事人可以请求已进行的仲裁程序重新进行,是否准许,由仲裁庭决定;仲裁庭也可以自行决定已进行的仲裁程序是否重新进行。

第三十八条 仲裁员有本法第三十四条第四项规定的情形,情节严重的,或者有本法第五十八条第六项规定的情形的,应当依法承担法律责任,仲裁委员会应当将其除名。

第三节 开庭和裁决

第三十九条 仲裁应当开庭进行。当事人协议不开庭的,仲裁庭可以根据仲裁申请书、答辩书以及其他材料作出裁决。

第四十条 仲裁不公开进行。当事人协议公开的,可以公开进行,但涉及国家秘密的除外。

第四十一条 仲裁委员会应当在仲裁规则规定的期限内将开庭日期通知双方当事人。当事人有正当理由的,可以在仲裁规则规定的期限内请求延期开庭。是否延期,由仲裁庭决定。

第四十二条 申请人经书面通知,无正当理由不到庭或者未经仲裁庭许可中途退庭的,可以视为撤回仲裁申请。

被申请人经书面通知,无正当理由不到庭或者未经仲裁庭许可中途退庭的,可以缺席裁决。

第四十三条 当事人应当对自己的主张提供证据。

仲裁庭认为有必要收集的证据,可以自行收集。

第四十四条 仲裁庭对专门性问题认为需要鉴定的,可以交由当事人约定的鉴定部门鉴定,也可以由仲裁庭指定的鉴定部门鉴定。

根据当事人的请求或者仲裁庭的要求,鉴定部门应当派鉴定人参加开庭。当事人经仲裁庭许可,可以向鉴定人提问。

第四十五条 证据应当在开庭时出示,当事人可以质证。

第四十六条 在证据可能灭失或者以后难以取得的情况下,当事人可以申请证据保全。当事人申请证据保全的,仲裁委员会应当将当事人的申请提交证据所在地的基层人民法院。

第四十七条 当事人在仲裁过程中有权进行辩论。辩论终结时,首席仲裁员或者独任仲裁员应当征询当事人的最后意见。

第四十八条 仲裁庭应当将开庭情况记入笔录。当事人和其他仲裁参与人认为对自己陈述的记录有遗漏或者差错的,有权申请补正。如果不予补正,应当记录该申请。

笔录由仲裁员、记录人员、当事人和其他仲裁参与人签名或者盖章。

第四十九条 当事人申请仲裁后,可以自行和解。达成和解协议的,可以请求仲裁庭根据和解协议作出裁决书,也可以撤回仲裁申请。

第五十条 当事人达成和解协议,撤回仲裁申请后反悔的,可以根据仲裁协议申请仲裁。

第五十一条 仲裁庭在作出裁决前,可以先行调解。当事人自愿调解的,仲裁庭应当调解。调解不成的,应当及时作出裁决。

调解达成协议的,仲裁庭应当制作调解书

或者根据协议的结果制作裁决书。调解书与裁决书具有同等法律效力。

第五十二条 调解书应当写明仲裁请求和当事人协议的结果。调解书由仲裁员签名,加盖仲裁委员会印章,送达双方当事人。

调解书经双方当事人签收后,即发生法律效力。在调解书签收前当事人反悔的,仲裁庭应当及时作出裁决。

第五十三条 裁决应当按照多数仲裁员的意见作出,少数仲裁员的不同意见可以记入笔录。仲裁庭不能形成多数意见时,裁决应当按照首席仲裁员的意见作出。

第五十四条 裁决书应当写明仲裁请求、争议事实、裁决理由、裁决结果、仲裁费用的负担和裁决日期。当事人协议不愿写明争议事实和裁决理由的,可以不写。裁决书由仲裁员签名,加盖仲裁委员会印章。对裁决持不同意见的仲裁员,可以签名,也可以不签名。

第五十五条 仲裁庭仲裁纠纷时,其中一部分事实已经清楚,可以就该部分先行裁决。

第五十六条 对裁决书中的文字、计算错误或者仲裁庭已经裁决但在裁决书中遗漏的事项,仲裁庭应当补正;当事人自收到裁决书之日起30日内,可以请求仲裁庭补正。

第五十七条 裁决书自作出之日起发生法律效力。

第五章 申请撤销裁决

第五十八条 当事人提出证据证明裁决有下列情形之一的,可以向仲裁委员会所在地的中级人民法院申请撤销裁决:

(一)没有仲裁协议的;

(二)裁决的事项不属于仲裁协议的范围或者仲裁委员会无权仲裁的;

(三)仲裁庭的组成或者仲裁的程序违反法定程序的;

(四)裁决所根据的证据是伪造的;

(五)对方当事人隐瞒了足以影响公正裁决的证据的;

(六)仲裁员在仲裁该案时有索贿受贿,徇私舞弊,枉法裁决行为的。

人民法院经组成合议庭审查核实裁决有前款规定情形之一的,应当裁定撤销。

人民法院认定该裁决违背社会公共利益的,应当裁定撤销。

第五十九条 当事人申请撤销裁决的,应当自收到裁决书之日起6个月内提出。

第六十条 人民法院应当在受理撤销裁决申请之日起两个月内作出撤销裁决或者驳回申请的裁定。

第六十一条 人民法院受理撤销裁决的申请后,认为可以由仲裁庭重新仲裁的,通知仲裁庭在一定期限内重新仲裁,并裁定中止撤销程序。仲裁庭拒绝重新仲裁的,人民法院应当裁定恢复撤销程序。

第六章 执 行

第六十二条 当事人应当履行裁决。一方当事人不履行的,另一方当事人可以依照民事诉讼法的有关规定向人民法院申请执行。受申请的人民法院应当执行。

第六十三条 被申请人提出证据证明裁决有民事诉讼法第二百一十三条第二款(修改后民诉法第二百三十七条第二款)规定的情形之一的,经人民法院组成合议庭审查核实,裁定不予执行。

第六十四条 一方当事人申请执行裁决,另一方当事人申请撤销裁决的,人民法院应当裁定中止执行。

人民法院裁定撤销裁决的,应当裁定终结执行。撤销裁决的申请被裁定驳回的,人民法院应当裁定恢复执行。

第七章 涉外仲裁的特别规定

第六十五条 涉外经济贸易、运输和海事中发生的纠纷的仲裁，适用本章规定。本章没有规定的，适用本法其他有关规定。

第六十六条 涉外仲裁委员会可以由中国国际商会组织设立。

涉外仲裁委员会由主任一人、副主任若干人和委员若干人组成。

涉外仲裁委员会的主任、副主任和委员可以由中国国际商会聘任。

第六十七条 涉外仲裁委员会可以从具有法律、经济贸易、科学技术等专门知识的外籍人士中聘任仲裁员。

第六十八条 涉外仲裁的当事人申请证据保全的，涉外仲裁委员会应当将当事人的申请提交证据所在地的中级人民法院。

第六十九条 涉外仲裁的仲裁庭可以将开庭情况记入笔录，或者作出笔录要点，笔录要点可以由当事人和其他仲裁参与人签字或者盖章。

第七十条 当事人提出证据证明涉外仲裁裁决有民事诉讼法第二百五十八条（修改后民诉法第二百七十四条）第一款规定的情形之一的，经人民法院组成合议庭审查核实，裁定撤销。

第七十一条 被申请人提出证据证明涉外仲裁裁决有民事诉讼法第二百五十八条（修改后民诉法第二百七十四条）第一款规定的情形之一的，经人民法院组成合议庭审查核实，裁定不予执行。

第七十二条 涉外仲裁委员会作出的发生法律效力的仲裁裁决，当事人请求执行的，如果被执行人或者其财产不在中华人民共和国领域内，应当由当事人直接向有管辖权的外国法院申请承认和执行。

第七十三条 涉外仲裁规则可以由中国国际商会依照本法和民事诉讼法的有关规定制定。

第八章 附　则

第七十四条 法律对仲裁时效有规定的，适用该规定。法律对仲裁时效没有规定的，适用诉讼时效的规定。

第七十五条 中国仲裁协会制定仲裁规则前，仲裁委员会依照本法和民事诉讼法的有关规定可以制定仲裁暂行规则。

第七十六条 当事人应当按照规定交纳仲裁费用。

收取仲裁费用的办法，应当报物价管理部门核准。

第七十七条 劳动争议和农业集体经济组织内部的农业承包合同纠纷的仲裁，另行规定。

第七十八条 本法施行前制定的有关仲裁的规定与本法的规定相抵触的，以本法为准。

第七十九条 本法施行前在直辖市、省、自治区人民政府所在地的市和其他设区的市设立的仲裁机构，应当依照本法的有关规定重新组建；未重新组建的，自本法施行之日起届满一年时终止。

本法施行前设立的不符合本法规定的其他仲裁机构，自本法施行之日起终止。

第八十条 本法自1995年9月1日起施行。

最高人民法院关于适用《中华人民共和国仲裁法》若干问题的解释

(2005年12月26日最高人民法院审判委员会第1375次会议通过)

根据《中华人民共和国仲裁法》和《中华人民共和国民事诉讼法》等法律规定,对人民法院审理涉及仲裁案件适用法律的若干问题作如下解释:

第一条 仲裁法第十六条规定的"其他书面形式"的仲裁协议,包括以合同书、信件和数据电文(包括电报、电传、传真、电子数据交换和电子邮件)等形式达成的请求仲裁的协议。

第二条 当事人概括约定仲裁事项为合同争议的,基于合同成立、效力、变更、转让、履行、违约责任、解释、解除等产生的纠纷都可以认定为仲裁事项。

第三条 仲裁协议约定的仲裁机构名称不准确,但能够确定具体的仲裁机构的,应当认定选定了仲裁机构。

第四条 仲裁协议仅约定纠纷适用的仲裁规则的,视为未约定仲裁机构,但当事人达成补充协议或者按照约定的仲裁规则能够确定仲裁机构的除外。

第五条 仲裁协议约定两个以上仲裁机构的,当事人可以协议选择其中的一个仲裁机构申请仲裁;当事人不能就仲裁机构选择达成一致的,仲裁协议无效。

第六条 仲裁协议约定由某地的仲裁机构仲裁且该地仅有一个仲裁机构的,该仲裁机构视为约定的仲裁机构。该地有两个以上仲裁机构的,当事人可以协议选择其中的一个仲裁机构申请仲裁;当事人不能就仲裁机构选择达成一致的,仲裁协议无效。

第七条 当事人约定争议可以向人民法院起诉也可以向仲裁机构申请仲裁的,仲裁协议无效。但一方向仲裁机构申请仲裁,另一方未在仲裁法第二十条第二款规定期间内提出异议的除外。

第八条 当事人订立仲裁协议后合并、分立的,仲裁协议对其权利义务的继受人有效。

当事人订立仲裁协议后死亡的,仲裁协议对承继其仲裁事项中的权利义务的继承人有效。

前两款规定情形,当事人订立仲裁协议时另有约定的除外。

第九条 债权债务全部或者部分转让的,仲裁协议对受让人有效,但当事人另有约定、在受让债权债务时受让人明确反对或者不知有单独仲裁协议的除外。

第十条 合同成立后未生效或者被撤销的,仲裁协议效力的认定适用仲裁法第十九条第一款的规定。

当事人在订立合同时就争议达成仲裁协议的,合同未成立不影响仲裁协议的效力。

第十一条 合同约定解决争议适用其他合同、文件中的有效仲裁条款的,发生合同争议时,当事人应当按照该仲裁条款提请仲裁。

涉外合同应当适用的有关国际条约中有仲裁规定的,发生合同争议时,当事人应当按照国际条约中的仲裁规定提请仲裁。

第十二条 当事人向人民法院申请确认仲裁协议效力的案件,由仲裁协议约定的仲裁机构所在地的中级人民法院管辖;仲裁协议约定的仲裁机构不明确的,由仲裁协议签订地或者被申请人住所地的中级人民法院管辖。

申请确认涉外仲裁协议效力的案件，由仲裁协议约定的仲裁机构所在地、仲裁协议签订地、申请人或者被申请人住所地的中级人民法院管辖。

涉及海事海商纠纷仲裁协议效力的案件，由仲裁协议约定的仲裁机构所在地、仲裁协议签订地、申请人或者被申请人住所地的海事法院管辖；上述地点没有海事法院的，由就近的海事法院管辖。

第十三条 依照仲裁法第二十条第二款的规定，当事人在仲裁庭首次开庭前没有对仲裁协议的效力提出异议，而后向人民法院申请确认仲裁协议无效的，人民法院不予受理。

仲裁机构对仲裁协议的效力作出决定后，当事人向人民法院申请确认仲裁协议效力或者申请撤销仲裁机构的决定的，人民法院不予受理。

第十四条 仲裁法第二十六条规定的"首次开庭"是指答辩期满后人民法院组织的第一次开庭审理，不包括审前程序中的各项活动。

第十五条 人民法院审理仲裁协议效力确认案件，应当组成合议庭进行审查，并询问当事人。

第十六条 对涉外仲裁协议的效力审查，适用当事人约定的法律；当事人没有约定适用的法律但约定了仲裁地的，适用仲裁地法律；没有约定适用的法律也没有约定仲裁地或者仲裁地约定不明的，适用法院地法律。

第十七条 当事人以不属于仲裁法第五十八条或者民事诉讼法第二百六十条（修改后民诉法第二百七十四条）规定的事由申请撤销仲裁裁决的，人民法院不予支持。

第十八条 仲裁法第五十八条第一款第一项规定的"没有仲裁协议"是指当事人没有达成仲裁协议。仲裁协议被认定无效或者被撤销的，视为没有仲裁协议。

第十九条 当事人以仲裁裁决事项超出仲裁协议范围为由申请撤销仲裁裁决，经审查属实的，人民法院应当撤销仲裁裁决中的超裁部分。但超裁部分与其他裁决事项不可分的，人民法院应当撤销仲裁裁决。

第二十条 仲裁法第五十八条规定的"违反法定程序"，是指违反仲裁法规定的仲裁程序和当事人选择的仲裁规则可能影响案件正确裁决的情形。

第二十一条 当事人申请撤销国内仲裁裁决的案件属于下列情形之一的，人民法院可以依照仲裁法第六十一条的规定通知仲裁庭在一定期限内重新仲裁：

（一）仲裁裁决所根据的证据是伪造的；

（二）对方当事人隐瞒了足以影响公正裁决的证据的。

人民法院应当在通知中说明要求重新仲裁的具体理由。

第二十二条 仲裁庭在人民法院指定的期限内开始重新仲裁的，人民法院应当裁定终结撤销程序；未开始重新仲裁的，人民法院应当裁定恢复撤销程序。

第二十三条 当事人对重新仲裁裁决不服的，可以在重新仲裁裁决书送达之日起六个月内依据仲裁法第五十八条规定向人民法院申请撤销。

第二十四条 当事人申请撤销仲裁裁决的案件，人民法院应当组成合议庭审理，并询问当事人。

第二十五条 人民法院受理当事人撤销仲裁裁决的申请后，另一方当事人申请执行同一仲裁裁决的，受理执行申请的人民法院应当在受理后裁定中止执行。

第二十六条 当事人向人民法院申请撤销仲裁裁决被驳回后，又在执行程序中以相同理由提出不予执行抗辩的，人民法院不予支持。

第二十七条 当事人在仲裁程序中未对仲裁协议的效力提出异议，在仲裁裁决作出后以仲裁协议无效为由主张撤销仲裁裁决或者提出不予执行抗辩的，人民法院不予支持。

当事人在仲裁程序中对仲裁协议的效力提出异议，在仲裁裁决作出后又以此为由主张撤销仲裁裁决或者提出不予执行抗辩，经审查符合仲裁法第五十八条或者民事诉讼法第二百一十七条、第二百六十条（修改后民诉法第二百三十七条、第二百七十四条）规定的，人民法院应予支持。

第二十八条 当事人请求不予执行仲裁调解书或者根据当事人之间的和解协议作出的仲裁裁决书的，人民法院不予支持。

第二十九条 当事人申请执行仲裁裁决案件，由被执行人住所地或者被执行的财产所在地的中级人民法院管辖。

第三十条 根据审理撤销、执行仲裁裁决案件的实际需要，人民法院可以要求仲裁机构作出说明或者向相关仲裁机构调阅仲裁案卷。

人民法院在办理涉及仲裁的案件过程中作出的裁定，可以送相关的仲裁机构。

第三十一条 本解释自公布之日起实施。

本院以前发布的司法解释与本解释不一致的，以本解释为准。

最高人民法院关于对上海市高级人民法院等就涉及中国国际经济贸易仲裁委员会及其原分会等仲裁机构所作仲裁裁决司法审查案件请示问题的批复

法释〔2015〕15号

（2015年6月23日最高人民法院审判委员会第1655次会议通过）

中华人民共和国最高人民法院公告

《最高人民法院关于对上海市高级人民法院等就涉及中国国际经济贸易仲裁委员会及其原分会等仲裁机构所作仲裁裁决司法审查案件请示问题的批复》已于2015年6月23日由最高人民法院审判委员会第1655次会议通过，现予公布，自2015年7月17日起施行。

最高人民法院
2015年7月15日

上海市高级人民法院、江苏省高级人民法院、广东省高级人民法院：

因中国国际经济贸易仲裁委员会（以下简称中国贸仲）于2012年5月1日施行修订后的仲裁规则以及原中国国际经济贸易仲裁委员会华南分会（现已更名为华南国际经济贸易仲裁委员会，同时使用深圳国际仲裁院的名称，以下简称华南贸仲）、原中国国际经济贸易仲裁委员会上海分会（现已更名为上海国际经济贸易仲裁委员会，同时使用上海国际仲裁中心的名称，以下简称上海贸仲）变更名称并施行新的仲裁规则，致使部分当事人对相关仲裁协议的效力以及上述各仲裁机构受理仲裁案件的权限、仲裁的管辖、仲裁的执行等问题产生争议，向人民法院请求确认仲裁协议效力、申请撤销或者不予执行相关仲裁裁决，引发诸多仲裁司法审查案件。上海市高级人民法院、江苏省高级人民法院、广东省高级人民法院就有关问题向我院请示。

为依法保护仲裁当事人合法权益,充分尊重当事人意思自治,考虑中国贸仲和华南贸仲、上海贸仲的历史关系,从支持和维护仲裁事业健康发展、促进建立多元纠纷解决机制出发,经研究,对有关问题答复如下:

一、当事人在华南贸仲更名为华南国际经济贸易仲裁委员会、上海贸仲更名为上海国际经济贸易仲裁委员会之前签订仲裁协议约定将争议提交"中国国际经济贸易仲裁委员会华南分会"或者"中国国际经济贸易仲裁委员会上海分会"仲裁的,华南贸仲或者上海贸仲对案件享有管辖权。当事人以华南贸仲或者上海贸仲无权仲裁为由请求人民法院确认仲裁协议无效、申请撤销或者不予执行仲裁裁决的,人民法院不予支持。

当事人在华南贸仲更名为华南国际经济贸易仲裁委员会、上海贸仲更名为上海国际经济贸易仲裁委员会之后(含更名之日)本批复施行之前签订仲裁协议约定将争议提交"中国国际经济贸易仲裁委员会华南分会"或者"中国国际经济贸易仲裁委员会上海分会"仲裁的,中国贸仲对案件享有管辖权。但申请人向华南贸仲或者上海贸仲申请仲裁,被申请人对华南贸仲或者上海贸仲的管辖权没有提出异议的,当事人在仲裁裁决作出后以华南贸仲或者上海贸仲无权仲裁为由申请撤销或者不予执行仲裁裁决的,人民法院不予支持。

当事人在本批复施行之后(含施行起始之日)签订仲裁协议约定将争议提交"中国国际经济贸易仲裁委员会华南分会"或者"中国国际经济贸易仲裁委员会上海分会"仲裁的,中国贸仲对案件享有管辖权。

二、仲裁案件的申请人向仲裁机构申请仲裁的同时请求仲裁机构对案件的管辖权作出决定,仲裁机构作出确认仲裁协议有效、其对案件享有管辖权的决定后,被申请人在仲裁庭首次开庭前向人民法院提起申请确认仲裁协议效力之诉的,人民法院应予受理并作出裁定。申请人或者仲裁机构根据《最高人民法院关于确认仲裁协议效力几个问题的批复》(法释〔1998〕27号)第三条或者《最高人民法院关于适用〈中华人民共和国仲裁法〉若干问题的解释》(法释〔2006〕7号)第十三条第二款的规定主张人民法院对被申请人的起诉应当不予受理的,人民法院不予支持。

三、本批复施行之前,中国贸仲或者华南贸仲、上海贸仲已经受理的根据本批复第一条规定不应由其受理的案件,当事人在仲裁裁决作出后以仲裁机构无权仲裁为由申请撤销或者不予执行仲裁裁决的,人民法院不予支持。

四、本批复施行之前,中国贸仲或者华南贸仲、上海贸仲受理了同一仲裁案件,当事人在仲裁庭首次开庭前向人民法院申请确认仲裁协议效力的,人民法院应当根据本批复第一条的规定进行审理并作出裁定。

本批复施行之前,中国贸仲或者华南贸仲、上海贸仲受理了同一仲裁案件,当事人并未在仲裁庭首次开庭前向人民法院申请确认仲裁协议效力的,先受理的仲裁机构对案件享有管辖权。

此复。

最高人民法院
关于审理涉及农村土地承包经营纠纷调解仲裁案件适用法律若干问题的解释

《最高人民法院关于审理涉及农村土地承包经营纠纷调解仲裁案件适用法律若干问题的解释》已于2013年12月27日由最高人民法院审判委员会第1601次会议通过，现予公布，自2014年1月24日起施行。

最高人民法院
2014年1月9日

为正确审理涉及农村土地承包经营纠纷调解仲裁案件，根据《中华人民共和国农村土地承包法》《中华人民共和国农村土地承包经营纠纷调解仲裁法》《中华人民共和国民事诉讼法》等法律的规定，结合民事审判实践，就审理涉及农村土地承包经营纠纷调解仲裁案件适用法律的若干问题，制定本解释。

第一条 农村土地承包仲裁委员会根据农村土地承包经营纠纷调解仲裁法第十八条规定，以超过申请仲裁的时效期间为由驳回申请后，当事人就同一纠纷提起诉讼的，人民法院应予受理。

第二条 当事人在收到农村土地承包仲裁委员会作出的裁决书之日起三十日后或者签收农村土地承包仲裁委员会作出的调解书后，就同一纠纷向人民法院提起诉讼的，裁定不予受理；已经受理的，裁定驳回起诉。

第三条 当事人在收到农村土地承包仲裁委员会作出的裁决书之日起三十日内，向人民法院提起诉讼，请求撤销仲裁裁决的，人民法院应当告知当事人就原纠纷提起诉讼。

第四条 农村土地承包仲裁委员会依法向人民法院提交当事人财产保全申请的，申请财产保全的当事人为申请人。

农村土地承包仲裁委员会应当提交下列材料：

（一）财产保全申请书；

（二）农村土地承包仲裁委员会发出的受理案件通知书；

（三）申请人的身份证明；

（四）申请保全财产的具体情况。

人民法院采取保全措施，可以责令申请人提供担保，申请人不提供担保的，裁定驳回申请。

第五条 人民法院对农村土地承包仲裁委员会提交的财产保全申请材料，应当进行审查。符合前条规定的，应予受理；申请材料不齐全或不符合规定的，人民法院应当告知农村土地承包仲裁委员会需要补齐的内容。

人民法院决定受理的，应当于三日内向当事人送达受理通知书并告知农村土地承包仲裁委员会。

第六条 人民法院受理财产保全申请后，应当在十日内作出裁定。因特殊情况需要延长的，经本院院长批准，可以延长五日。

人民法院接受申请后，对情况紧急的，必须在四十八小时内作出裁定；裁定采取保全措施的，应当立即开始执行。

第七条 农村土地承包经营纠纷仲裁中采取的财产保全措施，在申请保全的当事人依法提起诉讼后，自动转为诉讼中的财产保全措施，并适用《最高人民法院关于人民法院民事执行中查封、扣押、冻结财产的规定》第二十九条关于查封、扣押、冻结期限的规定。

第八条 农村土地承包仲裁委员会依法

向人民法院提交当事人证据保全申请的,应当提供下列材料:

（一）证据保全申请书；

（二）农村土地承包仲裁委员会发出的受理案件通知书；

（三）申请人的身份证明；

（四）申请保全证据的具体情况。

对证据保全的具体程序事项,适用本解释第五、六、七条关于财产保全的规定。

第九条 农村土地承包仲裁委员会作出先行裁定后,一方当事人依法向被执行人住所地或者被执行的财产所在地基层人民法院申请执行的,人民法院应予受理和执行。

申请执行先行裁定的,应当提供以下材料:

（一）申请执行书；

（二）农村土地承包仲裁委员会作出的先行裁定书；

（三）申请执行人的身份证明；

（四）申请执行人提供的担保情况；

（五）其他应当提交的文件或证件。

第十条 当事人根据农村土地承包经营纠纷调解仲裁法第四十九条规定,向人民法院申请执行调解书、裁决书,符合《最高人民法院关于人民法院执行工作若干问题的规定(试行)》第十八条规定条件的,人民法院应予受理和执行。

第十一条 当事人因不服农村土地承包仲裁委员会作出的仲裁裁决向人民法院提起诉讼的,起诉期从其收到裁决书的次日起计算。

第十二条 本解释施行后,人民法院尚未审结的一审、二审案件适用本解释规定。本解释施行前已经作出生效裁判的案件,本解释施行后依法再审的,不适用本解释规定。

最高人民法院
关于人事争议申请仲裁的时效期间如何计算的批复

《最高人民法院关于人事争议申请仲裁的时效期间如何计算的批复》已于2013年9月9日由最高人民法院审判委员会第1590次会议通过,现予公布,自2013年9月22日起施行。

最高人民法院

2013年9月12日

四川省高级人民法院:

你院《关于事业单位人事争议仲裁时效如何计算的请示》(川高法〔2012〕430号)收悉。经研究,批复如下:

依据《中华人民共和国劳动争议调解仲裁法》第二十七条第一款、第五十二条的规定,当事人自知道或者应当知道其权利被侵害之日起一年内申请仲裁,仲裁机构予以受理的,人民法院应予认可。

（十六）公　　证

中华人民共和国公证法

(2005年8月28日第十届全国人民代表大会常务委员会第十七次会议通过)

第一章　总　则

第一条　为规范公证活动,保障公证机构和公证员依法履行职责,预防纠纷,保障自然人、法人或者其他组织的合法权益,制定本法。

第二条　公证是公证机构根据自然人、法人或者其他组织的申请,依照法定程序对民事法律行为、有法律意义的事实和文书的真实性、合法性予以证明的活动。

第三条　公证机构办理公证,应当遵守法律,坚持客观、公正的原则。

第四条　全国设立中国公证协会,省、自治区、直辖市设立地方公证协会。中国公证协会和地方公证协会是社会团体法人。中国公证协会章程由会员代表大会制定,报国务院司法行政部门备案。

公证协会是公证业的自律性组织,依据章程开展活动,对公证机构、公证员的执业活动进行监督。

第五条　司法行政部门依照本法规定对公证机构、公证员和公证协会进行监督、指导。

第二章　公证机构

第六条　公证机构是依法设立,不以营利为目的,依法独立行使公证职能、承担民事责任的证明机构。

第七条　公证机构按照统筹规划、合理布局的原则,可以在县、不设区的市、设区的市、直辖市或者市辖区设立;在设区的市、直辖市可以设立一个或者若干个公证机构。公证机构不按行政区划层层设立。

第八条　设立公证机构,应当具备下列条件:

(一)有自己的名称;

(二)有固定的场所;

(三)有二名以上公证员;

(四)有开展公证业务所必需的资金。

第九条　设立公证机构,由所在地的司法行政部门报省、自治区、直辖市人民政府司法行政部门按照规定程序批准后,颁发公证机构执业证书。

第十条　公证机构的负责人应当在有三年以上执业经历的公证员中推选产生,由所在地的司法行政部门核准,报省、自治区、直辖市人民政府司法行政部门备案。

第十一条　根据自然人、法人或者其他组织的申请,公证机构办理下列公证事项:

(一)合同;

(二)继承;

(三)委托、声明、赠与、遗嘱;

(四)财产分割;

(五)招标投标、拍卖;

(六)婚姻状况、亲属关系、收养关系;

(七)出生、生存、死亡、身份、经历、学历、学位、职务、职称、有无违法犯罪记录;

(八)公司章程;

（九）保全证据；

（十）文书上的签名、印鉴、日期，文书的副本、影印本与原本相符；

（十一）自然人、法人或者其他组织自愿申请办理的其他公证事项。

法律、行政法规规定应当公证的事项，有关自然人、法人或者其他组织应当向公证机构申请办理公证。

第十二条 根据自然人、法人或者其他组织的申请，公证机构可以办理下列事务：

（一）法律、行政法规规定由公证机构登记的事务；

（二）提存；

（三）保管遗嘱、遗产或者其他与公证事项有关的财产、物品、文书；

（四）代写与公证事项有关的法律事务文书；

（五）提供公证法律咨询。

第十三条 公证机构不得有下列行为：

（一）为不真实、不合法的事项出具公证书；

（二）毁损、篡改公证文书或者公证档案；

（三）以诋毁其他公证机构、公证员或者支付回扣、佣金等不正当手段争揽公证业务；

（四）泄露在执业活动中知悉的国家秘密、商业秘密或者个人隐私；

（五）违反规定的收费标准收取公证费；

（六）法律、法规、国务院司法行政部门规定禁止的其他行为。

第十四条 公证机构应当建立业务、财务、资产等管理制度，对公证员的执业行为进行监督，建立执业过错责任追究制度。

第十五条 公证机构应当参加公证执业责任保险。

第三章 公证员

第十六条 公证员是符合本法规定的条件，在公证机构从事公证业务的执业人员。

第十七条 公证员的数量根据公证业务需要确定。省、自治区、直辖市人民政府司法行政部门应当根据公证机构的设置情况和公证业务的需要核定公证员配备方案，报国务院司法行政部门备案。

第十八条 担任公证员，应当具备下列条件：

（一）具有中华人民共和国国籍；

（二）年龄二十五周岁以上六十五周岁以下；

（三）公道正派，遵纪守法，品行良好；

（四）通过国家司法考试；

（五）在公证机构实习二年以上或者具有三年以上其他法律职业经历并在公证机构实习一年以上，经考核合格。

第十九条 从事法学教学、研究工作，具有高级职称的人员，或者具有本科以上学历，从事审判、检察、法制工作、法律服务满十年的公务员、律师，已经离开原工作岗位，经考核合格的，可以担任公证员。

第二十条 有下列情形之一的，不得担任公证员：

（一）无民事行为能力或者限制民事行为能力的；

（二）因故意犯罪或者职务过失犯罪受过刑事处罚的；

（三）被开除公职的；

（四）被吊销执业证书的。

第二十一条 担任公证员，应当由符合公证员条件的人员提出申请，经公证机构推荐，由所在地的司法行政部门报省、自治区、直辖市人民政府司法行政部门审核同意后，报请国务院司法行政部门任命，并由省、自治区、直辖市人民政府司法行政部门颁发公证员执业证书。

第二十二条 公证员应当遵纪守法，恪守职业道德，依法履行公证职责，保守执业秘密。

公证员有权获得劳动报酬、享受保险和福利待遇；有权提出辞职、申诉或者控告；非因法定事由和非经法定程序，不被免职或者处罚。

第二十三条 公证员不得有下列行为：

（一）同时在二个以上公证机构执业；

（二）从事有报酬的其他职业；

（三）为本人及近亲属办理公证或者办理与本人及近亲属有利害关系的公证；

（四）私自出具公证书；

（五）为不真实、不合法的事项出具公证书；

（六）侵占、挪用公证费或者侵占、盗窃公证专用物品；

（七）毁损、篡改公证文书或者公证档案；

（八）泄露在执业活动中知悉的国家秘密、商业秘密或者个人隐私；

（九）法律、法规、国务院司法行政部门规定禁止的其他行为。

第二十四条 公证员有下列情形之一的，由所在地的司法行政部门报省、自治区、直辖市人民政府司法行政部门提请国务院司法行政部门予以免职：

（一）丧失中华人民共和国国籍的；

（二）年满六十五周岁或者因健康原因不能继续履行职务的；

（三）自愿辞去公证员职务的；

（四）被吊销公证员执业证书的。

第四章 公证程序

第二十五条 自然人、法人或者其他组织申请办理公证，可以向住所地、经常居住地、行为地或者事实发生地的公证机构提出。

申请办理涉及不动产的公证，应当向不动产所在地的公证机构提出；申请办理涉及不动产的委托、声明、赠与、遗嘱的公证，可以适用前款规定。

第二十六条 自然人、法人或者其他组织可以委托他人办理公证，但遗嘱、生存、收养关系等应当由本人办理公证的除外。

第二十七条 申请办理公证的当事人应当向公证机构如实说明申请公证事项的有关情况，提供真实、合法、充分的证明材料；提供的证明材料不充分的，公证机构可以要求补充。

公证机构受理公证申请后，应当告知当事人申请公证事项的法律意义和可能产生的法律后果，并将告知内容记录存档。

第二十八条 公证机构办理公证，应当根据不同公证事项的办证规则，分别审查下列事项：

（一）当事人的身份、申请办理该项公证的资格以及相应的权利；

（二）提供的文书内容是否完备，含义是否清晰，签名、印鉴是否齐全；

（三）提供的证明材料是否真实、合法、充分；

（四）申请公证的事项是否真实、合法。

第二十九条 公证机构对申请公证的事项以及当事人提供的证明材料，按照有关办证规则需要核实或者对其有疑义的，应当进行核实，或者委托异地公证机构代为核实，有关单位或者个人应当依法予以协助。

第三十条 公证机构经审查，认为申请提供的证明材料真实、合法、充分，申请公证的事项真实、合法的，应当自受理公证申请之日起十五个工作日内向当事人出具公证书。但是，因不可抗力、补充证明材料或者需要核实有关情况的，所需时间不计算在期限内。

第三十一条 有下列情形之一的，公证机构不予办理公证：

（一）无民事行为能力人或者限制民事行为能力人没有监护人代理申请办理公证的；

（二）当事人与申请公证的事项没有利害关系的；

（三）申请公证的事项属专业技术鉴定、评

估事项的;

（四）当事人之间对申请公证的事项有争议的;

（五）当事人虚构、隐瞒事实，或者提供虚假证明材料的;

（六）当事人提供的证明材料不充分或者拒绝补充证明材料的;

（七）申请公证的事项不真实、不合法的;

（八）申请公证的事项违背社会公德的;

（九）当事人拒绝按照规定支付公证费的。

第三十二条 公证书应当按照国务院司法行政部门规定的格式制作，由公证员签名或者加盖签名章并加盖公证机构印章。公证书自出具之日起生效。

公证书应当使用全国通用的文字;在民族自治地方，根据当事人的要求，可以制作当地通用的民族文字文本。

第三十三条 公证书需要在国外使用，使用国要求先认证的，应当经中华人民共和国外交部或者外交部授权的机构和有关国家驻中华人民共和国使（领）馆认证。

第三十四条 当事人应当按照规定支付公证费。

对符合法律援助条件的当事人，公证机构应当按照规定减免公证费。

第三十五条 公证机构应当将公证文书分类立卷，归档保存。法律、行政法规规定应当公证的事项等重要的公证档案在公证机构保存期满，应当按照规定移交地方档案馆保管。

第五章 公证效力

第三十六条 经公证的民事法律行为、有法律意义的事实和文书，应当作为认定事实的根据，但有相反证据足以推翻该项公证的除外。

第三十七条 对经公证的以给付为内容并载明债务人愿意接受强制执行承诺的债权文书，债务人不履行或者履行不适当的，债权人可以依法向有管辖权的人民法院申请执行。

前款规定的债权文书确有错误的，人民法院裁定不予执行，并将裁定书送达双方当事人和公证机构。

第三十八条 法律、行政法规规定未经公证的事项不具有法律效力的，依照其规定。

第三十九条 当事人、公证事项的利害关系人认为公证书有错误的，可以向出具该公证书的公证机构提出复查。公证书的内容违法或者与事实不符的，公证机构应当撤销该公证书并予以公告，该公证书自始无效;公证书有其他错误的，公证机构应当予以更正。

第四十条 当事人、公证事项的利害关系人对公证书的内容有争议的，可以就该争议向人民法院提起民事诉讼。

第六章 法律责任

第四十一条 公证机构及其公证员有下列行为之一的，由省、自治区、直辖市或者设区的市人民政府司法行政部门给予警告;情节严重的，对公证机构处一万元以上五万元以下罚款，对公证员处一千元以上五千元以下罚款，并可以给予三个月以上六个月以下停止执业的处罚;有违法所得的，没收违法所得:

（一）以诋毁其他公证机构、公证员或者支付回扣、佣金等不正当手段争揽公证业务的;

（二）违反规定的收费标准收取公证费的;

（三）同时在二个以上公证机构执业的;

（四）从事有报酬的其他职业的;

（五）为本人及近亲属办理公证或者办理与本人及近亲属有利害关系的公证的;

（六）依照法律、行政法规的规定，应当给予处罚的其他行为。

第四十二条 公证机构及其公证员有下

列行为之一的,由省、自治区、直辖市或者设区的市人民政府司法行政部门对公证机构给予警告,并处二万元以上十万元以下罚款,并可以给予一个月以上三个月以下停业整顿的处罚;对公证员给予警告,并处二千元以上一万元以下罚款,并可以给予三个月以上十二个月以下停止执业的处罚;有违法所得的,没收违法所得;情节严重的,由省、自治区、直辖市人民政府司法行政部门吊销公证员执业证书;构成犯罪的,依法追究刑事责任:

(一)私自出具公证书的;

(二)为不真实、不合法的事项出具公证书的;

(三)侵占、挪用公证费或者侵占、盗窃公证专用物品的;

(四)毁损、篡改公证文书或者公证档案的;

(五)泄露在执业活动中知悉的国家秘密、商业秘密或者个人隐私的;

(六)依照法律、行政法规的规定,应当给予处罚的其他行为。

因故意犯罪或者职务过失犯罪受刑事处罚的,应当吊销公证员执业证书。

第四十三条 公证机构及其公证员因过错给当事人、公证事项的利害关系人造成损失的,由公证机构承担相应的赔偿责任;公证机构赔偿后,可以向有故意或者重大过失的公证员追偿。

当事人、公证事项的利害关系人与公证机构因赔偿发生争议的,可以向人民法院提起民事诉讼。

第四十四条 当事人以及其他个人或者组织有下列行为之一,给他人造成损失的,依法承担民事责任;违反治安管理的,依法给予治安管理处罚;构成犯罪的,依法追究刑事责任:

(一)提供虚假证明材料,骗取公证书的;

(二)利用虚假公证书从事欺诈活动的;

(三)伪造、变造或者买卖伪造、变造的公证书、公证机构印章的。

第七章 附 则

第四十五条 中华人民共和国驻外使(领)馆可以依照本法的规定或者中华人民共和国缔结或者参加的国际条约的规定,办理公证。

第四十六条 公证费的收费标准由省、自治区、直辖市人民政府价格主管部门会同同级司法行政部门制定。

第四十七条 本法自2006年3月1日起施行。

最高人民法院
关于审理涉及公证活动相关民事案件的若干规定

(2014年4月28日最高人民法院审判委员会第1614次会议通过)

《最高人民法院关于审理涉及公证活动相关民事案件的若干规定》已于2014年4月28日由最高人民法院审判委员会第1614次会议通过,现予公布,自2014年6月6日起施行。

最高人民法院

2014年5月16日

为正确审理涉及公证活动相关民事案件，维护当事人的合法权益，根据《中华人民共和国民法通则》《中华人民共和国公证法》《中华人民共和国侵权责任法》《中华人民共和国民事诉讼法》等法律的规定，结合审判实践，制定本规定。

第一条 当事人、公证事项的利害关系人依照公证法第四十三条规定向人民法院起诉请求民事赔偿的，应当以公证机构为被告，人民法院应作为侵权责任纠纷案件受理。

第二条 当事人、公证事项的利害关系人起诉请求变更、撤销公证书或者确认公证书无效的，人民法院不予受理，告知其依照公证法第三十九条规定可以向出具公证书的公证机构提出复查。

第三条 当事人、公证事项的利害关系人对公证书所公证的民事权利义务有争议的，可以依照公证法第四十条规定就该争议向人民法院提起民事诉讼。

当事人、公证事项的利害关系人对具有强制执行效力的公证债权文书的民事权利义务有争议直接向人民法院提起民事诉讼的，人民法院依法不予受理。但是，公证债权文书被人民法院裁定不予执行的除外。

第四条 当事人、公证事项的利害关系人提供证据证明公证机构及其公证员在公证活动中具有下列情形之一的，人民法院应当认定公证机构有过错：

（一）为不真实、不合法的事项出具公证书的；

（二）毁损、篡改公证书或者公证档案的；

（三）泄露在执业活动中知悉的商业秘密或者个人隐私的；

（四）违反公证程序、办证规则以及国务院司法行政部门制定的行业规范出具公证书的；

（五）公证机构在公证过程中未尽到充分的审查、核实义务，致使公证书错误或者不真实的；

（六）对存在错误的公证书，经当事人、公证事项的利害关系人申请仍不予纠正或者补正的；

（七）其他违反法律、法规、国务院司法行政部门强制性规定的情形。

第五条 当事人提供虚假证明材料申请公证致使公证书错误造成他人损失的，当事人应当承担赔偿责任。公证机构依法尽到审查、核实义务的，不承担赔偿责任；未依法尽到审查、核实义务的，应当承担与其过错相应的补充赔偿责任；明知公证证明的材料虚假或者与当事人恶意串通的，承担连带赔偿责任。

第六条 当事人、公证事项的利害关系人明知公证机构所出具的公证书不真实、不合法而仍然使用造成自己损失，请求公证机构承担赔偿责任的，人民法院不予支持。

第七条 本规定施行后，涉及公证活动的民事案件尚未终审的，适用本规定；本规定施行前已经终审，当事人申请再审或者按照审判监督程序决定再审的，不适用本规定。

各种规范性文件全称与简称对照表

全　　　称	简　　　称	页码
中华人民共和国民事诉讼法(2012.8.31修正)	民事诉讼法	001
最高人民法院关于适用《中华人民共和国民事诉讼法》的解释(2015.2.4施行)	民诉解释	159
最高人民法院关于调整高级人民法院和中级人民法院管辖第一审民商事案件标准的通知(2015.5.1施行)	一审管辖标准通知	207
最高人民法院关于巡回法庭审理案件若干问题的规定(2015.2.1施行)	巡回法庭规定	208
最高人民检察院关于完善人民检察院司法责任制的若干意见(2015.9.25公布)	检察院司法责任制意见	210
最高人民法院关于完善人民法院司法责任制的若干意见(2015.9.21公布)	法院司法责任制意见	215
关于依法保障律师执业权利的规定(2015.9.16公布)	保障律师执业权利规定	220
人民法院落实《司法机关内部人员过问案件的记录和责任追究规定》的实施办法(2015.8.20实施)		226
人民法院落实《领导干部干预司法活动、插手具体案件处理的记录、通报和责任追究规定》的实施办法(2015.8.20实施)		229
人民陪审员制度改革试点工作实施办法(2015.5.20公布)	陪审员改革试点办法	231
关于人民法院案件案号的若干规定(2016.1.1施行)	案号规定	236
最高人民法院关于人民法院登记立案若干问题的规定(2015.5.1施行)	立案登记规定	238
人民法院审理人民检察院提起公益诉讼案件试点工作实施办法(2016.3.1施行)	法院审理检察院提起公益诉讼办法	240
人民检察院提起公益诉讼试点工作实施办法(2015.12.24施行)	检察院提起公益诉讼办法	242
检察机关提起公益诉讼改革试点方案(2015.7.2施行)	检察机关提起公益诉讼改革试点方案	247
最高人民法院关于审理环境民事公益诉讼案件适用法律若干问题的解释(2015.1.7施行)	环境公益诉讼解释	249
最高人民法院关于严格执行案件审理期限制度的若干规定(2000.9.28施行)	审限规定	252

最高人民法院关于海事法院可否适用小额诉讼程序问题的批复(2013.6.26 施行)	海事法院小额诉讼批复	255
最高人民法院关于民事诉讼证据的若干规定(2002.4.1 施行)	证据规定	256
司法鉴定程序通则(2016.5.1 施行)	鉴定通则	264
最高人民法院关于审理民间借贷案件适用法律若干问题的规定(2015.9.1 施行)	民间借贷案件规定	268
中华人民共和国侵权责任法(2010.7.1 施行)	侵权责任法	272
中华人民共和国人民调解法(2011.1.1 施行)	人民调解法	279
最高人民法院关于适用中华人民共和国民事诉讼法审判监督程序若干问题的解释(2008.12.1 施行)	审判监督程序解释	281
最高人民法院关于民事审判监督程序严格依法适用指令再审和发回重审若干问题的规定(2015.3.15 施行)	指令再审和发回重审规定	285
最高人民法院关于人民法院在互联网公布裁判文书的规定(2014.1.1 施行)	在互联网公布裁判文书规定	287
人民检察院民事诉讼监督规则(试行)(2013.11.18 施行)	民事诉讼监督规则	288
最高人民法院关于适用《中华人民共和国民事诉讼法》执行程序若干问题的解释(2009.1.1 施行)	执行程序规定	301
最高人民法院关于对人民法院终结执行行为提出执行异议期限问题的批复(2016.2.15 施行)	对终结执行行为提出执行异议期限的批复	305
最高人民法院关于审理拒不执行判决、裁定刑事案件适用法律若干问题的解释(2015.7.22 施行)	拒不执行裁判刑事案件解释	305
最高人民法院关于限制被执行人高消费及有关消费的若干规定(2015.7.22 施行)	限制被执行人高消费及有关消费规定	307
最高人民法院关于人民法院办理执行异议和复议案件若干问题的规定(2015.5.5 施行)	执行异议和复议规定	308
最高人民法院关于执行案件立案、结案若干问题的意见(2015.1.1 施行)	执行立案、结案意见	313
最高人民法院关于刑事裁判涉财产部分执行的若干规定(2014.11.6 施行)	刑事裁判涉财产部分执行规定	318
最高人民法院关于执行程序中计算迟延履行期间的债务利息适用法律若干问题的解释(2014.8.1 施行)	计算迟延履行期间的债务利息解释	320
最高人民法院关于网络查询、冻结被执行人存款的规定(2013.9.2 施行)	网络查询、冻结被执行人存款规定	321
最高人民法院关于认可和执行台湾地区法院民事判决的规定(2015.7.1 施行)	认可和执行台湾判决的规定	323
最高人民法院关于认可和执行台湾地区仲裁裁决的规定(2015.7.1 施行)	认可和执行台湾仲裁裁决的规定	325

最高人民法院关于修改后的民事诉讼法施行时未结案件适用法律若干问题的规定(2013.1.1施行)	修改后的民事诉讼法施行时未结案件规定	328
中华人民共和国仲裁法(1995.9.1施行)	仲裁法	329
最高人民法院关于适用《中华人民共和国仲裁法》若干问题的解释(2006.9.8施行)	仲裁法解释	335
最高人民法院关于对上海市高级人民法院等就涉及中国国际经济贸易仲裁委员会及其原分会等仲裁机构所作仲裁裁决司法审查案件请示问题的批复(2015.7.17施行)	中国国际经济贸易仲裁委员会及其原分会等所作仲裁裁决司法审查的批复	337
最高人民法院关于审理涉及农村土地承包经营纠纷调解仲裁案件适用法律若干问题的解释(2014.1.24施行)	涉及农村土地承包经营纠纷调解仲裁案件解释	339
最高人民法院关于人事争议申请仲裁的时效期间如何计算的批复(2013.9.22施行)	人事争议申请仲裁的时效期间批	340
中华人民共和国公证法(2015.4.24修正)	公证法	341
最高人民法院关于审理涉及公证活动相关民事案件的若干规定(2014.6.6施行)	审理涉及公证活动相关民事案件规定	345

法条主旨索引

A
案外人引发的执行异议 …… 124

B
保全措施 …… 054
保全错误的补救 …… 056
保全请求的范围 …… 054
保险合同纠纷管辖 …… 008
被执行人报告财产情况 …… 135
变更执行法院 …… 124
变通规定 …… 004
辩论原则 …… 003
不得申请再审的案件 …… 097
不需要制作调解书的案件 …… 052

C
裁定 …… 077
采取限制出境、公布不履行义务信息等执行措施 …… 141
查封财产的保管 …… 137
查封、扣押程序 …… 137
查封、扣押、冻结、划拨、变价存款、债券、股票、基金份额 …… 136
查封、扣押、冻结、拍卖、变卖财产 …… 137
撤回上诉 …… 087
撤销除权判决 …… 117
撤销判决 …… 091
诚实信用原则 …… 004
迟延履行 …… 140
除权判决 …… 117
处分权 …… 004

D
代理权的变更和解除 …… 034
代理人的权利 …… 034
当事人陈述 …… 042
当事人的庭审权利 …… 071
当事人范围 …… 017
当事人、利害关系人引发的执行异议 …… 120
当事人申请检察监督 …… 106
当事人申请再审的事由 …… 095
第三人撤销之诉 …… 030

电子送达 …… 049
调查程序 …… 069
调解程序 …… 051
调解的原则 …… 051
调解书 …… 052
调解未成功 …… 053
调解协议 …… 052
督促程序的申请 …… 113
督促程序的受理 …… 113
独立审判原则 …… 003
对保全和先予执行裁定的复议 …… 057
对裁定的二审 …… 086
对调解书申请再审 …… 097
对行为执行 …… 139
对再审申请的审查和再审法院的管辖 …… 098

E
二审裁判 …… 085
二审裁判的效力 …… 087
二审参照一审程序 …… 087
二审调解 …… 086
二审审理范围 …… 085
二审审理方式 …… 085
二审审限 …… 087
二审、重审、再审审判组织 …… 015

F
罚款、拘留 …… 060
法定代理人 …… 033
法庭笔录 …… 074
法庭辩论 …… 072
法庭调查 …… 071
法院调解 …… 003
法院收取证据材料 …… 038
法院依职权提起再审 …… 094
放弃、变更、承认、反驳诉讼请求及反诉 …… 019

G
高级法院管辖 …… 005
告知合议庭成员 …… 069
告知权利义务 …… 069
公告送达 …… 050

公开与不公开审理	070	勘验	046
公示催告程序的适用范围	115	抗诉书	112
公示催告程序的受理及公告	115	空间效力	003
公示催告期间申报权利	116	扣留、提取收入	137

L

公司纠纷管辖	008	离婚诉讼的代理	034
公益诉讼	022	立法目的	002
公证证据的免证效力	040	立法依据	002
公众查阅权	077	留置送达	049
共同海损纠纷管辖	009		

M

共同诉讼	019
管辖权异议	069
管辖转移	011

民族语言文字原则 …… 003

P

国际条约优先	147	拍卖、变卖财产	138

H

		判决书	076
海难救助费用纠纷管辖	009	票据纠纷管辖	008
海损事故请求损害赔偿纠纷管辖	009	平等原则	003
合同纠纷管辖	008	评议	016
和解	019		

Q

回避后果	017	期间的顺延	048
回避决定	017	期间的种类和计算	047
回避情形	016	起诉的审查期限	066
回避申请	017	起诉的实质要件	062

J

		起诉的形式要件	065
积极撤诉	073	起诉方式	079
基层法院管辖	004	起诉审查的特殊情形	066
继续执行	141	起诉状	065
检察监督的法律效力及再审法院	111	强制措施的决定	061
检察监督原则	004	强制措施的批准与救济	061
检察员出庭抗诉	112	强制措施的运用情形之二	058
检察院的调查核实权	110	强制措施的运用情形之三:虚假诉讼	059
检察院提起抗诉和检察建议	102	强制措施的运用情形之四:逃避执行	059
简易程序转为普通程序	083	强制措施的运用情形之五	060
鉴定人的权利	044	强制措施的运用情形之一	057
鉴定人的确定	043	强制迁出	139
鉴定人的义务	046	侵权行为管辖	009
交通事故请求损害赔偿纠纷管辖	009	缺席判决	073
解除保全	055		

R

拘传	057	人民调解协议程序的申请与管辖	091
举证期限	037	人民调解协议程序的受理与裁定	092
举证责任	036	人民法院调查取证	038

K

人数不确定的代表人诉讼	021
人数确定的代表人诉讼	021

开庭通知及公告	070		
开庭准备	071	认定财产无主案件的公告与判决	091

认定财产无主案件的申请与管辖	090
认定公民行为能力案件的代理与判决	090
认定公民行为能力案件的鉴定	090
认定公民行为能力案件的判决撤销	090
认定公民行为能力案件的申请与管辖	090

S

上诉对象	084
上诉期限	083
上诉状	084
涉外程序的参照适用	146
涉外诉讼中的答辩期间	149
涉外诉讼中的代理权授予	147
涉外诉讼中的上诉期间	149
涉外诉讼中的审限	150
涉外诉讼中的送达	148
涉外诉讼中的特殊地域管辖	148
涉外诉讼中的语言文字	147
涉外诉讼中的中国律师代理	147
涉外诉讼中的专属管辖	148
涉外仲裁裁决不予执行的法律后果	151
涉外仲裁裁决的不予执行	150
涉外仲裁裁决的申请执行	150
涉外仲裁协议对诉讼的排斥	150
涉外仲裁中的保全	150
申请再审的期限	100
申请再审的诉讼文书	098
申请再审的主体及管辖	094
申请执行期间	133
审查证据	038
审核取证	069
审理方式	080
审理期限	075
审理期限	081
审理依据原则	003
审判长	016
审判人员的义务	016
审判制度	003
审判组织	080
生效裁判	077
生效日期	157
实现担保物权程序的申请与管辖	092
实现担保物权程序的受理与裁定	093
视听资料	041
适用范围	002
适用范围	079
适用范围	088
授权委托书	033
司法协助的程序	151
司法协助的文字适用	151
司法协助途径	151
司法协助原则	151
送达回证	048
送达诉讼文书	068
搜查措施	138
诉的合并	071
诉前保全	054
诉讼费用	061
诉讼权利和义务	018
诉讼中止	075
诉讼终结	076
诉中保全	053

T

特别程序的审判组织	088
特别程序的审限	088
特别程序向诉讼程序转化	088
庭前准备中的程序分流	070
庭审调解	072
同等与对等原则	003

W

外交特权与豁免	147
委托代理人	033
委托调查	069
委托和邮寄送达	050
委托执行	127
我国对外国裁判的承认和执行	152
无独立请求权的第三人	030

X

先行调解	066
先行判决	077
先予执行的范围	056
先予执行的条件和错误补救	056
向外国申请承认和执行我国裁判	151
向我国申请承认和执行外国裁判	152
向我国申请承认和执行外国仲裁裁决	154
消极撤诉	072
小额诉讼	081
协议管辖	010

协助调解	052
宣告判决	075
宣告失踪	089
宣告失踪与死亡案件的公告与判决	089
宣告失踪与死亡案件的判决撤销	090
宣告死亡	089
选民资格案件的起诉与管辖	088
选民资格案件的审限及判决	088
选择管辖	010
巡回审理	070

Y

延期审理	074
一般地域管辖中"被告就原告"	008
一般地域管辖中"原告就被告"	007
一审法院参与二审	084
一审审判组织	012
移送管辖	011
有独立请求权的第三人	030
原始证据	041
运输合同纠纷管辖	009

Z

再审审理程序	101
再审与执行的竞合	100
债务人异议	114
证据保全	047
证据种类	035
证人不出庭情形	042
证人费用的负担	042
证人资格	041
证照转移	139
支持起诉原则	004
支付令	113
执行承担	128
执行担保	128
执行调解书	129
执行公证债权文书	133
执行和解	127
执行回转	129
执行检察监督	129
执行开始	129
执行人员	127
执行通知	134
执行依据和管辖	117
执行中止	142
执行终结	143
执行仲裁裁决	132
直接送达	048
止付通知及效力	116
指定管辖	011
指定交付	139
中级法院管辖	004
中止执行与终结执行裁定	146
专家辅助人	046
专属管辖	009
转交送达的期间	050
转交送达之二	050
转交送达之一	050
追加当事人	069
最高法院管辖	005